Harald Hagemann (Hrsg.)

Zur deutschsprachigen wirtschaftswissenschaftlichen Emigration nach 1933

Zur deutschsprachigen wirtschaftswissenschaftlichen Emigration nach 1933

Herausgegeben von

Harald Hagemann

Metropolis-Verlag
Marburg 1997

Der Druck dieses Werkes wurde vom Universitätsbund Hohenheim e.V. unterstützt.

Die Deutsche Bibliothek – CIP-Einheitsaufnahme

Zur deutschsprachigen wirtschaftswissenschaftlichen Emigration nach 1933 / hrsg. von Harald Hagemann – Marburg: Metropolis-Verl., 1997
ISBN 3-926570-56-3
NE: Hagemann, Harald [Hrsg.]

Metropolis-Verlag für Ökonomie, Gesellschaft und Politik GmbH
Postfach 1748, 35007 Marburg

Druck: Fuldaer Verlagsanstalt, Fulda

ISBN 3-926570-52-3

Inhalt

Harald Hagemann

Einführung

»The triumphant rise of American economics after 1940 was enormously accelerated by importation of scholars from Hitlerian Europe.«

(Samuelson 1988, S. 319)

I.

Mit der Vertreibung von Wissenschaftlern aus Deutschland und ab 1938 aus Österreich sowie weiteren europäischen Ländern wurden auch in den Wirtschaftswissenschaften vielfach erfolgversprechende, aber nunmehr »unerwünschte« Entwicklungen abgebrochen. Durch die Vertreibung fiel die deutsche Wissenschaft in vielen Bereichen (wie z.B. in der Kernphysik) hinter den internationalen Wissenschaftsstandard zurück. Die Frage nach den Verlusten für die deutsche Wirtschaftswissenschaft durch die Emigration sowie die Frage, ob und wieweit 1933 tatsächlich eine Zäsur darstellt, sollen, wo möglich, für die einzelnen Fachgebiete beantwortet werden. Um diese Fragen verläßlich zu klären, ist es zumeist notwendig, die Entwicklung der Wirtschaftswissenschaft in Deutschland und Österreich ab 1918 (gegebenenfalls auch früher) zu berücksichtigen.

Andererseits haben die vertriebenen Wirtschaftswissenschaftler vielfach nicht nur die Entwicklung ihrer Teilgebiete in den Aufnahmeländern (wie USA, Großbritannien, Türkei oder Israel) befruchtet, sondern den internationalen Forschungsstandard maßgeblich mitgeprägt (was im deutschsprachigen Raum bis heute z.T. nur begrenzt wahrgenommen worden ist). Die Entwicklung vom Deutschen oder Österreicher zum Europäer und zum Weltbürger, die sich im wissenschaftlichen Selbstverständnis der Emigranten mal schneller und mal langsamer vollzog, spielt hierbei eine entscheidende Rolle. Fragen der Akkulturation, Innovation und Integration in den ausländischen Wissenschaftsbetrieb stehen im Blickpunkt. Was bedeutete die Erfahrung der Emigration für die Ökonomen? Inwiefern fanden emigrationsbedingte Wechsel der Forschungsschwerpunkte statt? Kam es zur Übernahme neuer Ansätze und Methoden bzw. zur Weiterentwicklung früherer Ansätze und Methoden in der Emigration? Umgekehrt gefragt: Welche Bedeutung haben emigrierte Wirtschaftswissenschaftler für die Aufnahmeländer[1] bzw. für die internationale Entwicklung ihres Fachgebietes erlangt? Welcher Wandel von Forschungsprogrammen, Methoden und dahinterliegenden Wertvorstellungen hat stattgefunden unter den Bedingungen der Anpassung an eine neue wissenschaftliche und kulturelle Umwelt?

Zu untersuchen sind ferner die Auswirkungen der Emigration auf die Entwicklung der Wirtschaftswissenschaft zur Zeit des »Dritten Reiches« und nach 1945. Wie viele und welche Ökonomen sind nach Kriegsende nach Deutschland und Österreich zurückgekehrt? Welche Rolle spielten emigrierte Wirtschaftswissenschaftler beim Neuaufbau? Wie war die Aufnahmebereitschaft der Universitäten in der BRD, Österreich und der DDR? Welcher »Rücktransfer« von Wissenschaftsinhalten hat stattgefunden? Weisen der emigrierte und der innerdeutsche Zweig gleiche Anfangsbedingungen auf? Welche Verzweigungsprozesse, Kontinuitäten und Diskontinuitäten sind zu beobachten?

Die Komplexität dieser Fragestellungen erfordert eine Vielfalt von Herangehensweisen und Methoden. Orientierungsmarke sollte die Analyse der Entwicklung einzelner Teildisziplinen (wie z.B. Entwicklungsökonomie, Finanzwissenschaft, Konjunkturtheorie, Ökonometrie, etc.) sein.

Problemsensitive innovative Forschung kommt – wie Kuhn gezeigt hat – zunächst von Außenseitern. Mit welchen Themen erschienen die Emigranten in den Fachzeitschriften (oder auf dem Buchmarkt)? Wie passen sie in den Diskussionszusammenhang dieser Zeitschriften und welche Shifts sind gegenüber ihren Arbeiten vor der Vertreibung zu erkennen? Welche Auswirkungen hat der Einschnitt

---

[1] Vgl. z.B. Coser (1984), Craver (1986a), Craver und Leijonhufvud (1987), Krohn (1987, 1988), Müssener (1974), Neumark (1980) und Peukert in Schwartz (1995).

von 1933 auf Inhalte und Qualität der deutschsprachigen wirtschaftswissenschaftlichen Zeitschriften (auch Sonderrolle der *Zeitschrift für Nationalökonomie* bis 1938) bis 1945 und lange danach?

Beiträge zur *Zeitschriftenanalyse* sind für die Emigrationsforschung ebenso nützlich wie *Gelehrtenbiographien* (einzelner oder einer vergleichbaren Gruppe von Ökonomen wie »die Österreicher«, »die Kieler«, die zum zweiten Mal emigrierenden »Russen«) oder *Institutionengeschichten* (wie z.B. Krohns Buch über die New School for Social Research oder die Rolle der Emigranten am Oxford Institute of Statistics). Biographische Darstellungen können z.B. das Akkulturationsproblem, d.h. die Wechselwirkungen zwischen »abgebender« und »aufnehmender« Kultur in der Person des emigrierten Ökonomen und seinem wissenschaftlichen Werk erfassen. Die Institutionengeschichte bietet sich z.B. für die Analyse der Bildung und Auflösung von »Schulen« bzw. der Entwicklung von Teildisziplinen an.

Zu analysieren ist auch die Entwicklung der Wirtschaftswissenschaft im Nationalsozialismus. Hierzu gehören umfassendere Darstellungen (wie z.B. bei Barkai 1977 und Kruse 1988) ebenso wie die Untersuchung von Themenverlagerungen, Beiträge über entlassene, aber nicht emigrierte Ökonomen, die Problematik der »inneren Emigration«, usw.

Schließlich bildet der zentrale Paradigmenwechsel der ökonomischen Theorie, die »Keynesianische Revolution«, eine gute Basis zur Analyse der Kontinuität bzw. Diskontinuität der deutschen wirtschaftswissenschaftlichen Entwicklung am Beispiel der Antizipation, Rezeption und kritischen Analyse der Keynesschen Theorie, die bezüglich des Zeitraums ein geradezu ideales Untersuchungsobjekt bildet (vgl. z.B. Backhaus 1985). Nachdem die Keynessche *General Theory* im Jahre 1936 erschien, erfuhr sie nicht nur weltweit, sondern auch im nationalsozialistischen Deutschland eine größere Resonanz als jedes andere wirtschaftswissenschaftliche Werk. Damit setzte sich eine Entwicklung fort, die unmittelbar nach dem Ersten Weltkrieg begann, als Keynes in seinem 1919 erschienenen Buch *The Economic Consequences of the Peace* die dem Deutschen Reich im Versailler Friedensvertrag auferlegten Reparationsverpflichtungen vehement kritisierte. Anders als nach Erscheinen des ersten großen Hauptwerkes, der 1930 erschienenen *Treatise on Money* (dt. *Vom Gelde*, 1932) waren viele deutsche Wirtschaftswissenschaftler, die sich mit den Keynesschen Ideen auseinandersetzten, bei Erscheinen der *Allgemeinen Theorie* jedoch entweder außer Landes (wie z.B. Lederer, Neisser und

Röpke) oder in der »inneren wissenschaftlichen Emigration« (wie z.B. Lautenbach).[2] Allerdings waren die Diskussionen im »Dritten Reich« weitgehend abgekoppelt von der im Ausland gerade in diesen Jahren gewaltig voranschreitenden wirtschaftswissenschaftlichen Entwicklung, den »Years of High Theory« (Shackle 1967), so daß bei Kriegsende 1945 ein größerer wissenschaftlicher Rückstand existierte. Wie gravierend der nationalsozialistische Einschnitt diesbezüglich wirkte, kommt auch darin zum Ausdruck, daß der Anteil deutschsprachiger Wirtschaftswissenschaftler an den führenden Ökonomen der Welt von 15 Prozent unter den Toten auf 3 Prozent unter den Lebenden zurückging.[3]

Allgemein gilt es als das Verdienst des früheren Schumpeter-Assistenten Erich Schneider, der 1936 einen Ruf an die Universität Aarhus angenommen hatte und bis 1945 in Dänemark blieb, nach dem Zweiten Weltkrieg den Anschluß an die internationale wirtschaftswissenschaftliche Entwicklung, insbesondere an die angelsächsische »mainstream economics« wiederhergestellt zu haben.[4] Allerdings wurden erfolgversprechende Entwicklungen im deutschen Sprachraum vor 1933 vielfach nicht wieder aufgenommen. Zudem geht Schneider auf bemerkenswerte Teile der frühen Rezeption der *Allgemeinen Theorie* ebensowenig ein wie auf bedeutende Leistungen in der Wissenschaftsemigration.[5] So findet zwar im Sinne des »Rücktransfers« von Wissenschaftsinhalten und Methoden mit dem Werk von Erich Schneider u.a. eine Wiederanknüpfung der Wirtschaftswissenschaft in Deutschland an internationale Entwicklungen und Debatten (insbesondere an die von Hicks, Samuelson, Klein, Tobin, Modigliani, Patinkin u.a. initiierte »neoklassische Synthese«) statt. Für eine problemgeschichtliche Perspektive und die Analyse der Verzweigungsprozesse in der Wirtschaftswissenschaft – dort, wo der innerdeutsche und der emigrierte Zweig zu Beginn der dreißiger Jahre denselben

---

[2] Zur beschäftigungstheoretischen und beschäftigungspolitischen Diskussion in Deutschland vor und zur Zeit von Keynes vgl. Bombach u.a. (1976 und 1981).

[3] Vgl. hierzu Pommerehne und Freys (1988) Auswertung von Mark Blaugs *Who's Who in Economics*.

[4] Zu einer Relativierung von Schneiders theoretischen Leistungen vgl. Heuß (1989, S. 70-71), der vor allem den Verlust betont, der der deutschen Nationalökonomie durch die frühen Tode von August Lösch (1945), Heinrich von Stackelberg (1946) und Walter Eucken (1950) entstanden ist.

[5] Vgl. hierzu u.a. Backhaus (1985).

Ausgangspunkt aufwiesen – ist dies jedoch nicht hinreichend.[6] Andererseits ist sogar in der internationalen Debatte anerkannt – obwohl nicht zuletzt aufgrund von Sprachbarrieren viel zu wenig beachtet –, daß vor 1933 in Deutschland ähnliche wirtschaftstheoretische Konzepte und Analysen sowie wirtschaftspolitische Therapievorschläge wie bei Keynes entwickelt wurden.[7]

II.

Das Jahr 1933 stellte auch eine bedeutende Wasserscheide für die deutschsprachigen wirtschaftswissenschaftlichen *Zeitschriften* dar, die langfristig einen erheblichen Bedeutungsverlust erlitten.[8] Sie verloren nach 1933 mit den emigrierten Ökonomen nicht nur einen Großteil ihrer Autoren, sondern viele bedeutende internationale Ökonomen hörten nun auf, in der deutschen Sprache bzw. in deutschen Zeitschriften zu publizieren.[9] Umgekehrt zeigt sich, daß emigrierte Ökonomen z.B. in den beiden führenden in Chicago bzw. Harvard herausgegebenen wirtschaftswissenschaftlichen Zeitschriften *Journal of Political Economy* und *Quarterly Journal of Economics* im Zeitraum zwischen 1933 und 1949 nicht weniger als ungefähr einhundert Aufsätze publizierten, während vor 1933 nur äußerst wenige Beiträge deutschsprachiger Ökonomen erschienen waren.

---

6 Dieser Aspekt der Wissenschaftsemigration ist auch in dem ansonsten bemerkenswerten Versuch zur Aufarbeitung der Vor- und Frühgeschichte des Keynesianismus in Deutschland – Bombach u.a. (1976, 1981) – stark unterbelichtet. Zu einer Einschätzung der Leistungen deutscher »Reformökonomen« am Beispiel der Entwicklung der Ideen Wilhelm Lautenbachs vgl. auch Borchardt (1982).

7 Vgl. z.B. Garvy (1975) und Hudson (1988).

8 Vgl. ausführlicher Hagemann (1991).

9 Wie stark noch in der Weimarer Zeit die in Deutschland erschienene wirtschaftswissenschaftliche Literatur international zur Kenntnis genommen wurde, zeigt z.B. der dritte Band von Sombarts *Der Moderne Kapitalismus*, der 1927 erschien. Innerhalb kürzester Zeit verfaßten beispielsweise Frank Knight, Wesley Mitchell und Talcott Parsons lange Rezensionsartikel, die in führenden Fachzeitschriften der USA erschienen. Demgegenüber findet sich in Heilbroners Artikel »Capitalism« im führenden internationalen Referenzhandbuch *The New Palgrave* (1987) kein einziger Hinweis mehr auf dieses Werk, obwohl Heilbroners Artikel voll von zentralen Sombartschen Themen wie den verschiedenen Entwicklungsstufen des Kapitalismus ist.

Mit der bemerkenswerten Ausnahme von Spiethoff, der Herausgeber von *Schmollers Jahrbuch* blieb, wechselten die meisten deutschen Journale zu Beginn der Nazizeit ihren Herausgeber, um ihr Überleben zu sichern. Nur eine einzige Zeitschrift auf dem Gebiet der Wirtschaftswissenschaft mußte nach 1933 ihr Erscheinen einstellen. Mit dem *Archiv für Sozialwissenschaft und Sozialpolitik* war dies jedoch zugleich die vor 1933 weitaus bedeutendste wirtschafts- und sozialwissenschaftliche Zeitschrift im deutschsprachigen Raum. Im *Archiv* waren viele aus heutiger Sicht wichtige und international diskutierte Arbeiten wie »Die protestantische Ethik und der 'Geist' des Kapitalismus« von Max Weber (1905), »Wertrechnung und Preisrechnung im Marxschen System« von Ladislaus von Bortkiewicz (1906-7) oder in der Weimarer Zeit Mises' »Die Wirtschaftsrechnung im sozialistischen Gemeinwesen« (1920), Kondratieffs »Die langen Wellen der Konjunktur« (1926) sowie Leontiefs Berliner Dissertation »Die Wirtschaft als Kreislauf« (1928) erschienen.

Sowohl die redaktionelle Betreuung des *Archivs* als auch die dort veröffentlichten Arbeiten sind eng mit den Namen vieler emigrierter Ökonomen verbunden. Emil Lederer hatte bereits seit 1911 – noch unter der Herausgeberschaft von Werner Sombart, Max Weber und Edgar Jaffé – als Redaktionssekretär die Sozialpolitische Chronik im Rahmen des *Archivs* betreut. Seit 1922 war das *Archiv* dann von Emil Lederer, Joseph Schumpeter und Alfred Weber herausgegeben worden: Lederer und Schumpeter emigrierten in die USA, Weber ging 1933 in den vorzeitigen Ruhestand. Unter diesen Herausgebern war die Zeitschrift auf ihrem höchsten qualitativen wissenschaftlichen Stand gewesen. Ihr damaliger Ruf wurde nach 1933 von keinem deutschen wirtschaftswissenschaftlichen Periodikum mehr erreicht. Beispielhaft sei auf einige Autoren verwiesen, die im als repräsentativ anzusehenden Jahr 1927 im *Archiv* publizierten: Neben den späteren Emigranten Haberler, Hayek, Lederer, Oppenheimer, Röpke und Schumpeter waren mit Wicksell und Pigou auch herausragende ausländische Autoren vertreten, wodurch die internationale Bedeutung dieser Zeitschrift unterstrichen wird. Bezeichnenderweise entschied sich Heinz Sauermann nach dem Zweiten Weltkrieg erst dann die (Mit-)Herausgeberschaft der ältesten deutschsprachigen Zeitschrift, der seit 1844 erscheinenden *Zeitschrift für die gesamte Staatswissenschaft*, zu übernehmen, als ihm klar wurde, daß wegen verlagsrechtlicher Probleme an ein Wiedererscheinen des *Archivs* nicht zu denken war.[10]

Nach dem Ende des *Archivs* war die seit 1930 von Hans Mayer in Wien herausgegebene *Zeitschrift für Nationalökonomie* bis zum »Anschluß« Österreichs 1938 ohne Frage das führende wirtschaftswissenschaftliche Journal im deutschsprachigen Raum. Unter der Schriftleitung von Oskar Morgenstern (bis 1934 in Zusammenarbeit mit Paul N. Rosenstein-Rodan) erschienen nicht nur Artikel führender österreichischer und deutscher Ökonomen wie Haberler, Hayek, Machlup, Menger, Morgenstern, Mises, Rosenstein-Rodan, Tintner und Wald bzw. Neisser, Röpke, Schneider und Stackelberg, sondern mit Aftalion, J. Åkerman, Einaudi, Ellis, Fanno, Fellner, Frisch, Harrod, Hicks, Knight, Leontief, Marget, Myrdal, Ohlin, Opie, Ricci, J. Robinson, Tinbergen, Viner und Zeuthen publizierte ein Großteil der international bedeutenden Ökonomen innerhalb weniger Jahre in dieser Zeitschrift.

Die *Zeitschrift für Nationalökonomie* war ein herausragendes Forum der konjunktur- und kapitaltheoretischen Debatte sowie der Herausbildung der modernen allgemeinen Gleichgewichtstheorie, die durch die drei Beiträge »Das Prinzip der Knappheit, technische Kombination und ökonomische Qualität« von Zeuthen (1933), »Zwei kritische Bemerkungen zur Preistheorie Gustav Cassels« von Stackelberg (1933) und »Über einige Gleichungssysteme der mathematischen Ökonomie« von Wald (1936), in der erstmals ein Existenzbeweis für das Gleichgewicht einer stationären Ökonomie geführt (und vom ungarischen Mathematiker von Neumann ebenfalls in Wien ein Jahr später auf eine wachsende Ökonomie erweitert) wurde, einen entscheidenden Entwicklungsschub erfuhr.

In den konjunktur- und kapitaltheoretischen Beiträgen standen insbesondere die Rolle der Zeit und die Vereinbarkeit des Konjunkturphänomens mit dem Gleichgewichtskonzept im Zentrum der Betrachtung. Herausragende Aufsätze waren u.a. »Das Zeitmoment in der mathematischen Theorie des wirtschaftlichen Gleichgewichts« von Rosenstein-Rodan (1930), »Irrtümer in der Zeit als Ursache wirtschaftlicher Schwankungen« von Fanno (1933) sowie der Beitrag »Zur Theorie der Produktionsperiode« (1935), in dem Oskar Morgenstern das Böhm-Bawerksche Konzept der durchschnittlichen Produktionsperiode als Maß der Kapitalintensität so erfolgreich kritisierte, daß

---

[10] Vgl. Sauermann (1978, S. 9).

beispielsweise Hayek, in dessen *Preise und Produktion* es noch eine entscheidende Rolle gespielt hatte, dieses Konzept in den nachfolgenden Jahren aufgab.

Von Hayek angeregt und herausgefordert untersuchte Hicks (1933) in dem Aufsatz »Gleichgewicht und Konjunktur« die Rolle des Geldes im Konjunkturzyklus und seine Vereinbarkeit mit der allgemeinen Gleichgewichtstheorie der Lausanner Schule. In diesem erst 1980 ins Englische rückübersetzten Aufsatz, der vor dem Hintergrund der Entwicklung der gleichgewichtigen Konjunkturtheorie im Rahmen der »Neuen Klassischen Makroökonomik« viel diskutiert wurde, gelangte Hicks zum Ergebnis, daß vollkommene Voraussicht die Vorbedingung für Gleichgewicht sei und zog daraus die Schlußfolgerung, daß die Geldtheorie außerhalb der Gleichgewichtstheorie falle, da der Gebrauch von Geld untrennbar mit unvollkommener Voraussicht zusammmenhänge. Im Gegensatz zu Hicks gelangte Morgenstern in seinem wohl bekanntesten Aufsatz »Vollkommene Voraussicht und wirtschaftliches Gleichgewicht« (1935) zum Ergebnis, daß unbeschränkte Voraussicht und wirtschaftliches Gleichgewicht miteinander unvereinbar seien. Rational handelnde Wirtschaftssubjekte müßten nicht nur die Konsequenzen ihrer eigenen Entscheidungen kennen, sondern auch die aller anderen Individuen und die ihres eigenen künftigen Verhaltens auf das der anderen. Die wechselseitige Einbeziehung der Voraussicht vermeintlichen fremden Verhaltens im Entscheidungsprozeß der Wirtschaftssubjekte führe jedoch zu einem unauflösbaren Paradoxon. Wegen der Reflexe des eigenen Verhaltens in dem der anderen liege eine unendliche Kette von wechselseitig vermuteten Reaktionen und Gegenreaktionen vor, die nur durch einen Willkürakt abgebrochen werden könne, der jedoch auch wiederum von allen Beteiligten vorausgesehen werden müsse. Wirtschaftssubjekte können keine vollkommene Voraussicht haben, wenn diese Voraussicht die Voraussicht der Handlungen anderer Wirtschaftssubjekte beinhalten muß, die ihrerseits annahmegemäß vollkommene Voraussicht haben. Morgenstern zog hieraus ein vernichtendes Urteil für die elaborierteste Form ökonomischer Theorie, die Theorie des allgemeinen Gleichgewichts: Sukzessive Anpassung wie im walrasianischen Tâtonnement-Prozeß oder im Edgeworthschen Rekontrahierungsverfahren seien ebenso unvereinbar mit vollkommener Voraussicht wie allgemeines wirtschaftliches Gleichgewicht. Das dem »Morgenstern-Paradoxon« zugrundeliegende Problem bildete einen der Ausgangspunkte für die Entwicklung der Spieltheorie als Analyse rationalen strategischen Verhaltens in Situationen der Unsicherheit. Erst im amerikanischen Exil in Princeton kam die enge Zusammenarbeit von Morgenstern mit John von Neumann zustande, die in der bahnbrechenden Pionierstudie *Theory of Games and Economic Behavior* (1944) kulminierte, mit der die Spieltheorie in die moderne Wirtschaftswissenschaft eingeführt wurde. Die angeführten Artikel aus dem *Archiv für Sozialwissenschaft und Sozialpolitik* sowie der *Zeitschrift für Nationalökonomie*, die mittlerweile zum Großteil auch in englischer Übersetzung vorliegen und auf die in der modernen Wirtschaftstheorie noch vielfach Bezug genommen wird, lassen erkennen, daß nach dem Zweiten Weltkrieg keine der im deutschsprachigen Raum erscheinenden wirtschaftswissenschaftlichen Fachzeitschriften jemals wieder eine vergleichbare internationale Bedeutung erreicht hat. Auch dieser Qualitätsverlust ist eine langfristige Folge der nationalsozialistischen Machtergreifung und der dadurch ausgelösten Emigration.

Andererseits bestand selbst während der Jahre der nationalsozialistischen Herrschaft ein gewisser (eingeschränkter) Spielraum bei Veröffentlichungen, der in unterschiedlicher Weise genutzt wurde. Dies sei kurz an zwei Beispielen diskutiert. Wie die von Borchardt (1988) akribisch belegten Differenzen zwischen Keynes' 1933 in *Schmollers Jahrbuch* erschienenem Aufsatz über »Nationale Selbstgenügsamkeit« mit dem im selben Jahr in den USA und Großbritannien veröffentlichten englischen Orginal aufzeigen, machte selbst ein so bedeutender ausländischer Gelehrter und politisch kluger Kopf wie Keynes gute Miene zum bösen Spiel einer Reinigung seines Textes von politisch gegenüber den Nazis möglicherweise anstößigen Stellen durch den Herausgeber Spiethoff, der in einer Art vorauseilendem Gehorsam Selbstzensur übte. Was sollte man dann andererseits von weniger prominenten deutschen Autoren erwarten, die zudem im Lande geblieben waren? Nun, was auf der anderen Seite bei charakterlicher Standfestigkeit und einem gewissen Mut möglich war, verdeutlicht zum Beispiel der Beitrag »Wissenschaft im Stile Schmollers« von Walter Eucken, der im Kriegsjahr 1940 im *Weltwirtschaftlichen Archiv* erschien. In diesem Aufsatz, der sich mit den anläßlich von Schmollers hundertstem Geburtstag 1938 erschienenen Publikationen auseinandersetzt, kritisiert Eucken nicht nur das mangelnde Verständnis der Historischen Schule für die theoretische Forschung aufgrund einer Geringschätzung der Interdependenz ökonomischer Phänomene, sondern auch die Geschichtsblindheit einer überzogenen Fortschrittsidee, die dazu verleite, die eigene Gegenwart (1940!) zum Maßstab geschichtlichen Werdens zu machen und Schmollers Aussage, daß es das Recht des Kräftigeren und Besseren sei zu siegen. »Vom Kräftigeren *und* Besseren ist die Rede als ob beide identisch wären.« (Eucken 1940, S. 478) Nur wenig später folgt eine Passage, in der zwar von der *Bartholomäusnacht* die Rede, jedem halbwegs Denkenden jedoch unmittelbar klar wird, daß eigentlich die *Kristallnacht* gemeint ist:

> »Viele weit wirkende Taten der Geschichte sind zugleich gelungene Verbrechen. Gewisse ungeheure Ereignisse – etwa die Bartholomäusnacht – sprechen eine deutliche Sprache. ... Es bricht immer wieder eine radikale Diskrepanz zwischen Macht und Moral in der Geschichte auf« (S. 479).

III.

Erst das vertiefte Eindringen in die Geschichte einer wissenschaftlichen Disziplin erlaubt es, die Wissenschaftsemigration auch inhaltlich zu bewerten: sei es als Verarmung des Wissenschaftslebens in Deutschland und Österreich, sei es als Innovationsschub in den Aufnahmeländern oder als zeitlich verzögerter Rücktransfer von Wissenschaftsinhalten nach Deutschland in der Zeit nach 1945. Disziplingeschichtliche Studien weisen deutliche Differenzierungen im Emigrationsanteil hinsichtlich der Beiträge zu jüngeren und zu traditionellen Fachgebieten aus. So ist z.B. in der Physik eine starke Konzentration der Emigranten auf die innovativen Bereiche Quantentheorie und Kernphysik zu verzeichnen, im Gegensatz etwa zu paradigmatisch bereits gealterten Bereichen wie Akustik und Mechanik.[11] In dem von Claus-Dieter Krohn und mir, unter Mitarbeit von Hans Ulrich Eßlinger, durchgeführten Forschungsprojekt zeigt sich auch für die Wirtschaftswissenschaft, daß der quantitative wie qualitative Beitrag der Emigranten in innovativen Teilbereichen besonders ausgeprägt war. Hierzu gehört neben der Entwicklungsökonomie vor allem die *Konjunkturtheorie*. Die Auswirkungen der Hyperinflation Anfang der zwanziger Jahre und die Weltwirtschaftskrise zu Beginn der dreißiger Jahre bewirkten, daß geld- und konjunkturtheoretische Fragestellungen gerade auch in Deutschland und Österreich zum zentralen For-

---

[11] Vgl. Fischer (1988 und 1991).

schungsgegenstand wurden. Die vor diesem historischen Hintergrund entstandenen herausragenden Arbeiten vieler jüngerer emigrierter Ökonomen, wie z.B. von Schumpeter, Löwe, Hayek und Lutz, wurden auch international stark beachtet und sind, wie der Beitrag von Rühl aufzeigt, noch von größerer Bedeutung für die im Rahmen der modernen Wirtschaftstheorie diskutierten Fragestellungen.[12] Darüber hinaus wurden in der Zwischenkriegszeit von der im deutschen Sprachraum betriebenen empirisch-quantitativen Konjunkturforschung hervorragende Arbeiten geleistet, die auch international anerkannt wurden.[13] Dies gilt vor allem für das von Ernst Wagemann 1925 gegründete Berliner Institut für Konjunkturforschung (das heutige DIW) sowie das von Bernhard Harms geleitete Kieler Institut für Weltwirtschaft, der Adolf Löwe 1926 anwarb und mit dem Aufbau einer Abteilung für statistische Weltwirtschaftskunde und internationale Konjunkturforschung beauftragte, aber auch für das von Mises ins Leben gerufene Österreichische Institut für Konjunkturforschung, das unter der Leitung von Hayek (1927-1931) und Morgenstern (1931-1938) stärker theoretisch orientiert war.[14]

Die *Entwicklungsökonomie* war als neue wirtschaftswissenschaftliche Teildisziplin unmittelbar nach dem Ende des Zweiten Weltkriegs entstanden. Sie hat sich in unseren bisherigen Forschungsarbeiten als eines jener Fachgebiete herauskristallisiert, für das deutschsprachige Emigranten bedeutende Impulse gegeben und dadurch die neue Forschungsrichtung entscheidend geformt haben. Die Bedeutung deutschsprachiger Ökonomen für das Fachgebiet läßt sich bereits anhand der Nennungen in einschlägigen Werken über herausragende Wirtschaftswissenschaftler abschätzen. Lediglich zehn der hundert Ökonomen[15], die beispielsweise in M. Blaugs *Great Eonomists since Keynes* aufgeführt sind, waren vor 1933 an deutschsprachigen Universitäten oder Forschungsinstituten tätig – sie alle verließen Deutschland oder Österreich und werden daher auch als Emigranten

---

[12] Vgl. auch die Beiträge in Colonna und Hagemann (1994).

[13] Vgl. Pütz-Neuhauser (1989).

[14] Daß die herausragende Qualität der konjunkturtheoretischen Forschung im deutschsprachigen Raum vor 1933 auch international anerkannt war, dokumentiert z.B. die Förderpraxis der Rockefeller Foundation, die in der Zwischenkriegszeit die Konjunkturforschung zu einem zentralen Förderungsschwerpunkt ausgebaut hatte. Vgl. hierzu Craver (1986b).

[15] Die Liste umfaßt A. Gerschenkron, G. Haberler, F. Hahn, F. A. v. Hayek, A. O. Hirschman, F. Machlup, J. Marschak, L. v. Mises, O. Morgenstern und R. A. Musgrave.

in unserem Projekt geführt.[16] Dagegen liegt der Anteil der emigrierten deutschsprachigen Pioniere der Entwicklungsökonomie in fachgebietsspezifischen Publikationen bei 29 Prozent (Martin 1991) bzw. 30 Prozent (Meier und Seers 1984). Als Vertreter dieser Gruppe sind insbesondere A. Gerschenkron, A. O. Hirschman – die auch bei Blaug aufgeführt sind –, K. Mandelbaum, P. N. Rosenstein-Rodan und H. W. Singer zu nennen.

Wie auch im Falle der Konjunktur- und Beschäftigungstheorie liegt die Ursache für die quantitative wie qualitative Konzentration emigrierter Ökonomen in der Entwicklungsökonomie noch weitgehend im dunkeln. Unsere bisherigen, überwiegend biographisch orientierten Erhebungen haben erste Anhaltspunkte für mögliche Einflußfaktoren ergeben, die jedoch noch einer eingehenderen Überprüfung bedürfen.

Die Biographien der emigrierten Entwicklungsökonomen zeigen, daß die jungen Ökonomen, die in Deutschland nicht in der Tradition der Historischen Schule ausgebildet worden waren und die sich auch in ihrem akademischen Werdegang gegen diese Forschungsrichtung abgrenzten, das Innovationspotential verkörperten. Ein Vergleich der »Alterspyramide« der insgesamt 36 Entwicklungsökonomen mit derjenigen aller emigrierten Ökonomen verdeutlicht das. Während die vor 1900 geborenen Ökonomen 36 Prozent an der Gesamtheit aller von uns untersuchten Emigranten stellen, beträgt ihr Anteil an der Gruppe der Entwicklungsökonomen nur drei Prozent, die hingegen zu 42 Prozent aus der Altersklasse der zwischen 1910 und 1919 Geborenen kommen, deren Gesamtanteil nur 17 Prozent beträgt. Dieses demographische Bild gibt allerdings weder eine Erklärung auf die Frage, warum der Anteil der späteren Entwicklungsökonomen an der Grundgesamtheit aller Emigranten von knapp 13 Prozent so hoch war, noch kann das international hohe qualitative Gewicht der emigrierten Ökonomen innerhalb der Teil-Disziplin selbst dadurch erklärt werden. Gleiches gilt für die Frage, warum mit P. N. Rosenstein-Rodan und K. Mandelbaum gerade Emigranten aus dem deutschen Sprachraum die Begründer der modernen Entwicklungsökonomie waren.

Diese Fragen wurden in der Aufarbeitung der Entstehungsgeschichte der Entwicklungsökonomie, die in den vergangenen zehn Jahren stärker erfolgte, nicht thematisiert, da sie sich hauptsächlich

[16] Vgl. Hagemann und Krohn (1992).

auf eine Systematisierung und Aggregation der zahlreichen entwicklungstheoretischen Modelle zu unterschiedlichen Paradigmen orientierte. Infolge dieser Defizite ist die Vertiefung und Synthese der institutionellen, theoriegeschichtlichen und gruppenbiographischen Ansatzpunkte zur Erfassung des Erfolgs deutschsprachiger Emigranten auf diesem Gebiet unbedingt notwendig. Unsere bisherigen Untersuchungen weisen als institutionelle Brennpunkte insbesondere die Universitäten London und Oxford aus. Rosenstein-Rodan und Mandelbaum hatten dort nach ihrer Emigration Zuflucht gefunden, wo sie die Begründer der modernen Entwicklungsökonomie wurden. Beide Universitäten waren zugleich Zentren, in denen zahlreiche Emigranten ihr – im deutschsprachigen Raum begonnenes – Studium fortsetzten oder ein zweites Studium aufnahmen. Zu nennen sind hier vor allem Emigranten der sog. Zweiten Generation wie H. W. Arndt, W. M. Corden, G. O. Gutman, A. Kafka, J. H. Mars und P. P. Streeten, die jene Forschungstradition aufnahmen und daher unter dem Aspekt der Fernwirkung des *brain-drains* nicht aus einer umfassenden Betrachtung ausgeschlossen werden dürfen.

Ferner sind für die Entstehung der entwicklungsökonomischen Teildisziplin die Verbindungen der deutschsprachigen Ökonomen zur konjunktur- und beschäftigungstheoretischen Debatte in der Weimarer Republik unübersehbar, die sie dann in die britische Beschäftigungsdiskussion der Kriegsjahre einbrachten. Herausragendes Beispiel und erster Anhaltspunkt für eine vertiefende Analyse ist die am *Institute of Statistics* der Universität Oxford entstandene Studie *The Economics of Full Employment* aus dem Jahre 1944. An dieser Studie waren neben dem Leiter der Forschungsgruppe F. A. Burchardt mit Mandelbaum und E. F. Schumacher weitere deutschsprachige Emigranten beteiligt. Die beschäftigungstheoretische Diskussion in England weist daher nicht nur eine hohe personelle, sondern auch eine inhaltliche Verzahnung mit der frühen Entwicklungstheorie auf und bildet so eine interessante Schnittstelle entwicklungstheoretischer Wurzeln mit der konjunktur- und beschäftigungstheoretischen Debatte infolge des weitreichenden Paradigmenwechsels, der durch die keynesianische Revolution ausgelöst worden war (vgl. u.a. Eßlinger 1997).

Ein weiterer Ansatzpunkt sind schließlich Elemente der russischen und deutschen Planungsdebatten Mitte bzw. Ende der 1920er Jahre. Hier finden sich bereits in den frühen entwicklungstheoretischen Arbeiten von Rosenstein-Rodan und vor allem von Mandelbaum – er modellierte später einen Fünf-Jahres Plan für Südosteuropa – deutliche Hinweise auf die entwicklungsökonomische Relevanz der theoretischen Auseinandersetzungen mit den Problemen des langfristigen Wachstums und der Planung in der Gründungsphase der Sowjetunion. Das reflektieren auch die Arbeiten von A. O. Hirschman, der vor seinen entwicklungsökonomischen Forschungen über Lateinamerika seit Anfang der fünfziger Jahre bereits an der Vorbereitung und Durchführung des Marshall-Plans im *Federal Reserve Board* mitgearbeitet hatte.

Von besonderem Interesse für den Erfolg der Emigranten der Zweiten Generation ist der bereits angesprochene Gesichtspunkt der doppelten Ausbildung. Neben einem – zwangsweise abgebrochenen – Studium in Deutschland nahmen sie vielfach ein zweites Studium im Emigrationsland auf, so daß sie gleich zu Beginn ihrer akademischen Karriere mit unterschiedlichen, z.T. gegensätzlichen Forschungstraditionen »aufwuchsen«. Dies führte zu einer zweiseitigen Befruchtung und vielfach zu einer Synthese konkurrierender Theorien etwa im Sinne von H. W. Singers »two heroes« Schumpeter (Bonn) und Keynes (Cambridge). Hieraus resultierte oftmals ein für die individuelle akademische Karriere wie auch für die jeweilige Disziplin nutzbarer »Emigrationsgewinn«, der auch von Richard Musgrave in seinem Beitrag über die Entwicklung der Finanzwissenschaft konstatiert wird.

Neben jener Wirkung der Emigration auf die Entwicklung der Disziplin ist für die bundesdeutsche Wissenschaftsentwicklung nach 1945 der Rezeption dieser neuen, während der NS-Zeit im Ausland entwickelten theoretischen Ansätze nachzugehen. Da durch die nationalsozialistische Diktatur in Deutschland eine personelle wie inhaltliche Abkoppelung der Wirtschaftswissenschaften von der internationalen Diskussion erfolgt war, könnte durch die Remigration von Entwicklungsökonomen in den Nachkriegsjahren eine nachholende Entwicklung auf diesem Gebiet in der Bundesrepublik Deutschland in Gang gesetzt worden sein. Allerdings liegt die Rückwanderungsquote mit acht Prozent erheblich unter dem Durchschnitt von 21 Prozent bei Betrachtung aller emigrierten deutschsprachigen Ökonomen. Zu beachten ist, daß zudem einige von ihnen erst nach ihrer Emeritierung remigrierten.

Auf der Basis einer noch zu leistenden detaillierten Untersuchung der Anfänge der Entwicklungstheorie als eigenständigem Fachgebiet in Nachkriegsdeutschland können Gründe für einen Rückstand der deutschen Entwicklungsökonomie zumindest unmittelbar nach dem Zweiten Weltkrieg und für die ausbleibende Remigration gerade bei den Entwicklungsökonomen u.E. auch in der Schaffung von Beschäftigungsmöglichkeiten für Entwicklungsökonomen im angelsächsischen Raum gesehen werden. Vor allem in Großbritannien wurden bereits ab Ende der 1940er Jahre mehrere entwicklungsökonomische Lehrstühle eingerichtet und auch mit deutschsprachigen Emigranten besetzt. In den USA boten die im Aufbau befindliche UN und ihre Nebenorganisationen gerade für Emigranten – beispielhaft genannt seien hier B. F. Hoselitz, A. Kafka und H. W. Singer – neben Arbeitsmöglichkeiten auf dem amerikanischen Arbeitsmarkt ebenfalls ein breites wissenschaftliches Betätigungsfeld.

IV.

Die Entlassungen aus rassischen (§3) bzw. politischen Gründen (§4) gemäß dem von den Nazis verabschiedeten »Gesetz zur Wiederherstellung des Berufsbeamtentums« vom 7. April 1933 trafen die Wirtschaftswissenschaften an den deutschen Universitäten in sehr unterschiedlichem Ausmaß. Die durchschnittliche Entlassungsquote von rund einem Viertel verdeckt die immensen Unterschiede, die zwischen den einzelnen Universitäten bestanden. Während beispielsweise in München, Tübingen und Bonn kein einziger, in Göttingen, Freiburg und vielen anderen Universitäten nur jeweils ein Ökonom entlassen wurde, stellten andererseits die Universitäten Frankfurt, Heidelberg und Kiel Vertreibungszentren dar, die z.T. mehr als die Hälfte ihres Lehrkörpers verloren. Die Unterschiede zwischen den einzelnen Universitäten sowie ihre Ursachen werden im Beitrag von *Claus-Dieter Krohn* ebenso analysiert wie die Altersstruktur und die Zufluchtsländer der emigrierten Wirtschaftswissenschaftler, unter denen die USA mit weitem Abstand vor Großbritannien dominieren. Unter institutionellen Gesichtspunkten ist zu beachten, daß es neben Vertreibungszentren auch Emigrationszentren gab. So fanden viele der aus Frankfurt, Heidelberg und Kiel vertriebenen Wirtschafts- und Sozialwissenschaftler an der Graduate Faculty der New School for Social Research in New York (wieder) zueinander, die als »Universität im Exil« im Herbst 1933 ihren Lehrbetrieb aufnahm.[17] Weitere Emigrationszentren stellten die Universität Istanbul sowie das 1935 gegründete und mit Mitteln der Rockefeller Foundation finanzierte Oxford Institute of Statistics unter der Leitung von Jacob Marschak dar. Marschak, der im April 1933 wegen seiner »nicht-arischen Abstammung« als Privatdozent der Heidelberger Universität entlassen wurde, war seinerseits Anfang 1919 als erster einer größeren Gruppe junger menschewistischer Ökonomen aus der Sowjetunion nach Deutschland emigriert, die zumeist in Berlin bzw. Heidelberg bei Bortkiewicz bzw. Lederer promovierten. Während Leontief bereits 1931 an die Harvard University gegangen war, mußten die anderen 1933 ein zweites Mal emigrieren.

Wie Untersuchungen auch in anderen Fächern aufzeigen, emigrierten vor allem jüngere Wissenschaftler, die zudem im allgemeinen eine größere intellektuelle Mobilität und Flexibilität aufwiesen. Insbesondere Wissenschaftler an der Grenze von der ersten zur zweiten Generation, die kurz vor oder nach dem ersten akademischen Abschluß aus Nazi-Deutschland emigrierten, konnten von einer doppelten Sozialisation als Ökonom profitieren, zu einer Zeit, in der esnoch keine international weitgehend vereinheitlichte Wirtschaftswissenschaft gab. Zu ihnen zählt auch *Richard Musgrave*, der kurz nach seinem Diplomexamen an der Universität Heidelberg im Mai 1933 noch im Herbst desselben Jahres emigrierte und seine Studien ab 1934 an der Harvard University fortsetzte. In seinem Beitrag berichtet Musgrave über die Bereicherung, die seine finanzwissenschaftlichen Analysen durch die Verbindung der stärker theoretisch ausgerichteten angelsächsischen Tradition der Public Finance mit der kontinentaleuropäisch-deutschen Tradition der Finanzwissenschaft und ihrer stärkeren Betonung juristischer, soziologischer und historischer Aspekte erfuhren. In diesem Sinne sieht er sich durchaus als Emigrationsgewinner. *Jürgen Backhaus* versucht in seinem Beitrag eine Erweiterung vorzunehmen und anhand eines Katalogs von zehn Fragen die Wirkungen der Emigration auf die Entwicklung der Finanzwissenschaft als bedeutende Teildisziplin der Wirtschaftswissenschaft zu untersuchen, von deren bedeutenden Vertretern auch Gerhard Colm, Fritz Karl Mann und Fritz Neumark emigrierten. Der besondere Reiz dieses Beitrages besteht darin, daß mit Musgrave der renommierteste und einflußreichste Finanzwissenschaftler der Nachkriegszeit und zu-

---

[17] Vgl. genauer Krohn (1987).

gleich selbst Betroffener ausführlich zu diesen Fragen Stellung bezieht.

Auch *Wolfgang F. Stolper*, der Deutschland Anfang 1933 kurz vor seiner Diplomprüfung aus politischen und rassischen Gründen verlassen mußte, setzte sein Studium an der Harvard University fort. Dort promovierte er 1938 bei Joseph Alois Schumpeter, bei dem er bereits 1931/32 in Bonn studiert hatte und über den er kürzlich eine große Biographie vorlegte, die sich auf Schumpeters theoretische, wirtschafts- und allgemein-politische Ideen konzentriert (Stolper 1994). In dem Beitrag geht Stolper auch auf seine Zusammenarbeit mit Paul Samuelson ein, aus der sich das »Stolper-Samuelson-Theorem« entwickelte, wonach internationaler Handel den Reallohn des knappen Produktionsfaktors in Einheiten eines beliebigen Gutes gerechnet senkt. Seit seinem Studium an der Universität Bonn verbindet Stolper eine lebenslange Freundschaft mit H. W. Singer, mit dem er nicht nur eine große Neigung für Schumpeter, sondern auch ein starkes Interesse an entwicklungsökonomischen Problemstellungen teilt. *Sir Hans Singer*, der nach seinem Diplomexamen an der Universität Bonn 1931 zunächst als Doktorand bei Schumpeter begann, nach dessen Weggang nach Harvard für kurze Zeit Mitarbeiter von Spiethoff wurde, 1933 zunächst in die Türkei emigrierte, bevor er 1934 nach Großbritannien kam, wo er zwei Jahre später bei Keynes und Kahn an der Universität Cambridge promovierte, berichtet in seinem Beitrag über den Einfluß von Schumpeter und Keynes auf seine späteren Arbeiten als Entwicklungsökonom. Zwischen 1947 und 1969 war Singer für die Vereinten Nationen tätig, bevor er an das Institute of Development Studies der Universität von Sussex in Brighton ging, wo er noch heute als elder statesman einen überragenden Einfluß ausübt. International bekannt wurde Singer 1950 als geistiger (Ko-)Vater der Prebisch-Singer-Hypothese, wonach sich die Terms of Trade der Entwicklungsländer langfristig gegenüber den Industrieländern verschlechtern.

Zu den international führenden Entwicklungsökonomen zählen ebenfalls die fünf bzw. sieben Jahre jüngeren *Heinz W. Arndt* und *Paul Streeten*, die beide entscheidende Impulse für ihre späteren Forschungsarbeiten während ihres Studiums an der Universität Oxford erhielten. Arndt, der auch an der London School of Economics studierte, wo u.a. Rosenstein-Rodan sein Tutor war, ging 1946 von England nach Australien, wo er sich zunehmend auf den südostasiatischen Raum spezialisierte. In seinem Beitrag reflektiert er über seinen Lebensweg von Breslau nach Canberra, die wichtigsten Etappen seiner

Entwicklung als Ökonom sowie über den Status der Ökonomie als wissenschaftliche Disziplin. Streeten, der im Jahr 1940 nach Dünkirchen ebenso wie Arndt zunächst auf der Isle of Man, dann für einige Monate in Kanada interniert war, sieht sich als ein Ökonom mit »Luftwurzeln«, einen heterodoxen Nonkonformisten, dessen internationale Orientierung zweifellos durch die infolge des Einmarsches der Nazis nach Österreich 1938 erzwungene Emigration gefördert wurde. Sein Interesse für die Entwicklungsökonomie resultiert auch aus dem die Ökonomie als enge Fachdisziplin transzendierenden multi- und interdisziplinärem Charakter dieses Gebietes, das weit mehr als nur ein Teilgebiet der Ökonomie darstellt. Wichtige Impulse für seine Forschungsarbeiten hat Streeten durch eine längere intensive Zusammenarbeit mit Gunnar Myrdal erhalten, der ihm auch ein Gefühl für die Bedeutung der Rolle von Institutionen vermittelte. Einem größeren Kreis von Ökonomen bekannt wurde Streeten Ende der fünfziger Jahre, als er die von Rosenstein-Rodan und Nurkse entwickelte Doktrin des ausgewogenen Wachstums kritisierte und ihr seine Konzeption des »unbalanced growth« gegenüberstellte, zu einer Zeit, als auch ein weiterer Emigrant und bedeutender Entwicklungsökonom, der 1915 in Berlin geborene Albert Hirschman, ein nachhaltiger Befürworter unausgewogenen Wachstums war.

Wie u.a. die Beispiele von Stolper und Singer zeigen, war Schumpeter für viele jüngere emigrierte Ökonomen persönlich wie fachlich eine zentrale Bezugsperson. Zu den Aktivisten der 1986 unter maßgeblicher Initiative von Wolfgang Stolper gegründeten »International Schumpeter Society« zählt auch *Eberhard K. Seifert*, der in seinem Beitrag vor allem die schwierige Frage nach Schumpeters Einfluß auf die Entwicklung der Ökonomik, insbesondere in den USA, zu beantworten versucht. Dabei geht Seifert zunächst auf die kaum weniger leicht zu beantwortende Frage ein, ob Schumpeter anläßlich seines bereits 1932 von Bonn nach Harvard vollzogenen Wechsels überhaupt im strengen Sinne der deutschsprachigen wirtschaftswissenschaftlichen Emigration zuzurechnen ist. Es folgen eine Diskussion von »Harvards golden age of economics«, der beiden Dekaden nach Schumpeters Ankunft, ein näheres Eingehen auf Fritz Karl Manns bereits 1958 angeführten Argumente, warum sich in Amerika keine Schumpeter-Schule herausgebildet hat, sowie eine Diskussion der Ursachen für die Schumpeter-Renaissance, die im vergangenen Jahrzehnt stattgefunden hat.

Schumpeter gehört neben Friedrich August von Hayek, Adolf Löwe und Friedrich Lutz zu den vier Ökonomen, mit deren konjunktur-(und wachstums-)theoretischen Beiträgen in der Zwischenkriegszeit sich *Christof Rühl* in seinem Aufsatz näher auseinandersetzt. Der Verfasser kommt dabei zum Ergebnis, daß die vor 1933 im deutschsprachigen Raum geführte Debatte mit ihrem zentralen Thema der (Un-)Vereinbarkeit von Gleichgewichts- und Konjunkturtheorie vor dem Hintergrund der in der modernen Wirtschaftstheorie diskutierten Fragestellungen nicht nur von bemerkenswerter Aktualität ist, sondern auch von einem hohen Niveau sowie einer Offenheit und Reichhaltigkeit der ökonomischen Analyse zeugt, deren gründliche Kenntnisnahme die moderne Debatte immer noch befruchten kann. Adolf Löwe, der im technischen Fortschritt die zentrale Determinante des Konjunkturzyklus, zugleich aber auch den wesentlichen Bestimmungsgrund des langfristigen Wachstumstrends erkannte, präzisierte 1925/26 die methodologischen Anforderungen, die an eine Konjunkturtheorie zu stellen sind und wurde damit der Spiritus Rector der konjunkturtheoretischen Diskussion in der zweiten Hälfte der Weimarer Republik. Zugleich baute er auf Initiative von Bernhard Harms 1926 am Kieler Institut für Weltwirtschaft eine neue Konjunkturforschungsabteilung auf, an der sich hochkarätige jüngere Ökonomen wie Gerhard Colm und Hans Neisser, aber auch Wassily Leontief und Jacob Marschak versammelten, die in den wenigen Jahren bis 1933 sowie später in der Emigration auch im internationalen Maßstab beachtliche Leistungen erzielt haben, die *Harald Hagemann* in seinem Beitrag würdigt.

Sieht man von den gebürtigen Russen wie Leontief und Marschak ab, so war der Beitrag, den aus Deutschland emigrierte Ökonomen nach dem Zweiten Weltkrieg zur Mathematisierung der Wirtschaftswissenschaft geleistet haben, eher gering. *Henry W. Spiegel* führt dies in seinem Aufsatz auf den weiten Schatten zurück, den die Historische Schule mit ihrer Verachtung ökonomischer Theorie und höherer Grade abstrakter Argumentation geworfen hatte. So hätten demgegenüber auch die aus Österreich emigrierten Ökonomen, wie Karl Menger, Oskar Morgenstern, Abraham Wald (oder der aus Ungarn stammende John von Neumann), diesbezüglich eine wesentlich bessere Leistung erzielt.

Hans-Ulrich Eßlinger setzt sich am bedeutenden Beispiel von Emil Lederer näher mit den Einflüssen der Emigration auf dessen wirtschafts- und sozialwissenschaftliche Schriften auseinander. Kontinuität und Akkulturation als die beiden Seiten der Emigrationserfahrung werden u.a. verdeutlicht am Beispiel der Unterschiede, die die 1938 erschienene zweite Ausgabe von Lederers wohl bekanntestem Werk *Technischer Fortschritt und Arbeitslosigkeit* gegenüber der aus dem Jahre 1931 stammenden Erstfassung aufweist. Lederer ist zugleich Doktor-(und Habil-)Vater zahlreicher späterer Emigranten in den langen Jahren seiner erfolgreichen Tätigkeit an der Universität Heidelberg und Nachfolger von Werner Sombart an der Berliner Universität gewesen, an die er im Herbst 1931 wechselte.

Lederer wurde auch erster Dean der von Alvin Johnson im Jahre 1933 gegründeten *University in Exile* an der New School for Social Research, der einzigen eigenständigen Emigranten-Universität, der bei der Diskussion der Wirkungen der wirtschaftswissenschaftlichen Emigration in den Aufnahmeländern zweifelsohne der erste Rang gebührt. *Gary Mongiovi* (selbst italienischer Abstammung wie der Nobelpreisträger des Jahres 1985 Franco Modigliani, der kurz vor Ausbruch des Zweiten Weltkriegs aus dem faschistischen Italien emigrierte und an die New School kam, wo er bei den Doktorvätern Marschak und Löwe 1944 promovierte) gibt aus der Perspektive eines jüngeren amerikanischen Ökonomen, der 1988 an dieser Institution promovierte, einen Überblick über die Gründung und Entstehungsgeschichte der Universität im Exil. Mongiovi nimmt auch eine Bewertung der wirtschaftswissenschaftlichen Leistungen der emigrierten Ökonomen vor, die vor allem auf den Gebieten der Geld- und Konjunkturtheorie, der wirtschaftlichen Dynamik sowie der Untersuchung von technologischem und sozialem Wandel lagen. Ferner geht der Verfasser, der selbst über das Werk des bereits in den zwanziger Jahren aus Italien nach England emigrierten Piero Sraffa promovierte, näher auf den ebenfalls aus Italien emigrierten Politikwissenschaftler Max Ascoli ein, der zu den frühen Mitgliedern der Universität im Exil gehörte. Sraffa liefert auch den Stoff für eine der vielen Anekdoten im Augenzeugenbericht von *Jürgen Kuczynski* über das englische Exil, in das er 1936 gehen mußte. Dort lernte er viele Keynesianer wie Joan Robinson und Nicholas Kaldor näher kennen sowie den wegen seiner marxistischen Orientierung ihm besonders nahestehenden Maurice Dobb. Im September 1944 wurde Kuczynski Mitglied der von Galbraith geleiteten Forschungsgruppe von Ökonomen, die die berühmte Studie über die Wirkungen der alliierten Luftangriffe auf die deutsche Kriegswirtschaft erstellte (vgl. Galbraith 1982, Kap. 13 und 14 sowie United States Strategic Bombing Survey 1945).

Unter der großen Gruppe von weit über hundert deutschsprachigen Wissenschaftlern, die ab 1933 in die Türkei emigrierten, stellten die Ökonomen zahlenmäßig zwar nur eine kleine Gruppe dar, darunter mit Fritz Neumark, Alexander Rüstow und Wilhelm Röpke (bis 1937), den Agrarökonomen Fritz Baade und Hans Wilbrandt sowie dem Kommunalwissenschaftler Ernst Reuter (der nach 1946 als Regierender Bürgermeister von Berlin ein bekannter Politiker wurde) aber eine besonders hochkarätige. *Matthes Buhbe* verdeutlicht in seinem Beitrag, daß neben Reuter in Ankara Fritz Neumark in Istanbul wohl die nachhaltigsten Wirkungen in der Türkei entfaltete, aus der er erst Anfang 1952 nach Deutschland auf eine Professur für Finanzwissenschaft an der Universität Frankfurt zurückkehrte. Neumark gehörte zugleich zu den wenigen Emigranten, die sich nach mehrjährigem Aufenthalt mit den Einheimischen in türkischer Sprache verständigen konnten. Verständigungsschwierigkeiten sowie kulturelle Divergenzen waren sicherlich entscheidende Gründe, warum nahezu alle Emigranten, im Gegensatz zum amerikanischen oder britischen Exil, aus der Türkei nach Deutschland zurückkehrten. Aus verständlichen Gründen war dies auch anders bei denjenigen Wissenschaftlern, die nach Israel emigrierten. Wie *Fanny Ginor* in ihrem autobiographisch gehaltenen Bericht nachhaltig verdeutlicht, unterschied sich dieser Weg zugleich beträchtlich von demjenigen, der die meisten emigrierten Ökonomen an eine Universität im angelsächsischen Raum führte. Nicht zuletzt die Existenzprobleme des Staates Israel bedingten, daß die dorthin emigrierten Wissenschaftler in ungleich stärkerem Maße in die praktische Politik, Administration und Aufbauarbeit einbezogen wurden und damit in aller Regel kein reines akademisches Dasein führen konnten.

Gänzlich anderer Natur ist der Beitrag von *Marco Haan* und *Henk W. Plasmeijer*, die am Beispiel der Niederlande verdeutlichen, welchen langfristig wirksamen Bedeutungsverlust die aus dem deutschen Sprachraum stammende Wirtschaftstheorie (in diesem Fall insbesondere diejenige der österreichischen Schule der Nationalökonomie) während der nationalsozialistischen Zeit erfuhr.

Bekanntermaßen war der quantitative Anteil wie das qualitative Gewicht der »Österreicher« unter den emigrierten Wirtschaftswissenschaftlern aus dem deutschsprachigen Raum besonders hoch. Demgegenüber mag es auf den ersten Blick überraschen, daß es bei den Ökonomen an der zentralen Universität in Wien im März 1938 fast keinen Einschnitt gab, wie *Karl Milford* und *Peter Rosner* in ihrem

Beitrag konstatieren. Bei genauerer Betrachtung zeigt sich jedoch, daß die rechts- und staatswissenschaftliche Fakultät der Universität Wien, an der in den zwanziger und dreißiger Jahren die theoriefeindlichen Lehrstuhlinhaber Hans Mayer und Othmar Spann die Nationalökonomie dominierten, keinen nationalsozialistischen Auftrag zur Vertreibung von Juden und Sozialisten benötigte, da es diese kaum gab. Die eigentliche Abkoppelung der Wirtschaftstheorie an der Universität Wien hatte bereits nach 1920 stattgefunden. Viele der später weltbekannt gewordenen österreichischen Ökonomen, die angesichts der wenigen Planstellen an österreichischen Universitäten ihren Lebensunterhalt als Unternehmer, Rechtsanwälte oder Referenten im Österreichischen Institut für Konjunkturforschung verdienen mußten oder Privatgelehrte waren, befanden sich zum Zeitpunkt des Anschlusses bereits außer Landes wie Haberler, Hayek, Machlup oder Mises, so daß es neben Morgenstern vor allem jüngere Ökonomen wie Rothschild, Steindl oder Streeten waren, die nun das Land verließen.

Welche großen Unterschiede in der Entwicklung der wirtschaftswissenschaftlichen Fakultäten es in Deutschland während der NS-Zeit gab, zeigt das Beispiel der drei traditionsreichen südwestdeutschen Universitäten Freiburg, Heidelberg und Tübingen, auf deren Berufungspraxis vor und nach 1933 *Klaus-Rainer Brintzinger* in seinem faktenreichen, archivgestützten Beitrag eingeht. So fiel in Heidelberg, das in den Jahren der Weimarer Republik gerade auch in den Wirtschafts- und Sozialwissenschaften ein Zentrum intellektuellen Diskurses gewesen war, der Umbruch 1933 viel gravierender aus als an den konservativen aber nunmehr stabileren Fakultäten in Tübingen und Freiburg, wo 1926 mit den Berufungen von Walter Eucken und Adolf Lampe nicht nur eine Trendwende in Richtung einer wesentlich stärkeren Akzentuierung der Wirtschaftstheorie erfolgt war, sondern auch die längerfristige Entwicklung einer »Freiburger Schule« mit ihrer Rekonstruktion des liberalen Paradigmas bemerkenswerterweise – entgegengesetzt zur politischen Entwicklung – gerade in jenen Jahren erfolgte, in denen der Liberalismus in Deutschland eine vernichtende politische Niederlage erlitt. In Heidelberg dagegen, das im reichsweiten Vergleich einen hohen Anteil jüdischer Gelehrter und einen noch höheren Anteil von Wissenschaftlern aufwies, die in der kritischen Phase engagiert für die Verteidigung der Republik eintraten, erfolgte 1933 ein nahezu vollständiger personeller und institutioneller Wandel, ein damit verbundener Umbruch in der nationalökonomischen Forschungs- und Lehrtradition sowie ein nahezu vollständiger Verfall akademischer Sitten unter dem Einfluß nationalsozialistischer Politik, wie einige von Brintzinger angeführte kritische Berufungs- und Habilitationsverfahren zeigen (vgl. ausführlicher Brintzinger 1996). Daran konnte auch das mutige Agieren eines Alfred Weber nichts ändern, der das im Mai 1924 gegründete Institut für Sozial- und Staatswissenschaften (InSoSta) bis 1933 leitete, als er kurz vor Erreichen der Altersgrenze seine vorzeitige Emeritierung beantragte. Auf Alfred Weber als einen unumstrittenen Vertreter der »inneren Emigration« geht *Hans G. Nutzinger* in seinem Beitrag näher ein. Hinzuweisen ist auch darauf, daß es vor allem dem entschlossenen Einsatz von Alfred Weber zu verdanken ist, daß in Heidelberg, wo die Nationalökonomie bis 1933 und nach 1945 zur philosophischen Fakultät gehörte, die Entnazifizierung wesentlich konsequenter ausfiel als an vielen anderen deutschen Universitäten (vgl. Brintzinger 1996).

Die Gründung der Europäischen Gemeinschaft nach dem Zweiten Weltkrieg stellt nicht zuletzt eine wichtige Konsequenz aus den Lehren dar, die man aus den Gefahren eines übersteigerten Nationalismus gezogen hatte. Bezeichnenderweise waren es durch den Nationalsozialismus gefährdete Emigranten wie Leopold Kohr und Ernst F. Schumacher, die vor der Megalomanie entwickelter zentralistischer Nationalstaaten warnten. Ein etwa zwanzig Jahre älterer Geistesverwandter war der 1888 als Angehöriger der jüdischen Minderheit in Bukarest geborene Politikwissenschaftler David Mitrany, auf dessen Funktionalismus als Grundlage wirtschaftlicher und politischer Neuordnungen in Europa *Gerhard Michael Ambrosi* in seinem Beitrag eingeht. Der Verfasser verdeutlicht die hohe Aktualität von Mitranys Ideen vor dem Hintergrund der von einem starken Nationalismus getragenen gegenwärtigen Desintegration Osteuropas, aber auch zur Reflektierung der Erfolgsbedingungen eines europäischen Föderalismus angesichts der Bestimmungen des Maastrichter Vertrages vom Dezember 1991. Damit wird sichtbar, wie notwendig das Denken und Handeln europäischer Weltbürger heute und zukünftig ist, wozu viele Emigranten nach 1933 zunächst unfreiwillig geworden sind.

V.

Die Hälfte der im vorliegenden Band enthaltenen Beiträge wurde für die Tagung zum Thema *Die deutschsprachige wirtschaftswissenschaft-*

liche Emigration nach 1933 verfaßt, die Ende September 1991 an der Universität Hohenheim in Stuttgart stattfand. Zu dieser Tagung wurde von uns eine erste biographische Gesamtübersicht emigrierter deutschsprachiger Wirtschaftswissenschaftler vorgelegt, die eine wichtige Zwischenbilanz in dem von uns im Rahmen des vor kurzem ausgelaufenen Schwerpunktprogramms *Wissenschaftsemigration* der Deutschen Forschungsgemeinschaft durchgeführten Forschungsprojekt darstellte. Obwohl Ökonomen bei der sozialwissenschaftlichen Emigration die zahlenmäßig größte Gruppe stellten und innerhalb des gesamten Spektrums der wissenschaftlichen Emigration nach Medizinern und Chemikern offenbar an dritter Stelle rangierten, lag eine derartige Gesamterhebung aller emigrierten bzw. von den Nationalsozialisten verfolgten Wirtschaftswissenschaftler zuvor nicht vor. Ihre Notwendigkeit wird auch dadurch unterstrichen, daß rund ein Drittel unseres Personenkreises in dem innovativen, umfassenden und verdienstvollen *Biographischen Handbuch der deutschsprachigen Emigration* von Röder und Strauss (1980/83) seinerzeit nicht erfaßt worden ist.

Durch die überaus erfreuliche und positive Resonanz von seiten der emigrierten Ökonomen selbst, aber auch durch Anmerkungen und Ergänzungen von Tagungsteilnehmern und interessierten Fachkollegen sowie durch weitere Recherchen und intensive Korrespondenzen konnte ein deutlicher Zugewinn an biographischen sowie wissenschaftlichen Daten über unsere Zielgruppe realisiert werden. Die rege Nachfrage von Universitäts- und Institutsbibliotheken hat dafür gesorgt, daß die erste Auflage der biographischen Gesamtübersicht rasch vergriffen war. Die zweite erweiterte und verbesserte Auflage (Hagemann und Krohn 1992) bildet die Basis für ein in Vorbereitung befindliches *Biographisches Handbuch der deutschsprachigen wirtschaftswissenschaftlichen Emigration nach 1933* (Hagemann und Krohn 1997), in dem die Beiträge von ca. 330 emigrierten Ökonomen zu der Entwicklung der jeweiligen Teilgebiete der Wirtschaftswissenschaft näher gewürdigt werden. Die große Zahl resultiert nur z.T. aus der Aufnahme von Emigranten der sog. Zweiten Generation, die als Kinder, Jugendliche oder Studenten den NS-Staat verließen (und auch im Röder-Strauss-Handbuch enthalten sind). Für die Datensammlung ist ein *Fragebogen* entwickelt worden der Auskunft gibt über

a. die intellektuelle Herkunft: Studium, Promotionsort, Doktorvater, Habilitationsort, letzte akademische Position in Deutschland,

b. das Wanderungsprofil,
c. Entwicklung der Karrieren in den Zufluchtsländern,
d. Veröffentlichungen und davon abgeleitet die Zuordnung zu bestimmten Forschungsschwerpunkten nach standardisiertem Verfahren (des Vereins für Socialpolitik und der American Economic Association).[18]

Absicht des Handbuchs ist es, ein Gesamtbild der emigrierten Wirtschaftswissenschaftler in quantitativer wie vor allem in qualitativer Hinsicht zu erzeugen. Der fundierten Beurteilung der Wissenschaftsemigration in Abgrenzung zur Wissenschaftsentwicklung in Deutschland sowie der Wirkung der Wissenschaftsemigration auf die Wissenschaftsentwicklung im Ausland soll auch der vorliegende Band dienen. In diesem Zusammenhang möchte ich mich bei allen Autoren und/oder Tagungsteilnehmern bedanken.

Mein besonderer Dank gilt *Richard Musgrave* und *Sir Hans Singer* für ihre engagierten Eröffnungsreferate im Balkonsaal des Schlosses Hohenheim. Beide 1910 in Deutschland geboren und kurz nach ihrem jeweiligen Diplomexamen an den Universitäten Heidelberg bzw. Bonn im Jahre 1933 emigriert, haben sie die Entwicklung der modernen Finanzwissenschaft bzw. Entwicklungsökonomie in entscheidender Weise mitgeprägt. Altersmäßig genau an der Grenzlinie zwischen Emigranten der ersten und der zweiten Generation stehend, haben sie beide wichtige Anregungen und Denkanstöße durch ihre doppelte Sozialisation als Ökonomen in Zeiten einer noch nicht standardisierten, sondern durch unterschiedliche nationale Schulen und Denktraditionen gekennzeichneten wissenschaftlichen Welt erhalten. Beiden habe ich für ihren großen Einsatz und die Bereitschaft zur Inkaufnahme größerer Reisestrapazen (bei Richard Musgrave zugleich mit dem mit Abstand längsten Reiseweg verbunden) ebenso zu danken wie *Jürgen Kuczynski* als dem ältesten aktiven Tagungsteilnehmer, der kürzlich bereits seinen 90. Geburtstag feiern konnte.

Durch die während der Tagung erhaltenen Anregungen und hergestellten persönlichen Kontakte sowie die vorgelegte erste biographische Gesamtübersicht emigrierter deutschsprachiger Wirtschaftswissenschaftler konnte eine erhebliche positive Multiplikatorwirkung erzielt werden. Da viele emigrierte Ökonomen untereinander in einem engen fachlichen und z.T. auch persönlichen Kontakt stehen, wurden

[18] Zu einer ersten Auswertung der Ergebnisse vgl. den vorliegenden Beitrag von Krohn.

viele Weitere angeregt, sich erstmals oder erneut mit den Wirkungen der Emigration auseinanderzusetzen. Hiervon zeugen die vorliegenden Beiträge von *Fanny Ginor*, *Heinz W. Arndt*, *Henry W. Spiegel*, *Wolfgang F. Stolper* und *Paul Streeten*, denen ich für ihre spontane Bereitschaft, Beiträge für diesen Band zu verfassen, nachhaltig danken möchte. Auffällig war ferner die (altdeutsche?) Tugend einer äußerst pünktlichen Ablieferung der Manuskripte, die sich gegenüber manch jüngerem Autor bemerkenswert abhob. Als Adolph Lowe bei seiner Rückkehr nach Deutschland kurz nach seinem 90. Geburtstag im Jahre 1983 und damit genau 50 Jahre nach seiner Emigration vom Deutschen Fernsehen befragt wurde, welche entscheidenden Unterschiede zwischen den Deutschen der Jahre 1983 und 1933 ihm aufgefallen seien, lautete die knappe Antwort: »The Germans have become far nicer but less efficient.«

Demgegenüber zeigt gerade das Beispiel vieler emigrierter Ökonomen wie Lowe, daß Letzteres kein unvermeidbarer trade-off ist. Welche Verluste die deutsche Wirtschaftswissenschaft inhaltlich wie menschlich durch die Emigration erlitten hat, dokumentiert nach Musgrave und Singer auch *Wolfgang Stolper*, dessen dreistündiges enthusiasmierendes Seminar an der Universität Hohenheim im Frühjahr 1992 den zahlreichen Teilnehmern in unvergeßlicher Erinnerung bleibt.

Für die ideelle und räumliche Unterstützung der Tagung möchte ich mich beim letzten Präsidenten der Universität Hohenheim *Wolfgang Haubold* ebenso bedanken wie beim Universitätsbund Hohenheim und dessen Geschäftsführer, dem Kollegen *Klaus Herdzina*, für die Gewährung eines Druckkostenzuschusses zum vorliegenden Band. *Dr. Gerd Grözinger* von der Evangelischen Akademie Bad Boll war bei der logistischen und finanziellen Durchführung der Tagung eine ebenso unverzichtbare Hilfe wie *Frau Simon* vom Haus Birkach, wo die Tagung am zweiten und dritten Tag stattfand und wo die Teilnehmer übernachteten. Bedanken möchte ich mich ferner bei zahlreichen Mitgliedern des *Arbeitskreises Politische Ökonomie* für ihre aktive Beteiligung und dem früheren Vorsitzenden *Bernd Rahmann* für die gewährte Unterstützung. *Gary Mongiovi* leistete einen entscheidenden Beitrag bei der Organisation des zweistündigen Videofilms *The Exiles* des nicht-kommerziellen New Yorker Fernsehsenders Channel 13, der eine eindrucksvolle thematische Ergänzung darstellte. *Hubert Hoffmann* vom Metropolis-Verlag zeigte bei der Ausgestaltung dieses Bandes ein ebenso großes Engagement wie eine nahezu grenzenlose Geduld beim Warten auf das endgültige Manuskript. Schließlich gilt mein besonderer Dank *Hans-Ulrich Eßlinger* für seine fortdauernde Unterstützung bei der Vorbereitung und Durchführung der Tagung sowie der redaktionellen Bearbeitung der in diesem Band vorgelegten Beiträge.

Literatur

Backhaus, J. (1985): Keynesianism in Germany, in: T. Lawson und H. Pesaran (Hrsg.), Keynes' Economics, London, S. 209-253.

Barkai, A. (1977): Das Wirtschaftssystem des Nationalsozialismus, Köln.

Blaug, M. (1985): Great Economists since Keynes, Brighton.

Blaug, M. (Hrsg.) (1986): Who's Who in Economics. A Biographical Dictionary of Major Economists, 2. Aufl., Brighton.

Bombach, G. u.a. (Hrsg.) (1976): Der Keynesianismus II. Die beschäftigungspolitische Diskussion vor Keynes in Deutschland, Berlin u.a.

Bombach, G. u.a. (Hrsg.) (1981): Der Keynesianismus III. Die geld- und beschäftigungstheoretische Diskussion in Deutschland zur Zeit von Keynes, Berlin u.a.

Borchardt, K. (1982): Zur Aufarbeitung der Vor- und Frühgeschichte des Keynesianismus in Deutschland. Zugleich ein Beitrag zur Position von W. Lautenbach, in: Jahrbücher für Nationalökonomie und Statistik, Band 197, S. 359-370.

Borchardt, K. (1988): Keynes' »Nationale Selbstgenügsamkeit« von 1933. Ein Fall von kooperativer Selbstzensur, in: Zeitschrift für Wirtschafts- und Sozialwissenschaften, Band 108, S. 271-284.

Brintzinger, K.-R. (1996): Die Nationalökonomie an den Universitäten Freiburg, Heidelberg und Tübingen 1918-1945. Eine institutionenhistorische, vergleichende Studie der wirtschaftswissenschaftlichen Fakultäten und Abteilungen südwestdeutscher Universitäten, Dissertationsschrift, Frankfurt.

Burchardt, F. u.a. (1944): The Economics of Full Employment. Six Studies in Applied Economics prepared at the Oxford University Institute of Statistics, Oxford.

Colonna, M. und Hagemann, H. (Hrsg.) (1994): The Economics of Hayek. Vol I: Money and Business Cycles, Aldershot.

Coser, L. (1984): Refugee Scholars in America. Their Impact and Their Experiences, New Haven und London.

Craver, E. (1986a): The Emigration of the Austrian Economists, in: History of Political Economy, Band 18, S. 1-32.

Craver, E. (1986b): Patronage and the Directions of Research in Economics: The Rockefeller Foundation in Europe, 1924-1938, Minerva, Band 24, S. 205-222.

Craver, E. und Leijonhufvud, A. (1987): Economics in America: the Continental influence, in: History of Political Economy, Band 19, S. 173-182.

Eßlinger, H. U. (1997): The Continental Tradition in Early Works on Development Economics, erscheint in: J. Glombowski/H.W. Plasmeijer (Hrsg.): Kontinentale Geschichte des ökonomischen Denkens, Marburg.

Eucken, W. (1940): Wissenschaft im Stile Schmollers, in: Weltwirtschaftliches Archiv, Band 52, S. 468-506.

Fischer, K. (1988): Die Emigration deutschsprachiger Kernphysiker nach 1933. Eine kollektivbiographische Analyse ihrer Wirkung auf der Basis szientometrischer Daten, in: Exilforschung. Ein internationales Jahrbuch, Band 6: Vertreibung der Wissenschaften und andere Themen, München, S. 44-72.

Fischer, K. (1991): Die Emigration deutschsprachiger Physiker nach 1933. Strukturen und Wirkungen, in: H. A. Strauss u.a. (Hrsg.): Die Emigration der Wissenschaften nach 1933. Disziplingeschichtliche Studien, München u.a., S. 27-72.

Galbraith, J. K. (1982): Leben in entscheidender Zeit, München.

Garvy, G. (1975): Keynes and the Economic Activists of Pre-Hitler Germany, in: Journal of Political Economy, Band 83, S. 391-405.

Hagemann, H. (1991): Learned Journals and the Professionalization of Economics: The German Language Area, Schwerpunktheft, herausgegeben von Axel Leijonhufvud, Economic Notes, Band 20, S. 33-57.

Hagemann, H. und Krohn, C.-D. (1992): Die Emigration deutschsprachiger Wirtschaftswissenschaftler nach 1933. Biographische Gesamtübersicht unter Mitarbeit von Hans Ulrich Eßlinger, 2. erw. Aufl., Diskussionsbeiträge aus dem Institut für Volkswirtschaftslehre der Universität Hohenheim, Nr. 72, Stuttgart.

Hagemann, H. und Krohn, C.-D. (1997): Handbuch der deutschsprachigen wirtschaftswissenschaftlichen Emigration nach 1933, 2 Bände unter Mitarbeit von H.U. Eßlinger, München.

Hayek, F.A. (1931): Preise und Produktion, Wien.

Heilbroner, R. L. (1987): Capitalism, in: J. Eatwell, M. Milgate, P. Newman (Hrsg.), The New Palgrave. A Dictionary of Economics, Band 1, London, S. 347-353.

Heuß, E. (1989): Die theoretische Nationalökonomie im deutschsprachigen Raum vor und nach 1945, in: B. Schefold (Hrsg.), Studien zur Entwicklung der ökonomischen Theorie VIII, Schriften des Vereins für Socialpolitik, Band 115/VIII, Berlin, S. 63-74.

Hicks, J. R. (1933): Gleichgewicht und Konjunktur, in: Zeitschrift für Nationalökonomie, Band 4, S. 441-455; engl. Übersetzung in: Economic Inquiry, Band 18, 1980, S. 523-534.

Hudson, M. (1988): Keynes, Hayek and the Monetary Economy, in: J. Hillard (Hrsg.), J. M. Keynes in Retrospect. The Legacy of the Keynesian Revolution, Aldershot, S. 172-184.

Keynes, J. M. (1919): The Economic Consequences of the Peace, London.

Keynes, J. M. (1930): A Treatise on Money, 2 Bde., London, dt.: Vom Gelde, München, 1932.

Keynes, J. M. (1936): The General Theory of Employment, Interest and Money, London, dt.: Allgemeine Theorie der Beschäftigung, des Zinses und des Geldes, München 1936.

Krohn, C.-D. (1987): Wissenschaft im Exil. Deutsche Sozial- und Wirtschaftswissenschaftler in den USA und die New School for Social Research, Frankfurt/New York.

Krohn, C.-D. (1988): Die Emigration der Österreichischen Schule der Nationalökonomie in die USA, in: F. Stadler (Hrsg.), Vertriebene Vernunft II. Emigration und Exil österreichischer Wissenschaft, Wien und München, S. 402-415.

Kruse, C. (1988): Die Volkswirtschaftslehre im Nationalsozialismus, Freiburg.

Martin, K. (1991): Modern Development Theory, in: K. Martin (Hrsg.), Strategies of Economic Development. Readings in the Political Economy of Industrialization, London, S. 27-73.

Meier, G. M. und Seers, D. (Hrsg.) (1984): Pioneers in Development, Oxford.

Morgenstern, O. (1935): Vollkommene Voraussicht und wirtschaftliches Gleichgewicht, in: Zeitschrift für Nationalökonomie, Band 6, S. 337-357.

Müssener, H. (1974): Exil in Schweden. Politische und kulturelle Emigration nach 1933, München.

Neumann, J. von und Morgenstern, O. (1944): Theory of Games and Economic Behavior, Princeton; dt.: Spieltheorie und wirtschaftliches Verhalten, Würzburg, 1961.

Neumark, F. (1980): Zuflucht am Bosporus. Deutsche Gelehrte, Politiker und Künstler in der Emigration 1933-1953, Frankfurt.

Pommerehne, W. W. und Frey, B. S. (1988): Die Geltung deutschsprachiger Ökonomen in der Welt, in: Jahrbücher für Nationalökonomie und Statistik, Band 201, S. 280-306.

Pütz-Neuhauser, G. (1989): Zur Entwicklung der Konjunkturtheorie im deutschen Sprachraum in der Zwischenkriegszeit, in: B. Schefold (Hrsg.), Studien zur Entwicklung der ökonomischen Theorie VIII. Schriften des Vereins für Socialpolitik, Band 115/VIII, Berlin, S. 87-102.

Röder, W. und Strauss, H. A. (Hrsg.) (1980/83): Biographisches Handbuch der deutschsprachigen Emigration nach 1933. Band 1: Politik, Wirtschaft, öffentliches Leben, Vol. 2: The Arts, Sciences and Literature, München u.a.

Samuelson, P. A. (1988): The Passing of the Guard in Economics, in: Eastern Economic Journal, Band 14, S.319-329.

Sauermann, H. (1978): Die gesamte Staatswissenschaft im Spiegel dieser Zeitschrift, in: Zeitschrift für die gesamte Staatswissenschaft, Band 134, S. 1-14.

Schwartz, P. (1995): Notgemeinschaft. Zur Emigration deutscher Wissenschaftler nach 1933 in die Türkei, herausgegeben und eingeleitet von H. Peukert, Marburg.

Shackle, G. L. S. (1967): The Years of High Theory. Invention and Tradition in Economic Thought 1926-1939, Cambridge.

Sombart, W. (1927): Der moderne Kapitalismus. Band III: Das Wirtschaftsleben im Zeitalter des Hochkapitalismus, München und Leipzig.

Stolper, W. F. (1994): Joseph Alois Schumpeter. The Public Life of a Private Man, Princeton.

United States Strategic Bombing Survey (1945): The Effects of Strategic Bombing on the German War Economy.

Claus-Dieter Krohn

Entlassung und Emigration deutschsprachiger Wirtschaftswissenschaftler nach 1933

I.

In den modernen Wirtschaftswissenschaften sind die denkgeschichtlichen und institutionellen Traditionen des eigenen Faches kaum von größerem Interesse gewesen. Und dort wo zumeist Außenseiter der Zunft einmal in die Vergangenheit blickten, geschah dies meistens nur unter der Frage, wie der aktuelle Stand des Wissens von den großen Namen der Disziplin befördert worden ist. Ausgeblendet blieb die Tatsache, daß auch Wissenschaften – im Kuhnschen Sinne – komplexe soziale Wandlungsprozesse darstellen, wobei unterschiedliche Einflußfaktoren, wissenschaftliche und außerwissenschaftliche, bestimmend sind. Spätestens bei unserem Thema, der wirtschaftswissenschaftlichen Emigration aus dem Nazi-Staat mit ihren lebensgeschichtlichen Zäsuren, den Karrierebrüchen und problematischen Akkulturationsprozessen in den Zufluchtsländern zeigt sich, daß der konventionelle dogmenhistorische Zugriff mit seinem Interesse lediglich an der linearen Wissensakkumulation kaum erhellend wirken kann.

Die Sozialwissenschaften unterscheiden heute zwischen freiwilliger Migration, erzwungener Emigration und Vertreibung bzw. Exilierung. Endgültige Emigration und das eine Rückkehr beinhaltende Exil werden hier für die Ereignisse nach der NS-Machtübertragung von 1933 nicht unterschieden, da viele Betroffene anfangs kaum wußten, ob ihre lebensrettende Flucht vorübergehend oder endgültig sein würde. Die Emigration von Wissenschaftlern kann als Extrembedingung begriffen werden, an der sich beispielhaft die externen Bedingungen wissenschaftlichen Wandels veranschaulichen lassen. Die Aufbereitung dieses Themas ist – abgesehen von den politisch-moralischen Implikationen – gleichermaßen unter wissenschaftssoziologischen wie unter epistomologischen Aspekten relevant. Auf mindestens vier Ebenen wären die Variablen zu suchen, die jenen Wandlungsprozeß bestimmen: 1. auf der persönlichen, 2. auf der institutionellen, 3. auf der disziplinären und 4. auf der politisch-kulturellen.

Zu 1, die persönliche Ebene: Gefragt wird hier nach den Personen, die gezwungen waren, Deutschland zu verlassen. In der Regel waren das Juden und/oder Sozialisten, zum Teil auch einige Liberale. Letztere stellten in der intellektuellen Kultur Deutschlands aber eher eine Minderheit dar. Zu prüfen ist, ob diesen politischen oder »rassischen« Diskriminierungen auch bestimmte disziplinäre oder theoretische Milieus entsprachen, die wiederum etwas über die Wissenschaftskultur von Außenseitern in der Weimarer Republik aussagen.

Zu 2, die institutionelle Ebene: Sie konturiert etwa den universitären Bereich und kann darüber Auskunft geben, welche Wissenschaftsmilieus an welchen Universitäten dominierten, wie sich das auf die Berufungspolitik in den Jahren der Weimarer Republik bzw. später auf die Entlassungen nach dem sog. »Gesetz zur Wiederherstellung des Berufsbeamtentums« vom April 1933 auswirkte. Zu dieser Ebene gehört weiter die Frage nach der Korrelation von Entlassungen und anschließender Emigration. Gibt es milieu- und disziplinspezifische Charakteristika der Emigration und auch solche der Rezeption in den Zufluchtsländern? Andererseits, was bedeutete die Vertreibung für die Wissenschaften in Deutschland?

Zu 3, die disziplinäre Ebene: Juden beispielsweise waren in Deutschland im besonderen Maße sozial-kognitiven Kontrollen ausgesetzt. Verschiedene Berufe waren ihnen bis 1914 nicht zugänglich, so daß sie häufig auf marginale Bereiche ausweichen mußten. Umgekehrt bewirkte diese Diskriminierung trotz rechtlicher Emanzipation den gesellschaftskritischen Blick par excellence. Juden prägten daher die modernen Sozialwissenschaften. Dieses kritische Potential wurde nach 1918 wirksam, als sie in einigen Ländern des Deutschen Reiches universitäre Rufe erhielten. Lassen sich für die Wissenschaften oder hier für die Ökonomie bestimmte Teildisziplinen ausmachen, in denen diese Gruppen besonders wirksam waren?

Zu 4, die politisch-kulturelle Ebene: Im 18. Jahrhundert war die Kultur und waren damit auch die Wissenschaften transnational gewesen. Der Bindung des Bürgertums an den Nationalstaat im 19. Jahrhundert folgten dann gerade in Deutschland nationale Ausformungen der Wissenschaften: die Historische Schule der Nationalökonomie ist das wohl beste Beispiel solcher intellektuellen Reduktionen. Nach 1918 hatte es zwar einen verstärkten wissenschaftlichen Austausch durch Gastprofessuren, Vortragsreisen etc. gegeben, fraglich ist jedoch, ob das bereits für eine neue Internationalisierung der Forschung reichte. Die Art des Empfangs der emigrierten Wissenschaftler in den Zufluchtsländern, in überwiegender Zahl in den Vereinigten Staaten von Amerika, verweist mit darauf, wie sehr nationale Eigenheiten im intellektuellen Gepäck mitgeführt wurden. Im Lande des Behaviorismus etwa begrüßte man einerseits den spezifisch deutschen Ansatz wissenschaftstheoretischer »Fragestellungen«, kritisierte andererseits jedoch die leicht fließenden Grenzen zur realitätsfernen Abstraktion. Hierbei stellt sich die für die Emigrationsforschung wohl schwierigste und zugleich wichtigste Frage nach der Wirkung der vertriebenen Wissenschaften in den Aufnahmeländern. Bestimmte sich die Aufnahmebereitschaft jenseits moralischer und philanthropischer Engagements pragmatisch nur nach den kognitiven Disziplin-Transfers der deutschen Emigranten oder interessierte man sich ebenso für den weiteren erkenntnistheoretischen und philosophischen Kontext? Konnten die emigrierten Wissenschaftler ihre Arbeit bruchlos fortsetzen oder bedurfte es der Adjustierungen, damit Wirkung möglich wurde? Ist dieser Prozeß einseitig assimilatorisch verlaufen oder lassen sich beiderseitige Beeinflussungen, Akkulturationen, erkennen? Und schließlich, gibt die Erforschung der Wissenschaftsemigration etwas her für eine allgemeine Theorie des wissenschaftlichen Wandels?

Beim derzeitigen Stand der Forschung läßt sich einstweilen über die Wirkungsgeschichte der emigrierten Ökonomen und deren theoretische Adjustierungen durch Emigration nur wenig sagen. Hier können daher nur einige kollektivbiographische Daten vorgestellt werden, die unter Zugrundelegung der Kriterien auf den genannten Ebenen zunächst einmal etwas über den quantitativen Umfang der Entlassungen und der folgenden Emigration von Wirtschaftswissenschaftlern aussagen. Danach wird skizziert, was qualitativ den Entschluß zur Emigration beeinflußt haben mochte, und von welchen soziologischen Begleitumständen dieser Prozeß bestimmt wurde.

II.

Ein erster Blick auf die Liste der emigrierten Wirtschaftswissenschaftler zeigt sogleich einige Auffälligkeiten: Viele der Emigranten kamen von der gleichen Universität. In meiner Studie über die New School for Social Research, die in ihren Rettungsprogrammen von 1933 und 1940 gezielt einer großen Zahl vertriebener Wissenschaftler Zuflucht geboten hatte, war schon festzustellen, daß dort vor allem Repräsentanten aus der sog. »Kieler Schule« und aus Heidelberg aufgenommen worden waren. Eine systematische Erhebung der Entlassungen an den deutschen Universitäten zeigt nun, daß generell für die Wirtschaftswissenschaften in jenen beiden Zentren sowie an der Universität Frankfurt am Main die Zahlen der vertriebenen und später emigrierten Gelehrten am höchsten waren.

Neben München und Tübingen hat es zwei weitere Universitäten gegeben, an denen niemand entlassen wurde (Bonn und Rostock); an 6 Universitäten (außer Freiburg) ist jeweils einer entlassen worden (Breslau, Göttingen, Jena, Königsberg, Marburg, Würzburg); an der Universität Leipzig wurden 2 entlassen; schließlich in Halle und Münster jeweils 3.

Bemerkenswert im reichsweiten Vergleich ist, daß die Universität Frankfurt mit Abstand den größten Lehrkörper im Bereich der Wirtschaftswissenschaften hatte. Als ursprüngliche Gründung jüdischer Kaufleute kurz vor Ausbruch des Ersten Weltkrieges sollte sie nicht zuletzt vor dem Hintergrund des Antisemitismus vor allem der Erforschung der modernen Gesellschaftswissenschaften dienen (Hammerstein 1989; Schefold 1989). Zusammen mit den beiden anderen städtischen Gründungen in Köln und Hamburg begann sie mit der Arbeit jedoch erst 1919, als die strukturellen Folgeprobleme des Ersten Weltkrieges den modernen Sozialwissenschaften ein grenzenloses Betätigungsfeld eröffneten. Während für die Universitäten Köln und Hamburg noch lange die vergleichsweise engen Traditionen ihrer institutionellen Vorläufer, einer Handelshochschule und des kolonialwissenschaftlichen Instituts, bestimmend blieben, entwickelte sich Frankfurt zum Zentrum der kritischen, interdisziplinär angelegten modernen Gesellschaftswissenschaften.

Von deutschen Universitäten entlassene und später emigrierte Wirtschaftswissenschaftler

Universität	Lehrkörper WS 1932/33	Entlassungen nach 1933	in %	davon Emigration
Frankfurt/M.	33	13	40	9
Heidelberg	11	7	63	5
Kiel	10	5	50	2

Diese Zahlen kontrastieren auffallend mit denen anderer Universitäten:

Berlin	21	5	24	4
Freiburg	11	1	9	–
Hamburg	12	4	33	3
Köln	20	4	20	1
München	13	–	–	–
Tübingen	11	–	–	–

Zu dieser quantitativen Übersicht, die auf der Auswertung der Personal- und Vorlesungsverzeichnisse der einzelnen Universitäten beruht, ist zu bemerken, daß die Wirtschaftswissenschaften in den zwanziger Jahren curricular und institutionell noch über kein eindeutig umrissenes Profil verfügten, sondern als »Staatswissenschaften« entweder den juristischen oder philosophischen Fakultäten zugeordnet waren. Lediglich an den Universitäten Frankfurt und Köln existierten eigene Wirtschafts- und Sozialwissenschaftliche Fakultäten, die auch die neue Disziplin der Soziologie integrierten. In der vorliegenden Erhebung sind nur diejenigen Lehrkörpermitglieder der einzelnen Universitäten berücksichtigt worden, die auf der Basis des Wintersemesters 1932/33 nach ihrer Stellenbeschreibung, der venia legendi oder den Lehrangeboten als Vertreter der Wirtschaftwissenschaften anzusehen sind.

In Kiel hatte der Leiter des Instituts für Weltwirtschaft und Seeverkehr, Bernhard Harms, in den zwanziger Jahren etwa mit Adolph Lowe, Gerhard Colm, Hans Neisser, später noch Fritz Burchardt oder Alfred Kähler eine Anzahl jüngerer Wissenschaftler gewonnen – die ersten ebenfalls mit jüdischer Familientradition –, deren Forschungsorientierung nicht so sehr auf die Theorie, sondern auf die Praxis gerichtet war. Viele von ihnen hatten zu Beginn der Weimarer Republik in den verschiedenen Demobilmachungsbehörden gearbeitet und dort hautnah die immensen Probleme der Nachkriegsrekonstruktion erlebt. Diese Erfahrung sollte fortan ihre Forschungen auf unterschiedlichen Gebieten makroökonomischer Planung entscheidend bestimmen (Krohn 1987).

In Heidelberg schließlich herrschte der liberale Geist der Brüder Max und Alfred Weber sowie der des Böhm-Bawerk-Schülers Emil Lederer, der zum Sozialisten geworden war und wie kaum ein zweiter in Deutschland die Ökonomie in klassischer Tradition als umfassende Gesellschaftslehre vermittelte. Hier sammelte sich die größte Schar des akademischen Nachwuchses, der die Aura der Traditionsuniversität mit progressiven Ansprüchen zu verbinden suchte. Lederers Schüler Jakob Marschak umriß später das herausfordernde Heidelberger Klima mit der Interpretation, dort sei den jüngeren kritischen Intellektuellen nach 1918 der Einfluß des Stefan George-Kreises mit seinem romantisierenden Elitismus so auf die Nerven gegangen, daß sie unter der Parole »Wir brauchen das 18. Jahrhundert« an die Tradition der Aufklärung, und das hieß auch an die angelsächsische Klassik eines Adam Smith anzuknüpfen suchten, bei dem ökonomische und Gesellschaftsanalyse noch ein einheitlicher rational bestimmter Prozeß gewesen war (J. Marschak an H. Speier, 14.4.77, Nachlaß Speier, State University of New York, Albany).

Demgegenüber zeigt das Bild der anderen zum Vergleich angeführten Universitäten mit ihren weitaus geringeren Entlassungen, wie sehr das aus dem Kaiserreich überkommene Milieu der akademischen Mandarine in den Jahren der Weimarer Republik intakt geblieben war. Die Universitäten München und Tübingen hatten Berufungen von Juden auch nach 1918 zu verhindern gewußt, und politisch mißliebige Gelehrte – der zweite Entlassungsgrund im Beamtengesetz von 1933 – waren dort ohnehin undenkbar. Von der einen Entlassung in Freiburg war beispielweise Robert Liefmann betroffen, ein Außenseiter der Wissenschaft wie der Universität, der nur Honorarprofessor gewesen ist. Als deutschnationaler Protestant jüdischer Herkunft emigrierte er nicht; 1940 wurde er bei der brutalen Blitzaktion zur Vertreibung der badischen Juden in das französische Lager Gurs transportiert, wo er wenige Monate später elend umkam.

Bemerkenswert ist die Friedrich-Wilhelms-Universität in Berlin, nach eigenem Selbstverständnis die Spitze der reichsdeutschen Wissenschaften. Nimmt man die Entlassungsquote als Indikator kreativer neuer Forschungsansätze während der zwanziger Jahre, so kann diese Spitzenstellung in den Wirtschaftswissenschaften nicht überwältigend gewesen sein. Schaut man genauer hin, wird jene Selbstetikettierung noch haltloser: von den 5 Entlassenen waren 2 Ordinarien (Emil Lederer und Ignaz Jastrow) und 3 Honorar- bzw. nichtbeamtete außerordentliche Professoren (Julius Hirsch, Charlotte Leubuscher, Alfred Manes). Die beiden Ordinarien kann man eigentlich kaum zum Bestand dieser Statusgruppe von insgesamt 7 Personen rechnen, denn Lederer war erst zum Wintersemester 1931/32 gegen den erbitterten Widerstand der Fakultät vom Preußischen Kultusministerium nach Berlin berufen worden und Jastrow zum Zeitpunkt der Entlassung mit 79 Jahren längst Emeritus. Bis auf ihn sollten alle Entlassenen emigrieren. Schaut man sich den Altersaufbau der Ordinariengruppe an, so war Lederer mit 51 Jahren krasser Außenseiter. Mit Ausnahme eines weiteren Endfünfzigers (Ludwig Bernhard) waren alle anderen älter als 65 Jahre. Wie an kaum einer anderen Hochschule repräsentierten die »Staatswissenschaften« der Berliner Universität eine gerontokratische Honoratiorengesellschaft, die abgeschottet vor neuen Einflüssen die Traditionen der Historischen Schule pflegte. Im »völkischen Aufbruch« des Nationalsozialismus erhofften sie sich noch einmal eine intellektuelle Wiederbelebung, wie etwa die peinlichen Anbiederungspublikationen eines Werner Sombart oder Friedrich von Gottl-Ottlilienfeld nach 1933 dokumentieren (Sombart 1934; Gottl-Ottlilienfeld 1934).

Die Bedeutung der Universitäten Frankfurt, Heidelberg und Kiel als emigrationsrelevante Hochschulzentren in den Gesellschaftswissenschaften wird unterstrichen von der Zahl der emigrierten Wirtschaftswissenschaftler, also nicht allein der aus dem Hochschullehrermilieu. Mit Abstand haben in Frankfurt und in Heidelberg mehr Ökonomen, die später Deutschland verlassen mußten, promoviert als an anderen deutschen Universitäten. Unterscheidet man die jeweiligen Promotionsfrequenzen von denen vor 1918, so bestätigt sich, daß zwischen vielen der traditionellen Universitäten und dem studierenden jüdischen und sozialistischen Nachwuchs noch in der Weimarer Republik ein reserviertes Verhältnis bestand. Die Universitäten München und Leipzig mögen dafür als Beispiel dienen. Hatten dort vor 1918 noch 8 bzw. 3 der späteren Emigranten promoviert, so kamen aus den Nachkriegsjahren von dort nur noch 4 bzw. keiner mehr.

In auffallendem Kontrast dazu zeigen sich die Verhältnisse in Österreich. Augenscheinlich monopolisierte dort die Universität Wien die akademische Ausbildung. Gegenüber den insgesamt 42 Emigranten, die in Wien promoviert hatten, hatte lediglich einer an einer anderen österreichischen Universität (Innsbruck) das Doktor-Examen abgelegt. Bemerkenswert ist weiterhin die im Vergleich zur deutschen Situation gewaltige Zahl der Emigranten, die nach dem Ersten Weltkrieg in Wien promoviert hatte. Wie zu zeigen sein wird, waren das zum großen Teil jüngere Repräsentanten der neoklassischen Tradition, denen sich mit der Emigration jenseits von »rassischer« oder politischer Verfolgung erstmalig die Chance einer akademischen Karriere bot.

PROMOTIONSORTE DER EMIGRIERTEN WIRTSCHAFTSWISSENSCHAFTLER

		vor 1918	1918-1933
Universität	Berlin	7	11
	Bonn	1	3
	Breslau	2	4
	Erlangen	1	1
	Frankfurt	–	15
	Freiburg	6	6
	Giessen	–	1
	Göttingen	3	2
	Greifswald	–	–
	Halle	–	–
	Hamburg	–	2
	Heidelberg	3	16
	Jena	–	3
	Kiel	2	6
	Köln	–	4
	Königsberg	–	–
	Leipzig	2	–
	Marburg	1	1
	München	8	4
	Münster	–	–
	Rostock	1	–
	Tübingen	–	2
	Würzburg	1	2
	Wien	12	33
andere		8	8
in der Emigration promoviert			7
nicht zu ermitteln			11
		58	142 = 200

Die signifikant hohen Entlassungen in Frankfurt, Heidelberg und Kiel werden unterstrichen von denen aller deutscher Universitäten: nach meinen Ermittlungen sind von den Universitäten nach 1933 insgesamt 57 Wirtschaftswissenschaftler entlassen worden. Bei einer Gesamtzahl von 241 Personen entspricht das einer Entlassungsquote von 24%. Sie entspricht exakt den Erhebungen der Rockefeller Foundation, die nach 1933 als Hilfsagentur wie auch als größte Geldgeberin für die internationalen Hilfskomitees zur Rettung der aus Deutschland vertriebenen Wissenschaftler über genaueste Informationen verfügte. Mit Einschluß des Personals an den Technischen Hochschulen und an den Handelshochschulen kam die Stiftung auf einen Lehrkörper von 390 Personen, von denen 93 entlassen wurden (Changes in Teaching Corps in Economics in German Higher Institutions, 1932 to 1936, Rockefeller Archive Center, RG 2/141/1050).

Diese Aufstellung ist bedeutsam, weil sie mit heute kaum noch rekonstruierbarer Detailkenntnis auch alle Lehrbeauftragten und andere nebenamtliche Personen mit einbezogen hat. Diese Personen können hier jedoch vernachlässigt werden, da ihnen in den meisten Fällen die Verlängerung der Lehraufträge nur wegen des erklärten Ziels der Nationalsozialisten, die akademische Ausbildung insgesamt zu reduzieren, versagt worden ist. Einen Karriereabbruch bedeutete das jedoch nicht, weil sie ihren Beruf als Ökonomen in Verwaltungen und Betrieben durchaus fortsetzen konnten.

Nach unserer derzeit wohl genauesten Erhebung ist von 169 entlassenen Wirtschaftswissenschaftlern von Universitäten, Hochschulen, Forschungseinrichtungen und aus der Bürokratie in Deutschland nach 1933 auszugehen. Wie bereits angedeutet, sind diese Entlassungen nicht identisch mit den Emigrationen. Von den 57 Entlassenen allein der Universitäten beispielsweise sind 33 emigriert; das entspricht einer Emigrationsquote von rund 60%. Diese Größe bestätigt bisherige Erhebungen zur Wissenschaftsemigration; sie kann deshalb als zuverlässige Durchschnittsgröße gelten (Krohn 1987, S. 23).

Die hohe Emigrationsrate unseres Samples, 144 von 169 Personen aus dem Deutschen Reich, d.h. mehr als 85% im Vergleich zu jenen 60% bei den Universitätsangehörigen ist damit zu erklären, daß wir, wie die Tabelle »Emigrationsprofil« zeigt, auch die Wirtschaftswissenschaftler aus unterschiedlichen intermediären Forschungsinstituten aufgenommen haben. Zum großen Teil waren das Einrichtungen der Arbeiterbewegung. In solchen Zusammenhang gehören etwa Forscher wie Fritz Naphtali, Adolf Sturmthal, Jürgen Kuczynski u.a.

Dazu gehört ebenso der privatwirtschaftlich angestellte Mitarbeiterkreis am Institut für Sozialforschung in Frankfurt mit Henryk Grossmann, Kurt Mandelbaum oder Friedrich Pollock. Berücksichtigt wurden ferner wissenschaftlich arbeitende Gutachter, Journalisten etc. wie Melchior Palyi, Carl Landauer oder Gustav Stolper.

Emigrationsprofil der nach 1933 im deutschsprachigen Raum entlassenen Wirtschaftswissenschaftler

Zahl der Entlassenen	– von Universitäten/Hochschulen	147	
	– aus der Bürokratie	26	
	– andere (private Forschungsstätten etc.)	59	= 232
davon emigriert	– aus dem Deutschen Reich	151	
	– aus Österreich	43	
	– sonstige (z.B. Deutsche Universität Prag)	6	
		= 200	
Nichtemigranten (Deutsches Reich 25, Österreich 5)		32	
Emigranten der 2. Generation (Deutsches Reich u. Österreich)			95
Summe der Entlassenen und Vertriebenen			327

Mit der hohen Emigrationsdichte im Zusammenhang steht eine weitere Besonderheit. Zu den emigrierten professionellen Ökonomen gehörte ein bemerkenswert großer Kreis von Russen, die als junge Menschewiken nach der Oktober-Revolution nach Deutschland geflohen waren. Sie einte nicht nur das politische Profil, durchweg waren das auch hochqualifizierte jüngere Leute, die vor allem im Bereich der mathematischen Analyse und der Statistik wichtige Impulse gaben; abgesehen werden soll hier von einer zweiten Gruppe, die wie etwa Boris Brutzkus oder Naum Jasny in den zwanziger Jahren in Deutschland im Bereich der Agrarökonomie arbeiteten. Gruppenbiographisch interessant ist, daß viele dieser jungen russischen Sozialisten, u.a. Paul A. Baran, Georg Garvy (Bronstein), Nathan Leites, Jakob Marschak, Mark Mitnitzky, Wladimir Woytinski, sich im Seminar des erzkonservativen Mathematikers Ladislaus von Bortkiewicz in Berlin zusammenfanden, um dort ihre bisherigen Studien abzuschließen, ehe sie dann nach Heidelberg oder Kiel gingen, um dort Ökonomie zu studieren. Bortkiewicz war ebenfalls gebürtiger Russe

(1868 in St. Petersburg geboren), wirkte jedoch seit den neunziger Jahren in Deutschland, seit 1901 in Berlin.

Nicht ganz eindeutig ist, warum gerade die Russen so stark an der mathematischen Wirtschaftswissenschaft interessiert waren und später dort auch so erfolgreich sein sollten. Für die politisch engagierten Ökonomen könnte sie vermutlich die einzige Form unverdächtiger wissenschaftlicher Betätigung im zaristischen Rußland gewesen sein. Genannt sei beispielsweise nur Jakob Marschak, der schon in Deutschland, aber mehr noch später in den USA als Spiritus rector der Ökonometrie wirkte. Oder Wassily Leontief, der für seine in Kiel vorbereitete, später in den USA dann vollendete Input-Output-Analyse 1973 den Nobelpreis erhalten sollte; er zählt allerdings nicht zu den Emigranten aus Deutschland, denn er war bereits Ende 1931 nach Harvard gegangen. Und Wladimir Woytinski hatte schon als junger unbekannter Student, bevor er nach der Revolution von 1905 in jahrelanger sibirischer Verbannung verschwand, den international renommierten Nestor der russischen Wirtschaftswissenschaft Michail Tugan-Baranowski mit einer formalisierten Konsumtionstheorie beeindruckt. In Berlin gewann er dann während der zwanziger Jahre mit seinem zehnbändigen Werk *Die Welt in Zahlen*, das zum Teil auch in andere Sprachen übersetzt wurde, internationale Bekanntheit. In den USA sollte er nach 1933 viele Jahre im Statistischen Büro in Washington und als Forschungsdirektor an der Johns Hopkins University wirken.

Als Juden, Russen und Sozialisten hatte diese Gruppe nie die Chance, eine Professur an einer deutschen Universität zu bekommen, obwohl die meisten eingebürgert waren. Die Privatdozentur Marschaks seit 1930 in Heidelberg markierte, wenn überhaupt, den Endpunkt der akademischen Karriere. Die Mehrheit der Russen arbeitete vielmehr in den Forschungsinstituten der SPD, des ADGB oder zeitweise am Weltwirtschaftsinstitut in Kiel, wo seit 1926 im Auftrage des Reichstags die große, später in 60 Bänden publizierte Enquete über die Struktur der deutschen Wirtschaft durchgeführt wurde.

Betrachtet man den Altersaufbau der entlassenen Wirtschaftswissenschaftler, so zeigt sich, daß die Entscheidung zur Emigration wesentlich vom Alter der Betroffenen abhing und daß die größte Gruppe der Emigranten zwischen 24 und 33 Jahre alt war. Sie befand sich also in einem Alter, in welchem die größte intellektuelle Mobilität und Flexibilität vermutet werden kann.

ALTERSSTRUKTUR DER EMIGRIERTEN WIRTSCHAFTSWISSENSCHAFTLER

		Gesamtzahl der Entlassenen	nicht emigriert	emigriert	in %
vor 1880	geboren	28	12	16	57
1880-1889	geboren	58	10	48	82
1890-1899	geboren	50	6	44	88
1900-1909	geboren	85	4	81	95
1910-1912	geboren	11	0	11	100
		232	32	200	86

Bei solcher Altersstruktur der während der Weltwirtschaftskrise auf den Arbeitsmarkt der Zufluchtsländer drängenden Emigranten-Ökonomen, die in anderen Disziplinen sicher ähnlich aussah, wird verständlich, daß die spontan gebildeten, schnell wirksam arbeitenden Hilfskomitees für Wissenschaftler, vor allem der Academic Assistance

ZUFLUCHTSLÄNDER DER WIRTSCHAFTSWISSENSCHAFTLER

Vereinigte Staaten von Amerika				
	direkt	59		
	über Drittländer	63	=	122
Großbritannien				
	direkt	21		
	über Drittländer	7	=	28
Palästina				7
Türkei				6
Schweiz				5
Lateinamerikanische Staaten				5
Australien und Neuseeland				3
Frankreich				3
Niederlande				2
Kanada				2
andere				17
				200

Council/Society for the Protection of Science and Learning in Großbritannien und das Emergency Committee in Aid of Displaced German/Foreign Scholars in den USA wie auch die finanzstarke Rockefeller Foundation ein Engagement für die jüngere Generation ablehnten, um einheimischen Kollegen nicht die Berufsperspektiven zu nehmen. Gefördert wurden in der Regel nur hervorragende Wissenschaftler aus der mittleren Altersgruppe zwischen 30 und 60 Jahren (Duggan/Drury 1948, S. 186ff.). In diesen Fällen übernahmen jene Organisationen für befristete Zeit das Gehalt, falls eine Universität sich zur Einstellung des Emigranten bereit fand und in Aussicht stellte, ihm später einmal »tenure« zu geben.

Für die emigrierten Wissenschaftler der meisten Disziplinen boten die Vereinigten Staaten von Amerika die größte Chance. Auch der überwältigende Teil der Ökonomen ist entweder direkt oder über Drittländer dorthin geflohen.

Auffallend ist, daß Länder, die wie Frankreich große Bedeutung für die intellektuelle Emigration aus Deutschland hatten, bei den Ökonomen kaum ins Gewicht fielen. Deren demgegenüber offenbar zügige Integration vor allem in den USA läßt sich auch an der Wanderungsbewegung der Emigranten ablesen.

MOBILITÄTSVERLAUF

Emigranten mit 1 Zufluchtsland	111
mit 2 Zufluchtsländern	63
mit 3 Zufluchtsländern	16
mit mehr als 3 Zufluchtsländern	10
	200

Das annähernde Gleichgewicht zwischen denen, die die USA als erstes Zufluchtsland wählten und denen, die erst auf Umwegen dorthin kamen, mag mit einen Hinweis darauf geben, wie sehr die Flucht von Ökonomen in einem anderen Land als Karriereverzögerungsfaktor angesehen werden kann. Das Arbeitsrecht in den meisten europäischen Ländern oder die Geschlossenheit des akademischen Systems verhinderten vielfach die Immigration von Wissenschaftlern in jene Länder. Für Großbritannien allerdings ist das Bild zu modifizieren. Zwar herrschte auch dort ein generelles Arbeitsverbot für Emigranten, die solidarische Selbstbesteuerung der britischen Community of science zur Finanzierung zusätzlicher Jobs für die deutschen Kollegen, aus der auf Initiative von William Beveridge, dem Präsidenten der London School of Economics, die Gründung des Academic Assistance Council hervorging, zeigt aber, wie Ausnahmen durch das Engagement von Einheimischen durchgesetzt werden konnten. So sollten viele der Emigranten ihre akademische Karriere fortsetzen, zuweilen geschah das allerdings in Nachbardisziplinen. Fraglich ist, ob man darin einen Karriereknick sehen kann oder ob die Emigranten in solchen Fällen zu neuen Lernprozessen, zur Veränderung eingefahrener Denkschemata gezwungen wurden. Von einigen erfolgreichen Betroffenen ist dieser »ubiquitäre Zwang« schon bald als großer intellektueller Zugewinn verklärt worden (Speier 1937, S. 316ff.).

Vor solchem Hintergrund ist nicht ganz unbedeutend für die akademischen Chancen der emigrierten Wirtschaftswissenschaftler gewesen, wie die ursprüngliche Ausbildung in Deutschland ausgesehen hatte. Da den jüngeren Wissenschaftlern nur in Ausnahmefällen von den Komitees geholfen wurde, war die Breite der Kompetenz ausschlaggebend für den späteren Erfolg in der Emigration. Herausragend ist auch hier wieder die Universität Heidelberg, an der augenscheinlich eine solche Ausbildung angeboten wurde. Exemplarisch genannt seien nur die beiden Schüler Lederers, Nathan Leites und Svend Riemer. Sie hatten bei ihm über monetäre Probleme bzw. über die Dynamik des Konjunkturverlaufs promoviert, damals zentrale Fragen der wissenschaftlichen Diskussion. Nach Zwischenaufenthalten in einigen europäischen Ländern sollten beide in den USA bedeutende Gelehrte werden: der eine als Politikwissenschaftler, der andere als Soziologe.

Diese relativ große Universalisierungsfähigkeit einiger deutscher Ökonomen belegt auch die Tatsache, daß Emigranten bemerkenswert häufig aus der höheren Bürokratie des Reiches und Preußens kamen und ihre akademische Karriere überhaupt erst nach der Flucht begannen, so zum Beispiel

	vor 1933	nach 1933
Julius Hirsch	Reichswirtschafts-ministerium	Universität Kopenhagen, später New School for Social Research
Otto Nathan	Reichsfinanz-ministerium	Princeton University
Hans Staudinger	Preuß. Handels-ministerium	New School for Social Research

Als Bürokraten hätten sie kaum universitäre Rufe und damit die für die USA so begehrten Non-Quotavisen erhalten. Durchweg alle hatten jedoch nebenbei an der Handelshochschule Berlin oder an der Hochschule für Politik gearbeitet, einer für die Kultur der Weimarer Republik so wichtigen Einrichtung des Zweiten Bildungsweges. Und diese Kombination von Theorie und beruflicher Praxis war es dann auch, welche die Gruppe gerade im New Deal-Amerika attraktiv machte. Ihre mehrdimensionale berufliche Kompetenz, die ebenfalls einige der vertriebenen Wissenschaftler aus Kiel und Heidelberg mit ihren Erfahrungen in den Demobilmachungsbehörden nach 1918 ausgezeichnet hatte, bewirkte mit die zügige Integration in den USA. Sie wirft zugleich ein Licht auf einen Ausschnitt der neuen Führungseliten in der Weimarer Republik. Das ungeheure Erbe des Ersten Weltkrieges mit seinen sozialstrukturellen Wandlungen verlangte nach einer neuen Schicht von Entscheidungsträgern, die theoretisch in neuen Horizonten dachten und das auch in der demokratischen Gesellschaft umzusetzen suchten. Ihre wissenschaftlichen Forschungen besonders im Bereich der Wachstumstheorie, der Finanzplanung oder der Geldtheorie – vor dem Hintergrund der Hyperinflation in Deutschland – sollten später in den USA ihre bleibende Leistung ausmachen.

III.

Wurden bisher die quantitativen Größen der Vertreibung der Ökonomen vorgestellt, so sind jetzt noch die qualitativen Aspekte des gruppenbiographischen Exodus zu analysieren. Klar ist, daß die Emigration keine Bewegung einzelner war, sondern vielfach von Verbindungen abhing. Die meisten der Emigranten gehörten bereits in Deutschland oder Österreich zu bestimmten Netzwerken, wofür etwa die in der quantitativen Analyse ermittelten Vertreibungszentren von Frankfurt, Heidelberg und Kiel gelten mögen. Auffallend ist, daß sich diese Verbindungen in der Emigration fortsetzten. Voraussetzung für den Erfolg in dem gewählten Zufluchtsland scheinen bestimmte Persönlichkeitsmerkmale gewesen zu sein, neben individueller Qualifikation die Bekanntheit durch Publikationen, Mobilitätsbereitschaft und nicht zuletzt die Einbindung in einem oder mehreren Netzwerken. Diese wiederum bedurften der Agenten und Vermittler, welche über persönliche Bekanntschaft zu Kollegen oder Institutionen in den potentiellen Zufluchtsländern die Kontakte herstellten.

An zwei solcher Netzwerke soll dargestellt werden, wie der Emigrationstransfer vor allem in die USA stattfand. Beide stehen zugleich für unterschiedliche theoretische Hauptströmungen und nationale kulturelle Milieus. Das erste Netzwerk bestand aus jener Emigrantengruppe aus Frankfurt, Heidelberg und Kiel. Viele kannten sich, wie bereits angedeutet, seit den Erfahrungen in den Demobilmachungsämtern nach 1918. Gemeinsam war ihnen die Einsicht in die Notwendigkeit makroökonomischer Planung zur Lenkung der gravierenden Strukturwandlungen nach dem Ersten Weltkrieg, womit sie zugleich in gewisser Weise an die staatswirtschaftlichen Traditionen Preußen-Deutschlands anknüpften. Ihre großen Leistungen vor der Emigration lagen in der Erforschung der gesamtwirtschaftlichen Auswirkungen der gewaltigen Rationalisierungen seit Mitte der zwanziger Jahre sowie nach 1929 – Keynes antizipierend – in den verschiedenen Konzepten der sog. »aktiven Konjunkturpolitik« zur Überwindung der Weltwirtschaftskrise. Organisatorisch verband sich dieses Milieu in der Vereinigung sozialistischer Hochschullehrer, zum Teil auch im Kreis der religiösen Sozialisten um den Theologen Paul Tillich. Das politische Tagesengagement dieser Gruppierung verdichtete sich 1930 noch einmal – vergeblich – in der Gründung der *Neuen Blätter für den Sozialismus*, um den Mittelstand von seinen wachsenden Präferenzen für den Nationalsozialismus abzubringen.

Das zweite Netzwerk existierte in Österreich und umfaßte die neoklassischen Markttheoretiker. Mit 15 Vertretern bildeten sie die stärkste geschlossene Gruppe unter den 40 österreichischen Emigranten neben den ebenfalls relativ scharf konturierten Austro-Marxisten (10 Personen). Diese Richtung hatte bei dem übermächtigen Einfluß der Historischen Schule der Nationalökonomie in Deutschland kaum Einfluß gewinnen können. Ihre wenigen Anhänger dort während der zwanziger Jahre – vor allem in Freiburg – zählten zu einer jüngeren Generation von Wissenschaftlern, die noch auf der Suche nach Orientierung waren. Sie hatten ihre Position vor allem in Opposition zum »Kriegssozialismus« des Ersten Weltkrieges entwickelt, und darunter fiel bei ihnen auch alles, was nach 1918 zur gesamtwirtschaftlichen Steuerung diskutiert wurde.

Daß das Zentrum der Neoklassik an der Peripherie des deutschsprachigen Raums lag, fand seine Ursachen, abgesehen von der Ausgrenzung durch die Historische Schule, nicht zuletzt in der gesellschaftspolitischen Rückständigkeit Österreichs. Noch Ende des 19. Jahrhunderts hatte die k.u.k. Monarchie industriell zu den Entwicklungsländern gehört. Die dort in jenen Jahren entstandene Neoklassik hatte so auch die Funktion eines sozialen Appells an das Bürgertum, die eigenen Kräfte zu aktivieren und sich ökonomisch als Klasse gegen den mächtigen Militär- und Beamtenstaat durchzusetzen. Dieser soziale Hintergrund, die Marginalisierung an der Peripherie und die Behauptung gegen den Obrigkeitsstaat oder die Historische Schule erklärt auch die spezifische Dogmatik der deutschsprachigen Neoklassik, die in den zwanziger Jahren noch aggressiver wurde, als auch noch die Sozialdemokratie bzw. die sozialistische Theorie öffentlich wirksam wurde.

Sicher wäre auch die Historische Schule als ein solches Netzwerk zu bezeichnen. Sie kann hier vernachlässigt werden, denn mit ihrer Orientierung auf die nationalen Besonderheiten des Wirtschaftens fand sie ideologisch bruchlosen Anschluß an den Nationalsozialismus. Von ihren Vertretern mußte kaum jemand emigrieren. Eine Ausnahme machten lediglich die beiden Knapp-Schüler Franz Gutmann und Kurt Singer, die beide als absolute Einzelgänger emigrierten, so Gutmann mit 60 Jahren erst 1939 in die USA und Singer, der seit 1931 eine Gastprofessur in Japan hatte, nach dem »Antikomintern-Pakt« zwischen Berlin und Tokio nach Australien.

Neben den theoretischen Positionsunterschieden kennzeichneten die beiden Netzwerke, die österreichischen Neoklassiker und die hier sog. Reformtheoretiker oder Neu-Klassiker aus Deutschland, jeweils andere gruppensoziologische und institutionelle Einbindungen, die nach 1933 auch zu jeweils anderen Emigrationsverläufen führen sollten. Die Deutschen gehörten als Juden und/oder Sozialisten zu den ersten, die von den Universitäten vertrieben oder denen durch Verbot und Verfolgung der Arbeiterbewegung die Existenzgrundlagen entzogen wurden. Viele Österreicher dagegen gingen in den Krisenjahren zwischen 1933 und 1938, also vor dem »Anschluß«, mehr oder weniger freiwillig, nachdem sie zuvor solide Kontakte zumeist in die USA aufgebaut hatten. Und das hatte vielfach berufliche Gründe: In Wien hatten sie als Privatgelehrte gelebt, die bei den spärlichen Planstellen an den österreichischen Universitäten kaum jemals Aussicht auf eine akademische Karriere haben sollten. Den Lebensunterhalt verdienten sie sich als junge Unternehmer, als Rechtsanwälte oder als Referenten im österreichischen Institut für Konjunkturforschung, einer privaten Gründung der Wiener Handelskammer. Wissenschaftlich arbeitete der Kreis in dem berühmten Privatseminar von Ludwig Mises zusammen, dem intellektuellen Kopf der Neoklassiker in den zwanziger Jahren, der ebenfalls nur nichtangestellter Honorarprofessor an der Universität Wien war und seinen Hauptberuf als Sekretär der dortigen Handelskammer hatte. An reichsdeutsche Universitäten berufen zu werden, hatten die Österreicher genauso wenig Chancen. Zum Beispiel war Mises 1927 von einigen Betriebswirtschaftlern der Universität Göttingen für einen vakanten Lehrstuhl in der wirtschaftswissenschaftlichen Fakultät vorgeschlagen worden, weil er nicht nur als Theoretiker qualifiziert war, sondern auch über große praktische Erfahrungen verfügte. Von der Fakultätsmehrheit wurde er jedoch gerade deswegen abgelehnt. Berufen wurde statt dessen ein Vertreter der Wirtschaftsstufenlehre, dem typischen Arbeitsfeld der Historischen Schule, dessen Stern erst während der NS-Zeit aufging.

Das berufssoziologische Profil der Österreicher sollte für ihre spätere Emigration zentrale Bedeutung haben. Ihrem wissenschaftlichen Ehrgeiz bot sich plötzlich ab Mitte der zwanziger Jahre die Gelegenheit, als jüngere Gelehrte für zwei Jahre mit einem Stipendium der Rockefeller Foundation in die USA zu gehen. Die Stiftung, die seit Anfang des 20. Jahrhunderts die medizinische Forschung förderte, hatte nämlich angesichts der weltweit ungelösten wirtschaftlichen und sozialen Probleme nach dem Ersten Weltkrieg ein großes Programm im Bereich der Sozialwissenschaften aufgelegt und dafür auch die kreativen jungen Ökonomen Europas heranzuziehen gesucht.

Den deutschen Neu-Klassikern wurden die Forschungsmittel vor Ort gegeben; das Weltwirtschaftsinstitut in Kiel etwa galt bei der Rockefeller Foundation als »Mekka« der Konjunkturforschung und erhielt dafür nicht nur mehrere 10.000 Dollar, sondern jüngere Amerikaner wurden dorthin auch zu Studienaufenthalten geschickt. Zu den weiteren »important centers« ihrer Förderung in Deutschland zählte die Stiftung Heidelberg, wo unter anderem einige Lederer-Assistenten von ihr finanziert wurden, sowie die Hochschule für Politik in Berlin.

Die Österreicher dagegen nahmen sogleich die ebenfalls gebotenen USA-Stipendien an. Die meisten von ihnen, genannt seien nur F. A. Hayek, Gottfried Haberler, Fritz Machlup, Oskar Morgenstern oder Gerhard Tintner, gingen so seit Ende der zwanziger Jahre für 2 Jahre in die USA. Sie konnten auf diese Weise ein enges Netz von Kontakten knüpfen, das ihnen in den dreißiger Jahren noch vor dem Einmarsch der Nationalsozialisten in Österreich die Möglichkeit bot, ordentliche Rufe an eine amerikanische Universität zu bekommen. Ja, die letzten Stipendiaten wie Machlup und Morgenstern nutzten ihren Aufenthalt nach 1933, als die Entwicklung in Europa absehbar war, gezielt für ein Unterkommen in Amerika. Nach Wien kehrten sie dann nur noch zurück, um ihre persönlichen Belange abzuwickeln.

Die Deutschen hatten solche Gelegenheiten zwar nicht, aber einigen boten sich nach der Flucht andere Möglichkeiten, einen nicht zu unterschätzenden Einfluß auf die bemerkenswerten Rettungsaktionen der community of science zu gewinnen. Das gilt etwa für Adolph Lowe aus Kiel bzw. Frankfurt und Jakob Marschak. Beide hatten aufgrund ihres Rufes als Konjunkturforscher bzw. mathematisch arbeitender Ökonom durch Empfehlung von Lionel Robbins von der London School of Economics und Redvers Opie aus Oxford schon im Sommer 1933 befristete Stellen an den Universitäten Manchester und Oxford erhalten. Dort wurden sie recht bald zu den wichtigsten Informanten für den Academic Assistance Council. Mangels eigener Detailinformationen sandte der AAC regelmäßig Zusammenstellungen der Hilfsgesuche an Lowe und Marschak (und einige andere Fachvertreter) mit der Bitte, ein wissenschaftliches »ranking« vorzunehmen. Bemerkenswert ist, wie die beiden mit diesem Privileg in der eigenen sozialen und psychischen Ausnahmesituation umgingen. Im Unterschied zu anderen Gutachtern würdigten die beiden nicht nur die theoretisch-weltanschaulichen Sympathisanten. Besonders Lowe, dem der Ruf eines außergewöhnlich konzilianten Wissenschaftlers und guten Lehrers vorausging, vermochte hierbei die Organisatoren des AAC zu beeindrucken, als er gleich zu Anfang darauf hinwies, für wie wenig aussagekräftig und pauschal er die geforderten Beurteilungen halte und statt dessen eigene differenzierte Auswahlkriterien empfahl, die dann auch übernommen wurden – beispielsweise ob jemand schon länger im Geschäft oder als Wissenschaftler noch Anfänger sei, ob jemand »within the German line of thought« sei oder mehr den »Western type of science« vertrete etc. Ganz anders dagegen reagierte der ebenfalls befragte F. A. Hayek, der 1932 aus Wien an die London School of Economics berufen worden war. Kurz angebunden wies er darauf hin, daß er nur über die erstklassigen Ökonomen etwas sagen könne, da er die anderen nicht zur Kenntnis zu nehmen pflege (A. Lowe an AAC, 3.12.34ff.; F. A. Hayek an AAC, 1.12.34, Akten des AAC, Bodleian Library Oxford).

Eine vergleichbare Rolle in den USA nahm Emil Lederer ein, als Alvin Johnson, der Direktor der New School for Social Research in New York 1933 die Chance sah, die aus Deutschland verjagten intellektuellen Potentiale nach Amerika zu holen und mit ihnen gleich eine ganze Universität zu gründen. Lederer, ein guter Bekannter Johnsons, der bei Ausbruch des NS-Terrors nach dem Reichstagsbrand auf eine Vortragsreise ins Ausland gegangen und von dort nicht zurückgekehrt war, wurde dafür als erster Dekan vorgesehen, nach dessen Vorschlägen die Rekrutierung erfolgen sollte. Möglich wurde dieses gigantische Projekt durch den New Deal, das Wirtschaftsprogramm des neuen amerikanischen Präsidenten F.D. Roosevelt, der im Januar 1933 sein Amt angetreten hatte.

Die Gewinnung der Kerngruppe der Neu-Klassiker für die New School kann programmatisch genannt werden. Sie war nach dem Ersten Weltkrieg nach dem Vorbild der deutschen Volkshochschulen als Institution der Erwachsenenbildung von progressiven Amerikanern gegründet worden, unter ihnen Thorstein Veblen, der Historiker Charles Beard und der Philosoph John Dewey. Durch seine Herausgebertätigkeit bei der großen *Encyclopaedia of the Social Sciences* seit Ende der zwanziger Jahre – ebenfalls nach dem deutschen Vorbild des *Handwörterbuchs der Staatswissenschaften* – kannte Alvin Johnson die akademische Situation in Deutschland und Europa wie kaum ein anderer Amerikaner, da zahlreiche Wissenschaftler von dort zur Mitarbeit herangezogen worden waren. Hierzu zählten Lederer, Gerhard Colm und einige andere aus dem engeren Kreis der deutschen Neu-Klassiker. Als engagierter New Dealer suchte er jetzt diejenigen vertriebenen Gelehrten zu gewinnen, von denen er sich wichtige Anregungen in der Aufbruchsstimmung des neuen Wirtschaftsprogramms erwartete. So entwickelte sich die schon im Herbst 1933 gebildete University in Exile, die spätere Graduate Faculty der New School, in kurzer Zeit nicht nur zum wichtigen Außenposten des New Deal brain trusts, sondern auch zum einzigartigen Zentrum der aus Deutschland vertriebenen kritischen Sozialwissenschaften. Bis 1945 sollten dort mehr als 170 Emigranten vorübergehend oder auf Dauer lehren.

Mit zahllosen Publikationen, Forschungsprojekten und Gutachten flankierten die New School-Wissenschaftler nicht nur das Roosevelt-Programm; nach Ausbruch des Zweiten Weltkrieges wurden sie auch zu wichtigen Ansprechpartnern der Washingtoner Administration, die von den dort versammelten Demobilmachungsexperten aus den Jahren nach 1918 die nötigen Informationen für eine künftige europäische und internationale Nachkriegsordnung erwarteten. Gerhard Colm war schon 1938 in das Budget-Büro berufen worden, von wo er alsbald in den Stab der Präsidentenberater aufrückte. Daneben vermittelte die New School über die Rockefeller Foundation oder das Emergency Committee viele der deutschen Ökonomen an staatsnahe Forschungseinrichtungen wie etwa das National Bureau of Economic Research. Finanzwissenschaftler, Versicherungsökonomen, Planungstheoretiker, kurz, Vertreter von Teildisziplinen, die es bis dahin in den USA so nicht gab, sollten dort an den neuentwickelten Modellen, etwa zur volkswirtschaftlichen Gesamtrechnung, oder am Aufbau der neuen US-Sozialversicherung mitwirken.

Kamen die Neu-Klassiker als engagierte New Dealer, so die österreichischen Neoklassiker als ebenso vehemente Anti-New Dealer, die vor allem an die intellektuell in die Defensive geratenen Universitäten der Ostküste berufen wurden. Sie qualifizierte nicht nur ihre wissenschaftliche Orthodoxie, sondern auch ihre vielfach nichtjüdische Herkunft. Denn Juden hatten in jenen Jahren an den Universitäten der Ivy League keine Chancen. Ein Mann wie Arnold Wolfers, der an der Hochschule für Politik in Berlin zu den Reformökonomen zählte sowie zum Kreis der religiösen Sozialisten gehörte, wurde nur deshalb 1933 regulär von der Yale University genommen, weil er sowohl seine jüdische Herkunft als auch seine intellektuelle Sozialisation verleugnete. Zu seinen früheren Mitstreitern brach er deshalb auch alle Kontakte in der Emigration ab. Wurden neben Schumpeter 1936 auch Gottfried Haberler nach Harvard berufen oder Oskar Morgenstern 1938 nach Princeton, so mußte etwa Fritz Machlup, der Jude war, zunächst noch mit der Provinz in Buffalo vorlieb nehmen.

Sahen die Deutschen im New Deal ein Stück von dem Konturen annehmen, um das sie zuvor in Deutschland vergeblich gekämpft hatten, und gehörte Roosevelt deshalb zu den verehrten Leitfiguren im linken Spektrum der intellektuellen Emigration, so reagierten die liberalen Markttheoretiker ganz anders. Unisono wurde der amerikanische Präsident und sein Beraterstab der Phrasendrescherei bezichtigt oder er wurde gar mit Hitler auf eine Stufe gestellt. Joseph A. Schumpeter, der 1932 aus Empörung nicht die erwartete Berufung nach Berlin erhalten zu haben, einen Ruf nach Harvard angenommen hatte, sah sich bald vom Regen in die Traufe gekommen. Er machte nach dem Wahlsieg Roosevelts keinen Hehl daraus, daß er dann auch in Deutschland hätte bleiben können. Nicht gerade mit besonderem politischen Weitblick machte er ebensowenig zwischen Hitler und den vorangegangenen sozialdemokratischen Kabinetten der Weimarer Republik einen Unterschied. Der Rockefeller Foundation übermittelte er unmittelber nach der NS-Machtübergabe die Analyse: »I know something of the governments which preceded Hitler's and I can only say that I am quite prepared to forgive him much by virtue of comparison« (J.A. Schumpeter an Rockefeller Foundation, 2.5.33, Rockefeller Archive Center, RG 2, 717/91/725). Ähnlich hielt Ludwig Mises die »Politik Roosevelts ... für nicht weniger gefährlich und verderblich als die Hitlers« (L. Mises an F. Machlup, 11.9.34, Nachlaß Machlup 164, Hoover Institution, Stanford University). Nicht viel anders fielen auch die Urteile über J.M. Keynes aus, dessen *General Theory of Employment, Interest and Money* nach 1936 die Zunft weltweit in zwei Lager spaltete. Fühlten sich die deutschen Ökonomen durch sein Werk bestätigt, so sahen die Österreicher in seiner Theorie der antizyklischen Konjunkturpolitik durch staatliches Deficit spending kaum mehr als »Inflationspropaganda«. Mag man solche Urteile immerhin noch im Rahmen wissenschaftskonformer Kontroversen sehen, so lagen Denunziationen wie die Hayeks »Der Mann wird mehr und mehr zur öffentlichen Gefahr« jenseits solcher Grenzen (F. A. Hayek an F. Machlup, 19.3.34, Nachlaß Machlup 115, ebd.).

Beflügelt von den üppigen Zweijahres-Stipendien der Rockefeller Foundation und der Aussicht auf eine wissenschaftliche Berufsperspektive kam der Kern der Österreicher mit nicht geringer Selbstüberschätzung in die USA, die von ihnen offenbar für eine intellektuelle Wüste gehalten wurden. Auf die Empfehlung Hayeks an den Rockefeller-Fellow Fritz Machlup, die »Herren in Amerika ... ein wenig zu erziehen«, antwortete dieser aus New York: »Die Unbildung und Unfähigkeit zur logischen Argumentation ist geradezu haarsträubend. Unter Schmoller in Berlin muß es im Vergleich zu Columbia geradezu hochtheoretisch hergegangen sein.« Wenn er sich überlege, daß Leute, die »sich seit Jahr und Tag mit Nationalökonomie beschäftigen, noch nicht einmal die leiseste Ahnung von den wesentlichen Dingen haben«, dann ergreife ihn tiefe Dankbarkeit, in Wien studiert zu haben (Briefwechsel F. A. Hayek und F. Machlup, 26.10.34ff., Nachlaß Machlup 115, ebd.).

Zu diesen Überheblichkeiten gehörte auch das Urteil über die eigene Integration in den USA. So führte Machlup seine Anstellung an der Universität Buffalo 1935 auf jenes Engagement als ökonomischer Lehrmeister zurück. Sein Ruf »on merits«, so glaubte er, unterscheide ihn von den aus Deutschland vertriebenen »emergency professors«. Von der New School setzte man sich ohnehin ab. Dort, so ebenfalls Machlup mit abweisender Geste, habe man für die »Gruppe um Lederer eine eigene Universität mit 40 Hörern geschaffen« (F. Machlup an G. Halm, 29.8.35, Nachlaß Machlup 62, ebd.). Als »links stehende Angelegenheit« wurde jene Institution von den Neoklassikern lediglich dazu benutzt, dorthin die an sie ergangenen Hilfsgesuche notleidender Kollegen aus Europa weiterzuleiten. Nur in ganz wenigen Fällen haben die Österreicher, und hier insbesondere Machlup und Schumpeter, geholfen. So beispielsweise dem Adolf Weber-Schüler Georg Halm aus Würzburg, der wegen seiner jüdischen Ehefrau nach Erlangen strafversetzt werden sollte und mit ihrer Hilfe 1937 eine Anstellung am Tufts College bei Boston vermittelt bekam, wo er die nächsten 30 Jahre bis zu seiner Emeritierung lehren sollte. In den prekären Monaten nach der Niederlage Frankreichs 1940 bot die New School im Rahmen ihrer zweiten großen Rettungsaktion der gefährdeten europäischen Wissenschaftler hingegen auch ihren theoretischen Kontrahenten wie Hayek oder Wilhelm Röpke in Genf großzügige Hilfe an. Dankbar nahmen diese das Angebot an, behandelten es dann aber dilatorisch, bis sich ihr Verbleib in Europa geklärt hatte. Anschließend mokierte sich etwa Hayek, daß er das Angebot dieser »particular crowd« und dann auch noch die Gehaltskonditionen als ziemliche Zumutung empfand.

IV.

Unübersehbar reflektierte die arrogante Kritik am New Deal-Amerika die eigentümliche Bunkermentalität, die die österreichische Schule von jeher ausgezeichnet hatte. Dahinter stand aber noch mehr.

Bereits Ende der zwanziger Jahre, als an eine Emigration noch nicht gedacht zu werden brauchte, korrespondierten die damaligen Privatdozenten Andreas Predöhl und Oskar Morgenstern aus Kiel und Wien anläßlich ihrer Berufserwartungen auch über die USA. »Ich könnte mir vorstellen«, so schrieb etwa Predöhl, »daß ich als großer Bankmann oder Industrieführer in Amerika sein möchte. Als Universitätsmann unter gar keinen Umständen. Lieber Zeit seines Lebens Privatdozent an der kleinsten deutschen Universität.« Und nicht weniger eindeutig antwortete Morgenstern, der gerade von einem Vortrag in Paris zurückgekehrt war: »Was dieses Amerika für ein lächerliches Land ist, sieht man immer wieder ... Wie muß bloß einem helleren Amerikaner zu Mute sein, wenn er das erste Mal nach Paris kommt ???« (Briefwechsel A. Predöhl und O. Morgenstern, 19.3.28/ 1.5.28, Nachlaß Morgenstern, Duke University). Später sollte Morgenstern diese Anschauung allerdings vor Ort revidieren, während Predöhl nicht vor der existentiellen Entscheidung stand, sondern als Leiter des Kieler Weltwirtschaftsinstituts unter den Nazis Karriere machen konnte.

Solche Amerika-Affekte lassen sich ebenso bei Wilhelm Röpke, Moritz Julius Bonn und anderen ausmachen, also ausschließlich bei Liberalen, die sich als Marktwirtschaftler für die Avantgarde bürgerlicher Kultur hielten. Sie verweisen auf die traditionellen Identifikationsmuster des deutschen Bürgertums, das sich im Unterschied zu dem Westeuropas oder der USA nie politische Partizipationsrechte erkämpft hatte. Zurückgezogen in der »machtgeschützten Innerlichkeit« (Thomas Mann) hatte es eine Form elitistischer »Kultur« für sich reklamiert, mit der man sich gegenüber der westlichen »Zivilisation« auszuzeichnen glaubte. Diese intellektuelle Disposition war augenscheinlich auch der neoklassischen Markttheorie in ihrer deutschen Ausprägung unterlegt; anders sind die Ausfälle ausgerechnet gegen das Musterland der freien Marktkräfte nicht zu interpretieren. Das erklärt auch bei einigen ihrer Anhänger die bis ins hohe Alter anzutreffende deduktive Enge, die kaum zu differenzieren vermochte zwischen den etatistischen Traditionen in Deutschland und Österreich und den modernen Regulierungskonzepten, die aus Einsicht in die begrenzte Reichweite der Marktgesetze entwickelt worden waren. Diese Ökonomen konnten oder wollten den liberalen Impuls nicht wahrnehmen, der dem New Deal – wie auch der keynesianischen Theorie – zugrunde lag. Erst allmählich modifizierten sich bei einigen die Wahrnehmungen und mitgebrachten theoretischen Einsichten, wie etwa an der von Oskar Morgenstern und dem Mathematiker John von Neumann entwickelten Spieltheorie erkennbar werden mag. Ludwig Mises, F. A. Hayek oder Gottfried Haberler hingegen blieben der Orthodoxie verhaftet, wofür etwa Hayeks *The Road to Serfdom* von 1944 oder Mises' *Omnipotent Government. The Rise of the Total State and Total War* aus dem gleichen Jahr die Belege liefern.

Im Unterschied zu den Neu-Klassikern findet man bei diesen Ökonomen auch kaum einmal den Ansatz zur Selbstreflexion über den Erfahrungszugewinn in der neuen sozialen Welt Amerikas. An der New School dagegen waren solche Auseinandersetzungen häufiger Gegenstand interdisziplinärer Debatten. In ihnen wurden die Lernprozesse der Emigration kritisch diskutiert und darüber nachgedacht, wie man die womöglich im theoretischen Gepäck mitgebrachten Teutonismen überwinden und den eigenen Akkulturationsprozeß aktiv gestalten könne.

Blickt man zurück auf die Emigration der deutschsprachigen Ökonomen, so ist vieles längst verschüttet. Die New Deal-Jahre waren ebenso wie später die kurze Phase der Präsidentschaft John F. Kennedys singuläre Abweichungen von der liberalen marktorientierten gesellschaftspolitischen Entwicklung in den USA gewesen, nach deren Ende das Pendel des öffentlichen Bewußtseins wieder zurückschlug in die überkommenen Denktraditionen. Das heißt, die Neoklassiker hatten immer Konjunktur, die deutschen Neu-Klassiker ereilte das gleiche Schicksal wie die anderen New Dealer: sie wurden marginalisiert. Ihre Botschaft allerdings wurde weitergetragen von einer kleinen Schar von Außenseitern. Trotz dieser so unterschiedlichen späteren Entwicklung aber gilt für beiden Gruppen: Nicht nur gemessen an den Ausgangsbedingungen der Vertreibung, sondern auch verglichen mit normalen Karriereverläufen haben die in jenen beiden Netzwerken eingebundenen Wissenschaftler in ihren Zufluchtsländern einen bemerkenswerten beruflichen und lebensgeschichtlichen Erfolg gehabt. Nicht zu Unrecht konnten sich diese emigrierten Ökonomen im Rückblick auch als »Emigrationsgewinnler« fühlen (A. Lowe in Greffrath 1979, S. 145).

Literatur

Duggan, St. and B. Drury (1948): The Rescue of Science and Learning. The Story of the Emergency Committee in Aid of Displaced Foreign Scholars, New York.

Gottl-Ottlilienfeld, F. (1934): Zeitfragen der Wirtschaft. Über Bolschewismus, Autarkie und deutschen Sozialismus, Berlin.

Greffrath, M. (1979): Die Zerstörung einer Zukunft. Gespräche mit emigrierten Sozialwissenschaftlern, Reinbek.

Hammerstein, N. (1989): Die Johann Wolfgang Goethe Universität Frankfurt am Main. Von der Stiftungsuniversität zur staatlichen Hochschule, Bd. I: 1914-1950, Neuwied/Frankfurt.

Krohn, C.-D. (1987): Wissenschaft im Exil. Deutsche Sozial- und Wirtschaftswissenschaftler in den USA und die New School for Social Research, Frankfurt/New York.

Schefold, B. (1989): Wirtschafts- und Sozialwissenschaftler in Frankfurt am Main, Marburg.

Sombart, W. (1934): Deutscher Sozialismus, Berlin.

Speier, H. (1937): The Social Conditions of the Intellectual Exile, in: Social Research 4, S. 316ff.

Richard A. Musgrave*

Crossing Traditions

The following pages record my experience from emigration to integration, leaving behind, taking with me and adding thereto. Good fortune had me leave on time to escape disaster and young enough to grow up with the professional community of my new home. Yet my earlier studies had left me enriched with an overlap of traditions.

What, When, and Where?

When entering Munich University in 1930, my choice of economics as a field of study was based on a broad interest in public and social affairs, and the hope that this would open a wide range of opportunities not only in Germany but also abroad. Thereby, other interests in literature and philosophy were set aside although, in a secondary role, they have continued to be part of my intellectual landscape, even across the ocean.

The intellectual baggage of growing up in the Germany of the 1920s was indeed mixed. With childhood memories of World War I still present, the murder of Walter Rathenau a first introduction to political disaster, the chaos of runaway inflation and the early shuffle of SA boots – all this made it evident that the course of society is fragile at best. At the same time, we felt loyalty to the Weimar Republic and pride in its democratic ideals, a part of German history now too readily discounted. While underestimating the rising Nazi threat, the romance of the youth movement, dating back to pre-World War I years, was still present along with the rich literary and

* The author is H. H. Burbank Professor of Political Economy, Emeritus, Harvard University and Adjunct Professor, University of California at Santa Cruz.

artistic climate of the twenties. The stern beauty of Rilke's poetry, Brecht's mix of masterly verse and naive message, Hesse's romantic mystique, the menace of Stephan George's seductive chants, these are memories of my pre-economics years, leaving behind a sense of the richness of that period, but also a stern warning that careless mixing of emotion and reason, lurking in the German intellectual tradition, portends disaster.

Now to the more straightforward matter of economics as it began in Munich. Among the lectures during that year, I recall Adolph Weber's introduction and Weddigen's public finance, with a dull and voluminous text by Lotz. Outstanding was von Zwiedineck-Südenhorst's course on Böhm-Bawerk and marginalism, above my head at that time, but clearly of high qualitity. With the emphasis then still placed on law in the study of economics, my schedule also included Kisch's entertaining BGB I and II, as well as lectures on public law by Nawiasky, offered bravely in the face of SA interruptions. That omen, also, was part of the daily vista from my room on the Schellingstraße facing the Völkischer Beobachter and its party activities. Externalities of Munich University life, such as theatre and the Alps also played their part.

Serious study of economics began with my transfer to Heidelberg in the Fall of 1931. Marschak, then a young Privatdozent offered a seminar on Keynes' *Treatise* and on integrating fiscal flows into the national income accounts. With Lederer having left for Berlin, micro theory was offered by Brinkmann and Salz. Bergsträsser dealt with the more philosophical aspects of social science (I recall writing a paper on Aquinas in his seminar) and Alfred Weber offered a broad, if difficult to follow, sociological system. In the legal field I recall lectures by Jellinek and Radbruch, and in philosophy by Jaspers.

Of central interest to me was the renaissance of fiscal theory which took place during the 1920s, resuming the great tradition of the 1860s to '90s when German public finance had been at its height. Otto Pfleiderer, then an assistant to Alfred Weber, had just published his study on the public sector (1930), preceded by a flood of similar writings, including those of Ritschl (1931), Cassel (1925), Colm (1927), Jecht (1928) and Sultan (1928). All these offered visions, if diverse in perspective, of the fiscal system as an integral part of the economy, distinct from the private sector yet interrelated with it. Following decades of passivity, the traditional German concern with fiscal theory had again blossomed, public finance was a hot topic, and

I was the fortunate beneficiary of that revival. My later efforts and lasting interest in this field owed much to this stimulus.

As with Munich, memories of the Heidelberg years also had their dark side. The increasingly ominous political scene, book burnings in front of the Aula, the great Heidegger striding ahead of Nazis students, the SA takeover of our INSOSTA building with Alfred Weber courageously taking down the swastika flag, news of the Reichstag burning while skiing on the Feldberg, these also are memories that remain.

With good fortune and timely award of a fellowship from the Deutsche Austauschdienst in 1932, I left Germany in the Fall of 1933 heading for study in the United States. Departure traded a democracy in collapse for an economy in deep depression, but buoyant with hope of building a better future in its New Deal. Economics had moved to the forefront of politics, an auspicious setting for my graduate work. At the University of Rochester, the fellowship year brought acquaintance with my new environment, reading Marshall under the tutelage of Professor Clausing and an introduction to American fiscal institutions under the guidance of Professor Gilbert. The reception was warm and friendly as it would continue to be throughout my life in the United States. The road was open.

With disaster looming in Germany, there was no question but to seek my new home here and to grasp the opportunities which it offered. Supported by a Holzer fellowship, I transferred to Harvard University in 1934, leading to a Ph.D. in 1937 and U.S. citizenship soon thereafter. Once more, good fortune had led me to arrive at the right stage and place at the right time. By right stage I mean that I had already completed my introductory training, but without having gone too far in my German preparation. This left me open to join with my fellow students in freshly acquiring the analytics of British-American economics, without that sense of differentiation sometimes experienced by older emigres. By right place, I mean not only the benefit of eminent teachers but also, and no less important, of association with an outstanding group of fellow students, economists who, from Paul Samuelson and Lloyd Metzler on, would lead the profession in the coming years. By right time, finally, I refer to the revolution in economic policy and doctrine which swept those years. Following in rapid succession came replacement of competitive market models with theories of imperfect competition represented at Harvard by Chamberlin's work, the Keynesian revolution in macro-theory with Alvin Hansen its key promoter, replacement of cardinal by ordinal utility and the introduction of a social welfare function. With faculty and students actively involved in these innovations, the world of economics seemed to be made over and set right. Later events showed the triumph to have been somewhat premature, but a triumph it seemed and a splendid backdrop for exciting, enthusiastic graduate work.

German emigres, including Schumpeter, Haberler, Leontief and Staehle added to the richness of the faculty. Among the graduate students, other arrivals from Germany included Henry Heuser, Walter Stettner, Wolfgang Stolper, Henry Wallich and Herbert Zassenhaus, all destined to develop distinguished academic and Washington careers. Schumpeter, having arrived in the previous year took over Taussig's introductory theory course during my second term. Socratic exercises in Ricardo yielded to Walrasian equations and the vision of modern economics. Haberler lectured on trade theory and offered a constructive critique of the Keynesian model. Leontief dealt with aspects of quantitative analysis, the genesis of his input-output model. While Haberler and Leontief fitted readily into departmental activities, Schumpeter remained a somewhat solitary figure. Ostentaciously devoted to economic theory as a »box of tools« (Joan Robinson's term which he liked to quote), the breadth of his continental framework distanced him from the »make the economy work« spirit of his colleagues. To this was added his somewhat lonely position as a conservative in a liberal setting, and some bitterness over the Keynesian sweep which, he thought, had greatly benefitted from his earlier work. Perhaps paradoxically, but also much in line with what I viewed as his Hegelian trait, he was closer to Marxist modes of thought (if with inverted sign) than to the world of business and its entrepreneurs whose function he admired but whose culture he felt to be inferior. His course on the history of economic doctrine in particular was a fascinating experience but his role was not what it should or would have been, had European history permitted him to remain there. His recent renaissance in the United States might have offered a delayed triumph over Keynes, but Schumpeter, being who he was, would have hardly felt comfortable with the image of the '80s and his newly won adherents.

Important though these contributions were, it was Alvin Hansen's Fiscal Policy Seminar that was at the core and offered the most lively forum. Hansen, who had come from Minnesota the year before, enthusiastically embraced Keynesian thought. With focus on the role of fiscal policy in maintaining full employment, his seminar became our rallying point for the new economics. At the analytical level, new theorems (with Paul Samuelson a driving force) had to be developed, the accelerator, built-in flexibility and the balanced budget multiplier had to be discovered. At the policy level, Hansen's Washington involvement provided a lively bridge, with the role of public works, compensatory finance and social security to be explored. Enriched by frequent visitors from the Washington scene, this was economics in action, far removed from its reputation as the »dismal science«.

My dissertation effort, however, did not move on this current track. Rather, I returned to the earlier interest of my Heidelberg years, to construct a general theory of the public sector, now seen as a model which would apply the standard tools of economic analysis to its non-market nature. Pigou's *Study in Public Finance* (1927) had integrated tax analysis into welfare economics and raised the spectre of announcement effects. But his allowance for expenditures as part of general welfare maximization, briefly treated in his introductory chapter, seemed insufficient to complete the picture. Though externalities as a source of market failure were dealt with in his *Economics of Welfare* (1926), they were seen as a problem of regulation only, without extension into a general theory of public goods. A tentative foundation for expenditure theory had been laid by Adam Smith when noting that there are certain services which, though useful to the individual cannot be profitably provided for on an individual basis, but this hint was not pursued. With exceptions such as Malthus, the productive contribution of the public sector was disregarded. From Ricardo over Mill and Edgeworth to Pigou, preoccupation was with taxation.

A more positive approach to the expenditure side of the budget, as I knew from my earlier study, was to be found in the German fiscal tradition. Far from viewing it as inherently wasteful, German authors had stressed its contribution. Carl Dietzel's view of public debt and of the state as immaterial capital (1855), von Stein's doctrine of reproduction of revenue (1860), Schäffle's principle of proportional public and private resource use (1867), all testified to the productive contribution of public outlays. So did Wagner's view of the public sector as Produktionswirtschaft (1887), and his Sozialpolitisches Prinzip added a further rationale for expenditure policy. At the same time, this literature gave little economic insight into just why certain goods should be provided for through the budget, leaving this selection to the wisdom of the state. Little or no attention was paid to the contributions of Sax (1887), Mazzola (1890) or, most important, Wicksell (1896). By tracing the demand for public goods to the preferences of the individual consumer, that view seemed incompatible with the organic view of the state underlying the German approach. As noted below, such was still the case at my Heidelberg scene, but I had become aware of the alternative approach and its message. Familiarity with this continental literature, then largely unknown to English-speaking authors, was the prize part of my emigre baggage and gave me a substantial comparative advantage. It also provided the material for my first journal contribution (1938) and, I like to think, stimulated Paul Samuelson's later contribution (1954). There was much to be done, and the thesis was only a beginning.

After receiving my Ph.D. in 1937, I was appointed instructor and for several years shared the public finance offerings with Professor Burbank. In 1941, I left for Washington to accept a position as research economist with the Board of Governors of the Federal Reserve System. The next decade, from 1938 to '48 was spent at the Board. Exciting years they were, from the build-up of the wartime economy to the transition to peace. After a start with commercial banking, I soon shifted into fiscal affairs and came to be in charge of that section. Working as liaison to the Treasury on the design of wartime taxation, I could observe the rise of the modern income tax; and in dealing with the New York Reserve Bank, I became acquainted with the intricacies of debt finance. In the later years, service as Special Assistant to Marriner Eccles, the Board's Chairman and a leading figure in the early New Deal, afforded an opportunity to see high level policy-making in action.

The shift from Academia to Washington was a new challenge, once more an opportunity that came at the right time. Learning to understand how government functions, what data sources are available and where to turn for information proved invaluable, not only while on the spot but also for my later work, whether in research or consulting activities with the Treasury and other agencies. And this was not all. Washington, during the war years was a gathering place for economists, stationed there to expedite the economics of the war effort. German emigres were part of the team, including Gerhard Colm who held a key position as Chief Economist for the Bureau of the Budget, Gottfried Haberler, Fritz Machlup,

Alexander Gerschenkron, Walther Lederer and many others. Along with wartime business, there was a great deal of discussion on how to proceed thereafter. Would the postwar world bring a return to the stagnation scenario of the '30s as many expected, or would the problem be one of capital shortage and inflation? How would the new monetary order be established at Bretton Woods? Organized by Seymour Harris, weekly seminars at the Board provided a forum in which foreign dignitaries presented their views, including Robertson and Keynes who predicted that the postwar era would be one of capital shortage rather than excess saving.

The Washington experience proved invaluable, but by the late '40s the time had come to return to academic life and the task which I had begun in the thesis. In 1948 I moved to the University of Michigan at Ann Arbor where I stayed during the 1950s. During that decade, the Michigan department, including co-emigres Wolfgang Stolper, George Katona and Eva Mueller offered a most cohesive and productive environment. Work on a theory of the public sector was my central concern, with teaching in public finance and macroeconomics, a fiscal seminar in particular, a testing ground for the emerging model. The product, my *The Theory of Public Finance*, appeared in 1959. Its content embraced my various traditions as may be briefly noted here.

The first task, in constructing the model, was to apply the principle of efficient resource use to the provision of public or, to use an equivalent term, of social goods. As noted before, this is where my acquaintance with the continental and especially Scandinavian literature – excerpts from which were published in conjunction with Alan Peacock (1958) – proved of decisive importance. Social or public goods, to be sure, differed from private goods in that they are non-rival in consumption, but were similar in that they go to satisfy the wants of individual consumers. Efficiency conditions for the supply of such goods had been defined by Samuelson's contribution (1954), but there was the further task of seeking a mechanism of efficient implementation. The ideal solution, as had been suggested by Lindahl would be a system of benefit taxation, charging each consumer in line with his/her marginal evaluation of the common amount. But with exclusion impracticable or inefficient, preference revelation will not be forthcoming through the market. Instead, a political process is required to secure it and becomes an inherent part of the fiscal problem. The task of providing for public goods along these lines was assigned to what I called the Allocation Branch of budget.

A second major issue to be allowed for was that of distribution. How to distribute the tax burden in line with ability-to-pay had been central to British tax theory from Smith over Mill and Edgeworth to Pigou. Rules of equal sacrifice were applied to determine the correct pattern, leading with Pigou to the requirement of equal marginal or least total sacrifice as the correct solution. This analysis, however, was limited to financing a given service budget, without extension to tax and transfer policies and the broader issue of distribution. German literature on the contrary had recognized distribution as a central concern of budget policy, most prominently so in Wagner's sozialpolitisches Prinzip. Wicksell was well aware of this part of the problem. For benefit taxes to be just, as he noted, a just state of pretax distribution would first have to be established. Distributional adjustment was thus an integral part of the process. While leaving the finance of public services to benefit taxation, a tax-transfer scheme (later called »negative income tax«) would serve to correct market-determined distribution in line with society's perceived social welfare function. Implementation thereof was left to the Distribution Branch of the budget.

Finally, allowance had to be made for the fiscal role in macro policy. Stressed early on in German fiscal literature, as in Dietzel's analysis of public debt (1885), macro concerns had entered the mainstream of British fiscal thinking only with the Keynesian revolution, but then with a vengeance. With this responsibility assigned to the Stabilization Branch, my three-branch model was completed. As a matter of implementation, the transactions required by the three branches could then be netted out, but properly designed each had its role and could be realized without interference with the others. Public services could be financed under the Allocation Branch via benefit taxation and thus in a distributionally neutral fashion. Redistributional adjustments could be made via tax and transfer payments, and thus without major interference with consumer choice. Stabilisation measures could take the form of proportional taxes or transfers so that there would be no need to waste resources in »ditch digging«, or to cut back on worthwhile public services to secure stabilization. The various functions of fiscal policy could thus be conducted in an efficient fashion and be integrated into a consistent net budget, recognizing at the same time the distinct rationale for each of the three branches. Looking back, there are of course corrections to be made, but the basic construct, as I see it, still stands.

In 1958 I moved to Johns Hopkins University whose departmental seminar remains in especially fond memory. Chaired by Fritz Machlup and enriched by Simon Kuznets' wise contributions, both distinguished emigres, the seminar offered intellectual cohesion, an opportunity for exchange among all members of the department, faculty and students alike. Transition to Princeton's newly founded Woodrow Wilson School of Public Affairs followed in 1962, with a seminar on fiscal federalism and a macro course central to my work there. Productive visits by John Head and Alan Williams, friends from Australia and Britain respectively, are also warm memories.

In 1965 I returned to Harvard, with a joint appointment in the Department of Economics and the Law School. In the Department, the public finance courses were shared with Martin Feldstein, including once more a fiscal policy seminar. Though quite different in theme and direction from that four decades earlier – then with emphasis on the public sector repair of market failures, now on how to minimize public sector damage to the market – the seminar once more offered a stimulating and exciting forum, enlivened by an outstanding group of students many of whom now lead the field. In the '70s, and in response to the intellectual upheaval of the time, my teaching and research interests broadened to include a seminar on »Economy and Society«. Following Max Weber's image, the goal was to locate the place of economics in the broader spectrum of social science and, stimulated by John Rawls' and Robert Nozick's work, to explore the economist's engagement with social philosophy. My concerns thus returned to issues which had been vital in the earlier stages of my work, especially the Heidelberg years. Thomas Aquinas, long ago a seminar topic at Heidelberg reappeared along with Locke, Smith, Marx and Max Weber as relevant figures on the economist's intellectual horizon.

Teaching at the Law School, mainly in association with Stanley Surrey, picked up on a long standing concern with the design of the income tax. Over the decades, I had been part of a band of tax economists, including Harvey Brazer, George Break, Richard Goode, Harold Groves, Walter Heller, Joseph Pechman, Carl Shoup, Bill Vickrey and others, dedicated to the vision of a broad-based income tax. With income defined as »accretion«, a concept first developed in Germany by Georg Schanz (1886) and expanded later by Henry Simons (1938, 1950) the income tax would offer the best and most equitable instrument of federal taxation. Surrey, also a key member of this group had brought the lawyer's sense for detail and practicality to this endeavour. Over the years he had taught us that economic analysis of outcomes is important, but that practical limitations and administrative feasibility had to be considered as well. Having worked with him during his Treasury tenure in the Kennedy and Johnson administrations of the '60s, extension of our earlier cooperation into a seminar on tax policy was a natural sequence. It also recalled the German tradition of linking economic and legal aspects of the fiscal problem. Participation with Oliver Oldman in the Law School's International Tax Program similary continued my long standing interest in the fiscal aspects of economic development. Beginning with Robert Nathan's World Bank mission to Burma in the 1940s, the opportunity to participate in and later to direct such endeavours in Colombia and Bolivia broadened the fiscal horizon and fed into a later volume on fiscal aspects of economic development (1963).

Other Law School work included an early offering in Law and Economics with Guido Calabresi, an approach which since has swept the field and now runs the risk of being carried too far. Though helpful in offering a rationale for setting legal rules in torts and contracts, economics is only part of the story. Laws, after all, are to serve the norms of justice as well as efficiency, and Pareto optimality is not all there is to the problem.

Throughout the years, international contacts were maintained through participation in the International Institute of Public Finance and in the Seminar in Public Economics, a research group which we founded in the early '70s. Direct contact with German economists were suspended during the '30s and the war years, but resumed soon thereafter. When visiting Bonn in 1948 as a member of a U.S. mission along with Walter Heller and Alvin Hansen, our assignment was to examine Germany's need for U.S. aid. Gracious hospitality was received from President Heuss whose son Ernst Ludwig had been a school friend during the '20s. Frequent visits to Germany followed, and also the opportunity to welcome German visitors to the U.S. An honorary degree from Heidelberg University, received in 1983 on the 50th anniversary of my Diplom-Volkswirt degree was especially rewarding. Beginning with the older generation of Fritz Neumark who by then had returned to Frankfurt, contacts soon extended through subsequent generations, on to the new group of American-style fiscal theorists now on the rise. Recent appointment as honorary member of Munich's Center for Economic Studies will offer an additional bridge to future cooperation. Through it all, I have valued the warm hospitality extended to me by my German colleagues, and am pleased to think that my view of public finance, made available also through Professor Lore Kullmer's fine adaptation of our text, had its impact in the German arena. Perhaps this may be seen as a small return for the basic training which I received there, and for the patterns of thought I had taken with me to the United States.

Finanzwissenschaft and Public Finance

In concluding, I briefly return to the different traditions of public finance which I had encountered in my early studies in Germany and then in the United States, and how they came to be joined in my own thinking. Finanzwissenschaft in Germany had traditionally enjoyed an admirably high and even preferred standing among the branches of economics. In recognition thereof and dating back to the beginning of the 19th century, economics was divided into theory, economic policy and public finance, with public finance the only applied field to be given a distinct professorial chair. This special status, still currently enjoyed by my German colleagues, reflected the perception of Finanzwissenschaft as a distinct science, based upon the cameralist tradition and reaching beyond the confines of ordinary economics. While fiscal literature during the first half of the century was divided between the cameralist tradition and the Smithian model, beginning with Rau (1850) there came a distinct turn towards a more positive view of the state's economic role. This view guided the writings of von Stein (1856), Schäffle (1867) and Wagner (1880), »das Dreigestirn« of German public finance, as its historians put it (Beckerath 1952). The founding of the Sozialpolitische Verein in 1872 celebrated that perception.

There is much to be admired in that grand tradition. The role of the fiscal system, its structure and performance are seen in the context of a changing historical setting, interacting with and responding to other economic, social and political institutions. The Stufentheorien of von Stein and Schäffle, as well as Schumpeter's famous essay on the future of the tax state (1919) trace this changing pattern, a theory of fiscal development leading to the role of public finances in the

Bürgerstaat of pre-World War I. Extending across economics, sociology and the philosophy of the state, Finanzwissenschaft aspired to create a discipline of its own, even referred to (perhaps too enthusiastically) as »eine Eigenart des Deutschen Geistes« (Meisel, 1925).

Along with this breath of perception (Teschemacher 1928; Gerloff 1945; Neumark 1964) and not unrelated thereto came rejection of a private-want-based theory of public goods, opting instead for a communal or governmental view of want determination. Arguing from the theory of state, the function of the fiscal system tended to be seen as satisfying Gemeinschaftsbedürfnisse or communal wants, as distinct from the self-interest-based and private wants of individuals which are met in the market. Adam Müller (1809) at the outset postulated the preexistence of community or Gemeinschaft. Stein's Hegelian view of the state confronted the interaction of individuals in the market as unequals with their role in the state as equals. Schäffle and Wagner recognized the individual as the basic beneficiary of public services, but did not view their provision as a function of private preferences. Rather, provision was still seen as subject to the compulsory nature of the state, as »Zwangswirtschaft«. Notwithstanding Sax's initial German language contribution and with only rare exceptions (Cassel 1925), the individual-preference-based formulation took no root in German literature. Beckerath still viewed it in critical terms (1952), and Neumark (1962) still saw it as bound to fail.

A more sober and less hospitable treatment was given to public finance in the British tradition. With individual liberty given by natural law and the market, economics emerged as the science of private-preference-based market efficiency. Within that perspective, the public sector tended to be an aberration, recognized only reluctantly as a necessary evil, required to correct certain market failures. Analysis of tax incidence was welcome as it served as a convenient testing ground for price theory, and marginalism was applied to minimize aggregate tax burdens. The tax side of the budget was allowed for but, as noted before, was viewed in isolation from expenditures. Adam Smith's lead was not followed up, nor did Pigou offer a theory of public goods. With a beginning made in my 1939 contribution and by H. R. Bowen (1948), the theory of public goods became of central concern only with Samuelson's application of efficiency conditions (1954), followed by resumption of the Wicksell-Lindahl tradition, especially in my own work (1958) and that of

James Buchanan (1968). The specific nature of public sector economics was thus finally given recognition and placed in the context of general economic theory. Where the German doctrine had rejected the individual-want-based approach in favour of a communal concept, English language literature came to accept it, if belatedly, as a congenial formulation.

Broad characterizations such as these inevitably overstate, and there are always exceptions. Burke in England was an admirer of the German Romantik and Malthus saw the productive role of public expenditures. In Germany, Kant's perception of individual rights and the Nachtwächterstaat was close to Locke's, and its fiscal writers in the first half of the 19th century were largely in the individualistic tradition. The Austrian economist Sax (1887) was the first to apply marginal utility analysis to public goods (see Musgrave and Peacock 1958), while von Mises and later on Hayek were not to be outdone in libertarian criticism of the state. Nevertheless, as far as Finanzwissenschaft goes, these were exceptions rather than the rule, leaving significant distinctions in the two traditions.

Concern with a communal want approach had remained much in the air during my Heidelberg years, as illustrated by the contemporary contributions of Ritschl, Pfleiderer and Colm. Ritschl (1931), in line with the political climate, reverted to the romantic vision of Adam Müller (1809). The subject of his communal economy (Gemeinwirtschaft) was not to satisfy self-interest based wants of the individual consumer, but to meet the communal needs of the state. Though felt by individuals as its members, these needs were seen as given »objectively« by their communal experience, and outside their private preference pattern. »In der Gesellschaft«, as it followed in ominous foreboding, »rollt das gleiche Geld, in der Gemeinschaft aber das gleiche Blut«. Without such aberration, but still outside the individualistic mode, were Colm's (1927) and Pfleiderer's (1930) treatment. Following Wagner and strongly influenced by the categories of Max Weber, primary attention was given to the different modes by which private and public agents proceed. In the former, the firm produces to satisfy market demand. In the latter, the bureau (Behörde) acts as instructed by its higher office or Instanz. Both firm and bureau should be efficient and thus be viewed as economic actors. But having drawn this useful distinction, a rather cursory view is taken of how the Instanz is to reach its decisions. They are seen as based on many considerations, including imposition of compulsory consumption in disregard of private preferences, as well as provision of services which, though desired by individuals, cannot be provided for by the market. In that context, non-excludability and joint consumption are noted, but not singled out as the crucial element of public provision. Instead emphasis is on the decision-making power of the Instanz. To implement it, the Instanz must then impose compulsory tax finance. There is no integration into the individual preference system and a democratic process of preference revelation. Instead, the nature of the public sector retains a strong communal or command element. Given Colm's and Pfleiderer's positions as liberal democrats, this testified to the staying power of the earlier tradition.

With these ideas and inputs in my emigrant's baggage, what thereof was to be retained and what to be discarded? A most important retention, I think, was a positive view of the public sector, serving along with the market as an essential part of the economic system, as was allowance for distribution as a fiscal concern. Also retained was the idea of a normative model, an »Idealtyp« to use Weber's term, which would define how public sector functions should be performed. Reality, to be sure, will depart therefrom, and only second-best solutions are available. But without the image of an optimal outcome, feasible if second-best options cannot be ranked. The theory of choice, as I had noted in my 1958 volume should have an important contribution to make in reaching an approximation, but unfortunately has come to suffer from what I see as an anti-public sector bias (Musgrave 1981). My division of the public sector into its three branches, finally, might be taken to reflect a tendency for classification typical, according to Neumark (1961) for the German approach to Finanzwissenschaft. Perhaps so, but not only so. The three branches were meant not as a convenient table of content, even though they have come to be used widely as such, but so reflect the distinct rationales of various budget functions.

My most important departure was acceptance of the individualistic, Wicksellian-Lindahl approach to the theory of public goods, a view of the allocation branch as providing goods for the satisfaction of private wants, goods which, due to their characteristic of non-rivalry in consumption, cannot be provided for through the market. Whatever may or may not be said deep down about the individualistic and communal features of society and the state, this concern has nothing to do with the quite pedestrian distinction between public and private goods. The feature of non-rival consumption may attach to wholly mundane services such as traffic lights or garbage disposal, while potential communal concerns and values may attach to otherwise rival items such as the content of individually available school texts. Failure to distinguish between the two issues blocked the integration of the economics of public goods into a uniform framework of efficient resource use. This was the crucial shortcoming of the German tradition as I had left it behind, and which had to be discarded.

But though non-rival consumption is the core of the public goods problem, it does not follow that self-interested exchange (be it via market or vote) is the only meaningful form of social interaction. Admittedly difficult to define and dangerous to entertain, communal concerns have been part of the scene from Plato on, and my concept of merit goods (applicable to private and social goods alike) was to provide a limited opening for their role (Musgrave 1958 and 1987). Dutiful performance of civil service remains a constructive concept, as does that of responsible public leadership. Though they now tend to be ridiculed, both these alternative modes are essential to make democracy work. Nor are issues of entitlement and distributive justice reducable to principles of exchange, issues which have to be resolved before that mode can be given its role. The broad-based roots of the German tradition, its linkage to the theory of state and to fiscal sociology (Musgrave 1980) helped to provide awareness of these issues, and could have done so quite consistently with a private-want-based theory of public goods.

I need hardly add that what has been said here about the tradition of Finanzwissenschaft refers back to where matters stood when I left, now nearly sixty years ago. Today's Finanzwissenschaft is coming to differ little from public finance, and it remains to be seen which, if any, of its traditional features will be retained or will reemerge. But this does not matter here. My task was to show how my own view of the science has been formed by a mixture of thought – German, British, American and Scandinavian – offering, as it were, a case study in intellectual migration. Good fortune has permitted me to link these strands in what hopefully has been a constructive fashion. All this, to be sure, could not have been without the hospitality extended me by the United States, my new home and by the help given by my wife and colleague.

References

Adams, H. (1898): The Science of Finance: An Investigation of Public Expenditures and Public Revenues, New York.

E. v. Beckerath, (1952): Die neuere Geschichte der Deutschen Finanzwissenschaft (seit 1800), in: Handbuch der Finanzwissenschaft, 2nd edition, Vol. I, Tübingen, pp. 416-468.

Buchanan, J. (1968): The Demand and Supply of Public Goods, Chicago.

Cassel, M. (1925): Die Gemeinwirtschaft, ihre Stellung und Notwendigkeit in der Tauschwirtschaft, Erlangen.

Colm, G. (1927): Volkswirtschaftliche Theorie der Staatsausgaben. Ein Beitrag zur Finanztheorie, Tübingen.

Dietzel, C. (1855): Das System der Staatsanleihen im Zusammenhang der Volkswirtschaft betrachtet, Heidelberg.

Gerloff, W. (1952): Grundlegung der Finanzwissenschaft, in: Handbuch der Finanzwissenschaft. 2nd edition, Vol. I., Tübingen, pp. 1-65.

Jecht, H. (1928): Wesen und Formen der Finanzwirtschaft, Jena.

Lindahl, E. (1919): Die Gerechtigkeit der Besteuerung, Lund.

Meisel, F. (1925): Geschichte der deutschen Finanzwissenschaft im 19. Jahrhundert bis zur Gegenwart, in: Handbuch der Finanzwissenschaft. 1st edition, Vol. I., Tübingen, pp. 245-290.

Müller, A. (1809): Elemente der Staatskunst, Jena.

Musgrave, R. (1939): Voluntary Exchange Theory of Public Economy, in: Quarterly Journal of Economics, Vol. 53, pp. 213-237.

Musgrave, R. (1958): The Theory of Public Finance, New York.

Musgrave, R. (1969): Fiscal Systems, New Haven/Conn..

Musgrave, R. (1980): Theories of Fiscal Crisis, in: H. Aaron (ed.), The Economics of Taxation, Washington, D.C., pp. 361-390.

Musgrave, R. (1985): Excess Bias and the Nature of Budget Growth, in: Journal of Public Economics, Vol. 28, pp. 287-308.

Musgrave, R. (1987): Merit Goods, in: J. Eatwell, M. Milgate, P. Newmann (eds.), The New Palgrave. A Dictionary of Economics, Vol. 3, London, pp. 452-453.

Musgrave, R./Peacock, A. (eds.) (1985): Classics in the Theory of Public Finance, London.

Neumark, F. (1961): Nationale Typen der Finanzwirtschaft, in: F. Neumark, Wirtschafts- und Finanzprobleme des Interventionsstaates, Tübingen, pp. 81-95.

Pfleiderer, O. (1930): Die Staatswirtschaft und das Sozialprodukt, Jena.

Pigou, A. C. (1926): The Economics of Welfare, London.

Pigou, A. C. (1927): A Study in Public Finance, London.

Rau, K. H. (1850): Lehrbuch der politischen Ökonomie. Vol. 3. Grundsätze der Finanzwissenschaft, 3rd edition, Heidelberg.

Ritschl, H. (1931): Gemeinwirtschaft und Kapitalistische Marktwirtschaft, Tübingen.

Samuelson, P. A. (1954): The Pure Theory of Public Expenditure, in: Review of Economics and Statistics, Vol. 36, pp. 387-389.

Sax, E. (1887): Grundlegung der theoretischen Staatswissenschaft, Wien.

Schäffle, A. (1867): Das gesellschaftliche System der menschlichen Wirtschaft. Ein Lehr- und Handbuch der Nationalökonomie, 2nd edition, Tübingen.

Schanz, G. (1886): Der Einkommensbegriff und die Einkommensteuergesetze, in: Finanzarchiv, Vol. 13, pp. 1-87.

Seligman, E. (1911): The Income Tax. A Study of the History, Theory and Practice of Income Taxation At Home and Abroad, New York.

Stein, L. v. (1856): System der Staatswissenschaft. Vol. 2. Die Gesellschaftslehre. Erste Abtheilung. Der Begriff der Gesellschaft und die Lehre von den Gesellschaftsklassen, Stuttgart/Augsburg.

Simons, H. (1938): Personal Income Taxation, Chicago.

Simons, H. (1950): Federal Tax Reform, Chicago.

Sultan, H. (1932): Über die Aufgaben der Finanz-Soziologie, in: Vierteljahresschrift für Sozial- und Wirtschaftsgeschichte, Vol. 25.

Sultan, H. (1952): Finanzwissenschaft und Soziologie, in: Handbuch der Finanzwissenschaft. 2nd edition, Vol. I, Tübingen, pp. 66-98.

Teschemacher, H. (1928): Über den traditionellen Problemkreis der deutschen Finanzwissenschaft, in: H. Teschemacher (ed.), Festgabe für Georg von Schanz, Tübingen, pp. 422-441.

Wagner, A. (1880): Finanzwissenschaft, Leipzig.

Wicksell, K. (1896): Finanztheoretische Untersuchungen, Jena.

Jürgen G. Backhaus

On the migration of skills and ideas in public finance

When I received the programme for this meeting a couple of days before the meeting took place, I decided to abruptly shift gears. Instead of presenting the prepared account of the work of a group of public finance experts before and after their emigration to the United States, it seemed to be more productive to confront Professor Musgrave with a set of ten questions for him to illustrate with examples taken from the life and work of those authors. In order to derive these questions, let me give some background.

It is by now generally agreed that the westward migration of scholars from central Europe to the United States during the thirties and forties of this century has greatly contributed to the American leadership position in many scholarly disciplines. The point is clearly made by George Stigler for economics, it is evident for public finance – a subdiscipline dormant in the United States before the arrival of scholars such as Richard Musgrave –, and other examples can be readily cited. The last example shows how migrations of scholars can affect the landscape of a scholarly discipline in the host country: new problems may be introduced into the academic discourse; new research opportunities as they present themselves in the host country may be exploited with the traditional set of instruments and modes of analysis as they had been practiced in the donor country; and this may in due course bring about a change in the prevalent paradigms not only in the host country, but in the practice of the discipline throughout the world. The impact on scholarly discourse as a consequence of the migration of scholars is not likely to be the only consequence. With their ideas and skills, scholars bring their conceptions about the institutional environment of research and teaching, and these preconceptions can contrast markedly with the organizational and institutional forms found in the host country. The likely result is the birth of new organizational forms, but equally likely is the practice of new methods of entertaining research and instruction. The entire phenomenon of scholarly migration may bring about new policies aimed at the scholarly community by state and private institutions.[1]

Although the catastrophic exodus of scholars from central Europe in this country to many may have seemed an academic catastrophe of unparallelled proportions, indeed there is a parallel in the systematic closure of universities and academies during the Napoleonic occupation in the first decade of the 19th century. This led to an eastward migration of professors, their students but also their libraries, when this could be arranged, and sometimes to an export of institutional forms in which scholarly work was conducted. Although relatively little is known about this eastward migration of the 19th century, the recent opening of eastern countries creates a research opportunity not available so far.

First glimpses of the newly opened archives have already brought to light astonishing finds. Quesnay earns high marks from Schumpeter for the theoretical achievement of his »Tableau Economique«. Yet Professor Uebe has found in the archives a »Flow of Funds Table« published in 1815 by Professor Joseph Lang of Charkow University, an emigré from Freiburg. Lang extended in 1808 and 1810 Quesnay's »Tableau Economique« by an explicit analysis of a corresponding three sector economy as a system of linear static equations. In addition, there is a 4 × 4 matrix representation of a generalized Quesnay economy, the first known matrix tableau of an economy, more than one hundred fifty years before matrix tableaux were introduced into economics generally.[2]

Lang was not an exceptional case. A preliminary list of important scholars who merit investigation includes Ludwig Heinrich von Jakob, Christian von Schlözer and Heinrich von Storch.[3] By way of example, consider the following biographical sketch.

After the University of Halle had been closed by Napoleon I in 1806, Ludwig Heinrich von Jakob became the professor of political economy (Staatswissenschaften) at the University of Charkow. Jakob

[1] See also Backhaus (1985).
[2] See also Uebe (1992).
[3] See also Backhaus (1992 and 1993).

had been the professor of philosophy at the University of Halle since 1791, and he had received the chair of political economy (Staatswissenschaften) in 1804.

During his ten years at the University of Charkow, Jakob published his prize-winning work on the work performance of serfs and yeomen and the differential benefit from the point of view of landowners (published in Saint Petersburg and Halle in 1815) and a study on Russia's paper money and monetary policies retaining paper money and guaranteeing monetary stability, combined with a study of Austria's attempt to abolish paper money. This study earned him a seat on the imperial committee for tax legislation.

In 1816 he received an offer from the University of Halle to return to his former position, and as a farewell gesture he received a knighthood from the imperial Russian government. Upon his return, Jakob published an influential textbook of public finance, which also appeared in French in 1841.

There are, quite obviously, major differences between the westward migrations of the thirties and forties of the 20th century and the eastward migrations of the first decade of the 19th century in terms of the triggering causes and in the impact on the performance of academic institutions in the host countries. While the effects of the eastward migration seem to have petered out fairly rapidly, the effects of the westward migration are still strongly felt today. This opens up the question of the requirements, including institutional, material and political prerequisites which make a host country hospitable to academic immigration and thereby allowing it to profit from the transfer of human capital.

In particular, I should like to propose ten questions in order to gain a better understanding of the impact of the big migration we have witnessed during this century on the development of public finance as a subdiscipline of economics.

1. How can we assess the impact of the group of immigrants on the development of public finance?
2. Which conditions have made the host country particularly receptive, and why have most of the public finance experts not returned to their home country? (One exception is Neumark, who had not emigrated to the United States, but rather to Turkey.)[4]

[4] See Neumark (1980).

3. Has empirical research been particularly influential for the development of the public finance contribution of the emigrés, or is the theoretical contribution more important? Relatedly, has the confrontation of the imported theoretical background with new empirical data or institutional practices resulted in theoretical innovations?
4. Has the impact of the migration been particularly important for some disciplines in economics, such as public finance and development economics, and less so in others?
5. Has the landscape of economic theory in terms of breadth, variety and characteristic research approaches changed as a consequence of the migration?
6. Has this led to a change in the theory and practice of public finance in both the host and the donor country?
7. Has the institutional environment of scholarly work changed in the host country as a consequence of the arrival of the immigrants?
8. Has the arrival of the immigrants given rise to new organizational forms of doing research?
9. Has the arrival of the immigrants led to changes in science policy?
10. Has the impact of the work of the immigrants been effectively communicated through institutions designed for this purpose (such as the »Institut International des Finances Publiques« perhaps)?

Perhaps it is possible to illustrate answers to these questions with respect to the life and work of the following 16 public finance experts we have identified:

1. Kurt Bloch (born 18-11-1900)
2. Arthur Burghardt (born 27-04-1904)
3. Gerhard Colm (born 30-06-1897)
4. Roger Adolf Freeman (born 02-09-1904)
5. Franz Gutmann (born 16-03-1879)
6. Rudolf Hilferding (born 10-08-1877)
7. Berthold Josephy (born 08-08-1898)
8. Walther Lederer (born 21-06-1908)
9. Fritz Karl Mann (born 10-12-1883)
10. Richard Abel Musgrave (born 14-12–1910)
11. Fritz Neumark (born 20-07-1900)

12. Hedwig Reinhardt (born 21-02-1906)
13. Frederick Gustav Reuss[5] (born 05-07-1904)
14. Carl L. Sachs (1890)
15. Kurt Singer (born 18-05-1886)
16. Herbert Siegfried Sultan (born 22-06-1894)

The remainder of this paper has the following structure:

Part I offers a summary of Professor Musgrave's responses to this matrix set of questions during the Hohenheim conference. This is clearly the most important part of the paper, as it resulted directly from the interchange of ideas during the conference, an interchange that could never have been accomplished through written media of communication.

Part II is the result of an attempt to take up a number of loose ends and string them together so as for the whole to make some sense.

I.

Research on living economists is particularly treacherous a preoccupation in the history of economic thought. Living economists can talk back. Since dead economists cannot talk back, we have the peculiar phenomenon that historians of economic thought can without negative sanction publish nonsense[6] about dead economists, whereas it is almost impossible to publish balanced accounts of the work of living economists if they are not cooperating.

Cooperation, however, is not always easy for those living economists. In particular if their work has taken a circuitous route, the authors are not interested in documenting the route, they want to document the destination reached. Some of the detours taken have invariably evaporated from their memory, and favors and support received fade under the impression of hard earned final success. When I received Harald Hagemann's concept of the program for the Hohenheim conference on emigration, I sensed an interesting opportunity for an experiment. Harald Hagemann, the editor of this volume, had asked me to document the curricula vitae of some sixteen prominent public finance scholars, and his design must have

[5] See Reuss (1963).

[6] A good example of this *genre* is Semmel (1992).

been to have Professor Musgrave check on the account. However, Professor Musgrave has been a player in this case and therefore can hardly be called upon as an arbiter, as the game has not yet finished. I therefore felt, it would be better to confront Professor Musgrave with the set of questions outlined in the introductory section. Professor Musgrave was not aware of the work on the eastward migration which resulted in this questionnaire. Nor was Professor Musgrave aware of this approach, he had no chance to prepare for his answers given, and he adjusted to the experiment situation with grace and in a cooperative spirit.

At the core of his responses is the life cycle theory of immigration that he proposed in his lecture (printed above). In the spirit of optimality, there must be an optimal departure point from one culture to the other, and Professor Musgrave identified such an optimal point, in drawing on autobiographical inspiration, as a point of time between earning the master's degree and a Ph.D. Having conceived this model, Professor Musgrave set out defined classes of immigrant economists in order to further document their relative success or failure as immigrant scholars. Some rather stunning classifications and verdicts resulted.[7]

My own impression from reading the record of this conference is that it is futile to derive an optimal point of departure for immigrants. Rather, I think that the time of Professor Musgrave's departure from Germany, i.e. his entry into the American tradition, has very much shaded his own perception of the relative merits of the scholars he discusses. E.g., reading the transcribed record, it strikes me as far-fetched to suggest that

> »the people who were graduate students at Harvard University in the 30s ... were the leading group, there was another group, ... and then there was a third group, our enemies which was a Chicago group, but there were sort of these three groups, and I think that if you had not, I think that everybody who mattered in the field sort of did it within these three groups, and it was probably very difficult for anyone outside to enter this«.

The only Nobel prize in economics granted to a public finance scholar went to none of this group, but to James Buchanan instead,

[7] The following account is based on the transcript from a tape supported and corrected by my own recollection of the session. Responsibility for the accuracy of this account is entirely my own. The tape is with Professor Hagemann.

who made it very clear that he stood within the continental European field and formed no part of the group Professor Musgrave describes in a sports type fashion. From the point of view of describing the immigration of scholars and ideas, this setting is peculiar. My own reading should, of course, not bias your reading of Professor Musgrave's remarks. They were offered beforehand in the Weberian spirit of striving for objectivity where it can never be attained.

My rendition of the transcription follows:

In the spirit of the discussion of this conference, we may start with a note on the sociology of immigration. It might be interesting, from this point of view, to classify the immigrants in terms of classes, for instance the class of 1890, the class of 1900, the class of 1910 and the class of 1920, and then to investigate how the stage in people's lives affects their potentials as scholars. I don't quite know the class of 1890, but it would be nice if I could say that this was Schumpeter's class (if we assume that he was born in 1890 – of course he was born in 1883). In this case I am talking about the people who were already famous and arrived in the new country as established economists. They had already attained a major position and fame and, by way of their background, were productively functioning in the new position. Then, if you take the class of 1900, we are looking at people who were smoother and nicer and, I guess, who fitted in much more easily and in a constructive fashion; especially because of the time at which they arrived. They became effective mainly in terms of continuing and developing what they had initially brought with them. Then again, if you look at the class of 1910, myself included, here we have people who came to the United States as relatively young students and grew up in that different economic culture of the host land. They sort of became part of it while at the same time rebuilding on their background as a valuable input which then affected the kind of work which they have done thereafter.

I think this is an apt description, and it is particularly important with respect to the tendency in public finance to arrive at one universal discipline, when before there were marked differences in the theory and practice of public finance in the different European and American countries.

The next group would be that of 1920, which can be described as having been entirely formed as a product of the host country, although still retaining some contact with their country and culture of origin. It strikes me that this sort of periodization by age classes in terms of the stage in these scholars' careers in which they started out would be very basic in order to explain how they could develop from this background.

With regard to the questions posed, how can we assess the impact of the group of immigrants on the development of public finance? First of all, I think for various reasons and because of their age groupings and because of personalities etc., some people had an impact, and other people lacked such an impact. In my opinion, this sort of »impact-effectiveness«, a sort of effective impact is not entirely a matter of intellectual contribution. I think one should not disregard people's different ability in terms of impact effectiveness. In my field of public finance, perhaps the most outstanding illustration is Fritz Karl Mann, who lived in the United States for many years and had a zero impact. Nobody knew who he was, and his impressive erudition and expertise as a public finance scholar remained completely untapped. He was just totally ineffective for some reason in entering into the movement in the field. It appears to me that this may to some extent be due, in that period, to personal relationships and connections among the people who were graduate students at Harvard in the thirties. We were the leading group, there was another group which came out of the war administration and held important positions, and then there was a third group, our enemies, which was the Chicago group. There were sort of these three groups, and I think that if you had not established contacts with any one of these groups, your impact effectiveness would suffer. I think everybody who mattered in the field sort of did it within these three groups and it was probably very difficult for anyone outside to enter this game.

These factors were of overriding importance. Take the case of Gerhard Colm. He enjoyed an impact, even though academically he was not a part of the Harvard group or the second group of applied policy scientists. Still, his general background and approach at his work fitted in with these two groups and so he really belonged to the players[8]*, not by way of coming out of the academic or policy application field, but really by way of policy application and the role which he played as head of the economics part of the Bureau of the Budget in Washington. This was a new beginning, almost a new school. His writings, his empirical works were important, I think in particular the empirical work on tax burden distribution. This whole movement of incidence estimates which he started and which I continued and which then mainly Joseph Pechman continued, gave him an entry into the group, as did his role in policy formation in Washington. On the other hand, in my opinion his more theoretical academic work like his little book in the late twenties, has had no repercussion*

[8] See Backhaus (1994a).

whatsoever. It was too alien, too rebellious. But he became part through his public policy involvement, and this allowed him to have an impact.

In order to be effective then, as an immigrant, first of all it is important during which period of your life you immigrate. There is an optimal time of departure. One can most successfully blend in the academic culture of the host country if, on the basis of a thorough education in one's field in the donor country, one completes that education in the host country. Yet there is another point. Don't talk to other immigrants. I think, you know, Gerhard Colm fitted into this Washington pattern. And while he was in some ways very adroit in his approach to bureaucracy and civil service and everything that belongs to this realm of work, he still found it very hard.

Secondly, there is the question to be addressed of which conditions have made the host country particularly receptive. I think in public finance, it was probably important that towards the end of the 19th century and almost up until World War I, the public finance tradition in the United States was really the German tradition. People had been students of Wagner and they were quite Historical School related. There is a well known book by Adams, which appeared around 1900, and it was very much like Adolf Wagner's style. Seligman also was to some extent in the German tradition. Perhaps this had to do with history of thought concerns. He also was a student of Schmoller.

In the United States, in the twenties, there was a dominance of institutionally oriented scholars in public finance, who stood in the German tradition. Their attention was primarily devoted to the institutional and historical aspects of the public sector, and in this sense there was really a kind of void to fill. We can perhaps even say that during the thirties the action in public finance scholarship shifted to Britain and America, and this made for the thirties to be a turning point in everything. There was so much change at the time, and this created a special opening to potential new contributions. Actually, I think during the thirties the United States were beginning to gain independence from British economics, notwithstanding Keynes and notwithstanding Joan Robinson. Modern American economics became much more dynamic in the thirties, and today people think of America as being the leading country in which economic scholarship is to be found, whereas today they think of Britain perhaps to have had its peak with Marshall. Therefore, America was very open, it was very moving, and due to this movement, it made for a very big period. This accounts for another aspect of efficient immigration. Effi-

cient immigration takes place in a decade in which things are very much in flux and not settled and therefore immigrants find it easier to fit in.

Next to an optimum phase in one's life for immigration, there is also an optimum place and an optimum phase in the scholarly development in that place. Another example may serve to make the point. People who went to England and maybe especially people who went to the United States would have had a sort of different fitting in from, for instance, Fritz Neumark in Turkey. If I read Neumark correctly, essentially he went somewhere where the field really did not exist and he made it exist and that was his contribution. The Turkish students pretty much moved along the same path which he had taken in Germany. It was a different kind of fitting in from the experience of immigrants in the United States or Britain, but Turkey may serve as an example for yet another good place to immigrate.

As far as empirical research is concerned, the point is well taken for public finance. With the advent of Keynesian thinking, and the integration of Keynesianism into a broader theoretical framework, quantitative methods became more important, and in particular national income accounting as it had been developed in Britain and Germany. It was the quantitative information needed to implement Keynes in economics which stimulated great interest in the work on national accounts that I had been acquainted with during my studies still in Germany.

The impact of the immigration is particularly important for some disciplines in economics, such as public finance and development economics, but it is less so in others. Particularly important, however, was the merging of different traditions of thought. I remember in the second term of my first year at Harvard, that was in the Spring of 1934, when Schumpeter took over the course in basic theory at Harvard which before had been given by Taussig. Taussig had mostly done Ricardian economics, and Schumpeter started out with Walrasian equations, and that system was carried over by Schumpeter and later by Machlup. This was an important stepping stone for the further development of microeconomics, and for understanding what was going on in Cambridge (England) with the work of Joan Robinson and Chamberlin at Harvard. You yourself had to learn it in order to criticize it and maybe the greatest fun was in criticizing it. Still I think the two things coincided quite nicely, and there was a certain novelty to this theoretical development at the time.

As we distinguish between theoretical and applied fields in economics, I should think that the greatest impact of immigration was not in the applied fields alone, and I would think it was not even primarily in the applied fields. To this, however, there are two exceptions. On the one hand, input-output analysis was a major development. But that was so in part because it came along with the national income accounting, so I think it is the combination of national income accounting and input-output analysis which became the major applied field of importance which received a strong impulse from the immigrants. Yet another important development is game theory, almost exclusively developed by immigrants.

One of the persons not mentioned in this list is, of course, Schumpeter. Let me briefly discuss Schumpeter and public finance. Even though he was a professor of taxation, as far as I can see, the only significant writing in the area of public finance is his 1917 article on the crisis of the tax state. This article is interesting from the point of view of fiscal sociology, which I think is Schumpeter's major strength anyhow. But in any case even though he was the professor in public finance, there is absolutely nothing Schumpeter has done on incidence theory, which you should have thought he might have done because of his interest in micro theory; and he has absolutely nothing which he has done on social goods theory, even though there is just a two line footnote in his History of Economic Analysis showing that he knew about these theoretical developments. He sort of apparently disguised doing something interesting, possibly, and that is all. So he had really no economic scholarly interests in public finance; he had sociological interests in public finance and he had interests in macro aspects in the sense that he was interested in the fact of deficits, the impact on saving and therefore the public sector being threatening to economic development. But he was quite zero in public finance and that is surprising.

II.

Richard Musgrave has on many occasions emphasized how much, in his judgement, he owed to his German training. Of course, the Burbank Professor of Harvard University also never left any doubt that, again in his and many others' judgement, that training needed to be substantially supplemented. In this sense, the emigration turned out to be fortuitous, although this outcome does not make the policies that led to mass emigration of scholars from Germany any less despicable.

Whether Musgrave's autobiographically informed theory of optimal emigration can be generalized is another and rather important matter. Interestingly, the biographies collected by Hagemann and Krohn make it possible to test Musgrave's theory empirically. What needs to be done is to define relative impact (for instance by means of citations, or else by using a Delphi method) to classify the emigrants into cohorts according to the phases in their life when they departed, and to also account for conditions in the host country. However, we should be careful about the sample chosen. My own empirical work on Sombart's seminar[9], which with the exception of two participants was forced into emigration, shows that many of the former participants in Sombart's seminar, once forced into emigration, could either not continue in their original discipline or were forced out of academia altogether. Several of the most successful former seminar members fall into this category. Since the Hagemann/Krohn sample emphasizes academic scholars, and not those who could have become academic scholars, there may be a substantial sample bias, which would conceivably work to corroborate Musgrave's theory.

Would it be useful to have an empirically tested theory of optimal emigration à la Musgrave? Although one hopes that national catastrophies that force large numbers of scholars into emigration will not repeat themselves, we know that the hope is in vain. During this century, we have repeatedly witnessed governments turning against their own people, causing thousands, sometimes millions of deaths. Knowing about »optimal« immigration can help to provide knowledge about damage control. Although the mass emigration of Central European scholars to North America provided that scholarly community with an international lead, the downside is that many thorough careers got interrupted, many promising scholars turned to other occupations, and the discontinuity in research programs resulted in much knowledge that we do not possess or no longer possess. The damage is hard to measure, but it is most likely several times bigger than the positive results achieved due to the forced confrontation of different academic cultures on North American soil, a soil which from a scholarly point of view proved to be fertile. Yet, other countries also received large numbers of scholarly immigrants, in particular several Latin-American countries, and here the verdict is still out.

Musgrave emphasized in his oral presentation repeatedly that public finance had become an international discipline, and in his

---

[9] See Backhaus and Müller (1994).

judgement this is a singularly positive development. However, public finance is a scholarly discipline which is intimately intertwined with peculiar national institutions, concerning budgetary arrangements, institutions and design of taxation, but also the constitution of the public sector as it reflects on the financial arrangements. Next to theory, the good public finance expert also incorporates the substantial knowledge of institutional detail. That knowledge is not easily transferable, as it is useful in one country but rather useless in another. Once forced migration becomes a possibility in career planning, and as barriers to entry transnationally are lowered due to an internationalization of a discipline, it is rational from an individual scholar's point of view to emphasize purely theoretical and deemphasize institutional work. If, in addition, political considerations enter into academic appointment decisions, it is rational not to reveal one's own political predilections. One way to achieve this result is to empty one's research from any tangible policy relevant content. One and probably the most expedient way to do this is to completely formalize one's research, which has the added advantage of not tying it to any particular language area; mathematics, after all, is a truely international language. The accumulation of many similar such scholars' choices can and typically does lead to a drastic decline in the societal relevance of scholarly output. In a field such as public finance, this decline can become tangible when public sector decisions become wildly inefficient even in the layman's eyes. Any theory of optimal emigration also has to look, therefore, at the opportunity cost in terms of the value of the scholarship foregone.

One of the most puzzling and to this author troubling aspects of Professor Musgrave's remarks is his peculiar assessment of Schumpeter as a teacher, and Schumpeter as a public finance theorist. What today is called constitutional public finance was laid out not only in Schumpeter's lecture of 1917 and published in monograph form in 1918, but also in many of the subsequent writings.[10] For instance, Schumpeter's work on tax incidence was much sharper than modern tax incidence estimates, since he always emphasized the qualitative changes particular taxes brought about in individual agents' decisions. One can, of course, call everything »sociology« that is not quantifiable. Such a demarcation between economics and sociology, how-

---

[10] Since I have written extensively on this subject, there is no point in going over this material again. See Backhaus (1994b).

ever, does neither justice to economics nor to modern sociology. Schumpeter's point for instance with respect to the incidence of income taxes is, that the bulk of the excess burden is not visible, as it is embodied in institutions that, over the course of time, have embodied the knowledge about avoiding such taxes. Similarly, reducing Schumpeter's tax state analysis to an emphasis on impediments to the development of the capitalist system thrown up by the tax state ignores the very substantial contribution Schumpeter makes in emphasising how the tax state, although it by way of architecture and design is opposed to capitalist economy, nevertheless has become a constituent element in explaining the structure of any particular capitalist system, and in addition, has often become a motor of capitalist development.

References

Backhaus, J. (1985): On the Migration of Skills and Ideas, History of European Ideas, vol. 6, pp. 349-353.

Backhaus, J. (1992): Die west-östliche Migration deutscher Ökonomen: Ein neu zu schreibendes Kapitel in der Geschichte der Wirtschaftswissenschaften, in: H. Rieter (ed.), Studien zur Entwicklung der ökonomischen Theorie, vol. 115/XII, Berlin, pp. 9-32.

Backhaus, J. (1993): De Geschiedenis van de Algemene Economie in Duitsland volgens Roscher, in: W. J. Heijman and J. A. C. van Ophem (eds.), De Toekomst is Verleden Tijd, Delft, pp. 21-33.

Backhaus, J. (1994a): J. M. Keynes: The Games Economists Play, ms., Maastricht.

Backhaus, J. (1994b): The Concept of the Tax State in Modern Public Finance Analysis, in: Y. Shionoya and M. Perlman (eds.), Schumpeter in the History of Ideas, Ann Arbor, pp. 65-94.

Backhaus, J. and Müller, F. H. (1994): On Sombart, Review of Social Economy, vol. 52, pp. 48-71.

Neumark, F. (1980): Zuflucht am Bosporus. Deutsche Gelehrte, Politiker und Künstler in der Emigration 1933-1953, Frankfurt.

Reuss, F. G. (1963): Fiscal Policy for Growth without Inflation, Baltimore.

Semmel, B. (1992): Schumpeter's Ludicrous Politics, The Public Interest, no. 106, pp. 3-16.

Uebe, G. (1992): The First Flow of Funds Table. Lang's Tableau of 1815, History of Political Economy, vol. 24, pp. 435-454.

Wolfgang F. Stolper

Facts without Planning

1. Berlin and Bonn

I was 21 years old when Hitler forced my emigration, and 22 when I emigrated to the United States. Emigrating at that particular age meant that the adventure in the New World came at a time when a young man was at the height of his learning capacity, when his mind was sufficiently formed to react consciously to new impressions, but not yet set in the ways that would prevent any open-minded assessment of the new environment.

My economic and political education started while still in high school, and that was also when I first met Schumpeter at my father's house. I was frequently allowed to sit in a corner after the meal and listen. The kind of discussion of economic and political matters became familiar which considered the interactions of many problems and dealt with specifics of the situation, rather than generalities.

The *Deutsche Volkswirt* also began to occupy me intensely. There were the articles which obviously influenced my thinking. More important was that every Thursday night I came to the office to proofread the *Volkswirt* which appeared on Friday. I also had hours with Schumpeter, advising me on my future studies, urging me to study as much mathematics as I could, an advice which I somewhat neglected unfortunately.

I had finished the *Arndt Gymnasium* in Berlin-Dahlem in 1930 and studied law three semesters at the University of Berlin. Except for Jastrow's seminar I did not visit any other economics lectures in Berlin. Part of that was certainly prejudice. My father thought it was a waste of time. *»Du wartest bis Du zu Schumpeter und Spiethoff* *kommst. Die können was.«* The only regrets I have is that I did not visit v. Bortkiewicz and perhaps Sering.

Coming to Bonn was an eye opener. Contact among students was much easier than in Berlin. The faculty was congenial as well as competent and accessible: Schumpeter, Spiethoff, Herbert v. Beckerath and »Papa« Rössle. Spiethoff's lectures and seminars on business cycle theory were excellent, made a lasting impression on me and were the basis of one of the few contributions I could make in Harvard which had been carried over from Europe. I remember specifically that, when I was assistant in Haberler's and Hansen's joint course in Business Cycle Theory, Hansen listened to my reports of Spiethoff's seminar and the way Spiethoff had formulated his theory in the lectures and the seminar. Spiethoff's reputation in America was very high and Schumpeter was at the time the *genius loci*.

Equally important are one's fellow students and to a degree the kind of one's social life which is practiced at the University. Schumpeter's fame had attracted students from elsewhere in Germany and abroad to Bonn. Among the foreigners, I mention particularly Sudhir Sen, an Indian who would have a distinguished career both in India and at the United Nations. It was at the time most unusual for an Indian not to study in England. Sen later belonged to the inner circle of Mahatma Gandhi, became Director of the Damodar Valley Authority, and UN Representative in Yougoslavia.

There was Hans Wolfgang Singer. There was Martin Wiebel, who ended up as correspondent of the *Frankfurter Zeitung* in Rome. There was Theo Wessels who already was assistant to Beckerath. There was Cläre Tisch who had written one of the important studies of economic calculation under socialism and who was murdered by the Nazis. There was Hiroshi Furuutchi, then Third Secretary of the Japanese Embassy, who ended his career as Ambassador to Pakistan. There was Günther Harkort, who ended his life as *Staatssekretär* in the Foreign Office, and there was August Lösch.

Schumpeter's students developed close personal relations. Each Saturday we would assemble, mostly under the leadership of Papa Rössle who had an extensive knowledge of the local *Wirtshäuser* for an afternoon walk which always ended at another *Wirtshaus*. These were social as well as informal discussion occasions. There were the *Fachschaftsfeste*, dances during the *Karneval*, and a visit to the opera in Cologne. This, too, is an important part of one's education which carries over to whereever you eventually end up. These friendships survived the war.

When Hitler came to power I was no longer permitted to pursue the *Referendariat* and I switched to economics. Spiethoff was very helpful, requiring only one additional semester. The topic of the *Sechswochenarbeit* was to my surprise set by Beckerath: It concerned the political and economic reasons for the positions taken by America, England and France at the London World Economic Conference in 1933.

I was somewhat upset, because I saw myself primarily as a theorist. Economic theory still occupies the highest place in my personal system of values. I had not yet arrived at a true understanding of the importance of integrating theory and history, not in the sense of deductive reasoning from facts to theory, but in the sense of deriving the assumptions themselves from history. Spiethoff himself called the *Wirtschaftsstil* a model and actually credits Schumpeter of having been the first to develop the idea. In fact, in retrospect I find that at that time the ideas of Hayek and Robbins still played a dominant role in my thinking. They are a great deal easier to grasp than what is since being developed as the evolutionary aspect of Schumpeter.

The *Diplomarbeit* was accepted. But I could not finish the *Diplom*. When saying goodbye to my parents in London, Ernst Ludwig Heuss wrote me not to come back, because there was an order of arrest out for me. So I have a *Diplomarbeit* accepted but no *Diplom-Volkswirt* or *Referendariat* to show for my years on what in American terms were my undergraduate years. To this day I am hoping that some decent college or *Universität* will fill in this gap in my curriculum vitae and confer upon me an honorary B. A. or *Diplom*!

I went to Zürich where Professor Grossmann received me most graciously. My *Diplomarbeit* was accepted as the basis for a doctoral thesis which I submitted after two semesters and which was accepted with very minor alterations. But I never got the *Dr.rer.pol.* either. Schumpeter had used all his at the time great influence and reputation to get me a fellowship at Harvard which admitted me to graduate school despite the fact that I had nothing formal to show for my undergraduate education.

2. *Harvard*

This background may help explain the deep impression Harvard made on me. In one respect Harvard fitted perfectly into my pre-Hitler plans. I was to get the *Referendariat* in Bonn with a strong economics minor, to be followed by studies in Oxford. I had in fact been nominated and interviewed for a Rhodes Scholarship and I had every reason to believe that I would get it. But when Hitler came to power, I withdrew because I did not want to represent this Government. I still have a postcard from Theodor Heuss calling me an idiot, because in fact at the time the Nazis had not yet extended their influence to such details.

After Oxford I was to study in Chicago for a Ph.D. I was then to return to Germany to be trained as the future editor of the *Deutsche Volkswirt* and perhaps also a career in politics, for neither of which I was by temperament particularly qualified. So while the loss of one's fatherland and particularly of one's mother tongue is a major tragedy in one respect emigration opened for me whole new worlds for which I seemed temperamentally and intellectually made.

What made the transition possible was that the United States wanted from me only my future, not my past. I never had to deny my past.

To understand the enormous impression which Harvard made on me and the influence it exerted, a few background comments are needed. Purely physically Harvard was impressive. The tree-lined yard, dominated by Widener Library at one end and the Chapel at the other, with its residence halls for freshmen and the classroom buildings, some going back to the 17th century had a warm atmosphere which, with the enormous growth that has taken place after the Second War, has been partly lost.

Then there were the Houses along the – very polluted – Charles River, called Colleges in Oxford or Yale. I lived in Dunster House, regally, with a living room, bed room and bath for myself. There was an excellent library with easy chairs and tables, and an excellent gramophone record collection, a common room with a fine grand piano, and a dining room where three meals a day were taken, with a High Table once a week. In short, this was education made easy with a minimum distraction for taking care of daily needs, an education for gentlemen who were evidently destined to run, if not the world, so at least America, as a matter of course. Future Presidents had been students here.

More important, the faculty associated with each House represented a cross section of all faculties. You ate daily with physicists, medical men, historians, musical theorists and composers, and informally learned what other people were working on. Different Houses tended to stress different fields. Dunster House emphasized Economics. It was the House with which Schumpeter was associated as a non-resident tutor. Seymour Harris was senior tutor, and there was Edward Mason. Among my fellow economics students were Robert B. Bryce, fresh from the other Cambridge as a Commonwealth Fellow, who brought the original gospel according to Keynes to Harvard in the form of mimeographed lecture notes and who is now retired after a distinguished career as a Canadian Civil Servant ending as Deputy Finance Minister and Secretary of the Cabinet. And there was Paul Sweezy, at the time not yet a Marxist and Schumpeter's assistant.

There was Eliot Porter, at the time doing research in biology and an MD, who later became one of America's outstanding nature photographers. There were various Junior fellows, among them Benedict Einarson, a classical scholar, with whom I played scrabble in Latin, and who beat me even when playing in German. There were many others, like Irving Fine, a composer and Hertzl Rome, a painter.

Schumpeter's assistant at the time was Edgar M. (»Bump«) Hoover. He was a fine cellist, and built his own *viola da gamba* with carved head and all. The first thing I had done was to rent a piano, for music has always been essential to me. Hoover and I played regularly together and occasionally we could organize a piano trio or quartet.

Hoover became the leading American location theorist. When August Lösch was a Rockefeller fellow in the United States, he and Hoover became close friends, and Hoover was instrumental in getting Lösch's *Räumliche Ordnung* translated. When the first draft of the translation by a retired cancer research scientist turned out to be unusable, Hoover asked me to undertake the re-translation. Hoover left Harvard for the University of Michigan, and when he left I became his successor, although it was Musgrave and not Hoover who suggested me for the chair. So, in the genealogy of my career there is a direct succession from Schumpeter.

The friendships with Porter and Sweezy which lasted through our lifetimes, also led to frequent visits in their family country homes. The Sweezys had a place in Wilton, New Hampshire where I spent many happy weekends before and after my marriage. The Porters had an island in Penobscot Bay in Maine which seemed to me paradise on earth. To understand the peculiar beauty one has to realize that the latitude of the bay was a little north of Rome, so the light was southern. But as there was no Gulf Stream, the ocean was icy, and the vegetation and climate was northern.

There were Crane Brinton, not yet the famous historian he later became, and Orville (»Nat« because he worked on *Nat*ural Value), Taylor interested mainly in *Dogmengeschichte*. We walked many weekends cross-country in New England, mostly in Massachusetts and New Hampshire going across fields and woods climbing fences, not confined as I was used from Europe to *Wanderwege*. During these walks I learned a good bit about the history of the New England colonies, their shortcomings and greatnesses.

If this sounds very idyllic, a few facts may help to explain the reactions of the new immigrants. These were all persons destined to become distinguished in their fields though, of course, it made no difference to the personal relations. But it was part of the Harvard atmosphere which I tried to characterize: Once you were in, you were not a second class citizen. They opened themselves and their homes immediately to the newcomer in a manner which was unknown to me. The country was in a Great Depression, whose effects were all around us. Yet there was not the civil war atmosphere of the immediate days before Hitler's coming to power. Something was attempted to be done about it, and there was not, at least in the Boston area the bitterness and divisiveness by the time the New Deal had evidently reestablished some sense of community and hope.

None of us was alienated or wanted to drop out of society. We knew what had to be done: the Depression had to be conquered; Hitler had to be eliminated and we had a beginning of trying to do something about the race problem. There were difficulties and a great deal of hopeful *naïveté*. There were arguments within contemporary theories: there were even flirtations with the extreme left and the extreme right in a naive sort of way. But I believe my generation did achieve what it set out to do, of course with a great deal of luck.

Yet the Depression also drove home the enormous injustice of it all. If you had *any* income you were well off. But if you had no income, no one took care of you but for a few private efforts. Hayek's deflationism had ruled the roost. Schumpeter was anti-New Deal and afraid of inflationary pressures building up. But he was not a deflationist, favored a small deficit and unemployment insurance which had the advantage that it would automatically stop when no longer needed.

At the same time, the country seemed empty. The US had when I immigrated about 132 million inhabitants, compared to over 250 million now. Interstate Highways were in the future. Roads had high crowns and were dangerous in winter. Places which are now suburbanized elegant living communities were simply wild then. There was not yet the feel of a highly interdependent economy. The rural population actually *increased* during the Great Depression, there was talk of 5 acres and independence which did not seem absurd at the time.

I have tried to describe the atmosphere because I felt about Harvard like Paul Streeten about Oxford: this was how civilized people ought to live. At the same time I had no illusion about my future at Harvard. There was discrimination and there were quotas: So many »royal families« in the Houses, so many Jews, so many »Grottlesex« students, so many from the New York Public Schools which at the time were excellent. But it also was the Depression: Harvard had ceased to grow, and its most distinguished students simply had to leave for other places. So my problem was to find a job, of which later.

3. Graduate School

Graduate studies was in some respects something new. The individual courses also were highly structured. You got an outline at the beginning of the semester with reading assignments and suggestions for further reading to be done before the lectures. The lectures proceeded on the assumption that you had done your reading and understood it. At the end of the semester there was a three-hour written exam of the essay type. In short, you had to keep up-to-date, and although no attendance was taken, classes were small, and your absence was unfavorably noted. Besides the exams covered materials both in the readings and the lectures.

The basic theory course at the time was given by Taussig, and I feel fortunate that I could still attend his lectures in his year before his retirement at age 75. Taussig was a formidable gentleman, tall and broad-shouldered, and imposing. He came from a founding family of St. Louis, and when he talked of The West, he meant the prairie states, not California. He also had had a distinguished career in *academia* and Government. As a young man he had studied in Germany as had everyone much as the study in the United States is now part of general education, and he spoke German fluently. One day he noticed that I could not follow his comments, he interrupted himself and explained it to me in German!

Taussig had attended Schmoller's lectures and was unimpressed. When he returned from Germany, Taussig was instrumental instituting graduate studies at Harvard and reforming the undergraduate studies. The studies were a deliberate cross between the English tutorial system and the system of German education. In many respects the American system was exactly what Humboldt had wanted and for a while succeeded to establish in Germany.

Taussig's lectures were still of the old-fashioned kind. You read the classics, Adam Smith, Ricardo, J. St. Mill, Carey etc. You discussed eternal verities where there never would be definite answers. Students were expected to participate by answering questions. This was referred to as the socratic method.

When Taussig retired, Schumpeter (who at the time was a bachelor and actually lived with Taussig) took over the course. And this was the first of the revolutions in economics which it was the privilege of my generation to live through, and to which we were allowed to contribute. Schumpeter's lectures were axiomatically based, but with the assumptions derived from facts, they for the first time discussed modern theory systematically. There were mathematical equations, which frequently were actually rather confusing. We were introduced to indifference analysis, and read and studied Hicks and Allen's famous article.

The second revolution was the emergence of monopolistic competition. Now there were Chamberlin, Joan Robinson and Stackelberg. Musgrave and I were probably the only ones who had some knowledge of Stackelberg.

My favorite course was A.P. Usher's *Economic History from 1450-1750*. Much of what I learned in this course turned out to have direct relevance to my later work in Africa.

Then there was Wassily Leontief who was to become a life long friend and neighbor in Vermont. He taught a course on International Trade along the lines of his seminal *The Use of Indifference Curves in International Trade*. Haberler had not yet come to Harvard, and his *Internationaler Handel* had not yet been translated. I knew it and owned it, and helped fellow students read it.

I worked very hard during my graduate years (for that matter also later), driven by the desire to justify Schumpeter's faith in me. Also Schumpeter pressed me hard to take my »generals«, the qualifying exam for the doctorate, after my first graduate year. Two weeks before the exam, Mason told me that nobody took the generals after one year and I had a slim chance to pass them. Luckily I passed by the skin of my teeth.

Despite the work, there was an active social life. I never missed a dance in Dunster House. Paul Sweezy and I organized a birthday party for Schumpeter, buying wines reminiscent of the past: *Gumpoldskirchner* and *Kröver Nacktarsch*, which delighted him, and led to regular birthday parties, with us providing the birthdays, and Schumpeter providing the wine.

In short, the Americanization and integration went on simultaneously with my economics training. It was for me a wonderful life, and I felt at home in this essentially medieval *communitas academica*.

During my second year a University Fellowship still allowed me to devote myself entirely to my studies. But already in the second year I was asked to write a book review. I also assisted Machlup who was a Rockefeller fellow and had been invited to teach a course on *International Trade Theory*. And I was paid the royal sum of $ 2.50 (multiply by 10 to 15 to get present rates) an hour to read and report to Professor Bullock on a German article of the 1870s on taxation by ability to pay in Plato and Aristotle. It seems I was the only economist who could read German, Greek and Latin, a necessary qualification because quotations were in Greek and Latin.

In the second year one of my great good fortunes happened: Paul Samuelson appeared fresh out of Chicago. I remember the meeting. I had a good reputation as a theorist. Paul came up to ask me something about the period of production. I do not recall the precise question. What I do recall vividly is that within five minutes I knew I had met my master. The experience is different when your master is of an older generation than when he is your contemporary; in fact Paul is three years younger than I am. Not many people can boast the good fortune I had: after Schumpeter I had now met and became friends with my second genius.

In my third year at Harvard, at age 24, I became an instructor and tutor. The duties were 3 sections of the elementary course. *Ec A*, (9 hours a week) and twenty or so tutees. The total teaching requirements were thus 20-30 hours, and of course we were expected to do well in our courses and to make progress on our dissertations. It may seem a lot now, and it was, but we were metaphorically speaking hungry, it was the Great Depression after all, yet it really was great fun, felt to be so at the time, and not in the glow of reminiscences of an old man.

In 1936 my third good fortune happened. Gottfried Haberler joined the Harvard economics department. I had met him during my early semesters on a visit to Vienna. Haberler asked me to assist in his trade course. An assistant's duty was primarily to take over the third hour, to run it as a question- and answer period; and he was to help with grading the midyear and final exams, which was a real chore.

This led to further developments which were important for my future. Haberler lectured for one semester. The students then petitioned the Economics Department and asked whether Henry K. M. Heuser and I could not give a course in *International Trade Policy* during the second semester. The University agreed, and so I got to teach my first advanced course.

This was enormously important, because it meant that my name was actually listed in the Catalogue as teaching an advanced course. It helped getting a decent job during the lean years of the Great Depression. Haberler later asked me to share the course with him in teaching it in Radcliffe. Then Haberler and Alvin Hansen asked me to assist them in their joint course on *Business Cycle Theory*, and Haberler again asked me to take actually half of the teaching in Radcliffe.

I met generosity on all sides. Edward S. Mason, then an assistant professor, asked me to do some research in his field of industrial organization, involving German literature. He also gave me his rooms in Dunster House to live in, asking only that he could use it for taking showers after squash games. I was asked to read manuscripts for the *Quarterly Journal of Economics*, to do a translation of Kondratieff, to write book reviews. And I was sent to the Council of Foreign Relations in New York as representative of Harvard to a meeting on trade policy.

I was thus well on my way to an academic career. What strikes me most as I write down these memories is how unplanned and yet how logical it all was. Most things came to me without my apparently doing anything beyond working hard and conscientiously – and with great joy. I did not ask to write book reviews. I did not ask to be Haberler's assistant. I did not ask to be sent to the Council of Foreign Relations. I really never asked anything. And this was true also later: I was invited to MIT to write the East German book. I was invited back to MIT to work on Africa, I was asked to go to Nigeria. I was asked by Harvard to write my book in Nigeria. It was like walking in a dream. And I do owe most of it to three persons: my father who saw to it that we never suffered hunger and had a decent education; to Schumpeter who not only taught me and got me the Harvard fellowship so that I never knew what unemployment meant, but who also taught me how to be open to the ideas of everyone and appreciate and honor other scholars; and to my late wife for reasons which are no concern in the present context. And I was blessed throughout my life with friends.

I got my dissertation done by 1938, when I was 26. Schumpeter was my *Doktorvater*, but I never saw him until the thesis was finished, and he never pressed me. But I discussed it with my friends and fellow students. The thesis was published as a supplement to the *Quarterly Journal of Economics* in 1941.

I did not abandon my attempt to become a pure theorist. My first publication, also in the QJE, was about *The Possibility of Equilibrium in Monopolistic Competition* which argued that with product differentiation the normal assumptions about how to reach an equilibrium simply made no sense any more.

But then the most exciting period of my theoretical research occurred. I decided to try to apply my limited mathematical knowledge to a problem which had been puzzling me. It led eventually to what has since become known as the *Stolper-Samuelson theorem.* When the first result came it proved exactly the opposite of what I expected to find. Lesson one: the Spirit strikes where He wants.

I showed the first draft to Paul Samuelson as I did with everything I did. Paul called in the evening and said: »You have found a fundamental point, but you don't know it.« He was absolutely right; I did not know it. I then ran into some – in retrospect simple – mathematical troubles. Paul, whose generosity was and is very great indeed, helped immediately. But then it dawned upon me that he really had to become a fellow author if I were to follow up on his suggestions and if the piece was to become first rate. It took some persuasion to get him to agree, and to this day he gives me virtually all the credit for the article, which is more than I deserve. We settled our dispute that he would be a joint author, but that I would be listed first, having thought of the problem.

I have tried to explain the longevity of this piece and have come to the conclusion that it is due to the fact that the article has really nothing to do with protection or trade. It is in fact the first clean discussion of the relation between the prices of goods and of factors.

Social life centered around making chamber music. You had to be good enough to read fairly difficult music. And it had to be someone with whom you could talk. When you read music you have to know instinctively what the other fellow is going to do. This is no different from working in your field with someone. You have somehow to speak the same language, and this involves a great deal more than competence. You have to have a feel for the other's thought processes, a feel what metaphors or analogies he might use and though I acknowledge with great pleasure Paul Samuelson's towering genius, still, I always had a feel for what he was talking about. I have collaborated with several people, as has Paul. For me no other collaboration was either as successful or self-evident as the one with Paul.

4. Swarthmore

My five years at Harvard were up in 1941 and I had to look for a job. At Swarthmore the job was initially for one year to take the place of Herbert Fraser who had a leave of absence. Swarthmore was a lovely suburb of Philadelphia which was easily reached by suburban train. The Campus was a famous horticultural exhibit.

The enrollment of Swarthmore was then 700 students. Swarthmore was famous for its honors program. During the last two years, the best x% (I forget the percentage but it was very small) of the students were taken out of regular classes and put into seminars. No seminar was allowed to have more than seven students. Students could take more than two seminars a semester only with special permission. The seminars met officially once a week for three hours. The pressure on the students was great, as it was on the teachers. The exams were set and graded by outside examiners who came to Swarthmore. We sent them the outlines of our reading assignments and suggestions, but the outside examiners were free to ask any question they felt the students should know. So the students had to work on their own, and the exams were also of us the teachers, not only of the students.

My outside examiners were Paul Samuelson, and Friedrich Lutz, both of whom complained how hard work it was. Paul was so impressed by one of my students, Beth Ringo, that he arranged over the long distance phone a fellowship for her at MIT. She is now Mrs. James Tobin. But there were other brilliant students.

The teaching load was 12 hours. In fact, I taught a lot more. Each seminar was supposed to meet once a week for 3 hours. In fact, the students kept me twice a week for 5 hours. Strenuous? Yes. Enjoyable? Terrifically so, and totally satisfying. The atmosphere was of young scholars trying to learn what they could, trying to develop themselves.

In short, teaching was strenuous, yet a pure pleasure, at least for a while. I am convinced that from the standpoint of the students, Swarthmore was ideal. From the standpoint of the faculty, the small size and difficulties of communicating left something to be desired. We were five faculty members, three of whom had national reputations. A small faculty meant that you had no one to talk over difficulties. I had to type all my proposed articles and send carbon copies to faithful friends for criticism.

What kept me intellectually alive during the war was my friendship with three persons. There was Arnold Dresden, the mathematician. I introduced the beginnings of mathematical economics into Swarthmore. Economists began to take mathematics as a minor and mathematicians economics. I participated in various mathematics seminars, among them one on the foundations of mathematics, where we read Hilbert and Dedekind and Cantor among others. I have, of course, forgotten all the mathematics I ever knew, and it never was much, nevertheless the seminar became somehow a permanent part of myself. To quote Lessing's definition of *Bildung*: »*Bildung ist, was man weiß, wenn man vergessen hat, was man gelernt hat.*«

Dresden, a Dutchman, also had two grand pianos and an extensive music library. Once a week there were musical evenings where students came, and one played whatever combination appeared.

He tried to help me with a problem, which taught me some valuable lessons. I tried to set up a foreign trade multiplier problem with three countries and flexible exchange rates as substitute for flexible prices. I set up the problem as a system of six difference equations as I had learned from Samuelson, and asked Dresden whether he could solve it. His answer was, of course he could, but it would take him about two years. Lesson No. One: today with computers it would be feasible much faster, Lesson No. Two: one better learns some basic mathematics to find out how to set up a problem in a form which was solvable. But there was also Lesson No. Three: don't neglect a problem, just because its precise solution is beyond you.

The second important person was Wolfgang Köhler, the Gestalt psychologist, affectionately known as *Affenköhler* because of his work with Susi, a Chimpanzee.

The third was Wystan H. Auden, then not yet generally known except among younger people. He became a regular luncheon or dinner guest, at least once a week. Auden taught a seminar on poetry, in which I was an active participant. My participation involved primarily translations of Goethe poems. I got to be quite good at it. I never succeeded in getting the rhyme, but I think I always got the rhythm and mood. There is even one instance in which economics had an influence on Auden's poetry. At the time there was much talk about secular stagnation. Wystan liked the phrase, and it appears in one of his longer poems.

But to return to economics. By that time, Paul Samuelson had completed his text and I taught from the mimeographed version. Whenever I taught the elementary course, I always used Samuelson, I felt most comfortable with it. Somehow I have an empathy for how Paul thinks in a way which I have only with Schumpeter and Haberler. So I have a feel for their imponderabilia.

In the theory course and seminar I used Wicksell's lectures which had become available in English. In the seminar I also talked about Leontief's input-output analysis briefly. Everything went well, but I always stumbled about interest theory. And I still do. The reason is obvious. I was a Schumpeterian, and neither a classic nor a Keynesian. So *real* interest theories made no sense to me, yet to keep the students competitive I felt that I had to teach the stuff. But I never succeeded in teaching theoretical economics as I now believe it should be taught, à la Schumpeter, not with equilibrium but evolution in the center.

Just before the end of the War I was asked to join the United States Strategic Bombing Survey. The draft board would give me permission to get into uniform only if I could find a replacement for myself. Lloyd Metzler came up from Washington once a week to take over my lectures.

The War finally ended, it became again possible to travel. In the summer of 1946 I spent a summer at the International Labor Office which had been evacuated to Montreal. I was assigned, together with Dr. Chang Hsieh, to write about industrialization of South East Asia. The Report appeared anonymously as a Committee Report in New Delhi in 1947. It wasn't bad. This was the beginning of my interest in economic development, and makes me accidentally a pioneer in this field.

A number of things are worth mentioning about this enterprise. We were told that, as Japan was at the time still an outcast, it was not to be considered. This was a little like Hamlet without the Prince of Denmark.

Also, this was the time of the Beveridge Report with its detailed blueprint for a cradle to the grave welfare state. To apply it to China, as the Chiang-Kai-Check Government had wanted was manifestly nonsense.

It was possible for me to read the whole literature on development in one month, admittedly working hard and reading a book a day plus some articles. Most of what I read is now forgotten, but there were some books which made it for a longer time, e.g., Boeke about *Dual Economies*. The central weakness of most of the literature was that everyone seemed to believe in balanced growth which seemed already then a *contradictio in adjecto*.

In 1946, I applied for a Guggenheim Fellowship, which I got for 1947/48. The year turned out to be economically and personally fruitful. I met a number of excellent young men, among them Karl Brunner, Hermann Bieri, Hans Böhi, Susanne Preiswerck. Niehans was not yet back in Switzerland, but I heard a lot about him, all very good. After having met him I know the praise was well deserved.

I gave a series of lectures on the Marshall Plan in 1948 in Heidelberg, sponsored by the American Occupation Forces.

A number of impressions of my visits to Germany are firmly rooted in my memory. We ate with the Harkorts, but in two instalments, because they had only 4 plates, and so the children had to eat after us. And I happened to be in Germany on the day of the *Wäh-*

rungsreform, a most instructive *Anschauungsunterricht*. The day before the reform there was nothing to buy in anticipation of the reform. The day after where there had been lines for food and black markets, there were now suddenly lines before the employment offices. Goods, such as they were, moved again in freight trains instead in the rucksacks of citizens. Goods appeared in the shops, shabby to be sure, but nevertheless. And of course, for the briefest of time everyone had suddenly the same income.

Naturally none of this would have worked, had there not been a supply of goods stashed away. But there was a lesson that has been forgotten in the reforms of Eastern Europe. A market cannot work unless money is worth something. Without a currency reform of sorts freeing prices will simply raise them. But then it was also good that Germany was occupied: the Germans could get the credit for anything good, the Americans took the blame for the inevitable hardships.

There was another personal matter. Musgrave had mentioned that he wanted to return to academic life. He took my place in Swarthmore. When I returned he went to Michigan and it was he who suggested me there as successor of »Bump« Hoover. So our professional lives became more and more intertwined and our personal friendships grew with the professional life.

5. Michigan

The return to Swarthmore after the overseas assignment found me restless. I felt the need for change, the need for graduate students. So when the invitation to visit Ann Arbor came, I welcomed it. The invitation had been arranged by Musgrave. Schumpeter had for years urged me to go to Michigan for which he had a great fondness and where he was himself highly regarded.

There were many positive things about Michigan to attract anyone. Among the older faculty there were Sharfman, Shorey Peterson, and Carl Remer, the latter fluent in Mandarin and with whom I shared the teaching of International Economics. Among the colleagues of my own generation were, of course, Musgrave and Boulding, but also, only slightly younger, Gardner Ackley, Hal Levinson, and Dan Suits, all of whom were to become good friends.

And there was a famous School of Music. Detroit was then a boom town with a truly excellent museum. So the cultural life promised to be excellent. Shortly after the return to Swarthmore I got the offer from Michigan.

Once we had moved to the house at 1051 Lincoln, with room for my two grand pianos, our whole social life centered around making music. Every Friday evening there was chamber music. My violinist was Art Benavie who had been a professional violinist, and still gave concerts besides his academic pursuits. Bob Miller, then a middle level manager at Ford, later at Raytheon and now retired from TWR top management. My ~~violinist~~ violist was Don Glaser a physicist who got the Nobel Prize. I am probably the only man who can claim that his quartet was ruined by the Nobel Prize. All were professional-quality amateurs in the old sense of the word: lovers, not dilettantes. And after music and over a bottle of wine I heard what was going on at Ford and what the latest experiments were.

But to get back to my academic work. My first public lecture dealt with the Dollar Shortage, then very much on the mind of everyone. This lecture was published in the *AER* as *Notes on the Dollar Shortage*. It owes in its published form much to Musgrave's editorial suggestions. Trade among more than two countries required an adjustment of exchange rates (or more generally of relative prices). At that time, adjustment of exchange rates (or of the price systems and price- and exchange rate flexibility) was semi-tabu with arguments claiming inelasticities of demand all around etc.

My major point, however, related to the determination of »investments«. Suppose there was some unemployment. The Keynesian cure was to raise investment spending. But suppose investments required imports not available at home. My example was Italy. That meant that investments were now limited not just by demand but by the balance of payments, the need to import. To allow the needed imports you have to earn the necessary foreign exchange, and that required a tight monetary policy. So I defended the then current Italian policy of tight money as a proper policy to *increase* investments and GNP.

So I developed what for want of a better word I called an import multiplier, a very different animal from the Keynesian export multiplier developed at the time. The attacks were prompt in coming. One came from Balogh, who made me scurry to statistics. Among other things, he defended exchange controls as an efficient means to keep inessential imports out and using the thus saved foreign exchange for more important imports.

I went to the detailed Italian trade statistics items by item and found that imports like coca-cola or fur coats so beloved to import control fans were at most 3% of total imports. The rest were essential imports like wheat to feed the population and essential intermediate goods and raw materials. In other words, Balogh's argument dealt with derisory facts.

I wrote a long detailed answer dealing with each point Balogh had raised. I sent a copy to Samuelson for criticism, I cut my answer to just one printed page, pointing out that it was not *a priori* clear whether Italy or anyone else would gain more by discriminating against others than by being discriminated against by these others. I used as an example Scandinavian policies where a country would not export »essential« goods without also tying to that exports of »inessential« ones.

In 1952 came my first invitation to teach in Zürich, an invitation I accepted with the greatest pleasure. During this period I published two articles in the *Schweizerische Zeitschrift für Volkswirtschaft und Statistik*, one about a wages problem, the other about measurement of real income. The second article got more attention than it really deserved because Paul Samuelson who has the most extensive knowledge of literature imaginable quoted it with approval.

At that time I got drawn more and more into location theory. I taught that subject at Michigan, following mainly Lösch. The problem is intriguing. Recognizing that the earth has extent, and that transport cost tend to vary with distance, means, among other things, that you can't have factor price equalization on the same conditions as in the justly famous article of Samuelson. The very first condition for factor price equalization, that goods prices are equalized everywhere, cannot be assumed to hold. It turned out that many of the conclusions of trade theory went into reverse, e.g. factor price equalization was possible only with at least some specialization. Also Lösch's schema of areal specialization of production would have to be modified by the condition that the inter-areal balance of payments had to be in equilibrium.

I did, however, retranslate Lösch's *Räumliche Ordnung* into English. And I do claim that the English edition is better than the German for two reasons: I inserted into the translation, which was made from the second edition, everything from the first edition that had been cut out to save space. And I provided in footnotes the mathematical proofs of the results Lösch had given without proof. There was one exception, where my cousin-by-marriage Werner Känzig, now retired physics professor from the *Eidgenössische Technische Hochschule*, provided what I could not manage. Also Yale University Press did an exemplary job in designing the book.

6. East Germany

In 1955 came my second change in the direction of my academic life. MIT asked me to undertake a study of the East German economy. I had no very clear idea what I should or wanted to do. This was, after all, reasonable, because the first task was to familiarize myself with the material available. I had absorbed my Schumpeterian lesson well: empirical work and also its theoretical interpretation had to start with facts and an idea.

I went first to Washington, to talk with experts in the State Department and the CIA. The main yield of these visits were names of European experts who might help me along. In Bonn I got a lot of stuff in the *Ministerium für Gesamtdeutsche Fragen* and in Berlin Rudolf Richter helped me enormously going literally through cubic yards of stuff to find one usable, perhaps even reliable figure. So I laboriously built up a statistical picture. I also collected what I could to find the planning methods – which were stupid even from the East German standpoint itself.

People in Europe were more forthcoming. The first contact was »*Germanicus*« in the English Foreign Office, who had published under this pseudonym. And then there was the superb *Deutsches Institut für Wirtschaftsforschung* in Berlin which made all their figures available to me. Thus I could construct a detailed picture of East German industrial production with a product-by-product comparison with West German figures, which I finished in the year, thanks to the efficiency of Elly Terlingen, my secretary, and Karl Roskamp. I consider it one of the most successful pieces of work I have ever done. After another year I could with the assistance of Karl Roskamp construct a set of national accounts and this led to the final book, *The Structure of the East German Economy*.

There was one other scholarly development. Roskamp and I published an Input-Output Table for East Germany with applications to foreign trade. The main result was really – not looked for – the first correct measurement of the gains from trade as Samuelson had defined them. It turned out that factor proportions in trade were really of minor interest but that the international division of labor saves both capital *and* labor, quite decisively so. This was precisely how Samuelson defined the gains from trade, that the gains consisted in using less inputs to get the same amount of outputs. In other words, changes in the terms of trade are not a good measure of the gains from trade. There was another result which I unfortunately did not publish: import substitution required *more* foreign exchange than imports would have done!

7. Africa

If the East German project was one of the most successful I ever did, this was not true for the African project. Knowing the imponderables of the situation is really essential for interpreting data, and this was certainly not true for Africa. Max Millikan had invited me to join an Africa project of MIT for 1957/9. Again, I had no clear idea what I wanted to do, or even what could or should be done. MIT sent me to Europe to talk with anyone willing to talk to me.

I visited Belgium, France and England. Everyone was pleasant. So it was natural that upon my return to MIT I concentrated on collecting and analyzing all material I could find particularly on the national accounts, investments, and trade. Phyllis Deane, to whom I sent what I had written for criticism, was encouraging, but the fact was, I got more and more frustrated because I had never been to Africa. I felt myself talking and writing and thinking in a vacuum.

Upon my return to Michigan, I told Gardner Ackley, then Chairman, that I thought the year at MIT had been a total loss, and that if there would be an occasion to rescue the situation I expected the Department to give me another leave, Gardner was sympathetic, and the occasion came in 1960.

I got an inquiry from the Ford Foundation whether I would be willing to undertake the job of Economic Adviser to the Ministry of Economic Development in Lagos, Nigeria, and to build up an economic planning unit. My acceptance was at first tentative. I wanted to go to Nigeria, to see whether I liked it and thought I could do the job.

In Nigeria I asked to see everyone who could possibly know anything. And I did see every Permanent Secretary (Perm Sec) of virtually all ministries in the Federal and the Regional Governments. I went to see every head of every research institution, of all public utilities. I asked for extension agents to walk with me through typical farms and explain to me what was a good and a bad farm. I visited the University of Ibadan. I talked with every marketing board head, and every head of a public authority and with quite a few African businessmen.

My interviews began to have a certain pattern, with variations as the situation suggested. I started out telling them that I knew nothing and expected them to brief me, to teach me. I asked first, just what they were doing, how they were organized and staffed. I asked how they saw their problems how they expected them to be solved, and what their suggestions might be for solutions. Any discussion was always for my clarification. I never told them what I thought should be done, and it would, of course, have been absurd even to try. After all, I really did not know anything.

I resolutely refused to give any advice, even to have an opinion until I had some feel of the country, of the people both local and British. This was a luxury which I never had again, and yet which I believe to be quite essential. Most advisers seem to me to be in the hit-and-run business. I hope I never was.

I also came away with great respect for classical and particularly Schumpeterian economic theory. What general equilibrium theory teaches you is to think in terms of interrelationships, and what Schumpeterian theory teaches you are the developmental aspects of reality, the importance of specific detail, and of thinking in terms of real, not merely theoretical time.

I noticed that most people were pleased to talk with me. Part of that was that apparently it did not happen often that someone from headquarters came and actually wanted to know what they were thinking and doing. But beyond this, the questions and the discussion instinctively – if this word be permitted to describe that excellent theoretical training had sort of become second nature – made them see their own insights in a new light, as part of an interdependent set of ideas which they did not seem to be aware of before. So because of my excellent Harvard training I could draw out facts and connections they themselves had not really formalized before.

I returned to Michigan to teach the fall semester of 1960. Michigan on my suggestion invited Ian Stewart of Edinburgh whom I had also consulted, for one semester, and Just Faland of Bergen for the second.

In January 1961 I went to Lagos via London and Rome. In England I saw Teddy Jackson of the Oxford Institute of Statistics. He was co-author with Pius Okigbo of the Nigerian National Accounts. I also got briefings from the head of the Marketing Board and learned what I could about the markets and lots of institutional and technical stuff. Also I learned of lots of sources of information which I might need.

In Rome I also visited FAO. They received me well, and explained to me their notion of farm settlements which were to modernize Nigerian agriculture. I thought they were a great idea. But when I investigated them more closely in Nigeria, I thought they were not so good an idea. They still relied essentially on the traditional export crops like cocoa. This was all right. But they also required too many subsidies from the budget, e.g. for housing, and required less from the potential members of the settlements. The subsidies were costing more per settler than a steel mill would require per employee. This meant that there was no way in which the settlements could be imitated by villages. So when the issue came up later I agreed that we should finance one settlement *à fond perdu* to learn what could be learned but no more.

I got to Nigeria by the end of January 1961. Nigeria had in the meantime become independent. Lyle Hansen, whom Dave Bell had recommended as my deputy, was to help me find my way around the bureaucratic mazes. As it turned out, this was not really necessary. There is more to be said for innocence than for experience. I found in retrospect that I swept away obstacles simply because I did not know any better. I also found that often I had to be helped by Nigerian friends to keep me from essentially innocent blunders.

I presented projections to the Joint Economic Committee. This was a committee consisting of all Perm Secs of the Federal and the Regional Governments of Finance, Development and Commerce and Industry (or whoever had a special interest in the topics to be discussed). Also Mr. Prasad, the adviser of the Prime Minister. I had made simply disaggregated projections of the proposed annual growth of 4%, and a proposed investment ratio of 15%. I also made a calculation of the implied capital-output ratio. The result of this primitive exercise was rather disturbing: Unless productivity of the proposed projects was substantially increased, the growth could not be achieved or maintained.

I found quickly that there was to be battle for the turf. I had been too used to an academic surrounding under the specially amicable conditions of the Michigan economics department, where we liked and respected each other. Nigeria was going to be different.

Lesson two: aggregate planning is almost useless because it assumes all real problems to be already solved. At the time, I was told that I should plan to raise per capita income. But that was rather impractical since we knew neither income nor population. There are really only three entry points to affect the economy: projects, the budget, and the balance of payments. And of these the *budget* is the most important, the really central one. As Schumpeter put it: fiscal policy is above all economic policy. I have written this up in my book and several later articles.

I do want to stress that if you are an economic adviser, you have to tailor your methods to what is feasible and your advice to what is possible. To blame the absence of political will may be a legitimate proposition; but mostly it is the failure of the real world to conform to what the planners would like it to be.

In any case, since nobody really knew what went on even in the public sector, it seemed to me absurd to make the public sector central to development. The State is even softer than Myrdal described it. One consequence is that it is also absurd to blame troubles on the presence or absence of markets; and »socialism« in LDCs was obviously more a question of power, usually understood in the rawest terms, than of ideology. It also led to the grossest overestimation of the possibilities of economic independence and what could be done at any one moment. It also led me to my central policy aim: *productivity*. If you can produce efficiently everything else becomes possible. If not, you might just as well buy a burial plot.

Hence careful cost-benefit analysis becomes essential. Not that I believe it fool-proof. But it forces you to think through what you want to do, that you have really allowed for all kinds of things that are likely to happen. And when you have done all this it still remains true that what really is likely to happen will be different, and that in the last analysis, the quality of the executors, what happens abroad or in areas outside your control, and sheer (good or bad) luck will play a major role. This is more than Hayek's *Pretense of Knowledge*. It is a recognition of the uniqueness of historic events, which may be accidental. And this made me very conservative in planning and insisting on large reserves to meet the unexpected contingencies which were certain to arise.

You must also decide what is unacceptable to you. You can't resign every time you lose. I made up my mind that I would under no circumstances be party to exchange control. Nigeria's balance of payments was in good shape and I intended to fight for keeping it there. I also was against inflationary finance, though in the discussion on this issue between the Governor of the Central Bank, the Perm Sec of Finance, Mr. Prasad and myself, I lost. I should have backed more strongly the Governor of the Central Bank. Of course, in the long run, nothing made much difference anyway. You don't win once and for all. You got to be there all the time, to fight all the time.

My Minister asked me to stay for a second tour of duty. But I thought I had done what I could and had nothing more to contribute to Nigeria and wished to return to my University. Before I left, he asked me and my family to his office. The Minister had summoned the American Ambassador, and then made a flattering speech to the effect that because of me all Americans would be trusted. Flattering, but I am sure not quite so. He trusted me all right, but really because I did not wish to stay.

I was told that I was a big success. Again flattering, but I know of no objective measure that could say so – except that I had survived unscathed. But I had one lovely and highly appreciated experience. Usually when someone left, there was a dinner in the Federal Palace Hotel to which not everyone invited came; a speech was made, a gift was given and then goodbye. In my case, my Perm Sec, Godfrey Lardner (we also had become friends even though he had the reputation to be anti-white, but as he told me, »I have this reputation, but I make my distinctions«) gave a high-life party in his house, and every African came, and the only white people invited were my staff and their families, and, of course, my family.

So I knew that I had been trusted, even liked. Which leads me to my last observation: I was, and advise everyone in my position, to be ruthlessly honest, never to play political games. I think the idea which I have occasionally heard advisers express, that if you want to get something done you have to play a political game is of the birds. In the first place, you don't really know what is going on. The

Nigerians like everyone else played their cards close to their chests. You don't speak as a rule the local language, you don't even know whether they conspire with a smile on their faces to have you assassinated. Survival depends on ruthless honesty. As an academic I was trained that way anyway.

I am proud that, unlike some advisers I could name, I could go back to the countries I had advised and be welcome. Why did I do this job? I had after all been invited by Rockefeller to be a guest professor in Kyoto and had already accepted when Nigeria came along. Dan Suits went in my stead. Motives are, of course, always complicated, and there never can be a simple single motive, perhaps not even a completely honest account of motives. But I do believe that the basic reason was precisely that I was an academic at heart. In the East German case, the fascination was to study growth and development under the communist sign. The German case was particularly instructive because the two Germanys shared a common history, and had even, with some exceptions, the same factor endowments, and the East had even the more sophisticated industries and agriculture. The major difference was the economic system and the role of the occupying powers.

In Nigeria I wanted to see with my own eyes how a modern economy arose. I did not want to read it in books, which I did not always trust. The information you get as an insider is of quite a different nature than what you can read in government documents or statistical abstracts.

8. Harvard Again

At the end of my tour of duty my family came to Nigeria. We traveled for about three weeks mainly in southern Nigeria. Then we went off on a tour around the world. Things went on the whole according to plan. I went from Planning Commission to Planning Commission, the way you go in Europe from cathedral to cathedral. In Nepal, the Nepalese tried to interest me to become adviser there. But it would have meant again being without family. I gave a lecture in Bombay where Chakravarty had invited me. Another later in Kyoto.

In the meantime, Ed Mason had invited me to come to Harvard to write up my experiences. Michigan was generous in giving me another year's leave. The result was my *Planning without Facts*. Ed Mason knew me, so all I had to show him was a one-third-page long outline of what I thought my experiences had been. I would be totally lost if I had to produce a proposal of some length.

The manuscript was substantially finished in 1963, and ready for the printer by early 1964. What I tried to do, and what I still think is unique was to discuss how you translate theoretically defensible positions into policies, subject to the fact that you can't choose your starting point.

The work in Harvard was interrupted by a three-months assignment under United Nations auspices to go to Malta and help with the transition to independence. One of the two younger men who helped me was Rune Hellberg, a Swede at the UN in Geneva, who was competent, nice, and we became friends.

The real problem was that the only natural resource, the harbor big enough for the combined American and British fleets at their largest, simply had become obsolete and that the balance of payments showed £ 3 mil exports and £ 30 mil imports. I could not bring the sail boat back either. These glaring facts did not keep people from thinking in terms of import substitution! The Maltese problem was not one of development, but of adaptation to a major catastrophe, and had more in common with the post-first-war adjustment problems of Austria than the problems of Nigeria.

9. Center Director

The Nigerian experience changed my life drastically. Upon my return to Michigan I became the Director of the Center for Research in Economic Development, a position I could stand for seven years. I did not want this position, disliking administrative work intensely. But the Department insisted.

The Center had no research program, no library, no staff. My idea was to make it a Center for field work in Africa. I thought at the time that underdeveloped countries presented not so much a special well-defined academic discipline but a kind of cameralistic problem where one combined everything from other fields as required in the special case. I have never considered myself an Africanist or in the case of the East German study, a Sovietologist.

I insisted that I wanted trained economists and trained people from other fields. Except for emphasis on field work executed by trained people, I resisted any defining philosophy of the Center. My philosophy has always been to get good people and then leave them alone.

Thanks to Don Kingsley and my work in Nigeria I got a grant of $ 400.000 from the Africa division of the Ford Foundation. I got Monty Yudelman, who had helped set up the Mexican wheat program which had led to the green revolution, to join me. I got Ojetunji Aboyade from the University of Ibadan, who with his wife Bimpe had become friends, to teach the course on Development at Michigan. I invited Polly Hill. We got Dick Porter from Yale, and a little later Elliot Berg, who became my successor as director in 1970. And I also became a consultant of US-AID.

There were two motivations for doing the consulting. The first and most important was for me to get as much experience as I could in a way which only direct involvement could give. You could learn in a month what would take you two years to find out as an outsider, an academic, if you could find it out at all.

The second motive, almost as strong as the first, was that I needed to finance my students, and the only way I knew how to raise money was to sell myself. The one motivation I did *not* have was to make money.

I was in Tunisia, three times four months each, once as the head of a World Bank team going by the name of Long-Range Assistance Strategy Mission, which Hollis Chenery had invented. Yudelman, and Sara Berry came along.

In the course of my development-oriented life I visited in some advisory capacity or other Tunisia, Liberia (twice), Dahomey (twice), Togo, Zaire (twice for US-AID, and once to participate in a doctoral exam!), Malawi (under UN auspices), the Ivory Coast, Turkey, and Syria. I have already mentioned Malta, Kenya, Uganda, Ehtiopia, Egypt I visited for short periods as an academic or participant in international conferences.

I obviously can not tell much about the individual missions. Just two points. Hollis Chenery came inspecting in the middle of the Tunisia mission. We had dinner together, and he wondered why I thought it necessary to go on these field trips. I said: »Despite my more than fifty years of age, I am still a boyscout at heart, and I enjoy those trips. But I also can tell you that I have identified four major projects which account for about 40% of what is statistically defined as investments and require about 40% of foreign exchange which haven't got a chance to pay off. Here is your answer why we had growth in GDP, but no improvement in either balance of payments or budget. We haven't had growth. We had a multiplier effect of spending.« None of this I would have found out by staying in Tunis and working with the different ministries and the planning authorities.

There was one party I should mention. Our Ambassador gave a small dinner party for Ben Salah, the Minister of Planning, Finance and everything else, and his top three or four advisers. On our side, I and my mission was invited. I asked how frank I could be without causing anyone trouble. The Ambassador assured me that relations with Tunisia were excellent and I could be as frank as I liked. I remember the beginning of the discussion. I started telling Ben Salah that if I had sufficient talent, I wouldn't have become an economist, but a musician. He interrupted, that if he had enough talent, he wouldn't have become a politician but a poet. I then pointed out that I was the son of a politician and understood perfectly well that politics had priority over economics. »But what I do not understand is how you propose to reach your political ends without economic means.« It is a point I have never tired driving home abroad. Unfortunately, I find now that the US and Germany also have to learn this elementary economics lesson.

After this we had a good discussion late into the evening. Ben Salah's public rhetoric changed, but not the actions.

When I returned the third time I went to see Mr. Hedi Nouira, the Governor of the Central Bank and later Prime Minister. Nouira first received me politely but guardedly. He could not help seeing me since I was sent by a Minister, but it was clear that he thought it a waste of his time. I then explained in ungrammatical but fluent and clear French what I tried to do and what I hoped he could enlighten me on.

His face lit up and he paid me what I consider one of the biggest compliments I ever got: »How come? You don't talk like a planner.« *Vous ne parlez pas comme un planificateur*. I was taken back though very pleased, and all I could think of to say was: »Perhaps because I have actually done it.« More important, he asked two of his top people to talk freely with me, which they did. I found out a lot of things which I would otherwise not have.

Unlike elsewhere, the assignment in Turkey was to analyze planning, not the plan. It was a congenial assignment, helped immeasurably by the fact that the member of the planning staff assigned to me turned out to have been my student in Ann Arbor. But there was one aspect I found disturbing. If I had wanted to discuss purely technical matters, I would have found a highly competent and enthusiastic response. But when I wanted to discuss policy questions, I struck a blank wall.

As was standard practice for every World Bank team before leaving, I went to see my contact, Mr. Celasun, a competent man, trained as a mining engineer, who was the head of planning, to tell him what I intended to say in my report. He listened, and then asked me whether I could drop by after office hours. He wanted to discuss some matters with me. I do not remember the details of this lengthy conversation anymore. But there were two points I do remember. First he said, that I had to understand that the real reason why people buried themselves in purely technical matters was a flight from a reality which seemed to be hopelessly difficult. But then he said, that this was the first time he had a chance to discuss economic policy. We had Tinbergen here several times as a consultant, but we never discussed economic policy problems. I happen to be an admirer of Tinbergen, so being named in the same breath with him was most flattering. Certainly, in Holland Tinbergen had been quite active in policy matters. So I suppose that he felt it impolite to intrude in so practical matters in a foreign country. I am sure Celasun meant the comparison to be praise, but I sometimes have wondered whether I was not the proverbial fool who burst in where angels fear to tread.

After I had handed over the directorship of CRED to Elliot Berg in 1970, I continued to be half in CRED, half in the Economics Department. When Harold Shapiro became Chairman of the Economics Department he asked me to return full time to the Department and take over the undergraduate honors seminar. I accepted with alacrity. I felt that I had lost what theoretical edge I might have had in my youth, and felt that I would cheat graduate students if I continued to teach graduate courses. I continued to participate in seminars, but I ceased to be responsible for them.

10. Retirement

I have continued to be active in my retirement, giving lectures, writing. I even went on a World Bank mission to Dahomey. Horst Hanusch of Augsburg and I founded the International Schumpeter Society, which is flourishing and uniting all kinds of people interested in evolutionary economics. And I am in the process of cutting my manuscript on Schumpeter which Princeton University Press will publish in 1993.

My book is conceived very differently from Allen's or Swedberg's biographies. The purely biographical data as usually understood are kept to one chapter. There is one new point: Schumpeter was actively involved while Minister of Finance to topple the Hungarian communist regime. This puts a somewhat different light on the story of Schumpeter's cynicism about the Russian Revolution which so outraged Max Weber. According to Felix Somary, Schumpeter said he did not know whether the Bolsheviks could succeed, but it would in any case be an interesting experiment. He might have thought: while you talk about it, I actually tried to do something about it.

Most of my book deals with Schumpeter's theoretical work and how it affected his policy activities as Minister, before that as a conservative *eminence grise*, and after this as economic policy writer. I can disprove that he sabotaged socialization, that he was guilty of shady conduct. I found some of the secret reports which had eluded everyone including me, because we looked in the wrong places.

I also believe that the book has a more thoroughgoing analysis of Schumpeter's theories, and particularly what he was after. Schumpeter wanted an evolutionary theory, not merely a dynamic one as this term is understood today. And he wanted to combine historic uniqueness with real time going only in one direction, with theoretical repetitiveness and theoretical time being reversible. To define Schumpeter's theory by the »dynamic entrepreneur« is a gross simplification, almost a caricature.

The book has been a labor of love. But I hope, of course, that it will be a success.

11. Retrospect

As I look back on my life I believe I was extremely lucky. I have never planned anything, and what was planned by and for me in my youth was undone by Hitler. I have worked hard all my life, but so have many others. I have enjoyed doing so. I am grateful that I never was arrested, escaped concentration camp – by chance and in the last minute – that I never had to kill anybody, that I was never unemployed and had only good jobs at good universities and never had to suffer hunger and deprivation. I am grateful that I always had good and faithful friends. Who can complain with friends like Schumpeter, Paul Samuelson, Gottfried Haberler, Paul Sweezy, Günther Harkort, August Lösch, Lloyd Metzler, Dick Musgrave, Eliot Porter, W. H. Auden, to name a few. And as the list suggests and is meant to suggest, our friendships were not based on ideological agreement but only on the respect for the integrity of each others person.

I am also conscious how little deserts there are in this story. One does not choose one's parents. One does not control when one is born. There is no merit to have been in the right place at the right time. There is at most some small merit in recognizing an opportunity and grasping it. Thus my life has truly been a series of facts without planning. And yet it has somehow been a unit too.

Sir Hans Singer

The Influence of Schumpeter and Keynes on the Development of a Development Economist*

1. Bonn and Schumpeter

The »lost causes« into which I was born and bred were indeed many. When I was eight, Germany had lost the First World War and my father, who had served with the German Army as a doctor, came back with his health ruined. The part of Germany in which I was born and lived, the Rhineland, was demilitarised and largely occupied by allied troops, so politically I grew up in a sort of »no-man's-land«. When I was thirteen I experienced the big inflation in which everything seemed to crumble, and I had this experience again as a young student when the Great Depression came. The Rhineland represented a Roman Catholic minority within Germany, but that part where I was born represented a Protestant enclave, and I was born a member of the Jewish minority – a member of a minority within a minority within a minority.

The great inflation of 1923 and then the depression of 1930-1 turned the mind of a schoolboy and young student strongly to the study of economics and social problems and institutions. It would be difficult to say that one learned much useful economics in one's schooldays – my education was strictly classical, with nine years of compulsory Latin and six years of compulsory Greek, and interest in

---

* Revised version of a paper which originally had been presented at the Conference »Zur deutschsprachigen wirtschaftswissenschaftlichen Emigration nach 1933« at the University of Hohenheim. The paper is partly based on material included in Singer (1976, 1984, 1989 and 1992).

contemporary affairs was not much encouraged. »History« stopped in 1871. I got many of my economic ideas from the *Manchester Guardian Weekly* which was avidly read with a sort of self-taught English, and I had heard the name of Mr. Keynes as a heroic figure who had criticised the reparations imposed by the Treaty of Versailles. But otherwise England seemed a very far-away country then. The idea that I would soon come for refuge to England would never have occurred to me then. We were all very loyal Germans, and the idea that Hitler might take over did not occur to me or my friends and colleagues until much too late.

So when Schumpeter went to Harvard in 1932 it did not occur to any of his students or assistants to ask him to take us with him, although we were all staunch anti-Nazis, liberals and social democrats. I believe one reason for this shortsightedness was that I grew up in a sheltered and tolerant atmosphere in the Rhineland. Since everybody was in a religious minority it did not matter so much which minority you belonged to. So when I matriculated from school and went to Bonn University, I took with me liberal values, a desire to understand the economic and social forces shaping our lives and a sense of identification with struggling and handicapped countries, groups of people and minorities.

I enrolled at Bonn University on the assumption that I would study medicine and follow in my father's footsteps, but determined to study economics and social problems instead. There I came quickly under a dual influence which, I now see with the benefit of hindsight, was of particular value to a young student. Here on the one hand was Spiethoff – the embodiment of Teutonic academic punctiliousness, the chronicler in minute detail of the history of trade cycles, the pupil and admirer of Schmoller and his »institutionalism«. From him, one could learn attention to detail, an interest in history (later on to emerge as an interest in historical series, land values, unemployment, terms of trade, etc.), and an interest in institutions (leading to later interests in the working of international organisations and the role of the economist as adviser to governments in developing countries). Spiethoff also became a rallying point after Schumpeter had left for Harvard; he gave me my first job as a research assistant, and in working on his behalf in editing the conference proceedings of the Verein für Sozialpolitik (the German equivalent of the Royal Economic Society) I had to learn how to sort out and present opposing views, and to make a coherent report out of often fragmentary and incoherent discussions. (Later, in the United Nations, I was to think often of this early training.) From Spiethoff also I got an interest in the question of urban land values which was to be maintained for my PhD thesis in Cambridge and which led through Keynes (who remembered this thesis in 1945) to a post in the Ministry of Town and Country Planning, where I helped to prepare the compensation estimates for the nationalisation of development rights in urban land under the Town and Country Planning Act, 1949. This experience also merged into later work on development problems, since the process of development is also at the same time a process of urbanisation.

The real centre of the Bonn universe, of course, was not Spiethoff but Schumpeter – Schumpeter opened up a new world in economics and general thinking. But my immediate good luck was to join and become a member of a wonderful group of young students who all felt they had a great deal in common, and the nucleus of whom became close and lifelong friends. (This was an experience subsequently repeated five years later in Cambridge in early 1934, after Hitler came into power.) The German group included August Lösch, who became famous as a location theorist and died as a staunch anti-Nazi in Kiel, having refused all prospects of a prosperous career under the Nazis because he refused to take the oath of allegiance to the Führer, and who died, tragically, a few days before the British troops liberated Kiel, when he would certainly have become an honoured professor and probably Rector of the University. August Lösch was recognised by all of us as the most brilliant and promising member of the Schumpeter Seminar. He had even then developed his interest in problems of economic space and location in which he became a recognised international authority. He could easily have settled in the US (say at Harvard, which in fact he visited) or in England. But he thought his place was in Germany as part of the religious (Protestant) resistance movement to the Nazis. He was a man who impressed everybody with his integrity and competence. Under other circumstances he could have acquired fame and position. Heidenheim, the town in Württemberg where he grew up made him an honorary citizen and named a street after him. By a strange coincidence, this group also included Erich Schneider, who did, in fact, become Rector of Kiel University and Director of the Institute of World Economics; but Schneider was not really a full member of »our« group, he was older and a mathematics teacher in a secondary school. His link with

Schumpeter, and indirectly with us, was through mathematics and econometrics, another window to modern economic thinking which Schumpeter opened for us. Another fellow student with whom the links were close was Wolfgang Stolper, whose father was Editor of *Der deutsche Volkswirt*, the German equivalent of *The Economist*, and a liberal Member of Parliament. Wolfgang, of course, later followed Schumpeter to the US, became the well-known collaborator of Paul Samuelson and is now at the University of Michigan. In fact, it was Wolfgang Stolper whom I managed to join in 1933 in Switzerland after getting out of Germany, where Wolfgang was staying with his Swiss fiancée, later his wife, Vögi (now unhappily dead). There were others in the group, among them Herbert Zassenhaus, Claire Tisch and Sudhir Sen. *Herbert Zassenhaus* was born not far from my birthplace – I believe it was in Schwelm in Westphalia – and he later lived and taught in the US so that both in Bonn and later in the US I saw quite a lot of him. His interests were largely in financial aspects of economics and he worked for a number of years as a staff member of the IMF. He married another member of the Schumpeter Seminar, Lotte (Charlotte) Brand.

Claire Tisch acted as a sort of mother to all the young members of the Schumpeter Seminar. She was a little older than the rest of us and acted as a research assistant to Spiethoff. For reasons unknown to me she refused to emigrate and I believe she lived in her hometown Elberfeld and was then killed in a concentration camp. I seem to remember that Spiethoff and also Schumpeter tried to help her, but my memory is very vague on this point.

Sudhir Sen had come to Bonn via the London School of Economics to write his doctoral dissertation under Schumpeter. To learn German he closeted himself with his landlady in Bonn and emerged speaking good German with a strong Rhineland accent! He had a very distinguished career subsequently, partly in the UN and the UNDP, so we remained in close touch and on friendly terms until his unfortunate death in 1991. His autobiographical book entitled *Wanderings* includes a chapter entitled »At Bonn« which speaks about the Schumpeter seminar group as follows: »And here is the most remarkable fact about this Bonner group: None surrendered the liberal ideal of free thinking and professional integrity. Some, like August Lösch and Günther Harkort, upheld it even in the darkest days of totalitarian tyranny over the mind. Others – Karl Bode, Hans

Singer, Wolfgang Stolper – carried the torch abroad, to Britain and the USA.«

In the days before Hitler our group dominated the economic faculty's Fachschaft (Faculty Association), certainly intellectually and to some extent also organisationally in a liberal and anti-Nazi direction. I would say that I learned my first real economics, and beyond that attitudes to life and issues of the day, as much from this group of close friends (of whom only a few are listed here) as from Schumpeter and Spiethoff.

But the life of our group gyrated about Schumpeter: he was our idol and mentor. The cliché that a good professor »opens doors« in the minds of his students seemed exactly right in this case. Schumpeter was the very antithesis of the traditional German professor. In every detail – dress, language, lecturing style, relations with students, conduct of examinations, everything – and deliberately so. The doors opened were those to Anglo-Saxon economics, to Walras and Pareto, to inter-disciplinary thinking, to interests in sociology, quantitative methods and econometrics, and to the history of economic thought. Above all there was his admired masterpiece written long before – his *Theory of Economic Development*. Even though this did not quite mean what later on was to become a central concern, I realise now more clearly than in earlier years how deeply relevant many of its themes are to the development of poor countries and the problems of underdeveloped countries. I would single out two key themes: first, the great importance of technology, innovation, access to innovation and ability and the means of linking innovation with the production process in the form of new products or new processes or the development of new markets. Secondly, there is the emphasis placed on the fact that development represents a disruption of familiar and traditional processes of stationary circulation, arousing resistances and hurting established interests. How modern and up-to-date does this approach to development sound: »By development we shall understand only such changes in economic life as are not forced upon it from without but arise by its own initiative, from within«. Shades of self-reliance, self-sustaining growth, dependency, backwash effects and all that! It took me many years of work in development studies before I came back to the full implications of this definition. These two great themes of Schumpeter's *Theory of Economic Development* now seem to me the key to the problems of development in poor countries.

I was fortunate at Bonn not just in finding Schumpeter as a teacher, but in two other respects as well. First of all there were the exceptional circumstances which made a great man like Schumpeter much more accessible to a young student than would normally have been the case, especially in the German university system which entirely lacked the touch of college life and the tutorial system. Schumpeter was a lonely man. His adored wife had already died when I came to Bonn. He was a lonely man also because he was out of tune with the stiff university tradition. Hence for him contact with a selected group of students in whom he sensed a response and a hope for the future was as natural an outlet as it was for us to see him as a shining beacon in an all-pervading darkness. It was a mutual attraction and it led to a kind of relationship unheard of in German universities, but which I was due to rediscover in the college and tutorial system in Cambridge. The second sense in which I was especially lucky was one already mentioned: that I was to join and become a member of a group of contemporaries who all felt they had a great deal in common and many of whom became close and lifelong friends.

Let me end this note on Bonn and Schumpeter by jumping forward some fifteen years to 1947. On one of the first days after my arrival in the US to work with the UN I made my way to Cambridge, Mass., to pay my respects to Schumpeter. When I told him that my work in the UN was to be on the problems of the underdeveloped countries his surprised – and surprising – response was: »but I thought you were an economist!« At that time I felt very discouraged by this, although two years later in 1949 I had the satisfaction of having him say to me at the meeting of the American Economic Association where I presented my paper on *Gains and Losses from Trade and Investment in Underdeveloped Countries*, that there were interesting economic problems here after all. But on reflection I realise more and more how right Schumpeter was. I took his words as a reminder to remember the non-economic and interdisciplinary dimensions of the development process. Even without Schumpeter's warning, this would have been clearly borne in upon me by the subsequent extensive work in developing countries and the many contacts with politicians and various interest groups in these countries – also contacts with officials in national aid organisations, UN delegates and others. A few weeks after the 1949 meeting,

Schumpeter was dead. A blizzard prevented me from reaching his funeral in Connecticut in time.

When I emigrated from Germany in 1933 I first went to Istanbul in order to open, in partnership with the older brother of a fellow student, an academic bookshop in conjunction with the new Western-type modern university which Kemal Pasha (Atatürk) was anxious to promote as part of his general plan to modernise/westernise Turkey. For this purpose, through the Turkish Embassy in Berlin, he had offered generous asylum to a number of well-established refugee scholars. I was of course not in that category but I had some hopes, mainly centered on Wilhelm Röpke, to continue some academic work, perhaps as a research assistant and finish my dissertation started in Bonn. I had met Röpke who was teaching in Marburg, not far from Bonn – probably during a visit which he paid to Schumpeter. Subsequently Röpke, like most other of the refugee scholars, left Turkey and finished his academic life at the University of Geneva. But neither my hope of academic work nor the establishment of the bookshop had got anywhere when after a few weeks in Istanbul I received the letter from Richard Kahn (later Lord Kahn) informing me that I had been proposed for a scholarship at Kings College, Cambridge. I believe the Turks should get full credit for their very friendly and welcoming attitude towards the academic refugees from Hitler which quite possibly saved a number of lives. I was certainly very happy at that time to be given such ready asylum even though I was still a graduate student and too young to make a contribution to the University.

2. Cambridge and Keynes

I will not describe the various stages by which I was able to escape from a very dim future. But I must place it on record, since he was a very right-wing Nationalist, that Spiethoff probably saved my life on one or two occasions by not permitting the Nazi detachments from entering the premises of the Economics Faculty to »collect« their opponents. But my chance of going to Cambridge was due to Schumpeter: when the faculty in Cambridge offered a research scholarship for a young graduate whose career had been cut short by the Nazis, it was a letter from Schumpeter to Keynes which put me in the running for the scholarship, which I then obtained after a visit and interview. I had the special good fortune to be admitted to that holy of holies, Kings College, Cambridge, where Richard Kahn helped me to get through the earliest days without complete despair, guiding my first reading and discussions towards an understanding of economics at the level and of the kind practised in Cambridge in general and the emerging new economics of the General Theory in particular. How lucky I was again: what better guide could there have been than the discoverer of the Multiplier and one so closely in touch with the germination of Keynesian thinking? Yet another stroke of luck was to have Colin Clark as a supervisor, from whom I was able to learn the tricks of national income accounting against an understanding of the Keynesian model on which it was based. I believe it is mainly through Colin Clark that I maintained an interest in statistics and statistical techniques – vital for me in my PhD thesis on Urban Land Values and the subsequent work on employment statistics – and also a subsequent interest in development models, starting from Harrod-Domar. And at the risk of name-dropping, people like Piero Sraffa (supervisor of the graduate students), Claude Guillebaud, Dennis Robertson, Austin Robinson, Joan Robinson and Maurice Dobb were kind to the graduate student and helped him along with many of his problems and doubts. With such teachers, one would have had to be hopeless indeed *not* to have learned.[1]

But of course the central figure was Keynes. When I ask myself, »what did I learn from Keynes that I applied directly in later life?«, one has to be selective, or else simply say: »everything!« But if I must select: first the macro-economic framework, the interlinking of consumption/savings/investments, of public/private sector accounts, the importance of thinking in real terms as well as appreciating the monetary factors involved – it is difficult to see how one could have begun to sort out the problems of development policy even in a naive first approach, and yes, even how one could otherwise have made the now obvious and yet essential first mistakes without such a framework to start from. Only by assuming that Keynesian relationships would apply to the analysis of development, only by jumping into the deep water with the self-confidence that the training at the

[1] I should also mention the impressive list of fellow students, particularly Alec Cairncross, David Champernowne, V. K. R. V. Rao, Brian Reddaway, and Laurie Tarshis, adding also Abba Lerner who was not exactly a fellow student but with whom I had a close relationship and produced a number of joint articles.

very »font of wisdom« would give a brash young man and then painfully learning that »things were different« could one make progress and fit pieces of fragmented and confusing evidence together, or even proceed in the blatant absence of data and evidence.

Second, there were the Keynesian values, nowhere better expressed than in his essay on *Economic Possibilities for our Grandchildren*, but inherent in the *General Theory* and in *The Means of Prosperity*: the concept that the real resources of a country are its human resources and that the purpose of economic analysis and policy must be to prevent the waste and dissipation of human resources, whether expressed in unemployment as in the 1930s in England, or in the poverty and low productivity (as well as unemployment) of the poorer countries of today.

I had always been greatly interested in the problems of the »depressed areas« – those parts of the United Kingdom such as Wales, Scotland, Merseyside, and the Northeast that had been particularly hard-hit by unemployment and that had distinctly fallen behind the rest of the country in terms of incomes and standards of living. Before the war, I had published, with David Owen and Walter Oakeshott, the Pilgrim Trust unemployment enquiry, *Men without Work* (Cambridge University Press, 1937). I had lived in the depressed areas among unemployed people and thus been able to make proposals for policy based on more than purely academic study of unemployment problems. As a follow-up to the joint book with David Owen and Walter Oakeshott, I produced by myself *Unemployment and the Unemployed* (Allen and Unwin, 1940). I had continued this interest in Glasgow University, where I was engaged in a study of differentials in development indicators between Scotland and England, subsequently published (jointly with C. E. V. Leser) as *Industrial Productivity in England and Scotland* (University of Glasgow, Department of Social and Economic Research, 1950). The results were also presented as a paper to the Royal Statistical Society (*Journal of the Royal Statistical Society*, 1950). Clearly this work on depressed areas and unemployment was a forerunner to the work on developing countries. I had already been forced to think about »vicious circles« and »poverty traps«.

As part of my concern with unemployment problems, I felt involved in the development of a social welfare state immediately after the war. I was an admirer of Sir William Beveridge and an ardent propagandist for the Beveridge report. In 1943 I had written one of the Fabian Society research pamphlets, *Can We Afford Beveridge?* My answer, perhaps predictably, was that not only could we afford it, but we could not afford not to afford it. The same point was made in an article on »Beveridge Plan Economics« published as a special issue of the *Westminster Newsletter* in 1943. Obviously, a partisan of the social welfare state would be attracted by the thought and possibilities of a global welfare state represented by the United Nations in those hopeful first days of naive utopianism.

There was also a more intellectual link. As my »fellow pioneer«[2] Albert Hirschman (1981) has pointed out, in some sense Keynes was the real creator of development economics insofar as he broke with »mono-economics« – the view that economics consists of a body of universal truth applicable in all countries and in all conditions. Keynes showed that, on the contrary, the rules of the game applicable to a condition of unemployment are not the same as those of classical full employment economics. It was a natural step – as Albert Hirschman has shown – to apply this view of different rules of the game to countries at different stages of development. As a student of Keynes during the formative years of the *General Theory* (1934-36) in Cambridge, I was certainly intellectually preconditioned to think in terms of different rules of the game applying to developing countries, and the idea of nonorthodox policies in relation to them. Only a few years later, in 1954, Arthur Lewis published his path-breaking article on *Economic Development with Unlimited Supplies of Labour*, which carried the analogy between the existence of unemployment in an industrial country and the existence of surplus labour in developing country a decisive step further.[3]

Thus I had been brought up on economic development from my first student days. Through Schumpeter I had acquired a lasting interest in problems of technical progress and technical innovation as well as in long-run economics. This interest in long-run trends and technical progress was fostered in Cambridge by my supervisor (and another »fellow pioneer«), Colin Clark, to whom I owe a great debt. Even in Keynes's work, I had always been particularly interested in some of the long-run aspects, such as his essay on *Economic Possibilities for our Grandchildren*, and was never quite happy with the

---

[2] The term »fellow pioneer« refers to the contributions written by A. O. Hirschman and C. Clark in Meier, G. M. and Seers, D. (1984).

[3] Even earlier, Arthur Lewis had become a key member of the U.N. Committee on Measures for Economic Development.

dictum that »in the long run we are all dead«. I would say that this interest in the long run, in technical progress, was another ingredient and guide toward work on long-term trends in terms of trade.

Keynes and Beveridge were both proponents of active state intervention. This preconditioned me to take a direct interest in the problems of development planning, much in vogue in the immediate postwar era with special focus on the Indian sub-continent.[4] P.C. Mahalanobis became the prophet (or guru) of the development economists in this respect, and Calcutta became their Mecca.

Sometime in 1940 when the war situation looked very grim and Hitler seemed on the point of invading England, I received a letter from Alvin Johnson – the well-known New Dealer under Roosevelt – who was the President of the *New School for Social Research* and had founded the *University in Exile* which became the New School's Graduate Faculty. The letter (quoting from memory) said that things looked grim and if Hitler invaded England the outlook would certainly be very grim for me. He said his attention had been drawn to me (possibly by Adolph Lowe who joined the New School from Manchester where I was a young lecturer and where he lived as an independent researcher). Adolph Lowe and I were both on a Nazi blacklist which had been prominently published in *The Manchester Guardian* (now *The Guardian*). Alvin Johnson's letter then said it had occurred to him that in the worst case I might be able to escape to Dublin and if I presented the enclosure to his letter at the American Embassy in Dublin I would qualify for a priority visa to the US. The enclosure was an appointment to a teaching post at the New School.

Luckily I never had to make use of this letter but when I subsequently came to New York in early 1947 to join the Secretariat of the United Nations I naturally paid an early visit to Alvin Johnson to thank him for this kind action. Alvin Johnson then asked me whether I really felt grateful and when I said yes he said that I could show my gratitude now by coming to teach in the New School in the evenings. They had crowds of returned ex-service men then and were desperately short of teachers. So with this background I naturally could not refuse and for quite a number of years after finishing my UN job at 6 pm or so I often went down to 66 West 12th Street to teach evening classes at the New School. I never considered this a

---

[4] My lectures in Lahore were published under the title *Economic Development Projects as Part of National Development Programmes* (1951).

great hardship since I welcomed the chance of maintaining academic work as a relief from desk work in the UN. Alvin Johnson was a great man and a great liberal, and I had the highest admiration for him.

My appointment – simultaneously with the U.N. post – as a member of the Graduate Faculty of the New School for Social Research in New York forced me to place my thinking about development into a more systematic framework. The underlying theory of development for my course in the Graduate Faculty was based partly on the importance of infrastructure – which drew on the earlier work of Rosenstein-Rodan and Thomas Balogh – partly on the idea of the need for balanced growth, where I was most influenced by Ragnar Nurkse, and partly on the ideas of Gunnar Myrdal, with his emphasis on cumulative causation and vicious circles. But the main components of my lectures at the New School were international trade problems on which I had concentrated at the United Nations.

3. My Work as a »Development Economist«

How did I come to leave the mainstream and join the then tiny, virtually non-existent, band of »development economists«? In explaining this, there are two scenarios, one creditable and the other not so. The creditable scenario presents this choice as a deliberate decision and in line with interests as they developed after I went down from Cambridge with my Ph.D. in 1936. The other was the result of sheer accident, in the form of a linguistic misunderstanding due to different meanings of the same word in American English and English English. I will now explain both scenarios, but the reader familiar with debates among historians will notice that they correspond to two different versions of history: one of the gradual unfolding of an influential, innate meaning and the other of history as »just one damn thing after another«.

The meaningful scenario: in 1936, on the recommendation of Keynes, I was recruited as one of three young men to carry out a two-year survey of long-term unemployment in what were then called the »depressed areas« of the UK, a survey financed by the Pilgrim Trust and guided by an influential committee under the chairmanship of William Temple (then Archbishop of York, later Archbishop of

Canterbury – a great men who deeply influenced me). This study led to two books (1937 and 1940) and a series of articles on unemployment statistics (for which I was awarded the Francis Wood Memorial Prize of the Royal Statistical Society). The analogy of the »depressed areas« of the 1930s (both in terms of absolute poverty and of relative poverty compared with more prosperous areas) with the »underdeveloped countries«, as they were then called, is obvious. This study, which involved living with unemployed families, can also be said to have impressed on me the importance of »human capital« or the »human face« of development which led to an early and continuing association with UNICEF and other social agencies. A direct involvement with problems of employment and unemployment in the development process was to be sharply revived later when, in 1968-69, I got involved in building up the World Employment Programme of the ILO and when, in 1971-72, (jointly with Richard Jolly), I headed the ILO Employment Mission to Kenya. Particularly during my time in Kenya I often thought back to my work in the 1930s. The report of this mission for increasing productive employment (1972) is generally considered as highly influential, leading directly to the adoption of the development strategy of »redistribution with growth« (see Chenery, 1974). This association with Richard Jolly in an ILO employment mission was later repeated in Zambia (1981).

So much for the creditable scenario. The accidental scenario is one where I drifted into becoming a development economist through a linguistic misunderstanding. Shortly after the war, under the Attlee government, I had joined the ministry of Town and Country Planning for work connected with the nationalization of the development rights in urban land and the calculation of proper compensation for present owners – following upon my Cambridge Ph.D. dissertation in the same area. This of course figured in my C.V. and when I arrived in New York after my recruitment to the UN, in early 1947, I was received by the American Deputy Director of the department, David Weintraub, a sturdy New Dealer. Noting my experience in the Ministry of Town and Country Planning, Weintraub had earmarked me for the »planned development« section within the nascent Economics Department of the UN since, following US terminology, »country planning« was a description of development planning. I did not want to disappoint him and by the time the Director of the department (David Owen, an old friend and associate in the Pilgrim Trust Unemployment Enquiry) came back from trade negotiations in

Havana, I had become sufficiently interested in development economics to offer or ask to continue in that post. Thus one strand leads from unemployment and depressed areas to an interest in the Third World; the other leads from a Cambridge Ph.D. dissertation on urban land values and the US meaning of the term »country planning«. Both versions are true and both versions are false, depending on whether you think the half-filled glass is half-full or half-empty!

Once installed in the Development Division of the UN, I had a fairly free hand in finding a first area of work – a free hand because in the early days of UN recruitment things were fairly chaotic, more a collection of individuals than an organization. I think my attention was drawn to problems relating to terms of trade largely by the accident that among my early friends in the UN was Folke Hilgerdt, the Swedish economist who had transferred from the League of Nations where he had studied and reported on international trade problems, including terms of trade. In looking at the data on terms of trade between primary commodities and manufactures (at that time still a satisfactory proxy for trade between rich and poor countries), I came quickly to dissent from the conventional or classical position that terms of trade would move in favour of primary products, as a result of scarcities and increasing marginal costs of production for primary products and increasing returns and technical progress in manufactured goods. This conventional view was related to an optimistic assumption that international income inequalities would tend to diminish. In Keynes's thinking there would be diminishing marginal efficiency of capital accumulation in the industrial countries and high rates of return on capital in the developing countries – all this leading through trade and capital flows to gradual income equalization. The data seemed to me incompatible with that position (which initially I had shared without much doubt), and on reflection I found a number of what seemed to me good reasons why the empirical data should be so far from supporting the conventional view. I proclaimed this new discovery in a paper presented in December 1949 to the annual meeting of the American Economic Association (AEA) in New York (published in 1950). This article, with its implication of »export pessimism« and derived policy recommendation of »import-substituting industrialization« (ISI), became my trade-mark; in spite of many subsequent modification and qualifications, it still seems to me essentially correct (as maintained in

1984). However, it drew immediate and predictable fire from such supporters of the classical view as Jacob Viner and Gottfried Haberler. With the former I had a fierce debate in Rio de Janeiro in a series of lectures organized in 1950 by the then Finance Minister and Brazilian elder statesman, Eugenio Gudin.

I believe it was between presenting my paper to the AEA in December 1949 and its publication in the *Proceedings* volume of the AER in the summer of 1950 that I discovered that Raúl Prebisch, my colleague at the UN, had developed very similar opinions and had also put the problem of poor terms of trade for primary products into the centre of thinking of the Economic Commission for Latin America, of which he was the Director. We formed a close alliance of ideas and were twinned in the economic literature as representing the »Prebisch-Singer thesis« or PS for short. Subsequently I discovered a similar sympathetic bond with Gunnar Myrdal who was Prebisch's counterpart in Geneva as Director of the UN Economic Commission for Europe. It was this triple alliance cemented by personal friendship which gave me the strength to survive the dreadful McCarthy years in the UN. At that time to be a dissenter was also to be subversive.

Apart from this triple alliance on terms of trade, my policy conclusion for import-substituting industrialization, combined with a belief in constructive government intervention and social welfare planning – derived from Keynesianism, war-time planning in the UK, and the Beveridge plan for a social welfare state created a strong link with India. At that time P. C. Mahalanobis in Calcutta was the great guru of development planning; the first two Indian five-year plans which he created were holy writ. Once again, as in the case of Prebisch and Myrdal, this link was strengthened by personal friendship, in this case with V. K. R. V. Rao who had been my fellow student in Cambridge.

After the experience of the 1980s, the PS thesis has become more or less part of accepted or conventional wisdom, having received the accolade of even the IMF (studies by David Sapsford), of the World Bank (studies by Grilli and Yang) and of the Bank of England (evidence by Andrew Crockett to the House of Commons Treasury and Civil Service Committee). But the policy recommendation of ISI has become even more controversial, in view of the great expansion of manufactured exports by developing countries and the firm belief in many quarters that »outward-orientated« countries have done better than the »inward-orientated«.

The expansion of manufactured exports by developing countries was not foreseen by the original PS thesis in 1949-50; it could not have been foreseen then by us nor by anybody else. However by 1964, when Prebisch made his inaugural speech in Geneva as the first Secretary-General of the newly-established UNCTAD, he expressed the hope that the expansion of manufactured exports would dispose of the terms of trade problem. My recent research, however, throws considerable doubt on whether this has in fact been the case. In any event the PS thesis puts more emphasis on the need for industrialization (the final I in ISI) than on import substitution (the IS). It was substitution away from primary production that was required, and export substitution would be as acceptable in contributing to industrialization as import substitution.

As for the belief that outward-orientated tend to do better than inward-orientated countries, I have expressed doubts on this thesis and the way in which the World Bank and economists associated with it in particular have tried to demonstrate the alleged superiority of outward orientation (see 1988a, 1988b and 1988c). My objection is to the definition of »outward orientation«, the empirical facts about such allegedly market-orientated countries as South Korea and the manipulation of statistics. My general conclusion is that outward orientation is a good thing for a developing country if the international climate is favourable (as it tended to be in the 1960s) but ceases to be so when the international climate becomes unfavourable (as it was in the 1980s). Furthermore, outward orientation seems to work better for middle-income countries already half way up the development ladder than for low-income countries.

4. The High Hopes of Bretton Woods and the Worm in the Apple

»Seldom any splendid story is wholly true«. (Dr. Johnson)

At the end of the Second World War there was clearly a unique opportunity to reshape the world international system. The old order had been swept away. There was a burning desire to learn the lessons of recent experience and avoid the errors of judgement and policies which were felt to be among the causes of the disastrous war. So, clearly the new system created at Bretton Woods and in the UN reflected the current perceptions of the immediate pre-war and war time experience. What were these perceptions?

First, there was the perceived need to avoid the disastrous beggar-my-neighbour policies of the 1930s when countries, dominated by traditional and classical doctrines of reliance on »equilibrating« market mechanisms, got themselves deeper and deeper into competitive devaluations, heavy deflation, rising unemployment, and protectionism, with their terrible social and political consequences. (Perhaps this lesson now needs to be relearned.) Between 1929 and 1933 world trade declined in value by 65 per cent and in volume by 25 per cent. The belief in classical policies had been swept away by a new Keynesian consensus on active macroeconomic management by governments, with full employment set as the primary objective. In the international field, the conclusion drawn was that nationalist policies must be replaced by international rules of conduct and control by international institutions.

The 1930s had also been accompanied by a disastrous fall in primary commodity prices, and the lesson drawn by Keynes and others at the time was the need to stabilise primary commodity prices. For that purpose, it was decided at Bretton Woods that in addition to the IMF and World Bank, a third international organisation was needed – the ITO, or International Trade Organisation – with the dual purpose of stabilising primary commodity prices and promoting world trade.

The wartime experience of the industrial countries had demonstrated the potential for macroeconomic planning and effective government action to maximise output, mobilise latent resources, achieve full employment, and at the same time control inflation and achieve more equal income distribution. This experience was particularly striking in the case of the UK which, in the person of Keynes, played a dominant intellectual role in the creation of the Bretton Woods system. There was a strong feeling that the same principles of planning, macroeconomic management of the economy by governments and mobilisation of latent resources based on Keynesian principles, were also applicable to the developing countries' concerns. These had become a more important item of world interest as a result of the emergence into independence of the countries of the Indian sub-continent and a shift in colonial policies in Africa towards preparation for independence. For many in the West, it seemed natural to extend the principles of the welfare state from the national to the international sphere, and the idea of international income transfers began to take shape.

Bretton Woods was indeed a »splendid story«. It was an immense improvement over the situation of the 1930s; it gave us 25 »golden years« – from 1948 until the early 1970s when the Bretton Woods system broke down – as will be presently shown.

The success of the new system was not entirely due to its intrinsic value. The Marshall Plan (1948-52) had a great deal to do with creating a period over two decades when the industrial countries, through steady growth at a rate of five per cent or more, with full employment, little inflation and balance of payments disequilibria solved first by the Marshall Plan, then by US investment and later by a strong recovery of exports and the emerging balance of payments surpluses of Europe and Japan, also provided a firm foundation for the growth of production and exports in developing countries, enabling them to maintain on aggregate growth rates similar to or even higher than those of the industrial countries (although not on a per capita basis). World trade expanded even faster than GNP, and protectionist incentives were minimised.

If the Marshall Plan had demonstrated the potential effectiveness of large-scale international income transfers, the response of Europe in presenting joint programmes and moving towards trade liberalisation in the form of a Common Market also seemed to demonstrate the possibility of constructive recipient policies and collaboration between donors and recipients. So in the first days of high hopes for the Brave New World, development activists in the UN and elsewhere began to think in terms of multi-annual, large-scale aid of the Marshall type for developing countries, linked to the GNP of the industrial countries and thus increasing at the same steady rate of five per cent per annum or more in line with industrial countries' GNP. A target of one per cent of GNP then seemed to be quite modest – the US, under the Marshall Plan, had transferred something more like three per cent of GNP for four years running. While it was recognised and admitted from the beginning that the development problems would be more difficult and longer-term than the reconstruction of Europe and Japan, this was assumed to be offset by the strengthening of donor capacity, as the beneficiaries of the Marshall Plan would »graduate« to large-scale donors. Moreover, the capital transfers could be partly in the form of private investment: the prevailing perception was that there should be plenty of scope for productive investment in developing countries since the marginal productivity of capital must be higher in these capital-scarce countries. However, private investment was assumed to be the junior partner to Marshall Plan-type aid (later, in the first UN Development Decade, quantified as 0.3:0.7).

Where, then, was the worm in the apple? Why did the splendid story not come wholly true? The most obvious defect was that the Bretton Woods system remained *incomplete*. To begin with, the International Trade Organisation which Keynes had considered to be an indispensable third pillar of the Bretton Woods system, never came into being. Although it was duly negotiated and agreed at Havana, the »Havana Charter« was not ratified by the US Congress. This was largely a matter of time lags – by the time the ITO came up for ratification, the climate of opinion in the US had changed: the Roosevelt/Truman era in which »Freedom from Want« had been proclaimed as a global objective, was beginning to shade into the very different McCarthy era in which the UN and all its works became »an evil empire«. Another reason why the ITO was not ratified was the fact that commodity prices had temporarily risen, as a result first of world war shortages and then of the Korean War, so that intervention by the ITO seemed unnecessary.

Some of the intended functions of the ITO were subsequently shifted to GATT (the General Agreement on Trade and Tariffs): but GATT was a weak version, almost a caricature, of the intended ITO and did not include the vital function of commodity price stabilisation. In fact GATT took out the trade policy chapter in the Havana Charter, deleting not only the chapters on commodity agreements, but also those on employment, development and restrictive business practices. GATT became – and to some extent remained – very much a First World institution, and initially failed to make allowances for the special problems of developing countries. Nor did the subsequent creation of UNCTAD in 1964 fill the gap left by the failure of the ITO: by that time the shift in economic power and relevance away from the UN was complete and the industrial countries were determined to keep UNCTAD at the level of a talking shop (although some useful initiatives subsequently came from UNCTAD, particularly the acceptance of the GSP – the Generalised System of Preferences. In fact this initiative was probably more useful to developing countries than all the »trade liberalisations« under

GATT which were largely offset by the growth of restrictions outside the GATT system, including the MFA – Multi Fibre Agreement – and the so-called »voluntary« export restraints).

The even more far-reaching plans for commodity stabilisation proposed by Keynes never had a real political chance to materialise. Keynes had proposed a world currency to be based not on gold, not on the dollar, not on sterling, not on SDRs, but on 30 primary commodities (including oil and gold); this would automatically have stabilised at least the average price of these 30 commodities. But however ripe the situation at the end of the war was for a Brave New World, this Ultra-new World proposed by Keynes proved to be too radical; at Bretton Woods it sank without trace. Perhaps Keynes would have fought harder for it if he had known that the ITO would not come into existence, but by the time this had become clear, Keynes was dead, and in any case, the enthusiasm for a Brave New World had largely evaporated.

The Bretton Woods system was also incomplete in that the UN, which was supposed to be another pillar of the Bretton Woods system, was never brought into action in the way initially expected. This was largely due to the adverse change in the political climate already referred to. The initial hope was that a »Special Fund« should be set up in the UN to administer large-scale soft aid more or less on Marshall Plan terms – to developing countries. This proposal, originating in the UN Sub-Commission for Economic Development in 1948, was taken up in more detail in the 1951 Report of the UN Expert Group (which included two subsequent Nobel Prizemen, Arthur Lewis and Ted Schultz) on »Measures for Economic Development«. Although the process of detailed preparations and negotiations was duly set in motion in the UN system and the statute for a »UN Fund for Economic Development« was laboriously evolved, under the chairmanship of the subsequent UN Secretary General U. Thant, the unfortunate initials of this proposed fund, i.e. UNFED, described only too well the fate awaiting this stillbirth. (When it was realised how the initials would be received, the word »Special« was hastily put in front – but unfortunately the science fiction nature of the new acronym of SUNFED still provided an all too accurate description of the chances of this proposal succeeding.) The long opposition of the World Bank not only to involving the UN in financial aid but even to the principle of soft aid, also served to prevent this idea materialising. When, with the dawn of the more liberal Kennedy era, the chances for soft, multilateral aid became better and the World Bank dropped its opposition to it, it was clear that the Western donor countries would not be willing to channel it through the UN where the developing countries had a major say, but through the World Bank which they controlled. In any case, the new IDA (International Development Association) never reached dimensions remotely comparable with the Marshall Plan. At the same time, the UN received two valuable consolation prizes in the form of being allocated food aid (the World Food Programme) and technical assistance (the UNDP). In fact, the UNPD initially, before its merger with ETAP (the UN Expanded Technical Assistance Programme), still carried in its name of »Special Fund«, a recognition of the aborted SUNFED. But that was meagre consolation compared with the initial hopes. So the Bretton Woods system which was meant to walk on four legs (UN, ITO, IMF and the World Bank) was hobbling along on the last two only.

Not only was the Bretton Woods structure incomplete, it was also distorted. In Keynes's orginal vision, and in line with his high priority for avoiding deflation and recession, he had suggested an IMF which would put adjustment pressure on balance of payments surplus countries rather than deficit countries. This was to be achieved by making it mandatory for surpluses to be held in a World Central Bank, and for these deposits of surpluses to carry a negative rate of interest (i.e. to be taxed). Although this vision is still partly reflected in the constitution of the IMF, enjoining it to put equal pressure on deficit and surplus countries, in fact, the IMF has proved utterly incapable of exerting pressure on surplus countries – neither Japan today and West Germany before unification nor OPEC in the 1970s. The pressure is now entirely concentrated on deficit countries, which are asked to »put their house in order«; even among these the pressure is selective, and the IMF makes no significant impact on the biggest balance of payments deficit country today – the USA. The admonition of industrial countries, and specifically the surplus countries, to »put their house in order« remains entirely at the rhetorical level; there is no question of conditionality or financial sanctions.

There is of course an historical explanation – to some extent an alibi – for this distortion of original intentions. The Keynesian desire to put pressure on surplus countries was based on the undesirability of deflationary pressures in times of unemployment and recession: in such conditions, the surplus country is the enemy of the world economy and should be penalised, while the deficit country is the friend of the world economy and should be supported. During the golden years of full employment, this prescription, of course, was no longer appropriate; pressure on deficit countries was then justified. The trouble is that with the shift in the world situation to slow growth, unemployment and recessions after 1973, the IMF has not returned – or has not been able to return – to the policies originally recommended with the Great Depression of the 1930s in mind, and which now, once again, were appropriate in the light of the economic situation since 1973. In this respect the time lag scenario previously presented would seem applicable: Keynes's proposals were made to cope with the recessionary situation of the 1930s; these proposals were then reversed to deal with the different situation of the 1950s and 1960s, but the reversal was then maintained, and indeed intensified, in a new economic climate when it was no longer appropriate.

There seems little prospect, however, that this process of »learning, but too late« will be continued in the future. In the absence of a world central bank, world currency and global source of liquidity which can be realised or withheld – all these part of the Keynesian proposals – it is difficult to see how even in future the Bretton Woods institutions could put effective pressure on surplus countries. It would certainly require a dramatic reform of the Bretton Woods system in the direction suggested by Keynes. Interestingly enough, there are some faint signs of recognition of what has been lost: for example, in the case of the ITO there is not only the Compensatory Financing Facility, but also the recent addition of commodity prices to the list of IMF indicators – the beginning of recognition that debt repayment capacity and structural adjustment capabilities are tied to terms of trade. And GATT has been strengthened by converting it into a WTO (World Trade Organisation) – the good old ITO under another name. So the wheel is coming full circle – forward to the past!

References

Chenery, H. et al. (1974), Redistribution with Growth, A Joint Study by the World Bank's Development Research Center and the Institute of Development Studies at the University of Sussex, Oxford University Press.

Grilli, E. R. and Yang, M. C. (1988), »Primary Commodity Prices, Manufactured Goods Prices and the Terms of Trade«, World Bank Economic Review, 2 (1).

Hirschman, A. O. (1981), »The Rise and Decline of Development Economics«, in: Essays in Trespassing, New York: Cambridge University Press, pp. 1-24.

International Monetary Arrangements: International Debt Strategy, House of Commons Treasury and Civil Service Committee Session 1988-89, Minutes of Evidence 5 July 1989, p. 34.

Leser, C. E. V. (1950), »Output per head in different parts of the United Kingdom«, Journal of the Royal Statistical Society, ser. A, 113, pp. 207-219.

Lewis, A. (1954), »Economic Development with Unlimited Supplies of Labour«, Manchester School of Economic and Social Studies, Vol. 22, pp. 139-191.

Meier, G. M. and Seers, D. (eds.) (1984), Pioneers in Development, Oxford University Press.

Sapsford, D. (1985), »The Statistical Debate on the Net Barter Terms of Trade between Primary Commodities and Manufactures: A Comment and Some Additional Evidence«, Economic Journal, Vol. 95, pp. 781-788.

Schumpeter, J. A. (1934), The Theory of Economic Development: An Inquiry into Profits, Capital, Credit, Interest and the Business Cycle (translated by Redvers Opile), Cambridge, Mass.: Harvard University Press. (German: 1 st. ed.: Theorie der wirtschaftlichen Entwicklung, Leipzig: Duncker & Humblot, 1912, 2 nd. ed.: Theorie der wirtschaftlichen Entwicklung. Eine Untersuchung über Unternehmergewinn, Kapital, Kredit, Zins und den Konjunkturzyklus, München und Leipzig: Duncker & Humblot, 1926.)

Singer, H. W. (1936), »PhD thesis 1936 in Cambridge/GB«, Urban Land values in the Industrial Revolution, Cambridge (Ph.D. thesis).

Singer, H. W. (1937), Men Without Work, Cambridge: Cambridge University Press.

Singer, H. W. (1940), Unemployment and the Unemployed, London: King & Son.

Singer, H. W. (1943), Can We Afford Beveridge?, Fabian Society Research Pamphlet.

Singer, H. W.(1950), »Gains and Losses from Trade and Investment in Under-Developed Countries«, American Economic Review, Vol. 40.

Singer, H. W. (1951), Economic Development Projects as Part of National Development Programmes, New York: United Nations.

Singer, H. W. (1972), Employment, Incomes and Equality: A Strategy for Increasing Productive Employment in Kenya (with R. Jolly), International Labour Office, Geneva.

Singer, H. W. (1976), »Early Years (1910-1938)«, in: Cairncross, A. and Puri, M. (eds.), Employment, Income Distribution and Development Strategy: Problems of the Developing countries. Essays in Honour of H. Singer, Macmillan, pp. 1-14.

Singer, H. (1981), Zambia: Basic Needs in an Economy Under Pressure (with R. Jolly), International Labour Office, Geneva.

Singer, H. (1984), »The Terms of Trade Controversy and the Evolution of Soft Financing: Early Years in the U.N.«, in: Meier, G. M. and Seers, D., Pioneers in Development, Oxford University Press, pp. 275-303.

Singer, H. (1988a), »The World Development Report 1987 on the Blessings of »Outward Orientation«: A Necessary Correction«, The Journal of Development Studies, Vol. 24 (2), January.

Singer, H. (1988b), »Trade Policy and Growth of Developing Countries: Some New Data« (with P. Gray), World Development, Vol. 16 (3).

Singer, H. (1988c), »Import Substitution Revisited in a Darkening External Environment« (with P. Alizadeh), in: S. Dell (ed.), Policies for Development: Essays in Honour of Germani Corea, Macmillan. Also in: Asian Journal of Economics and Social Studies, Vol. 5 (3), 1988.

Singer, H. (1989), Lessons of Post-War Development Experience: 1945-1988, Brighton: Institute of Development Studies.

Singer, H. (1992), »Hans Wolfgang Singer«, in: Arestis, P. and Sawyer, M. (eds.), A Biographical Dictionary of Dissenting Economists, Aldershot: Edward Elgar, pp. 526-532.

Heinz W. Arndt

Economist Down Under*

The First 18 Years

I was born during World War I, in the Germany of Kaiser Wilhelm II. The place was Breslau, then the largest German city east of Berlin (now the Polish city of Wroclaw), where my father was Professor of Chemistry. After an interlude of two years spent in Constantinople where my father, as member of what we would now call a technical assistance mission to Germany's ally, Turkey, built up a Chemistry Department at the decrepit Ottoman University, the family returned to Breslau when the war ended in Germany's defeat. It was there that I spent my childhood and received my school education.

It was the Germany of the Weimar Republic. I remember being shifted from the bedroom to the hall one night when machine gun bullets came through the window of our suburban apartment house during the week of the Kapp Putsch. I remember being sent shopping with bread ration stamps. I remember discussing with other boys the latest dollar rate during the great inflation. I remember the presidential elections of 1925 when General Hindenburg, the war hero already nearing his dotage, defeated the candidates of the disunited left and centre.

Politics did not occupy the centre of the stage at home. My father was a scientist, proud of being a citizen of the free city of Hamburg where his father had been a well-to-do merchant and prominent lay figure in the city's musical life. He was an excellent linguist and

---

* The first two parts are reprinted, with permission, from *Quadrant*, May-June 1969; the fourth part from *A course through Life*, Australian National University, Canberra 1985.

widely travelled but consciously anglophile – indeed my parents first met in the English Club and usually spoke English to each other. In his politics he was more genuinely liberal and much less nationalistic than most of his academic colleagues but shared their class prejudices. Little interested in economic and social matters, he rejected socialism on free-trade grounds and the Social Democrats as the party of the uneducated. My mother was quite unpolitical. Beautiful, determined, and out to enjoy life, she had fled into marriage from the stern discipline of strait-laced parents. When I was 12, she left my father to marry a member of an old Prussian family. The divorce shocked us children and probably contributed to my later puritanical attitude to sex.

Three of my four grandparents were Jewish, by descent though no longer by religion. My Hamburg grandfather, according to family tradition, descended from a Mecklenburg money lender Aaron, who around 1760, on being appointed court banker to the Grandduke, decided to adopt the nordic name Arndt. My mother's father came from a west German Jewish family and had retired early from his father's prosperous agricultural machinery business in Breslau, devoting himself thereafter to his hobbies, papal history and history of art, and to charitable activities. My maternal grandmother exhibited in her family the characteristic westward migration of eastern Jews in that period. My great-great-grandmother who lived to be 94 and whom I remember well was born in Kiev and married a wealthy distiller in Kalisz, near the German border. Her daughter married into a well-to-do Jewish family in the western Polish province of Poznan, then part of Germany. Her daughter, my grandmother, married still further west, to Breslau.

But of all this Jewish background we were as children barely aware. It did not affect our lives in any way until the rise of the Nazis, except that we enjoyed occasional holidays with our rich Polish uncle. None of the grandparents was a practising Jew, though I seem to remember my Breslau grandfather making an occasional financial contribution to the synagogue. Both my parents were Protestants, and I was baptized and confirmed in the Lutheran church. But this, too, was a matter of social convention. Religion played no part in our home.

My last three years of secondary school were also the last three years of the Weimar Republic. Politics became inescapable. Until then my political consciousness had not gone much beyond resentment of our nationalistic teachers for whom the War had been the great climax of their lives and admiration for the one teacher at the *Gymnasium* who, besides making Latin and Greek civilization come alive for us, was suspected of being a Social Democrat. In the 1930 elections the Nazis became the largest party in the Reichstag while the great depression was throwing more and more people out of work. One after the other of my class mates at school joined the Nazi organizations. I increasingly attached myself to the small group of active anti-Nazis in the class, one of whom was an artistically gifted boy who called himself a socialist. Another later became a clergyman and social-democratic politician and in 1966 briefly succeeded Willy Brandt as Burgomaster of Berlin. We sat for our leaving examination in January, 1933, went off with our headmaster on the traditional sixth form skiing tour, and when we got back for the orals the Third Reich had broken out.

A plan of some years' standing that I would study for a diplomatic career, first law in Geneva and later oriental languages in Hamburg or Berlin, now looked laughable. SA and SS men were everywhere. The burning of books, smashing up of Jewish stores, demonstrations against Jewish professors were going on openly while, less publicly, political opponents of the Nazis were being rounded up and taken off to the first concentration camps. In all the uncertainty, the most sensible course seemed to be to lie low for a few months. Together with several school friends, I joined one of the voluntary labour camps set up in the preceding years by the Social Democratic Party and other organizations to get the young unemployed off the streets. From March until July, 1933, we lived in an idle textile mill near Görlitz, working six hours a day on road repair (which took the form of sitting by the side of a country road and using a large hammer to convert substantial rocks into road metal). The rest of the time was spent on fatigue duty, long hikes, chess, painting and other recreation. All through August, we were billeted in villages to help farmers with the harvest.

By this time, my father had been dismissed from his chair at Breslau University under the »Aryan Laws« and had been invited to a research appointment at Oxford. Together with his second wife and my younger sister he moved to Oxford in August and I followed six weeks later. On October 10, 1933, I crossed the Channel from Calais to Dover and travelled straight through to Oxford. The next morning the Rector of Lincoln College admitted me to the College and the

Vice-Chancellor performed the matriculation ceremony in the Divinity School. I was distressed by my inability to understand a word of what he was saying, and it was only some time later that someone told me his unintelligible English had been Latin spoken with the old English pronunciation.

Thus, by a curious irony, the calamity of Hitler's rise to power in Germany brought me the almost incredible good fortune of an Oxford education (financed in the main by the rich Polish uncle) and a life spent in England and Australia.

Oxford, London, Manchester

I took happily to the life of the freshman undergraduate living in College. Oxford must have been extraordinarily odd. But how odd it was I never really discovered until I left it for London five years later. For to me all the oddities of Oxford were indistinguishable from the oddities of England. Everything was new and peculiar. But I was extrovert and determined to adapt myself, and I lapped it all up. My English which initially was little better than high school standard quickly improved. After astonishing the assistant College porter on my first day by addressing him as »Sir«, I soon got used to being sirred and waited upon by my »Scout«, the dignified, kindly, servile manservant attached to my staircase. Rather than display my incompetence in sports which my English fellow freshmen had mastered at school, I agreed to join the Boat Club and rowed, badly and without enthusiasm, in my first year.

Since I was interested in politics – and how could a German refugee in 1933 help being interested in politics? – and since it seemed the nearest equivalent to the studies I had planned in Germany, it was suggested to me that I should »read Modern Greats«, i.e., study the combination of Philosophy, Politics, and Economics which had some years earlier been introduced as the modern counterpart to the traditional »Greats«, ancient history and philosophy. More or less automatically, I decided to specialize in Politics. John Pringle (who followed me to Australia in the 1950s to become editor of the Sydney Morning Herald), a year or so senior to me and my first friend at Lincoln, recalls his amazement at my answer to his question about my career plans: »I plan to get a First.« This was not the sort of ambition anyone at Oxford was brash enough to avow. In my case, it was the inference I had quickly drawn from the fact that an academic career was about the only one open to me as a foreigner specialising in Politics and that a First was a necessary prerequisite.

I studied diligently and with pleasure, plunging into one subject after the other with naive and argumentative excitement: philosophy, economics, history, politics – and English. I worked on my English every day. The tutorial system with its requirement of writing two essays a week for three years taught me to write as nothing else could have done.

My main interest was Politics, or Political Science as it is now misleadingly called. I read a lot of English history, especially modern constitutional and political history, all quite new to me. History in Germany had mostly been about kings and wars. I remember being thrilled by the social history chapters in Trevelyan's history of the nineteenth century, the revelation that history could be about the lives of ordinary people. I enjoyed learning about the political systems of Britain, the United States and other countries and about the history of political thought without, as far as I can now recall, relating what I learned directly to the politics of the day.

Economics I studied off and on for three years as a subsidiary subject with little real understanding. I read my textbooks – Marshall, Taussig, Pigou – and listened to lectures without seeing much connection between all this and the economic problems of the day we argued about in the Junior Common Room. This was Economics before Keynes, or rather before the *General Theory* which came out three months before our Finals. The Keynesian Revolution came to Oxford second-hand, through Harrod who had spent the year with Keynes at Cambridge, but too late for me. The *dernier cri* in my undergraduate days was Joan Robinson's *Imperfect Competition*, so satisfying in its rigorous demonstration of the inefficiency of capitalism that no one at first noticed that it was all rather beside the point. On the causes of the mass unemployment around us there was still great confusion. I did not begin to understand Keynes until some years later, with the help of a famous article by Hicks and John Strachey's *Programme for Progress*.

Until near the end of my five years at Oxford I did not think of myself as a socialist. My studies of Economics, Barbara Wootton's *Plan or No Plan*? and much else one read had convinced me that a socialist economic system was to be preferred to a capitalist one.

Planning was obviously more rational than not planning. Public ownership would ensure that industry would be operated in the interest and for the benefit of the people as a whole rather than a few private capitalists. And – this was before we understood Keynes – only a socialist economy would guarantee full employment, resolve the paradox of »poverty in the midst of plenty«. But I was not yet prepared to support socialism politically. As a foreigner I was in any case inhibited from joining any political party or taking a very active part in student politics. But there were also other inhibitions. One was a middle-class attitude towards the working class, Labour and trade unions, which, with my father, I would probably have rationalized in terms of doubts about the desirability of political power passing into the hands of the »uneducated«. Government should certainly be for the people but preferably not by the people. Another was my still unquestioned acceptance of moral absolutes and a moralistic approach to politics which was just as offended by Marxist as by right-wing conceptions of politics as a power struggle.

I had graduated in 1936 and decided to go on to post-graduate work in the history of political thought. With a small scholarship from my college I began work on a thesis on conservative political thought in England from Burke to Disraeli. Still preoccupied with the phenomenon of Nazism, I tried to show that the Romantic movement, through its conscious emphasis on irrational elements in human nature, had made a major contribution to the construction of an articulate philosophy of conservatism. It was at best a somewhat forced idea which even the efforts of a succession of eminent supervisors, Harold Beeley, Ernest Barker and G. D. H. Cole, could not bring to life. What ruined it as a piece of scholarship was my conversion, half-way through, to Marxism. This came about through an unlikely medium, Mannheim's *Ideology and Utopia*.

Karl Mannheim had been a Marxist as a young man, indeed his first academic appointment had been made by the Communist Béla Kun Government in Hungary. But he had later turned away from Marxism and developed his own subtle brand of »sociology of knowledge« which owed more to Weber than to Marx. In *Ideology and Utopia* he analyzed what he conceived to be the two archtypes of political thought, »ideology« as the intellectual construct of the ruling groups in society and »utopia« as the intellectual construct of the radical groups seeking to change the existing system. To me the book came as a revelation. It made me see political and moral ideas as the ideological superstructure, reflecting the interests of classes and social groups.

It was a tremendously exciting discovery. If political and moral ideas were merely unconscious rationalizations of class or group interests, the question whether they were true or false was rather pointless. Interest – at least in relation to all political and moral ideas except one's own – shifted to the question of how they developed, what was their historical function. These questions became to me absorbingly interesting.

I left Oxford in October, 1938, to take up a Leverhulme Research Studentship at the London School of Economics. One of the last events of my five years at Oxford was the Munich crisis – two days spent helping to assemble gas masks in the Town Hall and digging trenches (»air-raid shelters«) near the Natural Science Museum. I still recall almost physically the nauseating mixture of disgust and relief we felt when Chamberlain returned from Munich bringing »peace in our time«.

The London School of Economics in 1938 was a wonderfully exhilarating place. For one thing, I began at last to discover that Oxford was not England. For the first time, I saw slums, met working-class people. The L.S.E. was at its height as a centre of intellectual activity. I was attracted to it mainly by the prospect of working under Ivor Jennings, the man who was bringing a twentieth century Fabian approach to the study of constitutional and administrative law, and of taking part in Karl Mannheim's sociological seminar. Indeed, my research project was an attempt to apply Mannheim's sociology of knowledge to one of Jenning's favourite topics, the concept of the »rule of law«. Since I was not an economist, I had little contact with the many leading economists then at L.S.E. But I had the opportunity to listen to lectures by Tawney and Eileen Power, both wonderful economic historians, by Kaldor, Benham, Robbins and Hayek. I saw much of Laski, Finer and Robson, the triumvirate of Fabian political scientists who – far more than the predominantly conservative group of economists – were largely responsible for the »red« label attached to L.S.E. Above all, I found myself working with and among 150 postgraduate students, many of whom are now among leading social scientists in the English-speaking world.

All this changed within a few weeks of the outbreak of World War II.

Its immediate impact on me was less than on most of my friends. While the great majority vanished into government departments or the armed services, I as an »enemy alien« found myself with no obvious alternative to continuing my research at L.S.E. The building of the London School of Economics off the Strand had immediately been taken over by the Ministry of Economic Warfare (with the incidental loss of all the notes taken during my first year of research – it did not seem to matter much in the first cataclysmic days of the war, and later it proved quite a blessing to be forced to make a new start). But the rump of the School reopened a few weeks later at Cambridge. There I found myself digs in October and attempted to resume work, now under Harold Laski as my supervisor and with his postgraduate seminar as the academic highlight.

Then, in the first week of May, 1940, Hitler struck against the West. As the Nazi troops swept through the Netherlands and Belgium into France, assisted, so it was rumoured, by secret agents disguised as refugees, the British War Office panicked. On Whit Sunday all German refugees in the coastal counties, even those who like myself had been completely exempted from restrictions at the outbreak of war, were scooped up and interned. For the next eight months I found myself behind barbed wire in a succession of camps, in a disused ice-cream factory in East Anglia, in a housing estate near Liverpool, in a seaside hotel on the Isle of Man and then for five months in Canada. In these months I met and enjoyed the company of many interesting and intelligent people – among them Paul Streeten, Herman Bondi, Max Perutz and, as one of my physics lecturers, Klaus Fuchs – and was kept busy first as elected deputy leader of the camp in Quebec City and then as »Registrar« of the camp university near Montreal.

In January, 1941, I was back in England, in the first batch of internees to be returned from Canada and released. I spent the next four months in London writing up my work on the »rule of law«. I then taught history at Loughborough Grammar School for a month, got married to a fellow student (who had graduated in 1940 and was now working as a trained social worker) and after doing one or two odd jobs for P.E.P. (Political and Economic Planning) accepted an appointment as research assistant at Chatham House, the Royal Institute of International Affairs. The importance of the decision to me lay in the fact that it meant giving up political science in favour of economics. I had become disillusioned with politics as an academic discipline, partly for the mundane reason that I had failed to land any of the very few posts in the subject then established at English universities, but partly also because, having drifted from history of political thought to sociology of knowledge I could see nothing intellectually stimulating or satisfying in what went under the name of political science. In the next two years I worked under the guidance of a brillant economist, Rosenstein-Rodan, and with a Committee on Post-War Reconstruction which at one time or another contained all the English economists of note who were not wholly absorbed in government departments. My job was to write a report on the economic lessons of the inter-war period, a job so enormous that it could probably be done only by someone whose deficiencies as an economist were exceeded only by his confidence that he knew the answers to most problems of economic policy.

In the summer of 1943 my book was finished and I decided to join the army. Service in units other than the Pioneer Corps had recently been made possible for »enemy aliens«. By the time I had undergone all the formalities for my acceptance as an interpreter in the Intelligence Corps I also had an offer by Professor Hicks to come to Manchester University as an assistant lecturer in Economics. I was easily persuaded that this was a more sensible thing to do. We moved to Manchester in October. For the next three years I learned some Economics in the process of trying to teach the subject. I also eked out my somewhat meagre salary by giving endless and enthusiastic adult education classes and lectures through the length and breadth of Lancashire, Cheshire and Derbyshire.

In July, 1946, I received an unexpected offer of a Senior Lectureship at Sydney University. I had applied for the post rather casually a few weeks earlier when I happened to see an advertisement in *The Times*. Rather reluctantly, my wife agreed to a two- or three-year spell in Australia. In October we arrived in Sydney after a nine weeks' voyage round the Cape.

The first impression of Sydney in 1946, after a voyage of 14,000 miles and nine weeks half way round the world from Liverpool, was – that one was back in Liverpool: English looking, English speaking people with part-Cockney part-North-Country accents, the same Victorian Gothic public buildings, the same inner suburbs of working-class terrace houses badly in need of coats of paint, the same petrol und butter rationing (the latter to conserve supplies for Britain). But not quite the same, and the differences quickly grew on one: abundant meat – steaks bigger than we had seen for six years – abundant sunshine, the beautiful harbour and beaches, the olive-grey gum trees, and subtly different attitudes. Most agreeably, there was an almost complete absence of the outward symbols, so conspicuous in Britain, of social class.

The last half century

We have now lived in Australia for almost fifty years. We have three Australian children (two geologist sons and one psychologist daughter) and eight grandchildren. With my wife, also a German refugee, whom I met as a fellow student at LSE I have never spoken anything but English, and none of our children or grandchildren knows German, except our second son who learned it during his years at the Max-Planck-Institute in Mainz. I have hardly spoken German since 1933 and can now only with difficulty write a letter in German. We think of ourselves, and are generally accepted, as Australians. While my written English is said to be better than that of most of my colleagues, my intonation still gives me away to discerning ears, oddly enough more so in my old age than earlier when it was my Oxford accent that struck Australians.

I have given an account of my professional life during most of this time in my little book of memoirs (*A Course through Life*, ANU 1985) and can think of no way of compressing it. Let me therefore give a very brief summary of the main facts and conclude this essay with the retrospective reflections which formed the last chapter of the book.

After teaching macroeconomics for four years in Sydney and doing quite a lot of other things – WEA teaching, radio broadcasting, founding the Fabian Society of New South Wales, writing and editing its pamphlets, starting an abortive research project on the history of capital inflow into Australia, but also writing a few articles – I was appointed to a newly created chair in Economics at the Canberra University College.

Canberra, fifty years after Federation, was still little more than a village, with a population of 17,000, dispersed among residential garden suburbs on either side of river flats destined to become Lake Burley Griffin, named after the Chicago town planner, Walter Burley Griffin, who had won the international competition and whose design was, and continues to be, faithfully followed in essentials. The temporary Parliament House – still in use until five years ago – stood at the centre of the »parliamentary triangle«, later to be gradually filled with public parks and buildings but then at the edge of paddocks on which, through most of the year, grazed a few cows and sheep. What American visitors now, tongue in cheek, call the »downtown« of Canberra, Civic Centre, then consisted of two colonnaded two-storey office and shopping blocks, a pub, a police station and a weatherboard building housing the Census Office. The College occupied one-quarter of the upper storey of one of the colonnaded buildings: about a dozen studies for academic staff, half a dozen offices for administration, a Council room, a lecture hall and a two-room library. One day in February 1953, fire destroyed part of these premises. I was fortunate that my office and growing professional library escaped damage by fire or water. The College was shifted into »temporary« quarters in a disused workers' hostel nearby, and there it stayed for the next ten years.

The College had already existed for over two decades. When Canberra became the national capital in 1927, hundreds of young public servants found themselves marooned in the bush, their part-time studies at Melbourne University interrupted or made impracticable. A group of Canberra citizens, led by Sir Robert Garran, one of the founding fathers of the Commonwealth and its first Solicitor-General, formed an association to lobby for a university at Canberra. In 1929 the Canberra University College was founded. Sydney University having declined the honour, Melbourne University became the foundling's foster parent, making its degrees available to CUC students. For the first twenty-five years, the students were all public servants studying part-time. The lecturers, too, were mostly public servants teaching a few hours a week part-time, the only full-time prewar staff member being the Registrar. Most of the students were enrolled for Commerce or Arts pass degrees.

After the war, it was decided to move gradually towards transformation of the College into a university for Canberra. I was one of the first four professors appointed, two of the others Australia's most distinguished historian, Manning Clark, and most distinguished poet, A. D. Hope. In the mid-1950s the College attracted its first full-time students, most of them on government scholarships, and towards the end of the decade the time seemed ripe for independence from Melbourne. Meanwhile, however, the Australian National University had been established as an institute of advanced studies, to undertake research and train Ph.D. students in five (later seven) large research schools. In 1960 Prime Minister Menzies, finding it hard to justify two universities in such a small city, decided to amalgamate the College and the Institute, the former becoming the Faculties of the ANU.

In 1963, after thirteen years as head of department in the College, teaching macroeconomics and doing quite a few other things – writing a textbook on the Australian banking system and numerous articles on domestic and international monetary economics and current policy issues, helping R.I. Downing edit the *Economic Record*, the journal of the Economic Society of Australia and New Zealand, serving for two years as the society's President, giving the Chifley Memorial Lecture in an attempt to infuse Gaitskellism into the Australian Labor Party, functioning for some years as elected Labor Party member of the local (ACT Advisory) council, still doing a lot of broadcasting and occasional economic journalism, spending a semester as visiting professor at the University of South Carolina and spells in Delhi and Geneva (of which more anon) – I accepted an invitation to take over from Sir John Crawford a newly created Department of Economics in the Institute's Research School of Pacific Studies.

My conversion from macroeconomist to development economist came gradually. Already during the war, working with Rosenstein-Rodan, I had taken an interest in his work on *Problems of Industrialisation in Eastern and Southeastern Europe*. (I take some pride in having badgered him into putting this famous article, often called the beginning of development economics, on paper and getting it published in the *Economic Journal*.) In fact, I wrote my first modest contribution to development economics, a paper on »agricultural surplus population«, at his suggestion. In 1954, during my first visit to New York, Hans Singer invited me to give a seminar on *Economic Development: Lessons of Australian Experience*, subsequently published in *Weltwirtschaftliches Archiv*, and Paul Samuelson encouraged me to write an article on *External Economies in Economic Growth*. But the real impetus came from Gunnar Myrdal, and the story is worth retelling.

It all began in Jakarta. I was flying to Beirut (to catch a connecting flight to Istanbul) on a Qantas Super-Constellation. One passenger joined the plane in Jakarta, sat down just across the aisle from me, pulled out and opened a Swedish diplomatic passport which said in large black letters: Gunnar Myrdal. I could hardly contain my excitement! This was a name familiar to me since my undergraduate days, as that of one of the triumvirate of the Stockholm School of macroeconomics, the inventor of *ex ante* and *ex post*, and as the author of *An American Dilemma*, a famous study of the negro problem in the USA. I lost no time in starting up a conversation – not a difficult task with one of the great talkers of the century – and this continued without a break for about ten hours.

At that time, it was still the Qantas practice, on landing at Singapore about 3 p.m., to accommodate transit passengers at the Ocean Beach Hotel and to continue the flight to Europe the following morning. Myrdal and I were asked to share a hotel bedroom. Since we had plenty of time, and neither of us had been to Singapore before, we joined a tourist sight-seeing bus. The guide was a tall blonde English girl whom Gunnar disconcerted by his unusual questions: »What is the infant mortality rate?« »Is the hospital racially integrated?« »Why are there so many police stations?« (Actually, he had not noticed that we had gone three times round the same block.) I had been instructed by my wife to buy a few dolls for small nieces in Europe. We could find no Asian dolls. When finally, in an open air market, we found hundreds of cheap celluloid Woolworth dolls, all obviously Caucasian in physiognomy, Gunnar expatiated at some length on the sociological significance of this subtle form of brainwashing of Asian children, quite unconvinced by my naive suggestion that the Woolworth dolls were popular because they were mass produced for western markets and therefore cheap.

But these foibles were insignificant compared with the scintillating flow of comment on a hundred subjects, economic, political, sociological. He had been invited to present a paper at the planned Bicentenary Conference of Columbia University, New York, on »Integration of the World Economy«. As Gunnar knew very well, the organizers meant by this integration in a world market economy through liberalization of trade and payments. But that was not what interested him. He kept asking me whether it would be legitimate to reinterpret the word »integration« to mean narrowing of differences between rich and poor countries. I said I did not think so. But that is exactly what he did in the large paper which ultimately became his book *An International Economy*. We parted in Beirut, but I saw him again six months later at the Columbia University conference, and more extensively in Canberra in 1957 when he toured Australia as Dyason lecturer. He was responsible for an invitation by Mahalanobis to spend a semester in 1958/59 in India, mainly working in Delhi with Ian Little and Trevor Swan in a team led by Pitambar Pant on the Third Five Year Plan and again for a visiting appointment in 1960/61 in the Research Division of the UN Economic Commission for Europe where I organised a study of why growth rates differ, later published under the title *Some Factors in Economic Growth in Europe in the 1950s*. Around 1960 I began in Canberra to give a regular course in development economics. By the time of the appointment in the Institute in 1963, therefore, I was only too glad to devote myself full-time to research on the developing countries in Australia's neighbourhood, not least because some of my younger colleagues did not hide their opinion that, with my lack of mathematics, I was no longer up to teaching macroeconomics in the now approved fashion.

For twenty years my main work was on Indonesia. A department commissioned to study the problems of economic development in the countries around Australia could not avoid the largest, yet economic research in the worst period of economic collapse under Sukarno was not inviting. Encouraged by the Australian Ambassador to Jakarta, I made a five-weeks trip in 1964, visiting nearly a dozen universities, meeting the economists who two years later became Indonesia's technocrats, and recruiting staff for a research team. In 1965 I started the *Bulletin of Indonesian Economic Studies* and in the following year wrote the first of seventeen *Surveys of Recent Developments*. Over the years I recruited and usually supervised eight Ph.D. students who produced substantial studies of aspects of the Indonesian economy and several of whom now constitute Australia's cadre of specialists on the Indonesian economy. I visited Indonesia 4-5 times a year, sometimes briefly on the way to Singapore or Europe, brought Indonesian economists as visitors to ANU, and from time to time published collections of my articles on the Indonesian economy, in English or in Indonesian translation. Recently I had the pleasure of attending in Jakarta the launch of a textbook of Economics for Indonesian students, the Indonesianised version of one written by G. P. Sicat for Philippine students, which with the help of colleagues I had produced in the preceding years.

Throughout this period I frequently visited, whether as external examiner or for conferences or short research projects or as consultant to UN and other international agencies, most of the countries of East and Southeast Asia, especially Singapore and Malaysia, Thailand, the Philippines and Japan, but also more briefly Taiwan, Korea, Vietnam, Cambodia and Papua New Guinea. In 1987 I published a volume of *Asian Diaries* in which I put together diaries of visits, mostly the first visit, to all these and other Asian countries.

In the 1960s and 1970s I had many opportunities to visit Europe and the USA, as consultant to UNCTAD in Geneva, OECD in Paris, UNIDO in Vienna and the World Bank in Washington, and on the way give lectures or seminars in universities and institutes from Moscow to Madrid and from Glasgow to Istanbul. In the 1960s I visited Germany almost every year, mainly because my father was living in Hamburg after his retirement from Istanbul University. But my academic contacts in Germany have been limited to one visit to the *Südasien Institut* in Heidelberg and one or two to the *Weltwirtschaftsinstitut* in Kiel with whose East Asia specialists I have remained in frequent contact.

For three years from 1976 I served as chairman of the Board of the Institute of Advanced Studies (BIAS), an administrative job which involved membership of sixteen standing committees and countless selection and other ad hoc committees of the University. I was able to extricate myself from this honorific but onerous treadmill when the Australian Prime Minister asked me to take on the chairmanship of a Joint Research Project on ASEAN-Australia economic relations which he had decided, as a neighbourly gesture, to fund on the generous scale of $A 3.5 million. In collaboration with colleagues from the five (later six) ASEAN countries we produced a dozen books and scores of papers on every aspect of the subject.

Meanwhile, on 31 December 1980, having reached the compulsory retirement age of 65, I abandoned the chair and headship of department and was given the formal status of Visiting Fellow (without grant) which assured me of a continuing niche in the University. The Joint Research Project found a pleasant office in University House, the Institute's faculty club, two rooms which accommodated my whole library of books and journals, and there I have worked more or less full-time for the past fifteen years.

When the Joint Research Project came to an end, I was asked by Helen Hughes, the Director of our Centre for Development Studies, to establish and edit a new journal of *Asian-Pacific Economic Literature*, modelled on JEL but covering what is being written about economic developments in the Asian-Pacific region. This has been and remains an interesting and quite demanding half-time job. The other half of my time I have since my retirement devoted to writing. As befits an elderly academic, much of this has been on the history of thought about my subject, one book on the history of thought about economic growth, a parallel one about economic development and, partly as by-products, articles which have just been brought together with earlier ones under the title *Fifty Years of Development Studies*. But in between I have also gone back to my earlier interests writing quite a lot about international economics and taking some part in discussion of current economic policy issues in Australia.

Retrospective Reflections

In the dawn of ping-pong diplomacy, a group of Yale economists visited China. Lloyd Reynolds, in his account of the visit, related how in Peking they expressed to their hosts the wish to meet some government economists, whether planners or advisers. They were quite unsuccessful. Gradually, said Lloyd Reynolds, the awful thought occurred to us: Is it possible that a country of nine hundred million people can be governed without any economists at all?

Part of the answer, of course, is that until 200 years ago there were no economists, and even fifty years ago not many who would have called themselves professional economists. Yet countries were governed, economies grew and prospered, with more or less official management. It is a nice question whether, on balance, economic management, of government or business, has been better since the birth of the economic profession than before. Most of the art of economic management, of government and business, is learned on the job, and in so far as an academic training helps, much of that help can be got as well from study of the classics, philosophy and history, perhaps even from law or mathematics, as from that of economics.

Nonetheless, for much of the nineteenth century and the first half of the twentieth, economic science and the economic profession stood high in public estimation, certainly much higher than any of the other social sciences, and rightly so. One reason clearly was that economics as a systematic discipline had something to contribute to practical decision making in economic affairs. Its chief contribution was the basics of the theory of rational choice. All the most important concepts and principles of economics, such as the concept of opportunity cost – the technical equivalent of the axiom that »there is no such thing as a free lunch« – the concepts of elasticity and the margin and the principle of comparative advantage, are the building blocks of such a theory. If the theory of rational choice was first developed in its economic application, the reason is presumably that people are more inclined to calculate rationally in economic than in other aspects of life, though the theory of rational choice under the misleading label of »economic theory« has lately been found to have many other useful applications.

In so far as people behave as »economic men«, rationally pursuing simple objectives, the theory of rational choice also helps to explain the operation of market forces and lends itself to analysis and prediction of the working of market economies. (Even »neo-classical« economists readily concede that the extent to which people behave as »economic men« has often been overstated.) The fact that many of the variables of economic life, especially money values, are readily quantifiable, facilitates such application of economic theory. It was the possibility of a body of quantifiable and empirically verifiable (or at least falsifiable) hypotheses about economic behaviour, as the basis for prediction, that led economists, in conscious imitation of physics, to claim for their discipline the status of a science. And it has been the pursuit of economic knowledge in this manner, the rigorous formulation of hypotheses in mathematical language and their econometric testing by the use of statistical data, and latterly of models of the whole or parts of an economic system, that has in the past thirty years constituted almost the whole of economics as a formal discipline.

No one has yet convincingly demonstrated the possibility of progress of economics in any other direction. Yet it has become more and more evident that the more scientific in this sense economics has become, the more debatable has been its contribution to human welfare. It is arguable that, while the sum total of economic knowledge developed before 1900, or perhaps 1950, is still immensely valuable, little of comparable value has been added since. The capacity of economists to predict or forecast, and thus to help decision makers in government or business, has proved to be severely limited. Even the most complex models do not begin to match the complexity of the real world in economic, let alone social behaviour. And while the benefits of this development of economic science have been small, the costs have been high. Economics has become increasingly unintelligible to bureaucrats, businessmen and the man in the street, and seemingly irrelevant to their daily concerns. Here, then, is one reason for the decline in public respect for economics and economists in the past decade or so.

There is, of course, the view that economists, as scholars and scientists, should not be concerned with being intelligible to bureaucrats, businessmen or men in the street; that their duty, like that of philosophers and mathematicians, is the pursuit of knowledge for its own sake. No doubt the advancement of knowledge is good in itself. But there can hardly be a discipline in which the value of new knowledge depends so much on its realism and relevance as in economics. Economics which has no bearing at all on human welfare can hardly claim a *raison d'être*.

A second reason for the decline of public confidence in the economic profession is that, at least in western countries, the objectives of economic activity which economists have long taken for granted and largely built into their models – material progress, rising living standards, economic efficiency – have been increasingly questioned. Distributional issues, about justice and equality on which economists have generally declared themselves incompetent to pass professional judgment, have become much more prominent in public debate and politics, nationally and internationally. And at least in the affluent societies, among the most articulate sections of public opinion, affluence has been increasingly discounted, relative to other aspects of the »quality of life«, latterly especially the environment. To a far greater degree than in the previous hundred years, the value of economic advice has been limited by the fact that controversy has been about trade-offs among conflicting ends rather than about means.

Even about means, the economic profession has in one crucial respect lost ground in the past decade or two. For a generation the western economic profession enjoyed a large measure of consensus about the essentials of Keynesian macroeconomics and confidence that it had mastered the central problem of capitalist economies in the inter-war years – how to maintain full employment without inflation. Both the consensus and the confidence have gone. On the central questions of macroeconomics – whether unemployment is primarily the result of inflation (the monetarist view) or of anti-inflationary policies (the Keynesian view) – the western profession is split down the middle, to the point where the majority would privately admit to schizophrenia. Disarray in the profession about macroeconomic analysis and policy has never been so serious and apparent.

It is a somewhat depressing, or at least sobering, vantage point from which to look back over a lifetime spent as a professional economist. One cannot help wondering whether the excitement, the sense of purpose and achievement, which one derived from one's day-to-day work as an economist, were not largely illusory.

In one sense, of course, judged by contemporary professional criteria, I never really succeeded in qualifying as a professional economist. I never studied statistics or mathematics. Later I picked up some rudimentary statistical methods as I needed them for empirical work. But my mathematics never went beyond high school level. I failed to take the opportunity of my first sabbatical in 1954 to plug the gap by a year's fulltime study of mathematics, and thus gradually acquired only just enough to understand, but not to use, elementary calculus and matrix algebra. In consequence, I found a growing proportion of the articles that appeared in the *American Economic Review* and other journals incomprehensible.

I decided very early in my career – I clearly recall the day of decision in Sydney – that I could not hope to become a significant theorist and would therefore devote myself to applied economics. I liked to quote, to myself and others, Colin Clark's statement, in the preface to *The Conditions of Economic Progress*, that »it would be laughable, were it not tragic, to watch the stream of books and articles, attempting to solve the exceptionally complex problems of present-day economics by theoretical arguments, often without a single reference to the observed facts of the situation«. His further pronouncement that »there is room for two or three economic theorists in each generation, not more«, was obviously an exaggeration, but his general bias in favour of applied economics – »the discovery of new facts, and of generalizations based on them« – seemed to me sensible, and not solely as a rationalization of my own limitations.

Australia offered limitless scope for the kind of applied economic research Colin Clark had in mind. Australia's economic history was a virtually untouched storehouse of experience to illuminate our understanding of long-term economic development and many aspects of international economics. Similarly, what was happening in the

Australian economy in the 1950s and 1960s posed a whole range of empirical questions which could test current macroeconomic theories and illustrate the teaching of macroeconomics. This kind of work seemed to me eminently worthwhile and, as I have indicated, I did a lot of it in my first twenty years in Australia.

But even as applied economic research, my own contributions, such as my studies of the Australian financial system and my later work on Indonesia, would now be regarded as very old-fashioned and unscientific. If I persisted it was not merely because I lacked technical competence in modern econometric and other quantitative techniques. I was, and remain, unconvinced that these techniques, the theoretical construction and empirical testing of econometric models, can do much to help us understand economic behaviour, the working of economic systems and the nature of economic problems. They have one unquestionable advantage over other kinds of empirical economic research: rigour. Provided the parameters and functional relations embodying a hypothesis are unambiguously defined, and provided the available statistical data are reasonably reliable, it is possible to make rigorous statements about the likelihood that the hypothesis is valid. But the cost of this rigour is high. So much of economic behaviour depends on expectations about an uncertain future which are not directly measurable, on motivation which only extreme empiricists will regard as irrelevant to explanation and on constraints imposed by social institutions which vary enormously with time and place, that the results which can be established rigorously are rarely conclusive. The sum total of results achieved by econometric research of this kind over the past thirty years seems quite incommensurate with the huge resources that have been devoted to it.

A still more fundamental reason why the contemporary professional interpretation of the role of economists left me dissatisfied – and this applies to Colin Clark's conception of empirical research as much as to pure theory – was the ever widening gulf between economics as a science or professional discipline and economics as a guide to policy, at the level of public discussion as much as of decision making in government or business. The more rigorous economics became, the less useful it seemed to be for anyone concerned with the economic problems of the real world, not only because it tended to be expressed in language unintelligible to laymen but also because it tended to consist of propositions of such a degree of generality that they could throw little light on what happened or would happen in particular times and places.

This divorce not only affected relations between the profession and the public at large, it also affected teaching. Except for the small minority of students who wanted to become professional economists, and most even of these in the early stages, they were put off, bored or bewildered by a presentation of the subject, largely in mathematical form, so rigorous and abstract that they could not see any bearing it might have on the day-to-day problems that interested them. The gulf had already worried me when I was a student in the 1930s; it had become immeasurably wider by the 1970s. Keynes's *General Theory* was a very difficult book, but it was a book about the real world. It is inconceivable that it could have made the impact it did had it been written in the manner demanded of contemporary contributions to economic science.

In these circumstances, professional economists found themselves confronted with a choice between two very different kinds of work: strictly »scientific« work, aimed at contributing to the corpus of economic knowledge, whether in the form of pure theory or of empirical testing of theoretical hypotheses, on the one hand, or the applications of this corpus of knowledge to the study of concrete economic problems, on the other. Obviously, there was no sharp line between the two kinds of economics, but rather a spectrum, with most economists doing some work of each kind. But the broad distinction – to put it crudely, between studying the real world to improve theory or using theory to help improve the real world – was clear enough. Most of my work has been of the latter kind, trying to find out what the problems were in a particular country or in the international economy at a particular time, what caused them and how they might be tackled.

Put so bluntly, this sounds fine, and probably persuasive to ordinary people. But it is only fair to point out the disadvantages and dangers of my preference. They never ceased nagging me at the back of my mind.

One disadvantage is that this kind of applied work rarely yields the intellectual or aesthetic satisfaction to be obtained from purely scientific work and especially pure theory. Applied work tends to be ephemeral. Facts change, problems change, objectives change. There is something emotionally satisfying about contributions to knowledge which one can persuade oneself to regard as of lasting validity. The work of the pure economic theorist – the brillant hypothesis, the elegant proof, the clever diagram, the clarifying distinction, the grand synthesis – has some of the aesthetic quality of that of the mathematician or composer. I must confess that I have derived more pleasure from my modest output of theoretical articles than from my larger, and generally more appreciated, applied work.

Much more important is the danger in all policy related applied work of straying from the straight and narrow path of scholarship into political polemics. The notion of completely value-free economics may be a chimera; little economics is done from sheer idle curiosity, without any thought of its possible relevance to human welfare. But it is obviously easier to keep one's own preferences, whether one thinks of them as value judgments or political prejudices, out of theoretical analysis than out of the study of policy problems. In the end objectivity is a state of mind, a willingness to see and present the other side, to admit the possibility that one may be mistaken, and – most effective of all – not to care too much, not to be emotionally involved. But is this not throwing out the baby with the bathwater?

This quandary – between the imperatives of scholarship and the obligation or temptation to try, according to one's lights, to improve the human condition – has been the bane of my professional life. As I have explained, I came to economics from politics and never managed entirely to separate my work as an economist from my political preconceptions. Almost everything one did as an economist touched exposed political nerves – how to weigh in the balance the relative weight to be given to growth and equality, unemployment and inflation, efficiency and security, jam today and jam tomorrow, regulation and competition. And everything that happened from day to day, at home and abroad, posed questions to which, as an economist, one felt one owed an answer. I often envied the marine biologist, astronomer and geophysicist whose professional interests are for the most part safely insulated from their political prejudices and moral convictions.

In my own case, these political prejudices (if not, I would like to think, the moral convictions) underwent great changes over half a century, from a brief youthful Marxist phase to decades of Fabian-Keynesian views which gradually gave way to my present sceptical-monetarist near-libertarian position. It might be thought that such an odyssey would induce a decent humility: if I could be so completely wrong earlier what grounds for confidence have I that I am right now? I can only shamefacedly report that this has not been my experience. What others may diagnose as a banal example of the common drift to senile conservatism, reflecting that gradual loss of openness to new ideas and sensitive compassion that comes with hardening of the arteries, presents itself in my mind as a process of learning from experience, both in the general sense of discovering that the world's problems are not as simple as they seemed when one was young, that we do not necessarily know what is good for other people and that the path to hell is paved with good intentions, but also in the sense more specific to those who, in this century, have been compelled to observe the political and economic consequences of excessive extension of state power over the economy.

How, then, after all this, can I end up thinking that my life as a professional economist has not only been enjoyable but also, in various modest ways, useful and therefore satisfying.

Enjoyable? To put no fine point on it, academics lead privileged lives almost anywhere, and I have been exceptionally lucky. From the moment that Hitler gave me the opportunity and (dubiously merited) headstart of an Oxford education, through the succession of historical accidents which secured me the Chatham House job and apprenticeship to Rosenstein-Rodan, credited me with the authorship of *The Economic Lessons of the 1930s*, put me on the first rung of the academic ladder with Hicks, Myint and Singer in Manchester, brought me to Sydney just when Australia began its greatest period of national (and university) development and four years later to an almost ideal chair for an economist, in a rapidly growing university in a small national capital in which for thirty years I was free to pursue my own interests in teaching and research and, especially in the last two decades, to travel widely and to play at least the occasional bit part in public affairs – I have indeed been extraordinarily fortunate. And if I have missed out on the chance to make a much more practical contribution as public servant, politician or diplomat – occupations that have sometimes tempted me – this may also have been a blessing in disguise, judging by the tales of woe and expressions of envy one would sometimes hear from such practitioners.

But the pleasures of academic life, the contacts and friendships with colleagues at home and abroad, the occasional professional success and recognition, the stimulus of travel in five continents, the little excitements of being close to and sometimes marginally involved in decision making, all these would soon have turned sour but for the satisfaction that comes from confidence that one is doing something useful. I have in the preceding pages given my reasons for concern about the state of economics as a social science and the anxieties which must trouble any professional economist in any open society today. But I have no doubt that economists still have an important role and that, in various minor ways, I have played such a role.

The role derives from the power of economics as an intellectual discipline – in the main the concepts and techniques of economic analysis developed between 1776 and 1936, although some useful clarification and refinement have gone on since. One need only keep one's eyes and ears open – among laymen of every kind, journalists, politicians, spokesmen, lobbyists, men-in-the-street and men and women learned in other disciplines – to be aware of the depths and pervasiveness of fallacious reasoning, quite apart from all questions of value judgment, to which the human mind is prone in the absence of a training in economics. I mentioned before some of the basic elements of any theory of rational choice, such concepts as opportunity cost, elasticity of demand and marginal cost, and the principle of comparative advantage. These, together with the notion of market equilibrium, supplemented by the social accounting identities and such distinctions as those between stocks and flows and money and real variables, constitute the tools of economic analysis. These tools, and what Schumpeter called the »habits of mind« engendered by their use, enable economists to make more effective contributions to policy making than any other social scientists. Economists cannot »solve« the problems of society, for at the heart of most problems lie conflicts of interest and differences about ends and values. But they can contribute to their solution by indicating how people can, individually and collectively, make the best of the resources available to them for whatever ends they wish to pursue.

To teach economics in this sense, and to apply it to the study of real world problems, have always seemed to me the prime tasks for the great majority of professional and even academic economists, leaving the task of refining and improving economic theory in the main to the most talented minority. Much of my professional activity has been teaching, instructing undergraduates and postgraduate students in pure theory and applied economics, helping Ph.D. students learn how to do applied economic research, injecting economic analysis into the discussion of day-to-day problems in adult education classes, radio talks, public lectures and newspaper articles.

I greatly regretted having to give up undergraduate teaching in the 1960s, for I enjoyed it and I am not even now convinced that ability to present theory in rigorous mathematical form is more important, at least in teaching undergraduates, than the ability I had to make the subject intelligible and interesting to them. There is, in teaching, as in most other work economists do, a dilemma between rigour and objectivity, on the one hand, and intelligibility and stimulus, on the other. Since most students find rigorous abstract theory difficult and enjoy discussion and polemics about issues of the day, one is tempted to play to this gallery, a temptation I have not always found it easy to resist. But I also continue to believe that teachers must stimulate if they are to teach effectively and that academic economists have an obligation to communicate with the general public, to try to promote economic rationality in public discussion and thinking. For many years, few academic economists in Australia, besides Crawford, Downing and myself, seemed to take this obligation sufficiently seriously. And if this requires concessions in terms of rigour, *tant pis*.

Much the same, I would argue, applies to the kind of research and writing I did, in the earlier years mainly on Australia, and in the last two decades mainly on Indonesia and on Australia's economic relations with her east Asian neighbours. I was not interested in Australia or Indonesia only as case studies to test theoretical hypotheses. My concern was to ascertain facts and throw light on policy issues – to find out and explain how banks operated, what institutions provided what kinds of consumer credit, how public investment was financed, how government bond holdings were distributed in Australia; to apply economic reasoning to assessment of the costs and benefits of foreign investment, to central banking or foreign aid policy and the development of economic relations with Japan; to analyse current economic developments in Indonesia, to study – and help Indonesian economists study – specific problems, such as monetary policy instruments, transmigration, wage policy or regional development.

None of this has been world-shaking or even of much direct use to policy makers. But I like to think that it has contributed, over the years, to a better understanding, by students, by the general public and by policy makers, of the nature of the problems and the available options. It is this belief that underlies what confidence I have that my lifelong course in economics has been worthwhile.

Paul Streeten

An Autobiographical Sketch

I was born on 18 July 1917 in Vienna, still but barely into the k.& k. Austro-Hungarian monarchy. Growing up in this post-imperial city, fleeing to England in 1938, spending most of my life in post-imperial Britain, and coming to post-Watergate, post-Vietnam America in 1976, I have become something of an expert in imperial decay. In particular, I am aware of the lag between technological advance and institutional inertia. Our institutional imagination is much more inert than our scientific and technological one. I believe I occupy a good vantage point from which to criticize the nostalgic dreamers of imperial glory and to preach the virtues of humility.

I was the first child born to Berta, the eldest and first married of four lively and spirited sisters, the Jäger girls, and to Wilhelm Hornig, a feather merchant, bon vivant and raconteur. (I adopted the name Streeten by Army Council Instruction at a moment's notice in Aberdovey, Wales, when joining X-troop, consisting of German and Austrian non-naturalized refugees, of No. 10 Inter-Allied Commando.) My birth caused quite a stir.

My grandfather Bernhard Jäger was born in a town near the capital of Galicia, where his family lived. His mother, a born Stolper, came from Roumania. My grandfather's mother was related to Gustav Stolper, the economist and the father of Wolfgang Stolper, of Stolper-Samuelson theorem fame, now at the University of Michigan. My grandfather Bernhard was sent to Vienna as a young man, where he lived with his mother's family, and his cousin Lucius Stolper, who studied medicine. Lucius became an obstetrician and brought all the Jäger girls, my mother and my aunts, into the world. Bernhard, having no money to study at the university, learned the trade of leather tanning in Vienna. But he became a life-long admirer of the medical profession, practising on his children a variety of cures, some quite cranky. Grandmother Laura Jäger was born Laura Kessler in a small town in the East of Galicia and moved, as a teenager, with her parents and two brothers, to Vienna. She was a warm woman, full of fun and gentle mischief. She never went to school in Vienna.

My father died before I was two, and shortly before my brother Walter was born. My only memory of him is of his drawing with chalk figures and clocks on our door, although this may be the result of my having been told about this. My brother Peter tells me that my mother told him that my father died of appendicitis. Others said it was a *Magenwanddurchbruch* or the rupture of the diaphragm. In any case, it was a botched job during the war, and it is clear that had competent medical help been at hand he would not have died. My mother was suicidal for some time. She then moved to live with her sister and brother-in-law, Annimädel and Lubig, as we children called them. They had two daughters, Liesel and Hilde. We played at forming an ideal community, with rules, a constitution, a flag and other paraphernalia of a state, which we called Hipauwali, after the first two letters of our respective names. There were, of course, disputes and quarrels among us children, as well as times of great solidarity. The four of us remained close to each other, and later, after my mother had married again, added Peter, born in 1930, although we came to live in widely separate parts of the world.

I was a shy, dreamy child. I was continually afraid my mother would suddenly die and started to cry during a thunderstorm when she was delayed in returning home. I respected cows more than humans, for I addressed all people as »Du«, the familiar form, but when a cow entered what I thought was the wrong stable, I asked her »Why do you enter here? Why don't you enter there?«, addressing her as »Sie«, in the polite form. At age 4 or 5 my mother tried to send me to a nursery school and I had to declaim a poem which began »I am a vigorous chap« (»Ich bin an strammer Junge.«) I did this with the earnest melancholy of a recruit about to meet his death, hated the school, and was not forced to continue.

My earliest childhood memory – I must have been about four or five years old – concerning economics is overhearing a conversation in a shop about *»die Krone wird aufsteigen«* (»the Crown will rise«) during a period of hyper-inflation. I imagined a distinguished, queenly elderly lady climbing up a mountain.

I remember as a child walking back from visiting our grandparents in Hütteldorf, the countryside outside Vienna, in the evenings, when the sky was reddening with the sinking sun. A horn would blow in the distance, and a great melancholia would envelop me. But it was a sadness mixed with happiness, and a feeling that such happiness cannot last. It was a nostalgia without an object. I do not know whether this bitter-sweet blend of happiness and sadness is a general or specifically Austrian experience. There is sadness behind the gayest of Strauss' waltzes. There is an existential angst that follows sensuous experience and aesthetic delight in the sequences of Austrian art, philosophy and literature: from Klimt to Schiele and Wagner and the little figures in Otto Neurath's statistical charts; from Mach to Schlick and Wittgenstein; from Schnitzler to Musil. The shift from Klimt's indulgence to Neurath's precision, like that from erotic Schnitzler to astringent Musil, or from Ringstrasse to Sezession and Bauhaus, or from impressionistic Mach to rigorous Wittgenstein, and the austerity of the Vienna Circle, represents an evolution in prewar Vienna from sensuousness to Puritanism. There was then the reaction to *Blut and Boden*, to the mysticism of blood and soil, against which Otto Neurath had warned when he contributed to logical positivism as a defence against wafflers and mystics. It is a polarity that I understand and in a small way experienced in my own life. At one time I thought that I should like to spend half the year in a Scottish castle (the Puritan half) and the other half in the Ticino (the hedonistic half). Hermann Hesse, whose novels I admired, also contrasts these two sides of our nature, especially perhaps in *Narziss und Goldmund.*

We read avidly the stories of the popular romantic novelist Karl May (1842-1912). They were also read and admired by both our uncle Lubig and our tutor and youth leader Heinz Trampusch. An important figure in them was the Arab Hadschi Halef Omar, ben Hadschi Abul Abbas, Ibn Hadschi Avud al Gossarah, whose name I shall never forget, barring Alzheimer's disease, though the precise spelling may be faulty. There was the Red Indian Winnetou, noble, and strong. And there was the super-hero, the »I« of the stories, Old Shatterhand, the noblest and most generous of them all, always, in the end, defeating in battles his wicked enemies and then forgiving them, winning them over in a grand reconciliation. In the Arabian tales the white hero was Kara ben Nemsi. Only much later did I discover that this hero of my childhood had spent seven years in prison for thefts and other crimes, and had faked degrees for himself, had falsely pretended to know languages and to have travelled widely, though he hardly left his home town. I also discovered that he was a favourite author of Hitler's, who thought that his books would instill the correct spirit in his soldiers. Yet, I had thought that the stories illustrated romantically the idealist Marxist Max Adler's Hegelian and Kantian theory of progress, in which antagonisms, class conflicts, thesis and antithesis, are overcome in a higher synthesis by forgiveness and reconciliation of opposites. In fact they illustrated German romantic nationalism in contrast to the coarseness of Anglo-Saxon frontiersmen.

Heinz Trampusch became the leader of our group of »Red Falcons«. The youth movement had its roots in earlier movements, with visions based on sexual liberation derived from Ernst Fischer, feminism, nature worship, the rejection of authority and the bourgeois, urban way of life, vegetarianism, anti-alcoholism and anti-smoking, clothing reform, and cultural renewal. The ingredients of this heady brew, originally without political content, and directed only against »the adults«, the bourgeois world of grown-up conventions, went after the first war into the radical movements of both the extreme right and left. We would sing »When Adam delved and Eve span, where was then the nobleman?« and carried a red triangular flag, a pennant. In the summer we went on hikes in the Vienna Woods, to simple rustic camps with camp fires, in tents or haylofts; in the winter we met in *Heime*, singing and discussing.

Walther Rathenau wrote: »In the youth of every German Jew, there comes a moment which he remembers with pain as long as he lives; when he becomes for the first time fully conscious of the fact that he has entered the world as a citizen of the second class, and that no amount of ability and merit can rid him of that status.« I am trying to remember when that moment came for me. Not when I was a child, for I am told I once came home and asked my mother: »Am I a Jewish?« In the *Gymnasium* I once socked a boy who had called me »*Saujude*!« But then one did not respect the authority or judgment of people such as that boy. I do not think there was a definite moment, although anti-semitism in Austria was rife and virulent. Many (though not all) of one's friends were Jews, even although we did not practice Judaism. Our grandparents did to some extent, and on the great holidays we would visit them in the synagogue. Lubig had made up a light-hearted German version in rhyme of the prayer of questions that the youngest asks on the Seder. I began: »Why does our grandpapa to-night sit with a bolster at his back?« (»Warum sitzt der Großpapa mit einem Polster am Rücken da?«) When I was a child I learned this by heart and declaimed it earnestly at Passover.

As a young man in Vienna I was interested in psychology, sociology and the history of art. I organized study groups and we had endless discussions on country hikes and round camp fires. These were combined with political activism, that had become illegal after 1934. We engaged almost full-time in political activities, and I remember the eminent cosmologist, chief scientific adviser to the British government and Master of Churchill College, Cambridge, Sir Hermann Bondi, when he was still an adolescent, dropping in at our flat at all times of the day with messages and ideas. He scored some bad marks with my stepfather, who hated being interrupted at meals. But politics did not exhaust my interests. I attended lectures in the Urania by Erich Vögelin on the spread of culture by Genghis Khan, read the writings of the psychoanalytical art historian Ernst Kris, and attended stimulating talks on Renaissance art by Paul Deri.

At about the age of 15 I was converted from collectivism to individualism. The shift was similar to the one Albert Hirschman analyses in *Shifting Involvements: Private Interest and Public Action*. Oscar Wilde once said that the trouble with socialism is that it would take too many evenings. This is the way I began to feel about my political group commitments, which previously had filled my whole life and thought. But there were now other things to do: reading, writing, listening to lectures, spending time with friends, at the theatre, even in cafés, an activity previously despised. Rousseau wrote, »The more time citizens spend thinking about public matters, and the less about their own private affairs, the better a society is.« I may still have believed this to be true, but I cared a bit less passionately about making the society better, or rationalized it by saying only fulfilled individuals can make a good society. It was a swing back from puritanism to hedonism.

I began to study law at the university of Vienna. It was the nearest course to studying sociology, with the prospect of earning a living. I passed the first *Staatsexamen*, with a distinction in Canon Law of all subjects. After Hitler marched into Vienna in March 1938 it became clear that we would have to leave. On the day of the *Anschluß* we had moved from a flat in the 8th district to a house in the 13th, near Schönbrunn. I probably owe my life to this fact, for the flat was searched for me. In the textbook I studied to learn English, there was a description of life in Cambridge colleges. I remember thinking of this as an ideal dream existence, far beyond any realizable possibility for me. By a stroke of luck we lived in the same street as a British consular official, who helped to get me a visa to England. Friends from England also produced affidavits, guaranteeing that I would not become a financial burden.

In the first few months in England I stayed with Kathleen and Paul Gibson, the Principal of Ridley Hall, in Cambridge. I took occasional trips to London. The first time I had my hair cut in England was in London. I offered the barber a penny as a tip. He drew himself up and said: »We dont't accept penny tips«. My London hostesses were two spinster sisters, Norah and Eileen Trouton, who lived in Albert Bridge Road. Norah was a doctor and Eileen kept house for them both. They were very warm-hearted and welcoming, without fuss, well read and civilized. We attended a wonderful open air performance of Midsummer Night's Dream in Regent's Park. We were accompanied by two beautiful Indian ladies who, in their saris, inflamed my romantic imagination. On another occasion we drove to Hampton Court. I had known about the maze from *Three Men in a Boat*, which Lubig had given me when, as a boy of 13, I had my appendix out and was in hospital. It was the worst moment for giving me this book, for I had to shake with laughter, and every movement was most painful. The real maze seemed small and easy compared with the one of my imagination.

My days at Ridley Hall were a golden period. The life style was Edwardian England, with croquet games on exquisitely kept lawns, punting on the river Cam, thinly sliced cucumber sandwiches and chocolate cake for tea, madrigals in the college cloisters, and May balls. Beautiful Hrothgarde, the daughter of the Gibsons, graced the mansion and enlivened it in her spirited way. I was interviewed by John Howland, tutor at St John's, for admission, but nothing came of it. I took English lessons with a friendly lady near Trumpington Road who was fascinated by my experiences in the Austrian youth movement.

The Gibsons' house was always open to Ridley students. There were tea parties, at which I began to understand the Austrian saying of an »English good-bye«. In Austria, saying good-bye is a lengthy, laborious process, with people lingering eternally in the hall and then at the door. At the end of the Gibsons' tea parties, students just slipped out, without saying a word. A regular attendant was Charlie Moule, a young, lively, cheerful clergyman with exquisite, unassuming manners. He later became a much honoured professor of Divinity at Cambridge. He tended to pop in and out of Ridley Lodge and always spread cheerfulness and good humour round him.

Norman Campbell was an undergraduate at Cambridge and his mother a member of the Knighthood or the Blue Pilgrims, the community of Christians who were instrumental in getting me out of Austria. Her Knighthood name was Oriel. Her husband, long since dead, was the Moonface worshipped mockingly at Balliol as described in L. E. Jones' book *An Edwardian Youth*. He was a much loved missionary and was killed at Arras in 1917. Norman introduced me to the style of undergraduate life in Cambridge. I had known him from the days when he visited Vienna. He had been instrumental in getting me to stay with the Gibsons. He was a lanky, tall, very English boy, full of English upper class charm and gentlemanliness. His manner was a bit like that of Prince Charles, and he had the same kind of humour. He became a clergyman, got married and went to Africa. His brother Jim, Norman and I saw a lot of each other. We went bird watching, on walking tours, punting, and were together at a Prom (Promenade concert) in London when the Munich agreement was announced in 1938.

In Cambridge I met again Hermann Bondi who was already an undergraduate. Once, being short of money, I asked him for a small loan. He gave me a cheque, and the cheque bounced. He was already an absent-minded professor. Later, in internment in Canada, he tried to teach me mathematics.

In Cambridge I also met Friedrich Waismann, the collaborator of Wittgenstein and the assistant of Moritz Schlick. Antisemitism had prevented him from getting an appointment at the University of Vienna. Schlick pressed hard for his appointment, without success. Eventually, Schlick paid out of his own pocket Waismann's salary. I got to know him a bit better later in Oxford. He lectured, among many other topics, on Kafka. He interpreted *The Trial* as the process (both a juridical and a medical term) of tuberculosis, with the hopes of remission and the despair of terminal illness. Waismann suffered many tragedies in his life. He had a son who died, I believe, in a fire.

A great and much admired figure in Cambridge was Canon Raven. I had heard Risa Bergson, the mother of my Austrian girl-friend Christl, talk about him as a charismatic figure, and found it not exaggerated. He led a field trip from Ridley Hall to the fen country, exploring the wonders of nature, looking for shells and plants and archaeological finds, and fitting the most modern scientific theories into the theological structure of a modern churchman's thought. Later, when a Fellow of Balliol College, Dean A. B. Rodger invited me to a Dean's dinner at which Raven was the guest of honour.

Two spinster sisters, Marjorie and Dorothy Streeten, who lived in Hartfield, Sussex, quasi-adopted me. They were also members of the Knighthood, code-named Charitie and Romance. They provided me with a home and, in the war, with a name and a cover story, should I be taken prisoner by the Germans. (Someone once remarked that a person descended from a long line of maiden aunts. His friend said, »This is impossible«. »Not impossible, only immoral« was the reply.)

When I came to England as a refugee and was given the opportunity to continue my studies, I wanted to study sociology. Aberdeen, the first university to offer me a place, had no sociology department, so I was steered into economics. Aberdonians are renowned for their stinginess, even meanness. Yet, it is due to their generosity that I am not a sheep farmer in South Africa. Alec Cairncross (later Sir Alec Cairncross), whom I got to know much later, was the secretary of the Scottish branch of the International Student Service. He intended to send me at first to Glasgow. But that place was offered to Kurt Rothschild, the distinguished Austrian economist and the husband of my childhood girl-friend Vally Kunke. I was sent to Aberdeen.

I arrived in Aberdeen in the late summer of 1938, 21 years old. Norman McIver and Malcolm Gray, two students, met me at the railway station and took me to my digs in Brae House, 39 King's Crescent, halfway between Marischall College and King's College. My bouncy, cheerful and plump landlady was Mrs. Robertson. Norman, who became a good friend, was killed in the war. He was a member of a bomber crew and disappeared over Germany, never being heard of again. He was a brilliant man, had won a scholarship to Oxford, and displayed great idealism. We discussed politics, the Spanish civil war and the future of socialism in Britain. I was astonished at how moderate and democratic a good radical socialist, like Norman, can be. I think I shocked, or perhaps amused, him and Malcolm Gray by my revolutionary talk.

My knowledge of English was still so poor that I asked one of my new friends, Malcolm Gray, whether Aberdeen students worked hardly, a question that caused laughter, to me incomprehensible. Wolfgang Fuchs, then a lecturer in mathematics, became a good friend. He had a lovely sense of humour and a great sense of fun. He read voraciously, in several languages, and carried his learning lightly. His imagination was playful, whimsical and ironic. He went later to Swansea and then to a chair at Cornell University. I became the somewhat inattentive godfather of his daughter Anne.

My Aberdeen teacher in economics was Lindley Macnaghten Fraser, (1904-1963) in many ways a brilliant scholar, who received me kindly. (His first two names are those of two judges famous for a judgement about the Scottish church). He invited me to his house and, with his two young daughters, took me for drives through the Scottish countryside. He had written a book, *Economic Thought and Language*, which is underrated by the profession. Fraser's name does not appear in Mark Blaug's *Who's Who in Economics*. I was presented with Fraser's book as a class prize and treasure it. It showed his classical training. The chapter on »capital«, as he said himself, got completely out of hand, and what he wrote about knowledge as an economic good was clearly wrong. He had not accepted the new ideas of Keynes that were then spreading. But it is full of good ideas, many treated in the way someone with a classical education would treat them.

My friend Bill Davies (more below), who had lived in the Aberdeen bothy (a Scottish hut in which unmarried farm labourers lodge together) and had known Lindley Fraser well, wrote to me after he had joined the Navy in the war: »I saw the Frasers in Oxford, rather plump and content; discussing where and how they'd live in Aberdeen after this is over. The troubles of the world never look very grim when Fraser is about, spreading his rosy glow!«

When war broke out, Fraser rubbed his hands and said with glee: »Ah, practical work again!« He became head of German broadcasting in the BBC, moved to London, left his wife and daughters, and when I encountered him later, at a Balliol Gaudy, had become fat, red-faced and a bit pompous. Another fallen idol. But I am eternally grateful to him. In addition to a good basic education in economics, I owe Balliol and the Aberdeen-Oxford connection to him. For when I lay wounded in hospital and was offered a scholarship to Oxford under the Further Education and Training Scheme (the British equivalent of the G. I. Bill), and asked him to which college I should apply, he said »Balliol or nothing«.

The person who welcomed me most warmly and from whom I learned much was the Principal of the University (the Princ, as he was called), Sir William Hamilton Fyfe. A fine classical scholar with a sense of wit and irony, he ran the university more like Christ's Hospital, a school which he had previously headed. He took me into his family, introduced me to Aristotle and Toynbee, and, though considerably older, became a true friend. His son Christopher is a Reader in African studies at Edinburgh University.

Colonel Butchart was the Registrar of Aberdeen University. He was a great soldier and athlete, wore kilts, and had the manner of a Scot from the North East. Dinners with him were more reserved than those with the Princ, and one had to be more guarded. Much later, when my student and friend Bill Barber, now professor of economics at Wesleyan University, had married Sheila Marr, I discovered that she was Col. Butchart's niece.

Then there was the dour, yet kindly philosopher Laird who lived in old Aberdeen and went through tortuous movements, both literal with his gowned arms and metaphorical, during lectures. He taught me first the distinction and then the possiblility of eliminating the distinction between right and good.

Perhaps the most flashy personality of those days was Rex Knight, professor of psychology. He had a winning way of attaching my name to that of the true founder of a theory, on the basis of some chance remark I had made in class, so that it would become the Spencer-Hornig theory of laughter. In this way he anticipated the current fashion of American economists of making each other immortal by attaching their friends' names to theorems formulated by the classics, so that it becomes the Ricardo-Marx-Greuliches theorem. He always addressed me as Doctor Hornig, on the assumption, presumably, that all continentals are born doctors. He was a super lecturer, an ingenious showman who attracted large audiences. His wife Margaret Knight, in a quieter vein, was probably the better scholar.

Another contemporary was Fraser Noble, later a distinguished Vice Chancellor of the University. A building is now named after him. I remember him, feverishly writing away at his final examination papers, with a view to entering the Indian Civil Service. I got to know him better later, when he was with the Carnegie Foundation. I was very moved when, under his Vice Chancellorship, the university offered to bestow on me an honorary LL.D. On this occasion I was asked to address the young on behalf of all the honorary graduands, the Scottish equivalent of a brief commencement speech. I think I talked about the international community and one of my favourite subjects, aerial roots, growing across and above national boundaries and uniting the world community.

Douglas Young was a young lecturer. Tall, bearded and cynical, he reminded me of Bernard Shaw. He would lean back in an arm chair, stretch out his very long legs, and we would talk until late into the night. I then took his talk of Scottish independence, and the cultural hope for a renaissance in the United Kingdom coming from Scotland, for a witty display of high spirits, but read later that he had become a leader of the Scottish Nationalists and had been imprisoned for subversive activities. He also introduced me to Margaret and George Paul, when I revisited Cambridge, long before our friendship in Oxford. George was a man of the highest integrity and great brilliance, often used by my wife to illustrate the best of the old Oxford spirit. He died relatively young. Margaret, born Ramsey, is the sister of the archbishop of Canterbury and of the brilliant mathematician-philosopher Frank Ramsey.

Ian Begg was a clergyman, who had several brothers and one sister. The sister married Michael Bonavia, the economist. Their son David became a China specialist. Another Begg brother became a gifted biologist. Their mother was a good high church woman and brought up the children strictly, and with love.

Professor Lindley Fraser once said to us that his two best students were both called A. J. Brown. One became a well known economist with a chair in Leeds. The other, Alexander or Sandy, first coupled his name with that of his mother, Youngson-Brown, and then dropped the Brown altogether. We saw quite a bit of each other until he went to Australia. Then we lost touch. I liked and admired him. He wrote poetry as well as about economics, history, and architecture. In the war he was in the Fleet Air Arm and I remember him wearing elegant white gloves. For a while he was a professor in Edinburgh.

Annie Macdonald was our lecturer in applied economics. She was a thin wisp of a spinster, who always wrung a small silk handkerchief in her hands. When Lindley Fraser was called to London, the burden of the department fell upon her and Henry Hamilton, an economic historian. She was not a very good lecturer, but more than made up for this with an abundantly kind heart. She really cared about her students as if they were her children, and we kept in touch for a long time after I was married. She took an interest in my wife and my children, sent them presents, and was always warmly welcoming when we visited Aberdeen.

When I had settled down in Aberdeen I started to take dancing lessons. The youth movement in which I grew up did not approve of ballroom dancing. It was a bourgeois, urban, middle-aged pursuit. My teacher was a professional, his name was Mackenzie, and he would be my »lady«, guiding me, or being guided by me, around the floor in the steps of the tango, fox-trot, waltz, etc. Having learned to dance, I could attend university hops and balls. To one fancy dress ball I invited another lodger in King's Crescent, a shy young woman called Mary. The other young woman who lodged there, a friend of Mary's, sent me recently a letter asking whether my friend Wolfgang Fuchs was by any chance identical with the atom spy Klaus Fuchs, next to whom was my bunker bed in the internment camp in Canada.

Life at Brae House in King's Crescent was austere. A small coal fire only was allowed to heat my room in the winter. We all gathered for high tea, which consisted of oatmeal cakes, scones, jam and tea. Hardly a word was spoken as the guests munched their food silently. Only a travelling salesman who appeared occasionally, let loose a flood of what I then considered were horrible swear words, but they only consisted of bloodies. Mrs. Robertson would occasionally invite me to join her at Scottish country dances.

An Aberdeen friend was Mrs. Campbell. She had a lovely daughter, Mary. Their Irish, emotional temperaments contrasted with the reserved, dour North East Scottish temperaments of the rest of the population. She was warm and flamboyant, sometimes to the point of gushing, but it was genuine and unaffected. When I returned during the war, wounded, with a topical ulcer on my leg, in need of care, she looked after me most cheerfully in her little flat in Old Aberdeen.

Another Aberdeen friend was Harry Slater. He was an adopted son and his mother and aunt lived in the same household. Harry tried to teach me Gaelic and Scottish, while I taught him German. He had a neat mind, as tidy as his beautiful handwriting, and a nice sense of humour. He went to Oxford and then into the Civil Service. He married a young woman called Judy and when they took their holidays in Witney and we lived in Oxford, we saw a bit of each other.

My closest friend was Bill Davies. He was elected to an All Souls Fellowship soon after I had gone to Aberdeen. We went on holidays in the Scottish highlands and went camping together in Sussex, rising at dawn to see the sun rise over the mountains. I stayed with him and his parents in the Deanery in Worcester. Bill was a communist, but did not take the party line when war broke out. He volunteered immediately for the navy. He wrote in September 1939: »I have now had a medical examination which I passed. About eight elderly doctors, who each had some particular examination to make but (with one exception) *all* of them conscientiously examined my sexual organs, whether because there are eight different things which can go wrong with them, or for other reasons, I'd not like to say. On the whole, I consider it to be a reason for congratulation to have been recommended to the navy: I regard it as preferable to the alternatives«. He died heroically, when his destroyer *Electra* was bombarded and his raft could not hold all the survivors. He was last seen swimming away from it to his certain death. Bill's mother, my daughter Tishy's godmother, had been a member of the Knighthood or Blue Pilgrims. He would gently mock the Christianity of his parents – his father was Dean of Worcester cathedral – and talk about the nonsense that »vicarious suffering is the law of the universe«. He complained that the British had let others fight their wars and once wrote to me that »an antifascist advance under Chamberlain has already too many elements of burlesque«.

Bill introduced me to Yeats, to English upper class life, and to the pragmatic English version of radical politics. I introduced him to Hesse, and Freud. We both admired Otto Neurath, who had been a friend of our family's in Vienna, and who had brought his socks to be mended by my mother. Bill had not only a wonderful intelligence but also a playful imagination and could spin tales out of the branch formation of trees or the cloud formations in the sky. We spent holidays together in Ballater in Scotland and went camping in Sussex.

I stayed with him at All Souls, where I met Radcliffe Brown and A. L. Rowse and slept in Grant Duff's rooms. A.L. Rowse teased me about my romantic politics. Bill talked about 17th century science, philosophy, painting and politics and played the piano. We went punting on the river. He was an early admirer of Georges Simenon, more for his descriptions of atmosphere than for his plots. One day Wolfgang Fuchs appeared, drenched by the rain, on a bicycle trip, and we all had a meal at the Cadena café. Bill's portrait can be seen in the All Souls common room, not far from that of T. E. Lawrence.

We discussed politics a good deal and were bewildered by the Soviet-German pact. Bill wrote to me from All Souls:

»During the last fortnight, I've been away from the world, first with my family and then with you: and the result has been a preoccupation with the speculative aspect of problems. I come back and read the Daily Worker and find then that, instead of perpetual argument about what the USSR will or will not do, they have now concentrated on the positive approach to the situation; the practical attitude to take to the immediate problems which have to be solved. And one sees there that while this practical attitude may ignore certain things, it shows nevertheless that (assuming the worst about the USSR) the movement is still there, fighting for the same things in the main. Isolated, one will see mainly the differences and the difficulties: in a movement one will see the continuity and the possibilities of action. And that is on the whole better. All the advantages of Aberdeen as against Oxford. Yet I admit it would be better to have speculative and practical questions resolved together and in the same way. In this sense we are (perhaps) bad for each other: for although we start from very different backgrounds of experience, yet we have in a sense the same *kind* of approach to problems; the mutual effect is to some extent to lead away from action«.

He adds here a cross and writes in the margin:

»Rereading this, I doubt if it is true as it stands. Rather that we both have the same sort of need to put particular problems and lines of action into a general framework of values, which will go beyond and outlast the particular case. And, for non-essential and circumstantial reasons, we have met at times and under conditions when »action« was not possible. At any rate, I hope there is nothing essentially paralysing in the effort to »see things whole«.
But it remains true that continued »isolation« from action will lead to more and more exclusive emphasis on insoluble speculative difficulties and ultimately to complete inability to take any practical decisions«.

The main text of the letter continues:

»And yet I cannot believe that it is bad to consider the kind of problems we find ourselves discussing: perhaps in better times our discussions will resolve themselves into satisfactory action: and meanwhile I would not choose not to have the discussions themselves, I would not choose to *ignore* certain problems merely

> because they are more remote from practice and more difficult to solve.
> This is beginning to get very involved: I am beginning to get »tired«, for I have been writing this and drinking whisky and discussing medicine with Radcliffe Brown and politics with others; and now the lights are out (11 p.m.) and I am reduced to candle...«

It is interesting to speculate how Bill's thinking would have evolved after the war, when the true story of Stalinism came out.

My studies of law in Vienna had been interrupted abruptly by Hitler's march into the city. My studies at Aberdeen were interrupted on a sunny Whitsun morning in May of 1940. Two kind policemen woke me up to arrest me. I was technically an enemy alien. Although I had been cleared by tribunals and accepted to join the armed forces, the mass internment of refugees was a panic measure. The friendly policemen said I should pack a few things, for it would be only a few days. But internment was a big break in my life, lasted for nearly a year, and included exile in Canada. In the various camps we used the considerable talent gathered together to set up universities. Heinz Arndt, Radomysler (who later committed suicide) and Leser were among the camp's economics faculty. Radomysler was encouraging in destroying the belief, widely held among us internees, that we should all have to become farmers, by saying that the income elasticity of demand for intellectual services is much higher than that for farm products.

Internment, like war, is a time that puts people to the test. It brings out the best and the worst in us. Deprived of cigarettes, I have seen men stoop to the lowest behaviour and do almost anything to get hold of a fag. The worst of being interned was, of course, the false role into which we were cast, as »enemies« of Britain, and the frustration born of inability to contribute to the war effort. We were on the Isle of Man when Paris fell. Anxious for news, for we were not allowed newspapers, one of the camp officers announced the event to us: »I have bad news for us, good news for you«.

Count Lingen, the grandson of the Kaiser, a Hohenzollern, was in the camp with us and was elected camp leader in Canada. While still on the Isle of Man, one sycophant wheedled up to him and said: »Count Lingen, I am a great admirer of your family«. He turned round and replied: »I am not«. When a few of us, especially selected, returned from Canada to war-torn Britain on a small ship, the Thysville, some of the internees made a mess. Lingen was heard to say in reply to a complaint: »I'd not be surprised if they were to shit on their carpets at home«. I read much later, many years after the War, that he had committed suicide in Germany.

In internment I got to know Heinz Arndt, now retired from a chair at the National Australian University in Canberra. Before embarking on our exile in Canada, he gave an impressive lecture at a railway station on John Locke. I admired the performance, both for its polish and content, and for its dismissal of the dismal circumstances and fate in which we all found ourselves, and the elevation of thinking, of a discourse on political philosophy, in those surroundings; not unlike Archimedes's, »don't disturb my circles« in the face of rudely attacking soldiers. In Canada he was elected to deputy camp leader, and strode around the camp, always well turned out, with white legs and serious mien. His origins, fate, manners and, up to a point, intellectual development have parallels with mine. But he has become very conservative.

In the evenings in the Canadian internment camp we gathered a small group, sitting on some steel beams, round the great Viennese art historian Johannes Wilde. He radiated warmth and civilization. In a review in the *New York Review of Books* (17 August 1989), it is said that »he never lost sight of the fact that [Michelangelo's] drawings were working material, and as a result made fundamental contributions to our knowledge of Michelangelo's career in his catalog of drawings in the British museum«. These evening meetings were like a soothing balm in the midst of hysteria and madness.

After release from internment came service in the British army. First 251 Company in the Pioneer Corps, digging trenches and building huts. In the Pioneer Corps there were periods when we had time for reading. Kurt Goldschmidt, or Brian Grant as he became later in the Commandos (after a period in which he was Brian Groves), and I sought out some quiet room in a house owned by friendly people, which we could use in our off-time and forget about the army. Miss Clara Winterbotham, one-time mayor of Cheltenham, provided one such room, and became a good friend. She was very English in her matter-of-fact, unshowy manner, which concealed great warmth and compassion.

Then came Commando training in Wales and Scotland. James Monahan was one of our officers in the Commandos. He wore suede shoes, wrote poetry and generally gave the impression of effeteness. But there was a toughness behind this appearance. There are mammals and crustaceans, or molluscs. The mammals are warm and yielding outside, but have a strong backbone inside. The crustaceans are hard outside, but when you push through the crust all is mushy. Unfortunately, one meets many more crustaceans or molluscs than mammals. But Monahan (like Bill Davies, Hugh Stretton, and Eric Howarth and Peter Giles, two wonderful friends in the Commandos, both killed) was a mammal. He became ballet correspondent of the Guardian, published slim volumes of poetry, got through many marriages and, I presume, mistresses, and died of cancer.

I participated in the invasion of Sicily, and was severely wounded landing behind the German lines south of Taormina. After about a year in various hospitals in Sicily, Egypt, Scotland and Sussex in the winter of 1943-44 I was able to resume my studies for the third time, after interruptions in Vienna and Aberdeen, this time at Oxford.

I arrived in Oxford, a 100 percent disabled war veteran, with my left arm strapped high up on a cumbersome, Rube Goldberg metal and leather contraption. I left it thirty two years later, for two years on leave in America, and after thirty four years I resigned all my Oxford positions to move to my wife's country, the USA.

The Balliol Tutor for Admissions was Roy Ridley, English don, Skakespeare scholar, chaplain of the College, and gentleman. I had been told, in a letter to the hospital, that he was the prototype of Dorothy Sayers's Lord Peter Wimsey. His voice was like ringing church bells, he wore spats, and had a suave and courtly manner. Quite unlike TV's Ian Carmichael, he oozed with effortless superiority. But according to C. S. Lewis, he was not the prototype, but the epitype of Peter Wimsey; he was Peter's double. Dorothy Sayers had said that Ridley matched her hero. But Ridley, with his endearing conceit, turned the information that he was Peter's double into the claim that he was the character's model.

He gave soirees in his rooms on (the old) staircase 19, where we discussed sexual ethics in a very frank manner. He was a pioneer. For those were still the days when the air was clean and sex was dirty, while today the air is dirty and sex is clean. He had to resign his Fellowship because he had an affair with the College secretary, although he assured the Governing Body that no impropriety took place on College premises. One evening the topic at the soiree was »on living in an unmarried state of bliss«. It may have been inspired by Roy Ridley's autobiographical reflections. The main message was, when people fall in love they get married; but better still, they live together. The discussion seemed to be going well, when one member of the group was violently sick over Ridley's thick, red carpet. With effortless superiority we cleared up the mess and continued to listen to Roy.

On my arrival at Oxford Mrs. Latham, the sister of the Vice Provost of Worcester College, invited me regularly to her house on Boar's Hill, and introduced me to a collection of Oxford dons from other colleges. I played chess with her bachelor brother in the lovely gardens of Worcester and knew that I had entered paradise. The war was still on, and there were few undergraduates in residence. They were mainly exempted scientists or medically unfit. Ailing artists and hearty scientists, like the people in the *Magic Mountain*. Later first a trickle and then a flood of the aristocracy of ex-servicemen, with sand on their boots, joined the proletariat of the disabled and the exempt chemists.

One of my tutors was the Master of Balliol College, A. D. Lindsay, later Lord Lindsay, who was a radical Christian socialist. I admired him greatly, but also found that he had a closed mind to some philosophical approaches. One of my first essays used the ideas of the philosopher of law Hans Kelsen. Sandy Lindsay did not understand what I was talking about. Continental ideas were quite alien to this quintessential Anglo-Saxon.

Army training had gone deep. I was sitting in the Balliol library when the Master entered and wanted to talk to me. I smartly got up and stood to attention. I still remember his slightly ironic smile, for Lindsay was what the Americans call a »relaxed man«. His portrait in Hall by Laurence Gowing is witness to this, compared with the very formal portraits of all his predecessors, with the exception of H. L. Smith.

The »relaxed man« has taken the place of the nineteenth century ideal of the gentleman. When Americans call a couple »relaxed parents« this is the highest compliment, though it is not obvious why, in a worrisome and troubled world, parents should not worry. »Grace under Pressure« to them does not mean the Princess of Monaco in a tight corset, but J. F. Kennedy in the missile crisis. Perhaps it suggests that Americans suffer from great stresses and strains, which they do not wish to admit. To admonish someone by saying »Relax!« is the contemporary equivalent to having said in a bygone age, »You cad!«.

Thomas Balogh, my tutor at Balliol who was to become my closest friend, did understand the Continental influences in my thought that Lindsay did not. In fact, there was a close affinity between the views of Otto Bauer, the leader of the Austrian social democrats and the founder of Austro-Marxism, under whose influence I grew up, and the ideas of Keynes as interpreted by Thomas Balogh. I felt entirely at home. Balogh had many enemies and relished the fact. His motto was *oderint, dum metuant* (let them hate, so long as they fear) and his hero was Don Giovanni, not mainly for the women but for the way he faced hell – without fears, without regrets.

With Thomas Balogh I formed a close friendship and we collaborated later on several articles, including a critique of the neoclassical calculations of »returns to education« and an essay showing that high interest rates can contribute to inflation. We were critical of the hopes built on flexible exchange rates (forty years later I still regard our critique as valid) and of the economic promises of the European Common Market (where I am less certain that we were right). I regarded it as my task to put Balogh's brilliant intuitions into shapes more acceptable to the economics profession.

While an undergraduate, a counterweight to Balogh's views was represented by Maurice Allen, whose subtle mind and elegant manner I came to like and appreciate. Tutorials with him were like intellectual acrobatics. He was much more conservative in his economics and politics than Balogh. He had a fine, sharp, analytical mind, and we spent hours talking about oligopolistic reaction curves or elasticities of substitution. Thomas Balogh, the planner, was wild and somewhat chaotic in his private life. Nobody could have planned him or for him. Maurice Allen, the advocate of free markets and the opponent of regulation, was a good team player and easily regimented. He had been a colonel in army intelligence. At one handshaking he reported that I showed dexterity but did not always spell out every step in an argument. Sandy Lindsay, the Master, admonished me: »Go and spell out each step!«

Maurice Allen, who died in 1988 at the age of 80, had a reputation of never setting pen to paper. Although he also had a reputation for writing brilliant memoranda first in the International Monetary Fund and later in the Bank of England, he never published anything. But he had acquired great, slightly mythological fame from his subterranean existence in the footnotes of D. H. Robertson, J. R. Hicks, and other distinguished theorists, who acknowledged their intellectual debts to him. He had taught not only Harold Wilson, but also Roy Jenkins and Edward Heath, both candidates for the Oxford Chancellorship, and appeared in Oxford to vote, a year before his death and already in poor health.

I had invited him to lecture at a summer school in the fifties. In introducing him, I made the mistake of saying that he was adviser to the Bank of England. I suspect that he regarded this as a violation of secrecy and, in order to preserve discretion, talked for an hour without saying anything.

One of my favourite tutors was the philosopher Donald Mackinnon, whose eccentricity was proverbial. He was a practising Anglo-Catholic and always played with a razor blade. On one occasion during a seminar, shaking his head violently while playing with the blade, he injured his forehead. He had to be patched up with plasters of band aid outside the room. When he reentered one participant, pointing to the plaster on his forehead, whispered to another, »This is what the cross means to Donald«.

On another occasion I entered his room for a tutorial and saw him feverishly throwing papers left and right, apparently in search of something absolutely vital. I asked whether I could help. Mackinnon, continuing his frantic search, said with a distraught air, »It is not at all important; not at all important!«

When he got married his wife said, »People tell me that Donald is so eccentric; I have not noticed any eccentricities«. He was a splendid tutor. Once he said to me, in his nasal, sonorous voice, »You see, Paul, God is not the answer to the problems of this world: God is the problem posed by the world«. On another occasion, when we discussed realism and idealism, he said, »The idealists do not take reality seriously«. And he went on to talk about the »ungetthroughsomeness of things«. He reminded me of the professor in Tom Stoppard's *Jumpers*.

I attended the lectures of Michal Kalecki and Frank Burchardt, both lucid and clear. Yet I learned more from Balogh's lack of clarity, for it forced me to go away and think the problem through for myself. I also liked Harry Weldon, bachelor Fellow of Magdalen, who is the model for the devilish villain in C. S. Lewis's science fiction novels.

P.P.E. (philosophy, politics and economics or Modern Greats) suited me well. I was most attracted to philosophy, but thought it would be easier to earn a living with a training in economics. I believe that Oxford-trained economists, though they have spent less time on economics than their Cambridge equivalents, are better economic theorists for having had to study philosophy (Cambridge-trained ones had a hard time distinguishing between the identity and the equality of savings and investment; that troublesome third stroke), and better applied economists for having had to study politics. So that even from the narrow point of view of an economics education, there was much to be said for the inclusion of the two other subjects. When I had become a Fellow I continued to fight the losing battle for the preservation of PPE against those who advocated specialization. They won.

There were the Oxford-Cambridge-London economics seminars at which I met Harry Johnson. We compared our war experiences. On one occasion I met Vivian Walsh in Cambridge with whom I had fun playing with ideas. We met again years later in Denver and San Francisco at conferences of the American Economic Association. Jan de Villiers Graaff was also a regular attendant who, after having written a brilliant book on welfare economics, left economics in disgust and turned to farming in South Africa. I listened to a talk by Ralph Hawtrey who at one point said, »Oh, I have been waffling and talking nonsense; let me turn to the matter...«

Oxford, and particularly Balliol, to me represents the ideal society: a fellowship of equals, with full participation in all decisions by all Fellows, from the most junior to the most senior; a collegiate community devoted to scholarship and teaching, free to say and write what each wants, and also convivially talking, drinking and eating together.

Handshaking is a ceremony at the end of every term, in which almost anything may happen, except shaking hands. The undergraduates appear in turn before the Master and their tutors, who report on their work and progress. The tutors talk to the Master, as if the victims were absent, but eventually the Master turns to the young man and gives him a chance to defend himself. I both received and handed out the treatment, so that I know it from both sides. On one occasion, after we had a rum lot of psychology students before us, the Master, Sir David Keir, turned to me and said: »Tell me, Paul, why does the study of dottiness attract so many dotty people?« On another occasion a tutor reported somewhat cruelly, »Master, whenever he opens his mouth he detracts from the sum total of human knowledge«.

Hugh Stretton was my colleague when I was elected to a Fellowship in economics and he in history. Hugh is a brilliant man whom I wanted to be Master of Balliol. Hugh carried self-effacement to extremes, although he was also very strong and persistent: another case of one of these rare mammals, soft and gentle and warm outside and with a hard backbone inside. In Australia, he gave up his professorship to be a reader and let someone else take his turn. At Balliol he read a brilliant paper on methodology in the social sciences, and the difficulty of determining causes in history, illustrated by a Principal Boy in a pantomime, who was a man, pretending to be a girl, pretending to be a man.

In May and June there were open air performances in the College gardens. A wonderful performance was Nevil Coghill's production of *The Tempest* in Worcester Gardens. As the play proceeded night fell and the pond took on the appearance of the sea, while the audience, facing the pond, felt to be among the shipwrecked. Prospero and his crowd left by a floodlit barge. Ariel, for whom invisible boards had been laid just below the surface of the water, seemed to be skipping across the top of the water and vanished into the trees, leaving behind silvery splashes, and the audience ashore with only Caliban for company. There were performances of *Aristophanes* in the Holywell Manor garden, *Two Gentlemen of Verona* in the lovely New College garden, *Pelleas and Melisande* with Ken Tynan, dandyish, thin, elegant but somewhat stilted, and many other performances, but the Worcester *Tempest* is the most memorable.

Oxford did its best to charm us. In the full moon it is the most beautiful place – like a mysterious town under water, so that one is floating or swimming down the streets rather than walking. And the buildings seemed to be made of some magic substance which you could break off and eat: when it would melt into wonderful dreams.

After Finals in 1947 I was elected to a Lectureship, and the next year to a Fellowship, at Balliol College. The genuine Athenian democracy of an Oxford College, the collegiate spirit, and the daily contact with brilliant colleagues from many areas suited me extremely well. These were the happiest years of my life.

After graduating I was also awarded a Studentship at the newly founded Nuffield College, whose Warden, Henry Clay, was very kind to me. I was supposed to embark on graduate studies and my supervisor was John Hicks. International trade theory assumed then largely perfect competition. I wanted to apply the theory of monopolistic (and oligopolistic) competition to international trade: both to the relations between governments (say in tariff wars or exchange rate devaluations, making foreign exchange reserves the equivalent of industrial capacity) and between firms, modifying the results recommending free trade. It was admittedly an ambitious proposal. Hicks would not tolerate it. Young men must do empirical work, and, by implication, only Hicks should do theory. He wanted me to write a thesis on tramp freights. I found that too boring. (G.M. Meier inherited tramp freights from me and wrote his B. Litt. thesis on the subject). Having been meanwhile elected to a Fellowship with full tenure, and being busy with teaching, there was no need for acquiring another degree and I dropped it.

As a Tutorial Fellow of Balliol College in the late forties and fifties I had to cover a wide area of economics. My teaching load was heavy, sometimes up to twenty-five hours a week. In spite, or because of this, I succeeded in publishing papers. It may be that for this reason, and the fact that I never had to engage in graduate studies, I have never acquired a taste for specialization. I find the question, »What's your field?« embarrassing. Many of my colleagues cultivate patches, knowing more and more about less and less. I have always liked to jump, like a grasshopper, from topic to topic. Methodology, welfare economics, public finance, international trade, monopolistic competition, human resources, development studies, have at different times engaged my interest. But I was fortunate in my Balliol duties in being able to share the teaching with Thomas Balogh, who taught applied economics, while I could concentrate on theory.

My interest in development sprang from four sources. First, in the late 50s I wrote critically on the doctrine of balanced growth as expounded by Paul Rosenstein-Rodan and Ragnar Nurkse. It was at the same time that Albert Hirschman advocated unbalanced growth. Secondly, Gunnar Myrdal called on me again to help him with the monumental Twentieth Century study *Asian Drama*. Third, my social concern for poverty eradication combined with objections to nationalism and a feeling of solidarity with the world community pointed to the study of development. Fourth, the multi- and interdisciplinary character of development studies attracted me. For it is not a sub-branch of economics, but a field of study much wider than economics. Theory preceded practice, for my contributions to *Asian*

Drama preceded my having set foot in a developing country. I visited India for the first time in 1963, after the bulk of my work for the book had been done.

I have always been sceptical of certain kinds of economic models. They tend to neglect the role of institutions, history, politics and valuations in the analysis of economic problems. In my early work on welfare economics, international trade, public finance and flexible exchange rates I had seen the importance of discontinuities, asymmetries, irreversibilities and indivisibilities.

In my first book, *Economic Integration* I criticized the economic claims for European integration and the doctrine of balanced growth. Work with Gunnar Myrdal on *Asian Drama* and later as Deputy Director-General of the Economic Planning Staff in the UK Overseas Development Ministry changed my interest from theory to policy. I wanted to know how to bridge the gap between thinkers and doers. Experience in advising policy-makers in a very small country (Malta, with Dom Mintoff) and a very large one (India, with Pitambar Pant) led me to think about different kinds of interaction between domestic and international forces. At the same time, I never lose any sleep over policy-makers not accepting my advice.

Work in the Ministry of Overseas Development between 1964 and 1966 with Dudley Seers as Director-General, Barbara Castle as Minister and Sir Andrew Cohen as Permanent Secretary made me aware of the political and practical constraints of implementing policies, and drew my attention to the question of how to mobilize interests and concerns for support of desirable policies.

When I visited Pakistan with Barbara Castle in 1965 we were invited to Zulfikar Ali Bhutto's hunting lodge in Larkana, Upper Sindh. The house was palatial, and the arrangements resembled those of a Scottish laird's. (An English general, after conquering Sindh, cabled back: peccavi). I was struck by salinated irrigation areas and the desert-like appearance of the countryside. Ayub Khan, in whose government Bhutto was then foreign minister, was a guest at the luncheon. I sat next to Bhutto who, in his Oxford blazer, sleek and smiling, reminisced about Christ Church and Oxford and paraded his radical views. (After having appointed him his chief of staff, General Zia ul Haq executed Bhutto in 1979). When we left to move into the motorcade, emaciated Sindhi peasants lined the path outside the house, touching their forelocks, while the eupeptic grandees, smoking havana cigars, strode past them. A more vivid picture of feudal inequality could not have been painted. Nearly ten years later, at Queen Elizabeth House, Bhutto's daughter Benazir, then a student, would lunch with us in a much more modest setting. Her supervisor and my friend, Neville Maxwell, wanted to write a biography of Bhutto, whom he called Asia's Castro, at a time when Castro was still widely admired.

It was interesting to observe Barbara Castle's different reactions to reactionary Pakistan and »socialistic« India. She admired, with true pragmatism, the Pakistani ladies who pulled out from their saris various contraceptive devices, such as the IUD, which they propagated in a family planning programme. In India, on the other hand, she became irritated and impatient, when the Planning Commission with Ashok Metah presiding, sitting in a wide circle, began to reminisce about the happy days of Brailsford, The New Statesman, and the Fabian Society, all talk and ideas, and no action. Her Anglo-Saxon practicality won over her socialist ideology.

Although aware of the thick, syrupy flow of history, and the difficulties of swimming against it, I have never ceased to believe in the usefulness of making Utopian blueprints. Like the giant Antaeus, who gained his strength from contact with the earth, and who was killed by Hercules by being lifted off his mother earth, I have since then felt the need to keep in touch with practical affairs from time to time, and in the late 70s spent a few years in the World Bank, at the invitation of Hollis Chenery. I gained other practical experience from service on the Board of the Commonwealth Development Corporation, the Royal Commission on Environmental Pollution, in College administration, in India working with the charismatic Pitambar Pant, the head of the Perspective Planning Division of the Planning Commission, and in other capacities. It is from these practical experiences that I acquired my admiration for the rare quality of *Zivilcourage*, inadequately translated as moral courage, the courage to speak up for your convictions even if in a minority of one, surrounded by hostile antagonists. This impressive character feature is not correlated with physical courage.

Among the intellectual influences of my childhood that of my uncle Ludwig Neumann (Lubig) is outstanding. He stimulated my imagination with magic stories and made me socially and morally sensitive and responsible. Then there was our youth leader Heinz Trampusch, who was also our tutor at home, and who aroused my curiosity in science (he was a zoologist who became a professor at the

University of Amsterdam and taught us to dissect mice) and politics. Later, in my youth, important influences were a lawyer friend of the family's, and an admirer of my aunt's, Walter Fröhlich, whose Manchester liberal convictions, applied to both economics and politics (he defended in court socialists arrested by the Dollfuß-Schuschnigg regimes) contrasted sharply with the socialism of my uncle (he emigrated and taught economics at Marquette University); my school teacher Häussler, who carried membership cards of all political parties as a hedge and insurance, the idealist sociologist Max Adler, who tried to combine Kant and Marx; the philosopher Moritz Schlick who was shot dead by a student in the University of Vienna and Edgar Zilsel, who lectured critically on hero worship at the People's High School in Vienna and, after emigrating, committed suicide in California.

A year in the United States on a Rockefeller Fellowship brought me in touch with Paul Baran and Tibor Scitovsky (as well as Paul Samuelson, Gottfried Haberler, Alvin Hansen, Edward Mason, James Tobin, and Carl Kaysen), reunited me with my family who had migrated to America, and, above all, led to the discovery of the young woman who became my wife. I always regarded her as the best result of my Rockefeller Fellowship research project.

In the late 40s I got to know Gunnar Myrdal, who had asked me to translate and edit his youthful, iconoclastic book *The Political Element in the Development of Economic Theory* into English, and with whom I collaborated on several other projects throughout his life. I collected his methodological writings in *Value in Social Theory*, and wrote a long introduction to it. I still think it contains a valid critique of welfare economics. It was widely praised, and completely ignored, sometimes even by myself. When I worked with Myrdal on *Asian Drama* he thought my critique of planning models and the production function excessively detailed and called it slightly contemptuously »filigree work«.

Among scholars whose ideas and work I admire for their combination of profound insights and range with human and moral concerns are Albert Hirschman, Amartya Sen, Tibor Scitovsky, Nicholas Kaldor, Jagdish Bhagwati, George Richardson, Thomas Schelling, Ronald Dore, and the historian turned economist Hugh Stretton. Among younger economists, my favourites, for varying reasons, and friends are Frances Stewart, Sanjaya Lall, Michael Lipton, Robert Klitgaard, Michael McPherson, Stuart Holland,

Mohan Rao, Gillian Hart and Jeffrey James. Among more action-orientated men I admire the work of Mahbub ul Haq, Bryan Hopkin, and Nurul Islam. A longer list of my favourite scholars is contained in the list of members (and ex-members) of the board of the journal *World Development*, of which I have been editor since 1972.

Getting old is odd. It is rather like jet travel: the body moves ahead of the soul: in aging it moves ahead in time, in jet travel in space. One moment you are in Boston or London, and a few hours later in Tokyo or Beijing. But the soul has not caught up with the body and still dwells in Boston or London.

Aging is similar. After 30 the years slide by so quickly that the soul cannot keep up. The birthday says 40, 50 ,60, 70, but our soul is stuck at 30 or 40. To the young we appear wrinkled and decrepit, almost members of a different species. They treat us with reverence and respect or with contempt and arrogance, or both. But inside we are not so different from them. True, one gets tired more quickly, one forgets more things (but then there is so much more to remember), one is interested in fewer things. But my appetite has not become jaded, my enthusiasms not less keen, my sense of romance not less nostalgic than it was on the walks back from Hütteldorf in the Vienna Woods after a visit to my grandparents. I still care about the opinions of others and am elated by praise and downcast by hostility. The honorary degree awarded to me by the University of Malta gives me inordinate pleasure.

There is the story of the Oxford College that received a large private bequest. In the senior common room the fellows are discussing how the money should best be invested. The Bursar finally says, »Well, let's invest in property. After all, property has served us well for the last thousand years«. Then the senior fellow chirps up and says: »Yes, but you know the last thousand years have been exceptional«.

There is a nostalgia for certain periods in one's life. They sparkle more brilliantly. They are basked in a golden haze. My undergraduate days and the early days of my fellowship in Oxford were such periods. At Consilium on Wednesday 26 February 1986 Balliol College elected me to an Honorary Fellowship. It was an event that gave me the greatest pleasure. I should be grateful to Hitler for having enabled me to enjoy such joys and opportunities.

Are old friends better than new ones? In both there is surely an element of self-love: for the old the shared youthful memories, for the new the ability to start with a clean slate. Oscar Wilde said it is hard to part with people whom we have known only for a short time. I see exactly what he meant. It is not the same as what was being said about Thomas Dewey: he is a nice guy until you get to know him, because it is not something about the other person that we like, but the ability to remake ourselves. When Albert Hirschman read another autobiographical sketch, entitled »Aerial Roots« (*Banca Nazionale del Lavoro Quarterly Review*, No. 157, June 1986) he wrote to say that there were so many things he had not known about me, in spite of our friendship over nearly 40 years. He then went on to reflect that the reluctance to tell the same stories again and again must be a powerful force making for marital fidelity.

I have been a better critic than apologist or advocate. My first two published articles contained a critique of the theory of the firm and of the theory of profit. During my years in the World Bank in the late 70s I was put in charge of the work on propagating basic needs. I never felt comfortable in that role. After having left the Bank it was a liberating experience to return to a more critical stance.

I have always wished I had learned more mathematics. Without this grounding, one feels like a handloom weaver in the days of the power loom. But the thought is made bearable by the fact that most of the power loom weavers seem to be weaving the Emperor's clothes. The rigour achieved by much mathematical modelling is all too often a rigor mortis. And the models, shapely and elegant though they may be, too often lack the vital organs.

All thinking calls for structure and abstraction. Models can serve as scaffolds, or as crutches for better access to an incoherent, highly complex reality. And it has often been said that practical men and women use crude implicit models. A sharp focus illuminates a small area, but excludes what lies outside it. At any given time there is only one orthodoxy, but many heterodoxies.

I regard it as an important function of a dissatisfied economist not to produce an alternative paradigm (or rather to produce an alternative paradigm only for the purpose of dislodging an old one), but to serve as an intellectual muscle therapist, who, by engaging us in intellectual finger exercises, cures us of intellectual cramps, who prevents the premature crystallization of flawed orthodoxies. His function is more therapeutic than substantive.

The heterodox dissenter stands for humility, modesty and tolerance, and a sense of humour. For the orthodox the worst offence is fuzziness. If I had to choose I would rather be accused of fuzziness than of reductionism. The heterodox dissenter prefers, I think, to be accused of fuzziness. He prefers to be vaguely right to precisely wrong. The orthodox insist that reductionism is not the occupational disease of economists, it is their occupation. But if in the process they throw the baby out instead of the bathwater, the reduction surely loses its point.

Eberhard K. Seifert

»Opening Doors«: Wem und Wohin?

Zu Schumpeters Einfluß auf die Ökonomik, insbesondere in den USA*

Vorbemerkung

Als seinerzeit der *call for papers* für diese Tagung eintraf, dachte ich neben anderen Emigranten sogleich an Joseph Alois Schumpeter – wohl auch deshalb, weil ich eine neue deutsche Edition von *Kapitalismus, Sozialismus, Demokratie* zum 50-jährigen Jubiläum dieser erfolgreichsten Schrift von Schumpeter angeregt hatte.[1] Insofern war

* Wann immer ich im Verlaufe der Arbeiten an diesem Manuskript meinte, mir hierzu eine einigermaßen abgerundete Meinung gebildet zu haben, mußte ich – nicht zuletzt aufgrund der neueren Schumpeter-Literatur – realisieren, wie richtig die schon 1979 von Stolper geäußerte Auffassung war, demzufolge es sehr schwierig, wenn nicht gar unmöglich sei, in wenigen Zügen ein Bild dieser vielschichtigen, ja schillernden Persönlichkeit und seiner Wirkungsgeschichte zu entwerfen; daher bin ich mir mehr noch als zu Beginn dieses Artikels über den nur vorläufigen Charakter nachstehender Ausführungen im klaren – dies gilt insbesondere für den letzten Abschnitt. Mein Dank für freundlich-kritische Aufnahme der ersten Version dieses Beitrags gilt einerseits den Tagungsteilnehmern; andererseits all jenen, die vor und/oder nach der Tagung zur Fortentwicklung dieser allmählichen Verfertigung eines Schumpeter-Bildes beim Schreiben diverser Fassungen beigetragen haben. Insbesondere aber bin ich Harald Hagemann sowohl für seine umfangreichen redaktionellen Hilfen, wie auch für seine insistierende Nachsicht gegenüber anderweitigen »Vordringlichkeiten des Befristeten« zu außerordentlichem Dank verpflichtet. Ich bitte alle und wiederum Harald Hagemann besonders, mir nachzusehen, der Fülle der kritischen Anregungen zur Änderung dieses Beitrags nur in Grenzen entsprochen zu haben. Zu mehr hätte es eines anderen, völlig neuen Textes bedurft; um so mehr gilt, daß nur mir die Verantwortung für alle verbliebenen Mängel anzulasten ist.

[1] Der Verleger hatte diese Anregung aufgegriffen und so ist 1993 erstmals seit den beiden noch von Edgar Salin besorgten Ausgaben eine aktualisierte Auflage erschienen. Darin enthalten sind nicht nur die späteren Vor- und Nachworte von

mir die Frage nach seinem Einfluß insbesondere in den USA eine willkommene Ergänzung zu dieser (Wieder-)Befassung mit dem Ökonomen, der im Pantheon unserer Disziplin längere Zeit fast völlig in den Hintergrund gerückt war. In diesem Zusammenhang war neuerlich wieder vieles an Originalarbeiten von Schumpeter zu studieren, vor allem aber auch die insbesondere seit Anfang der achtziger Jahre enorm angewachsene Sekundärliteratur (vgl. 4).

Darüber hinaus hatte ich bei verschiedenen Anlässen, insbesondere während zweier US-Studienaufenthalte im Frühjahr 1991 und 1992 unter anderem auch an der Harvard-University/Cambridge Gelegenheit, mit einer Reihe von Ökonomen über Schumpeter zu sprechen, darunter auch solchen, die ihn selbst noch gekannt und erlebt und/oder sich besonders mit seinem Werk befaßt haben: so vor allem Gottfried Haberler, Nicholas Georgescu-Roegen, Frederic Scherer, Robert Heilbroner, Wolfgang Stolper[2] Richard Musgrave, Hans Wolfgang Singer, Arnold Heertje und Richard Goodwin.[3]

Zu meinem größten Bedauern ergab sich seinerzeit keine Gelegenheit, auch mit dem Autor der doppelbändigen Schumpeter-Biographie, Professor Robert Loring Allen, zu sprechen, der 1947 bei Schumpeter in Harvard studierte; laut Mitteilung der Schumpeter-Ge-

---

Schumpeter und sein letzter Aufsatz *Der Marsch in den Sozialismus*, sondern auch eine kurze Einführung zu Person und Werk sowie eine kommentierte Bibliographie-Auswahl.

[2] Ihn traf ich nicht in den USA, sondern im Sommer 1991 in Hamburg, wohin ich ihn während seines Europa-Aufenthaltes einladen und zu einem Gastvortrag im Seminar von Prof. Heinz Rieter (amtierender Vorsitzender des Dogmengeschichtlichen Ausschusses im Verein für Socialpolitik) an der Universität Hamburg über *Gleichgewicht und Konjunktur bei Schumpeter* gewinnen konnte.

[3] Als *Vice President* der 1990 mitgegründeten *EABS* (*European Association for Bioeconomic Studies*) hatte ich 1991 dann die Freude, Professor Goodwin (Cambridge-UK/Siena) als *special guest* zu der 1. Int. Tagung *»Entropy and Bioeconomics«* in Rom zu einem Vortrag über *Chaos in Economics* begrüßen zu dürfen. Prof. Goodwin verkörpert in ausgezeichneter Weise die »lebendige« Brücke zwischen Schumpeter und einem anderen seiner prominenten Schüler, Georgescu-Roegen, sowie zwischen den USA, England und Italien. Diese erste EABS-Tagung war zugleich eine Ehrung des Gründers des bioökonomischen Paradigmas und des 85. Geburtstages von Georgescu-Roegen. Goodwin hat bekannt: »When I returned to Harvard, I fell under the spell of the passionate intellectualism of Schumpeter, particularly, as an intelligent reactionary, fully cognizant of the basic contribution of Marx. He enjoyed particularly the friendship of Paul M. Sweezy and myself precisely because we disagreed with him, and also he fancied us as typical of the degeneration of capitalism, since we both came from a background of banking« (1988, S. 158).

sellschaft vom November 1992 ist Allen in diesem Jahr verstorben. Diese zwei Bände (Vol. 1: Europa, Vol. 2: Amerika) tragen den bezeichnenden und noch näher zu erläuternden Titel *Opening Doors*, der auch vorliegendem Beitrag zum Anknüpfungspunkt für die Frage nach dem »Wem und Wohin?« dient. Damit – sowie mit ausführlichem Gebrauch von Zitaten aus seinem Werk – möchte ich Allen zugleich meine Referenz erweisen, dessen einfühlsame Offenlegungen des *private life of a public man* ein neues Licht auf Schumpeter geworfen haben.

Walt W. Rostow hat zu dieser auf langjährigen und zeitaufwendigen Archiv-Recherchen beruhenden Arbeit von über 600 Seiten sein Vorwort mit folgendem Satz eingeleitet: »... is a distinguished addition to a small set: biographies of major economists« (S. IX). Diese erste eingehende Schumpeter-Biographie[4] wird wohl für längere Zeit als *das* Standardwerk gelten – auch wenn hier Werk und Person in einer derart unauflöslichen Verknüpfung geschildert werden, daß es womöglich manchem zu »psychologistisch« vorkommen mag. In Paraphrase zu einer solchen Darstellung des *private life of a public man* à la R. L. Allen soll Wolfgang Stolpers unterdessen abgeschlossenes Buch über Schumpeter demgegenüber den programmatischen Titel tragen *The public life of a private man.* Mit der ebenfalls noch 1991 edierten Arbeit *Joseph Schumpeter. His life and his work* des Schweden Richard Swedberg, liegt unterdessen auf rund 200 Seiten eine gut lesbare und kenntnisreiche Art Mittelding zwischen reiner Werkbetrachtung und Biographie vor.

Auf diesem kurz angedeuteten Interessenhintergrund und einer enorm angewachsenen Sekundär-Literatur zu Schumpeter soll nun der schwierigen Frage nach dessen Einfluß auf die Ökonomik in folgenden Einzel-Aspekten näher nachgegangen werden:

1. fragt danach, ob Schumpeter überhaupt zur »deutschsprachigen wirtschaftswissenschaftlichen Emigration« gehört?
2. wirft zunächst ein Schlaglicht auf das Harvard von Schumpeter,

---

[4] R. Swedberg (1991b) wies noch kürzlich darauf hin, daß noch keine »major biography« zu Schumpeter geschrieben worden ist; von der Arbeit von R. L. Allen wußte er, daß ein Manuskript existiert. Freilich liegt zu einzelnen Schaffensperioden und Phasen seines Lebens eine Fülle z.T. auch biographischer Sekundärliteratur vor; exemplarisch sei auf die Arbeiten von Haberler (1965), Samuelson (1951, 1981), E. Schneider (1970) und den von S. Harris herausgegebenen Gedenk-Band *Schumpeter: Social Scientist* (1952) hingewiesen.

3. rekapituliert eine These von F. K. Mann, warum es in den USA keine Schumpeter-Schule gab,
4. präsentiert Indikatoren zum steigenden Einfluß von Schumpeter,
5. versucht eine Kurz-Charakterisierung seines Gesamtwerk-Ansatzes,
6. skizziert einige Aspekte und Tendenzen der »Schumpeter-Renaissance«.

1. Gehört Schumpeter zur »deutschsprachigen wirtschaftswissenschaftlichen Emigration« ?

Die vertiefende Befassung mit biographischen Einzelheiten sowie einer Fülle neuerer Informationen warf mehr und mehr die Frage auf, ob Schumpeter im strengen Sinne überhaupt unter das Tagungsthema der »Emigration nach 1933« fällt – sofern damit primär die NS-Folgen angesprochen wären.

Anläßlich einer Tagung im Sommer 1991 zur Ehrung von Werner Sombart sprach sich Harald Hagemann aufgrund seiner Recherchen erneut für diese These aus. Insbesondere aber nach dem von Allen z.T. erstmalig herangezogenen bzw. zugänglich gemachten Material sieht es eher danach aus, als wären es primär private und nicht politische Gründe gewesen, die ihn in die USA geführt hatten:[5] die »Flüchte« vor den anhaltenden finanziellen Schwierigkeiten aus der Zeit seiner desaströsen Wiener Ausflüge in die Welt der Politik (Finanzminister der Republik Österreich von März bis November 1919) und anschließend in die des Geldes (Präsident der Biedermann Bank), sowie aus den ihn dann in Bonn ereilenden existentiellen Schicksalsschlägen, die fortan sein Leben mit Trauer und Pessimismus erfüllten.[6]

Ganz gegenteilig zu Vermutungen, Schumpeter habe sich angesichts der erkennbar heraufziehenden Gefahren des Faschismus von Deutschland abgewandt und sich im September 1932 rechtzeitig in

---

[5] Auch Swedberg scheint letztlich dieser Meinung zuzuneigen (1991a, S. 108ff.).

[6] Nach kurzer glücklicher Zeit in Bonn starb gänzlich unerwartet zuerst seine Mutter, zu der er ein ganz inniges Verhältnis hatte, dann seine rd. 20 Jahre jüngere Frau im Kindbett mitsamt dem Sohn. Allen hat aufgrund des Zugangs zu privaten Aufzeichnungen ein bislang unbekanntes zweites Leben von Schumpeter einer ihm geradezu religiös-mystisch anmutenden Zwiesprache mit den »Hasen« (wie er Mutter und Frau, abgeleitet vom österreichischen Kosewort »Haserl«, anrief) entborgen.

Sicherheit gebracht – mit dem Sommersemester 1932[7] endete seine »produktive« Bonner Zeit seit 1925[8] – nährt Allen insbesondere mit Bezug auf die berühmte Bonner Abschiedsrede[9] sogar Zweifel an Schumpeters Ablehnung der Nazis.[10]

---

7 Im April 1932 unternahm Schumpeter, innerlich bereits entschieden für Harvard, nachdem die kurzzeitige Aussicht auf einen Berliner Lehrstuhl in Nachfolge von Sombart sich zerschlagen hatte, noch eine erfolgreiche Reise nach Skandinavien; mit dem Juli 1932 endete das Sommersemester, und die Studenten baten ihn zu der berühmten Abschiedsrede *Das Woher und das Wohin unserer Wissenschaft.* Offiziell endete seine Bonner Zeit, wo er die schönsten, aber auch bittersten Stunden seines Lebens erlebt hatte, erst am 22. September 1932; doch schon am 15. September besuchte er Lionel Robbins und andere Ökonomen in London und war von Liverpool aus bereits seit dem 18. September auf hoher See auf dem Weg in die USA.

8 59 Artikel erschienen in diesen Jahren, die Schumpeter selbst jedoch später selbst abgewertet habe, da sie populär und politikorientiert waren (vgl. Allen 1, S. 296).

9 Die fragliche Stelle ist schon gelegentlich zitiert worden; sie lautet: »Stellen Sie sich die heutige Lage unseres Vaterlandes (sic!, d.V.) vor! Wir stehen einer gewaltigen Bewegung gegenüber, die einzigartig ist in der Geschichte. Nie ist es einer Organisation gelungen, gegenüber den etablierten Parteien sich durchzusetzen. Dieser gewaltige Machtapparat gleicht einem Ungeheuer von unendlichem Impuls, und er kann für das deutsche Volk Katastrophe oder Glorie bedeuten, je nachdem wie er verwendet wird. Aber wie wichtig wäre es, wenn dieser Koloß ökonomisch richtig beraten wäre; und wenn es unter ihnen Leute gäbe, die nationalsozialistisch fühlen und trotzdem die ökonomische Technik nicht verachten – welche ungeheuren subjektiven Möglichkeiten für einen jungen Mann! Man bedeutet nur dort etwas, wo noch nichts durchdacht ist. Daß man sich Parteien zuwenden soll, die nicht-rationale Programme haben, haben alle bedeutenden Politiker gewußt. Benjamin Disraeli ist Konservativer geworden, weil dahinter diese schönen Gentlemen stehen, die das richtige Gefolge für einen Mann von Format sind. (S. 606). Schumpeter selbst bezeichnete sich in dieser Rede übrigens als »Deutscher« in folgender Redeweise: »... weil ich ja als Deutscher aus meiner deutschen Haut nicht heraus kann ...« (S. 602, Herv. im Text) – wobei freilich zu erwähnen ist, daß die Rede nur als *Nachschrift*, also nicht als authentischer Text erhalten ist. Andererseits ist kaum anzunehmen, daß Cläre Tisch, auf die man diese Nachschrift zurückführt, oder August Lösch, der sie aufgrund eigener Notizen 1942 überarbeitete, ihm gewissermaßen »nazifreundliche« Wendungen untergeschoben hätten. Beide waren getreue Schüler von Schumpeter. C. Tisch mußte allen Informationen zufolge im KZ ihr Leben lassen und zur politischen Integrität beider vergleiche man nun auch den Beitrag von Singer in diesem Band.

10 Vgl. Bd. 1, S. 283ff. und v.a. S. 285 für eine bislang unbekannte Eintragung in sein Tagebuch, die gewisse Hitler-Sympathien aufflackern ließe; vgl. ferner die noch vorsichtigere Stelle in Swedbergs neuer Einführung zu – teils erstmals in englischer Sprache zugänglichen – Texten von Schumpeter: *The Economics and Sociology of Capitalism* (1991, S. 28).

Gleichwohl konzediert auch Allen, daß Schumpeter »... sooner or later (would) have been forced to leave also, not because he was Jewish,[11] but because the Nazis could not tolerate a free spirit in the sensitive position of the leading German economics professor« (ebd., S. 291).

Ein anderer möglicher – auf der Hohenheimer Tagung mit besonderem Interesse verfolgter – Grund könnte in Schumpeters Eitelkeit,[12] d.h. in seinem vermutlich verletzten Stolz darüber gesehen werden, daß seine erheblichen Bemühungen, in die Hauptstadt Berlin berufen, dort insbesondere Nachfolger auf dem Theorie-Lehrstuhl von Werner Sombart zu werden, von eifersüchtigen Mitgliedern der Fakultät hintertrieben wurden (Allen 1, S. 289ff.);[13] andererseits aber scheint es den Recherchen Allens zufolge keineswegs sicher, daß Schumpeter tatsächlich nach Berlin gegangen wäre, sondern womög-

---

[11] Der Präsident der Internationalen Schumpeter-Gesellschaft, der Japaner Shionoya, hat in seinen Recherchen zum Geburtsort und der Familiengeschichte Schumpeters ermittelt, daß die Schumpeters schon seit dem 16. Jahrhundert in Triesch, dem heutigen Trest in der Tschechischen Republik lebten und deutschstämmig waren. Sie bekannten sich zum römisch-katholischen Glauben. Obwohl Schumpeter selber keine Nachforschungen zu seinem Stammbaum angestellt habe, trat er in den USA öffentlich für die Unterstützung jüdischer Ökonomen mit der Begründung ein, daß er weder Jude noch jüdischer Abstammung sei (1991, S. 52ff.).

[12] Kaum eine Schumpeter-Arbeit, die über das Werk hinaus auch auf die Person näher eingeht, versäumt es, die berühmt-berüchtigte Anekdote von Schumpeters drei Lebenszielen zu kolportieren: der größte Liebhaber Wiens, der beste Reiter Österreichs und der bedeutendste Ökonom der Welt zu sein. Nur eine dieser drei Ambitionen habe er, so spätere sibyllinische Auskünfte, verfehlt – und überließ anderen die Vermutung darüber, welche. Allen ergänzt die in verschiedenartigen Varianten kursierende Anekdote um weitere Ambitionen (Kunstliebhaber, Erfolg in der Politik) und kommentiert den offenbar kaum bestehenden Mangel an Selbstbewußtsein hinsichtlich der Ökonomie: »His failure to be accounted by the world as its greatest economist galled him most of all in his later years. Perhaps, more than any other failure, this one haunted him most of all.« (Allen 2, S. 171).

[13] Allen führt hierzu aus: »Most of the Berlin faculty opposed Schumpeter, but they knew they would have difficulty denying him a post on the basis of his qualifications. Having heard of Schumpeter's difficulties as state secretary of finance in Austria and his failure at the Biedermann Bank, his opponents began to float rumors of Schumpeter's culpability in these matters. But the real reason for their opposition had little to do with his past careers in banking and politics. Many of the professors at Berlin were incompetent and owed their posts to political affiliations. Bernhard, for example, was a personal friend of Kaiser Wilhelm, who appointed him. ... Because of their ineptitude and incompetence, most of the Berlin faculty feared Schumpeter and his record of scholarship.« (Allen 1, S. 289).

lich nur auf eine Absage seinerseits zugunsten von Harvard ausgewesen sein könnte,[14] oder doch in dem forschungsfreundlicheren Bonn geblieben wäre.[15]

Schumpeter selber hatte später den Grund seines Wechsels nach Harvard im September 1932 und seine maßgebliche Mitwirkung an dem folgenden Vierteljahrhundert von *Harvard's golden age in economics* (Allen 1, S. 302) vor allem mit den dortigen »besseren Arbeitsbedingungen« einschließlich der dringend benötigten besseren Bezahlung angegeben.[16]

Wie auch immer: seine legale Übersiedlung in die USA[17] hat sich auf jeden Fall in vielerlei Weise unterschieden von derjenigen der meisten anderen (NS-)Emigranten und beruhte zudem auch auf begünstigenden Voraussetzungen:

- er sprach und schrieb bereits ein ausgezeichnetes, wenn auch mit Akzent versehenes Englisch (in erster, problematischer Ehe war er seit 1907 mit einer englischen Adeligen verheiratet), so daß er nicht erst eine längere Anpassungsphase benötigte, sondern gleichsam sofort und fortan ausschließlich in Englisch schrieb;[18]

---

[14] Er argumentiert so: ».. Schumpeter would probably not have accepted a Berlin post had it been offered in mid-1932. It is even improbable that he would have taken such a post if it had been offered earlier and without controversy. He probably wanted an offer only so he could turn it down, knowing, he could go to Harvard where working conditions were far superior to those at any German University. Although the United States might be uncomfortable, the intellectual enclave of Harvard was not; nor was Harvard politicized, as was Berlin. Even had he stayed in Germany, he preferred the less turbulent and more congenial Bonn.« (Allen 1, S. 291).

[15] Vgl. auch die Hinweise von Singer in diesem Band auf das gute Klima in Bonn.

[16] Vgl. insgesamt Abschnitt 7, Kap. 15 bei Allen 1, S. 292ff.

[17] Auch Japan stand einige Zeit zur Debatte (ebd., S. 270ff.), wohin seinerzeit noch kaum westliche Gelehrte, noch weniger Ökonomen reisten. Aufgrund dieser frühen »Spurenlegung« seiner Ideen hinterließ er einen auch heute noch bleibenden Einfluß.

[18] Ungeprüft mußte ich die Frage lassen, ob er trotzdem und wenn ja wie lange noch den Publikationsumweg über einen *native speaker* nahm, wie so viele andere Emigranten, die z.T. über Jahre, sogar Jahrzehnte mit solchen handicaps in der neuen Welt zurecht kommen mußten. Ich erinnere allerdings aus den angeführten Gesprächen mit Schumpeter-Kennern, daß er sogar ein elegantes, wenngleich europäisch-blumiges Englisch beherrscht haben soll, wovon insbesondere seine letzten Arbeiten wie vor allem *Kapitalismus, Sozialismus und Demokratie* Zeugnis ablegen würden. Nicht zu vergessen ist, daß er in dritter Ehe ab 1937 dann auch mit der Amerikanerin Elisabeth Boody verheiratet war und so eine studierte Ökonomin

- er war seit dem Studium und Studienreisen in England 1906 mit den führenden Universitäten und Lehrern (besonders Edgeworth, auch Marshall) der angelsächsischen Welt vertraut;[19]
- und er war entsprechend seiner kosmopolitischen Neigungen bereits vorher mehrfach überseeischen Gastvortrags-Einladungen (USA/Columbia 1913/14 und Japan) gefolgt: insbesondere jenen der Universität Harvard zu einer Gastprofessur für das akademische Jahr 1927/28 (beginnend Oktober 1927 bis Frühjahr '28) und dann nochmals 1930/31.

Anläßlich dieses US-Aufenthaltes und der Tagung der *American Economic Association* in Cleveland/Ohio zwischen Weihnachten und Neujahr 1930, wo er seinen Beitrag *The present world depression: A tentative diagnosis* präsentierte, wurde nach Vorklärungen zwischen Schumpeter, Ragnar Frisch und Irving Fisher und unter seiner Leitung am 29. Dezember 1930 in Anwesenheit von 16 illustren Ökonomen die *Econometric Society* gegründet – mit I. Fisher als ihrem ersten Präsidenten (vgl. Allen 1, S. 268ff.). Im Herbst 1932 (also schon in den USA) schrieb er den ersten Artikel in *Econometrica*, dem neuen Journal dieser Society: *The Common Sense of Econometrics*.

In Harvard hatte man ihm, dem seinerzeit in den USA wohl bekanntesten deutschen bzw. europäischen Ökonomen, frühzeitig bereits das Interesse an einer dauerhaften Anstellung[20] bedeutet, und er hatte dort eine Gruppe junger hochmotivierter Ökonomen und Soziologen angefunden, denen gegenüber er sein Bonner Motto des »Türen öffnens« in fortwährenden Arbeitszirkeln weiter praktizieren

---

an seiner Seite hatte. Ihren bis zu ihrem eigenen Tod währenden unermüdlichen Bemühungen verdanken wir zudem die postum edierte monumentale (unabgeschlossene) *Geschichte der ökonomischen Analyse* von Schumpeter.

[19] Allen schreibt sogar: »... Thus, his time in England was as much a part of his education as were his classes in Vienna« (Allen 1, S. 60); als anekdotisches *apercu* behauptet Allen folgendes: »Schumpeter's move toward a career in economics was probably pushed along by his meeting with Alfred Marshall« im Jahre 1907 (S. 61). Auf jeden Fall kommt Allen zu dem Schluß, daß »Schumpeter's perception and emerging vision included a slant – a knowledge and appreciation of what went on in English-language economics – not possessed by other German-speaking economists« (S. 62).

[20] Er ließ sich auch relativ rasch nach seiner Übersiedlung nach Harvard als US-Angehöriger einbürgern; einen Großteil seiner Habseligkeiten ließ er in Bonn zurück, was Allen und Swedberg als demonstrativen Akt und Beweis dafür werten, daß Schumpeter mit seiner tragischen Vergangenheit radikal brechen wollte.

konnte (ebd., S. 239ff., bes. S. 247 zu den Mitgliedern der Gruppe, inclusive dem später berühmten Soziologen Talcott Parsons).

Gleichwohl: Schumpeter ist trotz all dieser signifikanten Unterschiede zu vielen anderen Emigranten der dreißiger Jahre in die allgemeine Geschichte des intellektuellen Aderlasses für den deutschen Sprachraum einbezogen und somit ist auch die Frage nach dem Einfluß seines Wirkens auf die Ökonomik, speziell in der neuen Welt (wo er in der Nacht vom 7. auf den 8. Januar 1950 in Taconic verstarb) aufgeworfen – auch wenn er schon *vor 1933* fortging und kein typischer NS-Emigrant war.

2. Harvard's »golden age of economics« – Klima, Kollegen, Schüler

Wenn voranstehend Allens Charakterisierung der Harvard-Jahre von Schumpeter zitiert wurde, so muß kurz der allgemeine Hintergrund des geistigen Klimas in Harvard beleuchtet werden:

> »During the 1930s, giants strode the Yard: historian Charles Eliot Morrison, mathematician Georg Birkhoff, astronomer Harlow Shapley, humanist George Lyman Kittridge ..., the Law School's Roscoe Pound, government's Harold Laski and William Yandell Elliott, economics's Frank Taussig, and many others. Schumpeter joined this society of giants. The leading economics professor of Germany became a leading U.S. economics professor as his arrival in the fall of 1932 initiated Harvard's golden age in economics, an era that lasted more than two decades.« (Allen 1, S. 301f.)

Die Voraussetzungen für eine Schule-bildende Wirkungsstätte waren denkbar günstig: an anderer Stelle erläutert Allen, daß das *Department of Economics at Harvard* während des ersten Viertels unseres Jahrhunderts zum führenden Department im ganzen Lande avanciert war;[21] mit Frank Taussig an der Spitze waren seinerzeit dort tätig: Thomas Nixon Carver, Edwin F. Gay, William Z. Ripley, Charles J. Bullock, O.M.W. Sprague u.a.; ab 1927 John D. Black, John H. Williams; Edward Mason und Edward Chamberlin begannen gerade ihre akademische Karriere, Allyn Young war bis Ende der zwanziger Jahre

---

[21] Zu vorangehenden Entwicklungen in der US-Ökonomik im allgemeinen sowie der von Harvard im besonderen vgl. Cohn 1889; Craver/Leijonhufvud 1987; Coats 1960; Carlson 1968; AER, vol. 1985, Nr. 6 – essays commemorating the centennial of the American Economic Association.

dort tätig, Arthur Cole arbeitete als Assistant Professor und Seymour Harris (später Herausgeber der berühmten Schumpeter Gedenkschrift der Harvard University aus dem Jahre 1951) stand in den Startlöchern. Schon während seiner ersten Gastprofessur arbeitete Schumpeter am liebsten mit einer Gruppe junger (post-graduate) Studenten und Kollegen zusammen, denen er in der *sacred decade of fertility*, ihren zwanziger bis dreißiger Jahren die *Türen öffnen* wollte, darunter außer den z.T. schon genannten bspw. auch G. Haberler und Arthur Smithies. Seine Eigenart beschreibt Allen so:

> »Although Schumpeter gladly lavished time on his students, he did not mingle too well with his contemporaries – that is, with professors of his same age and station. His aristocratic arrogance, scholarly talent, and skill led him to ignore most of his colleagues. ... Schumpeter was inordinately fond of two groups of people: the young and the old. ... He felt that because he was a master scholar he had a special responsibility to encourage, to inspire, and throw open the doors of knowledge to the inquiring minds of young scholars, for they would make the future contributions and pursue new intellectual vistas.« (Allen 1, S. 246f.)

Schon bald nach Beginn seiner Lehrtätigkeit initiierte Schumpeter Ende 1932, Anfang 1933 zuerst die informelle und nach außen wenig bekannte Gruppe der *seven wise men*, bestehend aus ihm selbst, Leontief, Chamberlin, Mason, Brown, Taylor und Harris und auch weitere, wie bspw. die *Cournot Group* (Allen 2, S. 4ff.). Die Motive hierfür waren Allen zufolge klar:

> »He wanted to soak up the intelligence and insights of lively young people, as well as to experience the intellectual excitement that only a group of young minds on the move can provide. In addition, he wanted to promote the interests of these young colleagues and students. Schumpeter also needed an audience for his own musings and the admiration of a group that regarded him as mentor. The groups substituted for family life, a combination [of; d.V.] social and intellectual occasion that got him out of the library and away from Taussig household. Outside these groups, he had only a limited social life.« (Allen 2, S. 4f.)

Im Unterschied zu seinem guten Verhältnis zu seinen Musterschülern und jüngeren Kollegen waren seine Beziehungen zu den Gleichaltrigen nicht besonders: »... to them, he seemed an idiosyncratic Austrian gentleman – perhaps a brilliant economist, but a little bit off the beaten track, and not a leader in economics« (ebd., S. 6).

Paul Sweezy war in den ersten Harvard-Jahren sein Assistent, wie dann auch Wolfgang Stolper, nachdem dieser aus Bonn nachgekommen war. Samuelson, der erste Amerikaner, der später den Nobelpreis erhielt, arbeitete Mitte der dreißiger Jahre mit Schumpeter zusammen und Schumpeter mußte sich dann als Betreuer recht mühsam durch dessen Dissertation quälen (s.a. seinen vielzitierten Aufsatz in der von Harris edierten Harvard-Gedenkschrift von 1951 *Schumpeter as a Teacher and Economic Theorist).*

Durch puren Zufall kam der promovierte Mathematiker und Statistiker, Nicholas Georgescu-Roegen Ende 1934 zu Schumpeter und damit zu einer anderen Disziplin, in der er mit einigen beachteten Arbeiten zunächst einer der Pioniere auf dem Gebiet der mathematischen Ökonomik wurde, bevor er gegen Schumpeters Rat und Hoffnung, mit ihm ein theoretisches Buch zu schreiben, bis 1949 wieder nach Rumänien zurückkehrte, um dann ab 1950 Ökonomie-Professor an der Vanderbilt Universität/Tennessee zu werden. Er schrieb kürzlich in seinen *Autobiographical Notes* über diese Zeiten:

> »Schumpeter was a great teacher but only for those students who were sufficiently advanced to see the gist of his remarks, almost every one a valuable suggestion even for a doctoral dissertation. ... Above all, he found time to preside over the weekly meetings of a circle of Rockefeller Fellows from Europe who happened to be there at the same time with myself. They were Oskar Lange, Fritz Machlup, Gerhard Tintner, and Nicholas Kaldor (who arrived one year later). The meetings concentrated on mathematical economics and lasted endless hours after dinner. Leontief, Ed Hoover, and Paul Sweezy ... also were among the 'regulars', nonetheless the foreign accent still dominated. ... The circle's star of mathematical economics was Lange. ... There was a great deal of unassuming socialising among the fellows of the circle including Schumpeter. Now and then, Schumpeter would offer a dinner ... Those memorable dinners lasted so late in the night that we were the last and had to lock up the club« (1989, S. 118f.)

Allen ergänzt die Liste der Teilnehmer in solchen Schumpeter Zirkeln, die eine eindrucksvolle Aufstellung von Namen ergibt, die man heute im *Who's Who in Economics?* in erster Reihe wiederfindet: Oskar Morgenstern, Abba Lerner, Paul Baran, Eric Roll, Robert Bryce, August Loesch, Jacob Marschak (Allen 2, S. 43).

Ein Aspekt des Umgangs mit dem geschätzten »Lehrer« Schumpeter hat viele von ihnen verwundert: in der Regel lehrte Schumpeter nie seine eigenen Theorien – wie Kant übrigens – und diskutierte auch nicht über seine Auffassungen. Insofern ist Samuelsons Bericht von 1969 über eines seiner *greatest happenings* besonders interessant, als Schumpeter, »Harvard's brilliant economist and social prophet, was to debate Paul Sweezy on *The Future of Capitalism*. Wassily Leontief was in the chair as moderator and the Littauer Auditorium could not accommodate the packed house« (Newsweek, June 2, 1969). Schumpeter soll, entgegen dem guten Licht, in das ihn Samuelson stellt, laut einem anderen Schumpeter-Schüler und späteren Nobelpreisträger, James Tobin, nicht »gut ausgesehen« haben. Womöglich waren eine solche Erfahrung und entsprechende Befürchtungen schon ein Grund für Schumpeters Weigerung, mit der Lehre seiner Auffassungen selbst an erster Stelle zu einer Schule-Bildung den Grundstein zu legen? (Tobin 1991).

Im *spring term* 1937 wurde Schumpeter der offizielle Ansprechpartner des *departments*. Er war zu der Zeit Harvards bekanntester Ökonom und besaß ein hohes internationales Ansehen: »Other Americans, such as Yale's Irving Fisher, were better known. But among economic theorists, Schumpeter's name often headed the list« (ebd.). Sein 1934 endlich übersetztes Buch von 1911/12 hatte ihm die Beachtung aller US-Ökonomen verschafft und er arbeitete angestrengt an dem *Business Cycles*-Buch, dessen Manuskript er im Frühjahr 1939 abschloß. 1938 wurde er nach Jahren leitender Tätigkeit in der *Econometric Society* Vizepräsident und 1940 für zwei Jahre ihr Präsident, ein paradoxer Aspekt, wie Stolper (1979) mit Blick auf sein gänzlich unmathematisches und unökonometrisches Werk feststellte.

In Harvard war er zwar – wie es dort heißt – *star performer*, aber Harvard wurde in den späten Dreißigern ebenfalls zum Zentrum von zwei anderen nicht-keynesianischen »intellectual upheavals that, unlike the Keynesian revolution, were solid scientific advances not closely related to public policy« (Allen 2, S. 63), vor der Schumpeter immer wieder warnte, sich als Theoretiker darauf einzulassen.

Leontief (seit 1931 z.T. mit Schumpeters Unterstützung in Harvard) publizierte 1936 seine ersten Resultate, die ihn weltberühmt gemacht haben. Der zweite Neuerer war Chamberlin mit seiner Theorie der unvollständigen Konkurrenz. Hinzu kamen noch weitere Ökonomen in den Dreißigern, darunter v.a. auch Alvin Hansen, zuerst ein Kritiker, später der führende Vertreter des Keynesianismus in den USA (ebd., S. 65). Haberler, Schumpeters wohl bester Freund in den dreißiger und vierziger Jahren, war bereits 1931/32 Gastprofessor, ab 1936 dann *full professor* in Harvard.

Als Schumpeter im Januar 1940 aus nicht näher bekannten Gründen in einer Abteilungs-Versammlung kritisiert worden sein soll, er anschließend zusehen mußte, wie zwei neue prestigeträchtigere Lehrstühle statt an ihn – seines Erachtens unverdient – an Hansen und Slichter gingen, man zudem Samuelson nicht die erhoffte Professur, sondern nur eine *instructorship* anbot, wähnte sich Schumpeter nicht mehr hinreichend respektiert, von den alten und selbständig werdenden Schülern verlassen und trug sich mit dem Gedanken, Harvard zugunsten eines Angebots von Yale zu verlassen.

Als dies jedoch publik wurde, erhielt er von allen Kollegen aus dem *department*, sogar auch aus anderen, Briefe mit der Aufforderung, zu bleiben; am beredtesten freilich war der Brief vom 3. Juni 1940, den seine »devoted pupils« schrieben – er ist in voller Gänze bei Allen abgedruckt und von 26 »Schülern« gezeichnet, von denen viele später selber berühmte Professoren wurden; die Liste ist beeindruckend und bspw. auch unterschrieben von einem der auf unserer Hohenheimer-Tagung Anwesenden: von Professor Richard A. Musgrave.[22]

Schumpeter blieb bis zu seinem Tode in Harvard, auch wenn er während der Kriegsjahre in Harvard, wie überhaupt, in eine Lage geriet, die Allen mit *Alienation and Isolation (1939-45)* überschreibt und folgende Impression dazu gibt:

> »Schumpeter rested in Taconic during the summer of 1941, but it was a troubled rest. The failure of *Business Cycles* (which sold only 1.500 copies at 10 $ each by the end of the year, meaning that Schumpeter earned only about $ 2.000 for five years work), the war, and his general weariness led him to write in June 41. ... I have no time for growing old. I have my work to do«. (ebd., S. 108).

Er schaffte es während dieser Zeit und in solcher Verfassung gleichwohl innerhalb von zweieinhalb Jahren, sein erfolgreichstes Buch, *Capitalism, Socialism and Democracy* (*CSD*) fertigzustellen und stürzte sich anschließend ohne viel Erfolg auf den Entwurf eines neuen »Theorie-Buches«, das er *The Theoretical Apparatus of Economics* titu-

---

22 P. Samuelson, W. F. Stolper, A. Bergson, R. L. Bishop, J. D. Wilson, M. Y. Sweezy, J. T. Dunlop, R. A. Musgrave, J. Tobin, D. Vendermeulen, S. Alexander, B. Higgins, S. Tsuru, L. McHugh, H. Wooley, M. C. Samuelson, R. E. Litor, H. Heuser, P. M. Sweezy, R. M. Goodwin, R. A. Nixon, L. Metzler, J. Holley, W. Salant, W. Hance, P. D. Bradley.

lierte und entschloß sich schließlich Ende 1942 zu dem Theoriegeschichte-Buch.

CSD wurde breit und günstig aufgenommen und rezensiert – obwohl nicht viele überzeugt schienen. Es war nicht hauptsächlich an die Fachwelt adressiert, sondern es war ein *populäres* Buch, also nicht das *theoretische* Buch, welches er so dringend zu schreiben gedachte, obwohl ihm im Laufe der Zeit die wohlwollende Aufnahme von *CSD* über manche Frustrationen hinwegzuhelfen schien (Allen 2, S. 131ff.).

Das gleiche schaffte vorübergehend die ihm zu Ehren seines 60. Geburtstages am 8. Februar 1943 von Kollegen und früheren Studenten herausgegebene Festschrift, zusammengestellt für die *Review of Economics and Statistics* mit über einem Dutzend von Artikeln, die allesamt die Bedeutung seines Werkes diskutieren (Autoren waren: Abram Bergson, Richard Goodwin, Trygve Haavelmo, Paul Samuelson, Fritz Machlup, Jacob Marschak, Lloyd Metzler, Arthur Smithies, Hans Staehle, Wolfgang Stolper, Paul Sweezy, E.B. Wilson, Jane Worcester).

Doch ansonsten sind die Kriegsjahre 1942-45 für ihn mit Plackerei an den beiden Theorie-Büchern erfüllt – und auch mit den Schwierigkeiten, sich durch Samuelsons Doktorarbeit *Foundations of Economic Analysis* durchzuarbeiten (ebd., S. 137ff., bes. 150).

Zum Ende des Krieges, den Bretton Woods-Konferenzen und sonstigen Nachkriegsordnungsaktivitäten war er als einer der führenden amerikanischen Ökonomen – im Unterschied zu manch einem seiner Schüler, darunter auch erwähnt: Andreas Papandreou, späterer griechischer Premierminister – nicht gefragt: zu sehr waren seine Antipathien gegenüber Roosevelt und den Briten, insbesondere solchen der keynesianischen Position bekannt (ebd., S. 155).

Die unmittelbare Nachkriegsperiode bis 1947 war für ihn überschattet von den Erfolgen des Keynesianismus in Politik *und* Wissenschaft: »The misery is that I see everywhere and on every page of my lecture reading Keynes ... and myself, where?« (ebd.). Er fürchtete den auch in Harvard bei den jungen Studenten beobachtbaren Interessenwechsel von einem primär theoretischen Studium in eine politische Ökonomie der Politikberatung. Die Studenten scharten sich nicht wieder um ihn wie in den Dreißigern, die »Sieben Weisen« revitalisierten sich nicht und es gab auch keine Spezialseminare mehr. Die Massen-Lehre wurde anstrengender und zeitraubender. Schumpeter arbeitete für sich, fast isoliert.

Sein mit L. Crum 1946 publiziertes Buch *Rudimentary Mathematics for Economists and Statisticians* war als eine Einführung gedacht, nicht wissend, daß R.G.D. Allen gleichzeitig ein besseres und vollständigeres Buch vorbereitete.

J. M. Keynes starb im April 1946 und Schumpeter schrieb seine Nachrufe *Keynes, the Economist* für den von S. Harris edierten Band *The New Economics: Keynes's Influence on Theory and Public Policy* (1947), *Keynes and Statistics* (1946b) und *John Maynard Keynes, 1883-1946* (1946a). In einem neuen Kapitel für die 2. Auflage von *CSD* wies er die Stagnations-These zurück und sah keine Veranlassung, die früheren Grundaussagen zu verändern.

Paul Sweezy verließ Harvard 1947 zum größten Bedauern von Schumpeter, da ihm ein »Praktiker« vorgezogen wurde und er darin einen weiteren Beweis für den Mangel an ernsthaftem Interesse an der Forschung seitens Harvard sah. Im April 1947 verstarb sein Freund Irving Fisher im Alter von 80 Jahren. Kurz darauf im Mai bestätigte sich das Gerücht von der Ermordung seiner Bonner Mesalliance Mia durch die Nazi-Schergen: »Representing another deep loss, Mia's death served as a further blow to his mental stability« (ebd., S. 176). Wesley Mitchell, sein Freund von Columbia starb im Oktober 1948, dem zu Gedenken er eine Trauerrede verfaßte, die Allen als auf ihn selbst passend charakterisiert (ebd., S. 196).[23]

Im Dezember 1947 wurde Schumpeter zum Präsidenten der *American Economic Association* gewählt und hielt seine *presidential address* während der Versammlung am 27.-30. Dezember 1948 im Cleveland Hotel – völlig gegen seine Gewohnheiten *nicht* in formeller Kleidung und *mit* Notizen zum Vortrag über *Science and Ideology*,[24] indem er abschließend nochmals gegen »Keynes'« vision ... of mature and arteriosclerotic capitalist society that tries to save more than its declining opportunities can absorb« polemisierte, um freilich doch auch zu konzedieren:

---

[23] »If Mitchell had been able to complete his unfinished manuscript, this also would have been more than a beginning ... Here was a man who had the courage to say, unlike the rest of us, that he had not all the answers; who went about his task without either haste or rest; who was full of sympathy with mankind's fate, yet kept aloof from the market place; who taught us, by example and not by phrase, what a scholar should be« (Allen 2, S. 196).

[24] In Deutsch auch enthalten in den von S. Böhm (1987) edierten *Beiträge zur Sozialökonomik*.

»That prescientific cognitive act which is the source of our ideologies is also the prerequisite of our scientific work. No new departure in any science is possible without it. Through it we acquire new material for our scientific endeavors and something to formulate, to defend, to attack. Our stock of facts and tools grows and rejuvenates itself in process. And so – though we proceed slowly because of our ideologies, we might not proceed at all without them« (Allen 2, S. 198).

Harvard hatte sich in der Nachkriegszeit soweit verändert, daß Schumpeter im Juli 1949 im Tagebuch notierte: »I give up Harvard. In this soil no more do any of my roses blossom« (ebd., S. 237); im *department* waren weitere Veränderungen eingetreten: einige Freunde gingen, andere kamen dafür (wieder), wie Smithies, Galbraith, Georgescu-Roegen und auch hoffnungsvolle *newcomer* erschienen wie z.B. James Duesenberry und Thomas Schelling – aus dem alten Kreis waren ihm am nächsten Leontief, Haberler, Mason und Smithies.

Obwohl er schon das Emeritierungsalter überschritten hatte, lehrte er noch immer mehr als manch junger Professor – für das Frühjahrssemester 1950 hatte er wieder den üblichen Kurs für Fortgeschrittene in ökonomischer Theorie vorgesehen, wie auch Geschichte und Literatur der Ökonomik und die Ökonomik des Sozialismus. Zudem plante er seine *presidential address* für die *International Economic Association* im August in Paris.

Auf der alljährlichen Dezember-Konferenz der American Economic Association hielt er in New York seinen letzten öffentlichen Vortrag *The March into Socialism*[25] in einer von Frank Knight geleiteten Sektion. Zurückgekehrt aufs Land nach Taconic ist Schumpeter in der Nacht von Samstag auf Sonntag, dem 7./8. Januar 1950 im Schlaf verstorben – zuletzt an der Überarbeitung des *march*-Vortrages arbeitend. Der letzte korrigierte Satz lautete – gleichsam wie ein Schumpeter-Vermächtnis:

»In other words, price control may result in a surrender of private enterprise to public authority, that is, in a big stride toward the perfectly planned economy« (Allen 2, S. 239).

---

[25] Nun in Deutsch auch enthalten in der vom Verfasser besorgten Neuauflage von *Kapitalismus, Sozialismus, Demokratie*, Tübingen 1993.

3. Warum es in Amerika keine Schumpeter-Schule gab – eine frühe These von F. K. Mann und ihre Gründe

Im Sinne einer ersten Annäherung an die Frage nach dem Einfluß von Schumpeter vor allem in den USA ist dieser Artikel mit dem schon zitierten Motto aus seiner Bonner Abschiedsrede überschrieben, die Allen zum Titel seiner Biographie erkor, und um die Frage nach dem »wem« und »wohin« des »Türe öffnens« erweitert worden.

Damit sollte eine gewisse Wirkungs- und Einflußgeschichte angedeutet werden, wennschon mit dem Fragezeichen nach der Richtung – doch immerhin eine Gegenthese etwa zu dem instruktiven Aufsatz von Fritz Karl Mann[26] aus dem Jahre 1958 *Bemerkungen über Schumpeters Einfluß auf die amerikanische Wirtschaftstheorie.*

Mann hatte seinerzeit versucht, einzelne Faktoren dafür aufzuzeigen und zu erhellen, warum es *keine Schumpeter-Schule in Amerika* gebe. Ihm erschien es seinerzeit in Würdigung des Werkes von Schumpeter seltsam,

> »..daß trotz der Größe der Leistung, der synthetischen Tendenz des Systems und der Anpassung an amerikanische Lehren und Erfahrungen Schumpeters Werk, als Ganzes betrachtet, nicht die Kraft besaß, um zum Sammelpunkt einer amerikanischen Schule zu werden«. (1958, S. 158).

Seine »Gründe« könnten somit gewissermaßen die Negativ-Folie abgeben, der gegenüber dann ein positiveres Gegenbild zu entwerfen wäre; ohne sie in extenso nachzuzeichnen, seien diese Gründe stichwortartig rekapituliert:

---

[26] F. K. Mann stand übrigens mit Präferenz auf der Zweierliste des ursprünglichen Bonner Berufungsvorschlags an das Ministerium, der abgelehnt wurde mit der Aufforderung, gegebenenfalls Ludwig v. Mises in Betracht zu ziehen bzw. für Empfehlungen zu konsultieren (vgl. Allen 1, S. 203ff.). F. K. Mann wurde später Professor an der American University in Washington D.C. und Herausgeber der posthumen Edition des *Geldtheorie*-Manuskripts von Schumpeter. Auf seine kurze, doch sehr prägnante Kritik (1971/72) an der einseitigen Würdigung Schumpeters durch seinen Bonner Mitarbeiter und späteren Professor in Kiel, Erich Schneider (1970) sei ausdrücklich hingewiesen. Schneider stellt ein prägnantes Beispiel schulebildender Zurechtstutzung eines weiträumigeren Gedankengebäudes auf jeweilige *mainstream*-Förmigkeit dar.

1. »Politisches Einzelgängertum« – die Neigung zur originellen Anti-Haltung per se, *épater le bourgeois* ebenso wie die Linke;[27]
2. »Wissenschaftliche Distanz« – hierunter faßt Mann die Enttäuschung und Abwendung manch potentieller Anhänger aufgrund der elitären Attitüden und Sprache;
3. »Hang zum Unkonventionellen« – extreme Subjektivität des Urteils, z.B. über die Großen der Theoriegeschichte;
4. »Schranken des Systems« – kühle, bis feindliche Haltung gegenüber zeitgenössischen Schulrichtungen, ein »Nicht-mit-der-Zeit-Gehen«, insbesondere gegenüber Keynes oder illustriert am Beispiel seiner Kritik an der Theorie des monopolistischen Wettbewerbs (1958, S. 165f.);
5. »Methodologische Toleranz« – obwohl Propagator des »methodologischen Individualismus« wie auch der »reinen, mathematisch-ökonometrischen Ökonomie« (Mitinitiator der *Econometric Society*), stammt von ihm zugleich doch auch das viele verwundernde größte Loblied auf das Schmollersche »Programm der Zukunft«; gälte seine Präferenz der Theorie- und Wirtschaftsgeschichte vor der reinen Ökonomik; hat er die Max Webersche *Sozialökonomik* als Methodologie und Epistemologie mit ihren sich gegenseitg bedingenden »four fundamentals« (*economic history, statistics, theory, economic sociology*, vgl. detaillierter Swedberg 1991b, S. 64) reanimiert.

Allerdings hatte Mann seine Eindrücke nur für die Zeit bis 1958 geltend gemacht, wohlweislich nicht für die Zukunft, von der er erwartete, daß einige Widerstände gegen die Rezeption Schumpeterscher Ideen hinweggeräumt sein werden:

> »Die öffentliche Meinung wird sein politisches Einzelgängertum ebenso vergessen wie seinen Spott für wissenschaftliche Halbwahrheiten und Vorurteile. Auch seine Kühle gegenüber den noch heute en vogue befindlichen Wirtschaftstheorien wird ihm nicht mehr verübelt werden, sobald der Reiz jener Neuheiten verblaßt sein wird und sie mit den unvermeidlichen Vorbehalten und Verbesserungen in den anerkannten Apparat der Nationalökonomie aufgenommen sein werden« (Mann 1958, S. 173).

---

[27] Wenn Salin in seinem Geleitwort zu *CSD* seinerzeit schrieb, Schumpeter wäre Sozialist – »ein überzeugter Sozialist«, so ist Mann beizupflichten, wenn dieser jedem solchen Etikettierungsversuch entgegenhielt, daß man Schumpeter damit nicht gerecht werde (S. 159); vgl. auch Rothschilds eingehende Darlegung von Schumpeters Verhältnis zum Sozialismus, »... to deal with ... is no easy matter« (1981, S. 113).

Dennoch werde seiner seinerzeitigen Einschätzung zufolge selbst eine derart veränderte Konstellation immer noch nicht zur Bildung einer Schumpeter-Schule ausreichen. Solange die Abneigung gegen philosophische Grundlegung und die Tendenz zur Spezialisierung weiter zunähme, werde weder die methodologische Toleranz noch die Universalität seiner Auffassung eine genügende Schülerschaft finden: es dürfte sich ihre Empfänglichkeit – so seine interessante *Prognose* für die folgende amerikanische Generation –

> »... auf einige Segmente und Ausläufer des Systems beschränken, ohne seiner Gesamtheit gerecht zu werden« (ebd., S.173).[28]

4. Indikatoren des steigenden Einflusses von Schumpeter heute

Wie angekündigt, hier zunächst einige (statistische) Evidenz-Hinweise für die These eines bestehenden bzw. gestiegenen Einflusses von Schumpeter – zumindest der (Wieder-)Wahrnehmung und des Interesses an seinem Werk.

4.1. Literatur

Spätestens seit dem äußerlichen Anlaß jenes denkwürdigen Dreierjubiläums von 1983 (dem Todesjahr von Karl Marx und den Geburtsjahren von Schumpeter und seinem Dauerrivalen Keynes, der ihm zu Lebzeiten den Rang abgelaufen hatte) und mit der Abkehr vom Keynesianismus ist eine wachsende Fülle neuerer Schumpeter-Litera-

---

[28] Mann führt des weiteren hierzu aus: »... werden die stärksten Impulse von einer Analyse des kapitalistischen Prozesses ausgehen; in erster Linie von seiner Vision des schöpferischen Unternehmers, die zwar zur Erklärung des Konjunkturverlaufs nicht genügt, aber in Verbindung mit anderen Gedankenelementen – insbesondere auch seiner Kredittheorie – den Blick für die Bewegungsgesetze des Kapitalismus geschärft hat. ... sei auch die fruchtbare Annahme des *three-cycle-scheme* erwähnt. ... wäre es möglich, daß in Verbindung mit den sich allmählich konsolidierenden amerikanischen Schulrichtungen, die wir am besten als 'Neo-Institutionalismus' bezeichnen, Schumpeters Forderung nach Ergänzung der reinen Wirtschaftstheorie und quantitativen Analyse durch historische und soziologische Betrachtung starken Widerhall finden wird. In all diesen Fällen würde es sich jedoch nur um Hypothesen, Grundsätze und Theorien handeln, die auch in den Rahmen anderer Lehrsysteme hineinpassen. Es wäre *überraschend, wenn eines Tages von amerikanischer Seite solche Fragmente des Schumpeterschen Werkes wieder zu ihrer ursprünglichen Einheit zusammengefügt würden.*« (ebd.)

tur erschienen. Den akribischen Recherchen von Augello (1990) zufolge habe diese zwar verständlicherweise 1982/83 ihren historischen Höhepunkt erreicht (bei dem wohl auch der sich gegenseitig hochschaukelnde Schlepptaueffekt dieses Dreierjubiläums eine zusätzliche Rolle gespielt haben wird). Gleichwohl aber bewegten sich die entsprechenden Zahlen bis zum noch erfaßten Jahr 1987 (mit Ausnahme der unmittelbaren Zeit nach seinem Tod im Jahre 1950) immer über den früheren Werten (Anzahl von Publikationen über Schumpeter) – und vermutlich auch für die Zeit danach bis heute.

Nach der folgenden *Grafik* (S. 228) werden insgesamt 1917 Titel repräsentiert; davon sind 1388 Artikel, Essays und sonstige Artikel, 261 Bücher und Dissertationen, 219 Besprechungen seiner Werke und 48 Einführungen, Einleitungen in (Sammel-)Werke etc. Aufgegliedert in die folgenden *Schumpeterian categories*, nach denen Augello seine instruktive historische Einschätzung der Schumpeter-Literatur von 1907-1989 anlegt, ergibt sich kein grundsätzlich anderes, lediglich in den Schwerpunkten der Beiträge zu diesen Kategorien differenzierteres Bild; diese sind mit folgenden Häufigkeiten repräsentiert:

1. Biographie
2. Methodologie
3. Entwicklung
4. Geld
5. Konjunktur
6. Soziologie
7. Politik
8. Geschichte

Am häufigsten ist über *Entwicklung* geschrieben worden, ca. 30%, nächst folgend: *Politik* mit 13,5%, *Biographie* und *Methodologie* sind mit jeweils ca. 10% vertreten, *Konjunktur* mit 9,5% und *Sociologie* mit 7%. Zwei Perioden können unterschieden werden:

1. 1907-1949: weniger als 200 Arbeiten sind in diesem Zeitraum erschienen = ca. 13%;
2. 1950-1989 (bzw. ff.): durchschnittlich 40 Publikationen p.a. mit effektiv steigender Tendenz und den schon erwähnten Höhepunkten 1950/51 und 1983/84.

Man könnte auszählen, wieviele davon US-Veröffentlichungen sind, um allein von daher *einen* Indikator des wachsenden Einflusses, zumindest jedoch des Interesses an Schumpeter zu erlangen; doch bereits *prima vista* läßt sich erkennen, daß viele, wenn nicht vergleichsweise die meisten, aus dem angelsächsischen Raum stammen.

Auch seither reißt der Strom an Publikationen zu und über Schumpeter nicht ab; neben den schon zitierten und besonders ergiebigen Arbeiten von Allen, Swedberg und Augello kann hier nur exemplarisch auf einige weitere erschienene/geplante Bücher[29] und Zeitschriftenartikel[30] (nicht nur aus dem angelsächsischen Raum) hingewiesen werden, deren Themen schon das breite Spektrum des verstärkten Interesses an seinem Werk andeuten (Seifert 1993a/b).

---

[29] So bspw. K. O. W. *Müller*: Schumpeter. Ökonom der neunziger Jahre (1990); A.A. *Jaron*: Schöpferische Zerstörung und das Ende des Kapitalismus. J. A. Schumpeter und der Übergang des Kapitalismus zum Sozialismus unter dem Aspekt einer ökologischen Umgestaltung von Wirtschaft und Gesellschaft, (Diss. 1989); *Kommentar-Band* zur Faksimile (Handelsblatt-Edition)-Ausgabe von »Theorie der wirtschaftlichen Entwicklung« mit Beiträgen von H. C. Recktenwald, F. M. Scherer, W. F. Stolper (1988); B. *Naderer*: Die Entwicklung der Geldtheorie J. A. Schumpeters. Statische und dynamische Theorie des Geldes im kapitalistischen Marktsystem (1990); A. *Heertje*/M. *Perlman* (eds.): Evolving Technology and Market Structure. Studies in Schumpeterian Economics, (1990); A. *Oakley*: Schumpeter's Theory of Capitalist Motion. A critical exposition and reassessment, (1990); *Kommentarband* zur Faksimile-Ausgabe von »Das Wesen und der Hauptinhalt der Theoretischen Nationalökonomie« mit Kommentaren von H. Hanusch, A. Heertje, Y. Shinoya (1991a); E. *März*: J. Schumpeter. Scholar, Teacher & Politician, mit einem Vorwort des Schumpeter-Schülers und Nobelpreisträgers, J. *Tobin* (1991); F. M. *Scherer*/M. *Perlman* (eds.): Entrepreneurship, Technological Innovation, and Economic Growth. Studies in the Schumpeterian Tradition, Ann Arbor (1992); J. A. *Schumpeter*: Politische Reden. Herausgegeben und kommentiert von Christian Seidl und Wolfgang Stolper, Tübingen 1992 (alles bislang unveröffentlichtes Material aus seiner kurzen Zeit als »Finanzminister« Österreichs 1919); angekündigt sind des weiteren Arbeiten von A. *Heertje* über Schumpeter sowie die schon erwähnte biographische Alternative zu Allen von W. F. *Stolper*: The Public Life of a Private Man.

[30] Zum Beispiel P. *Ruben* (1990): Schumpeters Theorie der Wirtschaftsentwicklung in philosophischer Sicht; R. *Swedberg* (1989): J. A. Schumpeter and the Tradition of Economic Sociology.

Die Literatur über Schumpeter (Anzahl der Werke)

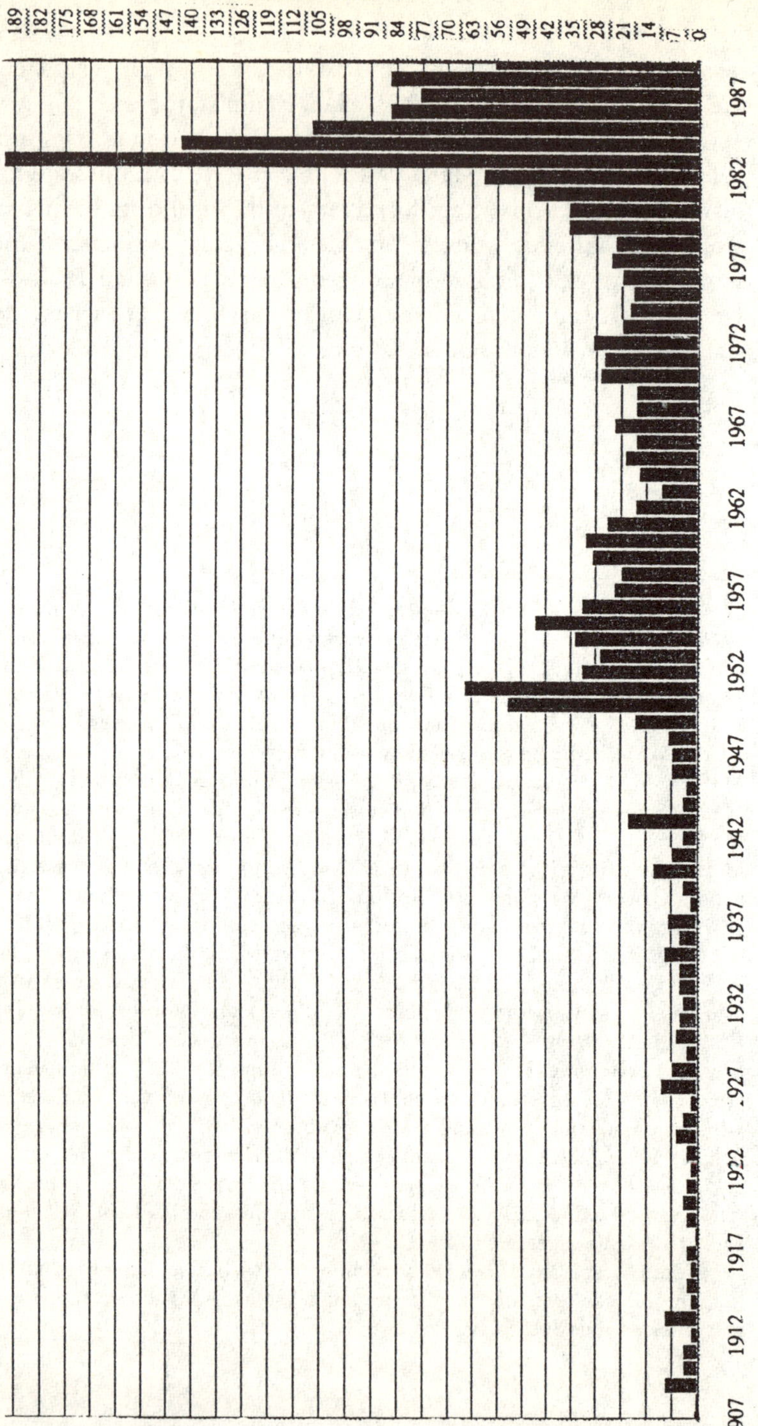

Quelle: Augello (1990, S. 22).

4.2. Die »International Schumpeter Society«

Die vor einigen Jahren (1986 auf Initiative der Professoren H. Hanusch und W. F. Stolper in Augsburg) gegründete Internationale Schumpeter-Gesellschaft[31] weist in ihrem Mitgliederverzeichnis vom Juni 1991 unterdessen bereits 515 Mitglieder aus 31 Ländern aus; am stärksten vertreten sind die USA mit 189 Mitgliedern, gefolgt von Deutschland mit 110 (UK =33, Italien=27, Holland=21, Japan=20 etc.). Laut Mitteilung von Professor Hanusch ist die Mitgliederzahl Mitte 1992 auf über 550 gestiegen.

Diese Gesellschaft gibt regelmäßig einen *Newsletter* heraus, insbesondere zur Ankündigung von Tagungen, neuer Literatur etc. und der Information über die Verleihung des von der Zeitung *Wirtschaftswoche* gestifteten »Schumpeter-Preises«:[32] der 3. Preis[33] wurde 1992 anläßlich der Tagung in Kyoto/Japan zu dem Thema verliehen: *Government, the »Tax State« and Economic Dynamics.*

Die erste Nummer der neuen, von H. Hanusch und M. Perlman edierten Zeitschrift *Journal of Evolutionary Economics* zählt zu ihrem internationalen Editorial Board von rund 40 renommierten Forschern etwa ein Viertel US-amerikanische Ökonomen. In der Präambel heißt es zu Zielen und Zwecken dieses neuen Journals: »The Journal aims to provide an international forum for a new approach to economics. Following the tradition of Joseph A. Schumpeter, it is designed to focus on original research with an evolutionary conception on the economy ...«

---

[31] Der damalige Präsident der Gesellschaft, Prof. F. M. Scherer, selbst noch Schüler von Schumpeter, erwähnte in unserem Gespräch in Harvard 1991, daß er dieses Amt, wie auch schon die Mitgliedschaft in einer Gesellschaft zu Ehren *eines* Gelehrten spontan und wider alle sonstige Haltung angenommen habe zu Ehren für »Schumpy«.

[32] Der Begründer dieser Zeitschrift war der wohl treueste Freund Schumpeters, G. Stolper; vgl. auch die Biographie von Toni Stolper: Ein Leben in Brennpunkten unserer Zeit, Stuttgart 1979.

[33] Zur erstmaligen Verleihung dieses Preises vgl. Wirtschaftswoche 21/1988, S. 84ff.

5. Kurz-Charakterisierung von Schumpeters Werk: Sozialökonomik: Zur Kontinuität einer europäischen Fragestellung in den USA

Was folgt aus den voranstehend unvollständigen, doch exemplarisch-illustrierenden Hinweisen auf ein gestiegenes Interesse an Schumpeter für F. K. Manns These und die generelle Frage nach Schumpeters »Einfluß« – hier insbesondere in den USA? Sicherlich doch wohl zunächst soviel, daß auch dort, vielleicht sogar relativ am meisten ein deutlich wiedererwachtes Interesse an Schumpeter und seinem Werk zu konstatieren ist.

Um aber über Grad und Charakter dieses Einflusses auf die Entwicklung (besonders der US-amerikanischen) Ökonomik ein genaueres Bild zu ermitteln, wäre vorab nichts Geringeres erforderlich, als eine werkbiographische Rekonstruktion und theoretische Würdigung des Gesamt-Lebenswerkes von Schumpeter selbst. Dementsprechende Annäherungen an diese umfassende Aufgabe sind mit einigen der angeführten Arbeiten (sowohl der interpretativen wie auch derjenigen, die einen textkritischen Zugang zu bislang verschlossenen Quellen aus Archiven ermöglichen) in jüngerer Zeit systematischer in Angriff genommen worden, können aber wohl noch kaum als erschöpfend betrachtet werden.

Insbesondere wird es vermutlich umstritten bleiben, ob und in welchem Maße Schumpeter (erst) in seinen letzten Jahren oder schon vorher/schon immer eine Konzeption von *Ökonomie* verfolgte, die in einer *prima vista* übervereinfachten, zu Zwecken der Klarheit des fraglichen Disputes aber illustrativen Form zwischen folgende Extrempole aufgespannt werden kann: hier der *reine* Theoretiker, abhold jeder werturteilsförmigen und politisch-orientierten Position und entschiedener Propagator der mathematisch-ökonometrischen Ausrichtung der ökonomischen Theorie und (folglich) Mitbegründer der *Econometric Society*;[34] dort der (mehr und mehr) skeptische Gelehrte gegenüber der *Verarmung* der Disziplin durch diesen Trend und der Versuch, die von Max Weber programmatisch eingesetzte Begrifflichkeit »Sozialökonomik« mit ihren *four fundamentals* auszuarbeiten.

Für die erstere Interpretationsrichtung steht exemplarisch E. Schneiders *Leben und Werk eines großen Sozialökonomen* (1970) –

---

[34] Vgl. den instruktiven Beitrag von Debreu (1991) zur Phase der intensiven Mathematisierung der ökonomischen Theorie seit Ende der dreißiger Jahre.

wogegen sich F. K. Mann schon in einem anderen Beitrag (1972) ausgesprochen hatte; für den letzteren Versuch hat sich in jüngster Zeit insbesondere Richard Swedberg mit verschiedenen Beiträgen[35] verdient gemacht.

Um daher in übervereinfachende schwarz-weiß-Zeichnungen mehr lebensnahe Farbe hineinzubekommen, ist es in erster Annäherung – »verzweifelter Kürze« hatte Schumpeter in solchen Nöten gerne gesagt – hilfreich, sich noch einmal des Gepäcks zu erinnern, mit dem Schumpeter ausgerüstet nach Amerika kam und mit welchen fortan nur noch/hauptsächlich in Englisch verfaßten Arbeiten er dort anschließend reüssierte; hier können lediglich die Hauptwerke und nicht die vielzähligen Artikel Erwähnung finden:[36]

Beide – jeweils etwa 20 Jahre umfassenden – Arbeitsphasen sind neben vielzähligen kleineren, gleichwohl zumeist beachteten Artikeln vornehmlich durch jeweils drei Hauptwerke charakterisiert:

A. die erste Phase von 1906-1932,[37] unterbrochen von den erfolglosen Jahren der Ausflüge in die Politik bzw. die Finanzwelt, eröffnete mit den rasch aufeinanderfolgenden »Jugendwerken«, die seinen internationalen Ruhm begründeten:

1. *Das Wesen und der Hauptinhalt der theoretischen Nationalökonomie* von 1908;[38]

---

[35] Neben den schon angeführten sei v.a. noch verwiesen auf seine Interviewsammlung und Interpretation: *Economics and Sociology. Redefining their boundaries: Conversations with economists and sociologists*, 1990 (darin: G. S. Becker, J. S. Coleman, G. A. Akerlof, H. C. White, M. Granovetter, O. E. Williamson, K. J. Arrow, A. O. Hirschman, M. Olson, T. C. Schelling, N. J. Smelser, D. Bell, J. Elster, A. Sen, R. M. Solow).

[36] Eine systematische Aufstellung der ursprünglich in Deutsch publizierten Arbeiten mit den Daten ihrer späteren Übersetzung/Publikation in Englisch wäre hier zweckdienlich und ließe sich unterdessen auf Basis der erwähnten Sekundärliteratur recht gut erstellen; dies geschieht hier aus Zeitgründen (noch) nicht, sondern die Angaben beschränken sich auf die angeführten Hauptwerke.

[37] Nach drei ersten weniger bekannten/bedeutsamen Artikeln im Jahre 1905, publizierte er 1906 seinen ersten größeren Beitrag, *Über die mathematische Methode der theoretischen Ökonomie* in der Zeitschrift für Volkswirtschaft, Sozialpolitik und Verwaltung; seine Bonner-Abschiedsrede vom 20.6.1932 trug den Titel *Das Woher und Wohin unserer Wissenschaft.*

[38] 1936 japanische und 1982 italienische Übersetzung.

2. *Theorie der wirtschaftlichen Entwicklung* von 1912;[39]
3. *Epochen der Dogmen- und Methodengeschichte* von 1914;[40]

B. die amerikanische Phase von 1932 bis zu seinem Tod im Jahre 1950 durch:

1. *Business Cycles. A Theoretical, Historical and Statistical Analysis of the Capitalist Process* von 1939;[41]
2. *Capitalism, Socialism and Democracy* von *1942;*[42]
3. *History of Economic Analysis* von 1954.[43]

Swedberg charakterisiert die Hauptwerke dieser beider Phasen zutreffend:

> »The division of Schumpeter's work into a European part and an American part is convenient for a variety of reasons. First, it is clear that Schumpeter had a burst of creativity during a rather brief period of his youth. It was roughly during the years 1905-1914 that Schumpeter's first three major works were written – during a time span, in other words, that was considerably shorter than his 'European period'. After that, more than twenty years pass until a new major work appears: *Business Cycles* (1939). It is also evident, that Schumpeter's writings from his American period were strongly prefigured by those of his youth. *Business Cycles* (1939) is in many ways a follow-up to the *Theory of Economic Development* (1911); and *History of Economic Analysis* (1954) is an elaboration upon themes in his history of economic thought from 1914. There is, in brief, no sharp conceptual break between his European period and his American period« (1991b, S. 34).

---

[39] Italienische Übersetzung 1932, englische 1934, französische 1935, japanische 1937, mexikanische 1944, polnische 1960, brasilianische 1961, bangladesische 1974, ungarische 1980, russische 1982, slovakische 1987.

[40] Griechische Übersetzung 1939, japanische 1950, italienische 1953, englische 1954, schwedische 1957, französische 1962, spanische 1964, koreanische 1965, brasilianische 1968.

[41] Japanische Übersetzung 1958-64, deutsche 1961, italienische 1977.

[42] Argentinische 1946, deutsche 1946, französische 1951, japanische 1951-52, mexikanische 1952, italienische 1954, brasilianische 1961, arabische 1963, holländische 1963, katalanische 1966, türkische 1966, spanische 1968, indische 1970, persische 1976, chinesische 1979, jugoslawische 1981, koreanische 1982.

[43] Posthum ediert von E. Boody Schumpeter: Japanische Übersetzung 1955-62, italienische 1959/60, brasilianische 1964, deutsche 1965, mexikanische 1971, spanische 1971, jugoslawische 1975, französische 1983, chinesische 1989.

Das »kürzere« seiner drei amerikanischen Werke, *CSD* mit »nur« rund 400 Seiten im Unterschied zu den »herculean efforts« (Swedberg) der beiden anderen Werke mit jeweils über 1000 Seiten, war ursprünglich begonnen zur »Entspannung« (relaxation) nach *Business Cycles*. Ausgerechnet dieses, von Schumpeter selbst nicht besonders geschätzte Buch wurde sein bis heute währender absoluter Bestseller mit Übersetzungen in 16 andere Sprachen. Trotz seiner Brillianz stellt es nach Auffassung von Swedberg »not the kind of work (dar, d.V.) that hangs together in a very organic way« (S. 61).[44]

Es stellt fraglos das soziologischste Werk von Schumpeter dar und zugleich eine gewisse Summe verschiedener vorangehender, in diese (methodische) Richtung angelegte Artikel im Rahmen seiner Konzeption von *Sozialökonomik* – einer Konzeption mit den schon erwähnten vier fundamentalen Bestandteilen einer umfassenderen Auffassung von sozialwissenschaftlicher Ökonomik, die er aus Europa mitbrachte, genauer: (spätestens) aus seiner von M. Weber beeinflußten Befassung mit diesem Programm-Begriff anläßlich des dogmenhistorischen Beitrags von 1914 (*Epochen der Dogmen- und Methodengeschichte*) zu dessen breit angelegtem Handbuch *Grundriss der Sozialökonomik*, I. Abteilung Wirtschaft und Wirtschaftswissenschaft.[45]

Swedberg sieht hinsichtlich des Anlasses für *CSD* einen engen Bezug mit seiner sozialökonomischen Interpretation von *Business Cycles*, deren genaue Lektüre:

> »... gives us a clue to how Schumpeter came to write a 'sociological' work like *CSD* immediately after his study of business cycles. At one point in *Business Cycles* Schumpeter argues that it is quite natural, when analyzing the two first Kondratieff waves (1787-1842, 1843-1897), to make the assumption that there is, on the one hand, an economic system and, on the other, an institutional setting. When one comes to the 'Neo-Mercantilist Kondratieff', which begins in the 1890s, however, this way of reasoning becomes more problematic. The reason for this is that the social-institutional setting during this period directly interferes with the workings of the economy by producing discontented intellectuals, an atmosphere that is hostile to capitalism, and so on. Or, to phrase it differently,

---

[44] »Its five different parts do not fit particularly well together, and there is really no single scientific argument that runs through the whole book. Instead there is a little for everyone, including the general public« (S. 61).

[45] Vgl. eingehender Swedberg 1991b, S. 36ff.

in order to understand the contemporary economy one must also pay attention to what happens in the social structure« (S. 60).

Auch und besonders in seiner letzten unabgeschlossenen, posthum veröffentlichten Theorie-Geschichte wird die Frage nach dem adäquaten Gegenstandsbereich der Ökonomie diskutiert, ausgehend von dem faktischen und irreversiblen Prozeß der Arbeitsteilung auch in den Sozialwissenschaften.

Auch hier wieder findet sich die Auffassung von der Ökonomik als »an agglomeration of ill-coordinated and overlapping fields of research« (S. 10). Von diesen vier *fields* (*economic history, statistics, theory, economic sociology)* sei die *economic history* »by far the most important« (S. 13) aus drei hauptsächlichen Gründen:

1. der Wirtschaftsprozeß findet in historischer Zeit statt,
2. Geschichte kann lehren, wie die ökonomischen mit den nicht-originär-ökonomischen Phänomenen zusammenhängen,
3. viele (die meisten) Irrtümer in der Ökonomik würden begangen aus einem Mangel an Kenntnissen über *economic history.*

Die epistemologische Notwendigkeit des 4. Feldes innerhalb der angedeuteten Schumpeterschen Konzeption von *Sozialökonomik – Wirtschaftssoziologie* – erwächst aus der historischen Einsicht, daß ökonomische Theorie sich immer innerhalb eines bestimmten (historisch gegebenen) institutionellen Rahmens bewegt. Bei näherer Betrachtung einzelner Elemente dieser institutionellen Gegebenheiten zeigt sich aber regelmäßig, daß sie nicht aus distinkten Fakten jener Art bestehen, wie die Geschichtswissenschaften sie untersuchen. Vielmehr ist zu ihrer Beschreibung erforderlich »a sort of generalized or typified or stylized economic history« – also Wirtschaftssoziologie (S. 20). Aufgabe dieser Disziplin bestehe darin zu rekonstruieren, wie die Menschen sich verhalten und welche ökonomischen Auswirkungen dies habe. Auch hier also existiert eine historische Dimension; aber das Hauptgewicht liegt auf den ökonomischen Institutionen (wie z.B. Erbrecht, Privateigentum, Verträgen etc.).

In diesem Sinne strebte Schumpeter wieder nach einer stärkeren Zusammenarbeit zwischen Ökonomie und Soziologie, nachdem der frühere Zusammenhang seit dem 18. Jahrhundert sukzessive aufgelöst worden ist – ohne die Gefahren einer solchen Verbindung zu übersehen: »Cross-fertilization might easily result in cross-sterilization« (S. 27).

Diese sofortige Zurücknahme des möglicherweise aufkommenden Verdachtes, er plädiere für klare und befolgbar einfache »Schulweisheiten«, macht unmittelbar noch einmal die andere Seite der Medaille Schumpeterschen Denkens über die Einheit des Untersuchungsfeldes »Sozialökonomik« deutlich: er selbst hat sich trotz eigener lebenslanger Bemühungen um eine solche integrative Konzeption zugleich auch wiederholt *gegen* jede Art von »Schulen-Bildung« ausgesprochen; am nachhaltigsten und vernehmlichsten wohl in der Bonner-Abschiedsrede,[46] wo es im Anschluß an sein Bekenntnis, es gehöre zu den Lebenslügen, zu glauben, daß unsere Persönlichkeit eine Einheit sei, heißt:

> » ... ich wünsche *nie, Abschließendes* zu sagen. Wenn ich eine Funktion habe, dann die, *Türen nicht zu- sondern aufzumachen*, und *niemals* habe ich das Bestreben gehabt, so etwas zustande zu bringen wie eine *Schumpeterschule*. Es gibt sie nicht, und es soll sie nicht geben, sondern ich will nur, wie es mir die Stunde zuführt, Anregungen geben ...« (S. 600f.; Hervorh. d.V.).

»Türen Aufmachen« – *opening doors* nennt Allen daher treffend seine Schumpeter-Biographie; »wem und wohin« fügte ich hinzu, um damit den Blick auf die Frage zu lenken, wer bzw. welche Forschungsrichtungen von welchen (Teil-)Aspekten des Schumpeterschen Denkens und Werkes beeinflußt ist/sind und ob in der offensichtlichen Schumpeter-Rezeption der volle »sozioökonomische« Ansatz seiner voranstehend skizzierten »Vision« tatsächlich »aufgehoben«, d.h. sowohl aufgenommen, als auch auf heutiges Diskussions- und Erkenntnisniveau gehoben ist?

6. Zur Schumpeter-Renaissance: Ökonom der neunziger Jahre?

Eine Schumpeter-Schule gibt es auch heute nicht, doch kein geringerer als Herbert Giersch (1983) hatte bereits Anfangs der achtziger Jahre ein *age of Schumpeter* für den Rest dieses Jahrhunderts inauguriert – welch anderem Ökonomen wäre in jüngerer Zeit die Ehre zu-

---

[46] Vgl. auch die Hinweise von Allen (Allen 1, S. 272 auf Vorlesungen, die Schumpeter während der Japan-Reise 1931 hielt mit dem Tenor »schools have no place in economics«).

teil geworden, einer Internationalen Gesellschaft Namen und Orientierung verliehen zu haben?[47]

Tatsächlich aber liegt der offensichtlichen Schumpeter-Renaissance seit Ende der siebziger Jahre kein homogenes Interesse zugrunde, sondern es scheint ihr ein – der schillernden Persönlichkeit (Paqué 1983) und seinem Werk entsprechendes – vielschichtiges, ja z.T. sogar widersprüchliches Gemisch aus wirtschaftstheoretischen und wirtschaftspolitischen Interessen innezuwohnen, die zudem von sehr viel tiefergehenden und langfristiger wirksamen weltanschaulichen und philosophisch-methodologischen Motiven und Absichten gespeist werden.

Auch wenn diese vielfältigen Motive faktisch oftmals nicht voneinander zu isolieren sind, so ließen sich annäherungsweise einige dieser Interessen und Beweggründe verfolgen; mindestens die folgenden drei zusammenhängenden Aspekte zur Charakterisierung dieses Geflechtes spielen eine Rolle:

- der sowohl wirtschaftstheoretische wie auch wirtschaftspolitische Niedergang *des* handlungsleitenden Paradigmas der Nachkriegszeit, des Keynesianismus und die damit einhergehende Umorientierung von Nachfrage- zu Angebotsstrategien in der Wirtschaftspolitik. Diese – eng mit dem Nimbus des »dynamischen Unternehmers« verknüpfte – Interpretationsrichtung macht einen Teil der Vorzüglichkeit-Erklärung des Schumpeter-Ansatzes etwa bei Hanusch (1991) aus, einem der maßgeblichen Förderer der Schumpeter-Renaissance;
- der ideologische Wiederaufstieg des politischen Konservatismus und (wirtschaftspolitischen) Liberalismus in Westeuropa/USA nicht nur in der Gesellschafts- und Sozialpolitik, sondern auch in politischer Theorie und Philosophie, wie insbesondere B. Ward in seinem Buch *Idealwelten der Ökonomen. Liberale, Radikale, Konservative* mit instruktiven Kategorisierungen vor allem aus amerikanischer Sicht allgemein dargelegt und dabei speziell auf die untergründige Wirkungsgeschichte von Schumpeter aufmerksam gemacht hat (1981, S. 449ff.);

---

[47] Sein Schüler Nicholas Georgescu-Roegen, heute Professor emeritus in den USA, war allerdings ebenfalls Inspirator für eine *European Association for Bioeconomic Studies*, die es sich zur Aufgabe gemacht hat, seinen paradigmatischen bioökonomischen Ansatz (Seifert 1993c) zu verfolgen.

- der zunehmend kritisierte Zustand der neoklassischen *mainstream-economics* angesichts ihrer Hilflosigkeit gegenüber sich beschleunigenden dynamischen Struktur-Veränderungen und »evolutorischen« Entwicklungen (Nelson/Winter 1982; vgl. hierzu ebenfalls Hanusch 1991).

Insbesondere der letztgenannte Aspekt weist darauf hin, daß allzu einfache Erklärungsmuster à la Müller (1991) in gewohnter ideologiekritischer Absicht zu einfach gestrickt wären und der Breite und unausgeloteten Entwicklungsmöglichkeit des Schumpeterschen Ansatzes nicht gerecht werden. Hayeks drei kritische Bemerkungen zum traditionellen Konservatismus, mit denen er zugleich erklärte, warum er sich selbst hierunter nicht gezählt wissen wollte, lassen sich nach Ward etwa so stilisieren: Die Konservativen fürchten und widersetzen sich jeder Veränderung, sie haben eine allzugroße Vorliebe für Autorität und es mangelt ihnen am Verständnis für Wirtschaftskräfte. In Schumpeters Werk hingegen kann nun eine »konservative« Antwort auf die Beschuldigung gefunden werden, traditionelle und liberalistische Konservative hätten wenig gemein. Sein theoretisches Werk widerspricht offensichtlich diesen drei Kriterien und doch war er erklärtermaßen ein »Konservativer«.[48]

Insofern ist es ganz charakteristisch für manch wiedererwachtes Interesse an der seit der *Theorie* von 1911 der statischen Theoriewelt entschwundenen Schumpeter-Vision, wenn Scherer/Perlman (1992) in ihrem Vorwort zu der 1990er Schumpeter-Tagung vier vereinende Interessens-Motive an der *Schumpeterian tradition* seitens der Mitglieder verschiedenster Herkünfte wirken sehen:

> »Some members were former colleagues or students of Schumpeter during his period at Harvard University in the 1930s and 1940s. What brings most members of the society together, however, is interest in what might be broadly characterized as the Schumpeterian tradition of economic analysis. This tradition embodies several themes. For one, Schumpeter emphasized the crucial role that technological innovation and technological change play in generating economic growth. Second, ... entrepreneurship was a fundamental driving force in the achievement of technological innovation. Third, Schumpeter triggered a lively debate over the type of economic structure that most fruitfully fosters technological in-

[48] Salin hatte ihn unverständlicherweise in seinem Vorwort zu *Kapitalismus, Sozialismus, Demokratie* als »Sozialisten« bezeichnet, siehe hierzu auch Rothschild (1981).

> novation. Finally, many scholars are fascinated with what Schumpeter called 'the process of creative destruction' – that is, a process through which innovation constantly reshapes the very market structures out of which it arises in an evolutionary way« (S. 1).

Vielleicht ist es vornehmlich dieses historisch-institutionelle Moment, das der neueren Forschungsrichtung der *evolutionary economics* den gehörigen autoritativen Impuls verliehen hat und damit dem Schumpeterschen Motto gemäß die »Türen geöffnet« hat für eine innovative und interdisziplinäre Forschungsrichtung jenseits von Orthodoxie und alteingesessenen Heterodoxien. Die Schumpeter-Renaissance hat, was ihn gewiß sehr freuen würde, etwas frischen Wind in eine von altbewährten Grabenkriegen stationär gewordene Landschaft gebracht.

Allerdings – um mit einer kritischen Frage zu schließen, was ihn im Zweifel ebenfalls gefreut hätte – steht heute in Frage, ob die Schumpetersche Fokussierung auf die institutionell-politischen Bedingungen der Möglichkeit des dynamischen Wirtschaftswachstums künftig noch ausreicht bzw. wir uns diese Fixierung noch leisten können?

Zum einen ist der historische Antipode und die Herausforderung des Kapitalismus, der, wie es sich gegen Schumpeters Einschätzung herausgestellt hat, doch nicht lebensfähige zentralistische Sozialismus, entfallen; zum anderen aber hat sich eine ganz andere Bedrohung der kapitalistischen Zivilisation auf Basis eines dynamischen *Wirtschaftswachstums* ergeben, von der Schumpeter wohl noch keine Vorstellung hatte: die globalen ökologischen Gefährdungen, die fortgesetztes Wirtschaftswachstum zwangsläufig mit sich bringt. Die »Schumpeter-Dynamik« besteht für Helmar Krupp (1992), dem früheren Leiter des Karlsruher ISI-Intituts, in dem unauflösbaren Aktionsgefüge von Politik, Technik, Unternehmen und Konsumenten, welches sich in der industriellen Revolution bildete und einen ungehemmten Individualismus erweckt habe, der in der Glorifizierung des *Unternehmers* gipfelt. Die Schumpeter-Dynamik setze dauernd neue technische Ideen in Angebote um, schaffe Nachfrage und produziere eine Wachstumsgier, die zur Zerstörung der Umwelt führe und damit letztlich das System selbst zerstöre.

Diese öko-evolutionäre Implikation der »Schumpeter-Dynamik« hat seit den sechziger Jahren einer der Harvard-Schüler Schumpeters in *umweltökonomischer* Perspektive ausgearbeitet und insofern empfindet sich Nicholas Georgescu-Roegen als *der* authentische Fortsetzer des Werkes seines Lehrers, wie er anläßlich der ihm zu Ehren abgehaltenen 1. Internationalen Konferenz der *EABS* (*European Association for Bioeconomic Studies*) im November 1991 in seiner Grußrede *Looking back* bekundete (1993). Wenn das die Tore sind, die Schumpeter maßgeblich »geöffnet« hätte, dann käme seinem Werk eine weit über die impliziten Gehalte seiner Arbeiten hinausreichende, zukunftstiftende Dimension zu, an die er mit seinen lebenslangen theoretischen Bemühungen selbst vermutlich noch gar nicht gedacht hatte.

Literatur

AER (American Economic Review) (1985): Essays Commemorating the Centennial of the American Economic Association, Vol. 1985, Nr. 6.

Allen, R. L. (1991): Opening Doors. The Life and Work of Joseph Schumpeter, Vol. One: Europe, Vol. Two: America, New Brunswick/ London (zit. als Allen 1/2).

Augello, M. M. (1990): Joseph Alois Schumpeter. A Reference Guide, Berlin.

Böhm, S. (Hrsg.) (1987): Joseph Alois Schumpeter: Beiträge zur Sozialökonomik, Wien.

Carlson (1968): The Education of an Economist Before the Great Depression, in: American Journal of Economics and Sociology, Vol. 27, S. 101-112.

Coats, A. W. (1960): The first two decades of the American Economic Association, in: AER, Vol. 50, Sept. 1960, S. 55-574.

Cohn, G. (1889): Die heutige Nationalökonomie in England und Amerika, in: Schmollers Jahrbuch, 13. Jg., S. 1-36.

Craver, E./Leijonhufvud, A. (1987): Economics in America. The Continental Influence, in: History of Political Economy, Vol. 19:2, S. 173-182.

Debreu, G. (1991): The Mathematization of Economic Theory, in: AER, Vol. 81, Nr. 1, S. 1-7.

Dragan, J. C. et al. (eds.) (1993): Entropy and Bioeconomics. Proceedings of the First International Conference of the E.A.B.S. (European Association for Bioeconomic Studies) in Rome 28-30 November 1991, Milano.

Frisch, H. (ed.) (1981): Schumpeterian Economics, New York.

Georgescu-Roegen, N. (1989): An Emigrant from a Developing Country – Autobiographical Notes I, in: Recollections of Eminent Economists, Vol. 2, ed. by J. A. Kregel, London, S. 99-127.

Georgescu-Roegen, N. (1993): Looking Back, in: J. C. Dragan et al. (eds.) 1993, S. 11-21.

Giersch, H. (1983): The Age of Schumpeter, Kiel Institute of World Economics, working paper no. 194, Kiel.

Goodwin, R. (1988): A Personal Perspective on Mathematical Economics, in: Bd. 1, S. 157-168.

Goodwin, R. (1993): Chaotic Dynamics and Bioeconomics, in: J. C. Dragan et al. (eds.) 1993, S. 48-52.

Haberler, G. (1965): Joseph Alois Schumpeter (1883-1950), in: Lebensbilder großer Nationalökonomen. Einführung in die Geschichte der Politischen Ökonomie, hrsg. von H. C. Recktenwald, Köln/Berlin, S. 501ff.

Hanusch, H. (1991): Zur Bedeutung Schumpeters als Ökonom des 20. Jahrhunderts, in: Begleitband zur Faksimile-Ausgabe von Schumpeters »Das Wesen und der Hauptinhalt der theoretischen Nationalökonomie«, Handelsblatt-Bibliothek »Klassiker der Nationalökonomie«, hrsg. von W. Engels u.a., Düsseldorf, S. 19-39.

Harris, S. E. (1951): Schumpeter. Social Scientist, Cambridge.

Heertje, A./Perlman, M. (eds.) (1990): Evolving technology and market structure. Studies in Schumpeterian Economics, Ann Arbor.

Jaron, A. A. (1989): Schöfperische Zerstörung und das Ende des Kapitalismus. J. A. Schumpeter und der Übergang des Kapitalismus zum Sozialismus unter dem Aspekt einer ökologischen Umgestaltung von Wirtschaft und Gesellschaft, (Diss.) Münster.

Krupp, H. (1992): Von Gier zerstört, Interview in: Die Wirtschaftswoche, Nr. 446/6.11.1992, S. 22-23.

Mann, F. K. (1958): Bemerkungen über Schumpeters Einfluß auf die amerikanische Wirtschaftstheorie, in: Weltwirtschaftliches Archiv, Bd. 81 (1958 II), S. 149-173.

Mann, F. K. (1971/1972): Zu Schumpeters Leben und Werk, in: Finanzarchiv NF, Bd. 30, S. 306-310.

März, E. (1991): J. Schumpeter. Scholar, Teacher & Politician, mit einem Vorwort des Schumpeter-Schülers und Nobelpreisträgers, James Tobin, New Haven/London.

Müller, K. O. W. (1990): Joseph Alois Schumpeter. Ökonom der neunziger Jahre?, Berlin.

Naderer, B. (1990): Die Entwicklung der Geldtheorie J. A. Schumpeters. Statische und dynamische Theorie des Geldes im kapitalistischen Marktsystem, Berlin.

Nelson, R./Winter, S. (1982): An Evolutionary Theory of Economic Changes, Cambridge.

Oakley, A. (1990): Schumpeter's Theory of Capitalist Motion. A critical exposition and reassessment, Aldershot.

Paqué, K.-H. (1983): Einige Bemerkungen zur Persönlichkeit Joseph A. Schumpeters, Arbeitspapier Nr. 193/Institut für Weltwirtschaft Kiel.

Rostow, W. W. (1991): »Foreword« zu R.L. Allen: Opening Doors, Vol. 1, New Brunswick/London.

Rothschild, K.(1981): Schumpeter and Socialism, in: H. Frisch (ed.) 1981, S. 113-125.

Ruben, P. (1990): Schumpeters Theorie der Wirtschaftsentwicklung in philosophischer Sicht, in: Deutsche Zeitschrift für Philosophie 1990, Heft 4.

Salin, E. (1945): Einleitung zur deutschen Ausgabe von Schumpeters Kapitalismus, Sozialismus, Demokratie, 6. Auflage, Tübingen 1987, S. 7-10.

Samuelson, P. A.(1951): Schumpeter as a Teacher and Economic Theorist, in: S. Harris (ed.), Schumpeter. Social Scientist, Cambridge, S. 48-54.

Samuelson, P. A. (1981): Schumpeter as an Economic Theorist, in: H. Frisch (ed.) 1981, S. 1-27.

Scherer, F. M./Perlman, M. (eds.) (1992): Entrepreneurship, Technological Innovation, and Economic Growth. Studies in the Schumpeterian Tradition, Ann Arbor.

Schneider, E. (1970): Joseph Alois Schumpeter. Leben und Werk eines großen Sozialökonomen, Tübingen.

Schumpeter, J. A. (1906): Über die mathematische Methode der theoretischen Ökonomie, in: Zeitschrift für Volkswirtschaft, Sozialpolitik und Verwaltung, Bd. 15, S. 30-49.

Schumpeter. J. A. (1932): Das Woher und Wohin unserer Wissenschaft, (»Bonner Abschiedsrede«) in: ders., Aufsätze zur ökonomischen Theorie, Tübingen 1952, S. 598-608.

Schumpeter, J. A. (1946a): John Maynard Keynes, 1883-1946, in: American Economic Review, Vol. 36, S. 495-518.

Schumpeter, J. A. (1946b): Keynes and Statistics, in: Review of Economic Statistics, Vol. 28, S. 194-196.

Schumpeter, J. A. (1947): Keynes, the Economist, in: S. Harris (ed.), The new Economics: Keynes' Influence on Theory and Public Policy, New York, S. 73-101.

Schumpeter, J. A. (1987): The March into Socialism, in: ders., »CSD«.

Schumpeter, J. A. (1987): Capitalism, Socialism, and Democracy (»CSD«), 6. Auflage, ed. by T. Bottomore, Boston/Sydney.

Schumpeter, J. A. (1988): Begleitband zur Faksimile (Handelsblatt-Edition)-Ausgabe von »Theorie der wirtschaftlichen Entwicklung« mit Beiträgen von H. C. Recktenwald, F. M. Scherer, W. F. Stolper, Düsseldorf.

Schumpeter, J. A. (1991a): Begleitband zur Faksimile-Ausgabe von »Das Wesen und der Hauptinhalt der Theoretischen Nationalökonomie«

mit Kommentaren von H. Hanusch, A. Heertje, Y. Shinoya, Düsseldorf.

Schumpeter, J. A. (1991b): The Economics and Sociology of Capitalism, ed. by R. Swedberg, Princeton.

Schumpeter, J. A. (1992): Politische Reden. Herausgegeben und kommentiert von Christian Seidl und Wolfgang Stolper, Tübingen.

Schumpeter, J. A./Crum, W. L. (1946): Rudimentary Mathematics for Economists and Statisticians, Mac Graw Hill.

Seifert, E. K. (1993a): Joseph Alois Schumpeter: Zu Person und Werk, Einführung in J. A. Schumpeter: Kapitalismus, Sozialismus, Demokratie, 7. Auflage, Tübingen.

Seifert, E. K. (1993b): Sammelbesprechung neuerer Schumpeter-Literatur, in: Archiv für Sozialgeschichte.

Seifert, E. K. (1993c): The Bioeconomic Paradigm. Some Aspects of its Place in the History of Economic Thought, in: J. C. Dragan et al. (eds.) 1993, S. 29-37.

Shinoya, Y. (1991): Die Familie Schumpeter in Trest, in: Begleitband zur Faksimilie-Ausgabe von Schumpeters »Das Wesen und der Hauptinhalt der theoretischen Nationalökonomie«, Handelsblatt-Bibliothek »Klassiker der Nationalökonomie«, hrsg. von W. Engels u.a., Düsseldorf, S. 51-72.

Stolper, T.(1979): Ein Leben in Brennpunkten unserer Zeit, Stuttgart.

Stolper,W. (1979): Joseph Alois Schumpeter – A Personal Memoir, in: Challenge, Jan./Febr. 1979, S. 64-69.

Swedberg, R. (1989): J. A. Schumpeter and the Tradition of Economic Sociology, in: Journal of Institutional and Theoretical Economics, S. 508-524.

Swedberg, R. (1990): Economics and Sociology. Redefining their Boundaries, Princeton.

Swedberg, R. (1991a): Joseph Schumpeter. His Life and Work, Cambridge, Oxford.

Swedberg, R. (ed.) (1991b): Joseph Alois Schumpeter: The Economics and Sociology of Capitalism, Princeton.

Tobin, J. (1991): Vorwort zu: E. März: Joseph Schumpeter. Scholar, Teacher, and Politician, New Haven/London.

Ward, B. (1981): Die Idealwelten der Ökonomen. Liberale, Radikale, Konservative, Frankfurt/New York.

Christof Rühl[1]

Der Beitrag deutschsprachiger Ökonomen zur konjunkturtheoretischen Debatte der Zwischenkriegszeit

»Nun ist die Sozialökonomik im Gegensatz zur Mathematik eine Erfahrungswissenschaft. Sie muß daher etwaigen Widersprüchen zwischen ihren Schlußfolgerungen und der Wirklichkeit Rechnung tragen« (Adolf Löwe, 1926).

1. Einleitung

Der Satz »in der Konjunkturforschung ist wahrlich alles problematisch, selbst das Problem« (Lutz 1932, S. 40) skizziert recht treffend die diversen Debatten, die unter dem Stichwort »Konjunkturtheorie« zusammengefaßt werden. Unklarheit in der Problemlage jedoch bedeutet nicht, daß diese Diskussionen nichts zu einem besseren Verständnis der wirtschaftlichen Entwicklung beizutragen hätten.

Der folgende Aufsatz beschäftigt sich mit einer jener Debatten des »Konjunkturproblems«, die mittlerweile historisch genannt werden dürfen. Die Debatte flackerte Mitte der zwanziger Jahre im deutschen Sprachraum auf und wurde letztendlich erst durch die Machtübernahme der Nationalsozialisten beendet. In ihrer Klarheit hinsichtlich methodischer wie theoretischer Fragestellungen stellt sie ohne Zwei-

[1] Hans Ulrich Eßlinger, Harald Hagemann und Hans-Michael Trautwein bin ich für kritische Kommentare und wertvolle Überarbeitungshinweise zu großem Dank verpflichtet.

fel einen der Höhepunkte in einer langen und an herausragenden Ereignissen nicht gerade armen Entwicklung dar. Daß zwar die Positionen einzelner Teilnehmer (wie Hayek oder Schumpeter), nicht aber der Kontext, in dem diese Positionen entwickelt wurden, im angelsächsischen Sprachraum breitere Beachtung erfuhren, kann als Ergebnis der politischen Umwälzungen in Deutschland und Europa interpretiert werden; es ist ein klassisches Beispiel für den Verlust, den der Fall der deutschsprachigen Wirtschaftswissenschaften in die internationale Bedeutungslosigkeit (und der damit verbundene »brain-drain«) nicht nur dieser selbst, sondern auch dem internationalen Forschungszusammenhang zufügte: Keiner der hier diskutierten Teilnehmer an der konjunkturtheoretischen Diskussion blieb in Nazi-Deutschland oder kehrte dorthin zurück. In den USA aber, wohin es sie alle verschlug, beherrschten andere Fragen die theoretische Diskussion, so daß das hier angeschnittene Thema nicht weiter behandelt wurde – bis es sich vier Dekaden später »von selbst« wieder auf die Tagesordnung drängte.

Das angesprochene Thema war die Vereinbarkeit der Theorie des allgemeinen Gleichgewichts und ihrer Prämissen mit einer systematischen Erklärung des Konjunkturzyklus. Die angesprochenen Positionen wie die Fragestellung sind gerade nach dem Siegeszug der modernen Gleichgewichtskonjunkturtheorie relevant, wenn sie auch in dieser Offenheit kaum mehr ausgesprochen werden. Der folgende Aufsatz versucht daher, die historische Debatte nicht nur nachzuvollziehen, sondern vor dem Hintergrund der modernen Diskussionen die alten Fragen mit neuen Schlußfolgerungen zu verbinden.

Teil 2 gibt einen Überblick über die Entwicklung der modernen konjunkturtheoretischen Debatte, soweit sie für unsere Fragestellung relevant ist. Teil 3 widmet sich der Debatte der Zwischenkriegszeit. Teil 4 diskutiert mögliche Konsequenzen für das Modellieren ökonomischer Fluktuationen aus heutiger Sicht.

2. Das Auf und Ab der Konjunkturtheorie

Es ist ein oft vorgebrachtes Klischee, daß die Entwicklung der Konjunkturtheorie selbst zyklisch verläuft. Auf den ersten Blick scheint dies zutreffend, wenn die Popularität konjunkturtheoretischer Fragen auch eher in langen Wellen als in kurzfristigen Schwankungen daher-kommt. In diesem Zusammenhang gilt, auch aus internationaler Perspektive, die Zeit zwischen den Weltkriegen als die erste Blütezeit systematischer Konjunkturforschung. Ebenso unstrittig ist, daß die klassischen Themen der Konjunkturtheorie erst Anfang der siebziger Jahre ein »umfassendes« Comeback feierten und erneut die makroökonomische Diskussion beherrschten, nachdem sie Anfang der dreißiger Jahre auf ein akademisches Nebengleis geraten waren und in den fünfziger und sechziger Jahren von wachstumstheoretischen Fragen abgelöst wurden.[2]

Bereits an der Frage, warum dem so ist, scheiden sich die Geister. Die Unterschiedlichkeit der genannten Gründe sollte jedoch nicht über eine erstaunliche Gemeinsamkeit hinwegtäuschen: Die diskontinuierliche Beschäftigung mit unserem Gegenstand wird nicht nur als das Ergebnis eines geradlinigen wissenschaftlichen Fortschrittes dargestellt, sondern auch als die Reaktion auf einen Erkenntnisgewinn, der außerhalb und unabhängig von der Entwicklung der Konjunkturtheorie selbst anfiel. Die genannten Gründe schildern, um in der Terminologie des Genres zu bleiben, die Entwicklung der modernen Konjunkturtheorie in aller Regel als das Resultat exogener Einflüsse und nicht als eine von endogener Dynamik getriebene Erweiterung theoretischer Erkenntnis.

2.1. Erklärungen für Diskontinuitäten in der Konjunkturforschung

Die Gründe selbst, die zur Erklärung des diskontinuierlichen Verlaufs der konjunkturtheoretischen Debatte angeführt werden, lassen sich grob in drei Kategorien einteilen. Zum einen werden *theoretische* Einschnitte in der makroökonomischen Theorie, die den Hintergrund für die konjunkturtheoretische Forschung abgibt, verantwortlich ge-

---

[2] Im deutschen Sprachraum datierte Cassel (1921) die »allmähliche« Akzeptanz eines »uniformen Typos« konjunktureller Schwankungen (verstanden als Parallelbewegung von Preisen *und* Produktions- bzw. Beschäftigungshöhe) auf das letzte Viertel des vorigen Jahrhunderts. Dies verlangt, den Beginn systematischer Konjunkturforschung auf die Zeit nach der »marginalistischen Revolution« zu datieren und klassische Debatten (z.B. um Says Law) sowie die Beiträge neoklassischer »Einzelkämpfer« (wie z.B. Jevons) auf den Status von Vorläufern zu reduzieren. Eine vollständige Chronik käme nicht umhin zu konstatieren, wie sich das Interesse an konjunktur- und wachstumstheoretischen Fragen seit der zunehmenden Vereinheitlichung des theoretischen Systems unter marginalistischen Vorzeichen wechselseitig ablöste.

macht, typischerweise der Siegeszug der Keynesianischen »Revolution« und dann die Wachablösung durch die »Neue Klassische Makroökonomik«.[3]

Ein zweites Argument stellt *methodische* Änderungen und die Weiterentwicklung des analytischen Instrumentariums in den Mittelpunkt. Häufig verkürzt, d.h. ohne Rekurs auf die seit den fünfziger Jahren erfolgte Erweiterung und Präzisierung des analytischen Rahmens der allgemeinen Gleichgewichtstheorie selbst dargestellt, konzentriert es sich auf die verbesserte technisch-mathematische Fähigkeit zur Lösung dynamischer und stochastischer Gleichungssysteme. In dieser Lesart wird die Abkehr von den in der Zwischenkriegszeit debattierten dynamischen Problemen mit dem von Keynes (und Hicks) initiierten Rückzug auf die robuste Methode komparativ-statischer Analyse begründet, und die Rückkehr zu konjunkturtheoretischen Themen in den siebziger Jahren entsprechend auf die Überwindung dieses Mankos mit Hilfe des technischen Arsenals der »Gleichgewichtskonjunkturtheorie« zurückgeführt. Hinter dieser Wachablösung verbirgt sich jedoch ein wesentlich umfassenderer Wechsel in der Methode, der am besten als Wechsel des unterliegenden Gleichgewichtskonzeptes beschrieben wird – vom temporären Gleichgewicht Hicksscher Prägung zu den kontinuierlichen Gleichgewichten der »Neuen« Klassiker, sowie die Hypothese, erst dieser Wechsel in der Gleichgewichtsanalyse habe den »rigorosen« (Neu)Zugang zu konjunkturtheoretischen Problemen ermöglicht.[4]

---

[3] Lucas und Sargent (1978) bspw. begründen ihren Forschungsansatz in diesem Sinne. Die Konzentration auf die programmatischen Positionen der frühen »Neuen Klassiker«, verbunden mit einer gewissen Vernachlässigung der Sprengkraft und (langfristigen) Bedeutung der verwendeten Methode, war zunächst auch die Standardreaktion der »entthronten« Keynesianer (und Monetaristen). Tobins (1981) bekannte »Mark 2« Kategorisierung mag dies beispielhaft verdeutlichen. Hoover (1988) interpretiert den Erfolg der Neuen Klassiker weitgehend als das Ergebnis einer erfolgreich beendeten theoretischen Auseinandersetzung. Vgl. auch Laidler (1986) und Leijonhufvud (1983).

[4] Diese Interpretation, frühzeitig ins Feld geführt z.B. von Lucas (1980), überwiegt mittlerweile. Sie dominiert zunehmend auch Auseinandersetzungen um die Neuartigkeit der »Neuen Wachstumstheorie« (z.B. Romer 1993). Kohn (1986) liefert eine detaillierte Analyse des Übergangs zum komparativ-statischen Ansatz, und McCallum (1993) vermittelt einen Eindruck von der Faszination der technischen Aspekte des Wechsels »zurück«. Rühl (1993) enthält einen Überblick über die Änderungen des Gleichgewichtskonzeptes, die den technischen Aspekten des Wechsels erst längerfristige Bedeutung verleihen.

Zu guter Letzt wird auch der *faktische* Bezug zur »realen Welt« ins Feld geführt, der einerseits der Frage, ob es sich bei der großen Depression um einen »normalen« zyklischen Abschwung handelte, schnell und gründlich den Boden entzog, während andererseits die Ablösung des kurzen Traums immerwährender Prosperität durch die alte Realität zyklischer Krisen in den wichtigsten OECD-Ländern ab Mitte der sechziger Jahre dem Wiederaufleben konjunkturtheoretischer Fragestellungen den Boden bereitete.[5]

Für sich alleine genommen, führt sicherlich keine dieser Erklärungen zu einer befriedigenden Antwort.[6] Für unsere Zwecke interessanter ist jedoch, daß die genannten Erklärungen alle die Interpretation zulassen, die »erste Runde« der Auseinandersetzung mit konjunkturtheoretischen Fragen sei daran gescheitert, daß adäquate Antworten auf drängende Fragen nicht gegeben werden konnten. Gleichzeitig kommen die Gründe, die für das Wiederaufleben der konjunkturtheoretischen Debatte ins Feld geführt werden, allesamt ohne Rekurs auf die genuine Entwicklung ihres Gegenstandes aus: Die Konjunkturtheorie selbst scheint passiv auf die »von außen« kommenden theoretischen, methodischen oder historischen Veränderungen zu reagieren – oder, bestenfalls, sich jene zunutze zu machen.

Wäre dem so, käme der Theorie- oder Dogmengeschichte keine nennenswerte Rolle zu. Zur Chronistenpflicht verurteilt, würde sie sich darauf beschränken, Interaktion von methodischer und theoretischer Erkenntnis nachzuzeichnen, in der Fortschritte bei der Übertragung der axiomatischen Grundstruktur der Volkswirtschaftslehre (nach wie vor die allgemeine Gleichgewichtstheorie) auf Teilbereiche des Faches berichtet werden. Dabei wäre die Erinnerung an vergangene Helden wachzuhalten: an solche, die scheiterten, obwohl sie vielleicht die »richtige« Idee verfolgten und an solche, die erfolgreich waren, ohne daß sie (oder ihre Umwelt) sich dessen völlig gewahr

[5] Autoren von so gegensätzlicher Auffassung wie Friedman und Schwartz (1963), Hutchison (1953) und Nell (1993) inkorporieren, in unterschiedlichem Ausmaß, die »historische« Entwicklung in ihr Werk, um das Rätsel des »Auf und Ab« der Konjunkturtheorie zu lüften.

[6] Sie lassen sich jedoch gut kombinieren. Man denke nur daran, inwieweit es tatsächlich Zufall sein kann, daß mit »Neue Klassische Makroökonomik« und »Gleichgewichtskonjunkturtheorie« gleich zwei Namen für dasselbe Phänomen zur Verfügung stehen – der eine mit theoretischem, der andere mit methodischem Bezug; oder an die Versuche, die Nachkriegsprosperität als Ergebnis der Instrumentalisierung keynesianischer Theorie, oder aber das Ende des Traumes auf das Versagen des nämlichen Modells zurückzuführen.

werden konnten – Naturwissenschaftlern auf der Suche nach ewig gültigen Gesetzen gleich.

Wenn jedoch gezeigt wird, daß trotz unbestrittenen Fortschrittes in der »Superstruktur« Fragen in einzelnen Bereichen, wie z.B. dem der Konjunkturtheorie, wieder auftauchen, die bereits in der Vergangenheit adressiert wurden, *ohne* daß diese Fragen heute eindeutig beantwortet werden können, wächst theoriegeschichtlichen Zusammenhängen eine neue Rolle zu. Diese besteht darin, den »alten« Fragen nachzuspüren in der Hoffnung, neue und alternative Wege zu ihrer Beantwortung zu finden – Wege, die im Laufe der bekannten Entwicklung nicht eingeschlagen wurden, deren Abzweigungen dem Kundigen aber noch geläufig sind. Dogmengeschichte wird so zur »Landkarte«, deren Besitz es gestattet, die Entwicklung z.B. der Konjunkturtheorie als Sukzession von genuinen Problemen und Antworten nachzuzeichnen, anstatt sich von »Wachablösung« zu »Wachablösung« im Hauptstrom zu hangeln.[7]

Dies bedeutet nicht, daß wissenschaftlicher Fortschritt in der allgemeinen Gleichgewichtstheorie nicht in der Lage ist, auch zum Erkenntnisgewinn in der Konjunkturtheorie beizusteuern. Aber es bedeutet, auf die Möglichkeit zu verweisen, daß einzelne Bereiche der Ökonomie *durch die Natur der Fragen*, die sie zu beantworten suchen, stärker voneinander separiert sind, als wir heute gemeinhin anzunehmen bereit sind; und es bedeutet, in der ökonomischen Theorie »Fortschritt« nicht nur als die Fähigkeit einer axiomatischen »Superstruktur« zu begreifen, mehr und mehr Teilbereiche zu integrieren, sondern ihn zu messen, auch als die Fähigkeit, jene genuinen Fragestellungen zu beantworten, die zur Entwicklung verschiedener Teilbereiche erst geführt haben. Wenn die Zulässigkeit von offenen Fragen in einer Sozialwissenschaft danach beurteilt wird, wie gut ihre Beantwortung in den Kontext einer axiomatischen Struktur paßt, besteht die überaus realistische Möglichkeit, daß einige der Fragen

---

[7] Vgl. Leijonhufvud (1987), der die Theoriegeschichte als Etikettenpflege (angenehm im Umgang, für die theoretische Arbeit, aber so nützlich wie Tafelmanieren, die an Militärakademien Teil der Ausbildung sind, für das Kriegshandwerk) kontrastiert mit ihrer möglichen Funktion als »Landkarte« – d.h. nützlich dabei, Probleme der modernen theoretischen Arbeit zu lösen, wenn sich diese entlang althergebrachter Linien in eine Sackgasse manövriert hat, da nur die Dogmengeschichte den erneuten Zugang zu jenen Fragen und Antworten erlaubt, die den Weg in die Sackgasse erst ermöglichten; dieser Ansatz schreibt der Dogmengeschichte das Potential für alternative Antworten zu.

unter den Tisch fallen; geben diese jedoch ungelöste Tatbestände wieder, werden sie unweigerlich wieder auftauchen. Was dann passiert (und welche Kosten damit assoziiert sein können), dafür ist die gegenwärtige Debatte um die »Neue Wachstumstheorie« ein lebhaftes Beispiel.[8]

Diese Anmerkungen scheinen zugeschnitten auf die gegenwärtige Debatte um wachstumstheoretische Fragen, die nicht umhinkommt, die Relevanz des walrasianischen Modells für Fragen der langfristigen Entwicklung moderner Ökonomien zu hinterfragen. Sie gelten im gleichen Ausmaß – wenn auch weniger häufig eingestanden – für die konjunkturtheoretische Debatte, die jener vorausging und auf die wir uns hier konzentrieren werden. Es ist nicht einmal nötig, auf die enge Verbindung der beiden »Bereiche« (oder die Unmöglichkeit ihrer Separierung) unter anderen als rein walrasianischen Vorzeichen zu verweisen, um zu zeigen warum: Die gegenwärtige Debatte macht, auch wenn man beide Bereiche getrennt hält, weder in der Konjunktur- noch in der Wachstumstheorie den Eindruck, sie sei einer Lösung von genuinen Fragestellungen näher, als dies der Fall war, als die beiden Themen »das letzte Mal« die makroökonomische Debatte beherrschten. Sie gibt daher Anlaß für einen Ausflug in die Theoriegeschichte.[9]

---

[8] Der (demnach möglicherweise ungerechtfertigte) Stolz darauf, die Dichotomie zwischen Mikro- und Makroökonomik aufgehoben zu haben, mag als Beispiel für die erste Proposition dienen, d.h. für die Tendenz, Fortschritt mit der Inkorporation von Teilbereichen in die allgemeine Gleichgewichtstheorie gleichzusetzen (vgl. Rothschild 1988); und die Diskussion der Relevanz von gleichschrittigen Wachstumsmodellen vierzig Jahre (!) nach dem Solow-Modell zusammen mit den Schwierigkeiten, von den Pfaden, die sich die ökonomische Theorie seitdem durch das Gestrüpp der Fakten bahnte, wieder Anschluß an Überlegungen zu finden, wie sie etwa Schumpeter vor mehr als achtzig Jahren anstellte, ist Beispiel für die zweite Behauptung, d.h. für die unangenehme Fähigkeit berechtigter Fragen, wieder aufzutauchen, auch wenn sie lange ausgeklammert wurden (vgl. Aghion und Howitt, 1992).

[9] Nicht ganz überraschend wird in der gegenwärtigen Debatte um die »Neue Wachstumstheorie« der Theoriegeschichte mehr Augenmerk gewidmet, als dies gemeinhin der Fall ist (wenn auch weitgehend ohne Bezug auf die keynesianische Tradition). Im Falle der Konjunkturtheorie funktionierte der Schutzmechanismus etwas besser – was auf den Anspruch, die Probleme der Zwischenkriegszeit mit Hilfe überlegener Technologie in den Griff bekommen zu haben, zurückgeführt werden kann.

2.2. Unterschiede zwischen modernen Konjunkturtheorien und früheren Debatten

Im Bereich der Konjunkturforschung umfassen die ungelösten Fragestellungen vor allem zwei Aspekte: die Separierung von Trend und Zyklus und die Pfadabhängigkeit ökonomischer Entwicklung. Der erste Punkt betrifft die Beziehung zwischen kurzfristigen Fluktuationen und langfristigem Wachstum, deren oft unterstellte Unabhängigkeit voneinander die Voraussetzung für die herrschende Dichotomie in Konjunktur- und Wachstumstheorie bildet; der zweite geht darüber hinaus und betrifft die Möglichkeit multipler (kurz- und langfristiger) Wachstumspfade und deren Bestimmung. Während sich der erste Aspekt auf theoretische Fragestellungen reduzieren läßt, wirft der zweite zwangsläufig methodische Probleme auf.

Hinter beiden Fragen scheint das alte Problem auf, ob und inwieweit moderne Formulierungen der Theorie des allgemeinen Gleichgewichtes prinzipiell kompatibel sind mit einer Erklärung regelmäßiger Schwankungen relativer und nominaler Variablen. Moderne Überlegungen zur Konjunkturforschung provozieren eine Rückkehr zum alten Ausgangspunkt, da auch die Ansätze der sog. Gleichgewichtskonjunkturtheorie die stilisierten Fakten des Konjunkturzyklus nicht bestreiten – als da sind: regelmäßige, positiv korrelierte Schwankungen von Output, Beschäftigung, Produktivität und Preisniveau.[10]

Die im folgenden aufgegriffene Debatte kreiste um die Frage, ob systematische Konjunkturschwankungen mit Hilfe der in der Zwischenkriegszeit verfügbaren Ansätze der allgemeinen Gleichgewichtstheorie erklärt werden konnten oder nur im Gegensatz zu ihr. Obwohl die Debatte mit der Machtübernahme des Nationalsozialismus abgebrochen wurde, bevor diese Frage zufriedenstellend beantwortet werden konnte, läßt sich feststellen, wohin die Reise ging: die Unvereinbarkeit beider wurde sogar von Hayek (1936), ursprünglich dem

---

[10] Für eine Liste erklärungsbedürftiger stilisierter Fakten, denen sich die »Neue Wachstumstheorie« gegenübersieht, vgl. Romer (1994). Was die Konjunkturtheorie angeht, so bitten wir an dieser Stelle für einen Moment von der Frage zu abstrahieren, ob ein stilisierter »regelmäßiger« Konjunkturzyklus im obigen Sinne existiert, zugunsten der Beobachtung, daß die wichtigsten Protagonisten, die im folgenden eine Rolle spielen werden, die Existenz regelmäßiger Schwankungen in diesem Sinne als empirisch gegeben unterstellten – von Hayek (1929) bis Lucas (1987).

stärksten Vertreter der These, daß eine »Erweiterung« der »statischen« Gleichgewichtstheorie zu einer Erklärung des Konjunkturzyklus führen würde, später zugestanden. Demgegenüber steht die Behauptung der modernen neowalrasianischen Literatur, den angeblichen Widerspruch zwischen gleichgewichtstheoretischer Fundierung und einer Theorie zyklischer Fluktuationen zufriedenstellend gelöst zu haben.[11]

Bei dem Versuch, alte und neue Konjunkturtheorie in dieser Hinsicht zu vergleichen, muß daher auf »gegenwärtige« oder »verfügbare Formulierungen« Wert gelegt werden, denn die Weiterentwicklung der gleichgewichtstheoretischen Grundlagen dient dazu, den modernen Anspruch zu substantiieren. Dies ist der letzte Punkt, der eine einleitende Anmerkung verdient.

Der grundlegende Gedankengang ist einfach: Er basiert auf der These, daß in der modernen Gleichgewichtstheorie – im Gegensatz zur Zwischenkriegsperiode – der Gegensatz zwischen Gleichgewichts- und Ungleichgewichtszuständen seinen Sinn verloren habe. Die in den fünfziger Jahren erfolgte Erweiterung und Präzisierung der Theorie um die Einführung datierter und zustandsabhängiger Güter ermöglicht es dem Theoretiker, jede Konfiguration von relativen Preisen und Mengen als das Ergebnis rationaler individueller Wahlhandlungen zu interpretieren. In der Folge bleibt kein Raum für die alte Unterscheidung zwischen Statik und Dynamik: Wo ein und derselbe Mechanismus Verwendung findet um den relativen Preis von Äpfeln und Orangen, aber auch von Äpfeln heute und Äpfeln morgen, und darüber hinaus von Äpfeln morgen bei Frost und morgen bei Sonnenschein zu bestimmen, wird das Ergebnis beliebig in dem Sinne, daß sich jede Konfiguration als Ergebnis der Wahlhandlungen optimierender Akteure, und damit als »Gleichgewicht« interpretieren läßt. Für die Konjunkturtheorie verbleibt lediglich das Problem, Propagationsmechanismen zu finden, die stochastische Störungen in regelmäßige Fluktuationen übersetzen (und »kalibriert« werden können, um auf diesem Weg Plausibilität zu beanspruchen). Die Hypothese rationaler Erwartungen scheint vor diesem Hintergrund das ge-

[11] Dieser Artikel konzentriert sich, was die »alte« Debatte betrifft, aus naheliegenden Gründen auf den deutschsprachigen Raum. Die Ergebnisse aber unterscheiden sich, was die mit dem verwendeten Gleichgewichtsbegriff verbundenen Schwierigkeiten beim Studium dynamischer Prozesse angeht, nicht grundsätzlich von den Debatten, die nahezu zeitgleich in England, Schweden oder den USA stattfanden.

eignete Instrument, dem Theoretiker die notwendige Disziplin aufzuerlegen. Sie schließt widersprüchliche Erwartungswerte der ökonomischen Agenten aus, bzw. verlangt bei deren Vorliegen nach einer expliziten Begründung, z.B. das Vorliegen asymmetrischer Informationen.

Im allgemeinen bedeutet die Entwicklung der letzten zwei Dekaden aber nicht nur ein »mehr« an theoretischer Disziplin oder methodischer »Rigorosität«. Die Kombination von intertemporaler Gleichgewichtstheorie mit der Hypothese rationaler Erwartungen bedeutet im modellbildnerisch tätigen makroökonomischen Alltag auch, daß theoretische Ansätze (etwa die Unterscheidung in keynesianische und neoklassische Theorie) den methodischen Erfordernissen untergeordnet werden. Ergebnisse, die die Optimalitätseigenschaften des »klassischen« intertemporalen Standardmodells nicht widerspiegeln, sind Restriktionen (z.B. Preisstarrheiten) geschuldet, die gerechtfertigt werden müssen. Aber dort wo dies standesgemäß geschieht, wird die Allgemeingültigkeit des Standardmodells *eingeschränkt* – und die Hypothese rationaler Erwartungen führt dazu, daß »suboptimale« Ergebnisse von den modellierten Akteuren nicht als solche wahrgenommen werden in dem Moment, in dem sie auftreten.[12]

Man muß sich klarmachen, wo genau das Problem liegt: Die Kombination der Hypothese rationaler Erwartungen mit der unsichtbaren Hand des walrasianischen Auktionators bedeutet nicht zwangsläufig, die bestmögliche aller Welten abzubilden. Aber sie bedeutet, zu akzeptieren, was als das Postulat wechselseitig konsistenter Erwartungen umschrieben wird. Akteure, die diesem Postulat genügen, zie-

---

[12] Lucas' Warnung, daß die Hypothese rationaler Erwartungen nicht als Theorie, sondern als Test für die logische Konsistenz einer Theorie, und daher immer nur in Verbindung mit einer solchen zu sehen sei, hilft hier nicht recht weiter, da sie den geringen Stellenwert unterschlägt, den eine Hypothese über menschliches Verhalten *außerhalb* jener Modellwelt beanspruchen kann, zu deren Immunisierung sie entwickelt wurde. In diesem Sinne ist die Kritik berechtigt, die moderne Theorie folge einem »Code«, d.h. sie sei nicht so sehr an der Erklärung empirischer Tatbestände als an Modellen interessiert, die a priori vorgegebenen logischen Regeln folgen, unabhängig davon, ob diese noch die Verbindung zur »externen Welt« aufrechterhalten: »In many ways modern economic theory has gone the way of geometry, although without having accomplished what geometry did ... Economic theorists are meanwhile suffering from the same kind of confusion that afflicted mathematicians when they hadn't yet realized that what they were doing had no connection with any concrete interpretation, and that because of this one set of axioms was as justifiable as any other as long as it was logically coherent« (Howitt 1996, S. 75).

hen *identische Schlußfolgerungen aus identischen Beobachtungen*. Auch wenn durch ungleiche Informationsstände, technologische Restriktionen oder hohe Transaktionskosten »Irrtümer« oder Pareto-inferiore Gleichgewichtsallokationen zugelassen werden, hat diese Prämisse Bestand: Von Lucas' (1975) Inselbewohnern über Hansens (1985) Arbeitsangebot zu Howitts (1988) »Handelsstationen« ist den modellierten Akteuren gemein, daß sie auf die gleichen Signale reagieren, und daß diese Reaktion identisch, d.h. als intertemporale Maximierung unter Nebenbedingungen zu modellieren ist. Dies hat zwei Auswirkungen, die das intuitive Gefühl mangelnder Realitätsnähe erklären helfen, das den Betrachter befallen mag.

Auf der Ebene individuellen Verhaltens sieht man sich Wesen gegenüber, die den Komplexitäten der modernen Gesellschaft auf immer die gleiche Weise begegnen, ohne dabei kognitiven Beschränkungen zu unterliegen. Für Routinehandlungen, die die beschränkte Kapazität individueller Informationsverarbeitung unterstützen und denen ungezählte ökonomische Institutionen ihre Existenz verdanken, bleibt in diesen Modellen kein Raum, und die korrespondierenden Institutionen müssen »ad hoc« eingeführt werden. (Warum, zum Beispiel, sollten sich ausgerechnet die rationalen Agenten, die moderne Makromodelle bevölkern, einen »cash-in-advance constraint« gefallen lassen?)

Auf der aggregierten Ebene verunmöglicht die Kombination walrasianischer Theorie mit der Hypothese rationaler Erwartungen, jene Koordinationsfehler ernstzunehmen, die einen Widerspruch zwischen einzel- und gesamtwirtschaftlicher Rationalität widerspiegeln. Solange die Erwartungen aller Akteure konsistent sind, macht die altehrwürdige Unterscheidung nach den ökonomischen *Funktionen*, die von einzelnen (oder Gruppen von) Agenten ausgeübt werden, wenig Sinn. Individuen sind nicht nur eindimensional konditioniert, sie verhalten sich auch identisch, in dem Sinne, daß ihr Verhalten von den gleichen Signalen determiniert ist.

Die immer gleiche Reaktion und das Schielen nach den immer gleichen Signalen bedingen sich wechselseitig. Zwar mögen die mit Standardverhalten und einheitlichem Weltbild ausgestatteten Akteure mit Umständen konfrontiert werden, die sie im Sinne paretianischer Optimalität scheitern lassen, aber ohne daß sie dessen gewahr werden *und* ohne daß sie es ändern könnten. Merken sie es ex post, so lernen sie dazu. Die gemeinsame Weltsicht bildet die Brücke zwischen individuellem Verhalten und Modellstruktur; und widerspruchsfreie Erwartungen sind der Gradmesser des Ausmaßes, in dem sich rationale Erwartungen und modellkonsistentes Verhalten bedingen. Wo dies geschehen ist, hinterlassen Ineffizienzen, die – ob in der Modellstruktur beheimatet oder durch exogene Schocks verursacht – den Agenten im Moment ihres Auftretens als solche nicht kenntlich sind oder unvermeidlich erscheinen, ein schales Gefühl: Sie sind so beliebig.

Selbst dort, wo die Kombination von Auktionator und rationaler Erwartungsbildung durch Restriktionen entschärft wird, die den Modellen zusätzlich und »von außen« angehängt werden, führt sie zu einer Situation, die treffend in dem Bonmot kommentiert ist, die moderne makroökonomische Theorie beschränke sich darauf, »unglaublich intelligente Akteure in unglaublich simplen Situationen« (Leijonhufvud 1993, S. 2) zu modellieren. Daß von seiten der Protagonisten der beschriebenen Kombination als »rigoroser« Methode Besserung nicht unbedingt erwartet werden kann, zeigt z.B. Sargent (1993), der in einer Diskussion über Möglichkeiten und Grenzen der zulässigen Rationalitätsannahmen genau die eben diskutierten widerspruchsfreien Erwartungen in den Rang einer nicht diskutablen Proposition erhebt.

Aber ein Ansatz, der prinzipiell alle mit einer endlichen und bekannten Menge datierter Güter und alternativer Naturzustände möglichen Preis- und Mengenrelationen als Gleichgewichtskonfiguration und damit als das Ergebnis individueller Wahlhandlungen begreifen kann, und in dem »suboptimale« (Pareto-inferiore) Kombinationen auf zusätzliche Restriktionen zurückgeführt werden müssen, verwischt nicht nur den Unterschied von Gleichgewichts- und Ungleichgewichtszuständen und den zwischen Statik und Dynamik. Die Entwicklung schuf, so ein herausragender Vertreter der Neuen Wachstumstheorie (Romer 1993, S. 10), auch »neue und fundamental unterschiedliche mentale Haltungen und Dispositionen« die, so dieser Autor, dazu führten, daß Anhänger der neuen und der alten Gleichgewichtskonzeption in der Zwischenzeit weitgehend kommunikationsunfähig seien.

Unter diesen Umständen ist vielleicht das Ausmaß, in dem »alte« Fragestellungen seit den siebziger Jahren immer wieder aufgegriffen wurden, gar nicht so erstaunlich. Im Bereich der Gleichgewichtskonjunkturtheorie und der Neuen Wachstumstheorie geschah dies explizit unter Verweis auf zwei der im folgenden diskutierten Autoren, Hayek und Schumpeter. Eine Reihe der von diesen Autoren diskutierten Themen theoretischer und methodischer Natur – die Unabhängigkeit von Trend und Zyklus, das Potential für multiple Wachstumspfade und die alles beherrschende Frage nach der Zweckmäßigkeit, dynamische Prozesse (oder eine *Theorie der wirtschaftlichen Entwicklung*, wie es einst passender hieß) im neowalrasianischen Rahmen zu behandeln – sind von der Agenda nie verschwunden. Dies scheint der These zu widersprechen, »exogener« theoretischer oder methodischer Fortschritt hätten die Konjunkturtheorie ihrer alten Stolpersteine beraubt.

Mit der Feststellung, daß sich die »zyklische« Entwicklung der Konjunkturtheorie als die sukzessive Wiederaufnahme ähnlich gelagerter Fragestellungen begreifen läßt, ist der Tenor dieses Aufsatzes benannt. Der Tatbestand, daß die genannten Fragen in der modernen Literatur keineswegs erschöpfend beantwortet wurden, motiviert die folgende Neuinterpretation. In einem engeren Sinne bietet sich die Möglichkeit, die alten Beiträge dahingehend zu überprüfen, wie sie es mit den Polen Rationalität und Gleichgewicht hielten zu einer Zeit, als die Hypothese identischer Erwartungen noch »vollkommene Information« hieß und ihre Nützlichkeit zur Erklärung dynamischer Prozesse und der Koordination ökonomischen Verhaltens noch offen hinterfragt werden durfte.

Nur im Falle der erfolgreichen Problemlösung, so wurde oben ausgeführt, läßt sich die Theoriegeschichte auf eine affirmative Rolle reduzieren. Ist dieser Tatbestand nicht erfüllt, kommen ihr neue Aufgaben zu. Der Vergleich der modernen konjunktur-(und wachstums-) theoretischen mit der im deutschsprachigen Raum in der Zwischenkriegsperiode geführten Debatte ist ein gutes Beispiel für diese Hypothese.

3. Konjunkturtheorie und Gleichgewichtstheorie: Alte Fragen

3.1. Ausgangspunkte der Zwischenkriegsdebatte

Der folgende Überblick beschränkt sich auf Beiträge von Hayek, Löwe, Lutz und Schumpeter.[13] Der Grund für diese Auswahl ist theoretischer Natur. Daneben aber können die Beiträge dieser Autoren als »Debatte« im besten Sinne zusammengefaßt werden: Sie befas-

[13] Vgl. Burchardt (1928) für einen interessanten Überblick über die vorausgegangenen Diskussionen.

sen sich mit einem zentralen Thema, nämlich der Vereinbarkeit von Gleichgewichts- und Konjunkturtheorie; sie teilen die Definition der wichtigsten Begriffe; und sie stehen im Zusammenhang in dem Sinne, daß die Verfasser aufeinander reagierten.[14]

Trotz der theoretisch motivierten Auswahl weisen die genannten Autoren eine Reihe persönlicher Gemeinsamkeiten auf: Sie alle verließen Deutschland (Österreich) vor Ausbruch des Zweiten Weltkrieges, direkt oder (im Falle jener, die, bereits außer Landes, nicht zurückkehrten) indirekt als Folge der nationalsozialistischen Machtübernahme; sie alle setzten ihre Karriere an Universitäten in den Vereinigten Staaten fort, wo sie z.T. erheblichen Einfluß gewannen; in allen Fällen läßt sich das später realisierte Forschungsprogramm als konsistent mit, wenn nicht sogar als das logische Ergebnis jener Position interpretieren, die sie in der hier skizzierten Debatte einnahmen, die im Exil selbst allerdings keine Fortsetzung fand. Alle bis auf einen (Schumpeter) kehrten in gesetzterem Alter nach Deutschland bzw. in die Schweiz (Lutz) zurück.[15]

---

[14] Zwei Ausnahmen verdienen Erwähnung, ohne die letzte Behauptung zu beeinträchtigen: Schumpeters erste systematische Darstellung einer *Theorie der wirtschaftlichen Entwicklung* aus dem Jahre 1911 und Hayeks Rücknahme einiger der Hauptthesen aus der konjunkturtheoretischen Debatte in einer kaum beachteten Veröffentlichung aus dem Jahre 1936. Schumpeters Beitrag, seinen späteren Veröffentlichungen meiner Meinung nach vielfach überlegen, war weit genug verbreitet, um unser Kriterium zu erfüllen, und Hayeks Beitrag – für den dies nicht gelten kann – hat den Charakter eines Nachklanges; wiewohl der Autor hier in Grenzen sein eigenes Scheitern einräumt, kam dies zu spät, um die zeitgenössische Debatte zu beeinflussen. Vom Charakter der Veröffentlichung her gesehen (es handelt sich um das Protokoll einer Sitzung der englischen *Royal Statistical Society*), war dies auch nicht intendiert. Es bleibt damit ein zeitgenössisch wichtiges Dokument, gerade als Eingeständnis des Scheiterns, aber ohne Einfluß auf die hier referierte »Grundsatzdebatte«.

[15] Hayek (1899-1992) verließ Wien 1931, um einen Ruf der London School of Economics anzunehmen. Von dort wechselte er 1950 an die University of Chicago; im Jahre 1962 kehrte er als Professor an die Universität Freiburg (und zunächst auch Salzburg) zurück. Löwe (*1893-1995) emigrierte, nachdem er zunächst Direktor der Forschungsabteilung des Kieler Weltwirtschaftsinstituts und danach an der Universität Frankfurt/Main tätig war, im Jahre 1933 nach England (University of Manchester), von wo er nach sieben Jahren an die New School for Social Research in New York weiterzog. Er blieb dort bis zu seiner Emeritierung und kehrte 1983 nach Deutschland zurück. Lutz (1901-1975) emigrierte 1938 nach England, und von dort noch im selben Jahr nach Princeton; 1953 kehrte er in die Schweiz zurück und übernahm eine Professur an der Universität Zürich. Schumpeters (1883-1950) Karriere umspannt Stationen in Graz (1911-1925) und Bonn (1925-1932), bevor ihn ein Ruf an die Harvard University ereilte.

Ein provokanter Beitrag von Adolf Löwe (1926), unter dem bezeichnenden Titel *Wie ist Konjunkturtheorie überhaupt möglich?* markierte den Startschuß der Diskussion. Indem er eine so entscheidende wie simple Frage stellte, übernahm er praktisch die Rolle des Kindes, das auf den nackten Kaiser zeigt: Angenommen, der Konjunkturzyklus war eine korrekte empirische Beobachtung – war es *im Prinzip* möglich, im Rahmen der Gleichgewichtstheorie eine systematische Erklärung für dieses Phänomen zu liefern? Löwe verneinte dies.

Lutz (1932) markiert den Endpunkt der damit ausgelösten Diskussion mit einer sorgfältigen Analyse der vorgebrachten Argumente, die darin endete, die Validität der Frage zu bestreiten. Nach dieser Lesart war die Gleichgewichtsanalyse prinzipiell nicht in der Lage, die geforderte systematische Erklärung für konjunkturelle Schwankungen zu liefern – aber dies war auch gar nicht nötig, da ein regelhafter Konjunkturzyklus in diesem Sinne ins Reich der Chimären verwiesen werden mußte. Die beobachteten Fluktuationen werden von unregelmäßigen, exogenen Störungen hervorgerufen, denen die Daten des ökonomischen Systems ausgesetzt sind; es sind Anpassungsprozesse, die die Form der beobachteten Fluktuationen annehmen, so daß sich die ökonomische Theorie, die sehr wohl in der Lage ist diese Prozesse zu beschreiben, auf eine Fall-zu-Fall-Erklärung zu beschränken hat.

Die Beiträge Hayeks und Schumpeters sind zwischen diesen beiden Polen angesiedelt. Beide akzeptierten die Notwendigkeit, die von Löwe angemahnte Erklärung des Konjunkturzyklus zu liefern, der damit als erklärungsbedürftiges Phänomen anerkannt wird. Beide akzeptierten auch den Nadelstich, daß eine solche Erklärung im Rahmen der Gleichgewichtstheorie noch ausstünde. Hayek (1929) entwickelte eine Theorie mit dem Anspruch, endogene, regelmäßige Schwankungen (Oszillationen) um einen als stabil unterstellten Gleichgewichtsattraktor zu erklären; Schumpeter (1927, 1928) verteidigte und erweiterte eine Theorie, in der regelmäßige »Sprünge« des Attraktors selbst zum zyklischen Verhalten der entscheidenden ökonomischen Variablen führen.

Die angesprochenen Autoren teilten eine Definition des Konjunkturzyklus als regelmäßige und gleichförmige Schwankungen aggregierter realer und nominaler Variablen (v.a. Produktionshöhe, Preisniveau und Zinssatz), die durchaus der heutigen entspricht. Die im Begriff »regelmäßig« angesprochene Periodizität bedeutet die Existenz von Wendepunkten, ohne daß die Frage eines unabhängig bestimmbaren Trends dadurch präjudiziert wäre; und »gleichförmig« beinhaltet Gemeinsamkeiten im Verhalten der korrelierten Variablen über mehrere Zyklen, ohne a priori die Frage nach einer einheitlichen Ursache zu entscheiden.[16]

Obwohl sich die der Debatte zugrundeliegende Konzeption eines allgemeinen Gleichgewichtes von dem unterscheidet, was uns in der modernen Theorie begegnet, herrschte unter den hier betrachteten Autoren (in einer Zeit, als der theoretischen Volkswirtschaftslehre unterschiedliche nationale Entwicklungen keineswegs fremd waren) bemerkenswerte Einigkeit über die Grundlage zeitgenössischer Theoriebildung. Die Debatte fand nicht nur nach der Wachablösung der klassischen politischen Ökonomie durch die Ergebnisse der marginalistischen Revolution statt, sondern auch, nachdem der lange Disput mit den Vertretern der Historischen Schule in Deutschland weitgehend zu Ende war. Für unsere Zwecke bedeutet dies, daß der Bezug auf Walras (und, mit Abstrichen, Cassel) so stark war, daß grundlegende Unterschiede in der Definition dessen, was als herrschende Theorie verstanden wurde, nicht auftraten. Insbesondere teilten die hier diskutierten Autoren die Auffassung, daß die *Existenz* eines Gleichgewichtspreisvektors und damit eines statischen Gleichgewichtes garantiert sei, und daß dieses allgemeine Gleichgewicht den Kriterien der *Eindeutigkeit*, *Stabilität* und der sozialen *Optimalität* genüge. In der Tradition von Walras wurde die Gleichgewichtsposition bestimmt durch denselben Datenkranz, den wir noch heute verwenden: Anfangsausstattung, Technologie und Präferenzen.

Als Referenzpunkt für die Diskussion dynamischer Prozesse diente der stationäre Kreislauf oder, weit weniger häufig, der gleichschrittige Wachstumspfad. Die Übersetzung der statischen Gleichgewichtskonfiguration von relativen Preisen und Mengen in einen stationären Kreislauf in der »Tradition von Cassel, Walras und Wicksell« (Löwe) scheint heute ähnlich unproblematisch wie die Einführung

[16] Diese Definition unterscheidet sich von einer heute oft zitierten Variante (Lucas 1987) in zweierlei Hinsicht: zum einen, da sie aus offensichtlichen Gründen auf den Zusatz »Fluktuationen ... um einen Trend« verzichtet, zum anderen (aus Gründen, die mit der Diskussion Schumpeters offensichtlich werden), da sie die Einschränkung, der Konjunkturzyklus dürfe nicht als das Resultat von Schwankungen in der Verfügbarkeit der Produktionsfaktoren erklärt werden, nicht übernimmt. Die Ergänzung »mit einer relativ regulären Periode und einer ungefähr konstanten Amplitude« (Tichy 1989, S. 5) hingegen ist hier, außerhalb mathematischer Übungen, zulässig, aber nicht notwendig.

der Annahme gleichschrittigen Wachstums. Der optimale, gleichschrittige Wachstumspfad ist ein für das Verständnis der Auseinandersetzung hilfreiches Referenzsystem, obwohl sich unter den angesprochenen Autoren kein systematischer Rekurs und keine formale Herleitung dieses Konzeptes findet. Aber die Annahme eines gleichschrittigen Wachstumspfades kann der expositorischen Vereinfachung dienen, ohne die inhaltlichen Aussagen zu verändern.[17]

In diesem axiomatischen System können Schwankungen in Produktion, Beschäftigung und Preisen und die resultierenden Irregularitäten im Wachstumsprozeß untersucht werden, solange sie auf (exogene) Veränderungen des Datenkranzes zurückgeführt werden. Das Instrumentarium, das zur Untersuchung von Änderungen der relativen Preise und Mengen, oder ihrer Wachstumsraten, zur Verfügung stand, war die »Variationsmethode«: Nach einer Störung in den Daten kann der Anpassungsprozeß zu einem neuen Gleichgewicht modelliert werden, indem die nicht-affizierten Daten zunächst konstant gehalten werden. Das neue Gleichgewicht weist die gleichen Eigenschaften – Eindeutigkeit, Stabilität, und Optimalität – auf wie das alte; seine Preise und Mengen jedoch unterscheiden sich von jenem wegen der vorangegangenen Änderungen der Datenkonfiguration.

Im Gegensatz zur modernen Gleichgewichts(konjunktur)theorie wurde dieser Anpassungsprozeß von allen hier angeführten Autoren als *Un*gleichgewichtsprozeß begriffen: Die Ökonomie war *nicht* im Gleichgewicht, während die Anpassung vonstatten ging.[18] Analog zur

---

[17] Einer der Gründe, warum zumindest die hier angesprochenen Autoren im deutschen Sprachraum die Diskussion der stationären der einer gleichschrittig wachsenden Ökonomie vorzogen, liegt darin, daß die Transformation keinen Erkenntnisgewinn versprach. Vor allem Löwe und Schumpeter machten diesen Punkt unmißverständlich klar. Als abstraktes Konzept war gleichschrittiges Wachstum den hier diskutierten Autoren geläufig. Für unsere Zwecke erleichtert die Verwendung des steady-state Referenzpfades die Vergleichbarkeit der verschiedenen Ansätze untereinander (z.B. Hayeks Definition eines intertemporalen Gleichgewichtes und Schumpeters spezielle Definition des stationären Kreislaufes), sowie den Vergleich mit den modernen Ansätzen, ohne den Grundannahmen einzelner Autoren Gewalt anzutun.

[18] Das heißt, daß Gleichgewicht hier definiert ist als ein Zustand ohne inhärente Tendenz zur Veränderung. (Diese Definition erlaubt die Inkorporation des steady state über den einfachen Zusatz »ohne inhärente Tendenz zur Veränderung der vorgegebenen Wachstumsrate«). Sie unterscheidet sich von der modernen Notation eines intertemporalen Gleichgewichts (oder von Gleichgewichten mit einer stochastischen Komponente) und von dem Hicksschen Konzept des »temporären«

unterstellten Fähigkeit des Systems, für jede relevante Datenkonfiguration einen Gleichgewichtspreisvektor etablieren zu können, wurde die Fähigkeit des Systems, ausgehend von einer Störung der alten Gleichgewichtskonfiguration, sich an Datenänderungen anzupassen und so ein neues Gleichgewicht zu etablieren und das Verständnis dieser Anpassung als Ungleichgewichtsprozeß von den hier behandelten Autoren geteilt. Es war die Aufgabe althergebrachter »statischer« Theorie, diese Anpassungsprozesse durch Einsatz der *Variationsmethode* analytisch nachzuvollziehen.[19]

3.2. Löwes Gretchenfrage und vier verschiedene Antworten

Die Beobachtung regelmäßiger Konjunkturschwankungen wirft ein doppeltes Problem auf: Das geschilderte Instrumentarium ist einerseits nicht in der Lage, Gleichförmigkeit und Regelmäßigkeit der Schwankungen zu erklären; andererseits beinhalten Konjunkturzyklen regelmäßig Bewegungen *weg* von der als optimal definierten statischen Gleichgewichtsallokation von Mengen und Preisen (oder dem optimalen Wachstumspfad). Systematisch zu Ungleichgewichten tendierende Prozesse können mit der »Variationsmethode« nicht endogen erklärt werden.

An diesem Punkt setzte Löwes Aufsatz von (1926) an: Sein Beitrag ist heute weitgehend in Vergessenheit geraten. Aber auch dem oberflächlichen Leser von Hayeks *Geldtheorie und Konjunkturtheorie* (1929) wird die Menge der Hinweise auf Adolf Löwe nicht entgehen. Nur Mises und Wicksell werden öfter zitiert, aus offensichtlichen Gründen. Die Rolle, die Löwe spielt, wird hingegen nicht ganz klar, und viele der eher verdeckt anmutenden Hinweise sind in die Fußnoten des Werkes verbannt. Im nachhinein kennen wir die Gretchenfrage, die Löwe eine so bedeutende wie unklare Rolle einbrachte: Hayeks Buch kann im großen und ganzen als Antwort auf die heraus-

---

Gleichgewichts in dem Anpassungsprozesse von »Woche zu Woche«, d.h. von Handelsperiode zu Handelsperiode möglich sind. Rühl (1996) diskutiert einige der Veränderungen, denen der in der Makroökonomik verwandte Gleichgewichtsbegriff über die Zeit unterlag.

[19] Es ist mir nicht gelungen, den Ursprung des Wortes »Variationsmethode« dingfest zu machen; konzeptionell handelt es sich einfach darum, ceteris paribus die Konsequenz einer Variation in den von der Theorie als gegeben anzunehmenden Daten zu untersuchen.

fordernde Frage verstanden werden, ob es denn *im Prinzip* möglich sei, eine systematische Konjunkturtheorie im Rahmen der herrschenden Gleichgewichtstheorie zu formulieren.[20]

Löwes Antwort war negativ. Was den analytischen Rahmen seines Beitrages angeht, operierte er vor dem eben beschriebenen Hintergrund: Der Konjunkturzyklus als empirische Gegebenheit, das Gleichgewichtskonzept, die Behandlung von stationärer und gleichschrittig wachsender Ökonomie, und schließlich der Begriff der Variationsmethode entsprachen der gerade gegebenen Definition. Das Ziel des Beitrages lag aber nicht darin, den vorhandenen eine neue Erklärung hinzuzufügen.

Die Spannung zwischen Theorie und Axiomatik einerseits und empirischer Erfahrung andererseits (die auch in dem diesem Aufsatz vorangestellten Zitat zum Ausdruck kommt) wurde zunächst vorsichtig angegangen. Die Notwendigkeit einer systematischen Konjunkturtheorie entstand ausschließlich aufgrund empirischer Erfahrung; denn von seiten der Theorie stellte sich die Frage nicht:

> »Aus *systematischen* Gründen besteht kein Bedürfnis nach dem zusätzlichen Aufwand einer besonderen Konjunkturtheorie, da die Variationsmethode alle aus dem Systemzusammenhang folgenden Kreislaufprobleme klärt. In der Tat ist die Konjunkturtheorie auch keineswegs aus systematischen Erwägungen entstanden. Sie verdankt ihr Dasein dem Umstand, daß seit länger als einem Jahrhundert die *reale* Marktbewegung Erscheinungen aufweist, die mit der Variationsmethode nicht gedeutet werden können. Die Ergebnisse der Variationsmethode lassen sich gegenüber der Wirklichkeit nicht voll verifizieren« (Löwe 1926, S. 173)

Die Unabhängigkeit beider Bereiche – Theorie und Empirie – wird jedoch schnell zum Startpunkt für die heikle Frage, ob eine systematische Konjunkturtheorie mit der herrschenden Axiomatik prinzipiell vereinbar sei, oder ob nicht vielmehr die Tatsache, daß eine solche Theorie bislang nicht entwickelt werden konnte, auf eine prinzipielle Unvereinbarkeit zurückzuführen sei. Unterstellt man den Konjunkturzyklus im beschriebenen Sinne als gegeben, ist das Argument leicht nachzuvollziehen:

---

[20] Vor seiner Veröffentlichung trug Löwe seinen Beitrag unter anderem in der »Höhle des Löwen« vor, am Wiener Institut für Konjunkturforschung. Vgl. Hagemann (1994).

> »Die Problemlösung muß sich in ein statisches System einordnen lassen. Eine Konjunkturtheorie, deren logischer Aufbau einem anderen Systemtypus zugeordnet ist, mag noch so gut mit den Tatsachen übereinstimmen. Als Ergänzung der Variationsmethode und Vollendung des dieser zugeordneten Gesamtsystems ist sie untauglich. Gelingt es nicht, eine systemgemäße Konjunkturtheorie aufzubauen, so treibt die 'allgemeine Überproduktion' nicht nur die Wirtschaft, sondern auch die Wirtschaftstheorie in die Krise« (Löwe 1926, S. 175).

Worin sollte diese Krise bestehen? Die Antwort, vorgetragen in charakteristischer Offenheit, lautet, daß sich ein theoretischer Ansatz, der sich außerstande sieht, ein dermaßen fundamentales Problem wie das »Konjunkturphänomen« zu erklären, Fragen nach seinem Gebrauchswert gefallen lassen muß:[21]

> »Entweder fällt der Gegenstand des Konjunkturproblems überhaupt aus dem Rahmen der ökonomischen Theorie heraus und gehört zu jener großen Zahl von Tatbeständen, die, wie etwa ein Erdbeben oder ein Krieg, wohl in hohem Grade ökonomische Wirkungen zeigen, für die Theorie aber bestenfalls ein *Datum*, niemals eine *Aufgabe* sein können. Für diese Möglichkeit wird man sich dann zu entscheiden haben, wenn die Axiomatik ergibt, daß das fragliche Problem im Systemzusammenhang nicht als notwendig aufgewiesen werden kann, daß es freilich auch nicht im Widerspruch zu ihm steht. Weit schwieriger ist die zweite Möglichkeit gelagert, daß nämlich die Problemlösung zwar *prinzipiell* möglich ist, aber nur *im Gegensatz* zu den logischen Bedingungen des übergeordneten Systems. Diese antinomische Problemlage sprengt das Gesamt-

---

[21] Die Übersetzung des »statischen« Gleichgewichtssystems in ein gleichschrittig wachsendes war dabei keine Hilfestellung, wie in einer Passage klar wird, die auch deshalb von Interesse ist, weil sie verdeutlicht, daß die Idee eines gleichschrittigen Wachstumspfades konzeptionell keineswegs unbekannt war: »Im Grunde ist es ein Mißverständnis, vom statischen System zu verlangen, es solle die Zirkulation als Gesamtprozeß erörtern ... In ihm ist Bewegung nur in dem sehr bezeichnenden Sinn der »Störung« denkbar, nämlich Störung der gleichgewichtigen Grundkonstellation. Dieses ungestörte Gleichgewicht selbst als Prozeß aufzufassen und einen logischen Gegensatz zwischen »gefrorener« und »flüssiger« Statik (Clark) zu konstruieren, ist vielleicht eine für die Verifikation zweckmäßige Formulierung der Gestalt der Daten. Für die Logik des Systems ist es eine leere Fiktion, da sich ja die Gestalt des Prozesses als eines im Gleichgewicht verlaufenden im Flusse der Zeit ex definitione nicht ändern kann. ... Hier ist immer nur Bewegung von n-1 Daten möglich im Sinne der Anpassung an das eine störende Datum, dessen Änderung aber, und das ist entscheidend, vorausgesetzt, nicht selbst im Prozeß abgeleitet wird« (Löwe 1926, S. 195).

system. Das würde für unseren Fall bedeuten, daß Konjunkturtheorie überhaupt nur möglich ist bei Annahme einer anderen als der gegenwärtig anerkannten Logik des Gesamtsystems« (Löwe 1926, S. 170).

Löwes Dilemma besteht darin, daß das allgemein akzeptierte, geschlossene theoretische System seiner Zeit offensichtlich nicht in der Lage war, den Konjunkturzyklus im obigen Sinne zu erklären, während andererseits konjunkturelle Schwankungen, um es mit Schumpeter zu sagen, zu den »characteristica specifica« moderner Marktwirtschaften zu zählen schienen. Solange diese Einschätzung geteilt wird, muß von der herrschenden Theorie verlangt werden, daß sie Ansätze zur Erklärung des Phänomens liefert; kann gezeigt werden, daß sie dazu nicht in der Lage ist, bleibt nur die Suche nach einer neuen und besser verifizierbaren »Superstruktur«. Dies war auch die Schlußfolgerung, die Löwe selbst zog:

> »Wer das Konjunkturproblem lösen will, muß das statische System opfern. Wer am statischen System festhält, muß das Konjunkturproblem preisgeben. J.B. Say, der diesen Schritt bewußt vollzog, geriet damit freilich in die logische Nachbarschaft Palmströms, der messerscharf schließt, 'daß nicht sein kann, was nicht sein darf'« (Löwe 1926, S. 193).

Eine Alternative zur herrschenden »Axiomatik« anzudeuten ist jedoch nicht die einzig mögliche Reaktion auf das von Löwe formulierte Dilemma. Vor dem geschilderten Hintergrund sind im Prinzip vier verschiedene Antworten, oder Forschungsstrategien, möglich. Der Vollständigkeit halber schließen wir die von Löwe favorisierte Antwort mit ein.

(i) Der erste Ausweg aus dem Dilemma, regelmäßige Konjunkturzyklen zwar beobachten, aus dem gegebenen theoretischen Rahmen aber nicht als »denknotwendig« deduzieren zu können, besteht darin, diesen Rahmen explizit zu verwerfen. Die allgemeine Gleichgewichtstheorie walrasianischer Provenienz wäre dann durch eine andere »Superstruktur« zu ersetzen. Dies war die Lösung marxistischer Ökonomen, aber auch einiger Vertreter der Historischen Schule, die (zunächst) ein rein induktives Verfahren vorschlugen, um aus der korrekten Problembeschreibung neuartige Lösungen zu gewinnen. Löwe (1925, 1926) vertrat eine theoretische Variante dieser Auffassung.

(ii) Der zweite Ausweg besteht darin, das »alte Dogma« der Unabhängigkeit von Trend und Zyklus zu verteidigen, indem gezeigt wird, warum regelmäßige Schwankungen um einen »walrasianisch« bestimmten Attraktor möglich oder notwendig sind. Die zur Erklärung der beobachteten Fluktuationen notwendige Ergänzung der allgemeinen Gleichgewichtstheorie sollte dann allerdings deren theoretische Grundlagen – die den Attraktor selbst erklären – nicht verletzen. Ebenso müssen Rückwirkungen auf den Datenkranz ausgeschlossen bleiben, solange sie nicht systematischer Natur sind. Kurzfristige Schwankungen um den unabhängig und konventionell bestimmten Attraktor dürften im Idealfall (d.h. solange der Konjunkturtheorie der gleiche Status wie der »reinen« Gleichgewichtstheorie zugedacht wird) nicht auf exogene Änderungen des Datensatzes rekurrieren und müßten daher endogen erklärt werden. In unserem Zusammenhang repräsentiert Hayek (1929) eine Variante des (seitdem immer wieder unternommenen) Versuches, den gleichgewichtstheoretischen Ansatz zu »erweitern«, bis die beobachteten Oszillationen aus ihren Grundannahmen gleichermaßen so selbstverständlich folgen wie »die allgemeinen Lehrsätze der Preistheorie«.

Im einfachsten Falle sollte dieses Verfahren dazu führen, regelmäßige Oszillationen um einen optimalen Wachstumspfad (der als gleichschrittiger Wachstumspfad beschrieben werden kann) als »denknotwendig« zu deduzieren.

(iii) Dies deutet bereits die dritte Möglichkeit an, nämlich systematische Bewegungen des Gleichgewichtsattraktors selbst als ursächlich für die zyklische Entwicklung darzustellen. In diesem Falle wären regelmäßige »Verschiebungen« des Attraktors, d.h. Datenänderungen, erklärungsbedürftig, während die kurzfristigen Anpassungsprozesse an eine neue Gleichgewichtsposition mit Hilfe der traditionellen »Variationsmethode«, d.h. als Anpassung an das neue Gleichgewicht, gedeutet werden können. Dies war der von Schumpeter (1927, 1928) eingeschlagene Weg, der unter dem Begriff der »Statik« die Anpassungsprozesse an die durch Datenveränderung hervorgerufene neue Gleichgewichtskonfiguration zusammenfaßte, während die Erklärung der Verschiebungen des Attraktors den Kern seiner »dynamischen« Theorie konstituierten.

Regelmäßige Variationen des Datensatzes, die dann eine neue Gleichgewichtskonfiguration von Preisen und Mengen hervorrufen, sind aber prinzipiell auch durch exogene Einflüsse möglich – Jevons' berühmte »Sonnenflecken« geben ein gutes Beispiel. Es bleibt daher hervorzuheben, daß – um »denknotwendig« aus der Theorie zu folgen – die Bewegungen des Attraktors als das endogene Resultat ökonomischer Prozesse zu erklären waren. Dies war, im Gegensatz zu modernen konjunkturtheoretischen Ansätzen, der von Schumpeter explizit vertretene Anspruch. Er thematisierte damit, was heute unter dem Stichwort der »Pfadabhängigkeit« des Wachstumsprozesses diskutiert wird.

(iv) Schließlich konnte nicht nur, wie unter (i) die herrschende Theorie für unfähig erklärt werden, das empirische Problem abzuleiten; es war umgekehrt auch denkbar, die Regelhaftigkeit der empirischen Beobachtung zur Chimäre zu erklären, d.h. Konjunkturschwankungen auf die zufällige Folge exogener Störungen zu reduzieren. Lutz (1932) steht für diesen Ansatz, der konsequenterweise fordert, die zeitgenössischen Varianten der Gleichgewichtstheorie und deren Instrumentarium zu nutzen, um die Besonderheit eines jeden Zyklus historisch als das Ergebnis unterschiedlicher und zufälliger exogener »Störungen« in der Datenkonfiguration zu untersuchen; dieses Verfahren appelliert in erster Linie an die Fähigkeit der »Variationsmethode«, den Folgen der einzelnen Störungen genau nachzuspüren und so den behaupteten Konjunkturzyklus als das zu entlarven, was er wirklich war: eine Verkettung exogener Störungen, die miteinander nicht verbunden sein müssen.

Sollten sich hier Parallelen zur modernen »real business cycle theory« aufdrängen, so sei darauf verwiesen, daß diese über Ähnlichkeiten in der grundlegenden Überzeugung, beobachtete Fluktuationen als die Übersetzung zufälliger »Schocks« zu erklären, nicht hinausreichen. Zum einen waren methodisch die entsprechenden Anpassungsprozesse für Lutz immer *Un*gleichgewichtsprozesse, und zum anderen war die gesamte Argumentation darauf aufgebaut, daß Fluktuationen als Ergebnisse von Zufalls»schocks« eben *nicht* in den Rang einer *systematischen* Konjunkturtheorie erhoben werden können. Der von Lutz vertretene Ansatz konstituiert die Gegenthese zu einem »denknotwendigen« Konjunkturzyklus. In diesem Sinne steht er dem Anspruch moderner Vertreter der Gleichgewichtskonjunkturtheorie, ob real oder nominal, den Konflikt zwischen Gleichgewichts- und Konjunkturtheorie endlich »gelöst« zu haben und »den« [sic] Konjunkturzyklus in Konformität mit dem grundlegenden axiomatischen System erklärt zu haben, diametral entgegen.

Löwes (1926) konstruktivem Beitrag war weniger Erfolg beschieden als seinen kritischen Anmerkungen. Ausgehend von der Erkenntnis, daß erfolgversprechende Ansätze zur Konjunkturtheorie immer an (nicht hinreichend erklärten) Änderungen der im walrasianischen Zusammenhang parametrisch gegebenen Größen ansetzten, glaubte er, eine Theorie der zyklischen Wirtschaftsentwicklung über die Fortentwicklung einer an die Imperialismustheorie Rosa Luxemburgs angelehnten »klassischen« Akkumulationstheorie leisten zu können.[22] Lutz (1932, S. 114-20) konnte ihn relativ einfach belehren, daß sowohl die logische Kohärenz des Gesetzes vom tendenziellen Fall der Profitrate mangelhaft war, das Löwe ins Feld geführt hatte um zu belegen, daß die von der Gleichgewichtstheorie als parametrisch angenommenen Daten nicht als solche gewertet werden könnten; als auch darüber, daß eine von der Notwendigkeit, den Mehrwert zu realisieren, getriebene Ausdehnung kapitalistischer Absatzmärkte, auch wenn sie tatsächlich stattfände, nicht die theoretische »Geschlossenheit« des walrasianischen Systems durchbrechen würde, wie von Löwe behauptet. Der mangelnde Erfolg in der Entwicklung einer Alternative verhinderte jedoch nicht, daß der provokative Teil des Arguments ernst genommen wurde. Wie ernst, dafür ist Hayek das beste Beispiel.

3.3. Hayeks Kreditzyklus

Die konjunkturtheoretischen Beiträge Hayeks und Schumpeters sind so oft erörtert worden, daß wir es hier bei einer kurzen Zusammenfassung bewenden lassen können, die den Boden für die abschließende Diskussion bereiten soll.[23] Hayek gründete den Mechanismus, der

---

[22] »Nur wo nicht ein einzelner Vorgang der Datenbewegung, sondern die logisch vorangehende Grundanordnung der Daten selbst zum Problem gemacht wurde, öffnete sich ein Weg zur Lösung. Diese Lösung selbst aber mußte mit der Zertrümmerung des Systems erkauft werden, zu dessen Vollendung sie gesucht worden war« (Löwe, 1926, S. 192).

[23] Vgl. Rühl (1994) für eine detailliertere Darstellung der Position Hayeks und Schumpeters.

regelmäßige und gleichförmige Fluktuationen um den Gleichgewichtsattraktor erklären sollte, auf die Divergenz zwischen dem (beobachtbaren) Marktzinssatz und dem (nicht beobachtbaren) natürlichen Zins. Der natürliche Zins ist der theoretische Gleichgewichtszins, der das Angebot an Ersparnissen den nachgefragten Investitionsmitteln gleichsetzt. Dahinter steckt die Idee, die Theorie des allgemeinen Gleichgewichtes so zu »erweitern«, daß ein Konjunkturzyklus im schon bekannten Sinne daraus *notwendigerweise* deduziert wird.[24] Löwes Herausforderung anzunehmen bedeutete daher, der Konjunkturzyklus könne

> »... nur dadurch erklärt werden, daß die Annahmen, auf die unsere Deduktionen sich gründen, so ausgeweitet werden, daß zyklische Fluktuationen aus ihnen mit notwendiger Konsequenz folgen, genau so wie die allgemeinen Sätze der Preistheorie aus den engeren Annahmen der Gleichgewichtstheorie folgen« (Hayek 1933, S. 30, meine Übersetzung).

Die angesprochene »Erweiterung« bestand in der Einführung und angemessenen Berücksichtigung von Geld und Kredit, d.h. der Einführung von Innengeld, das Divergenzen von Marktzins und natürlichem Zins ermöglicht.[25] Zusammen mit einer österreichischen Theorie der Produktionsumwege wird daraus das bekannte Schema: Liegt der natürliche Zinssatz unter dem Marktzinssatz, z.B. weil eine Entscheidung der Konsumenten für eine Erhöhung des Zukunftskonsums relativ zum Gegenwartskonsum (die einen Fall des natürlichen Zins-

---

[24] Das grundlegende Problem, vor das die »wellenartigen« Schwankungen des Konjunkturzyklus die ökonomische Theorie stellten, bestand darin, daß sie permanente *Ungleichgewichtstendenzen* darstellten. Als Anpassungsprozesse auf Datenänderungen waren sie daher für Hayek nicht erklärbar. Dieser Auffassung sind letzten Endes auch die offensichtlich tiefen Spuren zuzuschreiben, die Löwes Artikel hinterließ: »The real problem presented to economic theory is: Why does not this adjustment come about smoothly and continuously, just as a new equilibrium is formed after every change in the data? Why is there this temporary possibility of developments leading away from equilibrium and finally, without any changes in data, necessitating [a turning point]? ... Why do the forces tending to restore equilibrium become temporarily ineffective and why do they only come into action again when it is too late?« (Hayek 1933, S. 55 und 65).

[25] Die Einführung des »monetären Faktors« »... shows, in a purely deductive way, the possibility and the necessity of movements which *do not* at any given moment tend towards a situation which, in the absence of changes in the economic »data«, could continue indefinitely. It shows that ... these movements lead to such a »disproportionality« between certain parts of the system that the given situation cannot continue« (Hayek 1933, S. 45).

satzes bewirkt haben sollte) nicht korrekt »übersetzt« wird, sinkt die Produktion von Investitionsgütern, Produktionsumwege verkürzen sich, Kredite werden zurückbezahlt, und die Preise für Konsumgüter fallen aufgrund des Mißverhältnisses zwischen Gegenwarts- und Zukunftskonsum, das den Prozeß auslöste. Eine umgekehrte Konstellation führt zu verstärkter Kreditaufnahme, Belebung der Kapitalgütersektoren und Preisanstiegen im nunmehr unzureichend ausgestatteten Konsumgütersektor, verbunden mit »Zwangssparen« auf seiten der Konsumenten.

Die Wendepunkte werden durch ein Bankensystem ermöglicht, das zur Schaffung von Innengeld in der Lage, aber auch zur Reservehaltung verpflichtet ist. Eine Senkung des Marktzinssatzes, hervorgerufen durch die der Konkurrenz ausgesetzten Banken, die auf diese Weise eine neuerliche Ausdehnung des Kreditvolumens herbeiführen wollen, konstituiert den unteren Wendepunkt; Banken, die an ihre Reservegrenzen stoßen und dann den Marktzins heraufsetzen, ermöglichen den oberen Wendepunkt. Der Prozeß wird letzten Endes am Leben gehalten durch die Unfähigkeit des Bankensystems, das (genau wie alle anderen Agenten) nicht in der Lage scheint, den natürlichen Zinssatz anzusteuern, wenn es Zinsanpassungen vornimmt. Die behauptete Unmöglichkeit, den natürlichen Zinssatz zu erreichen, stellt den Propagationsmechanismus sicher, während der nötige Impuls sowohl im monetären als auch im realwirtschaftlichen Bereich angesiedelt sein kann.[26]

Schon anhand dieser rudimentären Zusammenfassung lassen sich einige grundlegende Unterschiede zur »neuen klassischen« Theorie festmachen, vor allem zu jener nominalen Variante der Konjunkturtheorie, die Hayek so gerne als Verkäufer beansprucht (Lucas 1987). Am deutlichsten werden sie in der Natur des Signals, das Anpassungsprozesse in Gang setzt (in den neuklassischen Modellen) bzw. Fluktuationen perpetuiert (bei Hayek). Während Lucas auf nicht weiter erklärten, aber die Akteure völlig überraschenden Änderungen der Geldmenge besteht (und dabei mit Außengeld operiert), die zu nomi-

[26] Drei Impulse sind denkbar, zwei »reale«, ein »monetärer«: (i) technische Neuerungen, die eine verstärkte Investitionsnachfrage auslösen, da der natürliche Zins steigen müßte, aber der Marktzins dies nicht wahr macht; (ii) eine Änderung der Präferenzen zwischen Gegenwarts- und Zukunftskonsum, wie in unserem eben diskutierten Beispiel; oder (iii) eine Intervention des Bankensystems, das eine ursprünglich stabile Situation durch Änderung des Marktzinssatzes aus dem Gleichgewicht bringt. Hayek diskutiert alle drei.

nalen Preisänderungen führen, die wiederum von den nicht informierten Akteuren für Änderungen ihrer relativen Preise gehalten werden, lehnt Hayek, getreu seinem Anspruch einer endogenen Erklärung, das naheliegende Instrument nicht näher spezifizierter Geldmengenänderungen ab: Erstens sind Preisniveauänderungen in seinem Schema *Folge* und nicht Ursache konjunktureller Schwankungen, zweitens seien *allgemeine* Änderungen des Preisniveaus irrelevant, wenn sie nur »hinreichend allgemein« wären. Hayek spielt hier genau auf jene Neutralität allgemeiner Preisniveauverschiebungen an, die im Lucas-Modell durch die Annahme asymmetrischer Informationen außer Kraft gesetzt ist, die Hayek prinzipiell jedoch weiterhin aufrechterhalten kann, da in seinem Modell stets die Unterscheidung zwischen Investitions- und Konsumgüterpreisen gewährleistet ist (deren Verschiebungen nicht Ursache, sondern Folge zyklischer Schwankungen sind).[27]

Vor diesem Hintergrund erklärt sich auch die Beobachtung (Laidler 1986), daß nach den ersten Formulierungen der Neuen Klassischen Makroökonomik Preisschwankungen für Mengenanpassungen verantwortlich waren, während es sich nach Lesart keynesianischer Modelle gerade andersherum verhielt: zu langsame oder nicht vorhandene Preisanpassungen zogen hier Mengenreaktionen nach sich. Hayeks Modell ist ebenfalls in der Ungleichgewichtstradition angesiedelt, in der ein (zu begründendes) Versagen des über Preise vermittelten Allo-

---

[27] Zur Neutralität von Variationen des allgemeinen Preisniveaus, vermerkt Hayek: »... general price changes are no essential feature of a monetary theory of the Trade Cycle; *they are not only unessential, but they would be completely irrelevant if only they were completely »general« – that is if they affected all prices at the same time and in the same proportion*« (Hayek 1933, S. 123).
Noch harscher fällt die Kritik am Versuch aus, überraschende Geldmengenvariationen in eine kausale Erklärung des »Konjunkturphänomens« umzumünzen. Variationen der Geldmenge, die »gewalttätigen« oder »künstlichen« Handlungen einer »externen Agentur« geschuldet sind, blieben ausdrücklich ausgeschlossen von Hayeks Versuch einer endogenen Konjunkturtheorie, und seine allgemeine Attitüde hätte für theoriegeschichtlich interessierte Ökonomen eigentlich von Anfang an klar stellen können, daß trotz des vordergründig vergleichbaren Anspruchs (der Versöhnung von Konjunktur- und Gleichgewichtstheorie) die von Lucas verwendeten Impuls- und Propagationsmechanismen *inhaltlich* überhaupt nichts mit denjenigen des Hayek-Ansatzes gemein haben: »[T]heories which explain the Trade Cycle in terms of fluctuations in the general price-level must be rejected ... because their fundamental hypothesis is, from a theoretical standpoint, every bit as naive as that of those theories which entirely neglect the influence of money« (Hayek 1933, S. 106).

kationsmechanismus direkt für Koordinationsfehler verantwortlich gemacht wird und nicht eine überschnelle korrekte Anpassung aller Preise die Akteure verwirrt, bis sie den dahinterstehenden Mechanismus erkennen. Letzteres wäre in der Zwischenkriegsdiskussion weder als theoretisch überzeugend noch als realistische Verhaltenshypothese durchgegangen.

Bevor diese Diskussion vertieft werden kann, sollen drei Punkte genannt werden, entlang derer Hayeks Modell immer wieder kritisiert worden ist.

(i) Die mehr oder minder willkürliche Einführung von Wendepunkten über die institutionelle Ausgestaltung des Bankensystems erklärt nicht, wie Hayeks Modell der »Gefahr« entgehen kann, daß ein Boom in die erfolgreiche Komplettierung der angefangenen Investitionsprojekte mündet. In seinem Modell muß, sobald die höhere Investitionsrate kapazitätswirksam wird, die Arbeitsproduktivität steigen, da ein »mehr« an Umwegproduktion definitorisch den Output pro Beschäftigten erhöht: Die »kurzfristigen Fluktuationen« hätten auf einmal langfristige Effekte, und würden den Attraktor selbst verschieben. Wachstum und Konjunkturschwankungen könnten analytisch nicht länger getrennt voneinander behandelt werden. Hayek, der dieses Problem durchaus erkennt, vermeidet jede Auseinandersetzung um die Existenz steigender Skalenerträge – in seinem Modell letztendlich einfach über die Annahme, daß nicht sein kann, was nicht sein darf, d.h. über die Annahme, daß Zinsvariationen den Boom abbrechen, bevor die vorangegangenen Investitionen kapazitätswirksam werden.[28]

(ii) Daneben ist jedoch schwer vorstellbar, welche Initialzündung den Prozeß aus einem existierenden Gleichgewicht heraus in Gang setzen könnte, wenn nicht eine exogene Störung. Dies alleine schwächt den Anspruch, eine endogene Konjunkturtheorie entwickelt zu haben, bereits erheblich ab.

---

[28] Rechtfertigen ließe sich diese Annahme aus Hayeks Erkenntnisinteresse: Er war ja nicht an Verschiebungen des Attraktors interessiert; explizit wollte Hayek die Notwendigkeit regelmäßiger, gleichförmiger Fluktuationen um einen Attraktor darstellen, der für diese Zwecke stabil zu halten war. In *Preise und Produktion* sind die Folgen einer dauerhaften Erhöhung der Ersparnis detaillierter dargestellt, allerdings ohne daß es tatsächlich gelang, die Verwirrung um die in seinem Modell implizit enthaltenen Skalenerträge wirklich auszuräumen. Vgl. dazu Trautwein (1996).

(iii) Ähnliches gilt für die Frage nach der behaupteten Dauerhaftigkeit des Propagationsmechanismus. Auch wenn man unterstellt, daß der natürliche Zinssatz nicht unmittelbar beobachtet werden kann,[29] ist nicht ersichtlich, warum die beteiligten Parteien nicht lernen sollten. Vor allem die Banken haben sowohl den Anreiz als auch die Möglichkeit, eine einmalige Datenänderung im Laufe der Zeit zu korrigieren. Wiederholte Impulse scheinen daher vonnöten, soll der behauptete Zyklus sich nicht abschwächen und schließlich ganz verschwinden.

Nach dem gerade Gesagten scheint ein Impuls vonnöten, der nach der Natur des verwandten Propagationsmechanismus in regelmäßigen Abständen eintreffen müßte, um zyklische Variationen zu erklären. Hayeks System scheint, um anhaltende Fluktuationen zu erzeugen, genau auf das zurückzufallen, was der Autor unter allen Umständen vermeiden wollte: regelmäßige, exogene Störungen der Daten – seriell korrelierte »Schocks«, wie man sie heute bezeichnen, aber nicht annehmen würde.

3.4. Schumpeters Innovationszyklus

Auch Schumpeters Erklärung ist so bekannt, daß wir uns auf das Nötigste konzentrieren können. Wie Löwe sah er im technischen Wandel den Hauptverursacher der beobachteten Fluktuationen; wie bei Hayek war es die Rolle von Geld und Kredit, die den Propagationsmechanismus ermöglichte. Anders als von Löwe vermutet (der Schumpeter schon zu denen zählte, die bereit waren, das überlieferte theoretische System aufzugeben) war Schumpeter durchaus der Meinung, das »statische« walrasianische System bedürfe nur einer »dynamischen« Ergänzung, um ganz zu seinem Recht zu kommen. Anders als Hayek suchte Schumpeter diese Ergänzung nicht in *lokaler* Instabilität, d.h. im Anpassungsprozeß an eine neue (optimale) Gleichgewichtskonfiguration, sondern in den *globalen* Stabilitätseigenschaften des Systems, d.h. in der Art und Weise, in der sich der zur Bestim-

[29] Jede Partei, solange sie aus homogenen Agenten besteht, scheint »ihre« Seite des natürlichen Zinses beobachten zu können: Die Unternehmer die Grenzproduktivität des Kapitals, die Haushalte ihre Spar-Angebotskurve – aber ohne daß die Banken die ihnen zugedachte Aufgabe, Angebot und Nachfrage nach »loanable funds« auszugleichen, erfüllen. Die systematische Unkenntnis der Banken wird damit zum schwächsten Glied in der Kette.

mung dieser Konfiguration nötige Datenkranz veränderte.[30] Variationen des Datenkranzes können auf exogene oder endogene Gründe zurückgeführt werden; für Schumpeter waren nur die letztgenannten von Interesse.

Unter den geschilderten Alternativen waren demnach nur Impulse, für deren Zustandekommen »... das wirtschaftliche Leben selbst seine eigenen Daten ruckweise ändert« (Schumpeter 1911, S. 94)[31] für die theoretischen Erklärungen von Interesse. Unter dem Stichwort »wirtschaftliche Entwicklung« waren demzufolge »nur solche Veränderungen des Kreislaufs des Wirtschaftslebens [zu verstehen], die die Wirtschaft aus sich selbst heraus zeugt, nur eventuelle Veränderungen der »sich selbst überlassenen«, nicht vom äußeren Anstoße getriebenen Volkswirtschaft«. Schumpeter beschränkte sich auf endogene Erklärungsansätze:

> »Würde sich ergeben, daß es solche auf dem wirtschaftlichen Gebiete selbst entstehenden Veränderungsursachen nicht gibt, und das Phänomen, das wir in praxi wirtschaftliche Entwicklung nennen, lediglich darauf beruht, daß sich die Daten ändern und daß sich die Wirtschaft ihnen fortschreitend anpaßt, so würden wir sagen, daß es keine wirtschaftliche Entwicklung gäbe. Damit würden wir meinen, daß die Entwicklung der Volkswirtschaft kein bis in sein innerstes Wesen *wirtschaftlich zu erklärendes* Phänomen sei, sondern daß die Wirtschaft, an sich entwicklungslos, von den Veränderungen ihrer Umwelt gleichsam mitgezogen werde« (Schumpeter 1911, S. 95f.).

Das (stationäre) Gleichgewicht beschreibt den Ruhestand der Ökonomie in Schumpeters System.[32] Aus diesem Zustand wird sie durch die als Vehikel des technischen Fortschrittes dienenden Pionierunter-

---

[30] Schumpeter prägte bekanntlich auch das Bonmot, der Zyklus sei die Form der wirtschaftlichen Entwicklung im Kapitalismus. Es sei angemerkt, daß Schumpeter niemals mehr artikulierte als Theorien für bestimmte Phasen dieser Entwicklung: Der hier beschriebene kurzfristige Zyklus beispielsweise würde in dem Maße redundant, in dem die Monopolisierung der »freien« Marktwirtschaft voranschreitet. Da sich die in der Rolle des fiktiven Pionierunternehmers deutlich gemachten Energien dann in Machtkämpfen innerhalb der großen Korporationen äußern müßten, würde sich die Amplitude des (kurzfristigen) Zyklus abschwächen.

[31] Die hier wiedergegebenen Zitate aus der ersten Auflage der *Theorie der wirtschaftlichen Entwicklung* sind (aus naheliegenden Gründen) diejenigen, mit denen sich Lutz (1932) am intensivsten auseinandersetzte.

[32] Schumpeters stationäres System mit einem Zinssatz von Null läßt sich ohne Gehaltsverlust in eine gleichschrittig wachsende Ökonomie übertragen, in der keine Extraprofite mehr anfallen.

nehmer herausgerissen, die die Möglichkeiten der Kreditaufnahme nutzend, daran gehen, neue »Kombinationen« (und, damit einhergehend, oft auch neue Produkte) durchzusetzen. Dies bedeutet, bereits vollbeschäftigte Ressourcen neu zu allozieren; damit verbunden sind Steigerungen nominaler, aber auch realer Preise wie des (Real-)Zinssatzes und der (Real-)Löhne. Der Prozeß hat mehrere Eigenschaften, die für die zyklische Form verantwortlich zeichnen: Die Diffusion der eingeführten Neuerungen verlangt von anderen Unternehmern nachzuziehen, so daß ein ganzer »Schwarm« von ihnen schließlich neue Produktionsmethoden einsetzt; in der Folge greift die Diffusion des technischen Wandels auf mehrere Sektoren der Ökonomie über, was zu einem oberen Wendepunkt führt, gekennzeichnet zunächst durch schwindende Extraprofite, intersektoralen Lohn- und Profitratenausgleich und schließlich zu Kreditdeflation mit Bankrotten der »Zuspätgekommenen« und der Etablierung eines neuen Gleichgewichtspreisvektors. Das neue Gleichgewicht ist, aufgrund der erzielten Produktivitätsgewinne, von einem höheren Aktivitätsniveau gekennzeichnet als das alte.

Die Periode des Aufschwunges ist ex definitione lang genug, steigende Skalenerträge zu realisieren, so daß Hayeks Problem vermieden wird. Andererseits wird nicht ganz klar, warum das Umsetzen »neuer Kombinationen« immer nur dann stattfindet, wenn sich die Ökonomie wieder im statischen Gleichgewicht eingefunden hat. Dennoch ist der diesbezügliche Unterschied bemerkenswert, der am besten in den wirtschaftlichen Schlußfolgerungen zum Ausdruck kommt: Während Hayek in entsprechenden Diskussionen auch während der Großen Depression nicht müde wurde, »prior savings« als notwendig für jeden wirtschaftlichen Aufschwung einzufordern, galt dies für den jungen Schumpeter (1911) unter den Gegebenheiten einer monetären Ökonomie bereits nicht mehr.[33]

Damit läßt sich Schumpeters Begriff der wirtschaftlichen Entwicklung nach zwei Seiten abgrenzen – als *diskretionäre* Verschiebung des Attraktors einerseits, und als *endogene* Verschiebung andererseits. Die

---

[33] Schumpeter und der deutsch-amerikanische »Außenseiter« Nicholas Johannsen waren vermutlich die ersten, die genau die Bedingungen herausarbeiteten, unter denen Kreditschöpfung »produktiv« wirkt, d.h. zu einer dauerhaften Erhöhung des Aktivitätsniveaus einer Ökonomie beitragen kann (um so, wie Keynes es ausdrückte, »zum Vater, nicht zum Zwilling« des Aufschwunges zu werden): Unterbeschäftigung von Produktionskapazitäten und Arbeit einerseits, technischer Fortschritt andererseits. Vgl. Hagemann/Rühl (1990).

folgende Definition wird auch in jenen Artikeln noch aufrechterhalten, die Schumpeter in den zwanziger Jahren publizierte, um seine *Theorie der wirtschaftlichen Entwicklung* der englischsprachigen Fachöffentlichkeit nahe zu bringen:

> »Entwicklung in unserem Sinne ... [ist] die Verschiebung des Gleichgewichtszustandes im Gegensatz zum Vorgang der Bewegung *nach* einem Gleigewichtszustand. Aber nicht jede solche Veränderung oder Verschiebung, sondern nur ... erstens spontan der Wirtschaft entspringende und zweitens diskontinuierliche. Und unsere Entwicklungstheorie ist ... eine Theorie des Übergangs der Volkswirtschaft von dem jeweils gegebenen Gravitationszentrum zu einem anderen (»Dynamik«) im Gegensatz zur Theorie des Kreislaufs selbst, zur Theorie der steten Anpassung der Wirtschaft an wechselnde Gleichgewichtszentren und ipso facto auch der Wirkungen dieses Wechsels ('Statik')« (Schumpeter 1911, S. 98f.).

Wie bei Hayek, so läßt auch Schumpeters System Fragen offen.

(i) Da ist zunächst das Problem der präzisen Bestimmung der Determinanten alternativer Wachstumspfade, sobald der Rekurs auf einen unabhängig von kurzfristigen Fluktuationen bestimmbaren Wachstumspfad durch das Postulieren von Pfadabhängigkeit aufgegeben wird. Im Gegensatz zu Hayek läßt sich Schumpeters System nicht auf einen optimalen, gleichschrittigen Wachstumspfad reduzieren. Schumpeter selbst war sich dessen deutlich bewußt:
»We could, of course, even fit trend-lines through the facts succeeding one another historically; but they would merely be expressions of whatever has happened, not of distinct forces or mechanics; they would be statistical, not theoretical; they would have to be interpreted in terms of particular historic events ... and not in terms of the working of an economic mechanism *sui generis*« (Schumpeter 1928, S. 374).

Um so wichtiger wird es, alternative Determinanten der Entwicklung zu benennen. Dies gilt gerade, wenn, wie bei Schumpeter, das Gesamtbild der kapitalistischen Entwicklung *nicht* auf den hier diskutierten kurzfristigen Konjunkturzyklus von vier bis sieben Jahre Länge beschränkt bleibt. Für Schumpeter waren die hier angesprochenen kurzfristigen Fluktuationen bekanntlich nur Teil einer umfassenden Erklärung des marktwirtschaftlichen Systems. In diesem Zusammenhang gewinnen die nicht recht erfolgreichen Versuche an Bedeutung, alternative Bedingungen für das Vorliegen von steigenden Skalenerträgen herauszuarbeiten und die Perioden einzugrenzen, für die sie unter den verschiedenen Umständen Gültigkeit beanspruchen können. Ist man nicht gewillt, den »metaphysischen Unternehmer« (Lutz) wörtlich zu nehmen, bleiben nur jene strukturellen Charakteristika, ähnlich denen, die heute im Rahmen der endogenen »Neuen« Wachstumstheorie die Rubrik »Skalenerträge« füllen, um eine Erklärung für die verschieden langen, einander überlappenden Zyklen zu liefern.

(ii) Beschränkt man sich hingegen auf den hier relevanten kurzfristigen Zyklus, so kann dies nicht von der Gretchenfrage befreien, warum denn die Pionierunternehmer und der »Schwarm« an Imitatoren, den sie auslösen, immer gerade dann auftreten, wenn Schumpeters Konjunktur-(!)Theorie sie am besten brauchen kann: Nie im Abschwung, nie während des oberen Wendepunktes, sondern immer dann, wenn es gilt, die Ökonomie aus einem neuerlichen stationären Gleichgewicht zu befreien.

(iii) Dies leitet zur letzten Frage über – danach ob es sich bei den »neuen Kombinationen« (oder Produkten) um genuin neue, d.h. bis dahin unbekannte Verfahren handelt, oder nicht. Im ersten Fall wäre deren Entwicklung mit »unsicheren« (im Sinne Knights) Kosten für die Entdeckung verbunden; es läge in ihrer Natur, daß die Erfolgsaussichten im selben Sinne Gegenstand genuiner Unsicherheit sind. Im zweiten Fall wären Kosten und Erträge zwar möglicherweise risikobehaftet, könnten im theoretischen Modell aber als *kalkulierbar* dargestellt werden. Der zweite Fall entspräche der bekannten »Blaupausensammlung« neoklassischer Provenienz (und dem neoricardianischen Konzept der »Technikwahl«).

In den modernen Interpretationen von Schumpeters Theorie steht dieser Aspekt – *der Investition in prinzipiell bekannte Technologien* – im Vordergrund.

Es stellt, wie wir noch sehen werden, für die Modellierung Schumpeterscher Innovations- und Diffusionsprozesse im Rahmen gleichgewichtstheoretischer Ansätze einen erheblichen Unterschied dar, ob »neue« Kombinationen im Prinzip bekannt sind, d.h. ihre »Entdeckung« nur noch mit den der Rubrik »Risiko« zuzuschlagenden Ingenieurskosten verbunden ist, oder ob auf die Annahme genuin unbekannter Verfahren, d.h. nicht kalkulierbarer Investitionen zurückgegriffen werden muß.

3.5. Lutz: Die Negierung einer allgemeinen Konjunkturtheorie

Ganz ähnlich dem Beitrag von Löwe ist der Beitrag von Lutz (1932), der die Debatte beschließen sollte, für unsere Zwecke weniger wegen seines konstruktiven als wegen seines kritischen Inhaltes von Interesse. Als Ergebnis eines blendenden theoriegeschichtlichen Überblicks vertritt Lutz die Position, eine systematische Konjunkturtheorie sei weder möglich noch erforderlich: *Erforderlich* sei sie nicht, weil die empirisch beobachteten Regularitäten die Möglichkeit eines wie oben definierten Zyklus (und damit von Erklärungsbedarf) zwar zulassen, aber natürlich nicht zwingend oder »denknotwendig« begründen können; und weil die beobachteten und scheinbar regulären Fluktuationen durchaus im Rahmen der herrschenden Theorie und mit Hilfe der »Variationsmethode«, d.h. als die Folgen spezifischer Datenänderungen, erklärt werden können.

Eine systematische Konjunkturtheorie, und hier stimmen Lutz und Löwe überein, sei aber auch nicht *möglich*, da kein Weg daran vorbeiführt, daß regelmäßige und endogen verursachte Fluktuationen im Rahmen der walrasianischen Theorie nicht erklärt und als »denknotwendig« dargestellt werden können: »Wie es nicht gelingt, einen Typ des Konjunkturzyklus [empirisch] herauszuarbeiten, so gelingt es auch nicht, den Zyklus im Wege der Aufzeigung allgemeiner Bedingungszusammenhänge als notwendig abzuleiten« (Lutz 1932, S. 164).[34] Eine pragmatische, und Löwes Thesen diametral entgegengesetzte Schlußfolgerung ist naheliegend:

> »Es ist also weder gelungen, einen Typ der Konjunkturbewegung aufzustellen, noch ihn als notwendig nachzuweisen. Die bisherigen Versuche sprechen also gegen das Vorhandensein eines ins Allgemeine zu hebenden Problems, *gegen* eine Gesetzmäßigkeit der Konjunktur, d.h. *gegen* das Vorliegen allgemein notwendiger Zusammenhänge, die im Wege der Theorie deduziert werden könnten. Und damit *für* die Auffassung, daß es sich nur darum handeln kann, jeweils den konkreten Einzelfall zu klären, eine Auffassung,

---

[34] »Der Konjunkturzyklus läßt sich nicht in ein exaktes Schema pressen; schon deshalb ... besteht keine begründete Hoffnung, ihn im Zuge *einer* theoretischen Deduktion als notwendig nachweisen zu können« (Lutz 1932, S. 124f.).

mit der die Existenz gewisser Regelmäßigkeiten ja nicht im Widerspruch steht ... Die Auffassung, wonach es sich beim Konjunkturproblem nicht darum handeln kann, eine allgemeine Theorie der Konjunktur zu entwickeln, sondern nur um die Erklärung des einzelnen konkreten Geschehens, ist also die einzige, die in den Rahmen des theoretischen Systems paßt, mit dessen Grundgedanken des Gleichgewichts der Nachweis einer Denknotwendigkeit des Zyklus nicht vereinbar ist; und ist die einzige, die theoretische und realistische Forschung in widerspruchsloser Weise zu vereinigen vermag« (Lutz 1932, S. 165 und 171).

Im Gegensatz zu Versuchen, eine »reine« Konjunkturtheorie aufzubauen – im Rahmen der allgemeinen Gleichgewichtstheorie oder gegen sie – verlangte die Lutzsche Schlußfolgerung, jeden »Zyklus« einzeln und unabhängig von anderen auf seine Gründe zu untersuchen. Zu diesem Zweck schien ihm die Variationsmethode durchaus das geeignete Instrument; mit ihrer Hilfe ließ sich die »Hauptursache« von Fall zu Fall ermitteln ohne die Möglichkeit zu leugnen, daß »Nebeneinflüsse« am Werk sein mochten, die diese Ursache entweder verstärkten oder abschwächten, und die entscheiden mochten, ob die empirische Ausformung einzelner Zyklen einander über einen bestimmten historischen Zeitraum hinweg ähnelte, oder eben nicht. Entscheidend war jedoch, daß alle Zyklen letztendlich auf den Effekt von »Datenvariationen« zurückgeführt werden konnten und damit als Anpassungsprozesse an ein neues Gleichgewicht zu verstehen waren.[35]

Lutz' Leistung vor dem Hintergrund der modernen Varianten einer »systematischen« Konjunkturtheorie zu würdigen verlangt, einerseits auf die Konsequenz einzugehen, die er aus dieser Schlußfolgerung zog (die von Bedeutung für die Beurteilung moderner Ansätze sein kann) und andererseits den Weg nachzuvollziehen, auf dem er (über die Kritik zeitgenössischer Ansätze) zu dieser Schlußfolgerung kam.

Die *Konsequenzen* der Schlußfolgerung betreffen in erster Linie die Unmöglichkeit, eine allgemeine Konjunkturtheorie auf der Grundlage der allgemeinen Gleichgewichtstheorie zu formulieren. In einer Passage von verblüffender Aktualität, die durchaus auf die modernen

[35] »Versuchsweise verschiedene theoretische Schema an den konkreten Fall anlegen und das Richtige wählen – das ist für jeden, der verschiedene theoretische Möglichkeiten der Verursachung einer Erscheinung sieht, die erste Aufgabe, die die Erklärung des Einzelfalles stellt« (Lutz 1932, S. 146f.).

Auseinandersetzungen um »nominale« versus »reale« Konjunkturtheorie gemünzt sein könnte, beleuchtet Lutz das praktische Vorgehen derjenigen, die vorgeben, eine Erklärung – gleich welcher Variante – des Konjunkturproblems gefunden zu haben. Ist es nicht so, daß auch die Impulse der Gleichgewichtskonjunkturtheorie letztlich beliebig sind, daß Propagationsmechanismen entwickelt werden, um empirisch beobachtetes »Überschießen« zu erklären, und daß das ganze Projekt trotz der neuen Namensgebung und der methodisch rigiden Gleichgewichtlösung nicht letztlich unter der Prämisse steht, Anpassungsprozesse an ein paretosuperiores Optimum zu beschreiben? Was, so bliebe zu fragen, ist dann damit gewonnen, den Prozeß als ein kontinuierliches Gleichgewicht zu beschreiben – außer daß die Darstellung komplizierter, die Verhaltensannahmen unrealistischer und die Propagationsmechanismen simpler werden, was aber nur *die Anzahl zulässiger Erklärungen* vermindert? Hätte es sie gegeben, vermutlich hätte Lutz zeitgenössischen Vertretern einer Lösung à la Gleichgewichtskonjunkturtheorie vorgeworfen,

> »... daß viele Forscher bei ihren Versuchen, eine konkrete konjunkturelle Situation zu erklären, auf die Anwendung ihrer allgemeinen Konjunkturtheorie, die den Zyklus als notwendig nachzuweisen versucht, verzichten. Vielmehr greifen sie in völliger Freiheit auf sämtliche Erkenntnisse der allgemeinen Theorie zurück, richten sich lediglich danach, was die zu untersuchende Situation gerade erfordert. Sie vertreten damit die Anschauung, daß es im Grunde keinen feststehenden Typ der Konjunktur gebe, daß ihr keine Gesetzmäßigkeit zugrunde liege, daß es also nutzlos sein müßte, sich um die Aufstellung einer reinen Konjunkturtheorie zu bemühen, die den allgemeinen Bedingungszusammenhang aufweisen soll, dem die ewige Wiederholung des Zyklus zu verdanken ist. Sie gestehen damit im Grunde ein, daß es sich beim Konjunkturphänomen nur darum handeln könne unter Verwendung der allgemeinen Erkenntnisse der statischen Theorie den einzelnen konkreten Fall durch Aufdeckung seiner konkreten Verursachung verständlich zu machen. Die reine Theorie liefert ihnen hierzu die Vorarbeiten, wenn sie untersucht, wie der technische Fortschritt, die Kapitalbildung usw. wirken, denn all diese Momente ... sind wirksam und bestimmen das Bild, das sich jeweils darbietet. Alle diese Forscher müßten also eingestehen, daß es eine eigentliche Konjunkturtheorie über das hinaus, was die statische Theorie zu leisten vermag, nicht geben kann, daß deren Erkenntnisse für eine Erklärung des konkreten Einzelfalls ausreichen, daß also das dunkle Gefühl, man müsse

neben der statischen Theorie zur Erklärung der Wirklichkeit noch eine andere Theorie haben, trügerisch ist und nur auf einer Verkennung der Leistung der statischen Theorie beruht, die nicht nur das Gleichgewicht untersucht, sondern auch dessen Veränderung ... Diese Auffassung von den Aufgaben, die das Konjunkturproblem der Wissenschaft stellt, schafft dem Forscher natürlich völlige Bewegungsfreiheit gegenüber der Realität« (Lutz 1932, S. 159-60).

Der *Weg*, auf dem Lutz zu seiner Einschätzung kam, führte über die Erkenntnis, daß alle von ihm untersuchten theoretischen Ansätze letztlich auf der Ableitung exogener Datenänderungen basierten. Dies gilt für Hayek, der keine Erklärung des Impulses lieferte, so daß seine Konjunkturtheorie auch dann verworfen werden muß, wenn man von den Unstimmigkeiten absieht, die ein Propagationsmechanismus aufwirft, der über die Unfähigkeit zu lernen offensichtlich das Rationalitätspostulat verletzt. Es gilt aber auch für die Theorie Schumpeters, der von all den diskutierten Autoren dem Anspruch, eine systematische Theorie zyklischer Fluktuationen entwickelt zu haben, Lutz zufolge am nächsten kommt.[36]

Die Kritik an Schumpeter fußt auf dem Vorwurf, (wie Hayek) das Rationalitätspostulat verletzt zu haben. Ansatzpunkt ist die Tatsache, daß der *Zeitpunkt* des schwarmweisen Auftretens der den technischen Fortschritt durchsetzenden Unternehmer nicht erklärt wird, während Schumpeters Propagationsmechanismus nicht denselben Kritikpunkten wie derjenige Hayeks ausgesetzt ist.[37] Hier erweist sich, wie wich-

---

[36] »Den gleichen Eindruck einer fehlenden Gesetzmäßigkeit erwecken auch die Lösungsversuche der reinen Theorie. Ihnen gelingt es zwar, exakte Gedankengänge zu entwickeln, nicht aber, mit diesen Theorien den tatsächlichen Konjunkturabläufen gerecht zu werden, auf die viel mehr von Einfluß ist, als nur *eine* Datenänderung, von der jene Untersuchungen ausgehen; ferner haben auch sie die Wiederholung des Zyklus nicht als ökonomisch notwendig zu deduzieren vermocht, so daß also gerade in diesem wichtigsten Punkt der Nachweis einer ökonomischen Gesetzmäßigkeit unterbleibt. Ihre Untersuchungen sind eben im Grunde nichts anderes als die Ableitung der Wirkung einer Datenänderung. Eine *dynamische* Theorie aber zu entwickeln und in ihrem Rahmen den Konjunkturzyklus als notwendig zu erweisen, ist nicht geglückt« (Lutz 1932, S. 164-5).

[37] Auch Löwe, mit anderen Konsequenzen als Lutz, sah in den Schumpeterschen Unternehmern die Notwendigkeit, im Rahmen der herrschenden Theorie auf (exogene) Datenänderungen (als Impulse) zurückzufallen, um den Konjunkturzyklus diskutieren zu können: »Die oft angemerkte metaphysische Stellung des Schumpeterschen Genieunternehmers läßt sich in der nüchternen Sphäre der Logik geradezu durch den Begriff der unabhängigen Variablen definieren« (Löwe 1926, S. 194).

tig es ist, ob Schumpeters »Erfindungen« im Sinne des Umsetzens bereits vorhandener Technologien oder im Sinne genuin neuer Prozesse gedeutet werden: Die Pionierunternehmer (d.h. die Innovationen) symbolisieren den *Impuls*. Aber warum tritt dieser Impuls immer nur nach einer Krise in Erscheinung, warum z.B. unterbricht er nie den Abschwung?

Für Lutz liegt hier die entscheidende Schwachstelle des Ansatzes, da Schumpeter irrationales Verhalten zu unterstellen scheint. Das Problem reicht jedoch etwas tiefer. Zunächst einmal ist in Schumpeters Sicht ein scharenweises Auftreten während des Abschwunges nicht möglich, da dort »die Verhältnisse so schwankend geworden sind, daß eine einigermaßen genaue Kalkulation, die die Voraussetzung für neue Versuche der Unternehmer darstellt, nicht möglich ist« (Lutz 1932, S. 99). Zum anderen jedoch unterstellt Lutz (wie nach ihm die meisten modernen Interpreten – vgl. Romer 1993), daß es sich bei den von den Pionieren umgesetzten Erfindungen nicht um *neue* Produktionsverfahren handelt. Vielmehr geht er offensichtlich von einem »book of blueprints« aus:

> »Denn von einem Gleichgewicht aus, das unter der Annahme ganz rational handelnder Unternehmer zustande gekommen ist, *gibt es keine solchen Möglichkeiten*, die nicht auch verwirklicht wären, gibt es also auch keine innerwirtschaftliche Entwicklung. Nur Änderungen der Technik könnten hier zu solchen Erscheinungen führen, wie Schumpeter sie schildert, aber dann wäre die Wirtschaft von außen mitgezogen und die Pointe der Schumpeterschen Darstellung verloren« (Lutz 1932, S. 100).

Von hier aus ist der Weg der Kritik vorgezeichnet. Wenn die Pionierunternehmer tatsächlich warten, bereits existierende Produktionsverfahren erst dann anzuwenden, wenn (ohne nähere Begründung) die Zeiten hinreichend »ruhig« sind, ist dies im Sinne der konventionellen Verhaltensannahmen fragwürdig. Unter diesem Blickwinkel führte Schumpeter durch die Hintertür offensichtlich neue Prämissen ein, ohne deren Akzeptanz sich das gesamte Vorgehen auf die übliche exogene Datenvariation reduzieren ließe: »Von seinen Prämissen aus ist die Theorie Schumpeters zweifellos richtig. Die Frage konzentriert sich demnach darauf, welche der Prämissen die »richtige« sei« (ibid.). Für Lutz führen diese neuen Prämissen – daß nämlich die Pionierunternehmer vorhandenes technisches Wissen nicht einsetzen, weil ihnen unter bestimmten Umständen die Kalkulationsgrundlage fehle, daß sie sich also nicht oder nur unter speziellen Umständen rational verhalten – zu einem eindeutigen Ergebnis:

> »Die Diskussion hätte sich also darauf zu konzentrieren, ob eine Theorie, die auf der Annahme eines rein rationalen Handelns seitens der Wirtschaftssubjekte aufbaut, gegenüber wesentlichen Erscheinungen der Wirklichkeit versage ... das zur Diskussion stehende Problem hat noch eine ganz andere Seite. Nicht auf jeder Hypothese nämlich kann eine Theorie aufgebaut werden ... *Darum, weil eine Theorie nur unter Zugrundelegung rational handelnder Wirtschaftssubjekte möglich ist, muß die Scheidung Schumpeters in statische und dynamische Theorie aufgegeben werden.* Damit würde natürlich auch sein Begriff der innerwirtschaftlichen Entwicklung hinfällig, es gäbe nur Entwicklung in Folge von Datenänderungen, die neue Gewinnmöglichkeiten schaffen, nach denen die Unternehmer dann greifen« (Lutz 1932, S. 101-103).

So fällt, neben der mangelnden Lernfähigkeit der Akteure in Hayeks Modell, auch Schumpeters Vorstoß unter das Verdikt, in der Modellierung menschlichen Verhaltens gegen Grundhypothesen der Theoriebildung verstoßen zu haben und muß daher aufgegeben werden.

4. Schumpeter und Hayek: Neue Antworten?

Vordergründig weist die moderne Debatte der letzten zwei Jahrzehnte erstaunliche Parallelen mit den hier geschilderten Positionen auf. Gleichgewichtskonjunkturtheorie der nominalen Provenienz kann als der Versuch interpretiert werden, zyklische Fluktuationen abzubilden, ohne auf die Vorstellung eines optimalen Wachstumspfades zu verzichten, der als (unabhängig von den kurzfristigen Fluktuationen determiniertes) Referenzsystem dient. Daß dies nicht so einfach ist, da auch stochastisch verteilte Störungen und ein monetärer Propagationsmechanismus Rückkoppelungseffekte auf den Datenkranz nicht ausschließen, wurde von den Vertretern der realen Konjunkturtheorien explizit anerkannt: Hier wirken die Impulse direkt auf die Datenkonstellation; Unabhängigkeit des Trends wird garantiert (und Fragen der Pfadabhängigkeit vermieden), indem auf die technische Möglichkeit eines »random walk« zurückgegriffen wird.

Die Neue Wachstumstheorie läßt sich als der Versuch interpretieren, dieses Spannungsfeld zu entschärfen, ohne die akzeptierten Verhaltenshypothesen aufzugeben. Gründe für ungleichschrittiges Wachstum, wie z.B. steigende Skalenerträge, werden auf die Produktionsstruktur, Komplementaritäten bei den Inputfaktoren oder Investitionen in Humankapital zurückgeführt. Da alle diese Gründe auf der Angebotsseite zu finden sind, kommt die »keynesianische Hypothese« nicht zum Zug: Das Kapazitätswachstum bestimmt die Ausbringungsmenge, und die mit der umgekehrten Kausalität verbundene Unbestimmtheit suboptimaler Wachstumspfade wird vermieden. In der Diskussion um Innovation und Diffusion neuer Technologien bleiben die Hypothesen, die nicht auf bereits bekannte »Blaupausensammlungen« abstellen, auf der Strecke: Ein zweiter Grund für multiple Wachstumspfade wird aus den Überlegungen eliminiert. Die Hypothese rationaler Erwartungen und die methodische Neuerung des kontinuierlichen Gleichgewichtes kann beibehalten werden. Die angestrebte Endogenisierung des Wachstumsprozesses muß allerdings mit deterministischen Wachstumspfaden erkauft werden; und über die verwandten Verhaltenshypothesen hat die Bandbreite akzeptabler Erklärungshypothesen ab- und nicht zugenommen.

In Gestalt der Literatur um multiple Gleichgewichte wird die Gegenreaktion sichtbar; auch sie ist in ihrer Bandbreite stark eingeschränkt durch das Erfordernis, die Form und die Prämisse »rationalen« Verhaltens, wie sie sich in den Wirtschaftswissenschaften etabliert haben, nicht zu verletzen. Noch sind diese Modelle unverbunden mit langfristigen Wachstumsmodellen; aber bereits heute läßt sich festhalten, daß der Zwang zur »richtigen« verhaltenstheoretischen Fundierung ihre Aussagekraft dahingehend beschränkt, daß ähnliche Strukturmerkmale, wie wir sie in der Neuen Wachstumstheorie finden, oder aber Überraschungen, wie sie aus der Konjunkturtheorie bekannt sind, die Ergebnisse diktieren. Den ökonomischen Agenten werden gewissermaßen Fallen gestellt – Bedingungen, unter denen sie, wie bereits kurz angesprochen, ihre Zielfunktionen stets fehlerlos, aber u.U. unter starken Beschränkungen maximieren. Ob nun der Informationshorizont eingeschränkt ist oder ob sie keine Möglichkeit haben, sich Erwartungen über alle relevanten Daten zu bilden, da diese auch von den Erwartungen anderer Beteiligter abhängen, ist dabei weniger entscheidend als die Tatsache, daß die ökonomischen Akteure sich in solchen Modellen (zumindest im makroökonomischen Kontext) gegenseitig nicht in die Quere kommen und daß sie ihre »Fehler« *alle* und *sofort* ausräumen in dem Moment, in dem sie sie bemerken. In diesen Modellen ist kein Platz für Debatten um *systematische* Widersprüche zwischen kollektiver und einzelwirtschaftlicher Rationalität. Die Annahme unbeschränkter kognitiver Fähigkeiten ist von zentraler Bedeutung für dieses Ergebnis.

4.1. Beschränkte Rationalität und ökonomische Fluktuationen

Bereits Schumpeter (1911) setzte sich mit der Rolle individueller Rationalität auseinander. Dabei aber spielten die Begleitumstände eine entscheidende Rolle. Er war bereit, das Rationalitätspostulat zu akzeptieren – solange dies durch die Umstände gerechtfertigt schien, denen sich die ökonomischen Agenten gegenübersahen. Es wird nicht weiter überraschen, wenn er diese Umstände am klarsten im stationären Gleichgewicht als erfüllt ansah. Im Prinzip waren andere Situationen jedoch »denknotwendig«, und dies galt es bei der Entwicklung einer dynamischen Theorie zu berücksichtigen:

> »Annahme eines Verhaltens, das der Beobachter als prompt und rationell begreifen kann, ist eine Fiktion auf alle Fälle. Aber sie bewährt sich immer dann, wenn und weil die Dinge Zeit haben, Logik in die Menschen zu hämmern. Wo das geschehen ist, und innerhalb der Grenzen in denen das geschehen ist, kann man ruhig mit dieser Fiktion arbeiten und Theorien darauf bauen« (Schumpeter 1911, S. 118).

Ansonsten daran festzuhalten, wie heute allgemein üblich, bedeutet hingegen:

> »Wesentliches zu verkleistern und eine Tatsache ignorieren, die im Gegensatz zu anderen Abweichungen unserer Annahmen von der Wirklichkeit *grundsätzlich* wichtig, eigenartig und die Quelle von Erscheinungen ist, die ohne sie nicht existieren würden« (Schumpeter 1911, S. 119).

Die von Schumpeter verwandte Definition eingeschränkter Rationalität ist präziser, als es zunächst den Anschein hat. Die Umstände, unter denen es sich den Akteuren (und dem akademischen Beobachter) nicht anbietet, »unbeschränkt« rational zu agieren (verstanden als die Möglichkeit und Fähigkeit, die zur intertemporalen Nutzenoptimierung unabdingbaren Kalkulationen vorzunehmen) sind klar definiert: (i) wenn die zur Verarbeitung der verfügbaren Informationsfülle notwendigen Kapazitäten nicht vorhanden sind; (ii) wenn (Knightsche) Unsicherheit das entsprechende Entscheidungskalkül verunmöglicht; und (iii) in Situationen, in denen die vorliegenden Informationen nicht hinreichend sind, um Entscheidungen nach dem gängigen Strickmuster zu treffen. Unter all den genannten Umständen ist den Akteuren *bekannt*, daß die Kalkulationsgrundlage eingeschränkt ist. Nur dann ist die Rolle dessen, was wir heute als *beschränkte Rationalität* bezeichnen würden »grundsätzlich« wichtig und eigenartig, d.h. kann und muß in systematische Überlegungen und Beschreibungen der resultierenden Prozesse münden.

Die genannten drei Fälle lassen sich unter Bezug auf die erörterten kurzfristigen Fluktuationen beispielhaft skizzieren. (i) bezieht sich demnach auf den oberen Wendepunkt und die Phase des Abschwunges; die Darstellung von (ii) und (iii) hängt von der Bereitschaft ab, sich von der Voraussetzung prinzipiell bereits bekannter Technologien zu verabschieden: Wenn genuine »Erfindungen« thematisiert werden sollen, steht (ii) für Situationen unter Unsicherheit; soll jedoch das »book of blueprints« beibehalten werden, so kann (iii) erklären, warum die entsprechenden Kalkulationen unter den Bedingungen des stationären Kreislaufs ausgeführt werden können – wo »die Dinge Zeit haben, Logik in die Menschen zu hämmern« –, und nicht unter Bedingungen rapiden Wandels, in denen es rational sein mag, *nicht* zu handeln, weil die entsprechende ex ante Optimierung eben nicht gewährleistet werden kann.

Für Schumpeter war der kurzfristige Zyklus jedoch nur eine unter mehreren Erscheinungsformen der wirtschaftlichen Entwicklung. Zeitlich überlappen sich mehrere Zyklen mit verschiedener Amplitude. Ihre Erklärung ist in allen Fällen gekennzeichnet durch die zentrale Rolle, die den Determinanten der Produktivitätsentwicklung zukommt. Implizit lebt dieses umfassendere System nicht nur von den Verhaltenshypothesen, die für kurzfristige »Sprünge« in der Produktivitätsentwicklung verantwortlich gemacht werden, sondern auch von der Benennung verschiedener Gründe, die für die Existenz steigender Skalenerträge verantwortlich zeichnen und für die Benennung der Umstände, unter denen selbige operativ werden. Hier diskutiert Schumpeter die Bedingungen, unter denen sich bereits bekannte Blaupausen durchsetzen, die also die Diffusionsfrage behandeln, wie auch die Bedingungen, unter denen Investitionen in innovative Verfahren getätigt werden, deren Ausgang unsicher ist. Nicht alle diese Verfahren, die oft »trial and error«-Prozesse thematisieren, sind einer Analyse zugänglich, die sich auf die herkömmlichen Verhaltenshypothesen beschränkt.

Gerade wegen seines umfassenden Charakters ist Schumpeters Ansatz eher dazu geeignet, den Rahmen einer Analyse unter der Hypothese beschränkter Rationalität abzustecken, als die Konsequenzen dieser Hypothese selbst zu diskutieren. Sein Modell benennt die Bedingungen für ungleichschrittiges Wachstum in der kurzen, mittleren und langen Frist. Diese Bedingungen sind in erster Linie strukturelle Charakteristika des Systems (z.B. indem steigende Erträge mit dem Ausmaß des Marktes in Verbindung gebracht werden); sie bieten einen geeigneten Rahmen, um die Hypothese beschränkter Rationalität unter verschiedenen Szenarien operational zu machen. Unter den hier diskutierten Ansätzen bietet sich derjenige Hayeks an, um die unmittelbaren Konsequenzen dieser Hypothese selbst (in der kurzen Frist, d.h. zunächst ohne die Ergänzung um Schumpeters Strukturmerkmale) genauer zu untersuchen.

4.2. Der Rückkoppelungsprozeß aufgrund gruppenspezifischer Signale

Der erste und wichtigste Unterschied zwischen Hayeks Analyse und den modernen Gleichgewichtskonjunkturtheorien besteht in dem Mechanismus, der unterstellt wird, um die Auswirkung zentraler Signale deutlich zu machen. Anders als in der neuen klassischen Theorie handelt es sich hier nicht um ein »signal extraction«-Problem, bei dem es nur darum geht, daß die Akteure zu Anfang ungenügend informiert sind, im Laufe der Zeit aber das Signal korrekt zu entziffern lernen, und daraufhin aufs neue überrascht werden müssen, sollen die behaupteten Auswirkungen ihrer ersten Reaktion (zyklische Fluktuationen) erneut auftreten. Auf eine kurze Formel gebracht könnte man behaupten, daß die Agenten in neuen klassischen Modellen allesamt falsch informiert sind und im Verlaufe der Entwicklung diesen Bias immer wieder neu beheben werden, so daß letztlich dauernd Gründe dafür erfunden werden müssen, warum sie aufs neue überrascht werden, soll der Propagationsmechanismus zum Zuge kommen. In Hayeks Modell geht es nicht darum, ein Signal richtig lesen zu lernen, sondern darum, daß die Reaktion auf ein Signal dieses selbst verändert. Hayek beschreibt einen Rückkoppelungsprozeß, der seine Wurzeln darin hat, daß unterschiedliche Signale für unterschiedliche Gruppen von ökonomischen Agenten relevant sind. Im Unterschied zur neuen klassischen Analyse sind diese Gruppen nicht dadurch definiert, daß sie nur eine Teilmenge der *für alle* wichtigen

Information zur Verfügung haben, sondern über die ökonomische *Funktion*, die sie ausüben. Verschiedene Akteure haben gute Gründe, ihr Verhalten an verschiedenen Signalen zu orientieren, und diese Signale beeinflussen sich gegenseitig durch die Reaktionen, die sie auslösen – während die Annahme konsistenter Erwartungen in der neuen klassischen Welt dafür sorgt, daß für alle Akteure ein und dasselbe Signal relevant ist. Hayek beschreibt einen Rückkoppelungs-, die Neue Klassische Makroökonomik dagegen einen einseitigen Prozeß.

Abbildung 1

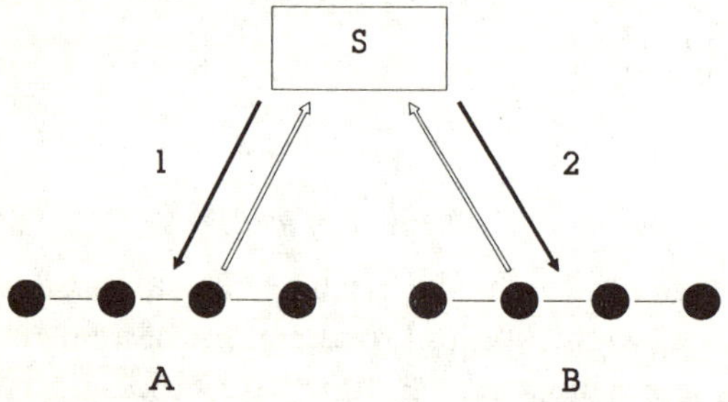

Abbildung 1 mag den Hayekschen Rückkoppelungsprozeß verdeutlichen. Der Einfachheit halber sind hier eine endliche Zahl ökonomischer Agenten in zwei Gruppen unterschieden (A und B); jeder Beteiligte ist lediglich mit einem anderen direkt verbunden. Nehmen wir an, die Ökonomie bestehe ausschließlich aus Reinigungspersonal (Gruppe B) ohne Ersparnisbildung und Yuppies (Gruppe A), die mit der Verwaltung der aggregierten Finanzbestände befaßt sind. Alle B's werden von A's beschäftigt. Es liegt nahe, daß beide Gruppen zunächst auf unterschiedliche Signale reagieren werden, wenn es um die für ihre ökonomischen Entscheidungen relevanten Informationen geht. Nehmen wir an, die Mitglieder der Reinigungskolonne interessieren sich für die Arbeitslosenstatistik (2), die aufstrebenden Börsenmakler hingegen für die Entwicklung des Zinssatzes auf den internationalen Kapitalmärkten (1).

Bereits an dieser Stelle sei darauf verwiesen, daß ein solcher Prozeß im Rahmen der neuen klassischen Modelle schlechterdings nicht vorstellbar ist: Der hier geschilderte Vorgang verlangt, daß beide Signale über einen Mechanismus miteinander in Verbindung stehen, der den Akteuren nicht bekannt ist. So sie ihn überhaupt für relevant halten, teilen sie nicht notwendigerweise dasselbe Modell zur Erklärung ökonomischer Zusammenhänge.

Setzen wir den Prozeß durch die Annahme eines steigenden Zinssatzes in Bewegung. Nur Gruppe A wird auf dieses Signal reagieren – wie, das hängt von vorher zu spezifizierenden Parametern ab: In einer binären Welt kann ein steigender Zinssatz »gute« oder »schlechte« Nachrichten bedeuten. Ist er als »schlechte« Nachricht spezifiziert, so wird die Reaktion von A darin bestehen, einige der B's zu entlassen, um sich für ertragsschwache Zeiten zu wappnen. Signal (1) führt also unmittelbar zu einer Änderung von Signal (2), der Arbeitslosenstatistik, die die Mitglieder von (B) morgens in der Zeitung finden. Nehmen wir weiterhin an, daß die B's auf schlechte Nachrichten unmittelbar mit Lohnzurückhaltung reagieren. In diesem Falle ist ein gemischter Rückkoppelungsprozeß beschrieben: Während Signal (1) über das Verhalten von A *unmittelbar* Signal (2) verändert, bedarf es nun eines *ökonomischen* Mechanismus, der erklärt, wie die Reaktion der B's sich auf das für die A's relevante Signal (1) auswirkt. Dieser ökonomische Mechanismus steckt in der mit »S« gekennzeichneten »black-box«: Er ist ex ante zu spezifizieren, genau wie die direkte Wirkung von (1) auf (2). In unserem Beispiel wäre es naheliegend, einen Mechanismus zu postulieren, der sinkende Preise für Reinigungspersonal in weltweit fallende Zinssätze übersetzt. Dies würde dazu führen, daß die A's ihre Arbeitsnachfrage erhöhen, die B's ihre Preise, der ökonomische Mechanismus den Zinssatz, usw. Im Gegensatz zur neuen klassischen Welt ist dieser Mechanismus den ökonomischen Agenten nicht bekannt.

Das einfache Beispiel beschreibt einen Mechanismus, wie er sich auch bei Hayek findet; sein Vorzug liegt nicht in besonderem Realismus, sondern darin, die Implikationen eines solchen Ansatzes klar und seine mögliche Erweiterungen diskussionsfähig zu machen.[38]

Zunächst sei auf die inhärente Vielfalt verwiesen, die unmittelbar aus der Aufgabe einer Beschreibung ökonomischer Agenten folgt, die ein gemeinsames Modell aller ökonomischer Zusammenhänge der Welt teilen, in der sie leben. In unserem Beispiel verändert Signal (1) Signal (2) über die unterstellten Verhaltensmechanismen unmittelbar,

---

[38] Wem dieses »Modell« zu einfach erscheint, der sei verwiesen auf Aoki (1993) und die dort angeführte Literatur.

während Signal (2) auf Signal (1) nur über einen vom Modellbildner zu spezifizierenden Prozeß zurückwirkt. Anders gemischte Rückkoppelungsmechanismen sind denkbar, die alle zwischen den Polen einer verhaltenstheoretisch fundierten Erklärung und den auf ökonomischen Zusammenhängen beruhenden Mechanismen liegen müssen.

Die Tatsache, daß nicht-allwissende Akteure aus dem ihnen zur Verfügung stehenden Wissen nicht so viel machen können, wie man es in Standardmodellen vermutet, sollte jedoch nicht damit verwechselt werden, daß sie nicht lernfähig sind. Im Gegenteil, es ist relativ einfach, über einige Parameteränderungen die Annahme einzuführen, daß der in der »black-box« verborgene ökonomische Mechanismus bekannt wird, und zu verfolgen, was dann geschieht. Ein gutes Beispiel für solche Entwicklungen wäre etwa die Phillipskurven Diskussion: Das geänderte Verhalten, welches das Bekanntwerden eines empirisch scheinbar stabilen Zusammenhanges auslöste, und die Tatsache, daß die Inkorporation dieses Zusammenhanges in alltägliches strategisches Verhalten zum Verschwinden der ursprünglichen Beobachtung führte. Dies sind Phänomene, die im Rahmen neuer klassischer Modelle nur sehr schematisch angegangen werden können. In Simulationsmodellen, die auf der graduellen Entdeckung ökonomischer Zusammenhänge aufbauen, lassen sie sich realistischer beschreiben.

Seinen Charme bezieht die Inkorporation eingeschränkter Rationalität, die sich in der Bedeutung von zählebigen Routinehandlungen äußert, natürlich daher, daß mittlerweile – anders als zu Lebzeiten Schumpeters oder Hayeks – entsprechende Modelle über Computersimulationen möglich sind. In dem hier behandelten Kontext würde dies bedeuten, die strukturellen Eigenschaften der betrachteten Ökonomien z.B. unter Rückgriff auf Schumpeters Annahmen über die Bedingungen, die einen Wechsel zu höheren Produktivitätsniveaus ermöglichen, zu beschreiben, und das Verhalten der Akteure über einen an Hayek orientierten Prozeß abzubilden, der für die alternativen Szenarien die Wechselwirkungen zwischen relevanten Signalen und ökonomischem Verhalten abbildet.

5. Schluß

Daß all dies in so geringem Ausmaß bislang realisiert worden ist, ist vor allem der Tatsache geschuldet, daß die von einzelnen Teilbereichen – wie der Konjunkturforschung – aufgeworfenen Fragen zu lange verdrängt bzw. erst dann aufgegriffen wurden, wenn Entwicklungen außerhalb dieser Teilbereiche möglichen »Fortschritt« signalisierten. Daß entsprechende, alternative Ansätze immer noch (oder sogar verstärkt) diskutiert werden, spiegelt die Tatsache wider, daß genuine Fragestellungen eine Tendenz haben, sich der Unterordnung unter die als angemessen empfundene Methode zu widersetzen.

Vermutlich gibt es keinen regelhaften und gleichförmigen Konjunkturzyklus, so wie er in der hier skizzierten Debatte unterstellt wurde. Die Frage eines ungleichschrittigen Wachstumsprozesses und die Tatsache ökonomischer Fluktuationen aber sind nach wie vor virulent.

Diese Fragestellungen in einer theoretischen und methodischen Offenheit angegangen zu haben, die wir heute weitgehend verloren haben, ist das Verdienst der hier diskutierten Autoren. Es ist diese Offenheit, die es uns heute noch erlaubt, von ihrer Behandlung eines, um es mit Lutz auszudrücken, Problems zu lernen, an dem sogar die Fragestellung problematisch ist.

Literatur

Aghion, P./Howitt, P. (1992): A Model of Growth Through Creative Destruction, in: Econometrica, Bd. 60, S. 323-351.

Aoki, M. (1993): Stochastic Aggregation and Dynamic Field Effects, CCE Working Paper, UCLA, Los Angeles.

Burchardt, F. A. (1928): Entwicklungsgeschichte der monetären Konjunkturtheorie, Weltwirtschaftliches Archiv, 28, S. 78-143

Cassel, G. (1921): Theoretische Sozialökonomie, 2. Aufl., Leipzig.

Friedman, M./Schwartz, A. (1963): A Monetary History of the United States 1867-1960, Princeton.

Hagemann, H. (1994): Hayek and the Kiel School: Some Reflections on the German Debate on Business Cycles in the Late 1920s and Early 1930s, in: M. Colonna/H. Hagemann (Hrsg.): Money and Business Cycles. The Economics of F. A. Hayek, Bd. I, Aldershot, S. 101-120.

Hagemann, H./Rühl, C. (1990): Nicholas Johannsen and Keynes's »Finance Motive«, in: Journal of Institutional and Theoretical Economics, Bd. 146, S. 445-469.

Hansen, G. (1985): Indivisible Labor and the Business Cycle, in: Journal of Monetary Economics, Bd. 16, S. 309-327.

Hayek, F. A. (1929): Geldtheorie und Konjunkturtheorie, Wien/Leipzig, englische Fassung: Monetary Theory and the Trade Cycle, London 1933.

Hayek, F. A. (1936): Discussion of the Trade Cycle, in: Journal of the Royal Statistical Society, Teil III.

Hoover, K. (1988): The New Classical Macroeconomics, Oxford.

Howitt, P. (1988): Business Cycles with Costly Search and Recruiting, in: The Quarterly Journal of Economics, Bd. 103, S. 147-165.

Howitt, P. (1996): Cash in Advance, Microfoundations in Retreat: K. Vellupillai (Hrsg.): Inflation, Institutions, and Information. Essays in Honour of Axel Leijonhufvud, London, S. 62-88.

Hutchison, T. W. (1953): A Review of Economic Doctrines 1870-1929, Oxford.

Hutchison, T. W. (1977): Keynes versus the »Keynesians« ...? An Essay in the Thinking of J.M. Keynes and the Accuracy of its Interpretation by his Followers, London.

Kohn, M. (1986): Monetary Analysis, the Equilibrium Method, and Keynes's »General Theory«, in: Journal of Political Economy, Bd. 94, S. 1191-1224.

Kurz, H. D./Salvadori, N. (1994): What is »New« in the New Theories of Economic Growth? Or: Old Wine in New Goatskins, paper presented at the workshop »Endogenous Growth and Development« of The International Summer School of Economic Research, Siena.

Laidler, D. (1986): The New Classical Contribution to Macroeconomics, in: Banca Nazionale del Lavoro Quarterly Review, No. 156, S. 27-55.

Leijonhufvud, A. (1983): What Would Keynes Have Thought of Rational Expectations?, in: D. Worswick/J. Trevithick (Hrsg.): Keynes and the Modern World, Cambridge, S. 179-205.

Leijonhufvud, A. (1987): The Uses of the Past, ms., University of California, Los Angeles.

Leijonhufvud, A. (1993): Towards a Not Too-Rational Macroeconomics, Southern Economic Journal, Bd. 60, S. 1-13.

Löwe, A. (1925): Der gegenwärtige Stand der Konjunkturforschung in Deutschland, in: M.J. Bonn/M. Palyi (Hrsg.): Die Wirtschaftswissenschaft nach dem Kriege. Festschrift für Lujo Brentano, München/Leipzig, Bd. 2, S. 329-377.

Löwe, A. (1926): Wie ist Konjunkturtheorie überhaupt möglich?, in: Weltwirtschaftliches Archiv, Bd. 24, S. 165-197.

Lucas, R. (1975): An Equilibrium Model of the Business Cycle, in: Journal of Political Economy, Bd. 83, S. 1113-1144.

Lucas, R. (1977): Understanding Business Cycles, in: K. Brunner/A. Meltzer (Hrsg.): Stabilization of the Domestic and International Economy, Amsterdam, S. 7-29.

Lucas, R. (1980), Methods and Problems in Business Cycle Theory, in: Journal of Money, Credit and Banking, Bd. 12, S. 696-715.

Lucas, R. (1987): Models of Business Cycles, Oxford.

Lucas, R./Sargent, T. (1978): After Keynesian Macroeconomics, in: Federal Reserve Bank of Boston (Hrsg.), After the Phillips-Curve: Persistence of High Inflation and High Unemployment (Proceedings of a Conference Held at Edgartown, Mass., Conference Series No. 19), S. 49-72.

Lutz, F. (1932): Das Konjunkturproblem in der Nationalökonomie, Jena.

McCallum, B. (1993): Macroeconomics after Two Decades of Rational Expectations, Working Paper No. 4367, National Bureau of Economic Research, Washington.

Nell, E. (1993): The Old and the New Trade Cycle, ms., New School for Social Research, New York.

Romer, P. M. (1993): New Goods, Old Theory, and the Welfare Costs of Trade Restrictions, Working Paper No. 4452, National Bureau of Economic Research, Washington.

Romer, P. M. (1994): The Origins of Endogenous Growth, in: Journal of Economic Perspectives, Bd. 8, S. 3-22.

Rothschild, K. (1988): Mikroökonomische Fundierung, Ad hocery und keynesianische Theorie, in: K. G. Zinn (Hrsg.): Keynes aus nachkeynes'scher Sicht. Zum 50. Erscheinungsjahr der »Allgemeinen Theorie« von John Maynard Keynes, Wiesbaden, S. 107-125.

Rühl, C. (1993): Equilibrium Analysis, in: P. Arestis/M. Sawyer (Hrsg.): The Elgar Companion to Radical Political Economy, Aldershot, S. 127-133.

Rühl, C. (1994): The Transformation of Business Cycle Theory. Hayek, Lucas and a Change in the Notion of Equilibrium, in: M. Colonna/ H. Hagemann (Hrsg.): Money and Business Cycles. The Economics of F. A. Hayek, Bd. I, Aldershot, S. 168-202.

Rühl, C. (1996): Equilibrium Theory and Economic Fluctuations, in: Canadian Economic Journal, Bd. 29 (Special Issue), S. 219-227.

Sargent, T. (1993): Bounded Rationality in Macroeconomics, Oxford.

Schumpeter, A. (1911): Theorie der wirtschaftlichen Entwicklung, Wien.

Schumpeter, A. (1927): The Explanation of the Business Cycles, in: Economica, Bd. 7, S. 286-311.

Schumpeter, A. (1928): The Instability of Capitalism, in: The Economic Journal, Bd. 38, S. 361-386.

Tichy, G. (1989): Neuere Entwicklungen im Rahmen der Gleichgewichtskonjunkturtheorie, Arbeitspapier No. 30, Institut für Konjunkturforschung.

Tobin, J. (1981): The Monetarist Counter-Revolution Today: An Appraisal, in: Economic Journal, Bd. 91, S. 29-42.

Trautwein, H.-M. (1994): Money, Equilibrium and the Cycle: Hayek's Wicksellian Dichotomy, in: History of Political Economy, Bd. 28, S. 27-55.

Harald Hagemann

Zerstörung eines innovativen Forschungszentrums und Emigrationsgewinn

Zur Rolle der »Kieler Schule« 1926-1933 und ihrer Wirkung im Exil

I. Einleitung

In seiner *Geschichte der ökonomischen Analyse* hebt Schumpeter »das Institut für Weltwirtschaft an der Universität Kiel, das von Professor Bernhard Harms, einem der tüchtigsten Forschungsorganisatoren aller Zeiten gegründet wurde, und das Institut für Konjunkturforschung in Berlin ..., das von einem ebenso tüchtigen Organisatoren, Professor Ernst Wagemann, ins Leben gerufen wurde« (1965, Bd. II, S. 1402) als die beiden führenden Zentren der Wirtschaftsforschung im Deutschland der Zwischenkriegszeit hervor. Anfang 1926 machte Harms dem 1893 in Stuttgart geborenen Adolf Löwe das Angebot, eine neue Konjunkturforschungsabteilung aufzubauen. Löwe, der bereits seit dem Wintersemester 1924/25 von Berlin nach Kiel pendelte, wo er als Lehrbeauftragter u.a. Veranstaltungen zur Angewandten Statistik und zur Konjunkturlehre abhielt, nahm die Offerte von Harms an und wurde damit einer der Pioniere der empirischen Konjunkturforschung in Deutschland. Als Leiter der internationalen Abteilung des Statistischen Reichsamtes hatte er nicht nur seit 1924 nach dem Vorbild der Harvard-Konjunkturbarometer neue quantitative Ansätze zur internationalen Wirtschaftsbeobachtung für die Reichsstatistik entwickelt, sondern für seinen Präsidenten Wagemann auch die Federführung für die Denkschrift *Die weltwirtschaftliche Lage Ende 1925* übernommen, die nach dem Vorbild des 1917 in Harvard errichteten ersten modernen Konjunkturforschungsinstituts 1925 zur Gründung des Deutschen Instituts für Konjunkturforschung, des heutigen DIW, in Berlin führte.[1]

In dem bereits 1914 kurz vor Kriegsausbruch gegründeten Kieler Institut war bis dahin vor allem umfangreiches statistisches Material gesammelt sowie eine weltweit herausragende Bibliothek zusammengestellt, jedoch kaum theoretische Forschungsarbeit geleistet worden. Dies sollte sich mit der zum 1. April 1926 erfolgten Gründung der neuen »Abteilung für Statistische Weltwirtschaftskunde und internationale Konjunkturforschung« entscheidend ändern. Die neue Konjunkturforschungsabteilung wurde sehr schnell nicht nur national, sondern vor allem auch international zu einem anerkannten Forschungszentrum. Dies dokumentiert beispielsweise die Förderpraxis der Rockefeller Foundation, die in der Zwischenkriegszeit die Konjunkturforschung zu einem Förderungsschwerpunkt ausgebaut hatte und im deutschsprachigen Raum vor allem die Arbeiten in Kiel und an dem von Mises ins Leben gerufenen, zunächst von Hayek (1927-1931) und danach von Morgenstern (1931-1938) geleiteten Österreichischen Instituts für Konjunkturforschung (das heutige Wifo) in Wien finanziell unterstützte (vgl. Craver 1986). John Van Sickle, der Pariser Repräsentant der Rockefeller Foundation in Europa, verglich die herausragende Qualität der Konjunkturforschung am Kieler Institut in den Jahren 1926-1933 gar mit derjenigen am National Bureau of Economic Research in New York.[2] Dieser Vergleich ist auch insofern zutreffend, als die unter Leitung des führenden amerikanischen Konjunkturforschers Wesley C. Mitchell am NBER durchgeführten empirisch-statistischen Untersuchungen der Konjunkturverläufe Vorbildcharakter für die empirische Konjunkturforschung in Deutschland hatten, zu deren Pionier das Kieler Weltwirtschaftsinstitut wurde, das in Fortsetzung der von Löwe und Colm am Statistischen Reichsamt begonnenen Arbeiten als erstes wirtschaftswissenschaftliches Forschungsinstitut im deutschen Sprachraum regelmäßig die internationalen Konjunkturbewegungen untersuchte. Dabei war die empirische Beobachtung von vornherein verknüpft mit einer kritischen Reflektion der in der empirischen Konjunkturforschung verwendeten mathematischen und statistischen Methoden, einer gründlichen Aufarbeitung des in Deutschland wie international erreichten

---

[1] Zur Geschichte des DIW vgl. ausführlich Krengel (1985).

[2] Vgl. Lowe (1989, S. 79) und Krohn (1987, S. 67).

Standes der Konjunkturtheorie sowie eine inhaltliche wie methodische Präzisierung der Anforderungen, die an eine Konjunkturtheorie zu stellen sind.[3] Der Anspruch, die großen Entwicklungstendenzen der weltwirtschaftlichen Konjunkturverläufe zu erklären, sowie die Rolle, die dem Technischen Fortschritt als entscheidender Determinante der Entwicklung kapitalistischer Volkswirtschaften zugeschrieben wurde, ließen dabei frühzeitig eine langfristige Forschungsperspektive erkennen, die aus dem Bereich allzu kurzfristiger Konjunkturforschung herausführt und nach einer Integration mit der Analyse von Wachstumsprozessen sowie dem damit verbundenen strukturellen Wandel verlangt, ein Forschungsprogramm, das sich von vielen zeitgenössischen (aber auch modernen) monetären Ansätzen der Konjunkturforschung deutlich unterschied.

Der herausragende Ruf der Kieler war das Ergebnis einer Gruppe exzellenter, sich wechselseitig ergänzender Forscher, die zu ausgeprägter Teamarbeit fähig und zugleich nach außen hin so offen waren, daß sie ständig hoffnungsvolle Nachwuchsökonomen anzogen und integrierten. Mit tatkräftiger Unterstützung von Bernhard Harms und dessen unübertroffenen Fähigkeiten, selbst in schwierigen Zeiten Forschungsprojekte und Mittel zu akquirieren, war es Löwe innerhalb kürzester Zeit gelungen, eine hochkarätige Crew junger und innovativer Forscher in Kiel zu versammeln, allen voran Gerhard Colm (1897-1968) und Hans Neisser (1895-1975), die selbst in jungen Jahren auf dem Gebiet der Finanzwissenschaft bzw. Geldtheorie bereits großes Ansehen erreichten und den wissenschaftlichen Ruf der Kieler Gruppe maßgeblich mitprägten. Colm, der zusammen mit Löwe in Berlin die Konjunkturbarometer für die Reichsstatistik ausgebaut hatte, wechselte am 1. April 1927 vom Statistischen Reichsamt an das Kieler Weltwirtschaftsinstitut, wo er zunächst stellvertretender Leiter der Konjunkturforschungsabteilung und nach Löwes Berufung auf eine ordentliche Professur für Wirtschaftstheorie und Soziologie an der Christian-Albrechts-Universität zum 1. März 1930 ihr Leiter wurde. Neisser, der seit der gemeinsamen Zeit bei der Sozialisierungskommission ein enger Vertrauter Löwes war, kam ebenfalls am 1. April

[3] Seit dem Wintersemester 1927/28 führten Löwe, Colm und Neisser an der Kieler Universität regelmäßig ein »Konjunkturstatistisches Seminar« durch, das ab dem Wintersemester 1929/30 »Seminar für Konjunkturforschung« lautete. Nach Löwes Wechsel an die Frankfurter Universität trat Rudolf E. Freund, der 1924 bei Salin in Heidelberg promoviert hatte und am Weltwirtschaftsinstitut der Spezialist für Konjunkturverläufe und Strukturwandel im Agrarbereich war, an seine Stelle.

1927 als Dezernent in die Konjunkturforschungsabteilung, deren stellvertretender Leiter er im März 1930 wurde. Unter den jüngeren Mitarbeitern ist vor allem Fritz (später Frank) Burchardt (1902-1958) zu nennen, der zum engsten Vertrauten Löwes wurde, mit dem er zum Wintersemester 1931/32 auch an die Goethe-Universität nach Frankfurt wechselte. Aber auch zahlreiche Doktoranden, wie Alfred Kähler und Walther G. Hoffmann erzielten in dieser Zeit herausragende Forschungsleistungen, die bis heute international Beachtung finden. Die beiden aus der Sowjetunion emigrierten russischen Sozialdemokraten Wassily Leontief (geb. 1904) und Jacob Marschak (1898-1977), die später internationales Renommee erwerben sollten, waren für mehrere Jahre ebenfalls integraler Bestandteil der »scientific community« an der Kieler Förde.[4]

Diese blieb auch nach Löwes Weggang intakt, der trotz des Tatbestandes, daß »Kiel für Lehre wie auch für Forschung ein idealer Standort« (Lowe 1989, S. 79) war, wegen des vielversprechenden Ausbaus der Frankfurter Universität zu einem herausragenden kulturellen und interdisziplinären Wissenschaftszentrum unter ihrem Kurator Riezler an den Main gewechselt war, dem Kieler Institut aber weiterhin eng verbunden blieb. Nur drei Semester später fand sie jedoch aufgrund der nationalsozialistischen Machtergreifung ihr abruptes Ende. Am 12. April 1933 wurden Colm, Neisser und andere Mitarbeiter, wie z.B. Rudolf E. Freund und Konrad Zweig, durch SA-Gruppen gewaltsam aus dem Institut vertrieben (vgl. Uhlig 1991, S. 46). Nach dem am 7. April 1933 verabschiedeten »Gesetz zur Wiederherstellung des Berufsbeamtentums« wurden sie noch vor Monatsende mit sofortiger Wirkung beurlaubt und nur wenige Monate später aus dem Staatsdienst entlassen. Als das Ehepaar Gunnar und Alva Myrdal im Sommer 1933 im Auftrag der Rockefeller Foundation für drei Wochen Kiel besuchte, um die neue Situation an der Kieler Universität, vor allem aber am Weltwirtschaftsinstitut zu evaluieren, waren Colm und Neisser bereits in die USA übergesiedelt, zahlreiche andere Wissenschaftler ebenfalls entlassen bzw. von der Entlassung bedroht und/oder emigriert. Bernhard Harms war als Institutsdirek-

[4] Damit zählte die Wirtschaftswissenschaft der Weimarer Republik kurzfristig zu den Emigrationsgewinnern, eine Rolle, die langfristig – »dank Hitler und Stalin« – vor allem die amerikanische Wirtschaftswissenschaft einnahm: »Like Marschak and Leontief, Kuznets had been a Menshevist rather than a Leninist Bolshevik: their backing the wrong horse was our gain in American economics« (Samuelson 1988, S. 327).

tor von den Nazis abgesetzt und durch Jens Jessen ersetzt worden.[5] In einem ausführlichen, wohlinformierten und differenzierten Bericht an die Rockefeller Foundation gelangte das Ehepaar Myrdal zum folgenden Gesamturteil:

> »As a summing up then of our impressions of Kiel we have there as important items in the problems:
> 1. a somewhat unimportant rump faculty
> 2. rather great difficulties in renewing the faculty as there exists a scarcity in acceptable nazi economists
> 3. a high group of young people being in danger of losing their jobs and possibly their whole scientific future.
>
> This is how things look just now. At least for the nearest future we firmly believe that free research is endangered by political bias on the following points:
> 1. the selection of problems
> 2. the selection of facts and results to be published
> 3. the selection of leaders responsible for research
> 4. the selection of assistant and research workers. This point about the Nachwuchs we consider to be the most devastating element in the situation as its effects reach far into the future.«[6]

---

[5] Harms, der von den Nazis bereits unmittelbar nach den Märzwahlen »vorläufig suspendiert« worden war, übergab »offiziell« am 1. Oktober 1933 die Leitung des Weltwirtschaftsinstituts an Jens Jessen (1896-1944). Dieser war 1930 nicht nur als erster Hochschullehrer der Göttinger Universität Mitglied der NSDAP geworden, sondern hatte sich auch als glühender Verfechter der nationalsozialistischen Bewegung profiliert, der nach der Machtergreifung schnell wissenschaftliche Karriere machte. Im Sommersemester 1933 wurde Jessen als Nachfolger des verstorbenen Professors Landmann Ordinarius an der Universität Kiel, die neben Breslau und Königsberg zur dritten Kaderschmiede werden sollte. Jessen übernahm von Harms nicht nur die Institutsleitung, sondern auch die Herausgabe des *Weltwirtschaftlichen Archivs*, geriet in Kiel aber bald in Konflikt mit der eigenen Partei. Im Sommer 1934 wechselte Jessen an die Universität Marburg, von wo er bereits ein Jahr später nach Berlin berufen wurde. Dort lernte er über den preußischen Finanzminister Popitz auch Goerdeler und Generaloberst Beck kennen und wurde ein Mitglied des Widerstandes. Nach den Ereignissen vom 20. Juli 1944 wurde Jessen verhaftet und am 30. November im Zuchthaus Plötzensee hingerichtet. Die Nachfolge in der Leitung des Kieler Instituts hatte vom 12. Juli 1934 bis Kriegsende Andreas Predöhl inne. Vgl. ausführlich Gross (1987) und Zottmann (1964, S. 46 ff.).

[6] Brief von Gunnar und Alva Myrdal an Dr. John Van Sickle in Paris vom 20. Juli 1933; Stockholm, S. 5-6; Rockefeller Foundation Archives, Box 20, Folder 181. Im Myrdal-Report ist Jessen diejenige Person, die als Ergebnis der Kieler Sondierungsgespräche am ausführlichsten gewürdigt wird; u.a. heißt es: »As a person he is honest but naive, a jugendbewegt puritan type. He is apt to regard things

Unzweifelhaft markieren die politischen Ereignisse im Frühjahr 1933 das Ende einer »Kieler Schule«[7], die mit der Berufung von Löwe nach

from a moral point of view but that does not make him less dangerous as he is quite a man of principles, doctrinaire as to the Nazi ideas of race and nationale Gesinnung as first requirements. G.M. has looked over his writings and discussed some points of technique and dare say that he is not a very prominent scholar, least of all not as compared with international standards. In the nazi movement he is a very important man, being unofficial advisor in the Kultusministerium and also in some other places near the leaders, is by some held to be the Robespierre of this revolution and by others (and by himself) said to be one of the dozen men who are really inside the policy of the new state. Anyway his fanaticism might hinder him, from being as far sighted and cautious as he would otherwise have the inclination to.«

[7] Im strengen Sinne erfüllte die Kieler Gruppe nicht alle Kriterien, wie sie Schumpeter (1965) in seinen wissenssoziologischen Betrachtungen für eine »echte Schule« unter Bezugnahme auf den Ricardianismus formulierte: »sie hatte einen Meister, eine Lehre, persönlichen Zusammenhalt; sie hatte einen Kern, Einflußzonen und Randsphären« (S.82). Gleichwohl hat sich in den letzten beiden Jahrzehnten für die damalige Forschungsgruppe, deren Arbeiten durch eine Rückbesinnung auf das klassische Erbe, insbesondere die Triade von technischem Fortschritt, Akkumulation und Beschäftigung, gekennzeichnet sind, der Begriff »Kieler Schule« herausgebildet. Vgl. u.a. Krohn (1981, 1987), Mettelsiefen (1983), Hagemann (1984, 1990), Beckmann (1989) sowie den australischen Ökonomen Clark (1974, 1984), der auch auf die Parallelität stimulierender Debatten und qualitativ herausragender Forschungsarbeiten im Kiel dieser Zeit mit der Political Economy-Gruppe um Keynes in Cambridge verweist (1984, S. 114f.).
Dies ist zwar im Sinne von Bernhard Harms, der es liebte, von einer »Kieler Schule« zu sprechen, deren Oberhaupt er sein wollte (vgl. Predöhl 1972, S. 56), jedoch unterscheidet sich die von Löwe begründete und von Harms nach Kräften geförderte »Kieler Schule« durch ihre Konzentration auf Konjunktur- und Wachstumsprobleme deutlich von der Harms (der selbst noch von der Historischen Schule geprägt und stärker wirtschaftspolitisch orientiert war, aber die zunehmende Bedeutung der Theorie erkannte) vorschwebenden »Kieler Schule der Weltwirtschaftslehre«. Erst recht gilt dies für die stark angebotsorientierte »Kieler Schule«, die sich seit der 1969 erfolgten Übernahme der Leitung des Kieler Instituts für Weltwirtschaft durch Herbert Giersch in der wirtschaftspolitischen Diskussion in der Bundesrepublik Deutschland vor allem als Gralshüter neoklassischer beschäftigungstheoretischer Rezepturen profiliert hat, wonach eine zurückhaltende Lohnpolitik generell zu einem höheren Beschäftigungsniveau führt. Allerdings erfüllt diese jüngere Gruppe weit eher die oben genannten Kriterien einer echten Schule im Sinne von Schumpeter, so daß selbst kritische Analytiker ihrer theoretischen Position wie Riese (1978) wie selbstverständlich von einer »Kieler Schule« sprechen. Dabei sollten trotz aller großen Unterschiede zwischen der stark wirtschaftsliberal geprägten »jüngeren« Kieler Schule und der (ebenso wie Keynes aus Gründen wirtschaftlicher und sozialer Stabilität zur Aufrechterhaltung einer freiheitlichen Gesellschaft) interventionsfreudigeren »älteren« Kieler Schule einige bemerkenswerte thematische Kontinuitäten – wie der scharfe Blick für den struktu-

Kiel erst 1926 begonnen und sich innerhalb weniger Jahre als eines der bedeutendsten und innovativsten wirtschaftswissenschaftlichen Forschungszentren im deutschen Sprachraum profiliert hatte. Charakteristisch für die Kieler Forschungsgruppe war dabei die enge Verknüpfung der theoretischen Analyse mit empirisch-statistischen Untersuchungen. Neben dieser angestrebten Synthese von theoretischer und induktiver Forschung war ihre ausgesprochene Politikrelevanz ein wesentliches Merkmal, das sich dadurch erklärt, daß mit Löwe, Colm und Neisser die drei führenden Personen die gravierenden wirtschaftlichen Probleme der jungen Weimarer Republik an zentraler Stelle im Reichsministerium, dem Statistischen Reichsamt und in den Sozialisierungskommissionen kennengelernt hatten.

Im folgenden möchte ich zunächst ausführlich auf die wesentlichen Elemente des Forschungsprogramms der Kieler Gruppe sowie die wichtigsten Leistungen eingehen, die in der zweiten Hälfte der Weimarer Republik erzielt wurden (Abschnitt II). Danach soll die (Dis-) Kontinuität der wissenschaftlichen Aktivitäten ihrer führenden Vertreter im britischen (Abschnitt III) bzw. amerikanischen Exil (Abschnitt IV) anhand einiger ausgewählter Beispiele erörtert werden. Soweit möglich sollen dabei wichtige Entwicklungen nach dem Zweiten Weltkrieg einbezogen und Wirkungen der emigrierten Ökonomen auf die moderne Entwicklung in den Wirtschaftswissenschaften skizziert werden. Der abschließende Abschnitt V zieht ein kurzes Resümee.

II. The Years of High Theory: Kiel 1926-1933

In seiner Studie der Entwicklung der Nationalökonomie in Deutschland in den Jahren der Weimarer Republik, die mit Werturteilen keineswegs geizt, gelangt Krohn (1981) bezüglich der theoretischen Analysen der Kieler Gruppe zu folgendem Ergebnis:

> »Kennzeichnend für die Arbeiten dieser Gruppe waren die tastenden Versuche, eine Synthese zwischen liberalem Markt und sozialistischem Wirtschaftssystem zu finden. Gerade die Unfertigkeit

---

rellen Wandel im Wachstumsprozeß und die entscheidende Rolle der Kapitalakkumulation – zwischen dem Hoffmann-Schüler Giersch und der Gruppe um (den Hoffmannschen Doktorvater) Löwe, Colm und Neisser nicht übersehen werden.

> ihrer Forschungen, die Vorläufigkeit ihrer theoretischen Positionen, die bis zu ihrer erzwungenen Emigration 1933 noch zu keinem geschlossenen System verdichtet worden waren, sowie ihre politischen Engagements in der Schlußphase der Republik zeigen, wie sie jenseits von erstarrten Dogmen und flinken Welterklärungsformeln nach Wegen suchten, Theorie und Empirie aufeinander zu beziehen« (S. 124f.).

Zwar ist es richtig, daß in der Weimarer Zeit weder ein völlig geschlossenes Forschungskonzept vorlag noch daß es der Kieler Gruppe gelang, ihr äußerst ambitiöses Forschungsprogramm in den wenigen Jahren vor der abrupten Beendigung durch die Nationalsozialisten auch nur annähernd zu realisieren. Gleichwohl verdeckt eine solche in den Details keineswegs falsche, insgesamt jedoch übertrieben politisierende Bewertung sowohl die innere Kohärenz der meisten Arbeiten der Kieler Ökonomen wie die theoretische und keineswegs auf eine zeitgenössische Politikrelevanz reduzierbare Bedeutung ihrer herausragenden Forschungsleistungen, die auch erst das über den rein dogmenhistorischen Bezug hinausgehende Interesse jüngerer theoretisch orientierter Ökonomen an ihren Studien erklärt. So lassen sich die Konjunkturtheorie, das Problem der technologischen Arbeitslosigkeit, der Prozeß des weltweiten Strukturwandels und die Frage nach den strukturellen Bedingungen für das gesamtwirtschaftliche Gleichgewicht wachsender Volkswirtschaften sowie die geld-, finanz- und lohnpolitischen Aspekte staatlicher Stabilisierungspolitik, die mit einsetzender Weltwirtschaftskrise stark an Bedeutung gewannen, als die Kardinalthemen der Kieler Gruppe in den Jahren von 1926 bis 1933 identifizieren, die nach der Emigration ihre Bedeutung behielten und vor dem Hintergrund moderner Theorieentwicklung zur Weiterentwicklung und Modifizierung ihrer Positionen führte.

Naturgemäß bildete die Konjunkturtheorie einen Schwerpunkt. Das überregionale Ansehen der Kieler Ökonomen kam zuletzt darin zum Ausdruck, daß neben zahlreichen führenden internationalen Konjunkturtheoretikern wie z.B. Aftalion, Keynes, Robertson und Schumpeter auch Colm, Löwe und Neisser Beiträge zur Spiethoff-Festschrift *Der gegenwärtige Stand und die Zukunft der Konjunkturforschung* (1933) beisteuerten. Löwe selbst hatte mit seinem Beitrag zur Brentano-Festschrift *Der gegenwärtige Stand der Konjunkturforschung in Deutschland* (1925b) sowie seiner Kieler Habilitationsschrift mit der Kant nachempfundenen Fragestellung *Wie ist Konjunkturtheorie überhaupt möglich?* (1926) die nachfolgenden Debatten in der Konjunkturtheorie im deutschen Sprachraum geprägt.[8] Dabei lag das Verdienstvolle an seinen Beiträgen nicht in der Entwicklung einer eigenen geschlossenen Konjunkturtheorie, sondern in einer kritischen Bestandsaufnahme seinerzeit moderner Ansätze in der Konjunkturforschung, vor allem aber in der Präzisierung der erkenntnistheoretischen Anforderungen, die an eine Konjunkturtheorie zu stellen sind, und damit der Formulierung künftiger Forschungsnotwendigkeiten. Insbesondere die von Löwe aufgeworfene Frage, ob es im Prinzip möglich sei, im Rahmen der Gleichgewichtstheorie eine systematische Erklärung für das Konjunkturphänomen zu liefern, bildete eine Herausforderung für junge theoretisch orientierte Ökonomen. Dies zeigt exemplarisch Hayeks Wiener Habilitationsschrift *Geldtheorie und Konjunkturtheorie* (1929), die entscheidend geprägt ist durch das Ringen mit der von Löwe aufgeworfenen zentralen Fragestellung der Vereinbarkeit von Konjunkturtheorie und herrschender Gleichgewichtstheorie sowie die darüber hinausgehende Auseinandersetzung mit den Kielern, die er als die ernsthaftesten zeitgenössischen Kritiker monetärer Konjunkturtheorien ansah.[9] Diese Kritik war insbesondere in Löwes Beitrag »Über den Einfluß monetärer Faktoren auf den Konjunkturzyklus« (1928) für den vorbereitenden Band der Zürcher Tagung des Vereins für Sozialpolitik im September 1928 sowie in Burchardts umfassender Studie zur *Entwicklungsgeschichte der monetären Konjunkturtheorie* (1928) enthalten, die an die Mitglieder des Vereins zur Vorbereitung auf die Zürcher Tagung, die einen Höhepunkt der konjunkturtheoretischen Debatte im deutschen Sprachraum in der Zwischenkriegszeit darstellte, vorab verteilt wurde. Löwes Beitrag war Hayek bereits vertraut, da er auf dem Vortrag zum Thema »Gibt es eine monetäre Konjunkturtheorie?« basierte, den Löwe im März desselben Jahres vor der Nationalökonomischen Gesellschaft in Wien gehalten hatte.

Hayek teilte die Kritik Löwes an allen konjunkturtheoretischen »Erklärungen«, die auf exogene Faktoren zurückgreifen und betonte ebenfalls die Notwendigkeit einer endogenen Konjunkturerklärung. Allerdings trennten sich die Wege bei der Identifikation des entscheidenden endogenen Störfaktors. Während Löwe der Geldsphäre lediglich eine Rolle als »intensivierender Faktor« (1928, S. 369) für das Ausmaß der zyklischen Schwankungen beimaß, war für Hayek »eine

---

8 Vgl. auch Kromphardt (1996).

9 Zur Debatte zwischen Hayek und Löwe vgl. ausführlich Hagemann (1996a).

andere als eine monetäre Konjunkturtheorie wohl überhaupt nicht denkbar« (1929, S. 107). Als entscheidende Ursache der Konjunkturschwankungen wurden Geldmengenänderungen – meist verursacht durch zusätzliche Kreditgewährung der Banken – diagnostiziert, die eine »Fälschung« der Preisbildung und damit eine temporäre Fehlleitung der Produktion bewirken. Während monetäre Faktoren den Konjunkturzyklus verursachen, seien es reale Phänomene, die ihn konstituieren. In diesem Sinne gelte es, Mängel bestehender monetärer konjunkturtheoretischer Erklärungsansätze zu beseitigen und vor allem aufzuzeigen, daß und wie monetäre Ursachen strukturelle Störungen im realwirtschaftlichen Bereich und damit Konjunkturschwankungen herbeiführen. Für Löwe hingegen war der technische Fortschritt entsprechend der Hypothese von Schumpeter und Sombart die zentrale Determinante des Konjunkturzyklus, zugleich aber auch der wesentliche Bestimmungsgrund des langfristigen Trends. Für das Ziel der Entwicklung einer Theorie zyklischen Wachstums[10] erfolgte eine Rückbesinnung auf die klassische Triade von Akkumulation, technischem Fortschritt und Beschäftigung, vor allem auf die ricardianische Diskussion des Maschinerieproblems und die Marxsche Akkumulationstheorie. Dabei spielten strukturelle Aspekte von vornherein eine wichtige Rolle. Bereits in seinem frühen Aufsatz »Chronik der Weltwirtschaft« (1925a) hatte sich Löwe mit den Stadien und typischen strukturellen Entwicklungsmustern des Industrialisierungsprozesses auseinandergesetzt. Diese Arbeit gab zugleich den Anstoß für die unter seiner Betreuung in Kiel 1929 fertiggestellte Dissertation von Walther G. Hoffmann (1931) über *Stadien und Typen der Industrialisierung*, eine theoretische Analyse und zugleich erste gründliche statistische Studie des historischen Prozesses der Industrialisierung, die später internationale Anerkennung finden sollte.

In der konjunkturtheoretischen Debatte zwischen Löwe und Hayek bestand eine wichtige Gemeinsamkeit in der grundlegenden Bedeutung, die sie der realen Produktionsstruktur der Ökonomie sowie den Veränderungen dieser Produktionsstruktur im Zeitablauf beimaßen. Während jedoch Löwe, ausgehend von den Marxschen

[10] Zu Lowes retrospektiver Betrachtung der Konjunkturforschung in der Weimarer Zeit vgl. das von Schefold für den Dogmenhistorischen Ausschuß des Vereins für Socialpolitik geführte Interview. Zum Zusammenhang der frühen konjunkturtheoretischen Ansätze mit der später entwickelten Wachstumstheorie vgl. Hagemann (1996b).

Reproduktionsschemata[11], seine spätere Strukturanalyse der Realkapitalbildung (Lowe 1952, 1955) auf ein Schema der industriellen Produktion gründete, das intersektorale Produktionsbeziehungen sowie den Basischarakter gewisser Kapitalgüter betonte, legte Hayek seiner Konjunkturtheorie ein Stufenmodell in der österreichischen kapitaltheoretischen Tradition Böhm-Bawerks zugrunde, in dem originäre Produktionsfaktoren zu Konsumgütern ausreifen. Dieses von Hayek vor allem in *Preise und Produktion* (1931) verwendete österreichische Kapitalmodell wurde von Burchardt (1931-32) eingehend untersucht, der in zwei umfangreichen Essays nicht nur die Schemata des stationären Kreislaufs bei Böhm-Bawerk und Marx miteinander verglich, sondern zugleich den originellen und ambitiösen Versuch einer Synthese des österreichischen Stufenmodells mit dem Sektorenmodell der Produktion unternahm.[12] Dabei versuchte er, bestimmte Unzulänglichkeiten des österreichischen Kapitalmodells zu eliminieren, »insbesondere die Fehlkonstruktion des letzten Arbeitsringes zu vermeiden« (1931, S. 557). Burchardt, der die Vorzüge des österreichischen Ansatzes in der Behandlung von zirkulierendem Kapital und der Berücksichtigung des wichtigen Zeitaspektes der Produktion anerkannte, sah zugleich in der unzulänglichen Behandlung des fixen Kapitals die Achillesferse. Insbesondere warf er der Kapitaltheorie Böhm-Bawerks vor, daß sie die Reproduktion des fixen Kapitals nicht berücksichtige und damit einen zentralen Kreislaufaspekt außer acht lasse. In seiner Kritik, die Hayek später als besonders fruchtbar ansehen sollte[13], wies

---

[11] Löwe (1926, S. 190) betonte bereits frühzeitig die Notwendigkeit einer Modifikation der Marxschen Schemata, nämlich die Aufspaltung der Investitionsgüterabteilung in zwei vertikal integrierte Sektoren, von denen der erste Maschinen erzeugt, die als Input in den beiden maschinenproduzierenden Sektoren 1 und 2 benötigt werden, während im zweiten Sektor die Maschinen hergestellt werden, die zur Produktion von Konsumgütern im Sektor 3 erforderlich sind.

[12] Die aktuelle Debatte über die Vorzüge und Nachteile einer »vertikalen« (Stufenmodell) gegenüber einer »horizontalen« (Sektorenmodell) Betrachtungsweise wirtschaftlicher Strukturen für eine Analyse dynamischer Prozesse verdeutlicht die bemerkenswerte Modernität des Burchardtschen Ansatzes. Vgl. hierzu z.B. die Beiträge in Baranzini und Scazzieri (1990) sowie Landesmann und Scazzieri (1996).

[13] Hayek (1939) räumte ein, daß Burchardts Kritik »although I cannot agree with all of it, still appears to me not only as the first but also as the most fruitful of all the recent criticisms of the »Austrian« theory of capital« (S. 23) und konzedierte, daß das Stufenkonzept der Produktion, wie er es in *Preise und Produktion* verwendet habe, den Eindruck einer einfachen linearen Abhängigkeit der verschiedenen Produktionsstufen vermittele, der sich auf eine Welt, in der Fixkapitalgüter bedeutsam seien, nicht ohne weiteres übertragen lasse. Das Stufenkonzept müsse

Burchardt darauf hin, »daß eine Reproduktion der 'konsumfernsten' Werkzeugmaschinen nicht durch kapitallose einfache Handarbeit geleistet wird« (1931, S. 547). Mit anderen Worten: die auch von Löwe später immer wieder betonte Tatsache der technischen Selbstreproduktion bestimmter Kapitalgüter, die eine vergleichbare Schlüsselstellung wie das Korn als Saatgut in der Agrarproduktion einnehmen, ist ein bedeutender Aspekt der Produktion in der Industriegesellschaft.

Burchardts Analyse weist nicht nur bemerkenswerte Parallelen zu der später von Sraffa (1960) entwickelten Kritik an der produktionstheoretischen »Einbahnstraße« der österreichischen Kapitaltheorie auf, sondern spielte auch im Forschungsprogramm der Kieler Gruppe eine zentrale Rolle. Ausgehend von der Rationalisierungskonjunktur der späten zwanziger Jahre war die Frage nach den Bedingungen für die Wiederbeschäftigung der durch den technischen Fortschritt freigesetzten Arbeitskräfte und die mit einer unzureichenden Kompensation verbundene Gefahr einer technologischen Arbeitslosigkeit zu einem Leitthema der Kieler Ökonomen geworden und blieb es auch nach der Emigration.[14] Die Janusköpfigkeit des technologischen Wandels, der zugleich alte Arbeitsplätze vernichtet und neue schafft, bildet seit dem frühen 19. Jahrhundert den faktischen Hintergrund der Kontroverse zwischen einem Freisetzungspessimismus und einem Kompensationsoptimismus. Sie steht auch im Zentrum der Studie *Die Theorie der Arbeiterfreisetzung durch die Maschine* (1933) von Alfred Kähler, dessen Zielsetzung es war, eine umfassende gesamtwirtschaftliche Darstellung der mit dem technischen Fortschritt verbundenen Freisetzungs- und Kompensationseffekte zu geben. In seiner vom Doktorvater Löwe angeregten Dissertationsschrift knüpfte Kähler an die Debatte der Klassiker, insbesondere an die von Ricardo aufgezeigte kapitaltheoretische Diskussion des Maschinerieproblems an und wandte in den von ihm entwickelten Gesamtumschlagsschemata den von Burchardt konzipierten Modellansatz erstmals auf die genaue Analyse der sektoralen Strukturrelationen einer sich dynamisch entwickelnden Ökonomie an. Bei seiner genauen Klassifikation der charakteristischen Formen des technischen Fortschritts betonte er vor allem die produktionskostensenkende Wirkung. Kählers Klassifika-

daher elaboriert werden, um wichtige Elemente der Zirkularität der Produktion zu erfassen.

[14] Vgl u.a. Neisser (1932, 1942), Kähler (1933, 1935), Lowe (1955, 1976, 1988, Kap. 6).

tion des arbeit- bzw. kapitalsparenden (-erfordernden) technischen Fortschritts sollte später die Arbeiten von Ott und Lowe beeinflussen.[15] Wie Mettelsiefen (1983) in einer modernen Reformulierung und akribischen Würdigung gezeigt hat, besteht Kählers Pionierleistung aber vor allem darin, daß die von ihm zur Untersuchung der Beschäftigungseffekte neuer Technologien verwendeten Gesamtumschlagsschemata einen relativ fortgeschrittenen Embryo eines geschlossenen Input-Output-Modells darstellen, wie es später von Leontief entwickelt und verwendet worden ist, der in den Jahren 1927/28 und nach seiner Rückkehr aus China 1930/31 Mitglied der Kieler Forschungsgruppe war. Allerdings trennte Kähler in seinem Kostenschema im Gegensatz zu modernen linearen Produktionsmodellen noch nicht explizit zwischen dem Mengensystem und dem Preissystem der Ökonomie. Korrigiert man die technische Identität zweier Produktionssektoren in Kählers Original, so läßt sich seine Darstellung der volkswirtschaftlichen Kreislaufbeziehungen in Form quadratischer Verflechtungstabellen als geschlossenes Input-Output-Modell formulieren, das eine 8 × 8-Matrix interindustrieller Koeffizienten, einen Vektor der sektoralen Arbeitsinputs sowie einen Endnachfragevektor umfaßt. Technischer Fortschritt führt zu einer Veränderung der (für eine gegebene Technik fixen) Produktionskoeffizienten und in der Folge zu einer Änderung der sektoralen Strukturrelationen der Ökonomie.

Eine große Verwandtschaft mit Kählers Studie weist Neissers herausragender Aufsatz »Lohnhöhe und Beschäftigungsgrad im Marktgleichgewicht« (1932)[16] auf, in dem er sich intensiv mit Ricardos Analyse des Maschinerieproblems und der Kritik von Wicksell (1913, S. 195-207) an Ricardo auseinandersetzt, in der Wicksell als erster Ökonom die marginalistischen Kompensationsvorstellungen präzisiert und betont hatte, daß die durch die Einführung neuer Maschinerie freigesetzten Arbeitskräfte infolge des fallenden (Real-) Lohnsatzes wieder absorbiert werden, da die Unternehmer nun in allen Sektoren der Volkswirtschaft verstärkt Kapital durch Arbeit substituieren werden. Im Gegensatz zu Wicksell verdeutlicht Neisser (1932, S. 440-455) die engen Grenzen, die einer Wiederbeschäftigung der freigesetzten

---

[15] Vgl. Ott (1959, S. 312f.) und Lowe (1955, S. 623; 1976, S. 248).

[16] Bemerkenswert ist, daß z.B. Hayek (1942, S. 127f.), in dessen Konjunkturtheorie der »Ricardo-Effekt« eine entscheidende Rolle für die Erklärung des oberen Wendepunktes spielt, darauf verweist, daß er tiefere Kenntnisse über die Diskussion zum Maschinerieproblem durch Neissers Aufsatz und Kählers Studie erwarb.

Arbeiter durch Lohnsenkungen gesetzt sind. Im Zentrum seiner Ausführungen steht dabei die große Bedeutung des Kapitalstocks für den Beschäftigungsgrad der Arbeit. Eine zusätzliche Kapitalakkumulation ist eine notwendige, keineswegs jedoch eine hinreichende Bedingung für eine erfolgreiche Kompensation. Man sei daher »nicht zu der Schlußfolgerung berechtigt, daß jede Arbeitslosigkeit früher oder später durch Kapitalakkumulation beseitigt würde« (S. 454). So könne der technische Fortschritt zur Folge haben, daß der Kapitalaufwand pro Arbeitsplatz zunehme. Wegen der engen Wechselbeziehung zwischen dem technischen Fortschritt und der Investitionstätigkeit könne die Kapitalakkumulation ihrerseits zur Quelle neuer Instabilitäten werden. Neisser prägte hierfür später unter Berufung auf Marx das berühmte Bild vom *Wettrennen* zwischen der Freisetzung von Arbeit durch technischen Fortschritt und der Wiederbeschäftigung der freigesetzten Arbeiter durch einen Prozeß der Kapitalakkumulation, dessen Ausgang ungewiß sei (1942, S. 70f.).

Neissers Aufsatz, der 1990 auch in englischer Fassung erschien, wird in der Literatur bis heute aber auch deshalb häufig zitiert, da er für die Entwicklung der modernen Allgemeinen Gleichgewichtstheorie bedeutsam war. Cassels Reformulierung des Gleichungssystems von Walras zur Beschreibung eines allgemeinen Konkurrenzgleichgewichts (1918) hatte Anfang der dreißiger Jahre zu einer intensiven Diskussion über die ökonomische Sinnhaftigkeit der mathematischen Lösungen geführt, die bahnbrechende Weiterentwicklungen hervorrief.[17] Neissers früher Beitrag zur Theorie des allgemeinen Gleichgewichts zeigte auf, daß die bloße Übereinstimmung der Zahl der Gleichungen mit der Zahl der Unbekannten für eine ökonomisch sinnvolle Lösung keineswegs ausreicht. Insbesondere gebe es keine Garantie, daß die Preise (und Produktionsmengen), die zur Lösung des Casselschen allgemeinen Gleichungssystems führen, nicht-negativ seien.[18] Ebenso wie Stackelberg (1933), der die Probleme der Überbestimmung demonstrierte, die auftreten, wenn die Zahl der Produktionsfaktoren die Zahl der Güter übertrifft, wies Neisser damit auf ein fundamentales Dilemma des Casselschen Ansatzes hin (vgl. Arrow 1989, S. 20).

Bereits zuvor hatte sich Neisser mit seiner Kieler Habilitationsschrift *Der Tauschwert des Geldes* (1928) hohes wissenschaftliches An-

---

[17] Vgl. ausführlich Weintraub (1985, S. 59-107).

[18] Vgl. Neisser (1932, S. 422ff. und 1942, S. 64f.).

sehen als führender Geldtheoretiker erworben. Dies galt gleichermaßen für die deutschsprachige wie die internationale Debatte.[19] So sah z.B. Keynes Neisser neben Mises und Hayek als führenden Vertreter der neo-Wicksellianischen Schule an und hob hervor: »I find Dr. Neisser's general attitude to monetary problems particularly sympathetic, and am hopeful that he may feel the same about my work« (Keynes 1930, S. 178). Angesichts dessen mag es erstaunen, daß auch Keynes' großer Antipode Hayek in seinem parallel entstandenen geldtheoretischen Hauptwerk wiederholt positiv auf Neisser Bezug nimmt.[20] Dies liegt z.T. daran, daß Neisser im Gegensatz zur damaligen deutschen Tradition mit ihrer Überbetonung von Definitionsaspekten und ihrer Tendenz zur Verrechtlichung monetärer Phänomene eine moderne, wenn auch nicht revolutionäre, theoretische Studie durchführte, die vor dem Hintergrund der überwundenen Inflation und der praktizierten Reichsbankpolitik eine kritische Standortbestimmung der Quantitätstheorie vornahm.

Neisser ergänzte seine Überlegungen drei Jahre später in dem Aufsatz »Der Kreislauf des Geldes« (1931), in dem er sich fast ausschließlich dem seiner Ansicht nach in der angelsächsischen Geldtheorie sträflich vernachlässigten Thema der Umlaufsgeschwindigkeit des Geldes widmet. Neisser, der die strikte Trennung zwischen Geld- und Realsphäre der »naiven Quantitätstheorie« einschließlich des von ihr behaupteten Parallelismus von Geldmenge und Preisniveau ablehnte und demgegenüber Wechselwirkungen zwischen den Größen auf der linken und der rechten Seite der Quantitätsgleichung hervorhob[21], betonte zu Recht die Bedeutung einer ausgefeilten Theorie der Umlaufsgeschwindigkeit für das Verständnis wichtiger wirtschaftspolitischer Probleme. Charakteristisch für die Neissersche Quantitätstheorie ist vor allem seine Unterscheidung zwischen Einkommensgeld und Geschäftsgeld, die der von Keynes (1930) vorgenommenen Unterscheidung in Einkommens- und Geschäftsdepositen vorausgeht, mit der sie aber nicht vollständig deckungsgleich ist. Während die Keynessche Unterscheidung stärker auf konjunkturelle Veränderungen abzielt, hat Neisser vor allem langfristig-strukturelle Veränderungen im Auge, in der dynamische Faktoren wie die Kapitalakkumulation und der technische Fortschritt eine entscheidende Rolle spielen.

---

[19] Vgl. hierzu beispielhaft Ellis (1934, S. 169-175 und 362-366).
[20] Vgl. Hayek (1929, S. 79, 86, 92f., 131, 137).
[21] Vgl. Neisser (1928, S. 10ff. und 122ff.).

Dies kommt auch in der an Marx angelehnten Terminologie zum Ausdruck, wonach die Einkommensfonds als v-Fonds und die Fonds von Geschäftsgeld für die Umsätze an Rohstoffen, Hilfsstoffen und Maschinen als c-Fonds bezeichnet werden. Neisser gelangt zum Ergebnis, daß die Umlaufsgeschwindigkeit des Geldes primär von drei Größen abhängt: der durchschnittlichen Länge der Zahlungsperioden in der Einkommenssphäre, der durchschnittlichen technischen Dauer einer Zahlung in der Geschäftssphäre und der organischen Zusammensetzung des Kapitals c / v bzw. der »Kapitalintensität« der Wirtschaft (1931, S. 403). Neisser geht von einer langfristig steigenden Kapitalintensität aus, die bei einer zahlungstechnisch bestimmten, konstanten Umlaufsgeschwindigkeit aufgrund des höheren Geldbedarfs der c-Sphäre ein sinkendes Preisniveau zur Folge haben muß, wenn die Geldmenge gleichbleibt. Da jedoch eine derartige »echte« Kapitalintensivierung auf jeder Stufe der Produktion mit einer steigenden Produktivität verbunden sei, ergebe sich aus dem steigenden Sozialprodukt bei unveränderter Geldmenge eine zweite Tendenz zur Preissenkung (1931, S. 378). Eine Politik der Preisstabilisierung erfordere daher einen ausreichenden Anstieg in der Geldzirkulation, um diese beiden Effekte zu kompensieren. In seiner innovativen Analyse der geld- und preistheoretischen Implikationen einer zunehmenden bzw. abnehmenden vertikalen Integration der Produktion setzt sich Neisser auch mit Fällen einer »unechten« Kapitalintensivierung auseinander, in denen bei konstanter Technik Zwischenstufen der Produktion (oder des Handels) ein- (»Differenzierung«) oder ausgeschaltet (»Integrierung«) werden, die zu keiner Veränderung des Sozialprodukts führen, wohl aber bei gleichbleibender Umlaufsgeschwindigkeit in der c-Sphäre einen Mehrbedarf bzw. Minderbedarf an Geschäftsgeld implizieren. Bei konstanter Geldmenge muß die Vermehrung (Verminderung) der Stufenzahl aufgrund des steigenden (sinkenden) Transaktionsvolumens eine Senkung (Erhöhung) des Preisniveaus zur Folge haben. Solange die Vermehrung (Verminderung) der Stufen nicht von einer entsprechenden automatischen Beschleunigung (Verringerung) der Umlaufsgeschwindigkeit begleitet wird, wäre daher eine Ausweitung (Verringerung) der Geldmenge erforderlich, um Neutralität gegenüber dem Preissystem und der Produktion zu gewährleisten. In diesen Überlegungen kommt die enge Verwandtschaft vieler geldtheoretischer Untersuchungen Neissers mit Burchardts Studie zu den Kreislaufschemata bei Böhm-Bawerk und Marx zum Ausdruck und damit die enge Einbettung in den Kern des Forschungsprogramms der Kieler Gruppe, die in der Literatur bisher weitgehend übersehen worden ist.

Bereits zuvor hatte Colm in seiner Kieler Habilitationsschrift *Volkswirtschaftliche Theorie der Staatsausgaben* (1927) die erste systematische Studie über die Wirkungen von Änderungen der Staatsausgaben auf den Wirtschaftskreislauf vorgelegt. Colms Studie grenzt sich in doppelter Hinsicht von der seinerzeitig existierenden Literatur ab. Einerseits weicht sie erheblich von der stark finanzrechtlich bzw. verwaltungspraktisch orientierten Literatur ab, wie sie im deutschen Sprachraum beispielsweise durch Lorenz von Stein verkörpert wurde. Andererseits sieht der Verfasser zu Recht eine Überbetonung der Steuerpolitik bzw. der staatlichen Einnahmeseite in der stärker theoretisch orientierten angelsächsischen Literatur, wodurch der systematische Zusammenhang der Finanzwirtschaft vielfach verlorengehe. Zwar findet sich diese Tradition bereits bei Ricardo, was auch im Titel seines Hauptwerks *Grundsätze der Politischen Ökonomie und der Besteuerung* (1817) zum Ausdruck kommt, andererseits verdeutlichen der explizite Hinweis auf den »entscheidenden Fortschritt«, den die volkswirtschaftliche Theorie »durch die Neubelebung und Fortbildung der klassischen Theorie« erhalten habe[22] und die daraus zu ziehenden Konsequenzen für die Finanzwissenschaft, wie sehr auch der Beitrag von Colm zur Finanztheorie in den Kern des Forschungsprogramms der »älteren Kieler Schule« hineingehört, das in jüngerer Zeit aus guten Gründen auch als »neuklassisch« bezeichnet worden ist. Die volle Bedeutung vieler innovativer Ansätze, die sich in der Colmschen Schrift finden, ist erst später, vor allem nach der Entfaltung der »keynesianischen Revolution« erkannt worden. So finden sich z.B. bereits zentrale Gesichtspunkte des später von Abba Lerner entwickelten Konzepts der *functional finance*, wonach die Finanzpolitik als systematisches Instrument der Konjunkturpolitik eingesetzt wird. Allerdings wird auch bei Colm der längerfristige Zeithorizont der Kieler Ökonomen deutlich. So wird weder die Finanzpolitik auf eine ausschließlich konjunkturpolitische Funktion reduziert noch einer reaktiven diskretionären Politik das Wort geredet. Ferner unterschied Colm in seiner systematischen Diskussion der Beziehungen der verschiedenen öffentlichen Leistungsarten zur Marktwirtschaft zwischen den eigentlichen Verwaltungsleistungen, deren Kosten er in Personal- und Sachausgaben aufteilte, und den Geldleistungen, zu denen er z.B.

[22] Vgl. Colms Vorwort (1927, S. III).

Unterstützungen, Subventionen und Tributleistungen an das Ausland rechnete (S. 34ff.). Zusammen mit Pigou[23] war Colm damit der entscheidende Wegbereiter der für die Analyse der Auswirkungen der öffentlichen Ausgaben auf den gesamtwirtschaftlichen Produktions- und Verteilungsprozeß heutzutage üblichen Gliederung der Staatsausgaben in Ausgaben für Güter und Dienstleistungen, die der Staat direkt in Anspruch nimmt, und Transferausgaben (Sozialausgaben an private Haushalte, Subventionen an Unternehmen), bei denen »nur« eine Umverteilung der Kaufkraft vom Steuerzahler auf den Empfänger der Transferzahlungen erfolgt, aber kein zusätzliches Einkommen geschaffen wird. Ferner finden sich bei Colm eine sorgfältige Diskussion der öffentlichen Kredite – deren investive (»produktive«) bzw. konsumtive Verwendung –, der damit verbundenen Zinszahlungen sowie der ökonomischen Funktion der Arbeitslosenversicherung, lauter Gesichtspunkte, die in den nachfolgenden beschäftigungspolitischen Debatten relevant werden sollten. Trotz aller Konzentration auf die Theorie der Staatsausgaben, macht Colm klar, daß die vollständige Wirkung der Staatsausgaben nur unter expliziter Berücksichtigung der Einnahmeseite, d.h. der spezifischen Deckungsart des öffentlichen Finanzbedarfs, erfaßt werden kann (vgl. Kap. VII).

Vor allem Colm war es auch, der in enger Zusammenarbeit mit Neisser sich bleibende Verdienste bei den Untersuchungen zum Strukturwandel der deutschen Volkswirtschaft erwarb, die theoretisch, methodisch wie empirisch Maßstäbe setzten. Dies gilt insbesondere für die bedeutsame Untersuchung des Instituts für Weltwirtschaft zur Entwicklung des deutschen Außenhandels unter der Einwirkung weltwirtschaftlicher Strukturwandlungen, die für lange Zeit das Standardwerk über den deutschen Außenhandel werden sollte.[24] Aufgrund der Fähigkeiten von Harms als »phänomenaler Organisator« (Predöhl 1972, S. 71), dem es u.a. gelungen war, die Arbeitsgruppe Außenhandel des vom Reichstag einberufenen Enquête-Ausschusses zur Untersuchung der Erzeugungs- und Absatzbedingungen der deutschen Wirtschaft nach Kiel zu holen, wurden sie dabei von einem

---

[23] Dieser unterschied zwischen »transfer expenditures« und »non-transfer expenditures«. Vgl. Pigou (1928), *A Study in Public Finance*, 3. Aufl. London 1947, S. 19ff.

[24] *Der deutsche Außenhandel unter der Einwirkung weltwirtschaftlicher Strukturwandlungen*. Bearbeitet und herausgegeben vom Institut für Weltwirtschaft und Seeverkehr an der Universität Kiel. Veröffentlichungen des Enquête-Ausschusses, 1. Unterausschuß, 5. Arbeitsgruppe, Band 20, Halbband 1 und 2, Berlin 1932.

hervorragenden Stab junger Ökonomen unterstützt, von denen später Leontief und Marschak weltweites Renommee erlangen sollten. Marschak war 1928 von der Forschungsstelle für Wirtschaftspolitik des Allgemeinen Deutschen Gewerkschaftsbundes nach Kiel gekommen, wo er vor allem Industriestudien für die Wirtschaftsenquête erstellte. In dieser Zeit entstand auch seine Habilitationsschrift *Elastizität der Nachfrage* (1931), mit der er im Februar 1930 an der Heidelberger Universität habilitierte, wo er im November 1922 bereits bei Emil Lederer und Alfred Weber promoviert hatte.[25] Mit diesem Werk, in dem er durch Auswertung haushaltsstatistischer Daten Marktnachfragekurven für einzelne Konsumgüter ermittelt und nicht nur bestimmte statistische Verfahren diskutiert, sondern zugleich eine innovative, systematische theoretische Darstellung der mit der empirischen Marktanalyse verbundenen Probleme gibt, wurde Marschak neben Frisch und Leontief zu einem frühen Pionier auf dem Gebiet der Nachfrageanalyse, die später durch Richard Stone entscheidende Impulse erhielt. Leontief, der 1973 für seine Arbeiten zur Entwicklung der Input-Output-Analyse den Nobelpreis für Wirtschaftswissenschaften erhalten sollte, hatte in seiner ersten Kieler Phase u.a. seine Dissertationsschrift »Die Wirtschaft als Kreislauf« (1928) fertiggestellt. Mit dieser 1991 auch in Englische übersetzten Arbeit, die wie »the first note of overture to his *Ring* of Input-Output« (Samuelson 1991, S. 177) klingt, promovierte er mit den beiden Gutachtern Werner Sombart und Ladislaus von Bortkiewicz an der Berliner Universität. Darüber hinaus sind vor allem seine Ansätze zur statistischen Analyse von Angebot und Nachfrage mit ihren bekannten Elastizitätsuntersuchungen zu erwähnen (vgl. Leontief 1929).

Die Ökonomen des Kieler Kreises engagierten sich auch in starkem Maße in der wirtschaftspolitischen Debatte sowie in der Verteidigung der gefährdeten Weimarer Republik. Dabei kam es naturgemäß zu einer engen überregionalen Zusammenarbeit mit ihnen nahestehenden Wissenschaftlern. So kämpfte Löwe z.B. zusammen mit dem Theologen Paul Tillich und dem seit 1925 an der Universität

---

[25] Zum wissenschaftlichen Lebensweg von Jacob Marschak, der 1977 als President Elect der American Economic Association verstarb, vgl. ausführlich Hagemann (1996c). Marschak, der 1929 die (ihm 1935 wieder aberkannte) deutsche Staatsbürgerschaft erhalten hatte, wollte ursprünglich in Kiel habilitieren, mußte diesen Plan jedoch aufgeben, da viele Mitglieder der Rechts- und Staatswissenschaftlichen Fakultät der Christian-Albrechts-Universität ihn als Juden und Sozialdemokraten ablehnten.

Hamburg lehrenden Theoretiker der Sozialpolitik Eduard Heimann, der 1912 bei Alfred Weber in Heidelberg promoviert und 1922 an der Kölner Universität habilitiert hatte, in der 1930 gegründeten Zeitschrift *Neue Blätter für den Sozialismus*, dem bedeutendsten publizistischen Sprachrohr der republikanischen Linken, engagiert für die Aufrechterhaltung der Demokratie und Ausgestaltung zur sozialen Republik. Die engste Geistesverwandtschaft bestand jedoch zum Heidelberger Kreis sozialwissenschaftlich orientierter Ökonomen um Emil Lederer, der sich wie die Kieler mit dem Problem der technologischen Arbeitslosigkeit auseinandersetzte[26] und ebenso wie Heimann Löwe, Colm und Neisser aus den Zeiten der Sozialisierungskommission kannte. Wie Heimann, Lederer und Marschak waren auch Löwe, Colm, Neisser, Burchardt und Kähler alle Mitglieder der sozialdemokratischen Partei, die sie zu reformieren und wirtschaftspolitisch zu beeinflussen suchten, allerdings weitgehend ohne Erfolg. Am engsten zeigt sich die enge Kooperation in der lohn- und beschäftigungspolitischen Diskussion, die sich mit Ausbruch der Weltwirtschaftskrise und nach dem Amtsantritt Brünings als Reichskanzler dramatisch zuspitzte. Die Mitglieder der Konjunkturabteilung des Kieler Weltwirtschaftsinstituts zählten nicht nur zu den wenigen frühen Vertretern einer antizyklischen Fiskalpolitik im akademischen Bereich[27], sondern exponierten sich ebenso wie Lederer und Marschak in der 1929/30 einsetzenden kontroversen Debatte über die Beschäftigungswirkungen von (Nominal)-Lohnsenkungen, zu der sie bemerkenswerte Beiträge leisteten.[28] Bei allen Akzentunterschieden in der Dis-

---

[26] Vgl. Lederer (1931a, 1938) sowie Dickler (1981).

[27] Vgl. Grotkopp (1954) und Garvy (1975), der mit Löwe, Lederer und Sombart nur drei Lehrstuhlinhaber und aus dem Kreis jüngerer akademischer Ökonomen nur Fritz Baade, Colm, Ludwig Erhard, Marschak und Neisser explizit erwähnt. Hinzu kommen Ernst Wagemann, der Oberregierungsrat im Reichswirtschaftsministerium Wilhelm Lautenbach und der Gewerkschaftsökonom Wladimir Woytinsky. Vgl. die Beiträge in Bombach (1976) zu einer umfassenden Aufarbeitung der beschäftigungspolitischen Diskussion vor Keynes in Deutschland sowie Backhaus (1985) zu einer spezifischen Würdigung der Beiträge von Sombart und Lautenbach als Ergänzung zu dieser auf die »Kiel-Heidelberger« fokussierten Analyse. Eine interessante Verbindungslinie verläuft über den »liberalen Sozialisten« Franz Oppenheimer, bei dem nicht nur Ludwig Erhard promoviert hatte, sondern von dessen Seminar sich z.B. auch Löwe, Colm und Lautenbach bereits ebenso kannten wie aus der Reichswirtschaftsbürokratie. Vgl. hierzu auch die Beiträge in Caspari und Schefold (1996).

[28] Die nachfolgenden Betrachtungen basieren auf der ausführlichen Analyse in Hagemann (1984).

kussion waren sie alle sich (auch mit Keynes) in der Ablehnung einer Lohn-Deflationspolitik als zentrale Krisenbekämpfungsstrategie einig. Ihre Nähe zu den Gewerkschaften hinderte sie aber nicht daran, vor den »Übertreibungen der Kaufkrafttheorie« (Löwe 1930a, S. 293) zu warnen. Die Publikationsaktivitäten der Kiel-Heidelberger-Gruppe in den Jahren 1930-32 sind durch den Kampf gegen Lohnsenkungen als Mittel der Krisenpolitik geprägt. Dabei spielte es eine entscheidende Rolle, daß »die volkswirtschaftlichen Vorteile einer erheblichen allgemeinen Lohnsenkung gerade auch unter dem Gesichtswinkel zusätzlicher Arbeitsbeschaffung in einem sehr zweifelhaften Licht erscheinen« (Neisser 1930a, S. 1306). Flankenschutz kam dabei von Lederer, der in seiner kritischen Analyse der Wirkungen des Lohnabbaus zum vielzitierten Fazit gelangte: »die primitive Vorstellung aber, man könne *immer*, wenn Arbeitslosigkeit herrscht, durch Herabsetzung der Löhne das Gleichgewicht wiederherstellen, gehört in die Rumpelkammer der Theorie« (1931b, S. 32). Mit der entschiedenen Ablehnung von Lohnsenkungen standen diese Autoren im Gegensatz zu einem Großteil zeitgenössischer Lehrmeinungen und Politiker. Gleichwohl war keiner von ihnen Anhänger einer primitiven Kaufkrafttheorie. Allerdings gab es Akzentunterschiede, wie es z.B. der Disput zwischen Marschak und Neisser über die Gültigkeit des Kaufkraftarguments in der Lohnpolitik zeigt. Während Neisser dem Kaufkraftargument größere Skepsis entgegenbringt, findet sich bei Marschak, der eine aprioristische Ablehnung des Kaufkraftarguments als unbegründet verwirft, eher ein differenziertes Pro. Lohnsenkungen (-steigerungen) bedeuteten für Marschak zunächst keine Kaufkraftminderung (-vermehrung), sondern vor allem eine Kaufkraftverschiebung von Arbeitern auf Unternehmer (bzw. umgekehrt). Eine derartige Kaufkraftverschiebung ist zweifellos mit einer Veränderung in der strukturellen Zusammensetzung der Produktion verbunden. Nun ist es ein bedeutsamer Grundgedanke der Kaufkrafttheorie, daß eine mit höheren Löhnen verbundene Kaufkraftverschiebung zugunsten der Arbeiter produktionssteigernd wirke, da die von den Arbeitern konsumierten Güter in größerem Umfang dem Gesetz der Massenproduktion unterliegen als die von den Unternehmerkapitalisten konsumierten Güter. Neisser hält dieser auch von Marschak vertretenen Position vor allem entgegen, daß sich das Gesetz der Massenproduktion bei der Herstellung von Kapitalgütern mindestens ebenso auswirke wie bei der Produktion von Massenkonsumgütern, und es gerade diese Ersparnis sei, die als Folge der Lohnerhöhungen in der

Regel zurückgehe, da die Mehrbelastung der Unternehmer diese zur Einschränkung der Akkumulation veranlasse. Der Struktureffekt einer Kaufkraftverschiebung wirke keineswegs eindeutig in eine Richtung, so daß sich weder Forderungen nach Lohnerhöhungen noch nach Lohnsenkungen daraus ableiten lassen.

Nun ist der Lohn nicht nur kaufkraftbestimmend, sondern zugleich Kostenelement. Aber auch als Kostenelement weist er doppelten Charakter auf: er ist Preisfaktor wie Rentabilitätsfaktor, d.h., »daß Lohnsenkung immer nur nach einer Seite ihre wirtschaftliche Wirkung ausüben kann. Soweit sie die Rentabilität erhöht, kann sie nicht die Preise senken; und wenn und soweit sie die Preise senkt, erhöht sie nicht die Rentabilität.« (1930b, S. 1302). Anders ausgedrückt: Existiert bei Lohnsenkungen ein trade-off zwischen Preissenkungen und Rentabilitätsverbesserungen, so gibt es bei Lohnerhöhungen einen trade-off zwischen Preiserhöhungen und Gewinnschmälerungen. Dieser trade-off existiert in strikter Form allerdings nur bei Konstanz von Produktion und Absatz. Fixkostenanteile, Preissetzungsverhalten, Nachfrageelastizitäten, Akkommodation durch Geldpolitik, usw., haben Modifikationen zur Folge. Die neoklassische Kausalkette, daß Lohnsenkungen die Gewinne erhöhen und damit die Voraussetzung für höhere Investitionen und einen höheren Beschäftigungsgrad schaffen, ist gerade in der Depression an entscheidender Stelle brüchig. In einer Zeit, in der der Auslastungsgrad vorhandener Maschinen gering und die Verschuldung bei den Banken hoch ist, besteht die Gefahr, daß die Unternehmer die Gewinnerhöhungen als Folge von Lohnsenkungen nicht zur Finanzierung neuer Investitionen, sondern vielmehr zur Schuldentilgung verwenden werden. Somit drohe eine Verschärfung des Deflationsprozesses und damit des Ausmaßes der Krise, die aus Kapitalmangel Kapitalüberfluß gemacht habe. Diese auch von Lederer beschworene Gefahr einer »*Selbstverschärfung* der Depression« (Lederer 1931b, S. 23) stellt für Neisser ein entscheidendes Argument gegen Lohnsenkungen als Mittel der Krisenbekämpfung dar. Da in einer solchen Situation auch eine deutliche Zinssenkung die Investitionstätigkeit nicht nachhaltig anregen kann, folgt die bekannte keynesianische Rollenzuweisung: die staatliche Nachfragesteuerung als relativ beste Krisenbekämpfungsstrategie. Aber nicht in jeder Situation reagieren die Investitionen so zinsunelastisch, im Gegenteil: In »normalen« Zeiten spielt der Zins eine entscheidende Rolle. Es war insbesondere Gerhard Colm, der in der Lohndiskussion auf die Bedeutung des Zinses als Kostenfaktor und den Zusammenhang zwischen Zinshöhe und Kapitalmangel hinwies: »Die Eingliederung einer wachsenden Zahl von Erwerbstätigen hat in der Vorkriegszeit nicht zu Schwierigkeiten des Ausmaßes geführt, wie wir sie gegenwärtig erleben. Der Unterschied liegt offenbar in dem gegenüber früher weit überhöhten Zinsfuss und in dem Kapitalmangel, der eine entsprechende Ausweitung der Produktionsanlagen hemmt. Gerade in den letzten beiden Jahren tritt diese hemmende Wirkung des Zinsfusses besonders deutlich in Erscheinung.« (Colm 1930, S. 244f.).

Da die Arbeitslosigkeit über eine bessere Auslastung der vorhandenen Produktionskapazitäten wegen des vor Einsetzen der Depression bereits vorhandenen Kapitalmangels nicht vollständig abzubauen war, wäre Ende der zwanziger Jahre eine Erweiterung der Produktionskapazitäten erforderlich gewesen. Voraussetzung für eine (Wieder-)Beschäftigung der Arbeitslosen in erneuerten oder neugeschaffenen Produktionsstätten wäre nicht nur gemäß Colmscher Ansicht eine Steigerung des Kapitalangebots und eine Senkung besonders des langfristigen Zinssatzes gewesen. Dem standen verschiedene Hemmnisse entgegen. Hierzu zählte vor allem die Unergiebigkeit des inländischen Kapitalmarktes als Folge der Vernichtung der Geldvermögen durch die Inflation. Die Inflation hatte zwar einerseits zu einer weitgehenden Entschuldung der Unternehmen geführt, d.h. zu einer drastischen Verringerung ihrer Zinsbelastung für die *bestehenden* Produktionskapazitäten, andererseits jedoch zu weit höheren Zinsen für den Aufbau *neuer* Produktionsanlagen, eine Folge der verminderten inländischen Ersparnis- und Kapitalbildung, zu der die Geldvermögensbesitzer in der Vorkriegszeit entscheidend beigetragen hatten. Hinzu kam seit 1926 ein immenser Kapitalbedarf der öffentlichen Hand[29], deren Verschuldung sich in den Jahren 1926-1930 von 11 auf über 21 Milliarden Reichsmark annähernd verdoppelte, sowie eine starke Kapitalflucht, die nach der Auflösung des Reichstags im Juli 1930 und

[29] Der Prozeß der inländischen Kapitalbildung und Kapitalversorgung war in der Debatte über die Reparationszahlungen als das zentrale Problem erkannt worden. Die Frage inwieweit die Steuerpolitik zur notwendigen Kapitalbildung beitragen kann, war Gegenstand einer bedeutsamen Tagung der Friedrich List-Gesellschaft im Oktober 1929. Vgl. hierzu die beiden von Colm und Neisser herausgegebenen Bände (1930).
Colm und Neisser spielten auch eine wichtige Rolle auf der Geheimkonferenz der Friedrich List-Gesellschaft über die Möglichkeiten und Folgen einer Kreditausweitung, die im Spätsommer 1931 im Haus der Reichsbank in Berlin stattfand. Vgl. hierzu die ausführliche Dokumentation in Borchardt/Schötz (1991).

den Septemberwahlen 1930 einsetzte und den Zinssatz nun in eine Richtung trieb, die in striktem Gegensatz zu den binnenwirtschaftlichen Erfordernissen in der Krise stand. Es waren Colm (1930, S. 246) und Lederer (1931b, S. 31), die vor allem den politisch bedingten drastischen Anstieg der Risikoprämie hervorhoben. Zwar mögen die Unternehmer bei wachsender Zinsbelastung den Ausweg in einer Lohnsenkung suchen, eine politisch oktroyierte Lohnsenkung wird jedoch eher zu sozialen Unruhen und damit zu einer Erhöhung dieser Risikoprämie führen. Die Forderung nach Lohnsenkungen war auf dieser Grundlage also nicht zu legitimieren.

Löwe war es vor allem, der in der Weimarer Lohndiskussion auf die neben Lohn- und Zinssenkungen dritte Möglichkeit der Reduktion der Produktionskosten hinwies: durch *Senkung der monopolistisch überhöhten Grundstoffpreise*. Die Krise habe im Zeichen der Kartelle und Monopole ihren kapitalistischen Sinn verloren, da diese im Bereich der Grundstoff- oder Basisindustrien (z.B. Kohle) das Ausscheiden unproduktiver Grenzbetriebe verhindern, während andererseits insbesondere die Konsumgüterindustrien überhöhte Preise für ihre Vorprodukte zu zahlen haben. Die Überkapazitäten der Schwerindustrie in Europa waren eine Folge des Krieges; die sektoralen Disproportionalitäten wurden durch die Kartellierung stabilisiert. Angesichts dieser Situation forderte Löwe eine Bereinigung der Monopolindustrien und sah den Ansatzpunkt zur Krisenbekämpfung nicht in allgemeinen Lohnsenkungen, sondern in der Wiederherstellung der Konkurrenzfähigkeit der verarbeitenden Industrien, da diese bei Lohnerhöhungen in eine doppelte Kostenklemme geraten. Wiederholt hielt er engagierte Plädoyers für den Abbau der zu unerwünschten Allokationsergebnissen führenden Kartellrente und maß der Lösung des Monopolproblems »die Schlüsselstellung für einen erfolgreichen Kampf gegen Krise und Arbeitslosigkeit« (Löwe 1930b, S. 430) bei.

Die Berücksichtigung der Kartellfrage verleiht auch dem Wettbewerbsargument eine zusätzliche Dimension. Da die internationale Wettbewerbsfähigkeit der deutschen verarbeitenden Industrien durch die überhöhten Preise belastet war, die sie für ihre Vorprodukte zu zahlen hatten, wurde Löwe nicht müde, einen Abbau der Zölle zu fordern, die lediglich Fehlinvestitionen der Kriegs- und Inflationszeit sowie Kartellrenten schützten, keineswegs aber – wie vorgegeben – der gesamtwirtschaftlichen Produktion und Beschäftigung dienten. Das Wettbewerbsargument, das üblicherweise meist bei der Forderung nach Lohnsenkungen herangezogen wurde, erhielt somit eine andere Stoßrichtung. In zahlreichen engagierten Plädoyers für Freihandel zur Überwindung der Krise forderte Löwe eine mit der Kartellbekämpfung verbundene Wende in der Zollpolitik, die »die deutschen Monopolindustrien der frischen Luft internationaler Konkurrenz aussetzt« (Löwe 1930a, S. 294). Die Löwesche Argumentation bedeutete keineswegs, den Zusammenhang zwischen dem inländischen Lohnniveau und der internationalen (Preis-) Wettbewerbsfähigkeit zu leugnen. Konsequenterweise insistierte er aber darauf, daß zunächst einmal die Bedingungen einer Marktwirtschaft konkret zu realisieren seien, bevor auf der Basis eines marktwirtschaftlichen Modellansatzes Lohnsenkungen das Wort geredet würde. Nun ist es bei kreislauftheoretischer Betrachtung durchaus zweifelhaft, ob eine allgemeine Lohnsenkung ein wirksames Mittel zur Depressionsbekämpfung darstellt. Es wurde jedoch von den Vertretern der Kieler Schule anerkannt, daß Lohnsenkungen auf der Kostenseite zu Entlastungen führen, die durch den gleichzeitig bewirkten Kaufkraftausfall nicht gänzlich kompensiert werden, da sie die Wettbewerbsfähigkeit der inländischen Produzenten auf Export- und Importsubstitutionsmärkten verbessern (vgl. z.B. Neisser 1930a, S. 1303). Da für die Exportindustrien der Kostenaspekt des Lohnes gegenüber dem Kaufkraftaspekt dominant ist, sind sie Gewinner von Lohnsenkungen (Verlierer von Lohnerhöhungen).

III. Kieler Wirtschaftswissenschaftler im britischen Exil

Unter den Zufluchtsländern der emigrierten Ökonomen steht Großbritannien, wie für viele andere Wissenschaftsdisziplinen, insgesamt an zweiter Stelle nach den USA.[30] Auch für einige der aus Kiel stammenden bzw. mit Kiel verbundenen Wirtschaftswissenschaftler wurde Großbritannien vorübergehend bzw. endgültig zu einer bedeutsamen Station im Exil. Dies galt insbesondere für Adolf Löwe, Jacob Marschak und Fritz Burchardt, aber auch für eine Reihe von Nachwuchswissenschaftlern wie z.B. Hermann Christian (Hal C.) Hillmann (1910-1990), der seit 1932 Assistent von Colm gewesen, als Assistent eines jüdischen Professors und Vorsitzender der sozialdemo-

[30] Vgl. den Beitrag von Krohn in diesem Band.

kratischen Studentenorganisation von den Nazis im April 1933 entlassen worden und für 4 Monate in einem »Erziehungslager« inhaftiert worden war.[31] Hillmann emigrierte Anfang 1934 nach Großbritannien, wo er im Juni des nachfolgenden Jahres an der schottischen St. Andrews University sein Masterexamen mit Auszeichnung bestand, dem u.a. von 1936-1940 eine Tätigkeit als Forschungsassistent an der Universität Manchester folgte. Bei Kriegsbeginn wechselte Hillmann, der 1940 britischer Staatsbürger wurde, an das German Department of the Foreign Research and Press Service of the Royal Institute of International Affairs in Oxford und wurde zugleich als Research Officer für das Foreign Office einer der wichtigsten Analytiker der ökonomischen Entwicklung der kriegswirtschaftlich relevanten Bereiche der deutschen Volkswirtschaft[32] sowie im besetzten Nachkriegsdeutschland. Hillmann, der in dieser Zeit ein enger Mitarbeiter von Arnold Toynbee war, erhielt 1948 eine Stelle als Lecturer in Economics an der University of Leeds, wo er bis zu seiner Emeritierung 1976 (seit 1956 als Senior Lecturer) tätig war.

Friedrich August Hayek, Löwes großer Widersacher in der deutschsprachigen konjunkturtheoretischen Debatte, war bereits 1931 als Tooke Professor of Economic Science and Statistics an die London School of Economics and Political Science (LSE) berufen worden, nachdem er im Februar desselben Jahres vier Gastvorlesungen gehalten hatte, die unter dem Titel *Preise und Produktion* veröffentlicht wurden. Zwar nahm Hayek diesen Ruf aus freier Entscheidung an, spätestens im Jahr des »Anschlusses« 1938, in dem er auch britischer Staatsbürger wurde, wäre er aufgrund seiner liberalen Gesinnung jedoch zur Emigration gezwungen worden. Löwe hatte mit seiner Familie am 2. April 1933, dem Tag nach dem Boykott jüdischer Geschäfte, Deutschland mit dem Zug nach Basel verlassen und emigrierte über Genf nach England, wo er vom Herbst 1933 bis zum Sommer 1940 als Rockefeller Foundation Fellow und Special Honorary Lecturer in Economics and Political Philosophy an der Universität Manchester tätig war. Darüber hinaus war er 1934 Gastdozent an der London School of Economics. Löwe galt in der Rockefeller Foundation, die ein großer Förderer des Kieler Instituts gewesen war, als

[31] Vgl. Uhlig (1991, S. 131f.)

[32] Vgl. Hillmann (1952) für die abschließende wissenschaftliche Bilanz dieser Aktivitäten.

»A-1, both scientifically and from the point of view of character«[33]. Zweifellos wäre ohne die Förderung der Rockefeller Foundation, die auch Löwes Freunden Marschak und dem Wissenssoziologen Karl Mannheim (LSE) eine Stelle in England finanzierte, eine weitgehende Integration der aus Nazi-Deutschland emigrierten Wissenschaftler in den Zufluchtsländern Großbritannien und USA, inmitten der Weltwirtschaftskrise, die auch unter den heimischen Wissenschaftlern eine hohe Arbeitslosigkeit zur Folge hatte, kaum ohne größere Widerstände möglich gewesen. Die Schaffung zusätzlicher Stellen, die strengen Auswahlkriterien der Stiftung sowie der hohe wissenschaftliche Standard der unterstützten Emigranten, von dem die Entwicklung der Wissenschaften in den Zufluchtsländern profitierte, bewirkten jedoch, daß keine größeren Antipathien gegen die »Refugee Scholars« aufkamen. Im Gegenteil: Bereits 1933 hatte eine Gruppe britischer Akademiker den *Academic Assistance Council* gegründet, »to help 'University teachers and investigators of whatever country who, on grounds of religion, political opinion or race, are unable to carry on their work in their own country'« (Cooper 1992, S. 7). Wie auch Marschak wurde Löwe für diese 1936 in *Society for the Protection of Science and Learning* umbenannte Hilfsorganisation verfolgter Wissenschaftler ebenso wie für die Rockefeller Foundation zu einem der wichtigsten Informanten bei der Beurteilung der wissenschaftlichen Qualifikation emigrierter bzw. hilfesuchender deutscher Wirtschafts- und Sozialwissenschaftler.

Inhaltlich hatte die Emigration zur Folge, daß der Sozialwissenschaftler Löwe, der sich gegen eine »reine Ökonomik« wandte, d.h. eine Wirtschaftslehre, deren Generalisierungen für jede denkbare Sozialordnung gelten, an Profil gewann. Diese Vorstellungen, die zweifellos auch eine Attacke gegen eine weitverbreitete Lehrbuch-Neoklassik darstellen, wurden von Lowe bereits früh formuliert, so. z.B. in *Economics and Sociology* (1935), einem anspruchsvollen und engagierten Plädoyer für die Kooperation in den Sozialwissenschaften. Löwe, der im Februar 1930 an der Universität Kiel eine ordentliche Professur für ökonomische Theorie *und Soziologie* (als Soziologe Lehrstuhl-Nachfolger von F. Tönnies) erhielt, demonstriert seine Qualitäten als Soziologe und scharfsinniger Gesellschaftskritiker auch in *The Price of Liberty. A German on Contemporary Britain*. In dieser

[33] John Van Sickle (Paris) an die Zentrale in New York, 10. Mai 1933, Rockefeller Archive Center, Record Group 1.1, 200/109/539.

1937 erschienenen Schrift, die er seinem Freund Paul Tillich zum 50. Geburtstag widmete, vergleicht er zwei Möglichkeiten sozialer Konformität: die englische Möglichkeit der politischen Freiheit und Selbstbeschränkung des Individuums und die entgegengesetzte deutsche Möglichkeit eines voll entfalteten Individuums, aber politischer Autokratie. Im Gegensatz zu England, wo der ökonomische und politische Liberalismus eine Alltagsethik geprägt hätte, hatte die fehlende politische Partizipation im Deutschland des autoritären Obrigkeitsstaats zu einem extremen kulturellen Individualismus im Bildungsbürgertum geführt. Lowe analysiert präzis, daß diese deutsche Form der Freiheit, die Beschränkung auf die innerliche Freiheit, kein stabiles Sozialregime schafft. Ist also der Preis für einen übersteigerten Individualismus des Bildungsbürgers, der nur der eigenen Intuition folgt und jede Konvention verwirft, soziale Desintegration, so gilt andererseits, daß der Preis politischer Freiheit – die Bedingung der Demokratie – die Selbstbeschränkung des Individuums ist. Die englische Maxime hätte lauten können: »Vermeide die Extreme. Treibe nie ein Argument bis zur letzten Konsequenz. Das stört den Gemeinsinn.« Lowe läßt in seiner auch historisch kenntnisreichen Studie, in der er die Wurzeln für die unterschiedliche Entwicklung der sozialen Konformität bis zur Magna Charta bzw. der Etablierung eines landesherrschaftlichen Partikularismus im Deutschland des frühen 13. Jahrhunderts zurückverfolgt, keinen Zweifel daran, daß und warum er die englische Alternative präferiert. Diese Fragestellungen haben 50 bis 60 Jahre später nichts an Bedeutung verloren. Konsequenterweise machte Lowe in hohem Alter die allgemeine Desintegration der Gesellschaft, die auch das (nach)thatcheristische England erfaßt hat, Sorge. Im zunehmenden Hedonismus und Nihilismus erkennt er eine große Gefahr für die Selbstvernichtung der Gesellschaft. Allerdings hofft er auf »kleine Katastrophen« (1979), ohne die sich möglicherweise dic zum Überleben der Menschheit notwendige neue Gemeinschaftsethik nicht herausbildet. In Übereinstimmung mit dem kurz vor ihm verstorbenen Freund, dem Philosophen Hans Jonas, mit dem ihn eine lange Freundschaft verband, sah Lowe es als entscheidende Aufgabe der Gemeinschaftsethik an, die Mittel aufzuzeigen, mit deren Hilfe die Gefahren für das Überleben der Menschheit und die Unverletzlichkeit der Natur abgewendet werden können. Worauf es Lowe zeitlebens ankam, ist der Ausgleich zwischen Freiheit und Ordnung. Das zentrale Problem der Versöhnung individueller Freiheit mit gesellschaftlicher Stabilität steht auch im Brennpunkt seines letzten

Werkes *Hat Freiheit eine Zukunft?* (1988), in dem Lowe analysiert, wie angesichts der Desintegrationsprozesse in der westlichen Welt und vor dem Hintergrund moderner technologischer Entwicklungen eine stabile freiheitliche Gesellschaft realisiert werden kann.[34]

An der Universität Manchester hielt sich von 1935-1937 auch Gerhard Emil Otto Meyer (1903-1973) auf, der jedoch in dem unter der Weltwirtschaftskrise der dreißiger Jahre leidenden England keine Anstellung erhielt und daher auf Vermittlung von Löwe an die Universität Chicago wechselte, wo er sich in der Lehre engagierte und eine Karriere als Sozialwissenschaftler machte. Meyer hatte als Forschungsassistent am Kieler Weltwirtschaftsinstitut u.a. Leontiefs Elastizitätsuntersuchungen betreut und 1930 bei Löwe über den Agrarzyklus promoviert. Meyer, der 1932 mit Löwe an die Frankfurter Universität wechselte, wo ihm sein Doktorvater eine Assistenzstelle am Institut für Sozialforschung beschaffte, war nach der Schließung des Instituts im März 1933 nach Frankreich emigriert, wo er an dem nach Paris verlagerten Institut zunächst weiterbeschäftigt werden konnte. In dieser Zeit verfaßte er ebenso wie die anderen am Institut tätigen Ökonomen Friedrich Pollock und Kurt Mandelbaum (ab 1950 Martin) alias Kurt Baumann Studien zu den Auswirkungen der Weltwirtschaftskrise und zum Themenbereich Krisenpolitik und Planwirtschaft. In dem bedeutendsten einer Reihe von Aufsätzen, die in der vom Institut herausgegebenen *Zeitschrift für Sozialforschung* publiziert wurden, betont Meyer (1935) die Notwendigkeit und eine gewisse kurzfristige Wirksamkeit staatlicher Konjunkturpolitik ebenso wie ihre langfristig nur bedingten Erfolgschancen. Kurz darauf konnte Meyers Vertrag aufgrund finanzieller Engpässe nicht verlängert werden.

Im Sommer desselben Jahres emigrierte Burchardt, der nach seiner gescheiterten Habilitation gut zwei Jahre lang als Wirtschaftsredakteur bei der liberalen Frankfurter Zeitung beschäftigt gewesen war, aus Deutschland nach Großbritannien. Allerdings ging Burchardt nicht nach Manchester, sondern nach Oxford, wo ihm das All Souls College ein Forschungsstipendium angeboten hatte. In Oxford, dessen Wirtschaftswissenschaft in der Zwischenkriegszeit dank Harrod, Meade und anderer herausragender Ökonomen aus dem Mittelmaß herauswuchs und zu einem ernsthaften Rivalen für Cambridge und

[34] Vgl. Hagemann und Kurz (1990).

die London School of Economics wurde[35], begann Burchardts zweite, beachtliche akademische Karriere. Diese war vor allem mit dem Institute of Statistics verbunden, dessen Forschungsstab er seit Januar 1940 zunächst als Bibliothekar angehörte. Als Champernowne nach seiner Berufung auf eine Professur für Statistik im Dezember 1948 die Leitung des Instituts niederlegte, wurde Burchardt, der bereits 1945 stellvertretender Direktor geworden war und 1946 die britische Staatsbürgerschaft erhalten hatte, zum neuen Direktor und zum Reader in Economic and Social Statistics bestellt.[36]

Erster Direktor des zum 22. Oktober 1935 etablierten *Oxford Institute of Statistics* (OIS) war Jacob Marschak gewesen, der im Herbst 1933 zum Chichele Lecturer in Economics am All Souls College und zwei Jahre später zum Reader in Statistics ernannt worden war. Das Institut, dessen Errichtung ohne die starke finanzielle Förderung der Rockefeller Foundation kaum möglich gewesen wäre, erlangte unter Marschaks Leitung schnell eine hohe Reputation im Bereich theoriegeleiteter empirischer Forschung in der Wirtschaftswissenschaft. Das Institut war auch Gastgeber der sechsten Europäischen Tagung der Econometric Society, die am 26. September 1936 mit dem Symposium zu Keynes's *General Theory* eröffnet wurde, auf dem Harrod, Meade und Hicks ihre Interpretationen des Keynesschen Hauptwerks vorstellten.[37] Marschak selbst setzte in seinen Oxforder Jahren seine Studien zu theoretischen und statistischen Aspekten der Nachfrageanalyse fort und publizierte 1938 einen Aufsatz über die Geldnachfrage als ein Element der Vermögenshaltung von Individuen, den ersten einer Reihe herausragender theoretischer Beiträge zur Geldhaltung als Reaktion auf Unsicherheit, dem nach Kriegsende in den USA weitere folgen sollten. Darüber hinaus publizierte er zusammen mit Helen Makower und Herbert Robinson eine Reihe von Artikeln über die Ursachen der regionalen Mobilität der Arbeit, die in ihrem empirischen Teil für Großbritannien Unterschiede in den Arbeitslosenraten als entscheidende Determinante regionaler Mobilität auswiesen. Diese Studien waren Bestandteil eines umfassenderen Forschungsprogramms, das als eine »multi-faceted attack on the problem of the business cycle« (Young/ Lee 1993, S.

[35] Vgl. ausführlich Young und Lee (1993).

[36] Vgl. Worswick (1959, S. 68).

[37] Vgl. Young (1987). Vor allem der Hickssche Beitrag »Mr. Keynes and the Classics« (1937) begründete das IS-LM-Modell, das die makroökonomische Literatur ein halbes Jahrhundert bestimmen sollte.

125) anzusehen ist. Sie wurden in den ersten Jahrgängen der *Oxford Economic Papers* publiziert, einer Zeitschrift, die nicht zuletzt als Forum für die Forschungsarbeiten des Instituts neu gegründet wurde. Ab Ende November 1939 gab das OIS auch ein *Diary* mit aktuellen wirtschaftsstatistischen Informationen heraus, das nach Übernahme der Herausgeberschaft durch Burchardt schnell um reguläre Artikel zu einem weiteren wirtschaftswissenschaflichen Journal erweitert wurde, ab Oktober 1940 als *Bulletin* erschien und heute noch als *Oxford Bulletin of Economics and Statistics* existiert.

In den späten dreißiger und frühen vierziger Jahren dominierten Emigranten aus Mitteleuropa im Forschungsstab des Oxford Institute of Statistics. Dies zeigt exemplarisch die im Oktober 1944 erschienene Studie *The Economics of Full Employment*, die die Zielsetzung verfolgte, einen Überblick über die strategischen Faktoren einer Politik permanenter Vollbeschäftigung in Industrienationen zu geben. Mit diesem Anliegen ging die Studie über das kurz zuvor erschiene *White Paper on Employment Policy* der britischen Regierung, das Massenarbeitslosigkeit durch die Ergreifung antizyklischer Maßnahmen bei einsetzender Depression zu vermeiden trachtete, eindeutig hinaus.[38] Insgesamt stammten mit den aus Deutschland emigrierten Wirtschaftswissenschaftlern Burchardt, Mandelbaum (1904-1995) und Ernst F. Schumacher (1911-1977), dem aus Ungarn stammenden Thomas Balogh sowie dem polnischen Ökonomen Michal Kalecki (am OIS von 1940-44) nicht weniger als fünf der sechs Autoren vom europäischen Festland. Schumacher, der Burchardt im Internierungslager kennengelernt hatte und auf dessen Einladung Anfang 1941 nach Oxford gekommen war, wurde vom OIS auch abgestellt, um Sir William Beveridge, dessen für die britische Regierung erstellter Bericht *Social Insurance and Allied Services* (1942) die Basis für die Sozialpolitik im Wohlfahrtsstaat der Nachkriegszeit legte, bei der Abfassung des weiteren Reports *Full Employment in a Free Society* (1944) zu unterstützen. In enger Zusammenarbeit mit Kaldor, Joan Robinson u.a. entwarf Schumacher große Teile des Berichts. Auch Josef Steindl (1912-1993), der nach dem »Anschluß« Österreichs 1938 emigrieren mußte und nach Oxford gekommen war, wechselte 1941 von seiner Dozentur am Balliol College an das OIS, wo er acht Jahre lang tätig war und vor allem von Kalecki beeinflußt wurde, bevor er wieder nach Wien zurückkehrte. Während des Krieges gehörte es zu Steindls

[38] Vgl. hierzu das von Burchardt (1944) verfaßte Vorwort.

regelmäßigen Aufgaben, die kriegswirtschaftlichen Anstrengungen der USA sowie anderer britischer Verbündeter wie Australien, Indien und Kanada zu analysieren.

Zu den vielen »enemy aliens«, die nach den deutschen Militärerfolgen zu Beginn des Krieges seit Mai 1940 von der britischen Regierung (auf der Isle of Man, von wo sie z.T. in die Dominions wie Kanada weitergeleitet wurden) in Internierungshaft genommen wurden, gehörte neben prominenten Ökonomen wie Piero Sraffa – und Autoren dieses Bandes wie H.W. Arndt, Hans Singer und Paul Streeten – von Juni bis November 1940 auch Fritz Burchardt. Allerdings blieb Burchardt nach seiner Entlassung im Gegensatz zu Marschak und seinem Mentor Löwe dauerhaft in Großbritannien. Der Ausbruch des Zweiten Weltkriegs und die Diskriminierungen, der sich selbst Emigranten der ersten Stunde nach der Besetzung Frankreichs ausgesetzt sahen, waren ein entscheidender Grund für den vielfach temporären Charakter des britischen Exils. Zu den vielen Ökonomen, die 1939-40 von Großbritannien in ein anderes Zufluchtsland, insbesondere in die USA weiterzogen, gehörten auch führende Vertreter der Kiel-Heidelberger Gruppe. Löwe, der am 2. September 1939 naturalisiert worden war – und seitdem keinen Umlaut mehr in seinem Namen führte –, entging aufgrund dessen zwar der Internierungshaft, jedoch teilte ihm die Universität Manchester mit, daß sein Vertrag nicht verlängert werden könnte.[39] Dies veranlaßte Lowe im Sommer 1940 ein erneutes Angebot von Alvin Johnson an die »Universität im Exil« an der New School for Social Research anzunehmen und mit seiner Familie nach New York überzusiedeln. Dort hatte Marschak, der seit 1938 mit einem einjährigen Reisestipendium der Rockefeller Foundation die USA besuchte und aufgrund der von ihm unmittelbar nach Kriegsausbruch erwarteten Schwierigkeiten für Emigranten aus Deutschland, Österreich und Italien gar nicht nach England zurückgekehrt war, bereits im Herbst 1939 das Angebot der New School akzeptiert, Lehrstuhl-Nachfolger von Gerhard Colm zu werden, der sich endgültig entschlossen hatte, seine berufliche Karriere in der Washingtoner Administration fortzusetzen.

---

[39] Vgl. Lowe (1979, S. 146f.)

IV. Kieler Wirtschaftswissenschaftler in den USA

Während Burchardt und Hillmann in England blieben und Marschak wie Lowe 1939/40 von dort nach Amerika übersiedelten, waren Colm und Neisser bereits 1933 und Kähler 1934 direkt in die USA emigriert. Alle Mitglieder der Kiel-Heidelberger Gruppe von Reformökonomen landeten früher oder später an der New School for Social Research in New York. An dieser 1919 von einer Gruppe von Radikaldemokraten und Liberalen, darunter der führende Konjunkturforscher Wesley C. Mitchell und der Begründer des amerikanischen Institutionalismus Thorstein Veblen, gegründeten Institution war auf Initiative ihres Leiters Alvin Johnson im Sommer 1933 die *Universität im Exil* als Zufluchtsstätte für emigrierte deutsche Wirtschafts- und Sozialwissenschaftler eingerichtet worden.[40] Erster Dekan dieser neuen Graduate Faculty of Political and Social Science, die zum Oktober ihren Lehrbetrieb aufnahm, wurde Emil Lederer bis zu seinem überraschenden Tod im Jahre 1939. Ähnlich wie die Frankfurter Reformuniversität in der Weimarer Zeit und das von Alfred Weber geleitete Heidelberger Institut für Sozial- und Staatswissenschaften entsprach die New School in ihrer personellen Zusammensetzung und bezüglich ihrer disziplinübergreifenden Konzeption dem Ideal einer Einheit der Sozialwissenschaften, das auch in der neuen Zeitschrift *Social Research* zum Ausdruck kam, deren erste Ausgabe im Februar 1934 erschien. Dieses Wissenschaftsverständnis vertraten auch die Kieler Ökonomen, von denen Colm zur Mayflower-Generation der Professoren an der New School gehörte. Neisser, der noch 1933 eine Professur für Geldtheorie an der Wharton School of Finance der University of Pennsylvania in Philadelphia und 1938 die amerikanische Staatsbürgerschaft erhalten hatte, wechselte 1943 auf die nach dem Tode Arthur Feilers freigewordene Professur an der New School, die ihm bereits 1933 eine entsprechende Offerte gemacht hatte. Neisser blieb bis zu seiner Emeritierung im Jahre 1965

---

[40] Zur Geschichte der »Universität im Exil« und den Leistungen der emigrierten Wirtschafts- und Sozialwissenschaftler an der New School vgl. ausführlich Krohn (1987). Die Studie zur Geschichte der New School von Rutkoff und Scott (1986) liefert zwar manch zusätzliche interessante Einsicht, leidet jedoch nicht nur unter der Falschschreibung Dutzender von Namen, sondern weist vor allem bezüglich der Weimarer Zeit eine große Zahl von Ungenauigkeiten, falschen Feststellungen und Fehlurteilen auf.

an der New School, deren Department of Economics er darüber hinaus für einige Jahre als Chairman leitete. Schließlich war auch Kähler seit seiner Emigration in die USA 1934 an der New School tätig, wo er bis zu seiner Emeritierung verblieb.

Die neue Graduate Faculty der New School bildete in zentraler Hinsicht eine Synthese der Forschungsarbeiten in den Wirtschafts- und Sozialwissenschaften der Gruppen vom Kieler Weltwirtschaftsinstitut, aus Heidelberg und der Frankfurter Reformuniversität. Die Arbeiten der Ökonomen der »Kieler Schule« erhielten naturgemäß Impulse durch die neue Umgebung sowie die bedeutenden Weiterentwicklungen in der Wirtschaftswissenschaft, wie z.B. die keynesianische Revolution und die neu aufkommende Ökonometrie, waren bei aller Evolution jedoch zugleich durch eine bemerkenswerte Kontinuität gekennzeichnet. So setzte beispielsweise Colm seine finanzwissenschaftlichen Studien intensiv fort. Anfang der dreißiger Jahre befand sich die Finanzwissenschaft in den USA noch in einem recht unterentwickelten Zustand. Da jedoch die Weltwirtschaftskrise und die Rooseveltsche Politik des New Deal eine moderne, theoretisch fundierte staatliche Einnahmen- und Ausgabenpolitik erforderlich machten, fand sich für Colms wegweisende Überlegungen ein besonderer Nährboden. Innerhalb kurzer Zeit erschienen zahlreiche Publikationen, von denen die bereits im ersten Band von *Social Research* erschienenen Überlegungen zu einem idealen Steuersystem (1934) und die Studie zur Theorie der Staatsausgaben (1936), die ein Plädoyer zur Überwindung eines engen fiskalistischen Standpunktes und für eine sorgfältige Berücksichtigung der gesamtwirtschaftlichen Konsequenzen staatlicher Ausgabenpolitik darstellt, besondere Erwähnung verdienen.[41] Wegen ihrer starken Relevanz für die Wirtschafts- und Finanzpolitik fanden die theoretisch herausragenden, aber zugleich klar verfaßten und damit auch für interessierte Politiker verständlich geschriebenen Arbeiten eine große Resonanz in der amerikanischen Öffentlichkeit. Sie führte dazu, daß Colm 1939 die New School – zu der er jedoch stets engen wissenschaftlichen Kontakt hielt und die ihm aufgrund seiner Verdienste 1961 die Ehrendoktorwürde verlieh – verließ und zunächst als Finanzexperte ins Department of Commerce nach Washington ging. Dort war er von 1940-1946 in führender Posi-

---

[41] Zusammen mit 16 weiteren Aufsätzen sind diese beiden Artikel wiederabgedruckt in der Sammlung *Essays in Public Finance and Fiscal Policy* (1955), die Colms wichtigste amerikanische Arbeiten der beiden ersten Jahrzehnte umfaßt.

tion im Bureau of the Budget und von 1946-1952 als Senior Economist und Konjunkturexperte im neugeschaffenen Council of Economic Advisors tätig. Im Nachkriegsjahr 1946 war er in besonderer Mission für die amerikanische Militärverwaltung in Deutschland unterwegs. Colm war von 1952 bis Ende 1968 Chefökonom der National Planning Association. Darüber hinaus lehrte er von 1940-1962 als Gastprofessor an der George Washington University.

Colms enger Weggefährte Neisser war zwischen 1941 und 1943 als leitender Ökonom in der Forschungsabteilung des US Office of Price Administration ebenfalls im Washingtoner Regierungsapparat tätig. Neissers wissenschaftliche Produktivität blieb durch die Emigration ungebrochen. Dies dokumentieren u.a. seine zahlreichen Publikationen in führenden amerikanischen Fachzeitschriften, wie z.B. seine eigenständige Kritik des Sayschen Gesetzes (1934), zwei Jahre bevor es aufgrund der Keynesschen Attacke zu einem Leitthema moderner makroökonomischer Debatten werden sollte, sowie seine erneute Auseinandersetzung mit der Gefahr der technologischen Arbeitslosigkeit (1942). Die theoretischen und empirischen Arbeiten zur Konjunkturforschung aus Kieler Tagen fanden u.a. in einer ausführlichen Studie zur internationalen Transmission von Konjunkturzyklen ihre Fortsetzung (1936). Neisser war auch einer der Pioniere auf dem neuen Gebiet der Ökonometrie. Dank (Marschak und) Neissers Aktivitäten, die zur Gründung eines Ausbildungszentrums für ökonometrische Studien führten, wurde die New School die erste akademische Institution im Großraum New York, an der sich dieses neue Fachgebiet etablierte. Die Econometric Society verlieh Neisser, der in den vierziger und fünfziger Jahren zahlreiche Aufsätze in der Zeitschrift *Econometrica* publizierte, in Anerkennung seiner Verdienste den Ehrentitel eines »Fellow«. Zwischen 1943 und 1951 war Neisser auch als Research Principal in dem von Lowe geleiteten Institute of World Affairs tätig. In diesem Zusammenhang entstand die gemeinsam mit Franco Modigliani[42] verfaßte Studie *National*

[42] Modigliani, der 1985 den Nobelpreis für Wirtschaftswissenschaften erhielt, kam selbst nach der Verabschiedung neuer antisemitischer Gesetze durch die Mussolini-Regierung kurz vor Kriegsausbruch 1939 als Emigrant in die USA, wo er seine Dissertationsschrift zur Liquiditätspräferenz und der Geld- und Zinstheorie (1944) an der New School bei Marschak begann und unter der Betreuung von Lowe abschloß, deren Betonung starrer Löhne als der entscheidende Unterschied des »keynesianischen« gegenüber dem »klassischen« Modell großen Einfluß auf die

Incomes and International Trade (1953), die bis dato umfassendste ökonometrische Untersuchung weltwirtschaftlicher Zusammenhänge. In dieser noch heute in der Literatur zitierten Arbeit führen die beiden Autoren eine quantitative Analyse der Beziehungen zwischen dem Außenhandelsvolumen der am Welthandel beteiligten Länder und seiner Determinanten für die Zwischenkriegszeit 1925-1937 auf der Basis eines von ihnen entwickelten komplexen Systems von 36 simultanen Gleichungen durch.

Lowe fühlte sich in der offenen Atmosphäre der Weltstadt New York schnell heimisch. Dem promovierten Juristen, habilitierten Ökonomen und zeitweiligen Inhaber eines Lehrstuhls für Soziologie, der stets ein großes Interesse für Philosophie, Geschichte und Theologie besaß, kam die einzigartige Atmosphäre an der New School mit ihrem intensiven interdisziplinären Diskurs, in dem der »ökonomische Philosoph« (Boulding) schnell eine herausragende Rolle spielte, in besonderer Weise entgegen. Trotz zahlreicher Angebote anderer Universitäten, darunter ein Ruf nach Chicago, blieb er daher derjenigen Institution treu, die als Zufluchtsstätte für emigrierte Wirtschafts- und Sozialwissenschaftler so Unvergleichliches leistete. Weit über seine Emeritierung als Alvin Johnson Professor of Economics im Jahre 1963 hinaus hielt er noch bis in die späten siebziger Jahre die Studierenden in den Bann ziehende Lehrveranstaltungen an der Graduate Faculty der New School ab. Von 1943-1951 war er hier auch Forschungsdirektor des *Institute of World Affairs*[43], das wesentliche Arbeiten zur Rekonstruktion einer europäischen Friedensordnung und Deutschlands Rolle in der Nachkriegszeit leistete, wobei nicht zuletzt aufgrund der Erfahrungen mit den Konsequenzen der Weltwirtschaftskrise davon ausgegangen wurde, daß die Wiederherstellung einer stabilen Friedensordnung von der ökonomischen Seite her erfolgen müßte. »Lowe's and Johnson's dream of reconstituting the Kiel Institute« (Rutkoff/Scott 1986, S. 151) ließ sich jedoch nicht realisieren. Nach seiner Entbindung von den Verpflichtungen als Wissenschaftsmanager konzentrierte Lowe sich wieder stärker auf die reine Wirtschaftstheorie und kehrte zwanzig Jahre nach Verlassen der Förde auf die zentralen Forschungsthemen aus Kieler Zeit zurück. Vor dem Hintergrund der durch Harrod und Domar eingeleiteten

makroökonomische Theorieentwicklung der nachfolgenden Jahrzehnte gewinnen sollte.

[43] Zum Institute of World Affairs vgl. näher Krohn (1987, S. 156-167) und Rutkoff/Scott (1986, S. 137-143).

modernen Wachstumstheorie entwickelte er seine Strukturanalyse der Realkapitalbildung (1952, 1955), die auch seinem zweiten Hauptwerk *The Path of Economic Growth* (1976) zugrundeliegt.[44] Die hierin vollzogene detaillierte Analyse der durch Innovationsstöße ausgelösten Traversen kann als später Versuch Lowes verstanden werden, seine Vision einer dynamischen Theorie aus Kieler Zeiten einzulösen. Bereits zuvor kulminierte Lowes wissenschaftliches Lebenswerk im opus magnum *On Economic Knowledge* (1965), in dem er die wesenhafte Instabilität der Marktprozesse in modernen Industriegesellschaften untersucht, insbesondere das Dilemma der Wirtschaftspolitik, daß die Instabilität des Mikroverhaltens einerseits staatliche Stabilisierungsmaßnahmen erfordere, diese Eingriffe andererseits aber nur bei stabilen sozialen Verhaltensregeln mit Aussicht auf Erfolg vorgenommen werden könnten. Um diesem Circulus vitiosus zu entgehen, entwickelte Lowe seine spezifische Methode, die Instrumentalanalyse, die untersucht, unter welchen Bedingungen der Erfolg wirtschaftspolitischer Maßnahmen prognostizierbar ist und die er im *Path* auf das Wachstumsproblem anwendet.

Von allen früheren Mitgliedern des Kieler Instituts absolvierte Marschak in den USA die glanzvollste akademische Karriere. Im Januar 1943 nahm er einen Ruf an die Universität Chicago an und wurde zugleich Direktor der *Cowles Commission for Research in Economics*, die unter der Leitung von Marschak (1943-48) sowie seines Stellvertreters und späteren Nachfolgers Koopmans (1948-54) vor allem mit ihren Forschungsarbeiten zur Modellierung simultaner Gleichungssysteme und zum wahrscheinlichkeitstheoretischen Ansatz in der Ökonometrie schnell internationales Ansehen gewann. Marschak hatte bereits in seiner Zeit an der New School in Verbindung mit dem National Bureau of Economic Research von 1940 bis Ende 1942 in New York ein regelmäßiges Seminar zur Ökonometrie und mathematischen Ökonomie abgehalten, das nicht nur die herausragenden jüngeren amerikanischen Ökonomen wie Samuelson und Arrow anzog, sondern entscheidend von den intellektuellen Ressourcen lebte, die aus Europa herübergekommen waren. So gehörten Haavelmo, Koopmans und Wald ebenso zum harten Kern der Teilnehmer wie Leontief, Neisser und Modigliani. Selbst Schumpeter, der

---

[44] Für eine detaillierte Darstellung und kritische Würdigung der Loweschen Strukturanalyse wirtschaftlichen Wachstums sowie der Entwicklung seines Forschungsprogramms über sechs Jahrzehnte vgl. Hagemann (1990, 1996b).

Walras als größten Ökonomen bewunderte, in dessen eigenem Werk die Mathematik und die neuen ökonometrischen Methoden jedoch keinen Eingang fanden, kam am Wochenende öfter von Harvard nach New York, um Marschaks Seminar zu besuchen, »treating the whole matter with the benevolent condescension of a lord among well-meaning and deserving but necessarily limited peasants« (Arrow 1978, S. 71). Im Nachhinein sollte sich das zeitgenössische Empfinden vieler Teilnehmer, an einem Wendepunkt der wirtschaftswissenschaftlichen Forschung angelangt zu sein, als richtig erweisen. So überraschte es dann nicht, daß die New School für Marschak im Gegensatz zu den meisten anderen emigrierten Wirtschafts- und Sozialwissenschaftlern, die in New York blieben, lediglich eine Zwischenstation darstellte. Die zweite Emigration 1933 hatte bei Marschak, der in Rußland ein politischer Aktivist und in Deutschland in der (vor allem gewerkschaftlichen) Politikberatung engagiert gewesen war, zu einem Rückzug ins Radikal-Wissenschaftliche und zum Versuch geführt, das Postulat der Wertfreiheit in seinen weiteren wirtschafts- und sozialwissenschaftlichen Forschungen zu realisieren.[45] Dies verdeutlicht beispielhaft sein Aufsatz »Rational Behavior, Uncertain Prospects, Measurable Utility« (1950), der die Konsequenzen der modernen axiomatischen Begründung des Nutzens für zahlreiche Wissenschaften aufzeigte und dessen Axiome zum Erwartungsnutzen bahnbrechend waren.

Marschak, der 1955 mit der Cowles Commission von Chicago an die Yale University gewechselt war, nahm 1960 einen Ruf an die University of California in Los Angeles an, wo er über seine Emeritierung 1965 hinaus bis 1969 Direktor des Western Management Science Institute und bis zu seinem Tode Leiter eines interdisziplinären Colloquiums über Mathematik in den Verhaltenswissenschaften blieb. In seinem Spätwerk konzentrierte sich Marschak auf die mathematische Analyse der Informations-, Wahl- und Entscheidungsprozesse und entwickelte eine systematische Theorie über den ökonomischen Wert von Informationen und des Verhaltens unter Unsicherheit, die wichtige Elemente der Lerntheorie und Psychologie aufgriff und den Themenbereich traditioneller Wirtschaftswissenschaften klar transzendierte.[46] Aus dem Kreis der aus Deutschland emigrierten Ökonomen wurde Marschak, der 1946 auch Präsident der

---

[45] Vgl. Craver/Leijonhufvud (1987, S. 181 f.).

[46] Zu einer detaillierteren Darstellung vgl. Radner (1984).

Econometric Society gewesen war, als einziger Vertreter 1976 zum Präsidenten der American Economic Association gewählt, verstarb jedoch kurz vor Amtsantritt im Juli 1977.[47]

Von den früheren Mitgliedern der Forschungsgruppe am Kieler Weltwirtschaftsinstitut war Wassily Leontief, der Ende 1931 an die Harvard University gewechselt war, bereits 1970 Präsident der American Economic Association gewesen. In den achtziger Jahren griff Leontief das alte Kieler Forschungsthema der Beschäftigungswirkungen neuer Technologien wieder auf und beschwor ebenso wie Lowe[48] das »Gespenst technologischer Arbeitslosigkeit«: »Das Gespenst der technologischen Arbeitslosigkeit ist wieder da. Aber es gibt gute Gründe zu glauben, daß es sich dieses Mal nicht zurückziehen wird« (Leontief 1982, S. 146). Die von ihm geleitete Untersuchung eines größeren Forschungsteams zu den Beschäftigungswirkungen der zunehmenden Computerisierung in den USA disaggregiert die Produktionsstruktur in 89 Sektoren und unterscheidet 53 verschiedene Berufsgruppen. Beide Klassifikationen sind so gewählt, daß einerseits die für die Computerisierung zuständigen Liefersektoren mit den entsprechenden Anwendersektoren separat ausgewiesen werden können und daß andererseits die jeweils verdrängten bzw. verstärkt nachgefragten Berufe erkennbar werden. Das in dieser bedeutenden Automationsstudie von Leontief und Duchin (1986) entwickelte dynamische Input-Output-Modell, das eine Endogenisierung der Investitionsgüternachfrage und damit die Berücksichtigung eines der wichtigsten Kompensationseffekte – des Maschinenherstellungsarguments – ermöglicht, hat die jüngeren Untersuchungen zu den Beschäftigungseffekten neuer Technologien auch in Deutschland im letzten Jahrzehnt nachhaltig beeinflußt.[49]

Rückblickend betrachtet ist Kählers innovative Dissertation (1933) als ein dogmenhistorisch bedeutender Vorläufer anzusehen, dessen methodische und theoretische Fruchtbarkeit außer Zweifel steht. Aufgrund der interindustriellen Produktionsverflechtungen hat auch ein sektorspezifischer technischer Fortschritt Auswirkungen auf die gesamte Struktur der Wirtschaft, so insbesondere auf die Struktur des sektoralen Arbeitseinsatzes, der Kählers vorrangiges Interesse galt.

---

47 Die aus Österreich stammenden Ökonomen stellten dagegen mit Schumpeter (1948), Haberler (1963) und Machlup (1966) drei Präsidenten. Zur Emigration der österreichischen Ökonomen vgl. auch Craver (1986).

48 Vgl. Lowe (1988, Kap. 6).

49 Vgl. Edler (1990) sowie Kalmbach und Kurz (1992).

Kähler konzentrierte sich für die detailliertere Analyse der Freisetzungs- und Kompensationsprozesse auf die drei Fälle eines arbeitsparenden und kapitalerfordernden, eines arbeit- und kapitalsparenden sowie eines rein arbeitsparenden technischen Fortschritts, der auch in Lowes späterer Traversenanalyse im *Path of Economic Growth* (1976) eine wichtige Rolle spielt. Allerdings hat Kählers Verhaften in einem statischen Modellrahmen zur Folge gehabt, daß die direkten Freisetzungseffekte zwar gut aufgezeigt werden konnten, die genauere Analyse der häufig indirekten und zeitaufwendigen Kompensationsprozesse jedoch noch sehr unvollkommen blieb. Zudem trennte er in seinem Kostenschema im Gegensatz zu modernen linearen Produktionsmodellen noch nicht explizit zwischen dem Mengensystem und dem Preissystem der Ökonomie. Mit seinem ersten Aufsatz in der Emigration knüpfte Kähler (1935) nahtlos an diese Thematik an und versuchte, die deutsche mit der amerikanischen Debatte zu vergleichen und die empirische Bedeutung technologischer Arbeitslosigkeit zu quantifizieren. Nach einigen weiteren Arbeiten in den ersten Emigrationsjahren fiel Kählers Produktivität aber rapide ab. Im Gegensatz zu den führenden Mitgliedern der ehemaligen Kieler Forschungsgruppe, deren wissenschaftliche Leistungen nach der Emigration unverändert anhielten oder durch die neue Umgebung sogar zusätzliche Impulse erhielten, muß Kähler, der erst über den zweiten Bildungsweg zum Studium gekommen war, zu denjenigen Ökonomen gerechnet werden, die durch die Emigration regelrecht entwurzelt wurden.[50]

V. Epilog

Im Gegensatz zu Kähler konnten sich die anderen Mitglieder der Kieler Schule trotz aller Widrigkeiten, die das Exil vor allem in den ersten Jahren mit sich brachte, angesichts ihres bemerkenswerten beruflichen Erfolges langfristig durchaus zu den »Emigrationsgewinnlern« (Lowe 1979, S. 145) rechnen. Das hohe wissenschaftliche Niveau der Kieler Forschungsgruppe in den Jahren 1926-1933 dokumentiert sich auch darin, daß Lowe, Colm und Neisser, sowie allen voran die zeitweiligen Mitglieder Leontief und Marschak, im Ausland zu bekannten, geschätzten und hochgeehrten Wissenschaftlern wurden, die

[50] Vgl. Krohn (1987, S. 211).

bis heute in der internationalen Forschergemeinschaft großes Ansehen besitzen.

In Deutschland haben die Aktivitäten der Kieler Konjunkturabteilung maßgeblich zur Durchsetzung einer empirischen Forschung beigetragen. Aufgrund der Aktualität der Problemstellungen und des hohen theoretischen Niveaus vieler der seinerzeitigen Publikationen ist es in den achtziger Jahren zu einer stärkeren Wiederentdeckung ihrer Arbeiten und einer Renaissance ihrer zentralen Ideen und methodischen Ansätze gekommen. Die hohe Arbeitslosigkeit sowie die mikroelektronische Revolution haben beispielsweise dazu geführt, daß Kardinalthemen der Kieler wie die Beschäftigungswirkungen des technischen Fortschritts, der Strukturwandel im langfristigen Wachstumsprozeß kapitalistischer Volkswirtschaften sowie die Anforderungen an eine moderne Geld- und Finanzpolitik in kurzer, vor allem aber auch in langer Frist wieder in das Zentrum wirtschaftswissenschaftlicher Debatten gerückt sind.[51]

Die Leistungen der Kieler Ökonomen wurden auch im Deutschland der Nachkriegszeit zunehmend anerkannt und mit Ehrungen gewürdigt. Dies gilt allen voran für Gerhard Colm, den Mitarchitekten der westdeutschen Währungsreform vom 20. Juni 1948. Der zusammen mit Raymond W. Goldsmith und Joseph M. Dodge verfaßte *Plan für die Liquidation der Kriegsfinanzierung und die finanzielle Rehabilitierung Deutschlands*, der im Auftrag der amerikanischen Militärregierung entworfen und Ende Mai 1946 dem Gouverneur Lucius D. Clay vorgelegt wurde, prägte die amerikanische Grundposition zum deutschen Währungsproblem und damit nicht nur die erste von drei Diskussionsphasen zur westdeutschen Währungsreform im Zeitraum 1945-1948, sondern auch die tatsächlich durchgeführte Reform, allerdings ohne die ursprünglich vorgesehene Vermögensabgabe. Die Goethe-Universität in Frankfurt würdigte Colms Verdienste 1961 mit der Verleihung der Ehrendoktorwürde. Das Weltwirtschaftsinstitut in Kiel ehrte Colm 1964 als ersten Wirtschaftswissenschaftler mit dem aus Anlaß des fünfzigjährigen Bestehens neu geschaffenen Bernhard-

---

[51] Fritz Neumark (1975), der ebenso wie Musgrave und Colm maßgeblich zur Entwicklung einer modernen Finanzwissenschaft beigetragen hat und selbst die NS-Zeit im türkischen Exil verbrachte, betont das zyklisch-dialektische Auf und Ab, das viele wichtige wirtschaftstheoretische und wirtschaftspolitische Ideen im Gegensatz zu einem stetigen Erkenntnisfortschritt kennzeichnet.

Harms-Preis, den einige Jahre später auch Leontief erhalten sollte.[52] Allerdings war das Kieler Institut in der Nachkriegszeit hinsichtlich der Leistungen von Lowe und Neisser von einem merkwürdigen Gedächtnisverlust befallen. Lowe beklagte noch 1989 diese »totale Amnesie« (S. 79). Die offizielle Geschichtsschreibung des Kieler Instituts bezüglich der hier behandelten Gruppe kann nur als skandalös bezeichnet werden. Es mag vielleicht weniger erstaunen, daß die während des Zweiten Weltkrieges verfaßte Institutsgeschichte von Friedrich Hoffmann (Bd. 3, S. 65 f.) die Leistungen der jüdischen Wissenschaftler (mit zudem sozialdemokratischer Grundorientierung) mehr als durch die Zeitumstände bedingt abwertet bzw. negiert. Leider ist jedoch dieser Verdrängungsprozeß in der zum fünfzigjährigen Institutsjubiläum von Zottmann (1964) verfaßten Festschrift nur unwesentlich korrigiert worden.

Der große Verlust, den die deutsche Wirtschaftswissenschaft durch die Vertreibung vieler ihrer führenden Vertreter erlitten hatte, wurde im Falle Neissers, der 1933 als 38jähriger auf der Höhe seines Schaffens stand, wie bei zahlreichen anderen Emigranten, von der deutschen Nachkriegsöffentlichkeit kaum wahrgenommen. Dies muß Neisser erkannt haben, der 1952 von einem Deutschlandbesuch enttäuscht nach Amerika zurückkehrte und am 22. August an Arnold Brecht schrieb: »That whole visit to Germany made a peculiar impression on me, which is best described in the first verses of Heine's *Deutschland. Ein Wintermärchen* ... If I lived again in Germany, I would be politically isolated much more than before 1933 ...«[53] So überrascht es dann nicht, daß aus dem Kreis der emigrierten Kieler Ökonomen zu aktiven Zeiten keiner längerfristig nach Deutschland zurückkehrte. Erst nach dem Tode seiner Frau kehrte Lowe im Alter von 90 Jahren 1983 von New York nach Deutschland zurück und hielt bei der Verleihung der Ehrenpromotion an der Universität Bremen nach einem halben Jahrhundert erstmals wieder einen Vortrag vor einer deutschen Hörerschaft: »Zur Ortsbestimmung der Gegenwart« (Lowe 1984). In hohem Alter erfuhr der Zurückgekehrte noch zahlreiche Ehrungen. Die Frankfurter Universität verlieh ihm die Ehrenbürgerschaft 1989, im Jahr des 75. Jubiläums des Kieler Instituts, das diese Gelegenheit jedoch ebenso verstreichen ließ wie

---

[52] Marschak erhielt 1968 bzw. 1972 die Ehrendoktorwürden der Universitäten Bonn und Heidelberg.

[53] Zitiert nach Luckmann (1988, S. 365).

Lowes hundertsten Geburtstag im März 1993. Bereits 1984 hatte Bundespräsident Weizsäcker Lowe in Wolfenbüttel das Große Bundesverdienstkreuz überreicht, wo der Gründer der »Kieler Schule« 1995 verstarb.

Literatur

Arrow, K.J. (1978), Jacob Marschak: Portrait, Challenge, March – April, S. 69-71.

Arrow, K.J. (1989), Von Neumann and the Existence Theorem for General Equilibrium, in: Dore, M., Chakravarty, S., Goodwin, R. (Hrsg.): John von Neumann and Modern Economics, Oxford, S. 15-28

Backhaus, J. (1985), Keynesianism in Germany, in: Lawson, T./Pesaran, H. (Hrsg.), Keynes' Economics. Methodological Issues, London und New York, S. 209-253.

Baranzini, M./Scazzieri, R. (Hrsg.) (1990), The Economic Theory of Structure and Change, Cambridge.

Beckmann, U. (1989), Die »Kieler Schule« der Nationalökonomie 1926 bis 1933 – Entstehungsgeschichte und Forschungsprogramm, unveröff. Diplomarbeit, Universität Hamburg.

Beveridge, W.H. (1942), Social Insurance and Allied Services, London.

Beveridge, W.H. (1944), Full Employment in a Free Society, London.

Bombach, G. u.a. (Hrsg.) (1976), Der Keynesianismus II. Die beschäftigungspolitische Diskussion vor Keynes in Deutschland, Berlin u.a.

Borchardt, K./Schötz, H.O. (Hrsg.) (1991), Wirtschaftspolitik in der Krise. Die (Gehein-)Konferenz der Friedrich List-Gesellschaft im September 1931 über Möglichkeiten und Folgen einer Kreditausweitung, Baden-Baden.

Burchardt, F.A. (1928), Entwicklungsgeschichte der monetären Konjunkturtheorie, Weltwirtschaftliches Archiv, Bd. 28, S. 78-143.

Burchardt, F.A. (1931-32), Die Schemata des stationären Kreislaufs bei Böhm-Bawerk und Marx, Weltwirtschaftliches Archiv, Bd. 34, S. 525-564, und Bd. 35, S. 116-176.

Burchardt, F.A. u.a. (1944), The Economics of Full Employment, Oxford.

Caspari, V./Schefold, B. (Hrsg.) (1996), Franz Oppenheimer und Adolph Lowe: Zwei Wirtschaftswissenschaftler der Frankfurter Universität, Marburg.

Cassel, G. (1918), Theoretische Sozialökonomie, Leipzig.

Clark, D.L. (1974), Studies in the Origins and Development of Growth Theory, 1925-1950, unveröff. Dissert., University of Sydney.

Clark, D.L. (1984), Confronting the Linear Imperialism of the Austrians: Lowe's Contribution to Capital and Growth Theory, Eastern Economic Journal, Bd. 10, S. 107-127.

Clausing, G. (Hrsg.) (1933), Der Stand und die nächste Zukunft der Konjunkturforschung. Festschrift für Arthur Spiethoff, München.

Colm, G. (1927), Volkswirtschaftliche Theorie der Staatsausgaben. Ein Beitrag zur Finanztheorie, Tübingen.

Colm, G. (1930), Lohn, Zins – Arbeitslosigkeit, Die Arbeit, Bd. 7, S. 241-247.

Colm, G. (1931), Wege aus der Weltwirtschaftskrise, Die Arbeit, Bd. 8, S. 815-834.

Colm, G. (1934), The Ideal Tax System, Social Research, Bd. 1, S. 319-342.

Colm, G. (1936), Theory of Public Expenditures, Annals of the American Academy of Political and Social Sciences, Bd. 183, S. 1-11.

Colm, G. (1955), Essays in Public Finance and Fiscal Policy, New York and Oxford.

Colm, G./Dodge, J.M./Goldsmith, R.W. (1955), Plan für die Liquidation der Kriegsfinanzierung und die finanzielle Rehabilitierung Deutschlands, Zeitschrift für die gesamte Staatswissenschaft, Bd. 111, S. 244-284.

Colm, G./Neisser, H. (Hrsg.) (1930), Kapitalbildung und Steuersystem, 2 Bände, Berlin.

Cooper, R.M. (Hrsg.) (1992), Refugee Scholars. Conversations with Tess Simpson, Leeds.

Craver, E. (1986), Patronage and the Directions of Research in Economics: The Rockefeller Foundation in Europe, 1924-1938, Minerva, Bd. 24, S. 205-222.

Craver, E./Leijonhufvud, A. (1987), Economics in America: the Continental influence, History of Political Economy, Bd. 19, S. 173-182.

Edler, D. (1990), Ein dynamisches Input-Output-Modell zur Abschätzung der Auswirkungen neuer Technologien auf die Beschäftigung in der Bundesrepublik Deutschland, Berlin.

Ellis, H. S. (1934), German Monetary Theory 1905-1933, Cambridge/Mass.

Garvy, G. (1975), Keynes and the Economic Activists of Pre-Hitler Germany, Journal of Political Economy, Bd. 83, S. 391-405; deutsch in: Bombach u.a. (1976), S. 21-34.

Greffrath, M. (1979), Die Zerstörung einer Zukunft. Gespräche mit emigrierten Sozialwissenschaftlern, Reinbek.

Gross, M. (1987), Die nationalsozialistische »Umwandlung« der ökonomischen Institute, in: Becker, H./Dahms, H.-J./Wegeler, C. (Hrsg.), Die Universität Göttingen unter dem Nationalsozialismus. Das verdrängte Kapitel ihrer 250jährigen Geschichte, München, S. 142-168.

Grotkopp, W. (1954), Die große Krise. Lehren aus der Überwindung der Wirtschaftskrise 1929/32, Düsseldorf.

Hagemann, H. (1984), Lohnsenkungen als Mittel der Krisenbekämpfung? Überlegungen zum Beitrag der »Kieler Schule« in der beschäftigungspolitischen Diskussion am Ende der Weimarer Republik, in: Hagemann, H., Kurz, H.D. (Hrsg.), Beschäftigung, Verteilung und Konjunktur. Zur Politischen Ökonomik der modernen Gesellschaft. Festschrift für Adolph Lowe, Bremen, S. 97-129.

Hagemann, H. (1990), The Structural Theory of Economic Growth, in: Baranzini, M./Scazzieri, R. (Hrsg.), The Economic Theory of Structure and Change, Cambridge, S. 144-171.

Hagemann, H. (1996a), Geld, Technischer Fortschritt und Konjunktur. Zur Debatte zwischen Löwe und Hayek, in: Caspari, V. und Schefold, B. (Hrsg.), Franz Oppenheimer und Adolph Lowe: Zwei Wirtschaftswissenschaftler der Frankfurter Universität, Marburg, S. 279-309.

Hagemann, H. (1996b), Von der Konjunktur- zur Wachstumstheorie: Kontinuität und Evolution im Forschungsprogramm Adolf Löwes; in: Rieter, H. (Hrsg.), Studien zur Entwicklung der ökonomischen Theorie XV, Schriften des Vereins für Socialpolitik, Bd. 115/XV, Berlin, S. 123-156.

Hagemann, H. (1996c), Jacob Marschak (1898-1977), in: R. Blomert/H.U. Eßlinger/N. Giovannini (Hrsg.), Heidelberger Sozial- und Staatswissenschaften. Das Institut für Sozial- und Staatswissenschaften zwischen 1918 und 1958, Marburg, S. 211-244.

Hayek, F.A. (1929), Geldtheorie und Konjunkturtheorie, Wien.

Hayek, F.A. (1931), Preise und Produktion, Wien.

Hayek, F.A. (1939), Profits, Interest and Investment, London.

Hayek, F.A. (1941), The Pure Theory of Capital, London.

Heilbroner, R.L. (Hrsg.) (1968), Economic Means and Social Ends. Essays in Political Economics, Englewood Cliffs, N.J.

Hicks, J.R. (1937), Mr. Keynes and the »Classics«, Econometrica, Bd. 5, S. 147-159.

Hillmann, H.C. (1952), Comparative Strength of the Great Powers, in: Toynbee, A./Ashton-Gwatkin, F.T. (Hrsg.), The World in March 1939, Oxford S. 366-507.

Hoffmann, F. (1941-44), Die Geschichte des Instituts für Weltwirtschaft, 3 Teile, unveröff. Manuskript, Kiel.

Hoffmann, W.G. (1931), Stadien und Typen der Industrialisierung, Jena, engl. Übersetzung: The Growth of Industrial Economies, Manchester 1958.

Kähler, A. (1933), Die Theorie der Arbeiterfreisetzung durch die Maschine, Greifswald.

Kähler, A. (1935), The Problem of Verifying the Theory of Technological Unemployment, Social Research, Bd. 2, S. 439-460.

Kalmbach, P./Kurz, H.D. (1992), Chips und Jobs. Zu den Beschäftigungswirkungen des Einsatzes programmgesteuerter Arbeitsmittel, Marburg.

Keynes, J.M. (1930), A Treatise on Money. Vol.1: The Pure Theory of Money, London.

Krengel, R. (1986), Das Deutsche Institut für Wirtschaftsforschung (Institut für Konjunkturforschung) 1925-1979, Berlin.

Krohn, C.-D. (1981), Wirtschaftstheorien als politische Interessen. Die akademische Nationalökonomie in Deutschland 1918-1933, Frankfurt und New York.

Krohn, C.-D. (1987), Wissenschaft im Exil. Deutsche Sozial- und Wirtschaftswissenschaftler in den USA und die New School for Social Research, Frankfurt und New York.

Kromphardt, J. (1996), Der Beitrag Adolf Löwes zur Konjunkturdiskussion im deutschen Sprachraum während der Weimarer Republik, in: Caspari, V. und Schefold, B. (Hrsg.), Franz Oppenheimer und Adolph Lowe: Zwei Wirtschaftswissenschaftler der Frankfurter Universität, Marburg, S. 251-277.

Landesmann, M./Scazzieri, R. (Hrsg.) (1996), Production and Economic Dynamics, Cambridge.

Lederer, E. (1931a), Technischer Fortschritt und Arbeitslosigkeit, Tübingen.

Lederer, E. (1931b), Wirkungen des Lohnabbaus, Tübingen.

Lederer, E. (1938), Technischer Fortschritt und Arbeitslosigkeit. Eine Untersuchung der Hindernisse des ökonomischen Wachstums, Genf 1938, neu hrsg. und mit einem Nachwort versehen von R.A. Dickler, Frankfurt a.M. 1981.

Leontief, W. (1928), Die Wirtschaft als Kreislauf, Archiv für Sozialwissenschaft und Sozialpolitik, Bd. 60, S. 577-623.

Leontief, W. (1929), Ein Versuch zur statistischen Analyse von Angebot und Nachfrage, Weltwirtschaftliches Archiv, Bd. 30, S. 1*-53*.

Leontief, W. (1982), Werkzeuge, Maschinen, Computer, Roboter. Die Folgen für Arbeitsplätze und Einkommensverteilung, Spektrum der Wissenschaft, Heft 11, S. 146-156.

Leontief, W./Duchin, F. (1986), The Future Impact of Automation on Workers, Oxford und New York.

Lerner, A.P. (1943), Functional Finance and the Federal Debt, Social Research, Bd. 10, S. 38-51.

Löwe A. (1925a), Chronik der Weltwirtschaft, Weltwirtschaftliches Archiv, Bd. 22, S. 1*-32*.

Löwe, A. (1925b), Der gegenwärtige Stand der Konjunkturforschung in Deutschland, in: Bonn, M.J. und Palyi, M. (Hrsg.), Die Wirtschaftswissenschaft nach dem Kriege. Festgabe für Lujo Brentano zum 80. Geburtstag, Bd. 2, München und Leipzig, S. 329-377.

Löwe, A. (1926), Wie ist Konjunkturtheorie überhaupt möglich?, Weltwirtschaftliches Archiv, Bd. 24, S. 165-197.

Löwe, A. (1928), Über den Einfluß monetärer Faktoren auf den Konjunkturzyklus, in: Diehl, K. (Hrsg.), Beiträge zur Wirtschaftstheorie. Zweiter Teil: Konjunkturforschung und Konjunkturtheorie, Schriften des Vereins für Sozialpolitik, Bd. 173/II, München und Leipzig, S. 355-370.

Löwe, A. (1930a), Lohnabbau als Mittel der Krisenbekämpfung? Neue Blätter für den Sozialismus, Bd. 1, S. 289-295.

Löwe, A. (1930b), Lohn, Zins – Arbeitslosigkeit, Die Arbeit, Bd. 7, S. 425-430.

Lowe, A. (1952), A Structural Model of Production, Social Research, Bd. 19, S. 135-176.

Lowe, A. (1955), Structural Analysis of Real Capital Formation, in: Abramovitz, M. (Hrsg.), Capital Formation and Economic Growth, Princeton, N.J., S. 581-634.

Lowe, A. (1959), F.A. Burchardt. Recollections of his Work in Germany, Bulletin of the Oxford University Institute of Statistics, Bd. 21, S. 59-65.

Lowe, A. (1965), On Economic Knowledge, New York; deutsch: Politische Ökonomik, Frankfurt und Wien 1968, 2. erw. Aufl., Königstein/Ts. 1984.

Lowe, A. (1976), The Path of Economic Growth, Cambridge.

Lowe, A. (1979), Die Hoffnung auf kleine Katastrophen, in: Greffrath, M.(1979), S. 145-194.

Lowe, A. (1984), Zur Ortsbestimmung der Gegenwart, in: Hagemann, H. /Kurz, H.D. (Hrsg.), Beschäftigung, Verteilung und Konjunktur. Zur Politischen Ökonomik der modernen Gesellschaft, Bremen, S. 26-33.

Lowe, A. (1988), Has Freedom a Future?, New York u.a.; deutsch: Hat Freiheit eine Zukunft?, Marburg 1990.

Lowe, A. (1989), Konjunkturtheorie in Deutschland in den zwanziger Jahren, in: Schefold, B. (Hrsg.), Studien zur Entwicklung der ökonomischen Theorie VIII, Berlin, S. 75-86.

Luckmann, B. (1988), New School-Varianten der Rückkehr aus Exil und Emigration, in: I. Srubar (Hrsg.), Exil, Wissenschaft, Identität. Die Emigration deutscher Sozialwissenschaftler 1933-1945, Frankfurt am Main, S. 353-378.

Makower, H./Marschak J./Robinson, H.W. (1938-40), Studies in Mobility of Labour, Oxford Economic Papers, Bd. 1, S. 83-123, Bd. 2, S. 70-97 und Bd. 4, S. 39-62.

Marschak, J. (1930a), Das Kaufkraft-Argument in der Lohnpolitik, Magazin der Wirtschaft, S. 1443-1447.

Marschak, J. (1930b), Die Lohndiskussion, Tübingen.

Marschak, J. (1931), Elastizität der Nachfrage, Tübingen.

Marschak, J. (1938), Money and the Theory of Assets, Econometrica, Bd. 6, S. 311-325.

Marschak, J. (1950), Rational Behavior, Uncertain Prospects, Measurable Utility, Econometrica, Bd. 18, S. 111-141.

Mettelsiefen, B. (1983), Der Beitrag der »Kieler Schule« zur Freisetzungs- und Kompensationstheorie, in: Hagemann, H. und Kalmbach, P. (Hrsg.), Technischer Fortschritt und Arbeitslosigkeit, Frankfurt und New York, S. 204-245.

Meyer, G.E.O. (1935), Krisenpolitik und Planwirtschaft, Zeitschrift für Sozialforschung, Bd. 4, S. 398-436.

Modigliani, F. (1944), Liquidity Preference and the Theory of Interest and Money, Econometrica, Bd. 12, S. 45-88.

Möller, H. (1961), Zur Vorgeschichte der Deutschen Mark. Die Währungsreformpläne 1945-1948, Tübingen.

Neisser, H. (1928), Der Tauschwert des Geldes, Jena.

Neisser, H. (1930a), Lohnsenkung als Heilmittel gegen Arbeitslosigkeit? Magazin der Wirtschaft, S. 1301-1306.

Neisser, H. (1930b), Schlußwort, ebenda, S. 1447-1448.

Neisser, H. (1932), Lohnhöhe und Beschäftigungsgrad im Marktgleichgewicht, Weltwirtschaftliches Archiv, Bd. 36, 1932, S. 415-455; engl. Übersetzung: The Wage Rate and Employment in Market Equilibrium, Structural Change and Economic Dynamics, Bd. 1, 1990, S. 141-163.

Neisser, H. (1934), General Overproduction. A Study of Say's Law of Markets, Journal of Political Economy, Bd. 42, S. 433-465.

Neisser, H. (1936), Some International Aspects of the Business Cycle, Philadelphia.

Neisser, H. (1942), »Permanent« Technological Unemployment, American Economic Review, Bd. 32, S. 50-71.

Neisser, H./Modigliani, F. (1953), National Incomes and International Trade, Urbana/Illinois.

Neumark, F. (1975), Zyklen in der Geschichte ökonomischer Ideen, Kyklos, Bd. 28, S. 257-285.

Ott, A.E. (1959), Artikel »Technischer Fortschritt«, in: Handwörterbuch der Sozialwissenschaften, Bd. 10, Stuttgart und Tübingen, S. 302-316.

Pigou, A.C. (1928), A Study in Public Finance, 3. Aufl., London 1947.

Predöhl, A. (1972), Bernhard Harms und die Lehre von der Weltwirtschaft, in: ders.: Gustav Cassel, Joseph Schumpeter, Bernhard Harms. Drei richtungweisende Wirtschaftswissenschaftler, Göttingen, S. 49-77.

Radner, R. (1984), On Marschak, in: H.W. Spiegel, W.J. Samuels (Hrsg.), Contemporary Economists in Perspective, Greenwich, Ct. /London, S. 443-460.

Ricardo, D. (1817), Über die Grundsätze der Politischen Ökonomie und der Besteuerung, Marburg 1994.

Riese, H. (1978), Strukturwandel und unterbewertete Währung in der Bundesrepublik Deutschland. Bemerkungen zur theoretischen Position des Instituts für Weltwirtschaft, Kiel, Konjunkturpolitik, Bd. 24, S. 143-169.

Rutkoff, P.M./Scott, W.B. (1986), New School. A History of the New School for Social Research, New York und London.

Samuelson, P.A. (1988), The Passing of the Guard in Economics, Eastern Economic Journal, Bd. 14, S. 319-329.

Samuelson, P.A. (1991), Leontief's »The Economy as a Circular Flow«: An Introduction, Structural Change and Economic Dynamics, Bd. 2, S. 177-179.

Schumpeter, J.A. (1965), Geschichte der ökonomischen Analyse, 2 Bände, Göttingen.

Spiegel, H.W. (1992), »Economics«, in: Fischel, J./Pinsker, S. (Hrsg.), Jewish-American History and Culture: An Encyclopedia, New York und London, S. 145-150.

Sraffa, P.A. (1960), Production of Commodities by Means of Commodities. Prelude to a Critique of Economic Theory, Cambridge.

Stackelberg, H.v. (1933), Zwei kritische Bemerkungen zur Preistheorie Gustav Cassels, Zeitschrift für Nationalökonomie, Bd. 4, S. 456-472.

Uhlig, R. (Hrsg.) (1991), Vertriebene Wissenschaftler der Christian-Albrechts-Universität zu Kiel (CAU) nach 1933, Frankfurt a.M. u.a.

Weintraub, E.R. (1985), General Equilibrium Analysis. Studies in Appraisal, Cambridge.

Wicksell, K. (1913), Vorlesungen über Nationalökonomie auf Grundlage des Marginalprinzipes, Bd. 1, Jena.

Worswick, G.D.N. (1959), F.A. Burchardt, Part II: Burchardt's Work in Oxford, Bulletin of the Oxford University Institute of Statistics, Bd. 21, S. 66-71.

Young, W. (1987), Interpreting Mr. Keynes. The IS-LM enigma, Oxford.

Young, W. /Lee, F.S. (1993), Oxford Economics and Oxford Economists, Basingstoke und London.

Zottmann, A. (1964), Die Entwicklung des Instituts für Weltwirtschaft von der Gründung bis zur Gegenwart, in: Institut für Weltwirtschaft an der Universität Kiel 1914-1964, Kiel, S. 1-66.

Henry W. Spiegel

Refugee Economists and the Mathematization of Economics

Such diverse matters as atomic energy and the contraceptive pill stand out among the discoveries that are credited to refugees coming to the United States in the 1930s and '40s. Both have profoundly affected the structure of society, international affairs, and our image of the physical world. Have the refugee economists similar attainments to their credit? The likelihood of a resounding »No« to this question should not discourage the investigator from a more thorough exploration of the issues involved.

This exploration cuts across a number of scientific boundaries. It touches on doctrinal history, sociology of knowledge, and what in German, apparently untranslatably, are referred to as *Nachlebenstudien*, in the specific case here the continuing impact of the Historical school of economics on later generations of economists. It will shed light on the multicultural conditioning of economic thought and in this connection bear upon the nature-nurture controversy, with an outcome that favors nurture over nature.

As everybody knows, there were three great upheavals in twentieth-century economics, that is, the Keynesian revolution which began in the 1930s, the mathematization of economics which assumed momentum after the Second World War, and the debacle of Marx-inspired thought and action that occurred half a century later. What is singled out here for special treatment is the role of the refugee economists vis-à-vis the mathematization of economics. Thus we leave aside the connection of the refugee economists with the work of Keynes as well as with the downfall of Marxian economics. As regards Keynesian economics, the time relationships were such as to preclude a contribution of the refugee economists to the formation of Keynes's work. There is no doubt, however, that they played a role in the dissemination of Keynesian economics and in the development of related approaches. A notable example of the former kind of activity was A.P. Lerner; of the second, M. Kalecki. As regards the fate of Marxian economics, it is a well-known fact that Austrian economists, of the older and of the younger schools, at home as well as abroad, had been among the most prominent critics of Marx for many years. Whether their teachings can be brought into a cause-and-effect relationship with the downfall of the Soviet and Soviet-type economies and the attending dethronement of Marxian economics, and to what extent other factors were at work bringing about these events, are questions of Tolstoyan dimensions that cannot be resolved here. In any event, the Austrians were by no means unanimous. Schumpeter, for one, in the last address given before his death, gave it a title announcing *The March into Socialism* (Schumpeter 1950).

As noted earlier, the mathematization of economics gained momentum after the Second World War. The war was therefore a sort of high-water mark, and attention to what went on before rounds out the story. Before World War II, an article containing graphs or equations was a great rarity in the periodical literature of economics. After World War II, it became harder and harder to find an article that did not contain graphs or formulae. The mathematization of economics occurred against the background of an earlier history that was replete with attempts to introduce mathematics into economics, all of which were either neglected or severely criticized by contemporary opinion, or disavowed by their authors. Still in living memory, Sombart, for example, referred to Gossen as a »brilliant idiot«. The prudent Marshall, when he published the first edition of his *Principles of Economics* in 1890, banished all diagrams into footnotes and formulae into appendices, and never relaxed on this practice through the last, eighth, edition published during his lifetime in 1920, from fear that a more conspicuous display of mathematical economics would alienate his readers. Irving Fisher, the pioneer of mathematical economics in the United States, had no followers among the graduate students at Yale University and supervised no doctoral dissertation during his long tenure there.

The birth pangs of the mathematical revolution were greatly eased during the second half of the twentieth century, and the mathematization of economics became an accomplished fact before long. Chronologically the sea change roughly coincided with many refugee economists from Germany coming into their own in academic or government positions. This poses the question whether the synchronism was a mere coincidence or whether there was a significant relationship between the two events, the one promoting the other or vice-versa. The thesis developed here, to anticipate the outcome of the investigation, is that refugee economists from Germany proper made only a modest contribution to the mathematization of economics, quite unlike the contribution of refugee economists from Austria and other European countries, which was far more prolific.

To appreciate what happened, it is necessary to explore briefly the situation that confronted the refugee economists during the 1930s. Until the arrival of World War II, a large part of the world, including the United States, continued to be plagued by the effects of the Great Depression, from which a complete escape became possible only when war-time demand for goods and services expanded by leaps and bounds. Throughout the 1930s, unemployment prevailed, with full employment reached only during the war. This was a situation that could not fail to affect the refugee economists. Those who arrived during the 1930s faced a job market that was still severely depressed. Nevertheless there are on record a number of exceptionally successful careers even during the 1930s: Haberler was appointed professor of economics at Harvard University in 1936; Raymond Goldsmith (who had come to the United States already in 1930) became director of research at the Securities and Exchange Commission in 1938; Gerhard Colm, after serving in the Department of Commerce from 1939 to 1940, had a prominent position in the Bureau of the Budget from 1940 to 1946. But there was also another side of the coin. One illustration must suffice. Even Mises, world-famous already but known as a man of extreme views, had his difficulties. The present writer, who then headed a small economics department in the provinces, was approached over the phone from Harvard in 1940 (by Haberler, who has forgotten the episode) in search of employment for Mises, an episode that made the world look upside-down.

On the other hand, this upside-down world, depressed as it was, offered vastly greater employment opportunities in economics than had been available in Germany even in normal times. This, in a way, mitigated the adverse effects of the depression and opened the chance for employment to those immigrants who were lucky and persevering enough to find it. The difference, with not just absolutely but also relatively more opportunities available for economists in the New World than in the Old one, was grounded in differences in the structure of higher education. In pre-war Germany, law students took three courses in economics because they were required to do so. As there was no examination in economics, few of the law students ever attended theses courses in person. Otherwise courses in economics were a matter of professional specialization and were attended mainly by future specialists in economics. The situation was entirely different in the United States, where students attend courses in economics as part of their general education as undergraduates, and do so before they are eligible for specialized graduate work. Courses in economics, especially the introductory course, often attract large enrollments with the professor in charge lecturing to a sizeable audience and smaller discussion sections presided over by his assistants. Frequently there is not merely a single course of this type but a number of them at different hours. Large undergraduate teaching requirements thus provided the economics profession in the United States with employment opportunities of a scope much wider than was true of any other country. The mere size of the economics profession in America has increased manifold since the war, but was large by any standard already before the war. It has often astonished foreign observers. When Keynes during a war-time visit in Washington attended a seminar sponsored by the Federal Reserve Board, he was heard to exclaim: »That many economists! There are more of them here in this room than in all of the British Isles«, or words to that affect.

Thus the refugee's chances for employment, while reduced by the still prevailing depression, were by no means hopeless because of the manpower requirements of a large profession.

While the pre-war society in the United States was not as open as it became after the war, the fact that whole generations of economists, budding and mature, all from abroad and often speaking a poor English, could find employment, attests an unparalleled generosity, sense of fairness, and open-mindedness. This was true not only along the more cosmopolitan East and West coasts but in the American heartland as well. Frank Knight, at that time perhaps the leading economist in the United States, looked at a small map of Europe hanging on the wall over the desk in his office at the University of Chicago, a symbol of his attachment to multicultural values and intellectual diversity. He was never too busy to accord a cordial welcome to a young student visitor and for a chat with him.

During the war, the halls of academe became empty, and the academicians, students and teachers as well, were drawn into the military or private or government employment. Restrictions on the employment of foreigners in the military or in public service were relaxed. Many an »enemy alien« served in the Office of Strategic Services, the great intelligence agency.

After the war, just as elsewhere in the world, college enrollments increased hugely, and so did the demand for teachers of all and sundry subjects, including, of course, economics. As the years went by, society underwent profound changes characterized by Joseph Alsop, the gifted journalist, as »the inclusion of the excluded«. That meant that the society, over which hitherto the aristocracy of the WASPS (white Anglo-Saxon Protestants) had presided, became more open, not only to immigrants and minorities of all sorts but also to the one-half of the human race made up of women. In part this change occurred in response to the protracted period of post-war economic prosperity, which increased the demand for labor. But the change also reflected legal and political decisions of the highest order. The refugees could only benefit from all this, unless they were too old, as for example, Franz Oppenheimer, who had died in penury in 1943. Indeed, after the war most found employment, attractive or not so attractive.

There is a relationship between the opening up of society and the spread of mathematical economics, but this is a matter that cannot be further pursued in the present context. Suffice it to say that during the postwar decades the mathematization of economics proceeded at a fast clip, mathematization of course not being a monolithic concept but one subject to change in emphasis, scope and level of technique as the years went by.

According to the thesis advanced here, the German refugee economists suffered from a double handicap. Before the war they had to cope with the Great Depression. After the war, they had to cope with the mathematization of economics, for which many of them were not prepared. If they, nevertheless and in spite of these obstacles made their way and found their niche, this constitutes a testimony to their perseverance, high native ability, and quality of the education that they brought along from the Old World.

There is a dialectic in this because the very same education in a broader sense with its emphasis on the humanities, the classics, the great books, history, and foreign languages dead and alive, that so much benefited the refugees also made their task coping with the mathematization of economics more difficult. They benefited from their general education, but their training in economics was of questionable value. What comes to one's mind first is the prevalence of the Historical school of economics, which ruled virtually unchallenged in Germany until World War II. Many refugee economists were trained in the shadow of the Historical school and had to undergo a second immigration, an intellectual one, from this shadow, to be equipped to appreciate mathematical economics properly. People shed only with difficulty what they have learned in their youth.

Historical economics appeals specifically to one nation, preferably one that is ethnically homogeneous. The United States is multi-ethnic and multicultural. Moreover, the historical economists' view of the world and their attention to historical detail, local or national, turned them into exponents of a positivist outlook, ambivalent toward the philosophy of the enlightenment and hostile to speculations grounded in natural law or utilitarian tendencies that inform mainstream economics in America (see Troeltsch 1934 and Palmer 1941). The institutional school there, which had an affinity with historical economics, was always constituted by a minority on the defense. Most mainstream economists lacked first-hand acquaintance with German historical economics since only an old treatise by Roscher and a minor work by Schmoller found English translators. As far as attention to history in general is concerned, a perceptive observer has this to say: »I have come to believe that one of the most amiable qualities of the American people is that, compared to other peoples, they are always looking forward and have no memory ...« (Reston 1991, p. 4).

As noted before, most of the refugees found their niche. An exception, charged both with sadness and irony, was the fate of Fritz Redlich (1892-1978), famous for his pioneering achievements in financial and business history. Here was an intellectual heir of historical economics of outstanding accomplishments, whose work was widely acclaimed in America. But Redlich had to make his living working for a housing agency and found satisfactory employment only in 1952, to be retired after six years and without supplementary support from restitution.

Another factor that aggravated the task of the newcomers to become proficient mathematical economists was the training in law that so many of them had received before their emigration. Legal training and propinquity to the law faculty are eminently suited to discipline the mind of economists. So is training in mathematics. They work as alternative rather than cumulative engines of intellectual discipline. Training in law is more likely to divert the mind of the future economist to historical and institutional pursuits than to mathematical economics.

As the mathematization of economics proceeded, opportunities for specialization in economics along subjects not affected by the mathematization gradually faded away. Students who had to become proficient in mathematics had to be freed from other studies. This, combined with the temper of the time that was averse to historical studies, severely diminished the number of courses taught in economic history, even as a number of economic historians tried to turn their field into cliometrics. As in economic history, so in the history of economics, which ceased to be a required course and eventually disappeared from the curriculum at numerous institutions. »Government and Business« and similar courses that had been a standby in earlier years likewise faded away or underwent substantial transformations into cost-benefit or decision-making-analysis.

It is therefore not surprising that on the whole the German refugee contingent made only isolated contributions to the mathematization of economics. To be sure, there were newcomers and temporary residents in the United States who excelled in mathematical economics, but they came from Scandinavian countries, the Netherlands, Poland, or Italy. Names that come to one's mind in this connection include Trygve Haavelmo, Tjalling Koopmans, Oskar Lange, and Franco Modigliani. Apparent exceptions are Abraham Wald and his teacher Karl Menger, Oskar Morgenstern and Jacob Marschak. But of these four, three were Austrians if not by birth (Menger) then by intellectual adoption (Wald and Morgenstern). When Marschak, a native of Ukraine, came to Germany as a young man, he was not trained in the tradition of the Historical school but had the good fortune to have his mathematical bent developed by Ladislaus von Bortkiewicz. This Polish nobleman and professor of statistics in Berlin, who is remembered as a pioneer of Marxian econometrics, was the teacher also of Wassily Leontief.

No wonder that the refugee economists from Germany proper did not make a good showing in the presidential elections of the American Economic Association. The German-speaking economists who were elected presidents were Schumpeter (1948), Haberler

(1963), Machlup (1966), Fellner (1969), and Marschak (1978). Three of the five were Austrians, the fourth a Hungarian. There is no Nobelist among the German-speaking exiles, but one, Modigliani, among the exiles from Italian fascism. Both Schumpeter and Marschak were among the founders of the Econometric Society and served as its presidents. Haberler and Machlup became presidents of the International Economic Association.

The prominence of the Austrians (by birth or intellectual adoption) is awe-inspiring, particularly since the Austrian contingent among the refugee economists was dwarfed in numbers by the contingent from Germany proper, as the relative size of the respective populations would make appear likely. It can be explained by the fact that the Austrian intellectual tradition in economics was opposed to the Historical school, and remained so for a long time. Unlike in Germany, there was attachment to the ideas of the Enlightenment and to natural law, an attachment embodied in the influential work of Joseph von Sonnenfels (1732-1817), the great cameralist, who in 1763 became the first occupant of the chair of economics at the University of Vienna. Sonnenfels was a humanist, to whom Beethoven dedicated a composition. His willingness to postulate general principles valid for all mankind was further strengthened by the survival of the natural-law idea, which lost its hold in Germany but survived in Austria. J.S. Mill's theorizing and his liberal disposition would preclude any profound influence of his work in Germany, even though lip service might be paid to his authority. In Austria he met a more vigorous response. He found a translator there and the first complete edition of his writings was published there, a century ahead of an English edition. Abstract theory also was the method of the Austrian school of economics, which, beginning with Menger's work, developed a type of theory at a level of abstraction high enough to appeal to the citizens of the multinational Habsburg empire. In this environment any type of economics grounded in national histories would have given strength to the centrifugal forces that eventually tore the empire asunder. Although Menger's works were translated into English only in the mid-twentieth century, Böhm-Bawerk, his student and follower, found English translators much earlier and they carried his fame to America, where in at least one textbook about doctrinal history, published during the 1930s, the appraisal of his work served as a sort of apotheosis, a culmination with which the author concluded his book. Hence the Austrian-trained economists brought a tradition to America that was not as alien to native thought as German historicism. In exile they could develop patterns of thought of their own, different from the German contingent proper, that led them to mathematics in some cases and to libertarianism in others.

The fate of the exiles living in the shadow of the Historical school was a mirror image of similar effects of historical economics burdening the German economists at home during the postwar decades. After the war, the prestige of the United States was unparalleled, and the switch to mathematical economics in America was followed with alacrity in postwar Germany and elsewhere. Nominally and ostensibly historical economics was abandoned. But it is possible that the ghost of historical economics is still alive and has clipped the wings of German economists in the postwar world. Neither a German exile nor a German economist at home has been crowned with the Noble Prize, a situation quite unlike that in other fields of cultural endeavor with Nobel awards.

The great majority of the German and Austrian refugees came from Jewish families. But in spite of their matching origin, they responded positively to the contrasting intellectual climates of Germany and Austria. The thought of the German refugees reflected the influence of German historicism, that of the Austrians, more abstract theorizing. In this limited sphere, it seems that nurture was stronger than nature.

In conclusion, let us look at the matter discussed here from a long-term point of view. No one knows whether the mathematization of economics represents the final and definitive stage of economic science or whether the mathematical approach will eventually give way to other approaches. If experience is the guide, the second alternative is the more likely one. It is also not impossible that a future generation of economists will consider mathematical economics a *Holzweg* and dencounce it rather than exalt it. Should this be the case, those who have labored in the shadow of historical economics can look forward to be vindicated and hailed as champions of the future.

References

Palmer, P.A. (1941): Benthamism in England and America, in: American Political Science Review, Vol. 35, No. 5, pp. 855-71.

Reston, J. (1991): Deadline: A Memoir, New York.

Schumpeter, J.A. (1950): The March into Socialism, in: American Economic Review, Vol. 40, pp. 446-56.

Troeltsch, E. (1934): The Ideas of Natural Law and Humanity in World Politics, Appendix to Otto Gierke: Natural Law and the Theory of Society, 1500-1800, tr. with an intro. by Ernest Barker, 2 vols., New York.

Hans Ulrich Eßlinger

Einflüsse der Emigrationserfahrung auf Emil Lederers wirtschaftstheoretische und soziologische Arbeiten[1]

> »... auch eine Katastrophe ist entweder nur der Schlußpunkt unter einen langen Prozeß, oder eine von Zerstörungen begleitete, beschleunigte Entwicklung, ..., nie aber – besonders nicht in einer komplizierten und zugleich ihrer selbst bewußten Gesellschaftsphase – in Wirklichkeit ein wahrhaft dialektischer Umschlag.« (Lederer 1932b, S. 1)

1. Zur Debatte um die Wirkungen des technischen Fortschritts vor dem Hintergrund des Zusammenbruchs des Weimarer Staates

Das neuerliche wissenschaftliche Interesse am Werk Emil Lederers (1882-1939) seit dem Ende der siebziger Jahre liegt in zwei unterschiedlichen Entwicklungstendenzen begründet. Einerseits führte die heftige Diskussion um die Freisetzungs- und Kompensationseffekte des technischen Fortschritts auf den Arbeitsmarkt zu einer Auseinandersetzung mit seinen wirtschaftstheoretischen Schriften[2]. Beispielhaft hierfür können die Arbeiten Dicklers (1981, 1983 und 1996) gelten, der Lederers ökonomisches Werk in einem wachstums- und konjunkturtheoretischen Kontext aufgearbeitet hat.

---

1 Für wertvolle Anregungen und Hinweise zu der vorliegenden Arbeit bin ich Herrn Professor Harald Hagemann sehr dankbar. Verbleibende Unzulänglichkeiten und Fehler gehen selbstverständlich voll zu Lasten des Verfassers.

2 Der Schwerpunkt liegt hier auf der Analyse der beiden Monographien Lederers zu technischem Fortschritt und Arbeitslosigkeit (1931a und 1938).

Andererseits führte die Erforschung der Wirkungen der Wissenschaftsemigration der deutschsprachigen Ökonomen nach 1933 zu einem zweiten Zugang zu Lederers Werk, wobei hier seine Arbeiten auf dem Gebiet der Soziologie stärkere Beachtung fanden (vgl. z.B. Krohn 1987; Speier 1979). Die soziologische Perspektive mit der engen Verknüpfung zwischen Soziologie, Ökonomie und Politik ist ein zentrales Merkmal und ein grundlegender Bestandteil von Lederers Schriften. Sie markiert mit dem im Jahr seiner Habilitation an der Universität Heidelberg veröffentlichten Buch über *Die Privatangestellten in der modernen Wirtschaftsentwicklung* (Lederer 1912) den Beginn und mit seinem posthum erschienen Werk zur Totalitarismusanalyse (Lederer 1940) auch den Endpunkt seines akademischen Wirkens.

Damit sind bereits die Schwerpunkte skizziert, denen hier unter dem Gesichtspunkt, welchen Niederschlag die Emigration Lederers im Jahre 1933 von Berlin an die New Yorker New School in den angesprochenen Thematiken gefunden hat, nachgegangen werden soll[3]. Es geht zunächst darum, insbesondere die in seinen letzten Jahren als Professor an der Universität Heidelberg bis 1931 und darauf als Sombart-Nachfolger in Berlin entstandenen Schriften vor dem Hintergrund seines großen politischen Engagements für die Demokratie in der Weimarer Republik darzustellen. Anschließend wird untersucht, ob die jeweilige Thematik emigrationsbedingten Wandlungen unterworfen war, oder ob eine Kontinuität in der Behandlung der Thematik zu konstatieren ist.

Die ausführliche theoretische Diskussion des seit dem Ende der zwanziger Jahre immer drängenderen Problems der Arbeitslosigkeit, das in der Weltwirtschaftskrise seinen Höhepunkt gefunden hat, verdeutlicht Lederers leidenschaftliches politisches Engagement für die erste deutsche Demokratie zwischen 1918 und 1933. Wie auch sein späterer Kollege an der New School Hans Staudinger, war er bereits

---

[3] Lederers Gesamtwerk läßt sich in vier thematische Gruppen differenzieren:
1. die wirtschaftstheoretischen Schriften,
2. die Angestelltenanalyse,
3. Lederers Analyse der Klassenstruktur und
4. Untersuchungen zum Nationalsozialismus.

Da die drei letztgenannten Bereiche fließend ineinander übergehen und eine solche Untergliederung unter dem Blickwinkel der Emigrationswirkung nicht erforderlich ist, werden sie hier unter Lederers Arbeiten auf dem Gebiet der Soziologie subsumiert.

1911 Mitglied einer geheimen SPD-Organisation in Heidelberg (vgl. Staudinger 1982, S. 13). Zusammen mit Schumpeter, seinem Kommilitonen aus der Wiener Studienzeit, arbeitete er 1918 bis 1920, nunmehr Professor an der Universität Heidelberg,[4] in der deutschen und österreichischen Sozialisierungskommission mit (vgl. Heimann 1941, S. 94). Ab Mitte 1929 war Lederer stellvertretender Vorsitzender und geistiger Führer der von SPD und Gewerkschaften gegründeten Reichsforschungsstelle für Wirtschafts- und Sozialpolitik (vgl. Staudinger 1982, S. 89).

Unter dem Eindruck der schweren wirtschaftlichen Depression ab 1929 entstand Lederers erste Monographie zum technischen Fortschritt und Arbeitslosigkeit (1931a). Sie erhält ihr theoretisches Fundament durch die Akkumulationstheorie Marx' und die klassische politische Ökonomie. Die Analyse baut auf der klassischen Triade auf, die unter der Dominanz der statischen neoklassischen Grenzproduktivitätstheorie, deren scharfer Kritiker Lederer ist, fast in Vergessenheit geraten war, und behandelt das Problem um Freisetzung und Kompensation von Arbeitskräften im dynamischen Kontext einer sektoral ungleichgewichtig wachsenden Ökonomie. Ergänzt wird seine Freisetzungstheorie des schnellen arbeitsparenden technologischen Fortschritts um die Schumpeterschen Vorstellungen von Innovation und Kredit (vgl. Schumpeter 1987, S. 99ff. und S. 153ff.).

Damit verfügt Lederer über das Instrumentarium, mit dessen Hilfe sich der Freisetzungsprozeß beschreiben läßt. Durch die Umlenkung eines Teils der Profite, die in den statischen Betrieben anfallen, können die dynamischen Unternehmen arbeitsparende technische Fort-

[4] Zwischen 1912 und 1922 hatte Lederer in Heidelberg zunächst eine Privatdozentur, dann eine außerordentliche Professur inne. Von 1923 bis 1931 war er Ordinarius für Nationalökonomie und Finanzwissenschaft an der Universität Heidelberg. Während dieser Zeit promovierten neun spätere Emigranten bei ihm. In alphabetischer Reihenfolge waren dies (das Promotionsjahr jeweils in Klammern): Fritz S. Croner (1921), Arthur Feiler (1923), Kurt Lachmann (1921), Jakob Marschak (1922), Kurt Y. Mendelsohn (1922), Mark Mitnitzky (1930), Eva Reichmann, geb. Jungmann (1924), Svend Riemer (1930) und Alfred Sohn-Rethel (1928). Während seiner zweijährigen Professur in Berlin (1931-1933) betreute Lederer die Promotion von Paul Baran, einem der biographisch interessantesten späteren Emigranten.
Zusammen mit Alfred Weber ermöglichte er anderen nach 1933 emigrierten Ökonomen, wie etwa Emil Julius Gumbel und Jacob Marschak, aber auch dem Soziologen Karl Mannheim die Habilitation in Heidelberg. Diese jungen Wirtschafts- und Sozialwissenschaftler hätten aufgrund ihrer politischen Einstellung an anderen deutschen Universitäten kaum die Chance zur Habilitation erhalten.

schritte einführen und zu einer höheren organischen Kapitalzusammensetzung übergehen. Dieser Kapitalumlenkungsprozeß führt nun einerseits zur direkten Arbeitskräftefreisetzung in den dynamischen Betrieben. Andererseits können die statischen Unternehmen wegen ihrer (relativ) verringerten Kapitalakkumulation die Freisetzung nicht kompensieren oder gar die – in der wachsenden Ökonomie – neuen Arbeitskräfte integrieren. Es zeigt sich hiermit,

> »daß die Kapitalakkumulation allein noch nicht das Wachstum in der Zahl der Beschäftigten verbürgt. Wenn das Tempo in der Steigerung der organischen Zusammensatzung so rasch wird, daß trotz der Kapitalakkumulation die Nachfrage nach Arbeitskräften dauernd hinter dem Angebot an Arbeitskräften zurückbleibt, so wird die Arbeitslosigkeit strukturell.« (Lederer 1931a, S. 72)

Es muß jedoch darauf hingewiesen werden, daß Lederers »strukturelle« Arbeitslosigkeit keinesfalls mit jener Form der Arbeitslosigkeit verwechselt werden darf, die in moderner Terminologie als »strukturell« bezeichnet wird. Nicht in Disproportionalitäten bei der Qualifikationsstruktur oder in regionalen Divergenzen zwischen Arbeitsangebot und -nachfrage sind bei Lederer die Ursachen zu suchen. Vielmehr erfolgen wegen hochrentabler Rationalisierungschancen strukturelle, ungleichgewichtige Umschichtungen beim konstanten Kapital (vgl. Dickler 1981, S. 284) hin zu Großunternehmen, wie sie in Form von starker Kapitalkonzentration und der Monopolisierungstendenzen in der Weimarer Republik auch als reale Phänomene beobachtet werden konnten[5].

Jedoch erkennt man zwischen Emil Lederers wirtschaftstheoretischen Untersuchungen und den praktisch-wirtschaftspolitischen Vorstellungen deutliche Diskrepanzen. In einer wirtschaftspolitischen Debatte zwischen Lederer, Staudinger und Hilferding, dem SPD-Finanzminister in den Jahren 1923 und 1928/29, zu Beginn der dreißiger Jahre vertrat Lederer im Gegensatz zu Hilferding den Standpunkt, die damals von den Gewerkschaften vorgeschlagene kreditfinanzierte Konjunkturspritze sei zur Überwindung der Depression durchaus hilfreich. Infolge der geringen Kapazitätsauslastung bei Ka-

[5] In ähnlicher Weise argumentiert Löwe, denn »die Segnungen des technischen Fortschritts sind ... dank dem herrschenden *Kartellsystem* mindestens in den Rohstoff- und Halbfertigindustrien nicht in entsprechender Produktionssteigerung und Arbeitsvermehrung, sondern in Monopolrenten ausgemünzt worden.« (Löwe 1930, S. 291)

pital und Arbeit sei auch keinerlei Inflationsgefahr zu erwarten (vgl. Staudinger 1982, S. 89f.).

Im Kontrast zu diesem später als typisch keynesianisch bezeichneten Instrument des deficit spending steht das generelle Mißtrauen, das Lederer Maßnahmen zur Krisenüberwindung innerhalb des bestehenden marktwirtschaftlichen Wirtschaftssystems entgegenbringt. In seinem akkumulationstheoretischen Verständnis des Wirtschaftsprozesses kann die Vergabe von »öffentlichen Arbeiten« lediglich der kurzfristigen Arbeitsbeschaffung dienen. Eine langfristige Erhöhung der Arbeitskräftenachfrage dagegen sei nur zu erwarten,

> »wenn auch *nach Aufbrauch* der hierfür vorgesehenen Mittel eine größere Produktionsmenge auf den Markt kommen und abgesetzt werden würde. Ob das aber erwartet werden kann, ist doch höchst zweifelhaft [Herv. d. Verf.].« (Lederer 1932b, S. 34)

Lederer verweist, anders als etwa Colm oder Woytinsky[6], die Befürworter derartiger Arbeitsbeschaffungsprogramme waren (vgl. Colm 1932, S. 567), auf die Chancen, die eine planmäßig geführte Gemeinwirtschaft zur Überwindung der Krise bieten würde. Diese Wirtschaftsform strebte er nicht hauptsächlich als das Endziel zur Erreichung einer sozialistischen Gesellschaftsordnung an, sondern vielmehr aus seiner Erkenntnis heraus, daß die Funktionsprinzipien der Marktwirtschaft, insbesondere der Preismechanismus, in einer monopolisierten Wirtschaft außer Kraft gesetzt sind (vgl. Lederer 1931b, S. 30). Weitere Hemmnisse für die wirtschaftliche Erholung sieht Lederer in der gestörten internationalen Arbeitsteilung als Folge der Unterbrechung internationaler Kapitalströme und in einem weltweit um sich greifenden Protektionismus (vgl. Lederer 1932a, S. 28).

Lederers Hauptziel bei der Diskussion um den Aufbau einer Planwirtschaft war die Beseitigung der Arbeitslosigkeit. Diese für ihn vordringlichste gesellschaftliche Aufgabe schien ihm nur noch durch eine (partielle) Umwandlung der Wirtschaftsordnung lösbar zu sein. Er befürwortete daher Sozialisierungsmaßnahmen, bei denen »die Allgemeinheit ... die *ungenützten* Elemente (z.B. Fabrikanlagen, Kohle usw.) anfordern [könnte].« (Lederer 1932b, S. 12) Die Arbeitslosen sollten in brachliegenden Produktionsanlagen Güter herstellen, die

[6] Er war seit 1929 Direktor der statistischen Abteilung des ADGB und als Mitinitiator des nach seinen Erfindern Woytinski, Tarnow und Baade benannten WTB-Planes einer der entschiedensten Verfechter der Politik des deficit spending (vgl. Rühl 1990).

zunächst nur für ihren eigenen Bedarf bestimmt waren und die nicht auf dem ungeregelten Sektor des Marktes verkauft werden durften. Die dabei entstehenden Produktionsüberschüsse stünden zur kostenlosen Verteilung an die nicht in diesen »Arbeitslosenselbsthilfeindustrien« beschäftigten, »echten« Arbeitslosen zur Verfügung.

Durch die Institutionalisierung dieses planwirtschaftlichen Sektors auf der Basis einer Naturaltauschwirtschaft sollte eine *Koexistenz* von Plan und Markt mit dem Ziel der Krisenüberwindung geschaffen werden. Die Finanzierung solcher Programme stellte für Lederer kein Problem dar, da die notwendigen Produktionsanlagen sozialisiert werden sollten. Staatliche Kreditprogramme waren für diese Maßnahmen, anders als beim weitaus bekannteren WTB-Plan, nicht notwendig (vgl. Lederer 1932b, S. 12ff.). Auch wenn Lederer hier Vorschläge unterbreitet, die in die Richtung der damals in der breiten Öffentlichkeit diskutierten und unter dem Stichwort »Erwerbslosenküchen« bekanntgewordenen Arbeitsbeschaffungsmaßnahmen deuten, so blieben doch seine Überlegungen sehr unvollständig. Lederer hatte Probleme wie die der notwendigen Produktionsstruktur und der Güterverteilung im planwirtschaftlichen Sektor, sowie Auswirkungen auf die marktlichen Güter- und Rohstoffpreise oder das Entstehen von schwarzen Märkten nicht thematisiert.

Den zweiten Ansatzpunkt zur Überwindung der Depression sah Lederer in staatlichen Maßnahmen der »Kreditkontrolle«, wie sie teilweise schon von Schumpeter (1925) diskutiert worden war. Durch die hohe, kurzfristige Auslandsverschuldung und die Ausdehnung des bargeldlosen Zahlungsverkehrs hatte der Zins seine Rolle als »Geldpreis« und die Notenbank die Kontrolle über die Geldmengenentwicklung verloren. Kredite wurden für unrentable Investitionen, aber auch für Rationalisierungsinvestitionen zur Verfügung gestellt. In beiden Fällen erfolgte eine Freisetzung von Arbeitskräften: im ersten Fall infolge von Unternehmenszusammenbrüchen, in letzterem durch eine Beschleunigung des technischen Fortschritts (vgl. Lederer 1932b, S. 16ff.). Zwar waren die Wirkungen des »zusätzlichen Kredits« von Lederer bereits in seiner Arbeit zum technischen Fortschritt theoretisch analysiert worden (vgl. Lederer 1931a, S. 74ff.), jedoch hatte er an dieser Stelle noch keine Vorschläge zur Sozialisierung des monetären Sektors expliziert.

Für Lederer bildete die Weltwirtschaftskrise keine »normale« Rezessionsphase im Konjunkturablauf, die den Charakter einer »Reinigungskrise«[7] aufgewiesen hätte; vielmehr handelte es sich hier offenbar um eine »manipulierte« Krise (vgl. Lederer 1932b, S. 26), deren Ursache in einem Marktversagen, besonders im monetären Bereich zu suchen war. Infolge der geringen Zinselastizität der Kreditnachfrage und der fristeninkongruenten Verwendung kurzfristiger Betriebsmittelkredite als langfristiges Fremdkapital ist »... der Automatismus des Marktes ausgeschaltet, und eine – allerdings falsche – *Lenkung* der Produktion durch die Banken tritt ein.« (Lederer 1932b, S. 21)

Aufgrund der engen Verknüpfung von monetärem und realem Sektor gelangte Lederer zu dem Schluß, staatliche Eingriffe im Bereich der privaten Kreditinstitute (Sozialisierung) seien notwendig, um den Marktmechanismus sowohl im monetären als auch im realwirtschaftlichen Sektor wieder in Gang zu setzen.

> »Denn die Kreditkontrolle tut ja nichts anderes, als daß sie die Grundsätze der 'gesunden Bankpolitik', nämlich richtige Leitung des Kapitals, in der heutigen Lage realisiert – aber sie kann das nur, indem sie zugleich auf das Ganze der Volkswirtschaft hin gesehen *Produktionskontrolle*, also bewußte Entfaltung der Produktion als ein Ganzes von produktiven Kräften und zugehöriger Konsumtion in die Wege leitet.« (Lederer 1932b, S. 33f.)

In der Finanzwissenschaft nimmt die Untersuchung der Ursachen des Marktversagens, das weitgehende staatliche Eingriffe in den marktlichen Wirtschaftsablauf rechtfertigt, einen breiten Raum ein. Jedoch werden Lederers Gründe für weitreichende staatliche Eingriffe – zu rasches Tempo des technischen Fortschritts, unelastisches Nachfrageverhalten – nicht genannt.[8]

Emil Lederers Sozialisierungs-Pläne haben dennoch keine ideologischen Wurzeln. Vielmehr wurde er von seinen Freunden und Kollegen als liberal denkender Ökonom charakterisiert:

> »Lederer's liberalism meant two things: first, the encouragement of personal energy and initiative; and second, the coordination of individual efforts, not by an administrative machinery, but by the automatic process of the market.« (Heimann 1941, S. 95)[9]

---

[7] Lederer begibt sich mit der Verwendung dieser Terminologie in eine für seine Schriften ungewohnte Nähe zur Neoklassik (vgl. Lederer 1932b, S. 33).

[8] Eine Zusammenfassung der Ursachen des Markversagens bieten z.B. Boadway/Wildasin (1984, S. 55ff.).

[9] Wenngleich diese Charakterisierung hinsichtlich des Vertrauens in den marktlichen Allokationsmechanismus etwas übertrieben scheint, so bleibt doch richtig, daß dem politischen Liberalismus Lederers Vorstellung von der in das

Die Auseinandersetzung mit den Möglichkeiten zum planwirtschaftlichen Umbau des ökonomischen Systems sind also Folge seiner Überzeugung, die bestehende kapitalistische Wirtschaftsordnung und mit ihr konforme staatliche Maßnahmen der Wirtschaftspolitik seien nicht in der Lage, die Ursachen und die Auswirkungen schwerer Depressionsphasen zu bekämpfen und zu überwinden. So muß man diese Überlegungen wohl eher im Sinne eines Griffes zum letzten Mittel (Planwirtschaft) interpretieren, das im Angesicht der heraufziehenden Katastrophe noch eine Hoffnung auf die Abwendung des nahezu Unausweichlichen bietet.[10]

Eine Untersuchung des Publikationsverhaltens Emil Lederers erbringt ebenfalls Anhaltspunkte für die Intenstät und die Leidenschaft, mit der er für die Abwendung der Katastrophe gekämpft hat. Das Jahr 1927 markiert einen Wendepunkt in seiner Themenwahl. Lag in den Jahren davor das thematische Schwergewicht bei soziologischen Arbeiten und Länderstudien im Bereich des fernen Ostens, so entsteht in diesem Jahr zunächst ein Gleichgewicht zwischen dieser Thematik einerseits und der Auseinandersetzung mit den Folgen des technischen Fortschritts und konjunkturellen Aspekten der ausgehenden »goldenen Zwanziger« andererseits.[11] In den darauffolgenden Jahren ist parallel zu der sich verschärfenden krisenhaften Entwicklung eine nahezu kontinuierliche Verschiebung hin zu den aktuellen Problemen im Zusammenhang mit der Weltwirtschaftskrise zu erkennen. Von den insgesamt sechs selbständigen Schriften der Jahre 1931 und 1932 sind sämtliche diesem Themenkreis gewidmet; neben den oben ausführlicher diskutierten Arbeiten zu technischem Fortschritt und

---

demokratische System eingebetteten Planwirtschaft entsprach (vgl. Lederer 1931b, S. 31).

[10] In den Jahren 1931 und 1932 befaßten sich im deutschsprachigen Raum zahlreiche, vorwiegend selbständige Schriften mit der Theorie und den praktischen Chancen einer planwirtschaftlich geordneten Wirtschaft. Unter den Befürwortern der sozialistischen Planwirtschaft finden sich E. Heimann, P. Hermberg, C. Landauer und weitere Ökonomen (vgl. Meyer 1932, S. 387ff.), die nach 1933 aus Deutschland emigrieren mußten.
Cläre Tisch, die in ihrer Bonner Dissertation von 1931 ebenfalls über die Theorie der Planwirtschaft gearbeitet hatte (Tisch 1932) konnte sich nicht zur Emigration entschließen. Sie wurde im Konzentrationslager im Jahre 1937 ermordet.

[11] Allerdings erschien seine umfangreiche Studie *Japan – Europa. Wandlungen im fernen Osten*, die er zusammen mit seiner Frau Emy Lederer-Seidler verfaßt hatte, erst 1929.

der Planwirtschaft sind hier noch die *Wirkungen des Lohnabbaus* (Lederer 1931c) zu nennen.

Lederer bezog dort engagiert Stellung gegen die damals von Seiten der Unternehmen und der Reichsregierung vertretene Auffassung, die Depression könne durch ausreichend starke Lohn- und Preissenkungen überwunden werden. Er sah sich hierin mit den Vertretern der »Kieler Schule« einig, die, wie z.B. Adolph Löwe, ebenfalls gegen allgemeine Lohnsenkungen argumentierten, da auch die Auswirkungen derartiger Maßnahmen auf die Nachfrageseite berücksichtigt werden müßten (vgl. Löwe 1930, S. 292ff.) und Hans Neisser, der feststellte, daß »die volkswirtschaftlichen Vorteile einer erheblichen allgemeinen Lohnsenkung gerade auch unter dem Gesichtswinkel zusätzlicher Arbeitsbeschaffung in einem sehr zweifelhaften Licht erscheinen.« (Neisser 1930, S. 1306).

So ist Lederers Appell »... die primitive Vorstellung aber, man könne *immer*, wenn Arbeitslosigkeit herrscht, durch Herabsetzung der Löhne das Gleichgewicht wiederherstellen, gehört in die Rumpelkammer der Theorie« (Lederer 1931c, S. 32) zum einen ein Hinweis auf die Heftigkeit, mit der die Auseinandersetzung um die richtige Krisenbewältigungsstrategie geführt wurde. Zum anderen ist er ein Beleg für Emil Lederers differenzierte Sichtweise der Problematik in der Lohndiskussion.[12] Jedoch richteten sich Lederers Veröffentlichungen nicht allein an das akademische Publikum, dessen weitgehend widerstandslose Kapitulation vor der NS-Diktatur ihn zutiefst enttäuschte.[13] Mit Vorträgen, Zeitungsartikeln und Aufsätzen im *Vorwärts* versuchte er eine breitere Öffentlichkeit zu erreichen.

Im April 1933 folgte Lederer einer Einladung des Direktors des Internationalen Arbeitsamtes nach Paris. Ohne nochmals nach Berlin zurückzukehren, reiste er über London, wo er mit Alvin Johnson, dem Direktor der New School for Social Research, zusammentraf, nach New York weiter.[14]

---

[12] Eine ausführliche Darstellung zur Rolle der deutschen Reformökonomen in der Lohndiskussion bietet Hagemann (1984) sowie der Beitrag von Hagemann in diesem Band.

[13] »... the intellectuals gave almost no resistance, not even a protest, when in the beginning of the regime complete control was declared over public opinion, press, teaching and all publication.« (Lederer 1940, S. 176)

[14] Ausführlichere Darstellungen über Lederers Weg in die Emigration und seine Rolle als Professor und erster Dekan an der »University in Exile« finden sich bei Krohn (1987, S. 74ff.) und Speier (1979, S. 268ff.).

2. Kontinuität und Akkulturation: Die zwei Seiten der Emigrationserfahrung

Zur Beurteilung der allgemeinen Frage, inwieweit Emil Lederer in den USA akkulturiert wurde oder aber in der Kontinuität europäischer Traditionen in seinem wissenschaftlichen Arbeiten verhaftet blieb, bieten sich folgende Überlegungen an:

1. Hat er die Vereinigten Staaten als Exil- oder als Emigrationsland gesehen?
2. Welche Quellen benutzt Lederer in Deutschland und welche in den USA?
3. Wie haben sich die neu gewonnenen Erfahrungen an der New School auf seine Forschungsinteressen und die von ihm behandelten Problemgebiete niedergeschlagen?

Die erste Frage ist am schwierigsten zu beantworten, da hierzu in der Literatur keine Hinweise von Lederer selbst zu finden sind.[15] Doch gilt für alle an die New School emigrierten Professoren, daß sie sofort nach ihrer Ankunft einem starken Akkulturationsdruck unterworfen waren, d.h. englisch sprechen, unterrichten und publizieren mußten (vgl. Luckmann 1988, S. 355). Im speziellen Fall Lederers kamen infolge seiner herausgehobenen Position als Dekan der Fakultät administrative Aufgaben und die Sicherung der Finanzierung der »University in Exile« in enger Zusammenarbeit mit Alvin Johnson hinzu (vgl. Speier 1979, S. 271). Vor diesem institutionellen Hintergrund und aufgrund der Überzeugung Lederers, bei der nationalsozialistischen Herrschaft handele es sich keineswegs um ein vorübergehendes Phänomen von kurzer Dauer,[16] muß man folgern, daß er die USA als Emigrationsland begriffen hatte.

---

[15] Das Quellenstudium im Lederer-Nachlaß an der State University of New at Albany war dem Verfasser in der Kürze der Zeit nicht möglich.

[16] Alvin Johnson, der die Anfänge der nationalsozialistischen Herrschaft nur als vorübergehende Verwirrung qualifiziert hatte, äußerte über Lederers Position: »Lederer conviced me that I was wrong: that the Nazi movement was of the character of a forest fire which there was no stopping until the dry timber burned out; ... German culture and science, he predicted, would enter into an eclipse ...« (Johnson 1939, S. 313f.).
Aus dem posthum erschienenen Werk Lederers über den Massenstaat wird darüber hinaus deutlich, daß Lederer auch in den späten dreißiger Jahren keineswegs mit

Diese Sicht wird zusätzlich durch die Tatsache gestützt, daß nur zwei Mitglieder der »Graduate Faculty« nach dem Ende des Krieges nach Deutschland als akademische Lehrer heimgekehrt sind: die Philosophen Karl Löwith – 1952 nach Heidelberg – und Werner Marx 1962 nach Freiburg (vgl. Luckmann 1988, S. 367). Von den emigrierten Wirtschaftswissenschaftlern kehrten Eduard Heimann 1963 – fünf Jahre nach seiner Emeritierung an der New School – und Adolph Lowe, der bereits seit 1963 Professor Emeritus war, 1983 im hohen Alter von 90 Jahren nach Deutschland zurück. Die »Graduate Faculty« wurde also von den vertriebenen deutschsprachigen Professoren nicht als vorübergehendes Exil empfunden, sondern als akademische Heimat.

Unter diesem Aspekt darf auch die tragende Rolle der New School-Zeitschrift *Social Research* für die Akkulturation der Emigranten an der »Graduate Faculty« im allgemeinen und Emil Lederer im besonderen nicht vergessen werden. Alvin Johnson skizzierte im Vorwort zum ersten *Social Research*-Band die Intention des 1934 neu gegründeten Publikationsorgans als Artikulationsmöglichkeit und als Integrationshilfe für die »Graduate Faculty«-Mitglieder in der akademischen Neuen Welt. Hinzu kam, daß Johnson in *Social Research* die Chance zur Kontinuitätswahrung im Hinblick auf die Tradition der deutschen Journals erkannte, die nach 1933 tiefgreifenden Veränderungen unterworfen waren (vgl. Johnson 1934, S. 1).

Das *Archiv für Sozialwissenschaft und Sozialpolitik*, die weitaus bedeutendste unter den deutschen sozialwissenschaftlichen Zeitschriften, mußte als einzige unter ihnen das Erscheinen nach der nationalsozialistischen Machtergreifung einstellen. Emil Lederer war von 1922 bis zum letzten Band im Jahre 1933 als geschäftsführender Herausgeber tätig gewesen und hatte in dieser Funktion die herausragende Stellung des *Archivs* maßgeblich geprägt. Mit Colm, Lederer, Marschak und Neisser veröffentlichten spätere Emigranten in den letzten beiden Ausgaben des *Archivs*, die alle direkt oder über Umwege an die New School kamen und mit Ausnahme Marschaks auch im ersten Band von *Social Research* publizierten. Nimmt man die tragende Rolle Lederers als Mitherausgeber der neugegründeten Zeitschrift hinzu, so ist zu konstatieren: »For several good reasons *Social Research* can be regarded as the legitimate successor of the *Archiv für Sozialwissenschaft*

---

einem Zerfall der NS-Diktatur rechnete, sondern deren gewaltsame Expansion voraussah (vgl. Lederer 1940, S. 194ff.).

und Sozialpolitik.« (Hagemann 1991, S. 46). Damit hat *Social Research* ganz besonders in bezug auf Emil Lederer einen gewichtigen Beitrag zu dessen Akkulturation im Emigrationsland USA geliefert.[17]

Ein Vergleich der Konzeptionen von *Social Research* mit der *Zeitschrift für Sozialforschung* des Horkheimer-Kreises verstärkt die zentrale Stellung der Institutspublikation als Akkulturationsinstrument weiter. Obwohl die institutionellen Voraussetzungen für den Neuaufbau des Frankfurter Instituts für Sozialforschung an der Columbia Universtity in New York sehr viel günstiger waren als für die »Graduate Faculty«, lehnten die Mitglieder des ehemaligen Frankfurter Instituts in den ersten Jahren nach ihrer Vertreibung eine Akkulturation in den Vereinigten Staaten ab. Die Vertreibung bedeutete für sie bis zum Ausbruch des Krieges Exil (Vgl. Coser 1984, S. 92ff.). Dokumentiert wurde diese bewußte Nichtanpassung durch die Herausgabe der *Zeitschrift für Sozialforschung* weiterhin in deutscher Sprache. Der interessierte Leserkreis des Exillandes war, soweit nicht des Deutschen mächtig, ausgeschlossen.[18] Hier wurde also im Gegensatz zur »Graduate Faculty« zunächst eine starke, selbstgewählte Isolation gepflegt, deren logische Konsequenz die Rückkehr von Adorno und Horkheimer nach dem Kriegsende nach Deutschland war – auch dies im Kontrast zu den New School-Emigranten.

Der zweite Gesichtspunkt, der Hinweise zur Beantwortung der Frage nach der Akkulturation im Emigrationsland liefert, ist die Analyse der benutzten Quellen in den Schriften, die in der Zeit der Emigration entstanden sind. So bezog sich Gerhard Colm bereits ab 1934 in seinen Aufsätzen auf amerikanische Quellen, im Jahr darauf stützte er seine Arbeiten fast ausschließlich auf amerikanisches Material (vgl. Luckmann 1988, S. 360).[19] Emil Lederer hatte für seine wirtschaftswissenschaftlichen Arbeiten in Deutschland nahezu keine ausländi-

---

[17] Für einen detaillierten Vergleich von *Archiv* und *Social Research* in bezug auf personelle und konzeptionell-inhaltliche Kontinuitäten vgl. Eßlinger (1997).

[18] Im Jahre 1940, als eine Herausgabe der *Zeitschrift* in Paris nicht mehr möglich war, entschied das Institut, den Titel in *Studies in Philosophy and Social Science* umzuändern und die Beiträge in englischer Sprache zu veröffentlichen (vgl. Horkheimer 1939, S. 321).

[19] Nicht übersehen werden sollte dabei allerdings der enge Zusammenhang zwischen der jeweils behandelten Thematik und den zur Arbeit herangezogenen Quellen. So mußte ein Aufsatz über *Public Spending and Recovery in the United States* (Colm/Lehmann 1936) zwangsläufig auf US-Materialien basieren. Emil Lederers Beiträge hingegen hatten schon in Deutschland trotz allen politischen Engagements selten einen direkten nationalen Bezug aufgewiesen.

schen Quellen herangezogen.[20] Dies gilt im besonderen für die Monographie zum technischen Fortschritt (Lederer 1931a), in der keine ausländischen Quellen angeführt werden, aber auch für seine Abhandlung über Planwirtschaft (Lederer 1932b), obwohl gerade die letztere Thematik auch im europäischen Ausland und den USA ausführlich diskutiert wurde (vgl. Meyer 1932, S. 380ff.).

Ein völlig neues Bild, das mit den Bemerkungen zu Colm korrespondiert, bietet sich nach Lederers Emigration. Im ersten *Social Research*-Aufsatz (Lederer 1934) setzt er sich mit Böhm-Bawerks Artikel *Macht oder ökonomisches Gesetz* (Böhm-Bawerk 1914) auseinander und folgt damit noch seiner deutsch-österreichischen Tradition. Doch bereits bei dem Versuch einer wachstumstheoretischen Fundierung des Freisetzungs- und Kompensationsproblems greift er auf statistisches Material seines Emigrationslandes USA zurück (vgl. Lederer 1935b, S. 35). Dies gilt in noch verstärktem Maße für die erweiterte Neuausgabe des Buchs zu den Wirkungen des technischen Fortschritts, die bereits 1936 fertiggestellt war, jedoch erst 1938 veröffentlicht wurde. Das neu eingefügte Kapital zur empirischen Analyse der Geschwindigkeit des technischen Fortschritts basiert allein auf statistischen Materialien aus britischen und US-amerikanischen Quellen. Statistische Daten für Deutschland und aus deutschen Quellen werden nur am Rande erwähnt (vgl. Lederer 1981, S. 54ff.). Die Zitation stützt sich, von einigen wenigen Ausnahmen abgesehen, auf englischsprachige Literatur.

Nach dieser formalen Betrachtung zum Emigrationseinfluß soll nun versucht werden, die inhaltliche Rezeption der Emigrationserfahrung zur Beantwortung der dritten, noch offenen Frage, zu lokalisieren. Die Analyse erstreckt sich zunächst auf die ökonomischen Themen. Im Anschluß daran wird die in den hektischen Jahren der Weltwirtschaftskrise verschüttete Tradition der soziologischen Perspektive bei Lederer in einem emigrationsspezifischen Kontext beleuchtet.

---

20 Die Berücksichtigung seiner Aufsätze zu soziologischen Fragestellungen kann unter diesem Gesichtspunkt unterbleiben, da Lederer sowohl bei den in Deutschland als auch bei den in den USA entstandenen Arbeiten auf Quellenangaben weitestgehend verzichtet hat.

2.1 Modifikationen in der Diskussion der Freisetzungs- und Kompensationseffekte des technischen Fortschritts

Die Bemerkung Speiers, viele der Arbeiten Lederers aus den sechs Jahren in den Vereinigten Staaten »behandelten nicht-lokalisierte, allgemeinere Themen, die ihn bereits vor der Auswanderung beschäftigt hatten ...« (Speier 1979, S. 271) scheint mit Blick auf Lederers Bibliographie zunächst richtig zu sein. Jedoch sollte nicht übersehen werden, daß Lederers wissenschaftliches Interesse im ökonomischen Bereich der Wachstumstheorie galt, mit dem Schwerpunkt auf der nicht primär länderspezifischen Analyse von Ursachen und Wirkungen des technischen Fortschritts und der Arbeitslosigkeit. Wie die emigrierten Kieler Reformökonomen Adolph Löwe, Alfred Kähler und Hans Neisser, zählte Emil Lederer zu den Vertretern dieser speziell deutschen Forschungsrichtung, die von US-amerikanischen Ökonomen kaum behandelt wurde.[21] In diesem Kontext ist auch die Einladung von Lederer, Colm und Feiler im Dezember 1933 zu einer Diskussion der American Political Science Association über staatliche Wirtschaftskontrollen zu sehen. Man erhoffte sich von ihren abweichenden Forschungsansätzen Anregungen für die amerikanische Wissenschaft auf diesem Gebiet (vgl. Krohn 1987, S. 184).

Dennoch wird die wissenschaftliche Wertschätzung, die Lederers Arbeiten zum technischen Fortschritt entgegengebracht wurde, am zutreffendsten durch die Publikation seines Buches durch das Internationale Arbeitsamt 1938 in englischer und deutscher Sprache gekennzeichnet. Die gegenüber der 1931er-Ausgabe wesentlich umfangreichere Analyse ist auf drei Einflußfaktoren zurückzuführen. Erstens hatte die Arbeit Lederers von 1931 zu einer massiven Kritik Kaldors geführt. Kaldor erkannte zwar den Wert der Arbeit für die theoretische Diskussion und die praktisch politische Umsetzung an, *falls* Lederers Schlußfolgerungen richtig wären (vgl. Kaldor 1932, S. 181).

---

[21] Hier ist die aus orthodox neoklassischer Sichtweise verfaßte Arbeit von Douglas/Director (1931) *The Problem of Unemployment* hervorzuheben, in die ein Aufsatz von Douglas (1930) über »Technological Unemployment« integriert wurde. Dort wird die bekannte Meinung vertreten, technologische Arbeitslosigkeit sei eine allenfalls kurzfristige, friktionelle Form der Arbeitslosigkeit.
Hansen machte in seinen beiden Aufsätzen zum technischen Fortschritt Rigiditäten in der Anpassungsfähigkeit der Faktorpreise (vgl. Hansen 1932, S. 27), bzw. das Arbeitsangebotsmonopol der Gewerkschaften (vgl. Hansen 1931, S. 696) für das Auftreten technologischer Arbeitslosigkeit verantwortlich.

Zugleich griff Kaldor, der damals noch in der Tradition der Neoklassik argumentierte, bereits Lederers akkumulationstheoretische Grundlagen an und stellte dem Modell der ungleichmäßig wachsenden dynamischen Wirtschaft das einer statischen Wirtschaft bei vollkommener Konkurrenz gegenüber. Folglich kann Kaldors Fazit nicht überraschen, denn nicht der neoklassisch gesehen modelltheoretisch exogene technische Fortschritt, sondern Lohnstarrheiten seien für die Arbeitslosigkeit verantwortlich, und »to blame Technical Progress for a lack of adjustment due to rigidity is putting the cart before the horse.« (Kaldor 1932, S. 190) Dieser Angriff forderte Lederers Antikritik geradezu heraus.

An dieser Stelle sei kurz auf einige Parallelen zwischen Lederer und Neisser in der Behandlung der Beschäftigungsproblematik hingewiesen. Hans Neisser, Mitglied der »Kieler Schule«, die sich ebenfalls im Zuge der Lohndiskussion zu Beginn der dreißiger Jahre mit der Entwicklung einer Theorie der Kapitalakkumulation, des technischen Fortschritts und des strukturellen Wandels beschäftigt hatte, zeigte in seinem Aufsatz *Lohnhöhe und Beschäftigungsgrad im Marktgleichgewicht* (Neisser 1932) die engen Grenzen auf, innerhalb derer die Grenzproduktivitätstheorie Gültigkeit beanspruchen konnte. Wie Lederer wies auch er darauf hin, daß die Schaffung von Arbeitsplätzen und die Kompensation freigesetzter Arbeitskräfte untrennbar mit der Bildung von Realkapital verknüpft ist (vgl. Neisser 1932, S. 415f.).

Diese Gedanken griff er – auch hier die Parallele zu Lederer – in der Emigration nochmals auf und entwickelte sie unter dem Blickwinkel des technischen Fortschritts weiter (Neisser 1942). Auf die Bedeutung der beiden Neisserschen Arbeiten hat Hagemann jüngst hingewiesen:

> »Neisser's two papers (1932, 1942), which are strongly connected, have considerably advanced our understanding of the central role of the real capital stock for the determination of the equilibrium solution and a successful compensation process of technological unemployment. Labour-saving technical progress occurs frequently, and only the compensating effects of increases in the quantity (and changes in the quality) of physical equipment prevent technological unemployment from taking vast dimensions.« (Hagemann 1990b, S. 138)

Ein zweiter, gewichtiger Punkt, der zu einer Erweiterung der Überlegungen Lederers führte, sind die zahlreichen Veröffentlichungen dieser Jahre um den Themenkreis unvollkommene Konkurrenz, steigende Skalenerträge,[22] natürliche Monopole. Mit Chamberlins *The Theory of Monopolistic Competition* von 1933 hatte sich Lederer in einem *Social Research*-Aufsatz auseinandergesetzt, da hier die Gültigkeit der Grenzproduktivitätstheorie in bezug auf die Lohnbildung stark eingeschränkt wurde (vgl. Lederer 1935a, S. 229).

Die dritte, im Zusammenhang mit dem Emigrationseinfluß entscheidende Ergänzung gegenüber der ersten Auflage ist die weitergehende Differenzierung der Formen des technischen Fortschritts und die daraus resultierenden neuartigen Kompensationsmöglichkeiten. Lederer deutet zwar bereits vor der Emigration die Existenz von Arten des technischen Fortschritts, die ohne negative Wirkungen für den Arbeitskräftebedarf bleiben, an, verwirft sie dort jedoch zugunsten der planwirtschaftlichen Option (vgl. Lederer 1932a, S. 16ff.). So ist in dem neu eingefügten Kapitel zu den verschiedenen Formen technologischer Veränderungen (vgl. Lederer 1981, S. 31ff.) nicht zuletzt eine Folge der Anpassung an die anderen sozialen Verhältnisse und das große Güterangebot bei einem gleichzeitig hohen Technisierungsgrad in seinem Emigrationsland USA zu sehen (vgl. Krohn 1987, S. 122f.).

Mit der Aufnahme dieses Kapitels hat Lederer die grundlegend pessimistische Sichtweise des kapitalistischen Produktionsprozesses im Hinblick auf die Freisetzung von Arbeitskräften wesentlich modifiziert. *Erfindungen* in Form von Produktinnovationen bieten die Möglichkeit der Krisenüberwindung. Die Wirkung der Erweiterung des »Arbeiterfassungsraumes« resultiert aus zwei Komponenten, die vor dem Hintergrund des Ledererschen Produktionswertschemas deutlich werden. Erstens ist zur Herstellung der neuen Güter der Aufbau neuer Unternehmen notwendig. Dies ist bei der Existenz von »Reserven« an Arbeitskräften und Produktionsmitteln in einer Depressionsperiode friktionslos möglich. Zweitens werden nach Abschluß der Konstruktionsphase langfristig Arbeitskräfte zur Herstellung der neuen Produkte benötigt.[23]

---

[22] Auch Neisser erweiterte seine Arbeit von 1942 zum technischen Fortschritt um die »economies of scale«, die eine zusätzliche Einschränkung der Gültigkeit der Grenzproduktivitätstheorie bei der Erreichung der Vollbeschäftigung bedeuteten (vgl. Neisser 1942, S. 66f.).

[23] Der möglicherweise durch die Einkommensrestriktion der Konsumenten bedingte Nachfragerückgang nach bestehenden Produkten kann an dieser Stelle ausgeblendet werden.

Freilich mußte dieser Konstruktions- und Produktionsprozeß in den neuen Unternehmen, der durch die Schaffung neuer Bedürfnisse als Folge der Erfindung eingeleitet wurde, von einer – dem klassischen Denken Lederers entsprechend – im Wachstumsprozeß immer notwendigen Kapitalakkumulation begleitet werden. So kann festgestellt werden, daß Lederer in den Erfindungen eine, wenn auch nur unter bestimmten Bedingungen gültige Möglichkeit zur Einleitung des Konjunkturaufschwungs nach einer Periode wirtschaftlicher Depression skizziert hat. Die Erfindungen ermöglichen die Absorption von Arbeitslosen, »und zwar selbst in einer Konjunkturlage, die die Ausdehnung bestehender Industrien nicht zulassen würde.« (Lederer 1981, S. 41) Eine weitere Modifikation in der Betrachtung des Wachstumsprozesses führte Lederer kurz vor seinem Tode ein. Die Differenzierung in vertikales Wachstum der Wirtschaft vermittels Erfindungen und in horizontales Wachstum durch Erweiterung der Produktionsbasis korrespondiert weitgehend mit der in der Monographie von 1938 angelegten Unterscheidung zwischen Erfindungen und technischen Fortschritten, doch eröffnen Maßnahmen der staatlichen Wirtschaftspolitik nun auch die horizontale Expansion ohne negative Folgen für die Beschäftigungssituation auf dem Arbeitsmarkt (vgl. Lederer 1939, S. 155ff.).

Parallel zur Einführung der Erfindungen in Lederers Überlegungen fällt nach der Emigration die Option zugunsten des planwirtschaftlichen Umbaus des Wirtschaftssystems zur Bewältigung von Wirtschaftskrisen wie auch zur Verminderung der Folgen des technischen Fortschritts sehr viel zurückhaltender aus. Von der »gesellschaftlichen Zügelung« des technischen Fortschritts und einer »gesellschaftlichen Organisation der Produktivkräfte« (Lederer 1931a, S. VI; vgl. auch Lederer 1931b, S. 30ff.) ist nicht mehr die Rede. Vielmehr diente eine planwirtschaftlich gelenkte Ökonomie und die mit ihr (hypothetisch) erzielbaren Wirkungen lediglich als Referenzgröße für die Chancen staatlicher Wirtschaftspolitik im privatkapitalistischen System. Zum einen galt dies hinsichtlich der grundsätzlichen Möglichkeiten bei der Gestaltung staatlicher Eingriffe in den Wirtschaftsablauf und zum anderen im Hinblick auf die Geschwindigkeit in der Wirkung der Maßnahmen, also dem unterstellten kürzeren »time-lag« bei planwirtschaftlicher Steuerung, da hier die »traditionellen Hemmungen«, v.a. die Gruppeninteressen im Kapitalismus ausgeschaltet werden könnten.

Das Aufgreifen einer nachfragetheoretischen Argumentationslinie, also die Verhinderung des primären und sekundären Konsumausfalls infolge der Arbeitslosigkeit durch Staatsverschuldung, weist der Planwirtschaft nunmehr nur noch die theoretische Aufgabe zu, »Fingerzeige« zu geben, wie »die durch den technischen Fortschritt freigesetzten Arbeitskräfte wieder in den Produktionsprozeß eingeschaltet werden können.« (Lederer 1981, S. 29) Am deutlichsten wird die in den USA gewonnene positive Haltung gegenüber staatlicher Konjunkturpolitik in Lederers letztem *Social Research*-Aufsatz. Hier greift er nochmals scharf die Verfechter eines »laissez-faire-Kapitalismus« an und unterstützt staatliche Interventionen auf vielen wirtschaftspolitischen Gebieten. Besondere Beachtung muß die geänderte Position gegenüber dem technischen Fortschritt finden. Sie ist nicht mehr durch eine generelle Ablehnung, sondern differenzierte, wohlerwogene Steuerung des technologischen Wandels gekennzeichnet, wie sie auch heute zu fordern wäre.

> »It is frequently objected that the measures we must resort to in order to assist the economy out of its inertia involve an even worse evil than inaction, that is, unlimited and reckless spending. There is a wide range of positive measures: monetary policy, subsidies for special industries, the creation of demand for new commodities and services, a deliberate increase of efficiency in special sections of the country which could increase their buying power.« (Lederer 1939, S. 162)

Wenngleich Lederer seine Position zu den *quantitativen* Freisetzungswirkungen des technischen Fortschritts in den USA unter dem Eindruck der dort herrschenden günstigeren wirtschaftlichen Situation mit zahlreichen kompensationsoptimistischen Facetten versah, so blieben doch die *qualitativen* Aspekte weitgehend unberücksichtigt. Hatte er in seinen Arbeiten zum technischen Fortschritt in Deutschland diese Problematik noch völlig ausgeblendet, so beließ Lederer es nun bei einem kurzen Hinweis auf die Unterschiede in der Altersstruktur zwischen den freigesetzten Arbeitern in den dynamischen Betrieben und den kompensierten Arbeitskräften in den statischen Betrieben. Von den Freisetzungen seien vorwiegend ältere oder weniger leistungsfähige Arbeiter betroffen, während im Zuge der Kompensation die dem Arbeitsmarkt neu zuwachsenden, jüngeren Arbeitskräfte in den Produktionsprozeß integriert würden (vgl. Lederer 1981, S. 171f.). Qualität oder Mobilität der Arbeiter spielten ebensowenig eine Rolle (vgl. Dickler 1981, S. 284) wie regionale

Änderungen und Disproportionalitäten im Anforderungsprofil der Arbeitsplätze infolge des technischen Fortschritts. Auf diese, in Richtung qualitativer Beschäftigungswirkungen zielenden Folgen hatte Slichter bereits 1929 hingewiesen (vgl. Slichter 1929, S. 22).

Mit Blick auf die klassische politische Ökonomie, der Lederer nach wie vor verbunden war, finden sich in Adam Smith' *Wohlstand der Nationen* Andeutungen hinsichtlich negativer Qualifikationseffekte der Arbeitsteilung, »die zu einer großen Quelle der Inspiration für die sozialistische Kritik kapitalistischer Institutionen wurden.« (Hagemann 1990a, S. 166.) Diese Diskussion wurde insbesondere von Marx unter Zitation von Smith aufgegriffen (vgl. Marx 1989, S. 383f.) und weitergeführt. Er erkannte die Gefahr der »intellektuellen Verödung«, die »künstlich produziert [wird] durch die Verwandlung unreifer Menschen in bloße Maschinen zur Fabrikation von Mehrwert ...« (Marx 1989, S. 422f.). Lederer, der zum Aufbau seines Produktionswertschemas zentrale Marxsche Elemente übernommen hatte, blieb also mit seiner kurzen Notiz zu den »qualitativen« Auswirkungen der Technologie auf die Altersverteilung der Arbeitskräfte weit hinter seinen klassischen Vorläufern Smith und Marx, aber auch hinter neueren Ansätzen zurück.

2.2 Die Auseinandersetzung mit dem Totalitarismus

Im Bereich der soziologischen Arbeiten Lederers lassen sich als Folge der Emigration ebenfalls Verschiebungen sowohl in der Wahl der Thematik, als auch des theoretischen Zugangs erkennen. Die rein quantitative Analyse zeigt, daß dieser Bereich seines Schaffens in den USA wieder an Bedeutung gewonnen hat. Er veröffentlichte mit Ausnahme der Jahre 1935 und 1937 jeweils mindestens einen Aufsatz mit soziologischer Thematik in *Social Research* pro Jahrgang und nahm an den interdisziplinären Generalseminaren der »Graduate Faculty« teil, zu denen er v.a. soziologische Beiträge lieferte. Jedoch wird die Abkehr vom rein klassenanalytischen Zugriff auf soziologische Problemstellungen, die den eigentlichen Emigrationseinfluß dokumentiert, am besten in seiner Totalitarismusanalyse *State of the Masses* (Lederer 1940) deutlich.[24]

[24] Das Buch wurde von seinem ehemaligen Assistenten in Berlin, Hans Speier, der nach 1933 ebenfalls an die New School gekommen war, aus Lederers fast ferti-

Zugleich dokumentiert Lederer hier aber auch die Erfahrung des »fundamentalen Strukturbruchs der historischen, politischen und sozialen Entwicklung« (Lepsius 1981, S. 473), den der nationalsozialistische Staat für ihn, wie für alle Emigranten der älteren Generation mit sich gebracht hat.[25] Es ist der Versuch einer Aufarbeitung der Voraussetzungen, Funktionsbedingungen und Folgen der NS-Herrschaft, aus der zeitgenössischen Perspektive eines deutschen Emigranten, dem »Europa an den Fußsohlen klebte« (zit. nach Krohn 1987, S. 204). Diese breite und intensive Auseinandersetzung mit den gesellschaftlichen Entwicklungen in der ehemaligen Heimat ließ andererseits keinen Raum für eine tiefergehende Auseinandersetzung mit der Gesellschaft des Emigrationslandes. Weder Emil Lederer, noch der übrige Kreis der Emigranten hat bedeutende Bücher zur Analyse der amerikanischen Gesellschaft hervorgebracht (vgl. Lepsius 1981, S. 476).

Den Ausgangspunkt für die Analyse des Massenstaates hatte Lederer schon in Deutschland in der Auseinandersetzung mit den *Privatangestellten in der modernen Wirtschaftsentwicklung* (Lederer 1912) gelegt und deren entscheidende Rolle für die damalige »moderne« Gesellschaftsumstrukturierung zusammen mit Jacob Marschak in der Untersuchung *Der neue Mittelstand* (Lederer/Marschak 1926) weiter herausgearbeitet.[26] Zur Lokalisierung der gesellschaftlichen Stellung dieses »neuen Mittelstandes« wurden die historischen Klassen der Arbeiter und der Kapitalisten herangezogen. Sein Charakteristikum war es, »als soziale Schicht nicht isoliert zu stehen, sondern mitten hineingestellt zu sein zwischen *anderen* Klassen, deren soziale und ökonomische Funktion fixiert ist, ...« (Lederer/Marschak 1926, S. 122).

Die marxistisch orientierte Prognose, es bestehe eine Tendenz zur Vereinigung der neuen Mittelschicht mit der Arbeiterklasse (vgl. Lederer/Marschak 1926, S. 131), erwies sich als Irrtum. Von entscheidender Wichtigkeit war jedoch die Erkenntnis der zentralen Bedeu-

---

gem Manuskript zusammengestellt und posthum im Jahre 1940 herausgegeben. Eine deutsche Übersetzung wurde 1995 von Krohn herausgegeben.

[25] Eine Übersicht zu wichtigen Beiträgen emigrierter Sozialwissenschaftler im Bereich der Totalitarismusforschung findet sich bei Lepsius (1981, S. 472f.)

[26] Beide Arbeiten wurden (auszugsweise) ins Amerikanische übersetzt und als selbständige Schriften 1937 in den USA veröffentlicht. Der Einfluß, den Lederers sozialkritisch-empirische Angestelltenforschung in den USA ausgeübt hat, zeigt sich noch 14 Jahre danach am Beispiel von C.W. Mills' *White Collar* (1951).

tung der Mittelklasse für die weitere politische Entwicklung in Deutschland, insbesondere die Machtergreifung der Nationalsozialisten, da die Mittelschicht zu den wichtigsten Trägergruppen der NSDAP zählte (vgl. Winkler 1976, S. 98).

Diesen gesellschaftsanalytischen Ansatz verfolgte Lederer in modifizierter Form nach der Emigration weiter und baute ihn zu einer Analyse des »Massenstaates« aus. Das Ziel war es, die Entstehung totalitärer Herrschaft aus der kapitalistischen Gesellschaft zu erfassen.[27] Dabei bediente er sich nun aber nicht des klassenanalytischen Zugriffs für die Erklärung der Machtergreifung durch totalitäre Regime, sondern betonte die Existenz der sozialen Schichtung als unabdingbare Voraussetzung für den Fortbestand und die Weiterentwicklung der demokratischen Gesellschaft.

Die Schichtung der Gesellschaft entsteht durch die Bildung einer Vielzahl sozialer Gruppen, welche die gleichgerichteten Interessen ihrer Mitglieder bündeln, daher untereinander divergierende Ziele verfolgen und miteinander im gesellschaftlichen Diskurs stehen. Sie dienen also einerseits der Artikulierung von Interessen, andererseits aber auch der Rationalisierung ihrer Mitglieder.[28] Im demokratischen System spielen die Parteien als Träger der parlamentarischen Auseinandersetzung eine entscheidende Rolle. Gelingt es den sozialen Gruppen, insbesondere den Parteien nicht mehr, das emotionale, irrationale Element, das jedem Individuum innewohnt, auf die gesellschaftlichen Ziele hin zu rationalisieren, formiert sich die Masse. Besonders ausgeprägt ist diese Emotionalisierung in Zeiten der Gefährdung der individuellen Existenz durch ökonomische Krisensituationen und Arbeitslosigkeit. Eine ähnliche soziale Sprengwirkung stellte auch der neue Mittelstand dar.

> »For while the workers had found their place in society, and their trade unions and cultural organizations had found ways of co-operating with their 'class enemies', the white-collar workers were

---

[27] »State of the Masses« ist im doppelten Wortsinne zu interpretieren: als Analyse des totalitären Massen*staates* selbst und des *Zustandes* der Bevölkerungsmassen in diesem Staat.
Weitere Arbeiten zur Totalitarismusforschung wurden von Mitgliedern der Frankfurter Schule vorgelegt: die Theorie des Staatskapitalismus von Friedrich Pollock und Franz L. Neumanns Theorie des Bundes zwischen Parteidiktatur und Großindustrie (vgl. Srubar 1988, S. 284).

[28] »Every individual is an emotional as well as a reasoning being.« (Lederer 1940, S. 27)

still undecided and constituted in a time of universal crisis a social dynamite which was the more dangerous because nobody knew how to handle it.« (Lederer 1940, S. 53)

Aufgrund der fehlenden Vermittlungsfunktion der sozialen Gruppen (Parteien) zwischen Staat und Gesellschaft stehen sich nun der Staat und die Masse atomisierter Individuen gegenüber. In dieser Situation suchen die Individuen nach neuen Identifikationsmöglichkeiten. Diese bieten sich in Form von »... evaluations, common historical experiences which are important for everybody (such as defeat or victory in wars), religios feelings or race-cousciousness.« (Lederer 1940, S. 37)

Lederer charakterisiert die Masse als amorphes Gebilde,[29] da ihre Mitglieder aus allen gesellschaftlichen Schichten stammen;[30] somit ist auch die Schichtung in ihrem ursprünglichen Bestand aufgelöst. Die Masse ist emotionalisiert und jederzeit bereit zum gemeinschaftlichen Handeln. In einer solchen Situation hat der charismatische Führer die Möglichkeit mittels Propaganda die Aktion der Masse für Zwecke zu instrumentalisieren, die in Einklang mit den Emotionen der breiten Massen stehen. Diese Institutionalisierung des totalen Massenstaates ist ohne historische Vorbilder und auf Dauer angelegt:

> »There is no state in history which can be compared to this totalitarian state, and it is easy now to see why: there has never been a state which destroyed the social structure to such an extent, and there has been never a time which offered the technical opportunities [propaganda and armed secret forces; d. Verf.] of today to transform the whole people into masses and to keep them in this state.« (Lederer 1940, S. 46)

Keineswegs galt Lederers Analyse nur der Hitlerschen rechtsgerichteten Nazi-Diktatur, sondern der generellen Bedrohung der Demokra-

---

[29] Der Ledererschen Ansatz des Massenstaates weist zahlreiche Gemeinsamkeiten mit einem Artikel Colms (1931) hinsichtlich der Wirkung der Masse und der Rolle des »Führers« bei ihrer Steuerung auf. Allerdings verschließt sich Colm der schichtanalytische Zugang, da dieser in der *Homogenität* der Masse eines ihrer typischen Charakteristika sieht (vgl. Colm 1931, S. 356).

[30] Neuere Arbeiten zum Faschismus bestätigen Lederers Analysen weitgehend. In dem Schlagwort »Volksgemeinschaft« fand die Zerstörung der traditionellen sozialen Segmentierung ihren ideologischen Ausdruck, wenngleich das Ziel infolge der Instrumentalisierung bestimmter gesellschaftlicher Gruppen für die Fernziele des NS-Staates nicht vollständig erreicht wurde (vgl. Winkler 1976, S. 109).

tie durch die klassenlose Gesellschaft.[31] Die Zerstörung der gesellschaftlichen Schichtung kennzeichnet ebenso die linksgerichtete Ideologie der Diktatur des Proletariats. Wird die klassenlose oder ungeschichtete Gesellschaft verwirklicht, so fehlt der gesamtgesellschaftliche Diskurs als Antrieb für die Weiterentwicklung des Staates ebenso wie für das ökonomische Wachstum. Zwar ist der Ausgangspunkt für den Aufbau der kommunistischen Diktatur ein anderer als beim faschistischen Staat,[32] das Ergebnis, die gewaltsamen Mittel und die Methoden der Machterhaltung sind jedoch hier wie dort identisch (vgl. Lederer 1940, S. 151).

Doch Lederer geht noch einen Schritt weiter und wirft der sozialistischen Gesellschaftstheorie vor, genau diesen Punkt nicht erkannt zu haben. Hier kommt die tiefgründende Ablehnung Lederers gegenüber dem Bolschewismus deutlich zum Vorschein. Diese hatte sich seit seiner UdSSR-Reise im Jahre 1932 unter dem Eindruck des stalinistischen Regimes und der im Gegensatz dazu freien und liberalen Atmosphäre in seinem durch und durch kapitalistischen Emigrationsland USA, das eben nicht totalitaristisch pervertierte, noch verstärkt:

> »No one can take a stand against fascism if he advocates the dictatorship of the proletariat as it is understood after the historical example in Russia. Everyone, including the socialists, must realize the sinister dangers slumbering beneath the surface of the modern world. He will then be convinced that evolution is the only method of transformation, and stratification the only principle of building a society, which can prevent the mass-state and preserve the continuity and the existence of civilization.« (Lederer 1940, 152f.)

Mit diesen Aussagen fand Lederer sowohl Nachfolger, die auf seiner Analyse aufbauten, wie auch scharfe Kritiker. Zu ersteren gehörte Hannah Arendt (1951), die gleichfalls den Totalisierungsprozeß nach rechts und links offen sah. Auch Otto Kirchheimer (1941) wies auf die strukturelle Gleichartigkeit von Faschismus und Kommunismus hin: legitime Staatsgewalt verwandelt sich im totalitären Staat in will-

---

31 Zum Ausdruck gebracht wird dies bereits im Untertitel seines Buches: »State of the Masses. *The Threat of the Classless Society*«.

32 »There are differences, one of which is that fascism starts from crowds as they offer themselves in periods of social crisis and that all its methods are based on perpetuing the masses, while communism *purports* to be the fight of one class against the other under the plan of a certain social and economic structure, ... [Herv. d. Verf.]« (Lederer 1940, S. 151).

kürlichen Staatsterror. Damit brach Kirchheimer aber mit Franz Neumann und anderen Mitgliedern der Frankfurter Schule, die an der prinzipiellen Unterschiedlichkeit von Faschismus und Kommunismus festhielten (vgl. Horowitz 1988, S. 54), denn gerade Neumann kritisierte Lederer in scharfer Form: Jener habe übersehen, daß Klassenstruktur und soziale Differenzierung nicht dasselbe seien – und eben hierin liege Lederers »Hauptirrtum« (vgl. Neumann 1942, S. 426).

Zwar wurden die Grenzen totalitärer Nivellierung der sozialen Schichtung im Nationalsozialismus von Lederer nicht aufgezeigt und die Identifikation von Nationalsozialismus und Bolschewismus vom größeren Teil der Emigranten an der New School abgelehnt (vgl. Krohn 1987, S. 146), doch werden eine Vielzahl von Aspekten des totalitären Staates angesprochen, die durch »die alte marxististische Vorstellung von der historischen Subjekt-Rolle des Proletariats unter dem Spätkapitalismus und seinen technischen Möglichkeiten der Massenbeeinflussung« (Krohn 1987, S. 150) nicht hinreichend zu erfassen sind, wie etwa die Machterhaltung mit Hilfe einer permanenten Mobilisierung der Massen durch die Propaganda-Maschinerie (vgl. Lederer 1940, S. 235ff.) und die zentrale Rolle des »Führers« für die Aktivierung der desintegrierten Masse.[33] Lederer hatte bereits vor dem Ausbruch des Zweiten Weltkriegs erkannt,[34] daß die nationalsozialistische Diktatur nicht in ihren ursprünglichen territorialen Grenzen verharren würde, sondern bereits allein zur Herrschaftserhaltung imperialistische Züge annehmen mußte; die Annexion der Tschechoslowakei war ihm ein erstes Anzeichen für das bevorstehende gewaltsame Ausgreifen über ganz Europa hinweg.

Somit ist Lederers Totalitarismusanalyse mehr als ein beeindruckendes Dokument für die Akzentverschiebung im Denken dieses Gelehrten bei der Verarbeitung neuer Erfahrungen. Er zeigt die Gefahr auf, die der einem immer schnelleren Modernisierungsprozeß unterworfenen Gesellschaft durch die politische und ökonomische Desintegration breiter Bevölkerungsschichten droht.

---

[33] »The crowd is amorphous and therefore cannot act unless it is integrated.« (Lederer 1940, S. 38)

[34] Emil Lederer starb am 29. Mai 1939.

3. Fazit

Will man den Emigrationseinfluß auf Lederers Arbeiten abschließend bewerten, so ist der Einfluß auf das soziologische Werk von dem auf das wirtschaftstheoretische zu trennen, ohne jedoch die Verknüpfung zwischen beiden Teilen aus den Augen zu verlieren. In seinem letzten Buch erreichte Lederer einerseits den Höhepunkt seines soziologischen Schaffens (vgl. Heimann 1941, S. 353). Es ist die Verarbeitung der emigrationsspezifischen Erfahrung des Abgeschnittenseins von den kulturellen Traditionen des europäischen Kontinents, die an der New School nur partiell aufrechterhalten werden konnten und sollten. Die intensive Auseinandersetzung mit der Katastrophe dort ist in *State of the Masses* ebenso deutlich dokumentiert, wie das Festhalten Lederers an der Überzeugung, daß sich die Wissenschaft nicht in den Elfenbeinturm des realitätsfernen Objektivismus zurückziehen dürfe und dabei tatenlos zusehen, wie unter ihr der Boden der intellektuellen Freiheit verbrannt wird. Lederer hat vor wie auch nach der Emigration die politische Verwertung der wissenschaftlichen Erkenntnis gefordert und praktiziert.[35] Sein letztes Buch ist auch hierfür ein eindrucksvolles Dokument.

Andererseits wird seine immer vorhandene Bereitschaft zum Überdenken alter Positionen offenbar. Der Klassenantagonismus stellt nicht mehr die Basis zur Erfassung soziologischer Phänomene dar; die Schichtung der Gesellschaft und die Beiträge der verschiedenen sozialen Gruppen garantieren den *evolutionären* Entwicklungsprozeß – direkte Folgen der Erfahrung einer liberalen amerikanischen Gesellschaft.

Noch klarer erkennbar wird die Wirkung der Emigration in den wirtschaftstheoretischen Schriften. Das klassische Instrumentarium und der Themenkreis um technischen Fortschritt, Akkumulation und Arbeitslosigkeit änderten sich nicht. Mit der zweiten Ausgabe seines Hauptwerkes zu den Wirkungen des technischen Fortschritts lieferte er jedoch eine modifizierte Analyse, die nicht nur die Hindernisse, sondern auch die fördernden Komponenten des Wachstums aufzeigte. Er legte damit auch den Grundstein für die Rolle, die staatliche Eingriffe bei der Überwindung ungleichgewichtiger Wachstumsprozesse spielen sollten. Die Frage »Is the Economic Frontier Closed?«, die er

---

35 Vgl. dazu umfassender Eßlinger (1995).

1939 in seinem letzten *Social Research*-Beitrag stellte, kann für Lederer damit klar verneint werden.

Literatur

Arendt, H. (1951): The Origins of Totalitarism, New York (deutsch: Elemente und Ursprünge totalitärer Herrschaft, Frankfurt/M. 1955).

Boadway, R.W./Wildasin, D.E. (1984): Public Sector Economics, Boston/ Toronto.

Böhm-Bawerk, E. v. (1914): Macht oder ökonomisches Gesetz? Mit einer Einführung zum Nachdruck von Hans-Heinrich Barnikel, Darmstadt 1975.

Colm, G. (1931): Masse, in: Vierkandt, A. (Hrsg.): Handwörterbuch der Soziologie, Stuttgart.

Colm, G. (1932): Emil Lederer: Planwirtschaft (Rezension), in: Die Arbeit, Bd. 9, S. 566-569.

Colm, G./Lehmann, F. (1936): Public Spending and Recovery in the United States, in: Social Research, Vol. 3, S. 129-166.

Coser, L.A. (1984): Refugee Scholars in America. Their Impact and Their Experiences, New Haven/London.

Dickler, R.A. (1981): Emil Lederer und die moderne Theorie des wirtschaftlichen Wachstums, Nachwort zu: Lederer, E.: Technischer Fortschritt und Arbeitslosigkeit. Eine Untersuchung der Hindernisse des ökonomischen Wachstums, Frankfurt (Neuausgabe der 1938 in Genf erschienenen Erstausgabe), S. 265-327.

Dickler, R.A. (1983): Lederers Theorie der strukturellen Arbeitslosigkeit und lange Wellen (1), in: Hagemann, H., Kalmbach, P. (Hrsg.): Technischer Fortschritt und Arbeitslosigkeit, Frankfurt/M./New York, S. 186-203.

Dickler, R.A. (1996): Das Lederer Stagnationstheorem: Anhaltspunkte zur Weiterführung? (= Diskussionsbeiträge aus dem Institut für Volkswirtschaftslehre, Nr. 127/1996), Stuttgart.

Douglas, P.H. (1930): Technological Unemployment, in: American Federationist, Vol. 37, S. 923-950.

Douglas, P.H./Director, A. (1931): The Problem of Unemployment, New York.

Eßlinger, H.U. (1995) Emil Lederer. Ein Plädoyer für eine politische Verwertung der wissenschaftlichen Erkenntnis, in: Treiber, H./Sauerland, K. (Hrsg.): Heidelberg im Schnittpunkt intellektueller Kreise. Zur Topographie der »geistigen Geselligkeit« eines »Weltdorfes«: 1850-1950, Opladen, S. 422-444.

Eßlinger, H.U. (1997): Interdisziplinarität. Zu Emil Lederers Wissenschaftsverständnis am InSoSta, in: Blomert, R./Eßlinger, H.U./ Giovannini, N. (Hrsg.): Heidelberger Sozial- und Staatswissenschaften. Das Institut für Sozial- und Staatswissenschaften zwischen 1918 und 1958, Marburg, S. 113-152

Hagemann, H. (1984): Lohnsenkungen als Mittel der Krisenbekämpfung? Überlegungen zum Beitrag der »Kieler Schule« in der beschäftigungspolitischen Diskussion am Ende der Weimarer Republik, in: Hagemann, H./Kurz, H.D. (Hrsg.): Beschäftigung, Verteilung und Konjunktur. Zur politischen Ökonomik der modernen Gesllschaft. Festschrift für Adolph Lowe, Bremen, S. 97-129.

Hagemann, H. (1990a): Akkumulation, neue Technologien und Beschäftigung – Zu den quantitativen und qualitativen Beschäftigungswirkungen des technischen Fortschritts bei Adam Smith, in: Kurz, H.D. (Hrsg.): Adam Smith (1723-1790) – Ein Werk und seine Wirkungsgeschichte, Marburg, S. 153-174.

Hagemann, H. (1990b): Neisser's »The Wage Rate and Employment in Market Equilibrium«: An Introduction, in: Structural Change and Economic Dynamics, Vol. 1, No. 1, S. 133-139.

Hagemann, H. (1991): Learned Journals and the Professionalization of Economics: The German Language Area, in: Economic Notes. Monte dei Paschi di Siena, Vol. 1, S. 33-57.

Hansen, A.H. (1931): Institutional Frictions and Technological Unemployment, in: Quarterly Journal of Economics, vol. 45, S. 684-697.

Hansen, A.H. (1932): The Theory of Technical Progress and Dislocation of Employment, in: American Economic Review, vol. 22 (Suppl.), S. 25-31.

Heimann, E. (1941), in: Heimann, E./Kähler, A./Marschak, J.: Emil Lederer, 1882-1939. II. The Economist, in: Social Research, Vol. 8, S. 93-100.

Horkheimer, M. (1939): Foreword, in: Studies in Philosophy and Social Science (formerly: Zeitschrift für Sozialforschung), Vol. 8, S. 321.

Horowitz, I.L. (1988): Zwischen der Charybdis des Kapitalismus und der Szylla des Kommunismus: die Emigration deutscher Sozialwissenschaftler 1933-1945, in: Srubar, I. (Hrsg.): Exil, Wissenschaft, Idendität. Die Emigration deutscher Sozialwissenschaftler 1933-1945, Frankfurt/M., S. 37-63.

Johnson, A. (1934): Foreword, in: Social Research, Vol. 1, S. 1-2.

Johnson, A. (1939): Emil Lederer: In Memory, in: Social Research, Vol. 6, S. 313-315.

Kaldor, N. (1932): A Case against Technical Progress?, in: Economica, Vol. 12, S. 180-196.

Krohn, C.-D. (1987): Wissenschaft im Exil. Deutsche Sozial- und Wirtschaftswissenschaftler in den USA und die New School for Social Research, Frankfurt/M./New York.

Lederer, E. (1912): Die Privatangestellten in der modernen Wirtschaftsentwicklung, Tübingen.

Lederer, E. (1931a): Technischer Fortschritt und Arbeitslosigkeit, Tübingen.

Lederer, E. (1931b): Wege aus der Krise, Tübingen.

Lederer, E. (1931c): Wirkungen des Lohnabbaus, Tübingen.

Lederer, E. (1932a): Die Lähmung der Weltwirtschaft, in: Archiv für Sozialwissenschaft und Sozialpolitik, Bd. 67, S. 1-28.

Lederer, E. (1932b): Planwirtschaft, Tübingen.

Lederer, E. (1934): Social Control versus Economic Law. An Old Dogma and a New Situation, in: Social Research, Vol. 1, S. 3-21.

Lederer, E. (1935a): On Imperfect Competition, in: Social Research, Vol. 2, S. 222-229.

Lederer, E. (1935b): The Problem of Development and Growth in the Economic System, in: Social Research, Vol. 2, S. 20-38.

Lederer, E. (1938): Technischer Fortschritt und Arbeitslosigkeit. Eine Untersuchung der Hindernisse des ökonomischen Wachstums, (englisch: Technical Progress and Unemployment. An Inquiry into the Obstacles to Economic Expansion), Genf.

Lederer, E. (1939): Is the Economic Frontier Closed?, in: Social Research, Vol. 6, S. 153-162.

Lederer, E. (1940): State of the Masses. The Threat of the Classless Society, New York 1967; dt. Übers.: Der Massenstaat. Gefahren der klassenlosen Gesellschaft, hrsg. und eingeleitet von Claus-Dieter Krohn, Graz/Wien 1995.

Lederer, E. (1981): Technischer Fortschritt und Arbeitslosigkeit. Eine Untersuchung der Hindernisse des ökonomischen Wachstums. Mit einem Nachwort von Robert A. Dickler, (Neuausgabe der 1938 in Genf erschienenen Erstausgabe), Frankfurt.

Lederer, E./Marschak, J. (1926): Der neue Mittelstand, in: Grundriß der Sozialökonomik, Bd. IX. 1, S. 120-141.

Lepsius, M.R. (1981): Die Sozialwissenschaftliche Emigration und ihre Folgen, in: Lepsius, M.R. (Hrsg.): Soziologie in Deutschland und Österreich 1918-1945. Materialien zur Entwicklung, Emigration und Wirkungsgeschichte, Opladen (= Kölner Zeitschrift für Soziologie und Sozialpsychologie, Sonderheft 23/1981), S. 461-500.

Löwe, A. (1930): Lohnabbau als Mittel der Krisenbekämpfung?, in: Neue Blätter für den Sozialismus, 1. Jg., S. 289-295.

Luckmann, B. (1988): New School – Varianten der Rückkehr aus Exil und Emigration, in: Srubar, I. (Hrsg.): Exil, Wissenschaft, Identität. Die

Emigration deutscher Sozialwissenschaftler 1933-1945, Frankfurt/M., S. 353-378.

Marx, K. (1867): Das Kapital. Erster Band, Reprint, Berlin 1989.

Meyer, G. (1932): Neuere Literatur über Planwirtschaft, in: Zeitschrift für Sozialforschung, Bd. I, S. 379-400.

Mills, C.W. (1951): White Collar. The American Middle Classes, New York.

Neisser, H. (1930): Lohnsenkungen als Heilmittel gegen Arbeitslosigkeit, in: Magazin der Wirtschaft, S. 1301-1306.

Neisser, H. (1932): Lohnhöhe und Beschäftigungsgrad im Marktgleichgewicht, in: Weltwirtschaftliches Archiv, Bd. 36, S. 415-455.

Neisser, H. (1942): »Permanent« Technological Unemployment, in: The American Economic Review, Vol. 32, S. 50-71.

Neumann, F. (1942): Behemoth. Struktur und Praxis des Nationalsozialismus. Herausgegeben und mit einem Nachwort »Franz Neumanns Behemoth und die heutige Faschismusdiskussion« von Gerd Schäfer, (Studien zur Gesellschaftstheorie), Köln/Frankfurt/M. 1977.

Rühl, C. (1990): Woytinsky, Wladimir Savelievich (1885-1960), in: Glasner, D. (ed.): Encyclopaedia of Business Cycles, Panics, Crises and Depressions, Washington D.C.

Schumpeter, J.A. (1925): Kreditkontrolle, in: Archiv für Sozialwissenschaft und Sozialpolitik, Bd. 54, S. 289-328.

Schumpeter, J.A. (1987): Theorie der wirtschaftlichen Entwicklung. Eine Untersuchung über Unternehmergewinn, Kapital, Kredit, Zins und den Konjunkturzyklus, 7. Aufl., Berlin, unveränd. Nachdruck der 1934 erschienenen 4. Aufl.

Slichter, S.H. (1929): Market Shifts, Price Movements, and Employment, in: American Economic Review, Vol. 19, S. 5-22.

Speier, H. (1979): Emil Lederer: Leben und Werk, in: Lederer, E.: Kapitalismus, Klassenstruktur und Probleme der Demokratie in Deutschland 1910-1940. Ausgewählte Aufsätze mit einem Beitrag von Hans Speier und einer Bibliographie von Bernd Uhlmannsiek herausgegeben von Jürgen Kocka, (= Kritische Studien zur Geschichtswissenschaft 39), Göttingen, S. 253-272.

Srubar, I. (1988): Das Bild Deutschlands in den Werken der sozialwissenschaftlichen Emigration 1933-1945, in: Srubar, I. (Hrsg.): Exil, Wissenschaft, Identität. Die Emigration deutscher Sozialwissenschaftler 1933-1945, Frankfurt/M., S. 281-298.

Staudinger, H. (1982): Wirtschaftspolitik im Weimarer Staat: Lebenserinnerungen eines politischen Beamten im Reich und in Preußen 1889 bis 1934. Herausgegeben und eingeleitet von Hagen Schulze, (= Archiv für Sozialgeschichte, Beiheft 10), Bonn.

Tisch, C. (1932): Wirtschaftsrechnung und Verteilung im zentralistisch organisierten sozialistischen Gemeinwesen, Wuppertal-Elberfeld.

Gary Mongiovi

Émigré Economists at the New School, 1933-1945*

1. Introduction

Hitler's ascendance to the Chancellorship of Germany in 1933 sent shock-waves through the intellectual communities of Europe and North America.

From 1919 to 1932 German intellectuals and political leaders had sought, under the Weimar Republic, to build a society which reflected the values of European liberalism – a society that was open and democratic, skeptical of authority, and socially progressive. During this brief period Germany experienced an explosion of cultural vitality and cosmopolitanism: the political revolution that in 1918 had accomplished the collapse of Wilhelm's monarchy was accompanied by a liberating cultural renaissance (Gay 1969).

But the Weimar Government had faced immense difficulties from its inception. The Republic's social democratic character aroused the antagonism of the political right. Leftists, on the other hand, viewed the regime as insufficiently progressive, and were in any case too busy quarrelling among themselves to give it the support it needed. Post-war economic hardship was exacerbated by the conditions of the Versailles Treaty; public dissatisfaction, accordingly, ran high throughout the interwar years. The Republic contributed to its own

---

* I am grateful to the New School for Social Research, for access to archival materials relating to the early history of the Graduate Faculty; to King's College Library, Cambridge, for permission to quote from materials contained in its archives; and to Boston University, for access to the papers of Max Ascoli. In writing this paper I have benefitted from discussions with Harald Hagemann, Hans Ulrich Eßlinger and Christine Rider.

troubles by failing to control the reactionary tendencies of the civil service and the judiciary, and by giving the military a free hand to maintain public order and to suppress the militant left.[1] In the end, further weakened by the great depression, the Republic was unable to withstand the challenge of National Socialism.

In April of 1933, Hitler's government began to dismiss university professors and researchers on racial and political grounds. By the end of 1934 more than 1200 scholars had been dismissed, and of this number about 650 had left Germany (Bentwich 1953, pp. 1-2). Scholars in other countries felt a moral imperative to mitigate, insofar as possible, the personal damage of this tragedy. They recognized also the opportunities presented by Germany's decision to scrap the most valuable components of her human capital stock. As Peter Gay later observed (*op.cit.*, p. 12), »the exiles Hitler made were the greatest collection of transplanted intellect, talent and scholarship the world has ever seen.« Rescue projects were set up almost immediately. In England William Beveridge, then Director of the London School of Economics, organized the Academic Assistance Council, which raised funds to help displaced scholars and researchers find new employment in universities or scientific institutes.

In America the first steps toward rescuing the scholars were taken during the Spring of 1933 by Alvin Johnson, who established the famous *University in Exile* as part of the New School, of which he was then Director.[2] Other organizations, notably the Rockefeller Foundation and the newly formed Committee in Aid of German Scholars, provided support to refugee intellectuals, often in cooperation with the New School.[3]

America took a less inclusive stance than Britain toward the rescue of exiles; that is to say, America welcomed mainly established scholars of proven reputation, whereas Britain was more open to the

---

[1] Cf. Gay (1969, pp. 26-28). One manifestation of the Government's sense of insecurity was its exaggerated fear of subversion, a fear which the military authorities exploited to justify ruthless brutality. Both the civil service and the judiciary were retained almost intact from the old regime; hence progressive legislation was sabotaged by the civil service, while the courts routinely dealt more severely with journalists and left-wing activists than with right-wing assassins.

[2] The New School had been founded in 1919 by Johnson and others for the purpose of providing working adults with an opportunity to continue their education.

[3] For an overview of the experiences of émigré scholars in America, see Laura Fermi's *Illustrious Immigrants* (1968).

immigration of younger intellectuals whose potential had yet to be realized. This difference was due in part to American legislation, dating from 1929, which imposed strict annual quotas on the number of immigrants of any particular nationality; non-quota visas – entry permits which did not count toward the filling of a nationality quota – could be obtained by university professors and their families, provided that they had an offer of employment at an institution of higher education.[4]

In an undated memorandum (probably from 1933) describing his plan to bring in refugee scholars, Johnson wrote that

> »the project is conceived, not as a charity but as a plan for enriching the American educational system by the enlistment of first-class scholars displaced from their positions. It follows that in every case proposed to the New School for consideration a careful study must be made of the record and quality of the scholar in question ... Since our object is to bring over scholars who may be expected to strengthen the American educational system, we are interested only in scholars who have proved themselves and who still have many productive years ahead of them ...«

Johnson's determination to ensure the exceptional quality of his Faculty was probably less elitist than politically shrewd. In 1933 the United States was experiencing unprecedented economic distress. With millions of Americans suffering severe deprivations, no project

---

[4] In 1924 Johnson had in fact testified before Congress in favour of immigration restrictions. Congress had been moved to consider revisions of the immigration law, which until then had been very liberal, by popular concerns that the entry of large numbers of undesirables – criminals, mental defectives, the indigent and so forth – posed a threat to social stability and American material well being. The debate had racist overtones: there was considerable worry that the immigration of too many southern Europeans would somehow contaminate the gene pool and, ultimately, the national character. (These same concerns, I am sorry to report, have surfaced in recent American debates on immigration policy.)
Johnson appeared before Congress in his capacity as an economist. He was worried that, in the absence of restrictions, economic growth could not keep pace with the rate of population growth, and that American living standards would therefore deteriorate: »It seems to me,« Johnson testified,

> »that the present national increase gives our country as much to take care of as [it] can take care of ... It is not necessary for us to have any more immigration and were it not for the family ties of the people in this country with people in other countries I should hold it desirable to cut off immigration altogether, *except for the immigration of persons of special ability*« (US. Congress 1924, p. 519; emphasis added).

which aimed at helping foreign nationals could hope to attract support unless it could be shown to have domestic benefits. In this instance practical considerations reinforced Johnson's commitment to high intellectual standards.

2. *The University in Exile*[5]

The University in Exile opened in October 1933. Its original Faculty consisted of two Americans – Alvin Johnson, who was an economist by training, and Horace Kallen, who taught psychology and philosophy – and the following émigré scholars:

- Max Ascoli (Political Science)
- Karl Brandt (Agricultural Economics)
- Gerhard Colm (Economics, Public Finance)
- Arthur Feiler (Economics, Political Science)
- Eduard Heimann (Economics, Sociology)
- Emil Lederer (Economics)
- Hans Speier (Sociology)
- Max Wertheimer (Psychology, Philosophy)
- Frieda Wunderlich (Labour Economics)

Emil Lederer was the University's first Dean. Other émigré economists joined the Faculty over the next decade. Hans Staudinger (Economic Geography, Public Policy), Alfred Kähler and Fritz Lehmann (Money and Banking) came in 1934. Felix Kaufmann, a philosopher who wrote on economic methodology, arrived in 1938. He was followed by Jacob Marschak (Mathematical Economics, Econometrics) in 1939; Adolph Lowe (Economic Theory, Sociology) and Herbert Block (Defense Economics, Regulation) in 1941; and Hans Neisser (Economic Theory, Monetary Economics) in 1943.

Franz Neumann (1953, pp. 12-13) has aptly described the difficulties faced by émigré intellectuals in the modern age:

> »[E]migration in the period of nationalism is infinitely more painful than before. If the intellectual has to give up his country, he

---

[5] The most thorough account of the formation and early history of the University in Exile, with particular reference to the economists, has been provided by Krohn (1987).

> does more than change his residence. He has to cut himself off from an historical tradition, a common experience; has to learn a new language; has to think and experience within and through it; has, in short, to create a wholly new life. It is not the loss of a profession, of property, of status – that alone and by itself is painful – but rather the weight of another national culture to which he has to adjust himself.
> This adjustment is by no means easier if – as in the case of Nazi Germany – emigration is a relief from an intolerable situation.«

For scholars who came to the New School, such difficulties were perhaps less serious than elsewhere. In America the social sciences had been shaped by close intellectual contacts with German universities. Starting in the 1870s, the absence of adequate opportunities for graduate training in the United States led a large number of American students to continue their training in Germany. Scores of economists, sociologists and political scientists returned to America with German doctoral degrees, and began the process of building up the social sciences in their own country.[6] This migration of students declined early in the twentieth century, when American universities – staffed largely by German-educated professors – began to offer advanced degrees in the social sciences. But close links between German and American scholars were reestablished and maintained after the First World War with the help of postdoctoral fellowships provided by the Rockefeller Foundation and other philanthropic organizations. American social science naturally reflected the historical emphasis of the German professors who had trained the founders of the new faculties; and although by the 1930s the German social sciences had acquired a more theoretical character (which their American counterparts, including to some extent economics, lacked), the shared appreciation of the importance of historical and institutional forces facilitated the assimilation of the émigrés into the community of professional scholars. At the New School, moreover, the Faculty was comprised almost entirely of émigrés, so that the sense of dislocation described by Neumann was much less acute.[7,8]

---

6 Cf. Furner (1975) for a discussion of the professionalization of American social sciences during the late ninteenth and early twentieth centuries.

7 One member of the Graduate Faculty, the economist Fritz Lehmann, took his own life in 1940 at the age of 39 (Hagemann and Krohn 1991, p. 145). The apparent motive was chronic ill-health; we can only speculate about the degree to which difficulties of assimilating into American intellectual life also played a role.

When it was formed the University in Exile, or the Graduate Faculty of Political and Social Science as it came to be called, was not authorized to grant degrees. Many of its students were recent university graduates who, in ordinary times, would have gone to Germany for a year or two of studies. But with Germany and her universities in crisis, professors instead advised their students to register for courses at the Graduate Faculty. The inability to grant degrees must have been a source of frustration to the members of the Graduate Faculty, who were offering courses of study that were comparable in excellence to what could be found at any university. The Faculty gave a wide range of general and specialized courses in all of the social sciences, as well as specialized and interdisciplinary seminars. The Graduate Faculty applied for degree granting status in 1934, and was finally given the authority in 1941 to grant M.A. and Ph.D. degrees.

3. *The economics faculty and their work*

The economics faculty of the University in Exile was comprised of individuals who had reached intellectual maturity during the Weimar renaissance. A number of them had held administrative or advisory positions in the Weimar Government. Hans Staudinger, for example, had served in the Ministry of Economic Affairs; later as a senior official in the Prussian Ministry of Trade and Industry he initiated and guided to completion the installation of a regional electrical

---

[8] In the undated memorandum to which I referred above, Johnson surmised »that the scholars we bring over will not be willing to stay with us indefinitely at the small salaries we can pay. We shall release them whenever positions with better prospects are offered.« Events proved Johnson wrong, however. Émigrés who came to the New School tended to stay, evidently because they found the intellectual atmosphere more stimulating and supportive than they could expect it to be elsewhere. (The Graduate Faculty was, as Johnson put it, »the largest organic grouping« of exiled scholars in the world.) Of the major figures, Marschak alone stayed less than five years. Many, such as Staudinger, Heimann, Lowe and Neisser, stayed on until retirement. Neisser in fact came to the New School from a secure position, which he had held for a decade, at the University of Pennsylvania. Much of the Faculty turnover during this early period was due to death: Lederer, Lehmann and Feiler all died before 1945; other Departments within the Graduate Faculty experienced similar losses.

power network. Arthur Feiler served on the Government's economic advisory council (*Reichswirtschaftsrat*) from 1920 to 1930, and had represented the interests of the public as a member of the Cartel Court. Eduard Heimann was, during the first year of the Republic, Secretary of the Socialization Commission (*Sozialisierungskommission*) which was responsible for introducing socialist reforms into the German economy. Hans Neisser had also been an economic advisor to the Republic.

The general orientation of the Faculty was progressive, and many of its founding members had been associated with the *Kieler Schule* of German reform economics. Gerhard Colm had headed the department of statistical international economics and research on international trade cycles at Kiel's Institute of World Economics after Adolph Lowe's departure to the University of Frankfurt in 1931. Alfred Kähler had been a member of that department and Hans Neisser had been Deputy Director of Research at the same Institute. Lederer, though never formally associated with the University of Kiel, had been working along similar lines as Neisser and Lowe.

Their education had included Marx, Neisser, Lowe, Lederer and Heimann in particular appreciated Marx for his sociological analysis and for his penetrating critical insights. But they were not marxists.[9] Toward Soviet-style communism they were unsympathetic and skeptical. They were social democrats and, in varying degrees, advocates of economic planning. One hallmark of the *Kieler Schule* had been an appreciation that market forces cannot ensure humane and progressive social outcomes; another was their confidence in the ability of a wisely managed state to accomplish what undirected market forces could not. Fascism of course taught them a painful lesson about the destructive potential of the state, and many of their

---

[9] Heimann's undogmatic assessment (1937, 33-34) is illustrative:

> »Marxian economics appears to be infinitely superior to modern orthodox theory in its sense of reality. Marx grasps the kernel of reality, its pressing problems and fundamental changes, the transformation of small scale production into large scale, the corresponding conglomeration of formerly independent workers as dependent laborers, the related transformation of a smoothly working competitive market into a market hampered by manifold monopolistic elements ... [Nevertheless Marx's] labor value theory is, first, logically untenable, second, inapplicable to the practical problems arising within capitalism, [and] third, unnecessary for the true objectives of the Marxian theoretical problem ...«

post-emigration writings reflect a unique sensitivity to the difficulties of balancing the state's role as an agent of progressive reform against its capacity for repression.[10]

The New School economists were never, during this early period, antipathetic to orthodox theoretical economics, though they were conscious of its limitations and skeptical of the generality often claimed for its propositions. Neisser, Lederer, Marschak and, at this time, even Lowe were testing and attempting to extend the limits of neoclassical economics. In this respect they were merely carrying forward the research programs they had been developing prior to exile. In their pre-emigration work Neisser and Lederer, for example, had questioned conventional propositions about the impact of technological change on employment. They rejected the standard claim that workers displaced by new technologies would quickly be re-employed owing to subsequent wage reductions and the expansion of the investment goods sector. Their criticisms emphasized sectoral imbalances (Lederer 1931) or problems of capital shortage (Neisser 1932) neglected in standard discussions, as well as the possibility of harmful recursive effects of wage reductions on aggregate demand and employment.

They advocated not the abandonment of orthodox analytical tools, but the more competent and more imaginative use of those tools.[11] Neisser, despite his reservations about the conventional analysis of unemployment, nevertheless maintained that:

---

[10] Cf. Heimann (1934b); Lederer (1934a, 1937, 1940); Lowe (1937, 1939, 1988) and Wunderlich (1938). As Eßlinger observes in his contribution to this volume, Lederer's position on the performance of capitalistic markets and on the indispensibility of planning underwent a modification after his arrival at the New School: He adopted a somewhat less pessimistic view regarding the ability of market mechanisms to compensate for the labour displacement effects of technological change; and he moved away from his earlier insistence on the need for comprehensive economic planning, advocating instead a greater reliance on traditional policy interventions such as deficit spending and public works projects. It is plausible that his change of stance on these matters reflected an increased concern about the state's potential to abuse its power.

[11] Neisser wielded orthodox concepts with uncommon virtuosity. In an early paper, to take a particularly interesting example, he analyzes the compensation issue by examining how technical progress affects the marginal (revenue) product of labour under different circumstances. He describes »the basic mistake in the orthodox view on unemployment« as follows:

> »According to [the orthodox] view, capitalist development consists mainly of a secular process of increases in capital intensity, associated

»[t]he theory of marginal productivity captures a fundamental economic phenomenon, namely the possibility of partial substitution between capital and labour ... When combined with the system of equations developed by the followers of Walras, *the theory of marginal productivity thus permits the closest approximation to economic reality that is possible on the grounds of the rational theory of a market economy*« (1932, 150; emphasis added).

Even after the publication of Keynes' *General Theory* (1936), Eduard Heimann (1945) emphasized the centrality of scarcity, and he viewed the market as an institution that allocates resources according to the mechanisms that comprise the standard theory of Supply and Demand. But Heimann, Lederer, Neisser and Lowe also recognized the relevance to modern problems of the theoretical approach pioneered by the classical economists and Marx – an approach which focussed on technical change and on structural features of the economic system, such as the class distribution of income and sectoral complementarities in production.

The attitude of the émigrés mirrored that of the great Italian economist Maffeo Pantaleoni, who maintained that there are only two schools in economics: to the first belong those who understand economic reasoning, while the second is comprised of those who do not understand it.[12] The approach they adopted was critical and

---

with a continuous reduction in the interest rate ... Why should it not be possible to reverse this process? By increasing the interest rate and reducing wages, full employment could be re-established. The error in this view is that it regards as a simple process of increasing capital intensity what is in fact a combination of increasing capital intensity, on the one hand, and advances in technology, on the other. Advances in technology change both the levels and shapes of the revenue curves ... The history of capitalism is characterized by a complex sequence of such technological advances, stretching over centuries; it requires more than variations in interest rates and wages to reverse this process.«

Thus, he concludes, »Unemployment as a necessary result of displacement is characteristic of a specific historical phase of capitalism« (1932, pp. 160-161).

12 The attitude is nicely captured in a 1934 letter from Neisser to Abba Lerner. Neisser complained to Lerner that

»some younger English economists attack the monetary theory as expounded in the current literature, without having read the publications; because I know no outstanding monetary theorist who has interpreted the basic equation [of exchange] in a causal manner: the very content, for example, of Irv. Fisher's »purchasing power« is to exhibit the causal relation between the factors of the equation by independent economic analysis. The only author who has shown some methodologically eclectic, drawing not only on the standard box of tools but also on classical insights and on the literature of sociology, political science and philosphy, fields to which the economists made a good number of their own contributions.

The only rule was that dogmatism was not permitted. In a brilliant essay on »Freedom and Science« Lederer (1934b) attempts to reconcile the principle of scientific objectivity with his commitment to fundamental humanistic values (cf. also Lederer 1937). He asks whether a scientist, who must acknowledge that values have no objective – that is, provable – validity, must therefore also regard all values as equally valid from a scientific point of view. His answer is an emphatic *No*:

> »I consider the contention that all values are scientifically of the same importance, that nothing can be said either for or against them, to be the view of a bloodless intellectualist who does not realize that values are not merely a matter to talk about at tea time, but the very substance of our life« (1934b, p. 222).

Certain values, Lederer argues, must be rejected by scientists because they are inconsistent with the scientific enterprise. Consider the assertion that all values are of equal worth; on this assertion it would be admissible to hold the value that science is worthless. »But,« Lederer writes, »if the worth of science is denied then« the initial assertion is nullified, »since it is propounded in the interest of scientific objectivity ...« That is to say, if science *is* worthless, then there is no basis for the assertion that all values are sanctioned by the *scientific* proposition that values have no objective validity. But the proposition that values are unprovable is indispensible to objective enquiry, and it can be preserved only by excluding values which deny the worth of science; hence we must reject the assertion that the proposition sanctions all values.[13] Moreover, if science is acknow-

---

> inclination to deduce causal conclusions from a tautological equation is J.M. Keynes; but I do not believe that Mrs. Robinson's and Kahn's witty attacks were directed against him.«

Neisser's distaste for the inbred insularity of the Cambridge economists, and for what he regarded as their arrogant dismissal of contributions that did not originate within their own circle, might help to account for his relatively unenthusiastic response to *The General Theory.* (Neisser's letter is contained in the Joan Robinson Papers, King's College, Cambridge.)

[13] Lederer argues analogously that democratic communities cannot endorse values that negate democracy: »Everyone in a democracy may think as he pleases. Every political creed may be defended. But democracy as a value, as a way of

ledged to have value, then its very nature precludes it from being »subjected to any creed«:

> »In the social sciences ... it is impossible to isolate those facts that may be important, and no experiments are feasible. Much more depends on interpretation, and there is no fact which could not be distorted to prove a contention ... [F]acts will prove quite different assertions, according to our starting point and our evaluation of the facts themselves. Hence in the social sciences it is of the utmost importance that facts be examined from different points of view ... If our basic creed is given as dogma and taken for granted, if any definite hypothesis ... is prescribed and not to be questioned by any arguments, our reasoning is unnecessary« (*ibid.*, pp. 226-227).

A fierce attachment to this principle – the by-product of its members' shared background and experiences – was a distinctive feature of the University in Exile.

The economists worked in a wide range of fields, and they often crossed over into other disciplines, particularly sociology and political philosophy. A principal outlet for their research during this period was *Social Research*, a journal initiated by Alvin Johnson in 1934 and edited by the members of the Graduate Faculty. The journal sought to promote what Johnson, in his Foreword to the first number, described as a cros-fertilization of Continental and American intellectual traditions (cf. also Hagemann 1991, 46). After 1943 much of the émigrés' work was conducted under the auspices of the Institute of World Affairs, which was established as a research arm of the Graduate Faculty.[14]

In the area of pure theory, Lederer, Lowe, Marschak and Neisser addressed problems relating to stability and economic dynamics. Neisser continued his work on monetary economics and unemployment. A detailed survey of the theoretical contributions of the New School economists is not possible here. We might note, however, the lack of enthusiasm with which they greeted Keynes' *General Theory* (1936). Neisser (1936a) and Lederer (1936) wrote lukewarm reviews that expressed broad support for Keynes' emphasis on the role of

---

living chosen by a people, implies the exclusion of violence, intolerance, and willful imposition of blind discipline« (1934b, p. 224).

[14] The Institute was modelled on Kiel's Institute of World Economics, of which Lowe had been Director of Research; he was elected to the same position when the IWA was established at the Graduate Faculty.

effective demand. Neisser had recently put forth his own critique of Say's law of markets (1934), and he considered the main contribution of *The General Theory* to be its refutation of that doctrine. Although he describes Keynes' book as »a most important step forward in the theory of »dynamics«« (1936a, p. 459), Neisser was critical of much of its content. Keynes, first of all, ignores important phenomena that enter into the determination of the level of employment: He supposes that full capacity utilization entails full employment, and he overlooks the possibility that the capital stock, even if fully utilized, might be insufficient to give employment to all of the available labour; moreover, in *The General Theory* Keynes neglects even to mention technological unemployment. Neisser was critical of Keynes' treatment of expectations, and he was not persuaded by Keynes' argument that a gradual decline of wages would lead entrepreneurs to expect a decline of profits, and therefore to curtail investment.[15] He had doubts also about the analytical soundness of the multiplier mechanism, an element of Keynes' theory which he believed had attracted more interest than it deserved (cf. Neisser 1936b, 1946). Lederer, for his part, calls *The General Theory* an »unusually rich and stimulating book« (1936, p. 478); but he criticizes Keynes for ignoring crucial structural factors, such as the technical interconnections between the consumers' goods and producers' goods sectors. Lederer also notes the parallels between Keynes' arguments and (i) earlier trade cycle literature (1936, p. 481) and (ii) Marx's analytical system (*ibid.*, pp. 485-487).

The Graduate Faculty contributed little to the explosion of literature on money, interest and effective demand that was triggered by Keynes' book. A plausible explanation is that, having dealt with the same issues themselves in their pre-emigration work, Neisser, Lederer and Lowe saw *The General Theory* as an important and interesting, if somewhat muddled, variation on a familiar theme.[16]

---

[15] In a passage that almost anticipates the concept of rational expectations, Neisser (1936a, p. 465) writes:

> »I cannot see why entrepreneurs should invest less because their »confidence in the prospective maintenance of wages« ... is shaken; at least not until their present state of mind, in which they consider wage reduction the necessary and sufficient cure of a depression, is converted by the zealous study of Keynes' book.«

[16] Cf. Neisser (1936a, p. 459): »There is nothing in [Keynes' theory] that is incompatible with orthodox doctrine; the difference lies mainly in the views about the conditions of investment.« In a later appraisal, written on the occasion of

A great deal of the research of the émigré economists during this period was, not surprisingly, concerned with the economic aspects of war. In 1939 the entire Graduate Faculty published, under the editorship of Alfred Kähler and the sociologist Hans Speier, a book called *War in Our Time*, a fascinating and prescient volume of reflections on the social impact of war. A theme which runs throughout this book, and which dominates the Graduate Faculty's research on war, is the extent to which modern warfare involves and disturbs the lives of the civilian population. In 1940 the Graduate Faculty initiated the Peace Research Project to sponsor a series of Studies on War and Peace, many of which were published in *Social Research*. Gerhard Colm and Alfred Kähler investigated problems of war finance. Lederer, Herbert Block, Karl Brandt and Frieda Wunderlich focussed on resource allocation problems and on the economic restructuring required to conduct war. Lowe, Marschak, Wunderlich, Arthur Feiler and Hans Staudinger headed a project on Social and Economic Controls in Germany and Russia.[17] Between 1939 and 1947, the Graduate Faculty produced a fascinating and unequalled body of literature on the economic and social ramifications of modern warfare; a separate study devoted exclusively to this work is long overdue.

The Graduate Faculty also made important contributions to economic methodology, with particular emphasis on the sociological aspects of economic analysis. A thorough discussion of this aspect of their work lies beyond the scope of the present study, but some brief remarks will help to convey a sense of the general approach they took to scientific work. They were deeply committed, first of all, to the principle of interdisciplinary study. Students were required to attend an interdisciplinary general seminar taught by the entire Faculty.

Keynes' death, Neisser (1946) adopts a more admiring tone; but his description of the model of *The General Theory* minimizes the degree to which it represented a break from the traditional neoclassical theory.

[17] Marschak's work on the Peace Studies Project is noteworthy because it differs so sharply from the research for which he is best known. In a paper entitled »Peace Economics« (1940) Marschak attributes the breakdown of world peace partly to economic distress: »hardly anyone,« he writes (*ibid.*, p. 282), »would contend that economic unrest is the main or the only cause of the catastrophe mankind is now going through. Yet few men would deny that it is one of the causes.« Sensing perhaps that America's entry into the war was inevitable, he argues also that postwar stability would require international economic stability, and he advocates the establishment of agencies and arrangements to ensure such stability.

Methodological issues that had relevance across different social sciences were frequently discussed in the general seminar and in other courses, not least because such issues were thought to provide a bridge between the separate disciplines. The minutes of a 1945 Faculty meeting on degree requirements indicate the importance which was placed on methodology and interdisciplinary training. The psychologist Ernst Kris argued »that there is one subject which should be demanded of every graduate, namely, understanding of the methodology of the social sciences ...« The fundamental unifying role of methodology was stressed by the philosopher Felix Kaufmann:

> »I should think nothing can be much more objective than methodology, because a methodology must make clear the procedures applied by the scientist. Therefore differences among scientists exist, but to say that you cannot have methodology as philosophical matter because there are too many differences would compel us to exclude all courses on ethics. If there is any known historical field in philosophy where there is some hope of reaching an objective approach, it is methodology. The student has to have a certain knowledge of logic.«

Adolph Lowe emphasized the overlapping concerns of separate disciplines and the need for students to be familiar with fields outside their own specializations:

> »We are up against the danger of specialization ... We all feel that professional education is too narrow, too technical, and we want to do something about it ... I think what should be tried is to see whether we can raise the level of professional specialization from purely technical training to what may be called humanistic specialization, namely we all know from our subjects that our specialties have a number of windows into neighboring fields, and we should open those windows. Make the student understand the basis of social philosophy so far as it touches him when he is an economist; tell the political scientist to what extent economic problems influence what he is doing.«

These statements reflect a broad unity of outlook that characterized the Graduate Faculty at its formation and that it maintains to the present.[18]

---

[18] Frieda Wunderlich might have provided the most accurate description of the original aim of the University in Exile when, at the Faculty meeting to which I refer in the text, she said: »What we wanted to achieve was a European university without *Verschulung* [regimentation] and with freedom from excessive exams.«

A recurring theme in the work of this first generation of New School economists was the necessity of taking historical and sociological factors into account. In a paper on the »Sociological Preconceptions of Economics« Eduard Heimann (1934a, p. 22) observes that »theory never was and never could be what its critics suppose it to be, a system closed to sociological and political influences ...[;] on the contrary a theoretical system without manifold and varying sociological and political assumptions cannot be imagined.« Heimann argues throughout this essay that the legal framework and sociological conventions governing property rights, consumption patterns, perceptions of need, and so forth, form the context in which market forces – *as described by conventional theory* – play themselves out. He notes that sociological considerations of this type might result in backward-bending supply curves for labour or savings, which in turn can lead to the failure of the economic system to coördinate individual decisions. Thus, he contends, when theory is properly conducted, that is when it takes account of sociological reality, it must allow for disharmony and economic instability (cf. also Heimann 1934c and Lowe 1935).

The intellectual vitality of the Graduate Faculty is well illustrated by a polemic between Kaufmann (1942) and Lowe (1942) on economic method. Kaufmann, commenting on the well-known methodological dispute between Hutchison (1938) and Knight (1940), argued that economic postulates are not statements about the way the world works. Rather they identify a heuristic by which we might go about *learning* how the world works. When economists put forth the proposition that a decrease in price will induce an increase in quantity demanded, they often find that the proposition is contradicted by observed events. They then say that the proposition holds only under certain conditions, the *ceteris paribus* conditions. But this amounts to saying that the first proposition is false and that another proposition – one that takes account of the relevant *ceteris paribus* assumptions – is true instead. The problem is to identify the relevant *ceteris paribus* conditions.[19] The heuristic Kaufmann has in mind is this: When we observe that a proposition is contradicted by events, we attempt to

[19] The theorist cannot require that *everything* else remains unchanged, for to do so would reduce the proposition to tautology or irrelevance. The usefulness of the proposition depends upon our being able to isolate a manageable number of factors which influence a particular variable.

identify, in each particular case, what accounts for the failure of the proposition to hold. When we discover it we understand a bit more clearly how the economic system works; we can then modify the initial proposition and wait to see when the revised proposition is contradicted by events, whereupon we repeat the procedure.

Lowe (1942) contends, in opposition to Kaufmann, that economic postulates cannot even serve as heuristic devices. Instead, they simply help to identify the conditions required to ensure the stability of a particular economic system. Implicit in the statement of a theory is a set of conditions under which the theory will hold. These conditions are not always transparent, and the job of the theorist is to discover them. Lowe's argument here anticipates the instrumentalist methodology he would later put forth in *The Path of Economic Growth* (1976), i.e. the view that theory is a prescriptive rather than a descriptive exercise: the theorist identifies the conditions that must be established in order for a particular outcome to be achieved and sustained. Lowe brings sociological considerations into the discussion when he notes that agents must be socialized to behave in a way that validates a particular theory (for example, they must learn behaviour patterns that correspond to the supply and demand functions of neoclassical theory); or, more accurately, a theoretical proposition will be validated by events only if agents have been socialized to behave in a particular way. Drawing on arguments that parallel those put forth by Heimann regarding backward-bending supply curves, Lowe questions the supposition that any theoretical proposition can capture complex social behaviour.

The methodological polemic between Kaufmann and Lowe typifies the scientific style of the University in Exile. Both authors question what is taken for granted in conventional economic discourse: they confront head-on, and with no trace of timidness, a fundamental and difficult problem about the nature of social scientific propositions. They are skeptical of theoretical generalizations that rest on unspecified (or undiscovered) assumptions. And their arguments are motivated by a conviction that sound methodological foundations are indispensible to the development of useful theories; that is to say, their concern with problems of economic method was inseparable from their progressive policy agenda.

4. *Concluding remarks*

I would like to conclude with some personal reflections, beginning with a few remarks on the reasons for my interest in the émigré economists. I received my doctorate from the Graduate Faculty in 1988. My thesis was concerned with the work of Piero Sraffa (1898-1983), an Italian economist and a staunch anti-fascist who had emigrated to England for nonpolitical reasons in 1927. In Italy, Sraffa had known Max Ascoli, a lawyer and political scientist who became one of the original members of the University in Exile. Ascoli cherished the values of European democratic liberalism, in particular tolerance, anti-authoritarianism and respect for learning; he also possessed a powerful sense of personal integrity, a trait he shared with Sraffa and with his Graduate Faculty colleagues.[20]

When Sraffa was threatened by internment as an enemy alien in England during 1940, Ascoli tried to arrange for his emigration to America as a member of the Graduate Faculty. As events turned out, Sraffa was interned for only a brief period and was allowed to continue working unmolested in Cambridge. But on at least two later occasions he tried to use his connection with Ascoli to help other endangered scholars come to the New School.[21] Ascoli himself was one of the most active members of the Graduate Faculty as regards efforts to rescue refugees; he was active also – through the Mazzini Society, which he helped form – in the struggle against fascist propaganda within the United States.

My research on Sraffa led me to Ascoli, and through Ascoli I became interested in the German émigrés and the origins of the

---

[20] During 1928 Ascoli had been imprisoned for holding political views that Mussolini's fascists regarded as inappropriate; when he came to America on a Rockefeller Foundation Fellowship in 1931, he was again under threat of arrest, and so he chose not to return. Another Italian scholar of great courage and integrity, the anti-fascist historian Gaetano Salvemini (coincidentally a friend to both Sraffa and Ascoli), joined the Graduate Faculty in 1935 and stayed there briefly before moving on to Harvard.

[21] In one case he was successful. Nino Levi, a lawyer and specialist in criminal sociology, joined the Graduate Faculty in 1939. Sraffa went so far as to contribute $500 (then a large sum of money) toward the payment of Levi's salary, an arrangement made necessary by budgetary considerations that threatened to block the appointment. Levi was killed in a riding accident early in 1941. The other case, which concerned the economist Antonio Cabiati, came to nothing.

Graduate Faculty. I began also to wonder whether modern social scientists ought not to reflect, more than they do, on the lives and examples of the scholars who were made refugees by Hitler and Mussolini.

One of the vital functions of the scholar in a free society is to defend values, such as tolerance for dissent and skepticism toward authority, that would otherwise have few advocates. Professionalization and specialization within the disciplines, among other factors, have led social scientists, and especially economists, to retreat from this role over the past quarter of a century. We have witnessed concurrently a decline in tolerance for unconventional ideas, and a growing willingness on the part of the general public to acquiesce to authority.

When, in 1941, the Graduate Faculty received its permanent charter and was given the authority to grant degrees, a celebratory dinner was held. At the dinner Max Ascoli, then Dean of the Graduate Faculty, spoke of the effect that emigration had had on the refugee scholars:

> »Now we are ... all Americans. It was not exactly a paper obtained after five years of residence that made us Americans. It was not even our sense of gratitude, great as it may be ... We are Americans because those fragments of national cultures that we brought here with us have been disburdened of all that was arbitrary, quarrelsome or intolerant and here have been reduced to the basic human essentials. The human background of all races, the common denominator of all cultures, unspoiled by what is accidental and gratuitous – this means America. So we are still in our group Germans and Austrians and Spaniards and Italians. We are all, and passionately so, Europeans. But just because we are the kind of Europeans that we are, we are Americans. To be an American means to be a man who knows what there is in common among human beings, and with all his power wants to energize it.«

Of course the openness of which Ascoli spoke is neither unique nor intrinsic to America. But at the New School the enlightened European sensibilities of the émigré scholars meshed with a progressive American pragmatism to create an institution that was, and remains, truly unique.

The research project *Zur Emigration deutschsprachiger Wirtschaftswissenschaftler nach 1933* is concerned not merely with the transmission of economic ideas: the project is unavoidably connected, because of the character of the émigrés themselves, with the struggle to preserve humanistic values and intellectual freedom in the modern age. If the setting today is less dramatic and less overtly brutal than in the 1930s, it is nevertheless true that the lessons of the University in Exile still have much to teach us.

References

Ascoli, M. (1941): On being an American (mimeograph), New York: New School for Social Research.

Bentwich, N. (1953): The Rescue and Achievement of Refugee Scholars. The Story of Displaced Scholars and Scientists, 1933-1952, The Hague: M. Nijhoff.

Fermi, L. (1968): Illustrious Immigrants, Chicago: University of Chicago Press.

Furner, M. (1975): Advocacy and Objectivity. A Crisis in the Professionalization of American Social Science, Lexington, KY: University Press of Kentucky.

Gay, P. (1969): Weimar culture. The outsider as insider, in: Fleming, D./ Bailyn, B. (Eds.): The Intellectual Migration. Europe and America, 1933-1960, Cambridge, MA: The Belknap Press of Harvard University Press, pp. 11-93.

Hagemann, H. (1991): Learned journals and the professionalization of economics: the German language area, in: Economic Notes, Vol.20, no.1, pp. 33-57.

Hagemann, H./Krohn, C.D. (Eds.) (1991): Die Emigration deutschsprachiger Wirtschaftswissenschaftler nach 1933. Biographische Gesamtübersicht, Stuttgart: Universität Hohenheim.

Heimann, E. (1934a): Sociological preconceptions of economic theory, in: Social Research, Vol.1, no.1, pp. 22-44.

Heimann, E. (1934b): Socialism and democracy, in: Social Research, Vol.1, no.3, pp. 301-318.

Heimann, E. (1934c): Planning and the market system, in: Social Research, Vol.1, no.4, pp. 486-504.

Heimann, E. (1937): What Marx means today, in: Social Research, Vol.4, no.1, pp. 33-51.

Heimann, E. (1945): History of Economic Doctrines, London/New York: Oxford University Press.

Hutchison, T. (1938): The Significance and Basic Postulates of Economic Theory, London: Macmillan.

Kaufmann, F. (1942): On the postulates of economic theory, in: Social Research, Vol.9, no.3, pp. 379-395.

Keynes, J.M. (1936): The General Theory of Employment, Interest and Money, London: Macmillan.

Knight, F. (1940): What is truth in economics, in: Journal of Political Economy, Vol.48, no.1, pp. 1-32.

Krohn, C.D. (1987): Wissenschaft im Exil. Deutsche Sozial- und Wirtschaftswissenschaftler in den USA und die New School for Social Research, Frankfurt: Campus.

Lederer, E. (1931): Technischer Fortschritt und Arbeitslosigkeit, Tübingen: Mohr.

Lederer, E. (1934a): Social control versus economic law, in: Social Research, Vol.1, no.1, pp. 3-21.

Lederer, E. (1934b): Freedom and science, in: Social Research, Vol.1, no.2, pp. 219-230.

Lederer, E. (1936): Commentary on Keynes, II, in: Social Research, Vol.3, no.4, pp. 478-487.

Lederer, E. (1937): The search for truth, in: Social Research, Vol.4, no.3, pp. 277-282.

Lederer, E. (1940): State of the Masses. The Threat of the Classless Society, New York: W.W. Norton.

Lowe, A. (1935): Economics and Sociology, London: Allen and Unwin.

Lowe, A. (1937): The Price of Liberty, London: The Hogarth Press.

Lowe, A. (1939): Nationalism and the economic order, in: Nationalism. A Report of the Royal Institute of International Affairs, Oxford: Oxford University Press, pp. 217-248.

Lowe, A. (1942): A reconsideration of the law of supply and demand, in: Social Research, Vol.9, no.4, pp. 431-457.

Lowe, A. (1976): The Path of Economic Growth, Cambridge: Cambridge University Press.

Lowe, A. (1988): Has Freedom a Future? New York: Praeger.

Marschak, J. (1940): Peace economics, in: Social Research, Vol.7, no.3, pp. 280-298.

Neisser, H. (1932): Lohnhöhe und Beschäftigungsgrad im Marktgleichgewicht, in: Weltwirtschaftliches Archiv, Vol.36, pp. 415-455; English translation in: Structural Change and Economic Dynamics, Vol. 1, no.1, pp. 141-163.

Neisser, H. (1934): General overproduction. A study of Say's law of markets, in: Journal of Political Economy, Vol.42, no.4, pp. 443-465.

Neisser, H. (1936a): Commentary on Keynes, I, in: Social Research, Vol.3, no.4, pp. 459-478.

Neisser, H. (1936b): Secondary employment: some comments on R.F. Kahn's formula, in: Review of Economic Statistics, Vol.18, no.1, pp. 24-30.

Neisser, H. (1946): Keynes as an economist, in: Social Research, Vol.13, no.2, pp. 225-235.

Neumann, F. (1953): The social sciences, in: F. Neumann et al.: The Cultural Migration. The European Scholar in America, Philadelphia: University of Pennsylvania Press, pp. 4-26.

Speier, H./Kähler, A. (Eds.) (1939): War in Our Time, New York: W.W. Norton.

U.S. Congress (1924): Hearings before the Committee on Immigration and Naturalization (House of Representatives), Washington: Government Printing Office.

Wunderlich, F. (1938): Germany's defense economy and the decay of capitalism, in: Quarterly Journal of Economics, Vol.52, no.3, pp. 401-430.

Jürgen Kuczynski

Wirkung im englischen Exil

Von Anfang 1933 bis Anfang 1936 hatte ich noch in Deutschland illegal in der Reichsleitung der KPD gearbeitet. Der Grund, warum ich ins Exil ging, war, daß ich wegen meines jüdischen Aussehens blonde blauäugige Genossinnen und Genossen bei der gemeinsamen Arbeit mehr und mehr gefährdete. Der Grund, warum ich nach England ging, war, daß dort bereits meine Eltern und Geschwister lebten. Mein Vater war Lecturer an der London School of Economics.

In England hatte ich drei große Vorteile gegenüber den meisten anderen Emigranten.

- Ich konnte sehr bescheiden von der Verwaltung des Auslandsvermögens eines in Deutschland verbliebenen Freundes leben.
- Die Stellung meines Vaters, eines bekannten Wirtschaftswissenschaftlers, gab mir schnell Zugang zu akademischen Kreisen.
- Schließlich hatte ein dreijähriger Amerika-Aufenthalt von 1926 bis 1929 dafür gesorgt, daß ich fließend Englisch sprach und schrieb.

Noch 1936 wurde ich Redaktionsmitglied des theoretischen Organs der KP Großbritanniens. 1937 veröffentlichte ich in England mein erstes Buch *Labour Conditions in Western Europe 1820 to 1935*, dessen statistische Qualität den führenden Vertreter dieses Faches in England, Bowley, veranlaßte, meine Wahl zum Fellow of the Royal Statistical Society zu befürworten.

Im gleichen Jahr veröffentlichte ich ein zweites Buch *New Fashions in Wage Theory, Keynes-Robinson-Hicks-Rueff*. Dieses Buch machte mich sofort in England bekannt, da es die erste Kritik der *General Theory* von marxistischer Seite war. Über eine amüsante Geschichte aus der heftigen Polemik der Keynes-Anhänger gegen mich berichte ich in meinen Memoiren:

»Unter den ersten, die mir schrieben, war Joan Robinson, die mich wütend attackierte und ihren Meister Keynes mit allen Mitteln verteidigte. Nach einem Briefwechsel von mehreren Wochen bat mich Harry Pollitt, der Generalsekretär der englischen Kommunistischen Partei, die Korrespondenz abzubrechen. Grund: Sie sei im fünften Monat, rege sich furchtbar über mich auf, sei im ganzen doch, wie auch Maurice Dobb noch einmal bestätigt hätte, nicht reaktionär, und wir sollten nicht schuld daran sein, daß sie ihr Kind in einer Polemik mit mir verliere. Später, nach 1945, sah ich diese prächtige und kluge Frau, die uns inzwischen, nicht zum wenigsten dank den Bemühungen von Dobb, wirklich nahegekommen war, öfter und immer mit Freude wieder. Auch ihre Tochter hatte mich damals gut überstanden und wohlbehalten das Licht dieser Welt erblickt.«

Das Buch erschien, wie alle Bücher, die ich in England schrieb, auch in den Vereinigten Staaten von Amerika, wo ich vor allem als Begründer und Leiter des Forschungsinstituts der American Federation, der Dachorganisation der amerikanischen Gewerkschaften, und Initiator der ersten laufenden Arbeitslosenstatistik schon ein Jahrzehnt zuvor recht bekannt geworden war.

Maurice Dobb wurde ein guter Freund. Er war aufgeschlossen für jede gute Idee, ganz gleich, ob sie von einem bürgerlichen oder von einem marxistischen Wissenschaftler kam. Eine Haltung, die selten in kommunistischen Parteien war und uns schnell nahe brachte. Er war es auch, der in den fünfziger Jahren mit seinem 1946 veröffentlichten Buch *Studies in the Development of Capitalism* eine großartige internationale Diskussion des Übergangs vom Feudalismus zum Kapitalismus in Gang brachte.

Später kam ich auch in guten Kontakt mit anderen aus dem Kreis um Keynes, unter denen Lord Kaldor, ein Ungar, und der Italiener Sraffa, der den »Snowball effect« in die Theorie von Keynes einfügte, herausragten. Sraffa lehrte, obgleich zeitweise Mitglied des Zentralkomitees der italienischen KP, wie Dobb in Cambridge. Er war überaus scharfsinnig, doch ein wenig skuril. Einst flog er nach Rom zu einer Sitzung des Zentralkomitees, die Fahrt hin und zurück in London gebucht. Als er auf dem Rückweg auf dem Flugplatz ankam, mußte er feststellen, daß durch ein Versehen sein Platz ein zweites Mal, und zwar an eine Frau, gebucht war; er mußte das nächste Flugzeug nehmen. Das erste verunglückte, und alle Passagiere verloren ihr

Leben. Sraffa verklagte jedoch mit Erfolg die Fluggesellschaft wegen des doppelten Verkaufs des Platzes.

Im ganzen veröffentlichte ich in der Zeit meines Exils von 1936 bis 1944 zehn Bücher, von denen einige in mehreren Auflagen erschienen, ein Buch erschien nur in Frankreich, sowie 15 Broschüren und etwa 130 Artikel.

Unter den Büchern seien nur noch zwei erwähnt. Das eine, weil es ein Bestseller wurde – mit einer Erstauflage von 50 000 im Left Book Club 1939, betitelt *The Conditions of the Workers in Great Britain, Germany and the Soviet Union 1932-1938*.

Das andere gehört in eine mehrbändige Reihe, die ich, wieder berichte ich aus meinen Memoiren, aus folgendem Anlaß begann:

> »Marguerite (meine Frau) war während meiner Internierung umgezogen, da der Kulturbund die Räume in unserer alten Wohnung brauchte – in ein apartment house, wo wir zwei Zimmer mit Küche und Bad hatten. Gleich zu Beginn der Luftangriffe schlug ganz in der Nähe eine Bombe ein. Marguerite schlief im Arbeits- und Wohnzimmer, ich mit den beiden Kindern nebenan. Wir waren alle mit Fensterscheibenglas bedeckt, und die Tür zwischen den beiden Zimmern hatte sich aus den Angeln gehoben. Merkwürdigerweise war keiner von uns verletzt. In dieser Situation, im späten Frühjahr des Jahres 1940, begann ich ein mehrbändiges Werk über die Lage der Arbeiter.«

In dieser Situation ... denn ich sagte mir, es wäre zu scheußlich, ein einbändiges Buch zu schreiben und gerade bei der Fertigstellung von S. 347 von einer Bombe getroffen zu werden und mit dem Gedanken zu sterben »noch 10 Seiten mehr und das Buch wäre druckreif beendet worden«. Also beschloß ich, ein vielbändiges Werk über die Lage der Arbeiter in Großbritannien, Deutschland, Frankreich und in den Vereinigten Staaten zu schreiben. Wenn mich dann beim ersten oder zweiten Band eine Bombe treffen würde, brauchte ich nicht die traurige Vision zu haben »noch 10 Seiten mehr und alles wäre vollendet worden«. Faktisch trafen uns keine Bomben mehr, und es entstand die erste Fassung meiner Geschichte der Lage der Arbeiter in sechs Bänden – je zwei Bände Großbritannien und das Empire sowie Deutschland 1800-1932 und 1933-1943, und je ein Band über die USA und Frankreich. Die Bände über England erlebten schnell drei Auflagen, der über die USA nur zwei. Und dann kamen 30 Jahre später neue Auflagen dieser Bände, in England bzw. den USA, gewissermaßen zur Erinnerung an ein Standard-Werk, heraus.

Eine besondere Wendung in meinem Leben brachte der zweite deutsche Band. Er enthielt die bis dahin gründlichste, reichlich statistisch untermauerte, Darstellung der Wirtschaft im faschistischen Deutschland. Also wurde er eifrig in verschiedenen Ministerien der Alliierten ebenso wie in ihren militärischen Kommandostellen gelesen.

Und dann geschah folgendes:

Unter dem Datum vom 21. September 1944 erhielt ich einen Brief von der »Wirtschaftsführungsabteilung« der amerikanischen Botschaft, in dem man mich um eine Unterredung bat. Der Brief war, wie sich bald zeigte, auf Veranlassung des United States Strategic Bombing Survey (U.S.S.B.S.) geschrieben worden, der mich für seine Untersuchungen der deutschen faschistischen Wirtschaft gewinnen wollte.

Nach kurzen Verhandlungen – und nach Rückfrage meinerseits bei der entsprechenden Stelle, die meinen Eintritt in die amerikanische Armee in dieser Funktion für nützlich hielt – erklärte ich mich bereit, beim U.S.S.B.S. zu arbeiten. Das Gehalt, das man mir geboten hatte, entsprach dem eines Brigadegenerals. Da jedoch zwischen dieser Verabredung und meinem »Amtsantritt« am 1. Oktober eine Gehaltserhöhung in der amerikanischen Armee erfolgte (oder nur beim U.S.S.B.S.?), entsprach mein Gehalt dann nur noch dem eines Oberstleutnants, so daß ich meine militärische Karriere nicht im Generalsrang begann. Diese Degradierung schon vor dem Eintritt ließ sich jedoch ertragen, denn der Oberstleutnant wurde für alle »praktischen Zwecke« wie Messe (for generals and colonels) und so weiter zu den Spitzenoffizieren gezählt. Und meine zwölfjährige Tochter hatte noch Veranlassung zu fragen: »Daddy, wann hast du dich eigentlich heraufgearbeitet?«

Die amerikanische Bombing-Strategie war der von Lord Harris, verantwortlich für die britische, genau entgegengesetzt. Die britische befürwortete das sogenannte Teppich-Bomben, d.h. eine große Fläche, ganze Städte, die amerikanische befürwortete die Bombardierung kleiner Ziele, etwa einer Fabrik oder einer Eisenbahnstation.

Wie sich jedoch später herausstellte, waren beide Strategien ineffektiv. Die britische führte oft zu einer allgemeinen Empörung der Bevölkerung gegen den Feind, die amerikanische war ineffektiv, da die Schäden erstaunlich schnell repariert wurden.

Die Zerstörung Dresdens empört noch heute die Welt, und die erste Bombardierung Bunas, einem Zentrum der Herstellung von künstlichem Benzin, wurde soweit gekontert, daß nach wenigen Tagen die Produktion wieder aufgenommen werden konnte.

In diesem Zusammenhang ist es nützlich, daran zu erinnern, daß ein Großteil der Gefallenen unter den alliierten Truppen im jüngsten Golfkrieg versehentlich von der eigenen Seite umgebracht wurde.

Abschließen möchte ich meinen Bericht mit dem leider viel zu wenig bekannten Einfluß, den ein deutscher Geistes- und Gesellschaftswissenschaftler im Exil auf einen nicht unwichtigen Sektor der amerikanischen Armee gehabt hat – zunächst nur auf die in England stationierten Truppen. Darüber heißt es in meinen Memoiren:

> »In die militärische Disziplin fügte ich mich schnell ein. Da ich nichts von Militärangelegenheiten verstand, legte ich großen Wert darauf, wenigstens auf einem Gebiet ein Spezialist zu werden, und da wir selbstverständlich alle Experten in »Bomberstrategie« waren, natürlich auch ich, wählte ich als »mein Spezialgebiet« Protokollfragen. Zunächst setzte ich durch, daß wir als »zivile Militärs« nicht aufzustehen brauchten, wenn ein General den Arbeitsraum betrat, wie das gelegentlich der Brauch war. Meine größte Leistung jedoch erfolgte etwas später, um Paul Baran zu rechtfertigen. Paul, der in der Folgezeit zu einem führenden marxistischen Ökonomen wurde, war damals Feldwebel, schlaksig, klug und schlagfertig. Er stand unter der Brause, als ein General vorbeikam. Paul grüßte nicht, und der General regte sich auf. Frage: Muß man, wenn man »unbekleidet unter der Brause« steht, grüßen? Da ich bereits ein gewisses Ansehen als »Protokollspezialist in militärischen Angelegenheiten« hatte, wurde ich von Paul und anderen »Zivil-Militärs«, aber auch von uns nahestehenden »echten Militärs« konsultiert. Mein salomonisches Urteil lautete: »Ist die Brause im Freien, dann hat der unter der Brause Stehende selbstverständlich, mit jedem Glied seines Körpers in strammer Haltung, zu grüßen. Innerhalb eines bedeckten Gebäudes ist das nicht notwendig.« Diese Formulierung wurde dann – leider unter Fortlassung von »mit jedem Glied seines Körpers in strammer Haltung« – von der militärischen Führungsspitze akzeptiert und allgemein in der Luftwaffe (beziehungsweise Armee-Luftwaffe, denn eine reinliche Scheidung gab es damals noch nicht) eingeführt.«

Als ich in den siebziger Jahren einen hohen Offizier der amerikanischen Luftwaffe traf und ihm stolz diese Geschichte berichtete, sagte er mir, daß meine Regelung nach der Trennung von Armee und Luftwaffe von der Luftwaffe übernommen worden sei und noch heute gelte.

Ich glaube mit dieser in der Geschichte des Militärs wohl einzigartigen Einflußnahme eines Geistes- bzw. Gesellschaftswissenschaftlers meinen Bericht abschließen zu können. Den Bericht des Mitglieds einer Familie, die vor ihm seit dem Ende des 18. Jahrhunderts, seit der Großvater des Urgroßvaters ein begeisterter Aufklärer und Schüler Kants in Königsberg gewesen war, linksbürgerlich dachte und handelte und die deswegen in fünf Generationen im Gefängnis und Konzentrationslager gesessen oder ins Exil getrieben bzw. dort geboren wurde.

Matthes Buhbe

Die Emigration deutschsprachiger Wirtschafts- und Sozialwissenschaftler in die Türkei

1. Überblick

Die deutschsprachigen Wissenschaftler, die ab 1933 in die Türkei emigrierten, bildeten zahlenmäßig keine bedeutende Gruppe. Im Hochschulbereich ist eine Beschäftigung von wenig mehr als 140 Deutschen und Österreichern von 1933 bis nach Kriegsende dokumentiert.[1] Die überwiegende Zahl von ihnen waren Mediziner (54) und Naturwissenschaftler (24). Zum Bereich der Staatswissenschaften (Recht, Wirtschaft, Politik) kann man ein Zehntel dieser Emigrantengruppe zählen.[2]

Allerdings übte diese kleine Gruppe einen außerordentlichen Einfluß auf die Türkei aus. Die junge Republik besaß nämlich 1933 faktisch keine einzige Universität nach westlichen Maßstäben. Die Emigranten hatten den vertraglichen Auftrag, beim Aufbau eines modernen Hochschulwesens maßgebliche Hilfe zu leisten.

Die Wirtschaftsbeziehungen der Türkei mit dem Deutschen Reich waren eng, und die Türkei steuerte außenpolitisch bis kurz vor Kriegsende einen Neutralitätskurs. Trotz Pressionen von deutscher Seite standen die deutschsprachigen Emigranten jedoch immer unter

---

1 In seiner Habilitationsschrift *Exil und Bildungshilfe* kam Horst Widmann auf insgesamt 144 deutschsprachige Emigranten, die als Ordinarien, Dozenten oder wissenschaftliche Mitarbeiter an den Hochschulen in Ankara und Istanbul tätig waren, einige davon nur kurze Zeit (vgl. Widmann 1973, S. 131 und S. 167).

2 Außerhalb des Hochschulbereichs gab es noch einige Emigranten, die als Wirtschaftsexperten in oft wechselnden Stellungen Beschäftigung fanden. Zumal es bis weit nach Kriegsbeginn vom »Dritten Reich« entsandte Sachverständige und Professoren gab, arbeitete die Deutsche Botschaft gegen mögliche Lehraufträge für sie an den neu entstehenden Lehreinrichtungen in Ankara und Istanbul. (Vgl. Grothusen 1987, S. 67ff.)

dem Schutz der Republik Türkei. Einige Emigranten nahmen nach ihrer Zwangsausbürgerung aus dem Deutschen Reich die türkische Staatsbürgerschaft an.

Die Wirkungen, die von der Tätigkeit deutschsprachiger Emigranten in der Türkei ausgingen, waren durchweg positiv. Zweifellos haben insbesondere die Rechts- und Wirtschaftswissenschaftler bleibenden Einfluß ausgeübt, indem sie nicht nur erfolgreiche Beiträge zum Hochschulaufbau leisteten, sondern auch in die Gesetzgebung hineinwirkten und teilweise Regierungsberatung ausübten.

Der Handelsrechtler Ernst Hirsch blieb zwanzig Jahre in der Türkei und prägte das türkische Handelsrecht, nachdem die Türkei bereits 1926 Teile des deutschen Handelsgesetzbuchs als türkisches Landesgesetz übernommen hatte. Der Finanzwissenschaftler Fritz Neumark und der Kommunalwissenschaftler Ernst Reuter blieben fast ebenso lang, und auf ihr Wirken wird exemplarisch näher eingegangen. Hirsch, Neumark und Reuter machten später in der Bundesrepublik eine dritte Karriere.

2. Deutschland und die Türkei im Jahre 1933

Hinsichtlich der Machtübernahme der Nationalsozialisten Anfang 1933 muß hier nichts näheres ausgeführt werden. Im April 1933 erging das »Gesetz zur Wiederherstellung des Berufsbeamtentums«. Die Paragraphen 3 und 4 klären schnell darüber auf, was hinter diesem merkwürdigen Gesetzesnamen steckte:

> »(§3) Beamte, die nicht arischer Abstammung sind, sind in den Ruhestand zu versetzen. ... (§4) Beamte, die nach ihrer bisherigen politischen Betätigung nicht die Gewähr dafür bieten, daß sie jederzeit rückhaltlos für den nationalen Staat eintreten, können aus dem Dienst entlassen werden.« (Grothusen 1987, S. 34)

Die nun einsetzende »Säuberungswelle« erfaßte Tausende und führte in den meisten Fällen zur Emigration. Es bildeten sich Hilfsorganisationen, die in den westeuropäischen Ländern operierten, um den Verfolgten eine alternative Existenz zu ermöglichen. Eine von ihnen, die »Notgemeinschaft deutscher Wissenschaftler im Ausland«, konzentrierte sich auf Länder, in denen es keine nationale Hilfsorganisationen gab. Das waren neben der Türkei vor allem Länder in Asien und Südamerika.

1933 war die Republik Türkei, die aus den Trümmern des Osmanischen Reiches entstanden war, gerade zehn Jahre alt. Die große nationale Führergestalt Mustafa Kemal »Atatürk« (Vater der Türken) brach mit den meisten Traditionen und verordnete dem jungen Staat die totale Modernisierung: Absetzung des Sultans; Abschaffung des Kalifats; Schließung der religiösen Schulen; Verbot traditioneller Kopfbedeckungen (Fez); Abschaffung des islamischen Rechtssystems zugunsten europäischer Gesetze (das Schweizer Zivilrecht, das italienische Strafrecht und das deutsche Handelsrecht); Abschaffung des islamischen Kalenders; Sonntag statt Freitag als arbeitsfreier Tag; Abschaffung der arabischen und Einführung der lateinischen Schrift; Sprachreinigungsbemühungen von arabischen und iranischen Lehnwörtern, um die »neue türkische Kultur« stärker von der osmanischen Vergangenheit abzuheben.

Der Modernisierungswille schloß auch das Hochschulwesen ein. Die türkische Regierung beauftragte 1932 den Genfer Ständerat und Pädagogikprofessor Albert Malche, das türkische Hochschulwesen auf Reformnotwendigkeiten zu überprüfen und Reformvorschläge zu unterbreiten. Im Grunde besaß die Türkei damals nur einige wenige fachhochschulähnliche Einrichtungen in Istanbul und das »Haus der Wissenschaften« (*Dar-ül-fünun*). Malches Beurteilung trug zu einem Hochschulreformgesetz bei, das das »Haus der Wissenschaften« zum 31. Juli 1933 schloß und als *Istanbul Üniversitesi* am 1. August 1933 neu eröffnete, wobei die überwiegende Zahl der Dozenten nicht übernommen wurde. Eine zweite Universität sollte in Ankara errichtet werden, wobei der klare politische Wunsch bestand, europäische Professoren für die Aufbauphase zu gewinnen.

Davon erfuhr der Frankfurter Medizinprofessor Philipp Schwartz in Zürich, wohin er unmittelbar nach Hitlers Machtergreifung emigriert war. Mit Hilfe von Professor Malche warb Schwartz in der Türkei für seinen Plan, den Hochschulaufbau mit deutschen Emigranten zu beschleunigen. Anfang Juli 1933 reiste Schwartz selbst nach Ankara. In einer Sitzung mit Unterrichtsminister Galip und Albert Malche erwies sich die türkische Regierung unerwartet aufnahmebereit. Schwartz, der als Vertreter der »Notgemeinschaft deutscher Wissenschaftler im Ausland« auftrat, erhielt auf Anhieb ein Besetzungsangebot für 30 ordentliche Professuren an verschiedenen Fachbereichen, wobei auch Einigkeit über den Gehaltsrahmen und die allgemeinen Vertragsbedingungen erzielt wurde. Von da an wurde die »Notgemeinschaft« zur bedeutendsten Vermittlungsstelle für ausländische Professoren an der neuen Universität Istanbul[3]. Die Interessen der türkischen Reformer und der deutschsprachigen Emigranten deckten sich 1933.

3. Allgemeine Situation der Türkeiemigranten nach 1933

Viele vom Nationalsozialismus Verfolgte mußten eine Irrfahrt durch Europa unternehmen, ehe sie eine sichere Zuflucht fanden. Es ist daher bemerkenswert, daß die Türkei während der gesamten Zeit des Dritten Reiches den deutschsprachigen Emigranten ein fairer Vertragspartner war und diese vor Pressionen der Nationalsozialisten schützte[4].

Weder Atatürk, der 1938 verstarb, noch sein Nachfolger Ismet Inönü haben sich auf die Seite der faschistischen Diktaturen ziehen lassen. Außenpolitisch betrieb man eine Schaukelpolitik, was sich im Abschluß eines Beistandspaktes mit den Westmächten im Oktober 1939 und eines Freundschaftsvertrages und Handelsabkommens mit Deutschland im Juni 1941 niederschlug. Die wirtschaftliche Interessenverflechtung war erheblich. Bereits während der Weimarer Republik war der Handelsverkehr und der Technologietransfer wieder aufgenommen worden, der in der Zeit von 1918 bis zur Gründung der Republik Türkei zusammengebrochen war. Vor Kriegsbeginn 1939 hielten sich wieder etwa 2000 deutsche Fachleute und Berater in der Türkei auf, und das Deutsche Reich stand sowohl beim türkischen Import als auch beim türkischen Export an erster Stelle.

Im Mai 1939 bereiste der Oberregierungsrat Dr. Herbert Scurla für 8 Tage die Türkei, um – ausgerüstet mit Gestapodossiers – den »Einsatz deutscher Wissenschaftler an türkischen wissenschaftlichen Hochschulen unter gleichzeitiger Darstellung der derzeitigen Voraussetzungen und Schwierigkeiten der Fortführung deutscher kulturpolitischer Tätigkeiten an diesen Hochschulen« zu beurteilen (Grothusen 1987, S. 67).

---

[3] Beim Hochschulaufbau in Ankara hatten die vom »Dritten Reich« entsandten Professoren ein Übergewicht. Interessante Quellenangaben hierzu finden sich in Grothusen 1987, S. 67ff.

[4] Vgl. Grothusen 1987 und Neumark 1980, S. 182ff.; etwas kritischer zu diesem Punkt äußert sich nochmals Neumark 1980 auf den Seiten 210ff.

Scurla faßte seine »kulturpolitische« Beurteilung der Universität Istanbul in drei Punkten zusammen:

»I.) Da die bisherigen Wege, uns genehme Hochschullehrer nach Istanbul zu entsenden, sich als nicht gangbar erwiesen haben, wird von Bewerbungen deutscher Hochschullehrer ... in Zukunft abzusehen sein ...
II.) Es wird daher auch in Zukunft damit zu rechnen sein, daß die Universität Istanbul freiwerdende Lehrstühle in erster Linie mit Emigranten besetzen wird. Diese Sachlage läßt es im Hinblick auf die große Bedeutung, die der Universität Istanbul als zur Zeit einzige türkische Universität im wissenschaftlichen Leben der Türkei zukommt und im Hinblick auf den außerordentlichen Einfluß der Emigranten erforderlich erscheinen, daß deutscherseits Maßnahmen erwogen werden, um die Stellung der Emigranten an der Universität Istanbul zu schwächen. ... Einmal wird dafür Sorge zu tragen sein, daß in Istanbul tätige Emigranten, die gegen Interessen des Reiches verstoßen, rücksichtslos ausgebürgert werden. Diese Ausbürgerung sollte sich in erster Linie auf nichtarische Wissenschaftler erstrecken, leider hat sich nicht verhindern lassen, daß der erste ausgebürgerte Hochschullehrer (Professor Kessler) ein Arier ist. Professor Liepmann ist vor der Durchführung des Verfahrens verstorben. Zum anderen wird zu prüfen sein, ob nicht die Annahme eines Rufes nach Istanbul nach Lage der Dinge bereits als eine so starke Schwächung der deutschen Interessen betrachtet werden kann, daß sie als Grund für die Ausbürgerung genügt ...
III.) Im großen und ganzen wird man sich aber damit abfinden müssen, daß die Universität Istanbul auf längere Sicht hin keine geeignete Grundlage für deutschen kulturpolitischen Einsatz in der Türkei abgeben kann.« (Grothusen 1987, S. 116f.)

Später verfügte der nationalsozialistische Staat mit der 11. Verordnung zum Deutschen Reichsbürgergesetz die Ausbürgerung aller Juden im Ausland. Ihnen wurde mit Wirkung vom 27.11.1941 die deutsche Staatsbürgerschaft entzogen.

Der türkische Staat hat dann aber die nunmehr staatenlosen Emigranten vor keine zusätzlichen Probleme gestellt, soweit sie zu den vertraglich ins Land gerufenen Emigranten zählten. Man war auf die Situation vorbereitet und nicht gewillt, das böse Spiel mitzumachen. Das zeigte sich bei deutschen Emigranten, die zum Teil noch vor November 1941 ausgebürgert wurden, wie zum Beispiel Fritz Neumark, der im Juli 1940 ohne Begründung durch Bekanntmachung des Reichsinnenministeriums ausgebürgert worden war.

»Daß uns die türkische Regierung auch in der paßlosen Zeit keinerlei Schwierigkeiten bereitete, vielmehr uns in großzügiger Weise half, jene Frist zu überstehen, sei hier mit besonderer Dankbarkeit hervorgehoben.« (Neumark 1980, S. 183).

Die materielle Lage der Ordinarien war nach dem Urteil Neumarks selbst nach anspruchsvollen Maßstäben erträglich, wobei er darauf hinweist, daß die Ausländer das bis zu vierfache Gehalt der türkischen Kollegen erhielten, was anfänglich einige Reibereien verursachte (Neumark 1980, S. 19f.). Die meisten lebten sich mit ihren Familien gut ein. Vielen kam die vertragliche Auflage zugute, nach angemessener Frist Vorlesungen in türkisch halten und Lehrbücher in türkisch verfassen zu sollen, weil mit dem Zwang zum Erlernen der Landessprache die Kontaktfähigkeit zunahm.

Manche kamen mit der Sprache jedoch nicht zurecht oder hatten andere Anpassungsschwierigkeiten. Nach Möglichkeit verließen sie nach Ablauf des Erstvertrages die Türkei und siedelten vorzugsweise in die USA über[5].

Einige schwierige Monate gab es für die Emigranten, die nicht als Hochschullehrer angestellt waren, in den Jahren 1940 und 1944. Aus Gründen der Neutralitätswahrung und der Staatssicherheit entließ die türkische Regierung bald nach Kriegsbeginn alle Sachverständigen, die für die Regierung tätig waren, darunter auch Emigranten. Sie mußten sich eine andere Stelle suchen oder das Land verlassen. Im Herbst 1944 brach die Türkei die diplomatischen Beziehungen zum Dritten Reich ab und stellte die nicht im Hochschulbereich tätigen deutschen Staatsangehörigen vor die Wahl, ins »Reich heimzukehren« oder sich in kleinen Ortschaften Anatoliens internieren zu lassen (vgl. Neumark 1980, S. 211f.).

---

[5] Darunter waren der Pathologe und Begründer der »Notgemeinschaft« Philipp Schwartz, der Mathematiker Richard von Mises (Bruder von L.v. Mises), der Philosoph Hans Reichenbach und der Komponist Paul Hindemith. Zahlreiche Wirtschaftsexperten, die nicht im Hochschulbereich untergekommen waren, gingen ebenfalls früher oder später in die USA, namentlich Fritz Baade (1946), Konrad Engelmann (nach 1945), Eduard März (1940), Ferdinand Nissen (1938) und Max van der Porten (vor 1941).

4. Istanbul Üniversitesi: Fritz Neumark

Fritz Neumark (1900-1991) wurde in Hannover geboren. Im preußisch-protestantischen Elternhaus erlebte er bis zum Abitur im Frühjahr 1918 eine »wilhelminische« Jugend. Nach dem Zusammenbruch im November 1918, der auf Neumark schockartig wirkte, studierte er in Jena und München und promovierte 1921 bei Professor Julius Pierstorff in Jena[6]. Nach einigen Jahren Tätigkeit beim Reichsfinanzministerium ging er 1925 als Assistent an die Universität Frankfurt. In Frankfurt habilitierte er sich bei dem altliberalen Nationalökonomen Wilhelm Gerloff und blieb an der dortigen Universität. Im April 1933 wurde er unmittelbar nach Inkrafttreten des erwähnten »Gesetzes zur Wiederherstellung des Berufsbeamtentums« beurlaubt, da er Jude war.

Weil Neumark fast mittellos dastand, war er schon aus materiellen Gründen zur Emigration gezwungen und nahm das Angebot der »Notgemeinschaft« sofort an, als Nationalökonom in Istanbul zu lehren. Von Mitte Oktober 1933 bis mehrere Jahre nach Kriegsende blieb er Professor an der von ihm mit aufgebauten Wirtschaftswissenschaftlichen Fakultät. Trotz Deutschlandbesuchs 1947 und Gastprofessuren ab 1950 wartete er bis Anfang 1952, ehe er als Professor für Finanzwissenschaft an die Universität Frankfurt zurückkehrte.

Über seine Emigrationszeit hat er das Buch *Zuflucht am Bosporus* geschrieben. Daraus, aus Horst Widmanns Habilitationsschrift *Exil und Bildungshilfe* (Widmann 1973) und aus zwei türkischen Quellen (Findikoglu 1963; Tuna 1963) soll eine Kurzcharakterisierung der wirtschaftswissenschaftlichen Professoren und ihrer Tätigkeit in Istanbul entnommen werden.

Alle Professoren banden sich vertraglich an die folgenden Kernbedingungen:

- Erstellung von Skripten, Studientexten und Lehrbüchern in türkisch, zunächst (wie die Abhaltung von Vorlesungen) mit Hilfe eines türkischen Übersetzers, später eigenständig;

[6] Es war aber Gerhard Kessler, der den damaligen Germanistikstudenten Fritz Neumark Ende 1919 zur Nationalökonomie zog, weil er bereits damals in Jena »durch seine äußerst lebendige Vortragsweise eine Fülle von Studenten anzog, um die er sich auch außerhalb der Übungen und Seminare sachlich wie menschlich ungewöhnlich intensiv zu kümmern pflegte« (Neumark 1980, S. 77).

- Erlernung der türkischen Sprache in einem angemessenen Zeitraum, um schließlich die Vorlesungen in türkisch zu halten;
- Zeitvertrag auf höchstens fünf Jahre;
- Ausbildung eines türkischen Nachwuchses, der in die wissenschaftliche Leitung hineinzuwachsen in der Lage ist;
- keine Nebentätigkeit ohne Genehmigung der Universität;
- Erstellung unentgeltlicher Fachgutachten auf Anforderung der Regierung;
- Teilnahme an Maßnahmen zur allgemeinen Aufklärung und Fortbildung des Volkes.

Das dabei gar nicht eigens aufgeführte Oberziel war der Aufbau eines an westlichen Maßstäben orientierten Hochschulwesens. Mit Neumark von Anfang an dabei waren bei dieser Aufgabe Gerhard Kessler, Wilhelm Röpke und Alexander Rüstow sowie im Rahmen der Fakultät die Rechtsprofessoren Ernst Hirsch, Richard Honig und Andreas Schwarz. Röpke ging 1937 in die Schweiz und wurde durch Josef Dobretsberger ersetzt. Außerdem kam 1937 der Nürnberger Betriebswirt Alfred Isaac hinzu.

Wilhelm Röpke (1899-1966) war damals bereits ein berühmter Nationalökonom, der schon 1924 eine außerordentliche Professur in Jena hatte und 1933 in Leipzig lehrte. Seine internationalen Beziehungen halfen ihm, die Türkei 1937 wieder zu verlassen, nachdem er mit Sprache und Mentalität nicht ausreichend zurecht gekommen war.

> »Als bekanntestem unter den Wirtschaftswissenschaftlern fiel ihm anfangs eine führende Rolle beim Aufbau des nationalökonomischen Unterrichts zu. Er war der erste Direktor des von uns gegründeten Wirtschaftswissenschaftlichen Instituts, aus dem sich dann später, unter tätiger Mitwirkung speziell unseres türkischen Kollegen Ömer Celal Sarc, eine selbständige Wirtschaftsfakultät entwickelte.« (Neumark 1980, S. 74)

In der Türkei hat Röpke die Grundgedanken für seine Trilogie *Die Gesellschaftskrisis der Gegenwart* (1942), *Civitas Humane* (1944) und *Internationale Ordnung* (1945) entwickelt. Wilhelm Röpke war Vertreter eines klassischen Wirtschaftsliberalismus und vor allem deswegen ein entschiedener Gegner des Nationalsozialismus.

Alexander Rüstow (1885-1963) wird im Scurlabericht durch die Bemerkungen geadelt, er sei Marxist und »eine der unerfreulichsten Erscheinungen der Emigrantenclique« (Grothusen 1987, S. 133). Marxist war er allerdings keinesfalls, sondern ein weit über seine nationalökonomischen Themen hinaus interessierter Liberaler, der sich besonders nach seiner Rückkehr 1950 an die Universität Heidelberg als Kultursoziologe profilierte[7]. Sein Grundwerk *Ortbestimmung der Gegenwart* erschien während der Emigrationszeit in der Schweiz. Rüstow führte in den langen Jahren in der Türkei eher ein Elfenbeinturmdasein, da er mit Sprache und Menschen nicht gut zurechtkam[8]. Mit Billigung seiner Kollegen dehnte er sein im Anstellungsvertrag festgelegtes Fach Wirtschaftsgeographie auf wirtschaftsgeschichtliche und soziologische Seminare aus.

Gerhard Kessler (1883-1963) lehrte Nationalökonomie und Statistik in Jena und Leipzig. Sein engagiertes Interesse für Sozialpolitik und anscheinend auch für die Deutsche Staatspartei im letzten noch freien Reichstagswahlkampf zog ihm die so harte Gegnerschaft der Nationalsozialisten ein, daß er in Leipzig tätlich bedroht wurde und seine Professur im April 1933 als einer der ersten verlor[9]. Er war ein streng protestantisch erzogener Ostpreuße und ein anregender akademischer Lehrer. Als Vertreter der »Historischen Schule« lag er wissenschaftlich nicht auf der Linie seiner Kollegen, genoß aber hohe Achtung bei Kollegen und Studenten. Er vertrat den Lehrstuhl für Sozialpolitik mit der Verpflichtung, sich auch um die Soziologieausbildung zu kümmern. Kessler hat besonders viel für die Lehre und den Bibliotheksaufbau getan. Zwischen 1938 und 1945 erschienen vier Lehrbücher auf türkisch: Das Genossenschaftswesen (*Kooperatifcilik*), Einführung in die Soziologie (*Ictimaiyata Baslangic*), Sozialpolitik (*Ictimai Siyaset*) und Wirtschaftsgeschichte (*Iktisat Tarihi*). Für das damalige Institut für Wirtschaftswissenschaften und Soziologie baute

[7] Widmann rechnet ihn und Wilhelm Röpke zu den unmittelbaren Schülern von Walter Eucken.

[8] Ungeachtet dessen genoß er die Achtung seiner Studenten. Er hat immer anerkannt, daß ihm die Türkei aus einer existentiellen Not herausgeholfen hat, schätzte dieses Land aber als so verschieden vom eigenen Kulturkreis ein, daß er Westeuropäern von einem Leben in der Türkei abriet und das Land nie wieder besuchte. Von dieser Einstellung Rüstows berichtete mir Frau Angela Göktürk, die Mitte der fünfziger Jahre bei Rüstow in Heidelberg promovierte und dann nach Istanbul ging, wo sie noch heute lebt.

[9] Neumark behauptet, daß ihn sein energisches Engagement für diese bürgerlich-liberale Partei den Haß der Nazis eingetragen habe (Neumark 1980, S. 78). Widmann schreibt, Kessler sei ein überzeugter Sozialdemokrat und SPD-Abgeordneter im Sächsischen Landtag gewesen (Widmann 1973, S. 122).

Kessler praktisch im Alleingang[10] eine umfangreiche Bibliothek auf. Angeblich soll er 50.000 Karteikarten eigenhändig während seiner freien Tage ausgefüllt haben (Widmann 1973, S. 123). Spät ging er nach Deutschland zurück – 1951 an die Universität Göttingen.

Die Betriebswirtschaftslehre vertrat ab 1937 ein Professor der Nürnberger Handelshochschule, Alfred Isaac (1888-1956). Er hatte 1923 in Frankfurt promoviert und dort bei Fritz Schmidt (1926) habilitiert, von woher ihn Neumark kannte. Da er besonders an der deutschen Kultur hing, zögerte er lange, in die Emigration zu gehen, sah nach seiner Zwangsemeritierung 1933 (mit Streichung der Ruhestandsbezüge 1934) als Jude aber schließlich keinen anderen Ausweg. In Deutschland begann sich die moderne Betriebswirtschaftslehre gerade erst zu entwickeln, während sie in der Türkei als Lehrfach und Forschungsziel gänzlich unbekannt war. Daher kommt Isaacs Tätigkeit ein besonderes Gewicht zu. Da er seine Vorlesungen nach nicht allzu langer Zeit selbständig in türkisch halten konnte, eine sehr positive Einstellung zur Lehre hatte und ein umfangreiches Lehrmaterial erstellte, ehe er 1950 nach Deutschland zurückging, dürfte er mit den größten Einfluß auf die Studenten gehabt haben. Über seine wissenschaftlichen Leistungen äußert sich Neumark allerdings etwas zurückhaltend (Neumark 1980, S. 81).

Alfred Dobretsberger (1903-1970) kam durch Initiative der Istanbuler Emigranten als Nachfolger von Röpke auf den Lehrstuhl für Nationalökonomie.

> »Wenige Tage nach dem 'Anschluß' Österreichs an das 'Dritte Reich', also im Frühjahre 1938, lasen wir in einer Zeitung, daß alle Mitglieder der früheren Regierung Schuschnigg von den Nazis verhaftet worden seien oder werden sollten. Darunter mußte sich auch unser Grazer Kollege Josef Dobretsberger befinden, der im jugendlichen Alter von 33 Jahren eine Zeitlang als Vertreter des linken Flügels der Christlich-Sozialen im Schuschniggschen Kabinett als Sozialminister tätig gewesen war, dann aber an die Grazer Universität zurückkehrte und zu der Zeit des 'Anschlusses' dort das Rektoramt bekleidete.« (Neumark 1980, S. 85)

---

[10] Ab 1940 hatte der Bibliothekar Walter Gottschalk einen Vertrag mit der Istanbul Üniversitesi, der einen Lehrauftrag für die Ausbildung von Bibliothekaren einschloß. Über seine Tätigkeit als Sachverständiger für Bibliotheksfragen machen die mir bekannten Quellen (vgl. z.B. Neumark 1980, S. 132) aber keine näheren Angaben.

Im September 1938 kam Dobretsberger auf abenteuerlichem Wege nach Istanbul, wo er sich ungewöhnlich schnell und gut einlebte[11]. Trotzdem verließ er die Türkei bereits 1941 in Richtung Palästina und dann Ägypten, wo er in Kairo bis 1946 lebte und wohin er als Gastprofessor später wiederholt zurückkehrte. Er fühlte sich nämlich – wie der Scurla-Bericht zeigt, keineswegs zu Unrecht – auch im Ausland von den Nationalsozialisten verfolgt und in besonderem Maße durch die Anwesenheit Franz von Papens bedroht. Dieser Wegbereiter Hitlers war nach seinem »erfolgreichen« Wirken in Wien mit dem Botschafterposten in Ankara belohnt worden.

Für Dobretsberger gewannen die Istanbuler den Wirtschaftstheoretiker Umberto Ricci von der Universität Rom, den Mussolini seines Amtes enthoben hatte. Er war ein reiner Theoretiker des Liberalismus, der in der Türkei u.a. ein nach Neumarks Urteil ausgezeichnetes Werk über Werttheorie fertigstellte, das später in französisch erschien.

Neumark selbst hatte einen Anstellungsvertrag für Sozialhygiene und Statistik. Die erstere Verpflichtung konnte er jedoch ganz umgehen, die zweite bald an seinen türkischen Kollegen Ömer Celal Sarc abtreten, der in Deutschland studiert und bei Werner Sombart promoviert hatte.

Im Laufe der Zeit verlagerte Neumark seine Aufgabe immer mehr auf die Finanzwissenschaft. 1946 wurde er der erste Leiter des Finanzwissenschaftlichen Instituts der Universität Istanbul. Er gehörte zu der nicht sehr großen Gruppe von Professoren, die das Haupthindernis der Universitätsarbeit sehr schnell überwand: das Erlernen der türkischen Sprache. Auch deshalb ist sein Wirken in Istanbul besonders nachhaltig gewesen. Gegenwärtig – also vierzig Jahre nach seinem Weggang 1951/52 – fällt sein Name häufig als erster, wenn man an Istanbuler Universitäten nach deutschen Hochschullehrern der Vergangenheit fragt. Zweifellos hat Neumark im gleichen Maße wie seine oben genannten Kollegen wesentliche Aufbauarbeit für die Wirtschaftswissenschaftliche Fakultät der *Istanbul Üniversitesi* geleistet, die seit 1936 als selbständige Einrichtung neben der Juristischen Fakultät

---

[11] Für Neumark war Dobretsberger ein »genialischer Mensch, der in seinen akademischen Anfängen stark durch den damals in Wien lehrenden Staatsrechtler und -philosophen Hans Kelsen beeinflußt worden war, daneben durch die bedeutendsten Vertreter der 'Österreichischen Schule', wie Carl Menger und Eugen von Böhm-Bawerk. Dem romantisierenden Soziologen Otmar Spann dagegen stand er menschlich wie sachlich fern.« (Neumark 1980, S. 87)

besteht. Dazu gehört auch die Einführung eines Habilitationsverfahrens nach deutschem Muster. Diese Idee sollte als Teil der inneren Universitätsreform beim Aufbau eines jungen und leistungsfähigen Lehrkörpers helfen. Bis heute ist es übrigens in der Türkei üblich, zwischen einem nicht habilitierten *doktor* und dem habilitierten Dozenten (*Doc. Dr.*) deutlich zu unterscheiden.

Aus Neumarks langen Jahren als Hochschullehrer ergaben sich zwangsläufig erhebliche Wirkungen auf mehr als eine Generation von Studenten und Graduierten – vor allem, wenn man die hervorgehobene Stellung des Lehrers im türkischen Sozialisationsprozeß berücksichtigt (vgl. dazu unten, Abschnitt 6.2). In den dreißiger Jahren wurden die ersten modernen Wirtschafts- und Sozialwissenschaftler innerhalb der Türkei ausgebildet, und eine Anfangsklasse umfaßte in Istanbul immerhin 1000 bis 2000 Studierende, von denen allerdings höchstens die Hälfte in die zweite Klasse kam (Neumark 1980, S. 149). Neumark nennt zahlreiche türkische Mitarbeiter, die er – gemäß der gestellten Aufgabe, den türkischen Nachwuchs heranzuziehen – als Schüler und Nachfolger bezeichnet.

Bezüglich der für die Lehre abzufassenden Skripten und Lehrbücher schreibt er:

> »Ich selbst habe eine (in mehreren Auflagen erschienene) zweibändige *Allgemeine Wirtschaftstheorie*, ein Buch über *Außenhandels- und Agrarpolitik*, den ersten Band einer *Geschichte der volkswirtschaftlichen Lehrmeinungen*, eine umfangreiche Sammlung finanzwissenschaftlicher Essays sowie eine Monographie über *Moderne Einkommensbesteuerung: Theorie und Praxis* veröffentlicht, aus der später (1947) mein in Bern in deutscher Sprache erschienenes Buch über den gleichen Gegenstand hervorging.« (Neumark 1980, S. 252)

Viel Arbeit steckte er in die Mitherausgabe der Zeitschrift *Revenue de la Faculté des Sciences Economiques de l'Université d`Istanbul* (*Istanbul Üniversitesi Iktisat Fakültesi Mecmuasi*), von der zehn doppelsprachige Bände in türkisch und einer europäischen Sprache erschienen.

Über Fachgutachtertätigkeiten und andere beratende Aufgaben wirkte er auf die Wirtschafts- und Finanzpolitik der Türkei ein. Am wichtigsten war seine mehrjährige Kommissionstätigkeit, die er im Auftrag des Finanzministers nach Kriegsende ausübte. Es ging um die Einrichtung einer umfassenden modernen Einkommensbesteuerung, und diese Reformvorschläge fanden Eingang in die praktische Politik.

»Mehr als ein Jahr beschäftigten sich die allgemeine Presse und die Fachpresse, aber auch das Radio und die Berufsvertretungen, wie namentlich Industrie- und Handelskammern, mit den umstrittenen Projekten ... Jedenfalls haben sich in diesen Jahren meine Bekanntheit und meine Beliebtheit im Lande in umgekehrter Richtung entwickelt. Trotz all dieser Reaktionen gelang es aber schließlich, kurz nach Kriegsende (1950) die Reformentwürfe im wesentlichen unverändert Gesetz werden zu lassen.« (Neumark 1980, S. 259f.)

5. Ankara: Ernst Reuter

Ernst Reuter wurde 1889 in Schleswig-Holstein geboren. Während des Studiums kam er mit der Arbeiterbewegung in Berührung.[12] 1916 wurde er eingezogen und geriet an der Ostfront nach schwerer Verletzung in russische Gefangenschaft. Dem Zeitgeist entsprechend, begeisterte er sich zunächst für die Oktoberrevolution[13] und engagierte sich in Deutschland bei der KPD, dann der USPD und schließlich der SPD. 1926 wurde er zum Stadtrat von Berlin für das Ressort Verkehrspolitik ernannt. Er war der Organisator des ersten einheitlichen Verkehrsnetzes für Berlin, indem er die bestehenden privaten Einrichtungen der öffentlichen Verwaltung unterstellte und zur Berliner Verkehrsgesellschaft zusammenfaßte. Er entwickelte sich zu einem führenden Kopf sozialistischer Kommunalpolitik und trat 1931 das Amt des Bürgermeisters von Magdeburg an. Die Nationalsozialisten verfolgten ihn von Beginn an. Im August 1933 lieferte man ihn für ein halbes Jahr ins Konzentrationslager Lichtenburg bei Thurgau ein. Im Juni 1934 wurde er wiederum nach Lichtenburg gebracht. Durch einflußreiche Freunde kam er noch einmal frei und entzog sich im Januar 1935 einer dritten Verhaftung durch Flucht über Holland nach England. Hier erreichte ihn eine Nachricht vom ehemaligen SPD-

[12] Er studierte in Marburg, München und Münster für das Lehramt mit dem Schwerpunkt alte Sprachen. (Dies tat er so gründlich, daß viel später sein Buchhändler in Ankara immer meinte, er habe in Reuter einen Professor für Altphilologie vor sich.) Aus politischer Neigung ging er 1913 nach Berlin und hatte u.a. eine Stellung beim Zentralen Bildungsausschuß der SPD. Im Weltkrieg agitierte er für den pazifistischen »Bund Neues Vaterland«, ehe er eingezogen wurde.

[13] Er lernte die Führer der Oktoberrevolution nicht nur persönlich kennen, sondern erhielt auch den Auftrag zur Einrichtung einer autonomen Region für die Wolgadeutschen.

Reichstagsabgeordneten Dr. Fritz Baade, der in Ankara als Sachverständiger für die Republik Türkei untergekommen war. Reuter und seine Familie zogen nach Ankara, und er erhielt eine Zeitstelle als Tarifexperte im Wirtschaftsministerium. Als später das Verkehrsministerium gegründet wurde, arbeitete er dort als Sachverständiger. Zahlreiche Berichte und Statistiken, die er in jener Zeit verfaßte, sind heute noch in den Akten des Verkehrsministeriums zu finden[14].

Reuter erlernte relativ schnell die türkische Sprache und bereiste die Türkei wie kaum ein anderer Emigrant. Die vielen Dienstreisen als Tarifexperte ermöglichten es ihm, das Land aus nächster Nähe kennenzulernen.

Nach dem Willen Atatürks sollte die Hauptstadt Ankara eine vollwertige, leistungsfähige Universität erhalten, und hierzu war die Mitwirkung ausländischer Fachleute willkommen. Verschiedene Einrichtungen wie die Philologisch-Historische Fakultät, die Juristische Fakultät und die Hochschule für Politische Wissenschaften (SBYO)[15] entstanden in den späten zwanziger und frühen dreißiger Jahren[16]. An der SBYO erhielt Ernst Reuter 1938 einen Lehrauftrag für Kommu-

[14] Die türkische Regierung verzichtete im Zweiten Weltkrieg auf die Beschäftigung deutscher Sachverständiger im Regierungsbereich. Daher wurde Reuters im Mai 1940 abgelaufener Vertrag mit dem Verkehrsministerium nicht verlängert. Er hatte jedoch bereits seit 1938 einen Lehrauftrag in Ankara (vgl. Anmerkung 15). Außerdem zog man ihn ab 1944 doch wieder zu zahlreichen Nebentätigkeiten heran. Man benötigte ihn als Tarifexperten für die staatliche Schiffahrts- und Hafenverwaltung in Istanbul. Hinzu kamen Gutachten und Untersuchungen, z.B. über die Neugestaltung der Kommunalabgaben, die Schaffung einer Eisenbahner-Pensionskasse und andere Finanzfragen. Nicht zuletzt war er »mit dem Innenminister gut bekannt, den er in vielen Fragen beriet« (Brügel 1991, S. 42).

[15] »Siyasal Bilgiler Yüksek Okulu«; ehemals eine osmanische Verwaltungsakademie. Die Hochschule (später Fakultät an der *Ankara Üniversitesi*) wurde in den vierziger und fünfziger Jahren die »Kaderschmiede« für Diplomaten und hohe Bürokraten.

[16] Nach Vorbereitungen unter Mithilfe deutscher Experten wurde 1933 in Ankara auch eine landwirtschaftlich-tierärztliche Hochschule (*Yüksek Ziraat Enstitüsü*) gegründet, der 1934 die forstwirtschaftliche Hochschule in Istanbul als eine der Fakultäten angeschlossen wurde (ab 1948 wieder abgetrennt). An beiden Einrichtungen gab es eine beträchtliche Anzahl vom Deutschen Reich entsandte Hochschullehrer. Wie dem Scurla-Bericht zu entnehmen ist, hatten es Emigranten an dieser Hochschule schwer. Als der Wirtschaftslehrstuhl in der landwirtschaftlichen Fakultät zu besetzen war, hatte »Minister Faik Kurdoglu versucht, den Sachverständigen im Landwirtschaftsministerium, Dr. Baade, zu berufen, der deutscher Emigrant ist und von der Hochschule mit Erfolg abgewehrt werden konnte.« (Grothusen 1987, S. 80)

nalpolitik mit Schwerpunkt Städtebau und lokale Verwaltung. Ab 1940 wurde dies seine hauptamtliche Tätigkeit.

Reuter wurde zu einem engagierten und außerordentlich beliebten Hochschullehrer. Nach der russischen Revolution und der Weimarer Republik erlebte er nun zum dritten Mal einen Neuaufbau, und er empfand es als persönliche Bereicherung, an der Schaffung der modernen Türkei Kemal Atatürks mitwirken zu können[17].

Wie alle Emigranten sollte Reuter Lehrmaterial in türkisch herausbringen und den Nachwuchs fördern. Schon 1940 legte er eine 350 Seiten umfassende *Kommunalwissenschaft: Einführung in den Städtebau* vor, worin er sich mit folgenden Grundfragen auseinandersetzte: kommunales Verwaltungsrecht; Gemeindefinanzen; kommunales Bauwesen; kommunale Wirtschaftsunternehmen; kommunale Wohlfahrtspflege und kommunale Kulturpolitik. 1942 verfaßte er *Der Nahverkehr*, das aber nie gedruckt wurde, obwohl er gerade auf diesem Gebiet außerordentliches Erfahrungswissen besaß. 1945 veröffentlichte das Innenministerium sein mit dem Provinzgouverneur Necmettin Ergin verfaßtes Manuskript *Die Gemeindefinanzen*, worin dem Finanzausgleich eine besondere Bedeutung zugemessen wird[18]. Seine Schüler brachten das Konzept des Finanzausgleichs schließlich über den Artikel 116 in die türkische Verfassung von 1961 ein (vgl. u.a. Keles 1986, S. 117).

Mit seinen Manuskripten, Büchern und Veröffentlichungen in Fachzeitschriften schuf Reuter eine Grundlagenliteratur für die Türkei, auf der seine türkischen Kollegen und Nachfolger aufbauen konnten.

Ständig vertiefte er seine Detailkenntnisse über den kommunalen Alltag, wobei ihm seine seit 1942 übertragene Zusatzaufgabe half, für das Innenministerium höhere Provinzbeamte (*Kaymakam* oder »Landrat«) auszubilden. Von diesen erfuhr er während des Unterrichts manche neue Einzelheit über die Provinzen des Landes.

---

[17] Kemal Atatürk schätzte er höher ein als Lenin, weil Atatürk stets die Freiheit seines Volkes vor Augen gehabt habe und sein Wille zum Abbau vorübergehender Zwangsmaßnahmen immer deutlich erkennbar geblieben sei.

[18] In den Anfängen der Republik bestimmte die politisch-bürokratische Elite in Ankara alles; die Provinzen und Städte waren Ankara gewissermaßen ausgeliefert. Reuter entwickelte zum ersten Mal die Idee eines kommunalen Finanzausgleichs für die Türkei und fand dafür in einem Fachartikel von 1941 den türkischen Ausdruck *mali tevzin*.

Außerdem hatte er den Auftrag zur Gründung eines Instituts für Städtebau. Es sollte nach seinem Konzept

- eine Spezialbibliothek für Kommunalwissenschaften aufweisen;
- eine Fortbildungsstätte für höhere Kommunalbeamte sein;
- eine Informations- und Gutachterfunktion für die Kommunen übernehmen;
- eine türkische Fachzeitschrift für Kommunalpolitik herausgeben.

Seine Vorschläge konnten erst verspätet umgesetzt werden. Das *Institut für Wohnungs- und Siedlungsbau* wurde 1953 eingerichtet, dem Todesjahr des damals schon längst nach Deutschland zurückgekehrten Ernst Reuter.

Einigen Einfluß übte Reuter auch auf die Fortentwicklung der schon 1933 geschaffenen Bank der Stadtverwaltungen (*Belediyeler Bankasi*) aus. Viele seiner Beiträge zum Thema Gemeindefinanzen befaßten sich mit diesem Institut. Als es 1945 in die Gemeindebank (*Iller Bankasi*) umgewandelt wurde, bat man Reuter,

> »ein Statut für die Übergangszeit auszuarbeiten. Die in diesem Gutachten enthaltenen Vorschläge und Angaben bestimmen bis zum heutigen Tag die Richtlinien und Aktivitäten dieses Geldinstituts, das eine Brückenfunktion zwischen Finanzministerium und den Stadtverwaltungen innehat.« (Brügel 1991, S. 66)

Im November 1946 verließ Reuter mit seiner Familie die Türkei, um in die deutsche Politik zurückzugehen[19].

Auf seine Zeit in der Türkei hat er immer gern und in Dankbarkeit zurückgeblickt. Während seiner achtjährigen Tätigkeit als Hochschullehrer an der SBYO hatte er sich nicht nur mit großem Fachwissen und Detailkenntnissen einen Namen bei Studenten und Fachleuten gemacht, sondern auch die Freundschaft vieler Türken gewonnen. Seine Persönlichkeit hat offenbar einen großen Eindruck hinterlassen. Da er von der Türkei wie von seiner zweiten Heimat zu sprechen

[19] Über das Schumacherbüro in Hannover kam er nach Berlin und wurde schon Anfang 1947 von der Berliner Stadtverordnetenversammlung zum Stadtrat für Verkehr und Betriebe gewählt. Seine Wahl zum Oberbürgermeister von Gesamtberlin im Juni 1947 wurde von der sowjetischen Seite obstruiert und die Stadt bald darauf geteilt. International berühmt wurde Oberbürgermeister Reuter während der Monate der Berlinblockade. Seinen zähen Durchhaltewillen und sein geduldiges Ausharrevermögen leiten Personen, die den »Großen Türken« (parteiinterner Spitzname) näher kannten, auf seine Türkeierfahrung zurück; so z.B. sein Sohn Edzard Reuter in Keles 1986, S. 110.

pflegte, ließen sich junge Türken um so leichter von seinem ständigen Ruf nach kommunaler Reform und Entfaltung lokaler, selbstverantwortlicher Energien anstecken. Reuters Tätigkeit hat bis in die jüngste Zeit nachgewirkt[20]. In den Worten des derzeitigen Leiters des Instituts für Städtebau, Professor Keles: »Die achtjährige Dienstzeit Ernst Reuters an der Fakultät für Politische Wissenschaften hat ihn zum Pionier der Urbanistik in der Türkei werden lassen, dessen Wert niemals vergessen werden kann.« (Keles 1986, S. 159)

6. *Auswirkungen der Emigration*

6.1. *Einflüsse auf die deutsche Nachkriegsentwicklung*

Über die negativen Folgen der brutalen Durchsetzung nationalsozialistischer Vorstellungen für das deutsche Hochschulwesen allgemein und die Wirtschafts- und Sozialwissenschaften im besonderen braucht an dieser Stelle nichts gesagt zu werden.

Es verdient aber festgehalten zu werden, daß die meisten der in die Türkei emigrierten Wirtschafts- und Sozialwissenschaftler (anders als Emigranten anderer Fachrichtungen) bis Anfang der fünfziger Jahre in ihre erste Heimat zurückgingen und dort in der Regel wieder im Wissenschaftsbetrieb Fuß faßten. Von den Istanbulern kehrte Dobretsberger 1946 von Kairo nach Graz zurück, wo er für einige Jahre Rektor wurde. Röpke blieb in der Schweiz, übte aber bis zu seinem Tod 1966 als radikaler Vordenker eines politisch konservativen Wirtschaftsliberalismus einen erheblichen Einfluß auf die Durchsetzung der Marktwirtschaft in der Bundesrepublik aus[21].

Neumark entwickelte sich bis zu seinem Tode im Jahre 1991 zum Nestor der nachkriegsdeutschen Finanzwissenschaft. Noch viele Jahre nach seiner Emeritierung an der Universität Frankfurt, wo er auch zweimal Rektor war, behielt er den Vorsitz des Wissenschaftlichen

---

20 Eine eindrucksvolle Dokumentation ist dafür der von Rusen Keles herausgegebene Tagungsband *Ernst Reuter'in Anisina* mit Beiträgen von Edzard Reuter, Fritz Neumark und Horst Widmann sowie seiner »akademischen Söhne und Enkel« Fehmi Yavuz, Rusen Keles, Necdet Serin und Ziya Müezzinoglu. Einen guten Überblick bietet die Broschüre *Leben und Wirken Ernst Reuters in der Türkei* von Silke Brügel.

21 1966 hat sich der damalige Bundeskanzler Ludwig Erhard in einem Nachruf auf Röpke als dessen Schüler bezeichnet (vgl. Widmann 1973, S. 125).

Beirats beim Bundesfinanzministerium inne. Er war Mitglied zahlreicher nationaler wie internationaler Gremien.

Isaac, Kessler und Rüstow waren bei Kriegsende bereits um die sechzig Jahre alt. Der jüngste von ihnen war Alfred Isaac. Er war trotz angegriffener Gesundheit noch wenige Jahre in Göttingen und Nürnberg als Professor für Betriebswirtschaftslehre tätig, ehe er kurz nach seiner frühzeitigen Emeritierung starb.

Kessler kehrte zu seiner Emeritierung 1951 nach Göttingen zurück, wo er noch bis 1958 Vorlesungen hielt. Rüstow nahm 1950 einen Ruf an die Universität Heidelberg an. Auch er hielt noch viele Jahre nach seiner Emeritierung 1955 Vorlesungen. Rüstow und Kessler starben 1963.

Von den Experten und Hochschullehrern, die die Emigrationszeit in Ankara verbrachten, bemühte sich vor allem Ernst Reuter um eine schnellstmögliche Rückkehr. Nur die Bürokratie der Alliierten verhinderte, daß er bereits Ende 1945 zurückkam. Er stürzte sich sofort in die Politik und spielte dann seine berühmte Rolle als Oberbürgermeister des freien Teils von Berlin während der sowjetischen Berlinblockade 1948 und danach. Seit den Aufenthalten im Konzentrationslager gesundheitlich anfällig, starb er 1953 im Alter von 64 Jahren.

Reuters sozialdemokratischer Reichstagskollege Baade und andere emigrierte Wirtschaftsexperten, die bis 1940 im Dienst der türkischen Regierung standen und teils bis nach 1945 blieben, kehrten – wenn überhaupt – über Umwege nach Deutschland zurück.

Max van der Porten und Konrad Engelmann wanderten in die USA aus[22]. Nur Engelmann kam von dort für einige Jahre zurück, um später endgültig in die USA zu gehen. Lediglich eine Durchgangsstation auf dem Emigrationsweg durch mehrere Länder war die Türkei für Eduard März, Ferdinand Nissen und Hans Singer. März kehrte 1953 aus den USA nach Österreich zurück. Nissen verstarb 1952 in den USA. Singer, der 1932 bei Arthur Spiethoff promoviert hatte, ging frühzeitig nach Großbritannien und machte dort Hochschulkarriere. Zuletzt lehrte er Entwicklungsökonomie an der Universität Sussex.

---

22 Für die türkische Republik war van der Porten als oberster Industriesachverständiger beim Premierministerium beschäftigt. Eine ähnliche Funktion hatte er in der Weimarer Republik unter Brüning. Engelmann war im Direktorium der Preußenkasse gewesen und in der Türkei für verschiedene Unternehmen als Berater tätig (vgl. Neumark 1980, S. 114f.).

Hans Wilbrandt blieb bis 1952 als selbständiger Wirtschaftsberater in der Türkei, ehe er über Bonn und Kiel (Weltwirtschaftliches Institut) 1959 an die Technische Universität Berlin und 1963 als Ordinarius für Entwicklungspolitik an die Universität Göttingen kam.

Fritz Baade (1893-1974) ging nach dem Krieg in die USA, dann 1948 an das Weltwirtschaftliche Institut nach Kiel, wo er bis 1961 Direktor war. Parallel zu diesem Posten war er Professor an der Universität Kiel. Darüber hinaus kehrte er sofort in die aktive Politik zurück. Er war für vier Legislaturperioden 1949-1965 im Deutschen Bundestag.

Aus diesen kurzen Teilbiographien läßt sich eindeutig entnehmen, daß die deutschsprachige Emigration in die Türkei beim Wiederaufbau Deutschlands eine positive Rolle gespielt hat. Viele der eben genannten Emigranten waren mehr als zwölf Jahre in der Türkei und haben es dem Aufenthalt in diesem Gastland zu verdanken, noch einmal den Mut und die Kraft zum zweiten Leben in Deutschland gefunden zu haben. Für die meisten von ihnen ist eine enge Bindung an die Türkei entstanden, die erwidert wurde. Dies zeigte sich u.a. in den Ehrenpromotionen für Fritz Neumark (1965 Universität Istanbul) und Hans Wilbrandt (1977 Universität Ankara) sowie dem Gedenktag für Ernst Reuter in Ankara zum vierzigsten Jahrestag seines Wegganges[23].

Ob aus der zufälligen Gruppierung von Ordoliberalen, Sozialdemokraten und rassisch Verfolgten während der Emigrationszeit in der Türkei und anderswo eine spezifische Gruppe mit besonderem Einfluß auf das geistige und politische Nachkriegsdeutschland hervorgegangen ist, läßt sich letztendlich kaum prüfen. Mehrere Autobiographien von Türkeiemigranten und ähnliche Literatur, die bis heute vorliegt, geben aber keinen Anlaß zu einer solchen Spekulation[24]. Die

---

[23] Vgl. die Veröffentlichung *Ernst Reuter'in Anisina* des Türkisch-Deutschen Kulturbeirats am Deutschen Kulturinstitut in Ankara (Keles 1986).

[24] Vgl. Hirsch 1982, Neumark 1980, Nissen 1969 und die Erinnerungen von Philipp Schwartz (1995). Diese Quellen berichten ausführlich über die persönlichen Kontakte der Emigranten untereinander, die in allen Schattierungen bestanden. Beispielsweise standen sich die ehemaligen SPD-Reichstagskollegen Baade und Reuter bald über Kreuz, während sich Reuter mit dem eher bürgerlich-liberalen Neumark ausgezeichnet verstand: Die Freundschaft »erstreckte sich bald auch auf die Mitglieder der Familien, so daß beispielsweise viele Jahre hindurch während der Sommerferien ein mehrwöchiger Austausch unserer Söhne stattfand«. Dabei »spielte die Tatsache mit, daß wir eine gemeinsame engere Heimat im deutschen Ostfriesland hatten, was uns rein menschlich, nicht zuletzt durch unser Verständ-

Zurückgekehrten haben als Einzelpersönlichkeiten an verschiedenen Orten ihre individuelle Wirkung gehabt.

6.2. Ausstrahlungen auf das Hochschulwesen in der Türkei

Durch die einmalige Konstellation, die 1933 in Deutschland und in der Türkei vorherrschte, konnte die Tätigkeit einer kleinen Emigrantengruppe eine profunde Wirkung ausüben. Selten dürfte sich ein so hochqualifiziertes deutschsprachiges Team zusammengefunden haben, das auf eine unverfälschte und vom gastgebenden Staat voll finanzierte Nachfrage traf.

In den zwanziger und frühen dreißiger Jahren verfügte die junge türkische Republik weder über modern ausgebildete Volks- und Betriebswirte noch über eine nennenswerte Gruppe von Industriellen. Ein Industrialisierungskonzept mußte erst noch erarbeitet werden. Die für irgendeine Entwicklungsstrategie notwendige Infrastruktur fehlte weitgehend. Vor allem mit Hilfe einiger russischer Experten begann man erst Anfang der dreißiger Jahre mit staatlicher Wirtschaftsplanung.

Die erwähnte Hochschulreform von 1933 verlangte daher echte Pionierarbeit. Dem Aufbau der beiden neuen Universitäten in Istanbul und Ankara kam eine bahnbrechende Funktion zu. Hieran haben nicht nur deutschsprachige Emigranten mitgewirkt, sondern auch auf offiziellen Kanälen entsandte Experten und »Reichsprofessoren«. Besonders in Istanbul waren die Emigranten aber eindeutig die zahlenmäßig größere und inhaltlich gewichtigere Gruppe. Horst Widmann stellte in seinem Referat anläßlich der Reutergedenktage am zweiten und dritten Juni 1986 in Ankara fest:

> »Schon 1933 waren von 65 Ordinarien der *Istanbul Üniversitesi* 38 Ausländer – davon allerdings nicht alle Emigrantenprofessoren. Zusammengefaßt waren zwischen 1933 und 1945 in Istanbul als Emigranten tätig: 56 Professoren, 35 Dozenten, 7 wissenschaftliche Hilfskräfte, also zusammen rund 100 Personen, wobei eine Fluktuation einberechnet werden muß. Aber auch in Ankara waren als Emigranten 18 Professoren tätig, nicht mitgerechnet die ca. 20 zum großen Teil österreichischen Emigranten und Künstler als Lehrkräfte am Staatlichen Konservatorium (*Devlet Konservatuari*). Als Gesamt-

---

ständnis für den typisch ostfriesischen Humor, einander schnell und gut verstehen lehrte.« (Neumark in Keles 1986, S. 126) zahl der deutschsprachigen Emigranten, die zwischen 1933 und 1945 an türkischen Hochschulen gelehrt haben, läßt sich also eine Zahl von 140 festhalten, dabei nicht eingerechnet die von den Emigrantenprofessoren mitgebrachten Familienangehörigen.« (Keles 1986, S. 166)

An der 1936 gegründeten Wirtschaftswissenschaftlichen Fakultät in Istanbul war anfangs sogar die Majorität der Ordinarien aus Emigranten zusammengesetzt. Diese trugen wie ihre Emigrantenkollegen an den anderen Fakultäten dazu bei, daß wesentliche Elemente des deutschen Hochschulwesens in das türkische System Eingang fanden – so die Habilitation, die starke Stellung der Ordinarien, das Konzept der Lehrfreiheit und Eigenarten deutscher Studienordnungen.

Es ist völlig unbestritten, daß Lehre und Forschung der deutschsprachigen wirtschaftswissenschaftlichen Emigration in Istanbul die erste Generation von in der Türkei ausgebildeten Ökonomen entscheidend geprägt und damit für die türkischen Wirtschafts- und Sozialwissenschaft richtungsweisend gewirkt hat. Bis weit in die fünfziger Jahre hat die Fülle des auf türkisch verfaßten Lehrmaterials der Emigranten das Studium an der Fakultät bestimmt.

Die reformierten Unterrichtsmethoden, die vorgelebte Herangehensweise an Forschungsaktivitäten, der Aufbau eines modernen Bibliothekswesens haben es ermöglicht, daß die Türkei den Anschluß an das internationale Wissenschaftsniveau gefunden hat.

Wie wichtig gerade im Kontext der türkischen Gesellschaft die Persönlichkeit des »Lehrers« (*hoca*) ist, läßt sich am besten anekdotisch illustrieren. Dazu möchte ich aus der reichlichen Überlieferung ein Beispiel auswählen, das den Chemiker Fritz Arndt betrifft:

»Ein in der Zementindustrie tätiger Herr Kazim fährt eines Tages nach Deutschland. Er besorgt sich dort die Adresse seines Lehrers Prof. Dr. Fritz Arndt und setzt es sich in den Kopf, ihn zu besuchen. Prof. Arndt ist hochbetagt und lebt in einem Altersheim. Nach einigen Stunden Zugreise gelingt es Herrn Kazim, das Altersheim ausfindig zu machen. Der Angestellte an der Information ruft Prof. Arndt an und teilt ihm den Besuch aus der Türkei mit. Herr Kazim wartet ungefähr 45 Minuten und macht sich schon Sorgen. Schließlich sieht man den alten Prof. Arndt langsam die Treppen hinuntersteigen, gestützt von einem Pfleger. Er trägt einen dunkelblauen Anzug, ein weißes Hemd, eine Krawatte, Lackschuhe und sieht nicht wie ein alter Mensch aus, der im Altersheim lebt. Herr Kazim begrüßt ihn, und sie setzen sich gegenüber. Prof. Arndt erkundigt sich, wer er sei, wann er sein Schüler gewesen sei und was

> er gegenwärtig beruflich mache. Sie unterhalten sich eine Weile. Gegen Ende dieser Unterhaltung sagt Prof. Arndt seinem Besucher: 'Ihr Türken seid doch eigenartige Menschen. Ich habe in Spanien, Italien, in der Schweiz und Österreich gelehrt. Ich hatte auch dort zahlreiche Schüler. Aber keiner von ihnen kommt so oft wie ihr Türken und stört mich. Aber ihr kommt hierher und stört mich wegen jeder Kleinigkeit und raubt mir meine Ruhe und Gemütlichkeit.' Während er dieses sagt, weint Arndt. Er umarmt seinen ehemaligen Schüler und begleitet ihn bis zur Tür, wo er sich von ihm verabschiedet« (Reuter 1986, S. 103f.).

Solche Begebenheiten machen zugleich deutlich, wie schwierig es ist, über die langjährigen Wirkungen der Pionierarbeit von Einzelpersönlichkeiten oder einer kleinen Gruppe objektive Angaben zu machen. Heute sind der jungen Hochschulgeneration in der Türkei nur noch wenige Namen bekannt – am ehesten noch Neumark und Reuter. Ihre Bücher und Skripten sind lange aus den Regalen verschwunden. Dennoch mag es ähnlich wie bei einem ständigen Investitionsprozeß in einen langlebigen Kapitalstock so sein, daß die Wegnahme eines »alten Kapitalstockjahrgangs« auch alle »jüngeren Jahrgänge« wegreißen würde.

Daß von den Leistungen der Emigranten heute nur noch wenig zu spüren ist, hat noch andere Gründe. An erster Stelle ist die politische Großwetterlage zu nennen. Die Türkei wurde nach dem Krieg NATO-Mitglied und geriet unter steigenden US-amerikanischen Einfluß. Die militärische und politische Elite orientierte sich weniger an den alten europäischen Mächten. Zur Hochschulausbildung schickte man seine Kinder in die USA, wobei intensive Stipendienprogramme kräftig nachhalfen. In den Wirtschaftswissenschaften dominierte umgekehrt weltweit die anglo-amerikanische Gelehrtenwelt. Englisch wurde zur fachökonomischen lingua franca. Bei der wachsenden Planungsbürokratie in Ankara – 1963 wurde mit der Staatlichen Planungsorganisation (*devlet planlama teskilati*) eine Art Kaderschmiede der türkischen Wirtschafts- und Entwicklungsplanung geschaffen – wurden englische Sprachkenntnisse zunehmend zum Einstellungskriterium. Der wachsende Akademikerbedarf verlangte nach neuen wirtschaftswissenschaftlichen Fakultäten, die vielfach nach anglo-amerikanischem Muster aufgebaut wurden. Heute gelten die drei Fakultäten an den Universitäten *Bilkent* (Ankara), *Orta Dogu Teknik Üniversitesi* (Ankara) und *Bogazici* (Istanbul) als führend. An ihnen werden Unterricht und schriftliche Examina ausschließlich in englisch durchgeführt.

Zweitens geriet die würdevolle alte Ordinarienuniversität in zwei gegensätzliche Turbulenzen: Zum einen nahmen die selbstbewußten und kritikfreudigen Studenten zu – fast zeitgleich mit den Studentenbewegungen im Westen; zum anderen unterbrachen Militärinterventionen dreimal die demokratische Entwicklung in der Türkei und führten speziell ab 1980 zu einer Friedhofsruhe an den Universitäten. Der Eingriff des Militärs nach dem September 1980 war direkt und brutal. Der Lehrkörper wurde dezimiert und die universitäre Selbstverwaltung abgeschafft. Nicht nur die Rektoren, sondern auch die Dekane werden seitdem von einer Zentralstelle in Ankara eingesetzt. In die neue Verfassung setzten die Militärs den Passus, daß Universitätsrektoren vom Staatspräsidenten zu bestimmen und einzusetzen sind. Im Endeffekt ist eine Verarmung des Lehrkörpers in jeder Hinsicht und eine Verschulung eingetreten. Das neue System steht dem klassischen deutschen Hochschulwesen ferner als zuvor.

Hinzu kommt in diesem Zusammenhang ein eingeengter Spielraum von Forschung und Lehre durch Finanznot. Pro Hochschullehrer steht immer weniger Geld zur Verfügung. Ein Nebeneffekt ist die wachsende Unfähigkeit, deutsch-türkische Forschungskontakte und universitäre Partnerschaften aufrechtzuerhalten, die in vielen Fällen direkt oder indirekt von Türkeiemigranten initiiert worden waren. In mehreren Fällen gibt es Austauschabkommen zwischen türkischen und deutschen Universitäten, die nur noch einseitig erfüllt werden können. Der aus der Türkei entsandte Wissenschaftler wird in Deutschland aufgenommen und von deutscher Seite finanziert, aber der umgekehrte Weg klappt nicht mehr[25].

Wenn somit die Ergebnisse der wirtschafts- und sozialwissenschaftlichen Türkeiemigration immer weniger greifbar sind, so sollte man sich doch bei der Pflege der deutsch-türkischen Wissenschaftsbeziehungen »der Großzügigkeit des türkischen Partners in schwierigen Zeiten« erinnern, um mit Widmann zu sprechen[26]. Er sagt auch: »Die Tätigkeit der Emigranten ist ein bleibendes, gewichtiges Kapitel der

---

[25] So kam es zwar noch 1985 zwischen den Universitäten Hamburg und Izmir (*Dokuz Eylül Üniversitesi*) zu einem Austauschabkommen für Wirtschaftswissenschaftler. Aber der Weg nach Izmir konnte in sechs Jahren nur zweimal geebnet werden, während die Gegenrichtung sehr viel häufiger beschritten wurde.

[26] Ich selbst bin in dem einen Jahr, in dem ich in der Türkei lebe, wiederholt von früheren (nach 1980 entlassenen) und jetzigen Hochschullehrern danach gefragt worden, was Deutschland eigentlich zwischen 1980 und 1983 unternommen habe, um den von den Militärs gebeutelten Hochschulen zu helfen.

deutsch-türkischen Freundschaft und ein Garant der positiven deutsch-türkischen Beziehungen allgemein.« (Keles 1986, S.176)

6.3. Kaum untersuchte Wirkungsfelder

Neben Neumark und Reuter haben einige andere Emigranten als Sachverständige auf die türkischen Entscheidungsinstanzen Einfluß genommen. Leider gibt es keine systematische Untersuchung über die Türkeiemigration von Ökonomen und anderen Fachleuten, die nicht im Hochschulbereich tätig waren. In Abschnitt 6.1 oben wurden Fritz Baade, Konrad Engelmann, Eduard März, Ferdinand Nissen, Max van der Porten und Hans Wilbrandt erwähnt. Selbstverständlich stehen die Beispiele der Steuerreform von 1950, an der Neumark mitwirkte, oder der 1945 geschaffenen Gemeindebank, für die Reuter einen Satzungsentwurf beisteuerte, nicht allein. Da diese Einflüsse auf die wirtschaftliche und politische Entwicklung der Türkei aber von den Emigranten in ihren Autobiographien wie auch von der übrigen Literatur[27] immer nur am Rande erwähnt werden, sind nicht einmal die Namen des dafür in Frage kommenden Personenkreises zusammengestellt worden – geschweige denn ihre Aktivitäten.

Wenig findet man zu der Frage, ob sich in den Emigrantenzirkeln von Ankara und Istanbul wegen der ungewöhnlichen Situation möglicherweise Formen der Zusammenarbeit ergeben haben, die sonst nicht zustande gekommen wären. So berichtet Neumark zwar von privaten Freundschaften. Über die Zusammenarbeit an der *Istanbul Üniversitesi* sagt er nichts. Ebensowenig ist untersucht worden, ob beispielsweise die bedeutenden Emigrantenarchitekten Martin Wagner (Berlin), Bruno Taut (Berlin) und Clemens Holzmeister (Wien; Erbauer des türkischen Parlaments) über ihre Freundschaft mit Neumark, Reuter und Rüstow zu besonderen Anregungen und Kooperationsformen bei ihrer Aufbauarbeit in Istanbul und Ankara fanden[28].

[27] Neben den Autobiografien von Emigranten und den schon erwähnten Arbeiten von Brügel 1991 und Widmann 1973 sind in dieser Hinsicht zu erwähnen: F. Christiansen-Weniger 1962; L. Dieckmann 1964; K.-D. Grothusen 1984.

[28] Diese Verbindung wird hier erwähnt, weil die ersteren Experten für die physischen (und damit klassischen) Planungsaspekte von Städtebau waren. Die letzteren waren Experten für die sozio-politischen und ökonomischen (und damit damals neuen) Planungskonzepte. Für den Aufbau der neuen Hauptstadt Ankara und in anderer Hinsicht mag es durchaus relevant gewesen sein, daß gerade diese Emigranten in einem engen Kontakt standen.

Auch über politische Betätigungen, die den Emigranten im übrigen nicht gestattet waren, gibt es nur Randbemerkungen. Zum Teil mag dies daran liegen, daß die Mehrzahl der Emigranten keine aus politischen, sondern aus rassischen Gründen Verfolgte waren. In dieser Hinsicht bilden die Wirtschaftsordinarien in Istanbul eine Ausnahme. Mit Gerhard Kessler, Alexander Rüstow und anderen gründete Ernst Reuter den »Deutschen Freiheitsbund«. Eine Verflechtung dieser Gruppe mit dem Widerstand außerhalb der Türkei ist wohl nicht zustande gekommen. Briefkontakte, wie zum Beispiel mit Thomas Mann in den USA (vgl. Brügel 1991, S. 55), verliefen im Sande. Auf die innertürkische Politik – dort wurde nach Atatürks Tod ein vorsichtiger Demokratisierungskurs fortgesetzt und bald nach Kriegsende das Mehrparteiensystem eingeführt – mag es kleinere Einflüsse gegeben haben. Der engagierte Sozialpolitiker Gerhard Kessler soll Mitbegründer der ersten türkischen Gewerkschaft gewesen sein (vgl. Widmann 1973, S. 123).

Nicht ausgewertet wurde bisher das Gewicht von Familienangehörigen und Schülern der wirtschafts- und sozialwissenschaftlichen Türkeiemigration. Es gibt berühmte Emigrantensöhne wie Edzard Reuter, den gegenwärtigen Vorstandsvorsitzenden der Daimler Benz AG, und Dankwart A. Rustow, der als Professor für Türkeistudien in Princeton (USA) eine wissenschaftliche Spitzenstellung erlangt hat. Über die Emigrantenfamilien – insbesondere, wenn sie die türkische Staatsangehörigkeit angenommen hatten – wissen wir dennoch zuwenig. Das gilt genauso für die türkischen Schüler der Emigranten, von denen einige später nicht nur Professoren, sondern auch viele Minister, Botschafter und andere hohe Regierungsbeamte gewesen sind. Dazu paßt zum Abschluß das folgende Zitat:

> »Als Willy Brandt noch Außenminister war, erkundigte er sich als erstes bei Oguz Gökmen, der als Botschafter in Bonn Brandt einen Besuch abstattete, ob er Reuter gekannt habe.
> Und als er erfuhr, daß Herr Gökmen sogar ein Schüler Reuters gewesen war, rief er erfreut seinen Berater zu sich und sagte: 'Auch der Herr Botschafter war ein Schüler unseres *Großen Türken*' und erklärte freudig stimmend: 'Wir sind alle Schüler von ihm, wir haben viel von ihm gelernt, er liebte die Türkei und die Türken sehr. Deshalb nannten wir ihn unter uns den *Großen Türken*.'«
> (Keles 1986, S. 95)

Literatur

Brügel, Silke (1991): Leben und Wirken Ernst Reuters in der Türkei, Istanbul.

Christiansen-Weniger, F. (1962): Deutsche Sachverständige im Dienst der türkischen Regierung 1923-1944, in: Zeitschrift für Kulturaustausch 12, Heft 2/3, S. 217-218.

Dieckmann, Liselotte (1964): Akademische Emigranten in der Türkei, in: E. Schwartz/M. Wegener (Hrsg.), Verbannung. Aufzeichnungen deutscher Schriftsteller im Exil, Hamburg, S. 122-126.

Findikoglu, Z. Fahri (1963): Über zwei deutsche Soziologen – Professor Rüstow und Professor Kessler, in: Istanbul Üniversitesi Iktisat Fakültesi Mecmuasi. Heft 23/3, S. 33-50 und 305-307.

Grothusen, Klaus-Detlev (1984): Die deutsche wissenschaftliche Emigration in die Türkei 1933-1945. Unter besonderer Berücksichtigung Hamburgs, in: Universität Hamburg – 1933 in Gesellschaft und Wissenschaft; Teil 2: Wissenschaft, Hamburg, S. 189-206.

Grothusen, Klaus-Detlev (Hrsg.) (1987): Der Scurla-Bericht. Die Tätigkeit deutscher Hochschullehrer in der Türkei 1933-1939, Frankfurt a.M.

Hirsch, Ernst (1982): Aus des Kaisers Zeiten durch die Weimarer Republik in das Land Atatürks. Eine unzeitgemäße Biographie, München.

Keles, Rusen (Hrsg.) (o.J.): Ernst Reuter in Anisina. Zum Gedenken an Ernst Reuter, 2.6.1986-3.6.1986, Ankara.

Neumark, Fritz (1980): Zuflucht am Bosporus. Deutsche Gelehrte, Politiker und Künstler in der Emigration 1933-1953, Frankfurt a.M.

Nissen, Rudolf (1969): Helle Blätter – Dunkle Blätter. Erinnerungen eines Chirurgen, Stuttgart.

Schwartz, P. (1995): Notgemeinschaft. Zur Emigration deutscher Wissenschaftler nach 1933 in die Türkei, herausgegeben und eingeleitet von H. Peukert, Marburg.

Tuna, Orhan (1963): Prof. Dr. Gerhard Kesslers Persönlichkeit und Werke, in: Istanbul Üniversitesi Iktisat Fakültesi Mecmuasi, Heft 23/3, S. 294-304.

Widmann, Horst (1973): Exil und Bildungshilfe. Die deutschsprachige akademische Emigration in die Türkei nach 1933, Bern/Frankfurt a.M.

Widmann, Horst (1985): Hochschulen und Wissenschaft, in Grothusen, K.-D. (Hrsg.): Südosteuropa-Handbuch; Bd. IV: Türkei, Göttingen, S. 549-566.

Fanny Ginor

Krise des Übergangs in einen anderen Kulturkreis

Meine Kindheit und Jugend verbrachte ich in einer süddeutschen Kleinstadt, die in die Landeshauptstadt (Stuttgart) eingemeindet war. Die jüdische traditionsgebundene Familie und die von antisemitischen Strömungen gefärbte Umgebung erweckten in mir schon als Kind das Gefühl, daß ich in einer gespaltenen Welt lebte.

Die Luftangriffe der letzten Jahre des Ersten Weltkrieges gehören zu meinen frühesten Erinnerungen. Weiterhin herrschte Nahrungsnot infolge des wirksamen Boykotts der Alliierten. Nach Beendigung des Krieges wurde Deutschland beschuldigt, den Krieg verursacht zu haben. Daher verlangte der Vertrag von Versailles unter anderem die Bezahlung von Kriegsreparationen, die eine enorme Last für die vom Kriege schwer getroffene Bevölkerung bedeuteten. Revolutionäre Bewegungen erschütterten das Land (der Kaiser hatte abgedankt und lebte in Holland). Der ersehnte Frieden hatte die wirtschaftlichen und sozialen Schwierigkeiten verstärkt. Die Inflation, die den Krieg zum Teil finanziert hatte, wütete weiter und verwandelte sich in eine galoppierende Inflation, die erst 1923 durch die Herausgabe einer neuen Währung, der Rentenmark, angehalten werden konnte. Große Teile des Mittelstandes hatten im Laufe der Inflation ihren Besitz eingebüßt, was ihre Unzufriedenheit verstärkte.

Diese Atmosphäre war ein fruchtbarer Boden für radikale politische Bewegungen. Die kommunistische Partei gewann viele Anhänger. Zugleich entstand die nationalsozialistische Partei, deren »Führer« Adolf Hitler diese Gelegenheit benützen wollte, um die Herrschaft zu ergreifen. Jedoch mißlang sein Putsch, und er wurde ins Gefängnis geschickt.

Schul- und Studentenzeit

Der Antisemitismus, der zu jener Zeit in den höheren Gesellschaftsschichten herrschte, wurde mir mehr bewußt, als ich in meinem zwölften Jahr in das humanistische Gymnasium, das eine Knabenschule war, zusammen mit anderen Mädchen aufgenommen wurde. Ich fühlte, daß einige Lehrer antisemitisch waren, und in den höheren Klassen traten acht meiner Klassenkameraden in die Hitlerjugend ein. Sie waren die Elite der Klasse, und ich war mit einigen von ihnen befreundet gewesen. Es betrübte mich, aber zu meinem Erstaunen bemühten sie sich, mir weiterhin ihre Freundschaft zu bezeugen.

In den höheren Klassen, als wir uns ernsthaft mit den ewigen Fragen nach dem Sinn des Lebens, der Möglichkeit eines Lebens nach dem Tode, der Schöpfung der Welt und dem Wesen Gottes beschäftigten, stellten wir diese Fragen dem Biologielehrer, der uns die damals übliche wissenschaftliche, materialistische Erklärung gab, und dem Philosophielehrer, der auch Religionslehrer war und die religiöse, protestantische Antwort lieferte. Die wissenschaftlichen Erklärungen waren in meinen Augen glaubwürdiger, was wohl Einfluß auf meine Weltanschauung hatte. Auch las ich zu dieser Zeit (in den beiden letzten Klassen des Gymnasiums) Nietzsche, Plato und Schopenhauer.

Die Schule hatte auf mich einen großen Einfluß, und ich war wohl geistig gesehen das Produkt eines süddeutschen humanistischen Gymnasiums. In meiner Klasse, in der ich die einzige Jüdin war, war ich beliebt, und man ließ mich nicht merken, daß ich zu der verachteten Rasse der Juden gehörte. Aber am Ende der Schulzeit, Winter 1929/30, kam die Sache zum Vorschein. Es war wie ein unterirdischer Strom, der seinen Weg an die Oberfläche fand. Ich galt als Vertreterin der jüdischen Rasse, wenn ich auch in den Augen meiner Klassenkameraden menschlich gesehen ein geachtetes Wesen war.

Der Direktor des Gymnasiums wollte das Schulleben durch Feste und Aufführungen auflockern und fand in einem der Lehrer einen begeisterten Spielleiter. Unsere Klasse eignete sich gut zu Aufführungen, da Mädchen in der Klasse waren. Die Aufführungen waren: *Die Journalisten* von Freytag, *Der zerbrochene Krug* von Kleist, *Kalypso* aus der Odyssee in griechischer Sprache, der *Urfaust* im vorletzten Schuljahr und *Die Brücke* von E.G. Kolbenheyer zum Abschluß der Schule. Wir hatten einige talentierte Schauspieler und ich durfte mich zu ihnen zählen.

Als wir die *Urfaust*-Aufführung planten, war ich sicher, daß ich die »Gretchen«-Rolle bekommen würde. Aber der antisemitische Geist, der in der Elite der Klasse herrschte, gewann die Oberhand. Ich könne das Gretchen nicht spielen, da sie blond sei und ich dunkelbraun war, was für sie symbolisierte, daß ich *nicht arisch* war, wie ich rasch verstand.

Es war üblich, daß am Ende des letzten Schuljahrs der beste Schüler eine Rede hielt. Nach Beendigung des Abiturs rief mich der Rektor zu sich und sagte mir, daß ich auserlesen sei, diese Rede zu halten. Die Jungen, die in der Hitlerjugend waren, sandten eine Abordnung zum Rektor, die ihm erklärte, daß sie sich verletzt fühlen würden, wenn ein Mädchen die Rede halten würde. Der Rektor entschied, daß es von mir abhänge, doch wollte ich nicht auf einer Ehre bestehen, die mir offensichtlich nicht gegönnt wurde.

Der erzwungene Verzicht auf die »Gretchen«-Rolle und auf die Abiturientenrede beendete meine Schulzeit mit einem Mißklang. Ich war gerne zur Schule gegangen. Sie hatte Bedeutung in mein Leben gebracht und meine geistige Entwicklung gefördert. Ich kann nicht leugnen, daß ich etwas verbittert und traurig war.

Nach meiner Reifeprüfung erhob sich für mich die Frage der Berufswahl. In meinem Reifezeugnis steht, daß ich mich der Journalistik widmen wollte. Ich interessierte mich sehr für Geschichte. Es faszinierte mich, darüber nachzudenken, wie die Menschen in früheren Zeiten lebten, wonach sie strebten und wie sich die Gesellschaftsschichten entwickelten. Auch die Entwicklung der Ideen wissenschaftlicher und philosophischer Theorien fand ich interessant. Ich wollte Soziologie und Wirtschaftskunde studieren, um über solche Themen in der Zeitung zu schreiben. Wenn es mir gelingen würde, an der Universität zu bleiben, zuerst als Assistentin bis zu einem Lehrstuhl, so wäre das ideal.

Mein erstes Semester, Sommer 1930, verbrachte ich an der Frankfurter Universität. Ich hörte *Praktische Nationalökonomie* und *Wirtschafts- und Sozialpolitik* bei Arndt und *Theoretische Nationalökonomie* bei Pribram, der fesselnd und interessant war. Weiter hörte ich *Sozialpsychologie* bei De Man, *Einführung in die Sozialpolitik* und *Die Soziale Frage* bei Marr, *Einführung in die Rechtswissenschaft* bei Giese und *Erkenntnistheorie* bei Wertheimer, dessen Philosophisches Seminar ich auch besuchte. Ich besuchte fast alle Fächer, die mich interessierten. Es war ein geistiges Abenteuer für mich und ich war begeistert von der Atmosphäre der Universität.

Im Wintersemester setzte ich meine Studien in München fort. München war in jeder Beziehung hochinteressant. Ich hörte bei Pinder Vorlesungen über *Kunstgeschichte*, widmete mich aber hauptsächlich dem Studium der Nationalökonomie (mit Seminaren und Übungen). Hier kam auch die Journalistik zu ihrem Recht. Ich hörte eine Vorlesung über *Die großen Blätter der Weltpresse* (d'Ester) und beteiligte mich an Übungen über *Das Feuilleton in Vergangenheit und Gegenwart*. Weiterhin hörte ich eine Vorlesung über *Wirtschaftssysteme* (d'Ester), *Wirtschaftsgeschichte* (Strieder), *Statistik* (Zahn) und *Einführung in die Soziologie* (A. Fischer).

Das Sommersemester 1931 verbrachte ich in Heidelberg. Ich hörte *Soziologie* bei Brinkmann, *Geld und Kredit* bei Salz, den ich sehr interessant fand, *Finanzierungen* bei Sommerfeld, *Arbeitsrecht* bei Groh und beteiligte mich an Übungen über verschiedene aktuelle Probleme. Die volkswirtschaftlichen Übungen über *Das Schicksal des Kapitalismus* bei Alfred Weber sind mir in guter Erinnerung geblieben.

Im Wintersemester 1931/32 kehrte ich nach München zurück, wo ich vorhatte, mein Volkswirtschaftsdiplom zu absolvieren und mich zum Referendar und Doktorat vorzubereiten. Bei v. Zwiedineck-Südenhorst plante ich, das Doktorat zu machen. In München war ich in die zionistische Studentinnenverbindung eingetreten, ohne noch an Aliyah (Einwanderung nach Eretz-Israel) zu denken, aber die ständig wachsende Macht Hitlers hatte mich in eine Zionistin verwandelt.

Gegen Ende des Wintersemesters 1932/33 warnten mich Bekannte, am nächsten Tag nicht zu den Vorlesungen zu gehen, da die Nazis gedroht hätten, die jüdischen Studenten vom Balkon der Aula herunterzuwerfen. Die Atmosphäre war schon den ganzen Winter über unangenehm gewesen. In den vielbesuchten Vorlesungen Adolf Webers über Nationalökonomie erschien Rudolf Hess mit einer Gruppe von Nazis in Uniform und sie marschierten durch den großen Vorlesungssaal wie die Herren der Schöpfung.

Die große Arbeitslosigkeit (ein wichtiges Thema unserer Studien) – es gab fast 5 Millionen Arbeitslose – brachte viele Anhänger in die extremen politischen Lager. Die kommunistische Partei wuchs ständig, aber noch mehr Anhänger bekam die nationalsozialistische Partei. Zwischen den Anhängern beider Parteien gab es blutige Zusammenstöße, hauptsächlich in Berlin, während in München die Nazis in brutaler Weise herrschten.

Im Januar 1933 wurde Hitler von Hindenburg zum deutschen Kanzler in einem Koalitionskabinett ernannt, nachdem seine Partei 1932 in den Wahlen beinahe 40% der Reichstagssitze bekommen hatte.

Ich verstand, daß unter den neuen Umständen ein Weiterstudieren in Deutschland unmöglich wurde. V. Zwiedineck-Südenhorst ließ mich wissen, daß ich bei ihm unter allen Umständen das Doktorat machen könne, aber ich hatte beschlossen, Deutschland tief beleidigt und empört zu verlassen.

Obwohl ich in einem religiösen Heim aufgewachsen war, welches das Judentum in jeder Hinsicht bejahte, und ich vielleicht dank des Antisemitismus eine stolze Tochter der verschmähten Rasse war, fühlte ich mich sehr an die deutsche Kultur gebunden. Ich hatte die Schule mit all ihren Bildungsmöglichkeiten trotz der wachsenden antisemitischen Atmosphäre geliebt, und meine Klassenkameraden hatten mir persönlich weder Feindseligkeit noch Haß bezeugt. Während der Universitätsjahre fühlte ich den Antisemitismus sogar weniger – außer in meinem letzten Semester in München, nachdem Hitler schon an die Macht gekommen war.

Der offizielle Boykott der jüdischen Geschäfte (1.4.1933) und anschließend die beleidigenden Rassengesetze machten den Aufenthalt der Juden in Deutschland unangenehm und schwierig. Trotzdem waren viele der Meinung, daß sie mit Geduld und Ausdauer die schwere Zeit überleben würden. Mein Vater neigte zur Auswanderung, doch verließ er Deutschland erst im Frühjahr 1936.

Zur Beendigung meiner Studien wählte ich die Universität Basel, weil sie deutschsprachig war, denn ich wollte nicht zusätzlich zu den Änderungen in meinem Studienplan, die ich auf mich nehmen mußte, in einer fremden Sprache lernen. Ich hatte deutsches bürgerliches Recht als zweites Fach studiert, das durch ein anderes Fach ersetzt werden mußte. Ich schwankte zwischen Internationalem Recht und Philosophie und entschied mich für Philosophie, was mir leichter vorkam. Mein Problem war, daß ich mein Studium innerhalb eines Jahres beendigen mußte, da ich ein Zertifikat nach Palästina hatte, das mir ein Jahr Zeit ließ.

Basel war interessanter als ich gedacht hatte. Viele Studenten aus Deutschland (Kommunisten, Sozialdemokraten und Juden) hoben den intellektuellen Standard. Die Professoren waren gut, auch im Vergleich zu München, und besonders zeichnete sich Salin (früher Salinger) aus, ein Jude, der bei seiner Heirat zum Katholizismus übergetreten war. Er gehörte zum George-Kreis, hatte romantische Neigungen und liebte die deutsche Kultur und Sprache. Seine Vorlesungen waren interessant und zeugten von originellem Denken. Ich beschloß, bei Salin meine Doktorarbeit zu machen und bereute es nicht. Er ließ mir freie Hand bei meiner Dissertation und schlug keine Änderungen vor, nachdem er einen ersten Entwurf gelesen hatte. So konnte ich die Arbeit zum festgesetzten Termin beenden.

Das Thema meiner Arbeit war: *Der Imperialismus im Lichte seiner Theorien*, und ich konnte meine Arbeit vollständig auf vorhandene Literatur, zum Teil in deutscher und zum geringeren Teil in englischer Sprache aufbauen.

Als ich nach bestandenem Examen und beendigter Doktorarbeit Basel verließ, fuhr ich nach Hause, um mich zur Reise nach Palästina vorzubereiten. Ich hatte trotz der kurzen Zeit, die mir zur Verfügung stand, mein Doktorat »Magna cum Laude« bekommen, und war nun M.A., Dr.phil. Ob ich die Kenntnisse, die ich mir erworben hatte, einmal benützen würde?

Aliyah

Ende Juli 1934 kam ich in Jaffa an, wo mich meine Schwester erwartete. Wir fuhren mit einer Droschke nach Tel-Aviv zu dem Meschek Hapoaloth (Mädchenfarm), in dem Schula arbeitete. Ich war in der Mitte des Tel-Aviver Sommers angekommen und konnte die feuchte Hitze des Küstenstriches schwer ertragen. Ich war bereit, Chalutz-(Pionier)-Arbeit zu leisten, aber mein Körper widersetzte sich. Sechs Wochen arbeitete ich in der Mädchenfarm. Jeden Tag bekam ich starke Kopfschmerzen und Kreuzschmerzen, und am Abend war ich erschöpft und zu nichts mehr fähig. Auch hatte ich keine Gelegenheit, Hebräisch zu lernen und mußte mich mit Deutsch und Jiddisch, das ich rasch lernte, verständigen. Daher beschloß ich, die Mädchenfarm zu verlassen, Hebräisch zu lernen und eine passende Arbeit zu suchen.

Trotz dieser Schwierigkeiten waren die ersten Wochen in Tel-Aviv ein großes Erlebnis für mich. Ich ging durch die Straßen der jüdischen Stadt, und nach all den Beleidigungen in Deutschland sagte ich mir voll Stolz, alle um mich hier sind Juden, die Bau- und Straßenarbeiter, die Chauffeure der Autobusse und die Polizisten. Es war ein erhebendes Gefühl.

Da es noch sehr warm war, konnte man bei geschlossenen Fenstern nicht schlafen. Die Frau des Hauses sagte mir, man könne das Fenster offen lassen: »Bei uns hier gibt es keine Diebe«. Ich bewunderte den Nachthimmel, der voll Sternen hing. Ich liebte die Stille der Nacht, die nur von dem Heulen der Schakale unterbrochen wurde. Wie exotisch: Dies sollte mein Heim werden.

Wie ich vorausgesehen hatte, konnte ich keine Arbeit als Volkswirtschaftlerin finden. Als sich mir Arbeit in einer Bank bot, nahm ich sie gern an. Ich lernte mit Energie bei Lehrern und bei der Arbeit Hebräisch. Ich hatte nach einem Jahr schon so viel Hebräisch gelernt, daß ich die tägliche Umgangssprache beherrschte, Zeitungen lesen konnte und auch leichte Literatur. Aber ich las in der Hauptsache Deutsch. Ich hatte Heimweh nach der deutschen Sprache und der deutschen Kultur, wie sie vor Hitler waren. Es war Heimweh nach einer verlorenen Welt.

Deutsch war auch die Sprache, in der ich schreiben konnte, auf die ich meine Zukunft aufzubauen gedachte. Ich war in innerster Seele von den Rassengesetzen verletzt, als Jüdin und als menschliches Wesen. Doch nicht weniger traf mich die Trennung von der deutschen Kultur und Sprache, die mir bevorstand. Das natürliche Ausdrucksmittel, die Muttersprache, war mir genommen. Durch den Zwang, andere Sprachen zu meinem Ausdrucksmittel zu machen, verlor ich im Laufe meines Lebens die Möglichkeit, mich natürlich und spontan in einer Sprache auszudrücken, die ich von Kindheit an beherrschte und die ich liebte.

In meinem Beruf benützte ich die hebräische und die englische Sprache. Nach einigen Jahren pflegte ich zu sagen, daß ich mich in vier Sprachen (Hebräisch, Englisch, Deutsch, Französisch) gut ausdrücken könne, aber keine dieser Sprachen beherrsche, da ich wenig Gelegenheit hatte, Deutsch zu sprechen oder zu schreiben.

Doch während all dieser Jahre, wenn starke Gefühle Ausdruck suchten, schrieb ich Deutsch. Das große Erlebnis meiner Begegnung mit »dem jüdischen Staat auf dem Wege«, mit der herrlichen Landschaft des Landes, mit dem pulsierenden Leben der jüdischen Stadt Tel-Aviv fand seinen Ausdruck in kleinen Tagebuch-Notizen in Deutsch, und als die große Liebe meines Lebens mein Herz gefangen nahm, entstanden Gedichte in Deutsch.

Als ich ins Land kam, gelobte ich »dem jüdischen Staat auf dem Wege« Treue, doch zur gleichen Zeit gehörte meine Liebe der deutschen Kultur und der deutschen Sprache. Nur langsam konnte ich die im Lande wachsende Kultur und Literatur kennen und schätzen lernen. Später verstand ich, daß diese Krise beim Übergang von einer Kultur zur anderen das Schicksal jedes Immigranten war. Nur den religiösen Juden, die auch in ihrem Ausgangsland innerhalb der jüdischen Kultur lebten, blieb diese Krise erspart.

Auch ich war in einem Heim aufgewachsen, in dem die religiöse Überlieferung hochgehalten wurde, aber die Schule prägte meinen geistigen Charakter. Mein Denken, mein Streben waren das Ergebnis einer deutschen Schulerziehung. Trotz des Antisemitismus fühlte ich die Werte, die mir mit meiner nicht-jüdischen Umgebung gemein waren. Die humanistische Bildung, die ich in der Schule erworben hatte, war tief in mir verankert, und mit ihr die Zugehörigkeit zum deutschen Kulturkreis.

Deutschland unter Hitler bereitete sich zum Krieg vor und rüstete mit aller Macht auf, wobei die Staatsausgaben weit über die Einnahmen wuchsen. Hierbei bewährte sich die Theorie des großen englischen Ökonomen Keynes. Das Staatsdefizit beendete die Deflation, deren Merkmal die große Arbeitslosigkeit gewesen war, ohne inflationistisch zu wirken. Dies war der erste Erfolg des Hitlerregimes. Da aber die Bedingung, nach erreichtem Aufschwung der Wirtschaft die Staatsbilanz wieder auszugleichen, nicht eingehalten wurde, fing die Inflation wieder zu wachsen an.

Der Zweite Weltkrieg brachte Verwirrung und Ängste. Die deutsche Armee besetzte nach dem Ribbentrop-Molotow-Vertrag die Westhälfte von Polen. Frankreich und England erklärten Krieg, waren aber nicht genügend vorbereitet. Die Franzosen saßen hinter der Maginotlinie in einem »Sitzkrieg«. Die deutsche Armee marschierte 1940 durch Belgien und Holland in Frankreich ein, das in kurzer Zeit im »Blitzkrieg« erobert wurde. Nach dem Fall Frankreichs widerstand nur England unter der Führung Churchills den deutschen Angriffen.

In Palästina spürte man noch nicht den direkten Atem des Krieges. 1940 warf ein vereinzeltes italienisches Flugzeug Bomben über Tel-Aviv ab, die uns klar machten, daß wir früher oder später in den Kreis des Krieges gezogen werden würden. Als zuerst die Italiener und dann die Deutschen Tobruk in Afrika angriffen und ostwärts nach Ägypten vordrangen, fühlte sich die jüdische Bevölkerung in

Palästina ernstlich bedroht. Aber der englische Sieg im Oktober 1942 in El-Alamein bereitete diesen Ängsten ein Ende. Um diese Zeit sickerten langsam die Gerüchte über das schreckliche Geschehen in den Vernichtungslagern in unser Bewußtsein.

Im Schatten des Krieges konnte Hitler seinen Plan, die Juden Europas zu vernichten, ungestraft ausführen. Nachdem die Deutschen im Juni 1941 in Rußland einmarschiert waren, wurde die jüdische Bevölkerung aller von Deutschland besetzten Ländern nach dem Osten in Konzentrationslager, die in Vernichtungslager umgewandelt wurden, verschickt.

Nur wenige der Juden, die ihrem Schicksal entfliehen konnten, fanden eine Zuflucht. Sowohl Amerika als auch die Schweiz nahmen keine jüdischen Flüchtlinge auf, und Palästinas Tore waren durch das »Weiße Buch« von 1939 geschlossen. Schiffe mit illegalen Einwanderern wurden von den Engländern aufgehalten und nach Zypern geschickt.

Als ich mich 1943 an die wirtschaftliche Abteilung der »Jewish Agency« wandte, wurde ich nach einer Probearbeit angestellt. Ich war glücklich. David Horowitz war der Leiter der Abteilung und bereitete eine Arbeit über die Aufnahmefähigkeit des Landes vor. Er suchte zu zeigen, daß eine Million Juden innerhalb von ein bis zwei Jahren absorbiert werden könnten. Meine Tätigkeit befaßte sich mit den Problemen des Übergangs einer Kriegswirtschaft zu einer Friedenswirtschaft. Wir zogen eine große jüdische Einwanderung in Betracht, da wir glaubten, daß nach dem Holocaust die Mandatsregierung unter dem Druck der Weltmeinung die Tore für eine solche Einwanderung öffnen würde.

Mitte 1945 verlangte die »Jewish Agency« 100.000 Zertifikate für jüdische Flüchtlinge, was von Präsident Truman unterstützt wurde. Die Mandatsregierung behauptete, daß die Aufnahmefähigkeit des Landes nicht hinreiche, eine solche Zahl von Flüchtlingen einzugliedern. Illegale Einwanderung wurde immer schwieriger.

Wir bereiteten in unserer Abteilung das Material für das Erscheinen von D. Horowitz und Eliezer Kaplan (Leiter der Wirtschaftsabteilung) vor dem »Anglo-American Enquiry Committee« im März 1946 vor. Der Bericht des Komitees, dessen Mitglieder alle Seiten des Konflikts (Engländer, Juden und Araber) in Washington und Jerusalem gehört hatten und die Flüchtlingslager in Europa besucht hatten, war eine große Enttäuschung. Er enthielt die Empfehlung, 100.000

Zertifikate jüdischen Flüchtlingen zu gewähren, schlug aber keine Lösung auf lange Sicht vor.

Geburt des Staates Israel

Die Engländer beschlossen, den Fall vor die »Vereinten Nationen« zu bringen. Die Vollversammlung der »Vereinten Nationen«, die sich mit dem Palästinaproblem befaßte, fand in Lake Success statt. Eine besondere Kommission wurde 1947 ernannt, das »United Nations Special Committee on Palestine« (UNSCOP). Der Vorsitzende war ein Schwede und die anderen Mitglieder kamen aus den folgenden Ländern: Holland, Australien, Kanada, Guatemala, Uruguay, Peru, Tschechoslowakei, Jugoslawien, Iran und Indien. Die Großmächte hatten laut Beschluß der Generalversammlung keinen Vertreter in der Kommission.

Wir hatten nicht viel vorzubereiten, da dieselben Diagramme und Zahlen, die für die Englisch-Amerikanische Kommission vorbereitet worden waren, auch für diese Kommission benützt werden konnten. Am schicksalhaften 29. November 1947 wurde die Empfehlung der Kommission, das Land in einen jüdischen und einen arabischen Staat zu teilen, in einer namentlichen Abstimmung bestätigt. Die Resolution hatte mehr als die notwendige Zwei-Drittel-Mehrheit bekommen.

England hatte gegen den Beschluß gestimmt und drohte, das Land am 15. Mai 1948 in einem Chaos zu verlassen. Im Lande wurden die Unruhen schlimmer. Banden von bewaffneten Arabern, die Verstärkung aus den Nachbarländern erhielten, griffen jüdische Siedlungen an. Sie bereiteten sich darauf vor, den neugegründeten jüdischen Staat im Krieg zu vernichten.

Hoffien, der Vorsitzende des Direktoriums der »Anglo-Palestine-Bank« (APAK), deren Aktien in den Händen der »Jewish Agency« waren, bereitete das Geld für den jüdischen Staat vor, und ich war ihm dabei behilflich. Die Banknoten wurden in Holland für die »Bank Leumi« (Nationalbank, der neue Name der APAK) gedruckt, was natürlich geheimgehalten wurde.

Die Engländer machten ihre Drohungen wahr. Sie lösten ihre Administration auf und machten keine Anstrengungen, die Infiltrierung der Grenzen durch arabische Milizen zu hindern. Jüdische Siedlungen wurden von den Arabern überfallen, und gemischte Städte, in denen Juden und Araber wohnten, verwandelten sich in eine Kriegsfront.

Mit der Gründung des Staates kam der Angriff der arabischen Armeen. Transjordaniens arabische Legion, britisch trainiert und gut bewaffnet, Panzerdivisionen aus Ägypten und syrische Soldaten eröffneten die Attacke. Divisionen aus Irak und dem Libanon schlossen sich an. Die von allen Seiten eindringenden arabischen Heere waren der in der Organisierung begriffenen jüdischen Verteidigungsarmee an Waffen und Munition weit überlegen. Doch im Laufe der ersten Wochen erhielten die Verteidiger wirkungsvollere Waffen, wie Kanonen und Granatwerfer und später auch Flugzeuge und Panzerwagen. Das größte Heer war die ägyptische Armee, die versuchte, die jüdischen Siedlungen im Süden zu erobern. Da diese mit Erfolg ihren Angriffen widerstanden, marschierten die Ägypter nordwärts weiter. Die jordanische Armee griff Jerusalem an. Schwere Kämpfe waren in der Nähe von Latrun und es gelang den jordanischen Truppen, die Verbindungsstraße Tel-Aviv – Jerusalem abzusperren. Doch wurde eine neue Chaussee nach Jerusalem gebaut.

Als der Sicherheitsrat der Vereinten Nationen zu dem Beschluß kam, Feuereinstellung zu verlangen, stimmten beide Seiten zu. Am 11. Juni 1948 trat der erste Waffenstillstand in Kraft. Am 9. Juli erneuerten sich die Feindseligkeiten aus der Initiative Zahals (Zva Hagana Le-Israel – Israelische Verteidigungsarmee). Es gelang den jüdischen Truppen, einen wichtigen Teil des Landes zu erobern. Jerusalem blieb jedoch zum Teil in den Händen der jordanischen Legion. Am 18. Juli begann gemäß der Aufforderung des Sicherheitsrats der zweite Waffenstillstand. In einem neuen Angriff der jüdischen Truppen am 22. Dezember wurde der Südteil des Negev erobert, und sie brachen in Sinai ein und standen bereit, Gaza zu umzingeln. In dieser Situation stellte England ein Ultimatum und verlangte den sofortigen Rückzug Zahals aus Sinai. Ben-Gurion gab den Befehl zum Rückzug zur internationalen Grenze gegen den Willen seiner Generäle. Dies bahnte den Weg zu den Waffenstillstandsverhandlungen und letzten Endes zu den Waffenstillstandsverträgen mit den arabischen Ländern.

Der Krieg hatte die Grenzen Israels bestimmt. Jerusalem blieb leider eine geteilte Stadt bis 1967. Die Grenzen des neuen Staates waren offen und jüdische Einwanderer strömten ins Land. Da ein großer Teil der arabischen Bevölkerung geflüchtet war, wurden Wohnungen und Häuser frei, in die ein Teil der Einwanderer einziehen konnte. Aber so entstand das Problem der palästinensischen Flüchtlinge.

David Ben-Gurion war der Ministerpräsident der neuen Regierung, E. Kaplan war Finanzminister und D. Horowitz Direktor des Finanzministeriums. Ich bekam einen Posten im Finanzministerium. 1949 herrschte im Lande eine Atmosphäre fieberhafter Tätigkeit. Jeden Monat kamen etwa 20.000 neue Einwanderer, 240.000 während eines Jahres. Wir waren bei unserer Arbeit wegen der vielen Schwierigkeiten besorgt, fühlten aber eine besondere innere Erhebung. Die Gründung eines eigenen Staates, das Ziel langjähriger Wünsche und Kämpfe, erfüllte uns mit Stolz. Der geschmähte Jude war wieder in die Geschichte eingetreten, hatte unter Kämpfen mit der feindlichen Umwelt seinen eigenen Staat errichtet.

Eines der brennendsten Probleme war der Mangel an Devisen, und das nächstwichtigste Problem war das der Inflation, da der Unabhängigkeitskrieg zum Teil mit der Druckmaschine finanziert worden war. Innerhalb von dreieinhalb Jahren, vom 15. Mai 1948 bis Ende 1951 kamen 687.000 Einwanderer ins Land, mehr als die 650.000 jüdischen Einwohner am Beginn dieser Periode. Die finanziellen Schwierigkeiten spiegelten die ernsten Probleme der Eingliederung der neuen Einwanderer wider. Neue Arbeitsplätze mußten durch Investitionen in der Wirtschaft geschaffen werden, und vor allem waren zusätzliche Wohnungen notwendig. Weiterhin mußten die Erziehungs- und Gesundheitssysteme sowie die Nahrungsversorgung erweitert werden. Auch für die nach ihrem Militärdienst befreiten Soldaten mußten Arbeitsplätze geschaffen werden.

Der jüdische Sektor hatte Sterlingsdepositen in London, die eingefroren waren. D. Horowitz kam mit den Engländern zu einem Einvernehmen, laut dem die Depositen innerhalb von zwei bis drei Jahren überwiesen wurden. Doch konnte dies nur einen kleinen Teil des dringendsten Bedarfes decken.

Die Inflation wurde durch eine Preiskontrolle eingeschränkt und ein Regime wirtschaftlicher Einschränkung (»Zena« genannt) wurde eingeführt. Die Nahrungsmittel wie auch andere lebenswichtige Konsumgüter wurden rationiert. Meine Aufgabe war es, die notwendigen Devisenzuwendungen zu kontrollieren. Da die Einnahmen der Arbeitgeber und Arbeitnehmer anstiegen, während noch kein wirksamer Steuerapparat aufgebaut worden war, wurde der aufgestaute Bedarf so stark, daß sich ein schwarzer Markt entwickelte und der Damm der Preiskontrolle Ende 1951 gesprengt wurde.

In dieser schwierigen Lage suchten wir nach zusätzlichen Deviseneinnahmequellen. Golda Meir, die Arbeitsministerin war, wußte die jüdische Bevölkerung Amerikas zu größeren Spenden zu bewegen, welche jedoch nur einen kleinen Teil der Bedürfnisse decken konnten. Henry Montor, der für die Sammelaktion der »Jewish Agency« in Amerika arbeitete, schlug vor, die amerikanischen Juden an den notwendigen Investitionen im Lande zu beteiligen und zwar durch den Kauf von Wertpapieren – »Israel Bonds« –, die an der New Yorker Börse gehandelt werden konnten. Der Gedanke fand Anklang.

Ich bekam den Auftrag, die volkswirtschaftlichen Teile des Prospektes abzufassen, und fuhr zu diesem Zweck Anfang 1951 für zwei Monate nach New York. Dort arbeitete ich mit den Rechtsanwälten, die die Vorbereitungen trafen, um bei dem zuständigen Regierungsamt in Washington die Bestätigung zu erhalten, da es sich um Bonds einer ausländischen Regierung handelte.

Eine zusätzliche Devisenquelle waren die Reparationen aus Deutschland. D. Horowitz glaubte, man könnte von den Deutschen Wiedergutmachungszahlungen für die Schäden, die dem jüdischen Volke im Holocaust zugefügt worden waren, verlangen. Ich sagte Horowitz, daß dieses Mal die Deutschen eher in der Lage sein würden, Reparationen zu bezahlen, als nach dem Ersten Weltkrieg. Er bat mich, dies mit Zahlen zu beweisen, und ich schrieb ein kurzes Memorandum. Ich glaubte, eine Tendenz zu einer raschen wirtschaftlichen Entwicklung zu entdecken und könnte beinahe behaupten, daß ich das Wirtschaftswunder voraussah.

Horowitz basierte die Globalforderung Israels (zum Unterschied von persönlichen Forderungen) auf die Eingliederungsausgaben einer halben Million Einwanderer (Flüchtlinge aus arabischen Ländern und Überlebende des Holocausts) in Israel in den Jahren 1948-51, die sich auf eineinhalb Milliarden beliefen ($ 3000 pro Person). Zwei Drittel dieser Summe sollten von Westdeutschland gefordert werden und ein Drittel von Ostdeutschland. Weiterhin schlug Horowitz vor, daß die Reparationen in der Form von Gütern bezahlt werden sollten. So wurden die Amerikaner für den Gedanken gewonnen.

Die deutsche Regierung (Adenauer) zeigte eine Neigung, Entschädigungen zu bezahlen. Anfang 1952 wurden Verhandlungen betreffs der Wiedergutmachungszahlungen aufgenommen, im September 1952 wurde das Abkommen in Luxemburg unterschrieben und im August 1953 kamen die ersten Sendungen deutscher Waren in Israel an.

Im Mai 1952 lebten noch 35% aller Einwanderer in Blech- und Holzhütten oder in Zelten. Diese Einwanderer wurden produktiv, bevor sie feste Wohnungen bekamen, arbeiteten in der Industrie und Landwirtschaft und vergrößerten die Produktionsfähigkeit des Landes. Die Feindseligkeit der arabischen Nachbarländer, die den jüdischen Staat als einen Eindringling empfanden, den sie nicht in ihrer Mitte dulden wollten, vergrößerte die finanziellen Schwierigkeiten, da eine Verteidigungsmacht aufgebaut werden mußte.

Horowitz wurde mit der Gründung einer Zentralbank beauftragt, die im Dezember 1954 ihre Tätigkeit anfing. Er bat mich, in der Zentralbank zu arbeiten und ich wurde die volkswirtschaftliche Beraterin des Präsidenten der Bank von Israel. Die wirtschaftliche Lage hatte sich inzwischen gebessert. Das reale Nationalprodukt hatte sich von 1949 bis 1954 verdoppelt, und das reale Nationalprodukt pro Person war um 31% gestiegen. Auch die Außenbilanz wurde besser.

1954 wurde mir angeboten, an der Hochschule für Rechts- und Sozialwissenschaften in Tel-Aviv Vorlesungen zu halten. Die Vorlesungen und Seminare fanden am Nachmittag oder Abend statt, so daß ich es gut mit meiner Arbeit in der Bank vereinbaren konnte. 1955 fing ich an, an der landwirtschaftlichen Fakultät der Jerusalemer Universität einen Vortrag über die israelische Landwirtschaft zu halten.

Die Tel-Aviver Universität hatte zu dieser Zeit keine volkswirtschaftliche Abteilung. In der Jerusalemer Universität war eine sehr gute volkswirtschaftliche Abteilung, die von Don Patinkin, der 1948 aus Chicago gekommen war, gegründet worden war. Doktoranden, die für talentiert gehalten wurden, wurden nach Chicago geschickt, um von dort nach vollendeter Ausbildung zurückzukommen und ihre Dozentenlaufbahn zu beginnen. Meine europäische Ausbildung wurde von Patinkin nicht sehr geschätzt, und er hatte ein ambivalentes Verhältnis zu mir.

Als in Tel-Aviv eine Filiale der volkswirtschaftlichen Abteilung der Jerusalemer Universität eröffnet wurde, wurde mir angeboten, Vorlesungen zu halten. Ich nahm das Angebot an und hielt eine Vorlesung und ein Seminar, nachdem ich die Zustimmung von Horowitz erlangt hatte. Im Laufe der Jahre nahm ich Kurse in den neuen Methoden der Ökonometrie und in »Multiple Factor Analysis«. Dies erlaubte mir, mich in der Fachliteratur auf dem laufenden zu halten. In meinen Veröffentlichungen und Vorlesungen bediente ich mich der neuen Methoden in sparsamer Weise.

1957 wurde mir vom Außenministerium angeboten, als Mitglied der israelischen Delegation zur Generalversammlung der Vereinten Nationen zu fahren. Ich sollte die Repräsentantin Israels im Zweiten Komitee, das sich mit wirtschaftlichen Problemen befaßte, sein. Die Hauptthemen des Komitees waren die Forderungen der Entwicklungsländer an die reichen Ländern, ihnen mit Kapital und technischer Hilfe beizustehen.

Als ich zum ersten Mal im Komitee sprach, beschrieb ich die wirtschaftlichen und sozialen Schäden der Inflation, unter denen die Entwicklungsländer litten, da sie ihre Investitionen vergrößerten, obwohl ihre Ersparnisse unzureichend waren. Dadurch wurde ihre Außenbilanz gestört und der Wert ihrer Währung angegriffen. Von der Schilderung der Versuche Israels, seine Entwicklungsprobleme zu lösen, kam ich auf den arabischen Boykott zu sprechen. Ich war noch unerfahren und wußte nicht, daß ich hiermit einen scharfen Angriff der arabischen Repräsentanten provoziert hatte. Sie rechtfertigten den Boykott damit, daß sie Israel beschuldigten, »agressiv« zu sein. Unser Bestehen allein war wohl in ihren Augen Agression.

In den Diskussionen, die der Generaldebatte folgten, betonte ich die Wichtigkeit der technischen Hilfe, die Fachleute für alle Zweige der Wirtschaft ausbilden konnte, was verhältnismäßig leicht zu finanzieren sei. Auch hob ich die Möglichkeit hervor, daß die Entwicklungsländer eines vom anderen lernen könnten.

In diesem Jahre veranstaltete die UNO noch den großen jährlichen Ball zur Zeit der Generalversammlung, auf den sie später aus Sparsamkeitsgründen verzichtete. Der Generalsekretär, Dag Hammarskjöld, empfing uns mit einem Händedruck und einem freundlichen Wort. Er war eine eindrucksvolle Persönlichkeit.

Weitere gesellschaftliche Ereignisse waren die Parties, die die verschiedenen Gesandtschaften veranstalteten. Unsere Außenministerin, Golda Meir, veranstaltete auch eine Party, in der wir die Rolle der Gastgeber zu spielen hatten. Diese Veranstaltungen gaben oft gute Gelegenheiten, ein Problem, das im Komitee auf der Tagesordnung stand, in angenehmer Atmosphäre zu besprechen.

Als ich zu meiner Arbeit in der Bank von Israel zurückkehrte, fing ich an, mich mehr mit den Problemen der Entwicklungsländer und dem Problem der wirtschaftlichen Entwicklung zu befassen. Als die FAO (Food and Agricultural Organization) um einen Bericht über die Wirtschaft und die Landwirtschaft Israels für das Mittelmeer-Entwicklungsprojekt bat, wurde mir vorgeschlagen, ihn zusammen mit

Beamten des Auswärtigen Amtes und des Landwirtschaftsministeriums vorzubereiten. Unser Bericht wurde als Teil des Projekts 1959 veröffentlicht.

Ende 1959 fand ein Seminar der UNESCO (United Nations Educational, Scientific and Cultural Organization) über den *Beitrag der Gesellschaftswissenschaftler zur wirtschaftlichen Entwicklung* in Athen statt. Professor S.N. Eisenstadt, der bekannte Soziologe der Jerusalemer Universität, fuhr zu diesem Seminar, und mir wurde vorgeschlagen, als Volkswirtschaftlerin an dem Seminar teilzunehmen.

Die Teilnehmer kamen aus allen Teilen der Welt. Zwei arabische Länder, Marokko und Libyen, waren auch vertreten. Einer der berühmten Teilnehmer war Professor Perroux aus Paris, der seine bekannte Theorie über die Pole der Entwicklung vortrug. Ich versuchte in meinem Vortrag anhand der Entwicklung Israels bestimmte Richtlinien aufzuzeigen. Professor Eisenstadt, der manche der Teilnehmer persönlich kannte, zeichnete sich in den Diskussionen aus.

Im April 1960 wurde ich vom Außenministerium gebeten, an einer Konferenz der wirtschaftlichen Berater Europas in Genf teilzunehmen, da auf der Tagesordnung Themen standen, an denen ich arbeitete. Horowitz befreite mich gern für solche Aufgaben von meinen Pflichten in der Bank. Die Konferenz war interessant, und meine Bemerkungen zu den Problemen, die behandelt wurden, fanden Anklang. Dies war der Anfang weiterer Bitten unseres Auswärtigen Amtes, mich zu solchen Konferenzen zu senden.

Während dieser Zeit arbeitete ich an einer Arbeit über den Einfluß der Einfuhr der landwirtschaftlichen Überschüsse Amerikas auf die israelische Wirtschaft. Die Studie wurde auf Bitte des landwirtschaftlichen Ministeriums der USA unternommen. Das Ministerium war an einer Abschätzung der Nützlichkeit dieser Art von Hilfe, die auch andere Länder (darunter Indien) erhielten, interessiert. Ich konnte aufzeigen, daß im Falle Israels diese Einfuhr der Wirtschaft Devisen ersparte, die für die Einfuhr von Investitionsmitteln benützt werden konnten und weiterhin antiinflationistisch wirkte. Die Arbeit wurde Ende 1961 veröffentlicht.

Unsere Außenministerin Golda Meir schlug mir in einem Gespräch die Stelle einer wirtschaftlichen Beraterin in Israels Dauergesandtschaft bei den »Vereinten Nationen« in New-York vor, die ich gerne annahm. In der Zentralbank bekam ich zwei Jahre Urlaub. Als ich Don Patinkin um Urlaub bat (ich gab eine zweistündige Vorlesung und ein Seminar in der Tel-Aviver »Filiale«), war er nicht dazu bereit. »Entweder Du wählst eine akademische Laufbahn und verzichtest auf Deine Ambitionen, Bank von Israel oder Außenministerium, oder Du bleibst auf Deinem Wege und hältst Vorträge, wann Du Zeit dazu hast«.

Mein Debüt im Zweiten Komitee während der Vollversammlung der UNO machte ich mit einer Rede über die Handelsbeziehungen zwischen den entwickelten und den unentwickelten Ländern, wobei ich die Gefahr der Inflation hervorhob. Kapitalanleihen der Weltbank zu billigem Zinsfuß und auf lange Sicht und Kapitalhilfe der reichen Nationen wirkten antiinflationistisch. Die Einfuhr moderner Maschinen und die Übertragung moderner Technologie vergrößere die Produktionsfähigkeit und schaffe Arbeitsplätze.

In meinen Reden über die technische Hilfe legte ich Nachdruck auf die Hilfe der verschiedenen UNO-Organisationen und die Selbsthilfe der Entwicklungsländer. Da diese sich in verschiedenen Stadien der Entwicklung befanden, könnten die mehr entwickelten Länder den weniger entwickelten Ländern helfen. Solche Hilfe könnte recht wirksam sein, da das Entwicklungsland sich unter modernen Bedingungen entwickelt hätte und ähnliche Probleme zu bewältigen hätte.

Die 17. Vollversammlung der UNO endete Mitte Dezember 1962 und nach den Aufregungen und Spannungen kam nun die stillere tägliche Arbeit. Meine Aufgabe war es, Israels Stimme in zionistische Vereinigungen, jüdische Gemeinden, Frauenorganisationen, Universitäten und Schulen zu bringen. Ich erzählte über die wirtschaftlichen und sozialen Probleme Israels, wenn ich vor einer zionistischen oder jüdischen Zuhörerschaft sprach. Vor amerikanischen Frauenorganisationen sprach ich über die Stellung der Frau im Berufsleben Israels und über ihren politischen und sozialen Einfluß. Besonders waren wir interessiert, zu der allgemeinen Bevölkerung zu sprechen, um Mißverständnisse aufzuklären und falsche Eindrücke über die Verhältnisse mit den Arabern richtigzustellen.

Israel war ein Mitglied der Kommission für technische Hilfe, in der 31 Länder vertreten waren. Die Tagung der Kommission fand in Kopenhagen im Juni 1963 statt, und ich war Israels Vertreterin. Die Sitzungen waren interessant und erfreulicherweise herrschte eine angenehme Atmosphäre.

Mitte September fing die Vollversammlung der UNO an, und ich bereitete mich auf meine Arbeit im Zweiten Komitee vor. Dies war schon der Auftakt zur Handels- und Entwicklungskonferenz (UNCTAD – »UN Conference for Trade and Development«), die

1964 in Genf stattfinden sollte. Meine Rede in der Generaldebatte des Zweiten Komitees war am 8. Oktober. Ich unterstrich die Wichtigkeit der Wissenschaft und der Technologie für die Entwicklung der Entwicklungsländer. In Verbindung mit der bevorstehenden Handels- und Entwicklungskonferenz betonte ich, daß die entwickelten Länder auch Vorteile aus einer Erweiterung des Außenhandels der Entwicklungsländer (mehr Industrie-Exporte und weniger Rohstoff-Exporte) ziehen könnten, wenn sie bereit wären, entsprechende Änderungen in ihrer Handelspolitik, die eine Anpassung ihrer Industrie erforderte, vorzunehmen.

Während der Tagung der UNO-Vollversammlung 1963 wurde Präsident John Kennedy ermordet. Ich hörte die Schreckensbotschaft im Gesellschaftsraum der Delegierten und am Abend sahen wir zu Hause im Fernsehapparat die Szene des Mordes und die Tötung des verdächtigen Attentäters. Der junge dynamische Präsident hatte die Sympathie aller, und wir waren von dem Unglück erschüttert.

Nach den Ferien der Weihnachtszeit und der Jahreswende hatte ich wieder meine kleinen Pflichten zu erfüllen, Reden vor zionistischen Versammlungen, jüdischen Gemeinden und anderem Publikum zu halten und die Verbindung mit den UN-Organisationen zu pflegen. Nach dem Ende der zwei Jahre kehrte ich zu meiner Arbeit in der Zentralbank zurück. D. Horowitz hatte den Einfluß der deutschen Reparationen auf die israelische Wirtschaft untersuchen lassen, fand die Arbeit aber unbefriedigend. Er bat mich, sie zu begutachten und zu verbessern.

Ich benützte eine andere Methode, nahm entsprechende Änderungen vor und fügte noch einige Kapitel hinzu. Das Buch erschien in Hebräisch Ende 1965. Die Untersuchung zeigte, daß die Reparationen in den ersten Jahren nach der Masseneinwanderung, als Israel an großem Devisen- und Kapitalmangel litt, einen sehr günstigen Einfluß hatten. Während der Jahre 1953-56 deckte die Einfuhr der Reparationen einen beträchtlichen Teil des Handelsdefizits.

Wir wußten in der Zentralbank, daß unsere Maßnahmen ohne Koordinierung mit dem Finanzamt nicht wirksam sein konnten. Seit 1963 war P. Sapir Finanzminister, nachdem nach Ben-Gurions Abdankung Levi Eshkol Ministerpräsident geworden war. Solange Eshkol Finanzminister gewesen war, gab es auch mit ihm Meinungsverschiedenheiten über fiskale und monetäre Politik. Doch Eshkol, klug und voll Humor, Meister der Kompromißpolitik, verstand es, mit Horowitz zu einem Einverständnis zu kommen. Aber mit Sapir waren die Diskussionen so dramatisch, daß Eshkol vermitteln mußte. Er schlug vor, ich sollte die Vermittlung auf mich nehmen, eine Aufgabe, in der ich nur teilweise Erfolg hatte.

In Tel-Aviv war inzwischen eine wirtschaftliche Abteilung in der Fakultät der Gesellschaftswissenschaften gegründet worden. Abba Lerner, ein bekannter Volkswirtschaftler, der aus Amerika gekommen war, war nun Dekan der Fakultät. Ich brachte ihm Artikel und Bücher, die ich geschrieben hatte, und nach einiger Zeit empfahl er, mich als »Senior Lecturer« anzustellen.

Ich hatte neben meiner Arbeit in der Zentralbank nur einen oder zwei Nachmittage für Vorträge und Seminare frei. Lerner fragte mich, ob ich bereit sei, in der Abteilung für Entwicklungsländer zu arbeiten. Nach einem Gespräch mit dem Leiter der Abteilung nahm ich sein Angebot einer halben Stelle an: Eine Vortragsreihe und ein Seminar (je zwei Wochenstunden). So fing ich an, mich intensiv mit den Problemen der Entwicklungsländer zu befassen, ohne die spezifischen Probleme der israelischen Wirtschaft zu vernachlässigen.

Im April 1966 fuhr ich als Vertreterin Israels zur Sitzung des Finanzkomitees der UNCTAD in Genf. Ich erklärte dort unser System der Ausfuhrsubventionierung und führte die Ergebnisse meiner Arbeit über die Korrelation zwischen dem Anstieg der Ausfuhr und dem Wachstum des Nationalprodukts vor. Weiterhin zeigte ich den Einfluß der Kapitaleinfuhr auf die Struktur der Wirtschaft.

Die Arbeit im Finanzkomitee war sachlich und angenehm, da es zu keinen Zusammenstößen mit den arabischen Mitgliedern kam, die nur in kleiner Zahl vertreten waren. 1967 nahm ich in New-York an einer weiteren Sitzung dieses Komitees teil.

Im Frühjahr 1968 fand UNCTAD II in New Delhi statt. Die Konferenz mit allen Komitees dauerte 3 Monate, und die Delegierten wurden zum Teil ausgewechselt. Ich wurde gebeten, einen Monat (März) an der Tagung teilzunehmen.

Indien war ein besonderes Erlebnis. Die Armut der Bevölkerung war schrecklich. Zahlreiche Familien waren wohnungslos und wohnten, aßen und schliefen in den Straßen. Das Kastensystem wurde noch aufrecht erhalten. Die Unterwürfigkeit der »Unberührbaren«, der Angehörigen der Paria-Kaste, die die verachteten und schmutzigen Arbeiten verrichteten, war erschütternd. Wir besuchten an Wochenenden die Touristen-Attraktionen wie den Taj Mahal, den Ganges, berühmte Tempel und historische Bauten, was sehr eindrucksvoll war.

Im Finanzkomitee der UNCTAD brachte ich zwei Vorschläge ein: Eine Verrechnungsstelle, in der die Entwicklungsländer die Kapitalhilfe, die in der Währung des Geberlandes für Käufe im Geberland bestimmt war, nach Bedarf in andere Währungen umwechseln konnten, um auf dem billigsten Markt zu kaufen. Die Idee gefiel den Entwicklungsländern, doch die entwickelten Länder liebten den Gedanken nicht, da sie an der direkten Verbindung mit dem Entwicklungsland, das von ihnen Kapitalhilfe bekam, interessiert waren.

Der zweite Vorschlag betonte die Wichtigkeit der Vergrößerung der Entwicklungsanleihen zu niederem Zinsfuß auf lange Sicht, die der »Horowitz-Plan« mit Hilfe eines Zinsausgleichfonds von den privaten Kapitalquellen der entwickelten Länder zu beschaffen versprach. Es wurde beschlossen, den »Horowitz-Plan« der Weltbank zur Prüfung zu übergeben.

1971 fand eine internationale Konferenz über »Ernährung, nationale Entwicklung und Planung« im MIT (Massachusetts Institute of Technology) in Boston statt. Ich hatte auf Bestellung eine Arbeit über die *Wichtigkeit der Nahrungskomponente in wirtschaftlicher Planung* vorbereitet, deren Hauptpunkte ich in einem Panel wiederzugeben hatte. Weiterhin berichtete ich unter der Rubrik »Nationalstudien« über den Stand der Ernährung der verschiedenen Schichten der Bevölkerung in Israel. Beide Arbeiten wurden in dem Sammelband *Nutrition, National Development and Planning* veröffentlicht.

Ende 1971 wurde ein neuer Präsident der Bank von Israel ernannt. D. Horowitz wurde Vorsitzender des Aufsichtsrates. Ich glaubte nicht, daß ich bei dem neuen Präsidenten eine ähnliche Stellung einnehmen könnte, wie bei dem bisherigen Präsidenten. Obwohl ich wußte, daß eine Entscheidung für die Universität verspätet war, verließ ich die Zentralbank, um mich ganz der Arbeit an der Universität zu widmen. Ich bekam eine volle Stelle in der Abteilung für Entwicklungsländer, in der später ein Forschungsinstitut errichtet wurde.

Ich bereute meinen Schritt nicht. Ich liebte die Atmosphäre der Universität und die Freiheit, die sie gewährte. Ich konnte meine Forschungsthemen wählen sowie die Themen der Vorlesungen und Seminare. Ich interessierte mich mehr und mehr für soziale Probleme und Sozialpolitik. Ich schrieb eine Arbeit über *Die Faktoren der Einkommensunterschiede in Israel* und eine weitere Arbeit über *Die arbeitende Frau und die Familieneinnahmen.*

1972 wurde ich von UNCTAD als Mitglied einer Expertenkommission, die aus 25 Wirtschaftswissenschaftlern bestand, nach Genf eingeladen. Das Thema war: *Laufende Probleme wirtschaftlicher Integration.* Die Besprechungen waren interessant und wurden in einem Bericht zusammengefaßt.

Der »Yom Kippur« (Versöhnungstag)-Krieg von 1973 traf uns wie ein Blitz aus heiterem Himmel. Ägypten vom Süden und Syrien vom Norden überraschten Zahal und erst nach großen Verlusten kam eine Wendung zu Gunsten Israels.

Die Universität war leer, denn Studenten, Dozenten und Professoren waren mobilisiert. Seit dem 24. Oktober (der Krieg begann am 6. Oktober) war Waffenstillstand. Verhandlungen wurden geführt, um die Gefangenen auszutauschen und die dritte Armee von ihrer Umzingelung durch Zahal zu befreien. Im Januar 1974 wurde der Rückzugsvertrag unterzeichnet. Der Rückzug Zahals von der ägyptischen Seite des Kanals und von syrischem Boden dauerte bis April 1974.

Die soziale Abteilung der UNO bestellte bei mir einen Bericht über die soziale Lage Israels in der Periode 1968-73, der als Teil des Berichts über die soziale Lage in der Welt veröffentlicht wurde.

Zwei Forschungsarbeiten über soziale Themen bereitete ich 1974 vor: *Faktoren des Familieneinkommens* und *Analyse der unteren Einkommensschichten.* In diesem Jahr wurde ich zum außerordentlichen Professor ernannt.

Im April 1975 fand in Bad Godesberg bei Bonn ein Symposium über *Kriterien und Messung der Einkommensverteilung in Entwicklungsländern* statt. Ich wurde dazu eingeladen und gebeten, eine Arbeit vorzubereiten und sie einzusenden. Die Arbeit war über: *Ungleichheit und die Armutslinie in Entwicklungsländern – einige theoretische und methodologische Aspekte.* Die Veranstalter baten mich, auf Grund dieser Arbeit den Eröffnungsvortrag zu halten. Das Symposium war in englischer Sprache. Die Teilnehmer kamen aus Entwicklungsländern in allen Teilen der Welt. Die Diskussionen waren interessant, da viele, die die Probleme aus eigener Erfahrung kannten, über ihre Arbeit berichteten. Dozenten, Professoren und Forschungsarbeiter aus deutschen Universitäten nahmen ebenfalls teil.

Inzwischen arbeitete ich an einem Buch *Socio-Economic Disparities in Israel* (Sozialwirtschaftliche Unterschiede in Israel), das 1979 erschien (Horowitz Institut, Universität Tel-Aviv und Transaction Books, Rutgers University, USA). Das Buch erschien in veränderter Fassung und auf den neuesten Stand gebracht in Hebräisch 1983 im Verlag »Am Oved« und wurde ein offiziell anerkanntes Lehrbuch an den hiesigen Universitäten.

Der Übergang in einen anderen, sehr verschiedenen Kulturkreis war schwierig. Ich überstand diese Krise erfolgreich, weil ich in meiner neuen Heimat Fuß fassen wollte und sie lieben lernte. Doch das Heimweh nach dem Land meiner Jugend, der deutschen Kultur und Literatur blieb lebendig.

Marco Haan and Henk W. Plasmeijer

On the Decline of an Intellectual Empire

The paradigm shift in the Netherlands

It was, of course, no coincidence that Hitler and his nazi-crew started to realize their *Blut und Boden* phantasies of an empire for the next thousand years to come precisely with breaking up the existing intellectual empire. All cherished values, without which – we believe – no scientific community can function, were put out of force by the massive emigration of intellectuals, the book burnings and bringing under suspicion all forms of so-called *entartete* intellectual and artistic activities. The destruction of intellectual and artistic freedom and respect was the necessary precondition for what was about to begin.

Our story about the economic paradigm shift in the Netherlands is only indirectly connected with the subject of this book, i.e. the German intellectual exodus in 1933. But one question that should be asked is what the German suspension of open scientific communication meant for the intellectual climate among continental economists. Any scientific community understands itself as an international one. The loss of colleagues living nearby and the running dry of familiar sources of intellectual inspiration must have been a culture shock for all continental economists. Werens't there lasting influences on continental economic theorizing?

We will not address the much too general question whether we legitimately may talk about prewar Continental Europe as an intellectual empire which was demolished by the hordes. In the twenties continental economics was largely dominated by the marginalist schools of Vienna and Lausanne. The first had found followers in Denmark, Germany, the Netherlands and Sweden, the second in France and Italy. Although Cambridge economics was much less in »splendid isolation« than the country in which it had originated (the same goes for Chicago-economics), it was believed that the two continental centres had set the stage for further developments in economic theory. Hardly anybody believed that in 1945.

Our story concentrates upon the theoretical foundations of the Dutch debate about the economic order[1], for the paradigm shift is most clearly shown by the changing views on this subject. The basic proposition is that the factors causing the shift must have culminated in the early half of the thirties. This is, of course, not an attempt to belittle the importance of the Keynesian revolution. But it seems to us that Austrian *mainstream* economics, due to a lack of resilience in the economic order debate, was gradually superseded by what came to be known as Tinbergen's theory of economic policy. This facilitated the introduction of Keynesian economics in the Netherlands.

The factors that gave rise to the »struggle to escape from habitual modes of thought and expression« are hard to isolate. The Great Depression certainly was traumatic. Tinbergen's alternative was much too powerful for the Dutch branch of the Austrian school. But we have a strong feeling that the dramatic change in the intellectual climate on the continent also undermined the belief in the school's future. Evidently, we have no conclusive arguments and only a few counterfactuals. All we may hope for is that our story suggests that new developments in Austrian theory were not recognized and that the loss of freedom in Central Europe might have played a role in that.

In section one we discuss the difficulties the Austrian school confronted concerning the theory of capital and income distribution. This shed doubts upon its advocacy of *laissez-faire*. In section two it is shown that one economist in the Netherlands found a way out of these difficulties. She tried to integrate a variant of the Austrian theory of production into a Walrasian theory of general equilibrium, as did a few others in Sweden and indeed in Vienna. This was rejected for rather peculiar reasons. In section three we show that the foundations for the succes – both scientifically and politically – of Tinbergen's theory of economic policy, which drew heavily upon humanistic social-democratic ideals, were firmly laid in the early thirties.

---

[1] This means that many fine contributions of Dutch economists are not taken into consideration. We mention their activities in the fields of monetary theory, international trade theories and national accounting. The most important Dutch contribution to international literature is of course Tinbergen's founding of econometrics.

1. The decline of the Austrian school in the Netherlands

The Dutch economists of the Austrian school defended the market economy against theoretical attacks from both social-democratic and corporatistic sides. Their position was weakened by unceasing criticism on the Austrian theory of income distribution. First we introduce the school; next we discuss the criticism.

Austrian marginalism probably was the first school of economic thought the Netherlands ever had. Although N. G. Pierson (1839-1909) accepted W. St. Jevons's variant of marginalism already in 1874, a school of thought was only formed in the twenties. (see Verrijn Stuart 1927, 148) As a result of both the heritage of Pierson, who was a very respected banker and a great teacher, and the theoretical activities of C.A. Verrijn Stuart (1865-1948), many Dutch economists came under the influence of the Austrian school. in the early twenties, however, the Dutch branch of the Austrian school was, according to Verrijn Stuart, still in its formative years.

Verrijn Stuart (1927, 142) explained the length of this gestation period by the absence of an institutionalized university education in economic sciences. At Dutch universities economics used to be taught at the law faculties, mainly as an obligatory course in the first two years. Only in 1921, when the discipline of »Staatswetenschap« was abolished, law students could follow a non-obligatory doctorate course in general economics. For those few who were teaching economics it was impossible to reach a synergy effect between teaching and research, which – according to Verrijn Stuart's complaint – seriously retarded the Dutch economic debate during the period in which the marginal revolution took place.

In the early twenties the situation changed for the better when the Economic Faculty in Amsterdam was founded. Verrijn Stuart interpreted this as an acknowledgement of economics as an academic discipline. So, in 1927, he was quite optimistic about the future development of a Dutch branch of the Austrian school, of which he was the most outspoken representative[2].

---

[2] The 1927 article of Verrijn Stuart is – in Schumpeter's words - an excellent »review of the troops«. A reader familiar with the Dutch language may also consult De Vries (1952), who summarizes the school's main results in the theories of production, distribution and exchange, and Fase (1987), who discusses »Dutch monetarism«.

»Zusammenfassend glaube ich sagen zu können, daß in den Niederlanden auf dem Gebiete der volkswirtschaftlichen Theorie jetzt ein reges und vielseitiges Leben herscht. Wenn sie sich weiterhin, wie bisher, auf das bahnbrechende Werk der österreichischen Schule stützen wird, dann können auch in Zukunft von der niederländischen Nationalökonomie noch viele Früchte erwartet werden.« (Verrijn Stuart 1927, 150).

Unfortunately for Verrijn Stuart, this promise was never fulfilled. It is, of course, true that a number of Dutch economists – and especially Tinbergen – did pathbreaking work. However, this had nothing to do with Austrian theory or even the Austrian school in the Netherlands.

Some caution is needed when talking about a Dutch branch of the Austrian school. The eminent textbook on the history of economic thought written by H.C.W. Bordewijk (1879-1939), who was a professor at the law faculty in Groningen, shows how much. For as any other good textbook this one too tells as much about the historiographer and the intellectual climate he lives in, as about the subjects it is supposed to deal with.

First of all, Bordewijk (1931) is quite revealing on the subject of Dutch prewar conceptions of the main international contributions to economic theory. There seems to have been some confusion about the dividing line between the Austrian and e.g. the Walrasian approach. Bordewijk was well acquainted with the most important French, English and German contributions to economic thought[3]. Contrary to what we are used to do nowadays, he did not distinguish between a Jevonian, Marshallian, Walrasian and Austrian current during the marginal revolution. He saw a mathematical current, in particular Jevons, Walras, Pareto and, surprisingly, Marshall (Edgeworth seems to have escaped his attention.) He took sides with the non-mathematical current, represented by E. von Böhm-Bawerk, as

[3] Nonetheless the bibliography is certainly unbalanced. Half of the book deals with Physiocracy and the English classical school, while his bibliography contains 102 references to German publications and only 45 to English ones. The other references are 100 Dutch publications and 39 in a Romance language. The other half of the book consists of an introductory methodological chapter, a chapter on Mercantilism and a chapter on the German Historical school towards the end of which the Austrians are mentioned. The highly critical chapter on the Historical School is – as far as we have been able to find out – still one of the best treatments of the subject in the Netherlands.

indeed most Dutch economists did[4]. However, when introducing the Austrian school in the last few pages of his book, he included all authors who had adopted a marginalist theory of prices.

Secondly, it is hard to avoid the impression that Bordewijk's opinions about progress in the history of economic thought were very much influenced by continental European discussions. E.g. his ideas about the decline of classical economics contain – from a modern (mostly Anglo-American) historiographer's point of view – a remarkable exaggeration of the historicists« influence upon the development of economic thought.

> »... when resistance arose against the political side of the classical system, the theoretical side was dragged along. When the classical-liberal politics had had its day, collapsed under the blows of the historical school, the socialists of the chair and the socialists, classical theory was also ad patres« (Bordewijk 1931, 49).

Although this may not be true for England, we are assured that it is correct for continental Europe, and certainly for the German speaking countries[5].

The seeds for the decline had already been sown in the early twenties. In 1917 a defender of F. Oppenheimer's monopoly theory of profit and rent – A. Spanjer – challenged the Austrians on what we now know to be as their weakest point, i.e. the theory of interest. There is no doubt that for him – a professed »liberal-socialist« – it was a political issue:

> »Their (the Austrians') belief in the justice of the existing order is sinking away, they had to admit the wrongfulness of the historic origin of this order, it is getting more and more difficult to defend its expediency«. (Spanjer in *De Economist* 1920, 694)

---

[4] For this non-mathematical approach they were criticized by S. de Wolff (1878-1960) J. Tinbergen. De Wolff, who was a Marxist, described mainstream economics in the Netherlands condescendingly as »conversation« economics (*praat-economie*; for De Wolff's performance, see Plasmeijer 1988). Tinbergen called the approach »literary« economics.

[5] This is an aspect of the problem of continuity or discontinuity in economic thought during the marginal revolution. Prof. K. Milford (Vienna) pointed out to us that there may be different answers for England and the Continent. In England Jevons's famous remark about »that able but wrong headed man David Ricardo« can be interpreted as that he wished to cause a clean break with the classical school, and especially of course with the still highly influentual ideas of John Stuart Mill. In reaction to the historical school the early Austrians stressed their roots in classical economics. Walras's esteem for J.B. Say is well known.

Spanjer's verdict certainly came far too early. Bordewijk replied by means of critical review (4 articles in *De Economist* 1920 and 1922) of a book by Emil Sax (*Der Kapitalzins* 1916), who seems to have taken sides with Oppenheimer. In short, the answer was that interest originates in roundabout production processes and not in exchange, as Spanjer would have it. However, doubts about Von Böhm Bawerk's third reason for a positive interest rate – the inferiority of future goods – arose when Bordewijk took Sax's misreading of one of Von Böhm-Bawerk's tables seriously[6].

This, of course, was a doubt about the Austrian theory of capital and income distribution. In the discussion Van Rhijn (1922) tried to seperate the debate about the theory of capital and income distribution from the debate about distributive justice and the economic order. His intentions were political. He was so kind as to remind Bordewijk of the importance Wieser attached to a correct solution of the Austrian imputation problem in the theory of capital.

> »Gelänge es nicht, so bliebe die Schätzung der Produktivgüter ein Rähtsel, und die heutige Ordnung der Dinge, wo die sachliche Zurechnung der Erträge die Grundlage für die persönliche Vertheilung des Volkseinkommen wird, bliebe immer dem Vorwurf der Willkürlichkeit wenn nicht dem schlimmeren Vorwurf des Zwanges und der Ungerechtigkeit ausgesetzt. Nicht einmal die Abstufungen der Entlohnung, die wir zwischen den Arbeitern unter einander sehen, wären zu rechtfertigen« (Wieser, *Der Naturliche Wert*, 76, quoted by Van Rhijn in *De Economist* 1922, 472).

---

6 The table is on page 340 of Von Böhm-Bawerk's *Positive Theorie des Kapitales*, fourth edition. It shows the real value of a month's work at different dates and different lengths of roundabout production, all processes subject to diminishing marginal returns. More precisely, let X_0 be the product of one unit of labour L_0, t the length of the roundabout process in which no further labour is added and r_t the discount rate measuring the returns on roundaboutness, Von Böhm-Bawerk's table says:

$$f(L_0) = X_0 = [1/(1+r_t)t]X_t \quad ; \quad dr_t/dt < 0$$

The misinterpretation was the thought that Von Böhm-Bawerk assumed the addition of a month of labour at each stage of his roundabout process. In that case one can determine a maximum length of the process by equating the immediate returns on labour and its marginal returns by roundaboutness, since processes can be started at any time. In Von Böhm-Bawerk's example the roundabout process would not have been started. In other words, the third reason, which was called »half of Von Böhm-Bawerk's theory of interest«, would have been superfluous.

According to Van Rhijn, Wieser's statement was objectionable. His point was a methodological one. He argued that economists should distinguish between science and ethics, i.e. between economics and politics and between economic theory and views about justice, when discussing income distribution and the economic order. In short, Van Rhijn's point was Hume's law, according to which »ought« statements cannot be deduced from »is« statements.

It is not surprising that an Austrian economist, even of the Dutch branch, hardly knew how to attach consequences to Van Rhijn's criticism. Basically there was no disagreement. But Bordewijk insisted that the scope of reasoning, in which »is« statements can be validly deduced, is rather large. Precisely one year earlier in the *Economisch Statistische Berichten* (14th December) Bordewijk had rejected Van Rhijn's ideas.

> »I deny most forcefully that, when pleading for free competition, I enter the field of ethical norms. I also deny that the adherents of this »system« believe that it gives to everyone what »belongs« to him ... But let us stay on the grounds of economic reality« (quoted by Van Rhijn in *De Economist* 1922, 482).

Thus, from the beginning the problems in the theory of capital and income distribution were believed to have implications for the debate concerning the economic order.

In the Netherlands the more serious defects of the Austrian theory of capital, in particular the impossibility to define an average period of production independent of income distribution, were never discovered. The Austrians considered the criticism which was levelled against them defenitely inconclusive. So capital theory as such never induced the economists to change their opinion about the functioning of the market economy. They continually stressed the importance of income distribution as an allocative mechanism. Consequently a socialism in which Marxian exploitation was abolished, was vehemently rejected.

What worried the economists most at that time was that in Austrian theory interest was apparently not treated as a »natural« category, i.e. an original income that could be attributed to a »natural« agent called »capital«. The Austrian theory of interest was remarkably straightforwardly explained in Verrijn Stuart's textbook (1930, 182-188). Interest is the time premium of the present »second order« good over the future one. The value of both could be determined by means of Wieser's imputation procedure. This procedure, in which the prices of »second order« goods depend upon the subjectively determined prices of final products, gave rise to doubts about the existence of a »natural« distribution of income. For clearly, interest being a time premium, its appropriation is nothing but the result of the *possession* of second order goods now and in the future.

And again, the point that the distribution of income may change with different social arrangements was immediately recognized as a political one. It was discussed from 1925 onwards (see De Vries 1952, 849). Precisely at that time the social-democrats were argueing that there was nothing »natural« about the distribution of property[7].

Thus, doubts about the Austrian theory of capital and income distribution were accumulating over the years. When the *Great Depression* set in, the economists' case for *laissez-faire* was not particularly strong. In retrospect it is tempting to say that their case needed new arguments.

2. A heretical return to the classical economists?

New arguments were supplied. They were, however, not presented in a form which made them acceptable. In order to save the political message, Ms. E.C. van Dorp (1872-1945) – a militant member of the League for Freedom (Vrijheidsbond) – started a remarkable campaign against the Austrian theory of income distribution in 1931. She proposed a »new theory of profit and loss«. Although this was essentialy an attempt to integrate Austrian and Walrasian thought, Ms. van Dorp believed that her »new theory« could be found by the classical economists. In this section we discuss her performance[8].

---

[7] The debate took two routes. Those who treated interest as a social phenomenon argued that a socialist society must form a growing fund to finance roundabout production processes, whether this fund is called capital and its addition interest or not. Those who believed that interest was a natural phenomenon came to stress the »law« of diminishing returns on capital, which raised further confusion about Von Böhm-Bawerk's notion of capital (see De Vries 1952, 855-857). For as is well known, Von Böhm-Bawerk had rejected all »productivity« theories of capital.

[8] We have discussed Ms. van Dorp's ideas more extensively in H.W. Plasmeijer, M. Haan, »Via Von Böhm-Bawerk terug naar de klassieken?; over de

A quick glance at international developments provides us with a point of reference. The theoretical problems concerning the Austrian theory of capital were widely discussed on the continent. In the early thirties we find a few indications that the discussion might have led to a convergence between Austrian and Walrasian thought. In this respect the work of G. Cassel had been highly influential. The Swedish economist E. Lindahl tried to combine Von Böhm-Bawerk's notion of roundaboutness and the Walrasian general equilibrium into a theory of temporary equilibrium in 1929 (see Currie, Steedman 1990, 72ff.). The decisive breakthrough – at the cost of the Austrian theory of capital – was J. von Neumann's paper presented at the *Mathematischen Kolloquium* about Cassel's system, presided by K. Menger at the University of Vienna (see Punzo 1989). The Von Neumann results seem also to have been discovered by N. Kaldor in 1937, at that time the »star pupil« of F. Hayek (see Samuelson 1991).

Ms. van Dorp's publications cannot compete with Lindahl's or Kaldor's papers, neither technically nor qua composition. But the direction in which she tried to develop her »new theory« is certainly the same as the one proposed by Lindahl.

The most fascinating aspect of Ms. van Dorp's performance is that she arrived at her »new theory« by picking up the pieces after an extensive criticism upon the Austrian theory of capital. In other words, it shows us the lines of thought along which a convergence between Austrian and Walrasian theory might have happened. The main targets of her criticism were the premium theory, Von Böhm-Bawerk's definition of capital and the idea of diminishing marginal returns on roundaboutness.

Her main objection against the premium theory was taken from Wicksell. This was that it is not possible to determine the price difference between present and future goods, since future prices depend upon subjective evaluations and an uncertain scarcity in the future. A less important objection, but one that is rather crucial for her new theory, was that the premium theory in combination with the idea of an average period of production determines a uniform rate of profit. In the real world, according to her, the rates of profit are never uniform.

---

campagne van Mevr. E.C. van Dorp in de jaren dertig«, to be published in the *Tijdschrift voor Politieke Ekonomie* 1992.

Ms. van Dorp argued that Von Böhm-Bawerk had presented three definitions of capital. A first one, this is the money value of a firm, is according to her correct. A second definition refers to »first order« goods, which are advanced each period in order to set in motion or to lenghten a roundabout process. Following Pierson and Wicksel Ms. van Dorp believed that Von Böhm-Bawerk's views about income distribution ultimately depended on this variant of the wages fund doctrine. Refering to Adam Smith she maintained, that the wages fund is crucial for a theory of distribution. It is, however, a bad notion of capital. A third definition of capital, the set of heterogeneous »second order« goods, is according to her nothing but confusing. It gives rise to »pseudo-productivity theories«. She pointed out that in Von Böhm-Bawerk's examples a profit sum results under the third definition into a different rate of profit than under the first one[9].

The assumption of diminishing marginal returns by lengthening the period of roundabout production was, according to Ms. van Dorp, not realistic. She did not believe that in reality the discrete technologies were that nicely ordered. Von Böhm-Bawerk had in her opinion smuggled in the idea, while the premium theory of interest crucially depends on it. She held the view that profit maximizing firms always choose from a set of discrete roundabout technologies, the most efficient one and that there is no unique relationship between the rate of interest and the length of the production period[10].

Picking up the pieces as she did we have: unequal rates of profit, the rate of profit defined as profits against total money invested, a wages fund doctrine, roundaboutness and a choice of techniques.

---

[9] This matter was considered to be important from the point of view of monetary theory, on which Ms. van Dorp had worked before she started to write about income distribution. She had accepted Wicksell's views about a natural rate of interest, which – since she did not believe in a uniform rate of profit – she defined as the rate of interest which keeps the money supply and hence the price level stable. Ambiguities concerning the rate of profit would have made monetary policy impossible. In monetary theory she found a second link with the classical economists: Wicksell's theory was according to her an admirable expansion of Ricardian monetary theory (Van Dorp 1937, 207 footnote).

[10] Ms. van Dorp found the fatal objection against the Austrian theory of capital: »Böhm Bawerk says that lengthening means using more capital. ... And if he here means capital-goods, then we answer that no quantitative comparison can be made between production-processes that are run with different capitalgoods« (Van Dorp 1937, 155). Consequently she denied the relevance of the notion of an »average period of production«.

The »new theory« Ms. van Dorp proposed is essentially a Walrasian temporary equilibrium approach under the Austrian conditions of discrete roundabout technologies and no factorsubstitution. As a decisive step she must have realized, that when the length of the production period has to be decided upon before a roundabout process is started, the market clearing assumption implies a wages fund doctrine.

The essential characteristic of this variant of the wages fund doctrine is that consumption and investment are not inversely related. The reason for this is a strict application of the Austrian assumption that every »second order« good is a step further in the direction of a final product. Let a_{ij} be the input of commodity i in order to produce one unit of commodity j, of which some j's are purely second order goods, the Austrian assumption is $a_{ij}=0$ for $i \geqq j$. With no real savings there are no alternative uses for final products but consumption. This means that in any market period the volume of consumption is determined by investment decisions in the past.

This variant of the wages fund doctrine led Ms. van Dorp straightforwardly to classical views about profit as a residual income. Commenting upon Von Böhm-Bawerk's problem concerning a positive rate of profit in a stationary state, she maintained that in such a situation the rate of profit is fully determined by the entrepreneurs' propensity to consume out of receipts. More specifically, in her *this week, next week* approach (Boulding 1937) the inverse relationship between the market clearing wage rate w_t and the entrepreneurs' propensity to consume c_t out of total final product, both in market period t, implies an inverse relationship between the wage rate w_t in period t and the rate of profit r_{t+1} in the next market period.

$$\delta w_t/\delta c_t < 0 \qquad f\ r_{(t+1)}/\delta c_t > 0$$

This variant of »labourers spent what they get and capitalists get what they spent« was found in 1931.

This approach to income distribution induced her to stress a non-neoclassical result. Firstly, it is not clear whether the efficient roundabout technology changes when income distribution changes. Secondly, when another technology becomes more efficient due to a change in the wage rate, the direction in which the length of the production period changes is not clear. Thus, according to Ms. van

Dorp, there is no unique relationship between the capital-labour ratio and distribution variables.

It can easily be shown that Ms. van Dorp came very close to a striking result. All that was needed was a little mathematics, which she did not use, to see the defects and the possibilities for repair[11]. The reasons why Ms. van Dorp's »new theory« did not invite the Dutch economists of the Austrian branch to a profound discussion are rather peculiar.

Firstly, at the start of her campaign against the premium theory of interest she did not show much tact. For her first article on the subject she chose of all places the *Festschrift* by which the dean of the Dutch Austrians, C.A. Verrijn Stuart, was honoured[12]. Secondly, she made no secret of the fact that ideas concerning profit as a residual income could also be found in Marx. R. van Genechten (1895-1945), a member of the editorial board of *De Economist*, took the opportunity to disqualify her ideas as an »exploitation theory«. This led to a conflict with the editorial board, of which C.A and G.M. Verrijn Stuart (father and son) were also members. As an answer Van Dorp wrote a critical essay about Van Genechten's own views on income

[11] Ms. van Dorp seems to have realized the problems concerning the specification of roundabout technologies. She mentioned the case of goods wich may either function as »second order« goods or as final goods (Van Dorp 1937, 99). She did not elaborate on this. In Plasmeijer en Haan (1992) it is argued that the necessary repair on Van Dorp's »new theory« is relatively easy and that it must have been within the reach of the economists at that time. It suffices to have at least one »second order« good which is a necessary input in its own production. In other words, we change the Austrian technology assumption into $a_{ij} = 0$ for $i > j$ and $a_{ij} > 0$ for at least one $i = j$. Since in that case total consumption and investment are inversely related, Van Dorp's wages fund evaporates. Her main results however, i.e. prices reflecting relative scarcities, unequal rates of profit, the inverse relationship between wage rate and propensity to consume out of profit income, the inverse relationship between wages and profit and the non-substitution theorem concerning capital-intensity and income distribution, boil down to the Walrasian temporary equilibrium. Moreover, it is well known that for all possible compositions of the market supply bundle an envelope curve exists for the equilibrium outputs, which is comparable to the Von Neumann ray. This clearly shows that Ms. van Dorp was more than halfway on the path which led from Vienna to Lausanne at that time.

[12] A slightly improved but essentially the same article was published the same year, i.e. 1931, in the *Archiv für Sozialwissenschaft und Sozialpolitik*.

distribution. The essay was refused by *De Economist*. It appeared as a booklet in 1934[13].

Thirdly, the quality of her publications, both technically and qua composition, leaves much to be desired. The »literary style of economics« was already under the attack of Tinbergen in the Netherlands. Moreover, Boulding was certainly right in his opinion that the best part of her English book is the critical account of Von Böhm-Bawerk and that her »new theory« needed much more elaboration.

As a summing up we may say that there were a few attempts to integrate the Austrian theory of capital into a Walrasian approach on the continent in the early thirties. In the Netherlands this was done in the context of the economic order debate: Ms. van Dorp believed she had made a strong case for *laissez-faire*. There is no point in speculating whether Austrian theory would have fared better if the discussion on the continent had not come to a halt. But it certainly is striking that a number of scholars who were working on the Austrian theory of capital in different countries moved – independently of each other – in the direction of a temporary equilibrium approach in the early thirties. It should be no surprise that the first things they hit upon were non-substitution theorems.

3. On the origins of the theory of economic policy

Economic theory pursued another course. Although *On the Theory of Economic Policy* was published after the war (1952), most of the essential ideas were developed by J. Tinbergen in the early thirties. His work dominated the Dutch economic order debate between 1935 and 1940. In this section it is argued that this can be interpreted as a paradigm shift.

Some caution is needed when talking about a paradigm shift. For what in retrospect can be interpreted as a shift, was probably experienced as scientific progress by contemporaries. However, the Dutch economic debate – and especially the one about the economic order – shows many »classical« features of a paradigm shift. Many

---

[13] Part of the essay was published in the *Zeitschrift für Nationalökonomie* in 1933.

economists, in particular the younger generation, came to believe the »something should be done« about unemployment. This must have influenced their ideas about the kinds of theories which are relevant. Tinbergen came up with an alternative vision. This vision was scientifically appealing, for it lent itself for a far more technical treatment than anything that had so far been done by the Austrians. Tinbergen very soon came in authorative positions; he became lecturer (*privaatdocent*) in Amsterdam in 1931 and was appointed professor in Rotterdam two years later. Moreover, a new system of international communication emerged with the founding the *Econometric Society*, while the Austrian school soon was to be disbanded; first in Germany, later in Vienna. The institutional consequences of the alternative vision became politically acceptable in the Netherlands. And last, but certainly not least, this promised new job opportunities for the economic profession.

There are probably many reasons why Tinbergen's views were not interpreted by contemporaries as a fundamental change in economic theorizing. The most important seems to have been an epistomological one; the economists' theory of knowledge concentrates on progress and hardly allows for reorientation processes. This was what Tinbergen too believed and still believes in. Consequently, his criticism of the *content* of mainstream economics in the Netherlands has always been lenient. Instead, his criticism was levelled against the *vision* of mainstream economics concerning a preferred scientific programm and the character of economic policy.

Firstly, Tinbergen was not charmed by the »literary« style of economic theorizing. From his early research into the business cycle onwards he has shown dissatisfaction with the existence of more than one theory to explain the same phenomenon. This was, according to him, an indication that these theories (e.g. of Hayek and Keynes) were »open«. In his own expression: in these theories there were more unknowns than equations to explain them. His own approach has been called an »engineering« approach[14]. In this approach mathematical model building and empirical research play an equally important role. On the one hand the structure of the mathematical model should be such that the insertion of data and the manupulation

[14] The origins of Tinbergen's approach, in particular the origins in the traditions of *engineering* in which he was educated, are subject to recent research by Boumans (1989, 1990). In his forthcoming study Boumans also traces the development of Tinbergen's method.

of instrument variables leads to meaningful statements about the targets of economic policy. One purpose is, of course, to test the consistency of the policy instruments. On the other hand – and here is where econometrics comes in – the model should reflect the real structure of the economy. It should be an empirical model. Tinbergen considered this approach an application of the notion »decision model« as introduced by R. Frisch. Secondly, he criticized the »literary« style of economics for introducing implicit assumptions about economic policy. The notion of a »natural order« was probably completely alien to Tinbergen. Social arrangements have, according to him, always been subject to political decision making. Even free competition was once institutionalized by concious policy decisions. This institution was, in his opinion, being changed by purposive monopolistic behaviour. He believed that it could be changed for the better by government intervention. Consequently, since in his views policy decisions are always involved, he suspected the »literary« economists of the belief that an optimal policy is guaranteed by a qualitative choice (for *laissez-faire*) only.

This then may have been one of the reasons why Tinbergen's views were not looked upon as a theoretical reorientation: both kinds of criticism did not (directly) imply that the content of »literary« economics was irrelevant. They were a challenge to do better.

Tinbergen's world view, however, was totally different from the one held by the »literary« economist. His criticism and the alternative paradigm he proposed were highly coloured by his uncompromising social-democratic humanism[15]. His views about a »rational« economic order, in which the business cycle was to be controlled, and those about distributive justice led him to formulate the main targets of economic policy: full employment and a high degree of income equality. Moreover, his early work (1931) – in which he had not completely freed himself from the social-democratic preference for a

---

15 The uncompromising character of Tinbergen's social-democratic humanism can be easily checked in his more recent work on the international economic order. It should be pointed out that, although uncompromising, his ethical values induced him to take – as he himself has called it – a »revisionistic« point of view. Essentially the idea is easy: since the rationality with respect to the economic order we are at the moment striving for may be at odds with our ethical values concerning distributive justice, our liking for income equality may never result in radical demands for complete egalitarianism. Tinbergen's »revisionism« is, as one could expect from him, a matter of intellectual consistency.

command economy – shows that he too had fallen under the socialists' spell of Plato. Economic policy should be formulated by economic experts, who are to be working together in the *Economic Council*[16]. However, Tinbergen's belief in the socialists' dogma that a »rational« economy is necessarily a command economy, seems never to have been a wholehearted one. Very soon, i.e. already in the early thirties, he was to dissociate himself from the dogma. He started to plead and still pleads for the realization of socialistic and humanistic ethical values by government intervention in the market economy. For the theory of economic policy this was rather crucial, for new policy targets (foreign trade, stable currency etc.) had to be set and new instruments (government spending, employment programmes, etc) had to be developed. The new targets and instruments of economic policy were part of the social-democratic reform proposals in 1935.

The political credibility of the views, which later were expressed in *On the Theory of Economic Policy* grew during the thirties. This was a remarkable success, for the opinions about the necessary changes in the Dutch economic order had fundamentally diverged during the twenties (see Dullaart 1984). A brief overview may give some insight into how the new economic paradigm fitted into the Dutch situation.

Broadly speaking, there were two powerful groups which argued for government regulation during the twenties. The roman-catholics believed that all enterprises should organize themselves at the industry level in order to restrict output. Rising prices would permit wage increases. The accompanying proposal was an obligatory union membership for all workers – also on the industry level – which would reduce wage bargaining to bilateral negotiations. The idea was that by protection of the producers at the industry level, a »just« wage could be determined. The social-democrats had published their *Socialization Report*, in which it was argued that the concentration tendency in industry improves stability, productivity and profits. It may improve wages. Moreover, there should have been no economic difference between privately owned and socially owned capital in an

---

[16] During the economic order debate there was some confusion whether this council should control or advise. The social-democrat H. Vos remarked in a pamphlet at the occasion of the new social-democratic reform proposals (het *Plan van de Arbeid* 1935) that another road to a socialist society had been taken. This invoked furious reactions from employers's organizations. The main architects of the reform proposals were Tinbergen and Vos.

(almost) fully concentrated industry. The social-democrats preferred socialization. Since productivity growth and concentration are positively related, they proposed for the short run that government should promote concentration.

The influence of social-democratic and roman-catholic social ideals grew during the thirties (Dullaart 1984). Moreover, the demands for government interference were readjusted. The roman-catholics came up with their so-called »subsidiary principle«. This is the idea that the government should not interfere when lower institutions can do better. It implied a weakening of their corporatistic views about an industry level organization. To the government they assigned the task of maintaining a »just« level of wages and prices. The new generation of social-democrats had abandonded the socialization programme. Their basic arguments for institutional change became that markets are malfunctioning; that results of this, such as unemployment and an unequal distribution of income, are undesirable and that government should interfere in order to produce a desired result.

Thus, an important aspect of the Dutch debate about the economic order in the thirties was, that both groups linked views about distributive justice with less doctrinarian ideas about government interference, while certain limits on economic policy were accepted[17]. The real political challenge next to a blueprint for new institutional arrangements was now to determine the limits on economic policy more precisely.

In the Netherlands Austrian theory, in which the allocative function of the market mechanism was stressed, was gradually superseded by the theory of economic policy. The circumstances which caused the paradigm shift culminated in the early thirties. Tinbergen's views were a challenge to the Austrians to do better[18]. A better economist was, according to him, one who knows how to advise the government about steering the economy.

---

[17] Tinbergen did not believe that wage increases would improve the employment situation. He argued that in the small and open Dutch economy this would worsen the situation, because the international competitiveness of Dutch industry would decline.

[18] It should be noted that *mainstream* economics in The Netherlands contributed a lot in the discussions about the targets and instruments of monetary policy.

4. *Final remarks*

The early thirties certainly were turbulent years in economic theory. In this article we have tried to contribute to the historiography of the period by describing a change in intellectual climate among Dutch economists. We have proposed to call this a paradigm shift. In the twenties it was believed that there was a great future for Austrian theory. In the early thirties many economists seemed to realize that the prospects were not so bright. Tinbergen's theory of economic policy became a powerful alternative.

A paradigm shift is by definition both a cultural and a scientific phenomenon, which is influenced by many cultural and political circumstances and intellectual developments. That is why our story can touch only indirecty upon the subject of this book. The turbulence in the early thirties must have given the economists from the free countries in Europe the impression that they lived in a period of rapid cultural and political transition. Our story may suggest that this influenced their theorizing.

The counterfactual question whether the Dutch debates could have been different is probably not legitimate. Moreover, there is every reason to be content with the performance of the Dutch economists in the early thirties. But on documenting the cultural history of economics in the thirties counterfactual questions keep coming up. What could have become of the developments in Austrian capital theory in the early thirties? Was the loss of freedom, which caused the decline of the European intellectual empire, the reason why T.C. Koopmans, a close collaborator of Tinbergen in the early thirties, who went to America, became acquainted with, and started to work on the Von Neumann model so much later?

Literature[19]

Bordewijk, H.C.W. (1931): Theoretisch Historische Inleiding tot de Economie, Groningen.

Boulding, K.E. (1937): A Simple Theory of Capital, Wages, and Profit or Loss. By E.C. van Dorp (review), in: The Economic Journal, S. 522-524.

Boumans, M. (1989): De constructie van de samenleving; Tinbergen en de vroege planning, in: Beleid en Maatschappij, S. 230-245.

Boumans, M. (1990): De slinger van Tinbergen, in: Tijdschrift voor Politieke Ekonomie, 13(3), S. 50-65.

Currie, M./Steedman, I. (1990): Wrestling with Time, Problems in Economic Theory, Manchester.

Dorp, E.C. van (1931): De consequenties van Böhm-Bawerk's loonfondstheorie, in: Economische Opstellen aangeboden aan prof. dr. C.A. Verrijn-Stuart, Groningen, S. 27-54.

Dorp, E.C. van (1931): Agio oder Lohnfonds?, in: Archiv für Sozialwissenschaft und Sozialpolitik, 66, S. 284-319.

Dorp, E.C. van (1933): Löhne und Kapitalzins, in: Zeitschrift für Nationalökonomie, 4, S. 254-266.

Dorp, E.C. van (1937): A Simple Theory of Capital, Wages and Profit or Loss, Cambridge.

Dullaart, M.J.H. (1984): Regeling of Vrijheid: Nederlands Economisch Denken tussen beide Wereldoorlogen, Rotterdam.

Fase, M.M.G. (1987): Het voorportaal van het Nederlandse monetarisme, in: A. Knoester (ed.): Lessen uit het Verleden, 125 jaar Vereniging voor de Staathuishoudkunde, Leiden, S. 133-155.

Plasmeijer, H.W. (1988): Overschatting en onderwaardering, over de politieke economie van Sam de Wolff (1878-1960), in: H.W. Plasmeijer (ed.): De Theoretische Grondslagen van Economisch Beleid, Opstellen over Politieke Economie, Groningen, S. 51-69.

Punzo, L.F. (1989): Von Neumann and Karl Menger's Mathematical Colloquium, in: M. Dore/S. Chakravarty/R. Goodwin (eds.): John von Neumann and Modern Economics, Oxford, S. 29-65.

Samuelson, P.A. (1991): A sweeping new non-substitution theorem: Kaldor's discovery of the Von Neumann input-output model, in: E.J. Nell/W. Semmler (eds.): Nicholas Kaldor and Mainstream Economics, Confrontation or Convergence?, London, S. 72-87.

---

[19] For the reconstruction of the Dutch debate about Austrian capital theory, we consulted 25 volumes of *De Economist* published before and during the war. The articles referred to in the text are not included in the following list. All articles are in Dutch. The translation is ours.

Tinbergen, J. (1946): De Lessen van Dertig Jaar, Economische Ervaringen en Mogelijkheden (second edition), Amsterdam.

Tinbergen J. (1952): On the Theory of Economic Policy, Amsterdam.

Verrijn Stuart, C.A. (1927): Niederlände, in: H. Mayer (Hrsg.): Die Wirtschaftstheorie der Gegenwart, Band 1, Wien, S. 142-150.

Verrijn Stuart, C.A. (1930): De Wetenschap der Volkshuishoudkunde en de Grondslagen der Volkshuishouding, third edition (first edition 1920), Haarlem (first edition was translated as Die Grundlagen der Volkswirtschaft, Gustav Fisher, Jena, 1923).

Vries, F. de (1952): Honderd jaar theoretische economie, in: De Economist, S. 828-879.

Karl Milford und Peter Rosner

Die Abkoppelung der Ökonomie an der Universität Wien nach 1920

1. Einleitung

Wissenschaftliche Arbeiten über intellektuelle Emigrationen untersuchen vor allem die Leistungen derjenigen, die weggegangen sind. In bezug auf die wissenschaftliche Emigration wird dann oft der Einfluß der Ausgewanderten auf die Entwicklung der Wissenschaft im Einwanderungsland untersucht. Diese Fragestellung kann aber nur ein Teil der Migrationsforschung sein. Nicht gefragt wird dabei nämlich: Was bleibt zurück? Wie entwickelte sich die Wissenschaft im Land der Auswanderung? War es nur ein Verlust an intellektuellen Ressourcen und einigen bekannten Namen, so daß manche wissenschaftliche Pionierleistungen regional verschoben wurden? Oder wurde auch die wissenschaftliche Kultur wesentlich beeinflußt?

Diese Frage ist in bezug auf den Nationalsozialismus deshalb von Bedeutung, weil sich das Nazi-Regime – sieht man von wenigen Ausnahmen, wie der Psychoanalyse, der Relativitätstheorie ab – wenig in das Alltagsgeschäft wissenschaftlicher Forschung einmengte. Anders als unter der Herrschaft Stalins waren Wissenschaftler in ihrer Praxis wenig direkten politischen Eingriffen ausgesetzt, sofern sie nicht ein ideologisches Interesse der Nationalsozialisten berührten. Deren Bedarf an positiver Ideologie war zum Unterschied der marxistisch-leninistischen Herrschaft gering. Man kann daher nicht einfach annehmen, daß die Wissenschaftler, die nicht auswanderten, nur Herrschaftslegitimation betrieben – selbst wenn sie sich politisch zur NS-Herrschaft bekannten, oder sich mit ihr arrangiert hatten.

Thema unseres Referates ist die Darstellung der in Österreich verbliebenen Ökonomie – vor allem der der Universität Wien. Bei den

Ökonomen gab es im März 38 dort keinen Einschnitt, vergleichbar dem an der medizinischen Fakultät der Wiener Universität oder dem der 1933 an den deutschen Universitäten stattgefunden hatte. Die Ursache dafür ist, daß es 1938 keinen Sozialisten unter den prominenteren Ökonomen gegeben hat und auch nur wenige Juden. Die politischen Säuberungen fanden vor allem innerhalb des rechts-konservativen Lagers statt, wobei es ein Treppenwitz der Geschichte ist, daß der damals prominenteste Nationalökonom, den die Nazis von der Universität vertrieben hatten, ein bekennender Nationalsozialist und Mitglied der illegalen NSDAP war, nämlich Othmar Spann. Er wurde nach der Annexion Österreichs für einige Monate inhaftiert. Der zweite Ordinarius, der seinen Posten verlor, war der christlich-konservative Degenfeld-Schonburg, der von 26-38 und von 46-52 Ordinarius war.

An der Universität Graz hingegen gab es 1938 einen vollkommenen Wechsel, der nach dem Krieg rückgängig gemacht wurde. Die beiden Professoren der Ökonomie – nämlich Dobretsberger, der in die Emigration ging, und Taucher – mußten gehen. Beide kamen 1946 an die Universität Graz zurück.

Die neben Dobretsberger wichtigsten Ökonomen, die nach der Annexion in die Emigration gezwungen wurden, waren: Oskar Morgenstern, Privatdozent und Leiter des Institutes für Konjunkturforschung, Paul Rosenstein-Rodan, Assistent bei Hans Mayer, Josef Steindl, der damals am Institut für Konjunkturforschung beschäftigt war. Karl Menger war im März 38 gerade in den USA und kehrte nicht zurück. Karl Schlesinger beging am Tag des Einmarsches der deutschen Truppen Selbstmord. Mises, Machlup, Hayek, Haberler, Tintner, Wald und Braun (Brown) hatten Österreich bereits vorher verlassen. Sie wurden zwar nicht vertrieben, sie hatten aber in Österreich keine Entfaltungsmöglichkeiten. Bei der Zurückstellung von Mises gegenüber Mayer bei der Berufung 1923 dürfte eine Rolle gespielt haben, daß Mises jüdische Vorfahren hatte; daß Machlup und Rosenstein-Rodan sich nicht habilitieren konnten, dürfte ebenfalls eine Folge des herrschenden Antisemitismus gewesen sein. Natürlich gibt es dafür keine Beweise. Jedenfalls benötigte die rechts- und staatswissenschaftliche Fakultät der Universität Wien – eine sozialwissenschaftliche Fakultät gibt es erst seit 1975 – damals keinen staatlichen Auftrag zur Vertreibung von Juden und Sozialisten.

Die Nationalökonomie in Wien war durch eine angesichts der dramatischen historischen Ereignisse doch recht beachtliche Kontinuität gekennzeichnet. Mayer war Professor von 1924-1950 ohne Unterbrechung, Mahr habilitierte sich 1926, war durchgehend an der Wiener Universität beschäftigt und wurde 1951 Ordinarius. Diese Position hatte er bis zu seiner Emeritierung in der zweiten Hälfte der sechziger Jahre inne. Lagler habilitierte sich 36 und blieb durchgehend, sich langsam durch die verschiedenen Feinabstufungen der Professorentitel bis zum Ordinarius hindurcharbeitend, bis in die siebziger Jahre an der Universität Wien.

Heinrich, ein Schüler und Gesinnungsgenosse von Othmar Spann, habilitierte sich 1926 an der Universität Wien, lehrte ab 1934 an der Hochschule für Welthandel (heute Wirtschaftsuniversität). Da er, sowie Spann, von 39-45 nicht lesen durfte und auch einige Zeit inhaftiert war, war er nach dem Ende der Nazi-Herrschaft politisch nicht belastet und konnte seine Tätigkeit an der Hochschule wieder aufnehmen. Er konnte so bis in die späten sechziger Jahre seine doch sehr rechten Ideen auch nach 45 auf der Universität vertreten.

Diese Kontinuität hatte natürlich Folgen: Es gab nach 1945 fast kein Bemühen, die ökonomische Diskussion durch Rückholung von Emigranten zu beleben. Rothschild hatte Schwierigkeiten mit seiner Habilitation und diejenige von J. Steindl wurde abgelehnt, weil sie auf Englisch geschrieben war.

Zwei Schulen der Ökonomie verblieben in Wien: erstens, eine spezifische Variante der Österreichischen Schule (Mayer) und, zweitens, die Ganzheitslehre (Spann). Spanns Theorie kann als faschistische – wenn auch nicht nationalsozialistische – Ideologie betrachtet werden, für Mayers Variante der Österreichischen Schule gilt das natürlich nicht. Sie war aber keinesfalls – wohl im Gefolge des Spätwerks Wiesers – streng individualistisch, wie die in die Emigration getriebene Richtung von Mises und Hayek.

Im folgenden möchten wir zeigen, daß die österreichische Nationalökonomie bereits Mitte der dreißiger Jahre von der übrigen modernen Entwicklung durch beide Schulen abgekoppelt wurde und war. Diese These mag vielleicht auf den ersten Blick überraschend erscheinen, da, erstens, in der von Hans Mayer herausgegebenen *Zeitschrift für Nationalökonomie* in dieser Zeit durchaus wichtige Beiträge internationaler Autoren erschienen sind und, zweitens, in dem von Karl Menger organisierten Mathematischen Kolloquium wesentliche Arbeiten zur Gleichgewichtstheorie und Spieltheorie diskutiert wurden (Weintraub 1983). Daß dennoch eine Abkoppelung stattfand, werden wir an Hand einer Diskussion sowohl der ökonomischen

Theorien von Mayer und Spann, aber auch ihrer methodologischen Auffassung zu zeigen versuchen. Die Abkoppelung selbst findet dabei auf verschiedene Art und Weise statt. Mayer betont vor allem die psychologische Grundlage der theoretischen Ökonomie und entwickelt als Kritik der modernen Wert- und Preistheorie einen von ihm als kausal-genetisch bezeichneten Ansatz. Seine methodologische Position läßt sich als individualistischer Induktivismus bezeichnen, obgleich sie dem methodologischen Individualismus keineswegs streng folgt. Spann vertritt hingegen eine Position, die er selbst Universalismus nennt, und die eine spezifische Form des kollektivistischen Deduktivismus ist. Er lehnt die Induktion als Methode generell ab und fordert eine Neubegründung aller Wissenschaften im Rahmen einer ganzheitlichen Betrachtung. Dies schließt natürlich die theoretische Ökonomie mit ein. Die Gesetzmäßigkeiten, nach denen sich Ganzheiten entwickeln und nach denen sie strukturiert sind, sind nach Spann die obersten und allgemeinsten Gesetze des Seins. Sie sind wie er betont zwar von der Erfahrung angeregt, ihre Wahrheit ist aber intuitiv erschaut und erlebt, weshalb sie letztlich auch alle weiteren Erkenntnisse der Wissenschaft deduktiv begründen. Spann lehnt aber nicht nur den Induktivismus ab, sondern auch den methodologischen Individualismus mit der Behauptung, daß Individuen stets nur vermittels der im sozialen Leben bestehenden Ganzheiten überhaupt zu handeln vermögen.

Keine der beiden Schulen ist von Bedeutung gewesen. Die Auseinandersetzung damit entspringt einer rein historischen Fragestellung: Welche Wirkungen hat eine solche Kontinuität in einer konservativen Zeit auf die Entwicklung der Wissenschaft. Während die emigrierten Mitglieder der Österreichischen Schule wie z.B. Hayek oder Machlup entscheidende Beiträge zur modernen ökonomischen Theorie lieferten, kommt die Entwicklung der Österreichischen Schule in Österreich durch Mayers Kritik der modernen Wert- und Preistheorie zum Stillstand und bleibt auch nach dem Krieg an der Wiener Universität völlig bedeutungslos. Spanns Theorien gewinnen hingegen im Österreich der zwanziger und dreißiger Jahre eine immer stärkere Bedeutung und behalten diese nach dem Krieg, durch seinen Schüler Heinrich bis in die sechziger Jahre bei, wenngleich auch nicht an der Wiener Universität. Da Spann moderne Entwicklungen in der Ökonomie einfach nicht zur Kenntnis nahm, war diese Entwicklung international gesehen ebenfalls völlig bedeutungslos.

Die Frage, warum diese beiden Schulen in Österreich so erfolgreich waren, behandeln wir nicht. Sie wäre nur in einer umfassenden politschen Geistesgeschichte Österreichs der Zwischenkriegszeit zu leisten. Vor allem Spann mit seiner Ganzheitslehre konnte sich als politischer Ideologe im rechtskonservativen Lager etablieren. Er konnte offensichtlich ein ideologisches Bedürfnis befriedigen.

2. Die Position von Hans Mayer

2.1. Mengers Werk ist – wie wahrscheinlich das jedes Pioniers in einer Wissenschaft – nicht immer klar und eindeutig. Schließlich mußte er erst einen terminologischen und theoretischen Rahmen schaffen, um inhaltliche Aussagen zu erhalten, wenngleich er dabei allerdings auf wesentliche Vorarbeiten der deutschen Nationalökonomen des ersten Drittels des 19. Jahrhunderts zurückgreifen konnte (Streißler 1990). Es gibt daher unterschiedliche Interpretationen seiner Theorien und unterschiedliche Weiterführungen seiner Ideen. Der erste wesentliche Sprung innerhalb der Österreichischen Schule ergab sich durch das Spätwerk Friedrich von Wiesers, nämlich der *Theorie der gesellschaftlichen Wirtschaft*, erstmals 1914 veröffentlicht (Wieser 1924). Zwar kann nicht davon gesprochen werden, daß Wieser darin eine radikale Umorientierung gegenüber Menger vorgenommen hatte, aber es gab doch wesentliche Akzentverschiebungen.

Die entscheidende Veränderung scheint uns der Anspruch von Wieser zu sein, eine umfassende Gesellschaftstheorie zu bieten, was auch im Titel seines Buches zum Ausdruck kommt. Während es Menger vorzog, methodisch streng vorzugehen, auch um den Preis eines nur bescheidenen Umfangs von Phänomenen, die theoretisch erklärt werden können, versucht Wieser wiederum die Wirtschaftswissenschaft von der theoretischen Selbstbeschränkung Mengers zu befreien: Die volle Wahrheit über die Gesellschaft wird gesucht.

Die Theorie hat die Aufgabe, die Wirklichkeit zu erklären. Diese steht dem Theoretiker ganz ohne Probleme zur Einsichtnahme zur Verfügung. Es genügt, sich an die Erfahrungen des wirtschaftenden Menschen zu halten (Wieser 1924, S. 19). Dieser Glaube an den unmittelbaren Zugriff auf die Realität macht sich auch in der Werttheorie bemerkbar. Während Menger über eine logische Analyse von Bewertungshandlungen auf Bedürfnisse zu sprechen kommt, geht

Wieser den umgekehrten Weg: Die Wirtschaft dient der Befriedigung der Bedürfnisse und daher muß über sie gesprochen werden. Dabei werden Einteilungen vorgenommen, die die Wirklichkeit dem Beobachter aufzuzwingen scheint: physische und kulturelle, entbehrliche und unentbehrliche, gesunde Lebensbedürfnisse und Luxusbedürfnisse. Typisch für diese Arbeit von Wieser ist eine schwammige Sprache, wodurch sich normative Festlegungen in die Analyse einschleichen.

Um von der Erkenntnis über die Bedürfnisse zu einer Werttheorie fortschreiten zu können, benötigt Wieser eine Vorstellung von Sättigungsstufen der einzelnen Bedürfnisse. Er glaubt dadurch eine Vergleichbarkeit für die Bewertung der verschiedenen Güter durch ein Individuum zu erhalten, ohne auf eine Vorstellung von »Nutzen« zurückgreifen zu müssen. Der analytische Begriff dafür ist die Bedürfnis- oder Sättigungsskala, deren Existenz und Form auf dem (ersten) Gossenschen Gesetz beruht:

»Verzeichnet man die sämtlichen Intensitätsgrade, die ein Bedürfnis bei der Steigerung der verwendeten Mengen zum Ausschlag bringt, so erhält man seine Sättigungsskala.« (Wieser 1924, S. 25)

Für diese Vorstellung von Bedürfnisskalen gibt es bei Menger Hinweise (Rosner 1990). Während sie aber bei Menger der logischen Rekonstruktion der Möglichkeit der Wertbestimmung durch planende Individuen dienen, sind sie für Wieser in der *Theorie der gesellschaftlichen Wirtschaft* das Fundament der Werttheorie schlechthin. Er verankert damit die Ökonomie in der Psychologie, verwendet immer wieder psychologische Termini (Spannung, Befriedigung etc.), auch wenn er jeden Zusammenhang mit einer empirischen Psychologie ablehnt.

2.2. Mayers Arbeiten sind überwiegend der Klärung von Problemen der subjektiven Wertlehre, vorzüglich innerhalb der Österreichischen Schule gewidmet. Eine sehr ausführliche Auseinandersetzung mit Schumpeters *Wesen und Hauptinhalt der theoretischen Nationalökonomie* war seine erste größere Arbeit (Mayer 1911); dann folgten zwei Arbeiten über eine Streitfrage zwischen Böhm-Bawerk und Wieser betreffend die Bewertung von Gütervorräten (Mayer 1921 und 1922, wiederveröffentlicht 1956); im 1924 publizierten *Handwörterbuch der Staatswissenschaften* erschienen (neben anderen) zwei Artikel von Mayer zu Fragen der Werttheorie, *Bedürfnis und Zurechnung*; seine letzte Arbeit zur Werttheorie und Grundfragen ökonomischer Theorie war eine Auseinandersetzung mit Gleichgewichtstheorien (Mayer 1932).

In diesen Arbeiten versucht Mayer eine Basis für eine Werttheorie gemäß den Vorstellungen von Wieser zu geben. Implizit ist darin eine Auseinandersetzung mit der Misesschen Richtung der Fundierung der Werttheorie und damit auch der ökonomischen Theorie enthalten. Ob es tatsächlich Diskussionen zwischen den Kontrahenten gegeben hat, ist unbekannt. In den publizierten Arbeiten erwähnen die beiden einander nicht.

2.2.1. Menschliches Handeln ist an der Befriedigung von Bedürfnissen orientiert. Daher kommt

> »Der Lehre von den Bedürfnissen ... in der Wirtschaftstheorie die Aufgabe zu, die letzten den Wirtschaftssubjekten noch bewußten psychischen Bestimmungsgründe des wirtschaftlichen Handelns darzustellen.« (Mayer 1924a, S. 450)

Der Zusammenhang zwischen der methodologischen und inhaltlich-ökonomischen Position kommt an dieser Stelle klar zum Ausdruck. Die Ökonomie als empirische Wissenschaft muß bei bewußten psychischen Bestimmungsgründen des Handelns ansetzen. Diese können durch Beobachtung der Individuen erkannt werden.

Eine solche Position könnte als Ausgangspunkt für ein positivistisch-empirisches Forschungsprogramm der Ökonomie dienen: Man untersucht die menschlichen Bedürfnisse mit Hilfe der Psychologie, der Soziologie, der Physiologie, der Anthropologie. Das würde aber einem Vertreter der Österreichischen Schule erhebliche ideologische Probleme bringen, könnte man doch dann intersubjektiv über Wohlfahrt, Glück, Lust sprechen. Otto Neurath hat versucht, diesen Weg zu gehen und so ein Fundament für Planwirtschaften zu legen. Mayer betont aber in ideologischer Übereinstimmung mit der ganzen Österreichischen Schule, daß es nicht zum Forschungsbereich der Ökonomie gehört festzustellen, was denn das Glück der Menschen ausmacht. (Mayer 1924a, S. 456). Er zerstört dadurch aber gerade die Möglichkeit zu einer empirischen Fundierung seines Ansatzes.

Statt ein Forschungsprogramm für eine Fundierung der Nutzentheorie aus Bedürfnissen heraus zu entwickeln, begnügt sich Mayer mit dem Hinweis auf die Wirklichkeit, die durch einfache Selbstbeobachtung erkannt werden kann.

> »Introspektion und Beobachtung anderer, genauer eigene Introspektion und die Ergebnisse der Selbstbeobachtung der anderen, in deren Besitz wir ohne weiters gelangen können, lassen uns 'Gesetze' von so überzeugender Sicherheit aufstellen, wie sie sogar den exakten Naturgesetzen nicht zukommt. Sie haben vor den Naturgesetzen nämlich noch den Charakter der unmittelbaren Evidenz, des im unmittelbaren Erleben gelegenen Verständnisses voraus.« (Mayer 1911, S. 198)

Die Behauptung von Schumpeter – nämlich, daß die Ökonomie sich auf andere Wissenschaften stützen müsse – sei daher unrichtig. Alles, was der Ökonom für die Bestimmung der Werte wissen muß, ist der Alltagserfahrung zugänglich.

Diese Erfahrung zeigt die Gültigkeit des (ersten) Gossenschen Gesetzes. Mayer verfährt konsequent in seiner Sprache von Bedürfnissen: das Wort »Grenznutzen« wird nur unter Anführungszeichen verwendet. In seiner Terminologie bedeutet dieses Gesetz, daß, erstens, Bedürfnisse teilbar sind, i.e. man kann seinen Hunger vollkommen oder auch nur teilweise stillen, und, zweitens, daß die Befriedigung aufeinander folgender Teilbedürfnisse mit abnehmender Intensität begehrt wird (Mayer 1924a, S. 452).

Die Erfahrung zeigt aber auch, daß es wichtige und weniger wichtige Bedürfnisse, »niedrige, materielle und flüchtige Genüsse« gibt, aber auch »edelste und erhabenste Regungen, deren das menschliche Gefühl fähig« ist. (Mayer 1924a, S. 456). Es stimme auch nicht, daß die Theorie der Bedürfnisse impliziert, daß die Menschen jeder sie überfallenden Regung nachgeben. Denn auch hier zeigt die Erfahrung, daß sie durch Überlegung durchaus in der Lage sind, sich langfristige Bedürfnisbefriedigung zu sichern (Mayer 1924a, S. 455).

Hinter solchen Feststellungen steht die Verteidigung der subjektiven Wertlehre gegenüber den Vorwürfen des Egoismus, des Hedonismus und der Niedrigkeit rein wirtschaftlichen Handelns, die in der deutschsprachigen Ökonomie verbreitet waren. Sie wurden bereits gegen Menger von der ethisch-historischen Schule vorgebracht, der sich in seinen methodologischen Untersuchungen damit auseinandersetzte (Menger 1883, S. 72ff.). Die ideologische Basis dafür war der romantische Antikapitalismus, der in der politischen Ideologie Deutschlands und Österreichs eine verhängnisvolle Rolle spielte. Wirtschaftliches Handeln in seiner traditionellen Bedeutung, nämlich Gewinnstreben, schien die Ordnung der bestehenden Gesellschaft zu stören. Daher sollte die Theorie nicht darüber sprechen. Schließlich sollte der ordentliche Deutsche oder Österreicher über dieses niedrige Motiv erhaben sein. Wieser kann viele Seiten füllen mit der Feststellung, daß ein guter Mensch auch Bedürfnisse nach Staat und Gemeinschaft hat. Mayer versichert, wie bereits angeführt, daß die Menschen im allgemeinen nicht triebhaft handeln.

Es ist interessant festzustellen, daß diese Beteuerungen mit den Stereotypen der nationalen Vorurteile in einem engen Zusammenhang stehen. Den Briten wurde in der ideologischen Vorbereitung des Ersten Weltkrieges nachgesagt, nur am Geschäft interessiert zu sein. Ähnlich sind die Vorwürfe gegenüber dem aus England kommenden Utilitarismus. Die Juden wurden der Zerstörung völkischer Gemeinschaften durch ihr am Profit orientiertes Handeln beschuldigt. Der Marxismus wurde auch deshalb als jüdische Ideologie verteufelt, weil er sich der Erkenntnis des Zusammenhanges zwischen Profitmacherei und der Zerstörung der alten Gesellschaft rühmte, dies aber, zum Unterschied vom romantischen Antikapitalismus, zynisch gegen die alte Ordnung wandte.

Während Mises die Position Mengers, nämlich daß der Individualismus der Ökonomie methodologischer Natur sei und nichts über die Wirklichkeit menschlicher Ziele aussage, radikalisierte, blieb Mayer ganz einem naiven Empirismus verhaftet. Mises gelang es durch seine Identifizierung von Handeln mit rationalem, also wirtschaftlichem Handeln ein Forschungsprogramm der theoretischen Ökonomie zu formulieren (Mises 1933). In diesem theoretischen Konzept, in dem zwischen wirtschaftlichen und nicht-wirtschaftlichen Zielen systematisch nicht unterschieden werden kann, sind die ethischen Vorwürfe an die theoretische Ökonomie vollkommen unsinnig. Mises hat, zum Unterschied von Mayer, den Individualismus der Ökonomie ernst genommen.

2.2.2. Die Annahme der Existenz der Bedürfnisskalen ist für Mayer hinreichend für die Bestimmung der Werte. Die Menschen erleben die unterschiedlichen Intensitäten der Bedürfnisbefriedigung und können daher Vergleiche zwischen der Wichtigkeit, die unterschiedliche Güter für sie haben, anstellen. Diese Vorstellung scheint Mayer gehabt zu haben in seiner Auseinandersetzung mit jenen Theoretikern, die die Werttheorie auf der Annahme von Nutzenfunktionen aufbauen (vor allem Mayer 1932). Mayer bekämpft vehement die zentrale Annahme dieser Theorien, nämlich das Gesetz vom Ausgleich der Grenznutzen (zweites Gossensches Gesetz).

Er führt dazu Argumente an, die nur dann einen Sinn ergeben, wenn man sie auf die Vorstellung der Bedürfnisskalen bezieht. Erstens, die Bedürfnisse müssen nebeneinander und gleichzeitig existieren, also wird eine Zeitlosigkeit der Ökonomie angenommen; zweitens, es müssen die gleichen Intensitätsgrade aktuell sein; drittens, es wird von diesen Theoretikern die Tatsache der Komplementarität der Güter bei der Befriedigung von Bedürfnissen nicht ausreichend gewürdigt; viertens, gleiche Lustzuwächse bei der Verwendung aller Güter wird vorausgesetzt (Mayer 1932, S. 172f.).

Dem hält Mayer die »Strukturgesetze des Bedürfnissystems« als »letztes Fundament der Wirtschaftstheorie« entgegen (Mayer 1932, S. 174). Manche Bedürfnisse werden erst dann existent, wenn andere vollständig befriedigt sind. Es besteht dann die Möglichkeit, daß das Begehren nach einem Gut erst dann einsetzt, wenn das Begehren nach einem anderen bereits verschwunden ist. Von den mit Nutzenfunktionen argumentierenden Ökonomen wird dies als Verletzung der Rationalität abgelehnt; sie übersehen dabei aber,

> »... daß der Endgrad der Lust oder des Genusses in den verschiedenen Gefühlsqualitäten oder Bedürfniszweigen verschieden hoch liegt, und daß die Spannung zwischen dem letztmerklichen Intensitätsgrade der Lust und des Genusses in einer bestimmten Bedürfnisart und dem letzten Grade in anderen Bedürfnisarten in vielen Fällen eine so große ist, daß innerhalb dieser Spannweite zahlreiche neue Skalen anderer Gefühlsqualitäten Raum haben.« (Mayer 1932, S. 175)

Ferner kommt es bei der Befriedigung eines Bedürfnisses durch ein Gut nicht nur auf die Menge dieses Gutes, sondern auch auf die Menge der anderen Güter und auf die Reihenfolge in der die anderen Güter zur Verfügung stehen. Der Genuß hat daher eine zeitliche Struktur, die von Nutzenfunktionen, die sich nur auf ein Gut beziehen, nicht dargestellt werden kann. Nicht die Synchronisierung der Bedürfnisbefriedigungen müsse die Theorie behandeln, sondern deren Ablauf. Mayer zieht dann konsequenterweise folgenden Schluß:

> »Fällt das Gesetz vom Grenznutzenniveau – und es ist nach dem Ausgeführten nicht mehr haltbar –, so fallen damit auch selbstverständlich alle seine Derivate, so insbesondere die für die mathematischen Nationalökonomen grundlegende Formel von der Gleichheit der gewogenen Grenznutzen und die Formel von der Proportionalität der Grenznutzen der verschiedenen Güter für jedes Subjekt zu den jeweilig bestehenden Preisen.« (Mayer 1932, S. 177)

2.2.3. Den mathematischen Theorien – darunter werden alle Theorien verstanden, die von der Vorstellung eines nutzenmaximierenden Individuums ausgehen – wird vorgeworfen, die Werte nicht kausal erklären zu können. Sie begnügen sich vielmehr damit, einen funktionellen Zusammenhang zwischen Gütermengen und Preisen darzustellen. Will man Preise aus Gleichgewichten von Angebot und Nachfrage bestimmen, dann wird dabei bereits die Existenz von Preisen vorausgesetzt, da ja Angebots- und Nachfragefunktionen ihrerseits einen Zusammenhang zwischen Mengen und Preisen beinhalten. Daher könne eine Gleichgewichtstheorie Preise nicht kausal erklären. Unter kausaler Erklärung ist dabei zu verstehen, daß Preise auf etwas Dahinterliegendes zurückgeführt werden, das in einem ganz naiven Sinn wirklich existent ist. Preise sind dann die Wirkung einer Ursache. Der in solchen kausalen Erklärungen angelegte infinite Regress – die dahinter liegende Ursache kann ja als Wirkung einer noch weiter dahinterliegenden Ursache gesehen werden – wird von Mayer durch die Berufung auf die unmittelbare Erfahrung abgeschnitten.

Von Mayer werden viele Theorieelemente abgelehnt, die heute Teil des Standardrepertoires ökonomischer Theorie sind: Indifferenzkurven unterstellen einen Gesamtnutzen und verschleiern, daß es um qualitativ unterschiedliche Bedürfnisse geht (Mayer 1932, S. 206). Die Cournotsche Monopolpreisbestimmung sei zirkulär, weil sie bereits Preise unterstellt (Mayer 1932, S. 159), ähnliche Argumente werden gegen Jevons und Walras (Mayer 1932, S. 193) vorgebracht. Cassels Versuch, das allgemeine Gleichgewicht zu bestimmen, wird vorgeworfen, hinter die anderen Theoretiker zurückzufallen, da er von vorherein verzichte, auf die »preisbildenden Kräfte« einzugehen (Mayer 1932, S. 239).

Mit dieser kritischen Darstellung der Werttheorien grenzt Mayer seine Werttheorie und damit den in Österreich verbleibenden Rest der Österreichischen Schule gegen die ganze moderne Theorie ab. Schließlich ist das »Gesetz vom Ausgleich der Grenznutzen« in der modernen Theorie nichts anderes als eine logische Konsequenz des Rationalitätspostulates. Mayer lehnt nicht nur das allgemeine Gleichgewicht als theoretisches Konzept der Ökonomie ab, sondern auch das Plangleichgewicht eines Individuums. Er fällt damit hinter Menger zurück, auch wenn er sich auf ihn beruft. Es muß Mayer natürlich zu gute gehalten werden, daß er auf wesentliche Probleme der Werttheorie hinweist, die damals – und manche auch noch heute – ungelöst waren. Wie wenig Mayer und seine Schüler aber an einer Auseinandersetzung mit moderner Theorie interessiert waren, kann daran ermessen werden, daß sie die von Hicks und Samuelson eingeleitete Revolution in der Werttheorie nicht bemerkt haben (siehe Illy 1949; Mahr 1949; Schams 1949). Daß Mayer in den folgenden Jahrzehnten theoretisch unfruchtbar blieb, mag persönlichen Umständen geschuldet sein. Seine Kritik an den funktionellen Werttheorie läßt aber keinen positiven Ansatz für eine Entwicklung der Theorie zu.

3. Die Position von Othmar Spann

3.1. Mayers Kritik der modernen ökonomischen Theorien führte zwar zu einem völligen Stillstand in der Entwicklung der Österreichischen Schule an der Universität Wien, knüpfte aber immerhin an eine ernstzunehmende bestehende Tradition an. Mayer versuchte vermeintliche Fehlentwicklungen der modernen Theorie zu korrigieren, gibt aber keineswegs den Anspruch auf, Teil dieser Tradition zu sein, obgleich er sich inhaltlich von ihr abkoppelt. Dagegen ist Spanns Forschungsprogramm wesentlich radikaler. Moderne Entwicklungen der Wert- und Preistheorie werden eigentlich von diesem Forschungsprogramm gar nicht zur Kenntnis genommen. Das Forschungsprogramm Spanns stellt nicht den Anspruch, eine bloße Fehlerkorrektur einer bereits bestehenden modernen Tradition der theoretischen Ökonomie zu sein oder gar Teil dieser Tradition zu werden. Spann geht es um eine radikale Neubegründung der theoretischen Ökonomie, da die bestehenden Traditionen der modernen Ökonomie seiner Ansicht nach prinzipiell kausaltheoretischen oder induktiven Forschungsprogrammen verpflichtet sind, die allesamt katastrophale Konsequenzen nach sich ziehen.

Um diesen katastrophalen Konsequenzen zu entgehen, entwickelt Spann für die theoretische Ökonomie ein Forschungsprogramm, das eine radikale Abkoppelung von bestehenden Traditionen impliziert. Diese Trennung von jeder bestehenden modernen Theorie erfolgt dadurch, daß er die Funktion der Wert- und Preistheorie als Kernstück jeder ökonomischen Theorie in Frage stellt. Er lehnt die subjektive Wertlehre und hier insbesondere die Idee des Grenznutzens vollkommen ab und erklärt diese Vorstellung für völlig obsolet. Das Kernstück jeder ökonomischen Theorie ist seiner Ansicht nach nicht die Wert- und Preistheorie, sondern die von ihm entwickelte Leistungslehre, auf deren Basis erst Wert- und Preistheorien überhaupt aufgebaut werden können. Diese Leistungslehre betrachtet soziale Institutionen und soziale Aggregate wie die Wirtschaft, die Volkswirtschaft, den Betrieb, oder die Hauswirtschaft als Ganzheiten, die nicht die Resultante des Zusammenspiels intendierter Handlungen sind, sondern die Voraussetzung für menschliches Handeln überhaupt erst konstituieren. Da sie erst die Voraussetzung für menschliches Handeln konstitutieren, können nach Spann Individuen als Teile oder Glieder dieser Ganzheiten niemals direkt miteinander in Verbindung treten, sondern stets nur vermittels einer Ganzheit. Aus diesen Überlegungen folgert er, daß individualistische Forschungsprogramme notwendig zum Scheitern verurteilt sind, da sie soziale Erscheinungen und soziale Vorgängen auf der Basis von Werttheorien und der direkten Interaktion von Individuen erklären und soziale Institutionen auf intendierte, d.h. auf Interaktion gerichtete wirtschaftliche Handlungen zurückführen, wenngleich auch die so entstehenden Institutionen keineswegs intendiert gewesen sein mögen. Das zentrale theoretische Problem der theoretischen Ökonomie kann daher nach Spann nicht in der Entwicklung von Wert- und Preistheorien bestehen. Da Ganzheiten die Voraussetzung jeder sozialen Interaktion von Individuen als Glieder dieser Ganzheiten sind, erblickt Spann in der Erforschung der Struktur- und Entwicklungsgesetze von Ganzheiten sowie in der Leistung der Glieder für eine Ganzheit, der Gliederung des leistungsmäßigen Zusammenhanges und der Leistungsverknüpfungen die zentrale theoretische Aufgabe der Ökonomie. Aufbauend auf dieser Theorie kann dann eine Theorie der Leistungsgrößen-Verknüpfung, worunter er eine Preistheorie versteht, entwickelt werden (Spann 1923a).

Spann koppelt sich mit diesen Überlegungen eigentlich von jeder herrschenden theoretischen Tradition in der Ökonomie völlig ab. Während klassische aber auch neoklassische Theorien Individuen als wirtschaftlich handelnde Individuen betrachten, impliziern seine Überlegungen, daß Individuen als wirtschaftlich Handelnde eigentlich bedeutungslos sind. Insofern man etwa unter Tausch die direkte Interaktion von Individuen versteht, folgt aus Spanns Theorie, daß es sich bei der Erklärung dieses Phänomens nicht nur um kein zentrales Problem der Ökonomie handeln kann, sondern, daß eine Erklärung in diesem Sinne gar nicht möglich ist. Tausch im Sinne einer direkten Interaktion von wirtschaftlich Handelnden ist nach Spann eigentlich pure Täuschung, der wir nur dadurch entgehen können, indem wir das Wesen der Dinge und ihren wesenhaften Zusammenhang erforschen. Wie aber ist dann dieses Phänomen nach Spann zu erklären?

Wie bereits angedeutet zwingen die Überlegungen Spanns dazu, wirtschaftlich handelnde Individuen als bedeutungslos anzusehen. Tatsächlich wird diese Konsequenz auch von Spann gezogen. Nach Spann haben Tauschhandlungen für den einzelnen vielleicht psychologische oder sittliche Bedeutungen, aber keine wirtschaftliche. Individuen (Glieder) sind ja nur die Träger der wirtschaftlichen Gebilde (Ganzheiten), also z.B. Glieder der Teilganzen »Betrieb« oder »Hauswirtschaft«. Diese Gebilde stehen mit den anderen Gebilden in Zusammenhang und können mit ihnen in ein Tauschverhältnis treten. Die hieraus resultierenden Verbindungs- und Auseinandersetzungsvorgänge sind nach Spann das zwischen den wirtschaftlichen Gebilden allein Wirkliche in der Wirtschaft. Ob sich Individuen zum Tausch entschließen und ob sie dabei eigennützig sind, ist nach seiner Ansicht psychologisch zu erklären, hat aber in einer wirtschaftlichen Untersuchung nichts zu tun. Der Individualismus analysiert soziale Institutionen als Folge vermeintlich wirtschaftlich handelnder Individuen. Nach Spann ist es jedoch genau umgekehrt. Ob eine Handlung oder Erscheinung wirtschaftlich ist, ist durch ihre Leistung oder Funktion für eine Ganzheit definiert (Spann 1923a).

Ein Charakteristikum jeder Ganzheit besteht nun nach Spann darin, daß sie nur in ihren Gliedern, Teilen oder Elementen zur Darstellung gelangt. Ganzheiten sind zwar wirklich, können aber nicht direkt beobachtet werden wie etwa ihre Glieder. Daß z.B. der Tausch fälschlicherweise als direkte Interaktion von Menschen erklärt worden ist, ist auf den Umstand zurückzuführen, daß nur die Glieder von Ganzheiten direkt beobachtet werden können. Dies aber verleitet nach Spann dazu, daß die Ergebnisse von Beobachtungen naiverweise bereits für das Wesen der Dinge und ihren wesenmäßigen Zusammenhang gehalten werden. Berücksichtigt man jedoch nach Spann die Erkenntnis, daß Glieder einer Ganzheit niemals direkt, sondern nur indirekt über Ganzheiten in Beziehung treten können, so zeigt sich, daß es sich auch bei der sozialen Erscheinung, die Tausch genannt wird, um eine echte Ganzheit handelt. Die Glieder der Ganzheit »Tausch«, durch die sie zur Darstellung kommt, sind die Tauschhandlungen der Individuen; die Ganzheit »Tausch« ist aber »... letzte Verwirklichung einer dem einzelnen jeweils vorgegebenen Ganzheit« (Spann 1925, S. 57).

Der Leistungswechsel, der sich im Tausch vollzieht, wird von Spann aus der Verschiedenheit der Nutzenstiftungen der getauschten Güter oder Handlungen erklärt. Es handelt sich jedoch dabei nicht um subjektive Nutzenstiftungen für Personen. Eine Theorie, die auf subjektive Nutzenstiftungen zur Erklärung sozialen Handelns Rekurs nimmt, ist ja nach Spann nur eine psychologische und keine wirtschaftliche Theorie. Bei diesen Nutzenstiftungen handelt es sich vielmehr um Leistungen für eine bestimmte Ganzheit, z.B. um den Tausch zwischen verschiedenen Arten von Betrieben oder Hauswirtschaften aufgrund von Vorratverschiedenheiten. Das überindividuelle Ganze kann zwar nicht handeln wie ein Individuum, aber das Handeln der einzelnen geschieht aufgrund überindividueller Tatbestände und ist deshalb nicht subjektiv.

3.2. Spanns Theorie des Tausches zeigt nicht nur seine Intention, sich von den bestehenden Traditionen in der theoretischen Ökonomie radikal zu trennen. Sie zeigt weiter, daß die gesamte Theorie eigentlich auf einer, zunächst völlig unbegründet erscheinenden Behauptung beruht, nach der die Glieder oder Teile von Ganzheiten nicht direkt miteinander in Verbindung treten können, sondern stets nur indirekt durch eine Ganzheit. Die Begründung dieser Behauptung findet sich aber in seinen allgemeinen philosophischen und erkenntnistheoretischen Überlegungen. In diesen versucht Spann zu zeigen, daß es sich bei dieser Behauptung um eine Erkenntnis handelt, die die Folge seiner Lösung eines schon von den Philosophen der Antike diskutierten Problems ist: des Problems der Möglichkeit und Erklärung von Veränderung und der damit verbundenen Frage nach der Möglichkeit echter wissenschaftlicher Erkenntnis, das heißt absolut wahren und sicheren Wissens.

Bei dem Problem der Möglichkeit und der Erklärung von Veränderung handelt es sich offenbar um ein scheinbar äußerst paradoxes Problem. Denn wie ist Veränderung logisch möglich? Bolliger, ein Autor des 19. Jahrhunderts, hat diesem Problem eine Formulierung gegeben, die sich zwar von jenen der Antike nicht sehr unterscheidet, aber das Paradoxon in seiner ganzen Schärfe wiedergibt. Er schreibt:

> »Kann es überhaupt eine Veränderung der Dinge geben, d.h. können sie andere werden? [Dies] ist offenbar unmöglich; ... Gäbe es eine reale Veränderung von Dingen, so müßte ein Ding sein und auch nicht sein, was unmöglich ist aus rein logischen Gründen. Denn sage ich, ein Ding habe sich verändert, d.h. sei anders gewor-

> den, so wäre es eben auch ein anderes geworden, und das erste Ding wäre nicht mehr, sondern wäre ein zweites anderes Ding.« (Bolliger 1878, S. 153).

Damit aber stellt sich sofort die Frage nach der Möglichkeit sicheren Wissens. Glaubt man, wie z.B. Spann, daß die Dignität wissenschaftlicher Erkenntnis in ihrer absoluten, oder doch zumindest in einer sehr hohen partiellen Sicherheit besteht, so scheint die Erlangung von wissenschaftlicher Erkenntnis der unserer Beobachtung zugänglichen, sich verändernden Welt nicht möglich zu sein. Beobachtungen einer sich verändernden Welt können niemals sichere Erkenntnis der Dinge bieten, da stets die Möglichkeit besteht, daß ein vermeintlich erkanntes Ding in Wirklichkeit ein anderes ist.

Platon und Aristoteles haben dieses Problem durch ihre Ideenlehren zu lösen versucht. Durch die Einführung von Invarianzen, z.B. von unwandelbaren Ideen oder Essenzen, kann die Möglichkeit von Veränderung als Veränderung »von etwas« erklärt werden. Eine andere Form der Einführung von Invarianzen zur Erklärung von Veränderung ist die Konzeption der kausaltheoretischen Erklärungen. Hier übernehmen streng allgemeine, raum-zeitlich unabhängige, also invariante Wirklichkeitsaussagen, sogenannte Gesetze, die für die Erklärung von Veränderung notwendigen Invarianzen. Wissenschaftliche Erkenntnis im Sinne von verifizierter, das heißt als wahr erwiesener, absolut sicherer und unwandelbarer Erkenntnis, bedeutet dann entweder Erkenntnis von Ideen oder Essenzen oder aber von als wahr erwiesenen Naturgesetzen.

3.3. Spanns philosophische Überlegungen sind explizit als Lösung des Problems der Möglichkeit und Erklärung von Veränderung und der damit verbundenen Frage sicherer Erkenntnis intendiert (Spann 1928). Er entwickelt seinen Lösungsvorschlag aus einer Kritik sowohl der aristotelisch-essentialistischen wie aber auch der kausaltheoretischen Lösungsversuche. Allerdings differenziert er zwischen diesen beiden Lösungsvorschlägen sehr stark. Während er die aristotelisch-essentialistischen Versuche im Gefolge des Deutschen Idealismus und der Romantik zwar für unbefriedigend, aber verbesserungswürdig hält, und seinen eigenen Lösungsvorschlag im wesentlich als Fortsetzung dieser philosophischen Tradition begreift, hält er jene Versuche, die kausaltheoretischen Konzeptionen folgen, für äußerst gefährlich.

Spann meint, daß die Anwendung kausaltheoretischer Konzeptionen in den Natur- und in den Sozialwissenschaften, eine Atomisierung der Welt zur Folge hat. Er glaubt, daß kausaltheoretische Konzeptionen die Welt einfach als zufälliges Ergebnis blind mechanischen Zusammenwirkens einzelner, selbständiger, Ursachen erklären. Die Anwendung solcher Vorgangsweisen schließt jedoch nach seinem Dafürhalten die Möglichkeit, absolut sichere und wahre und damit wissenschaftliche Erkenntnis zu erlangen aus. In den Naturwissenschaften kann die Suche nach (Kausal-)Gesetzen keine wirklich tiefe Erkenntnis des Wesens der Dinge und ihrer wesensmäßigen Zusammenhänge liefern, da Gesetze dieser Art im Grunde nur eine, durch unsere Beobachtung gegebene, sinnfreie Abfolge und Gleichzeitigkeit einzelner Teile beschreiben (Spann 1939, S. 4). In den Sozialwissenschaften hingegen hatte die Anwendung kausaltheoretischer Konzeptionen nach Spann die Entwicklung zweier unfruchtbarer Forschungsprogramme zur Folge, und zwar den Individualismus einerseits und das der Historischen Schule andererseits. Der Individualismus versucht nach Spann, soziale Institutionen aus dem Zusammenspiel von durch Motive verursachten Handlungen zu erklären und atomisiert durch seine Suche nach psychologischen Ursachen die soziale Welt. Ebenso wie in den Naturwissenschaften gilt auch für dieses sozialwissenschaftliche Forschungsprogramm, daß

> »... die Mechanik der körperlichen wie der psychologischen Erscheinungen nur dadurch möglich [ist], daß letzte Selbständige, letzte Teile wirken und damit eindeutige, mit blind-mechanischer Notwendigkeit wirkende Ursachen abgeben.« (Spann 1939, S. 78)

Der Versuch der Historischen Schule aber, auf der Basis der Geschichte induktiv Gesetze aufzustellen, verwendet eine Methode, die es nicht gibt. Nach Spann sammelt

> »Die Geschichte ... eben nicht 'Material' wie man wohl eine Fuhre Schotter auflädt und beurteilt nicht den Taifun des geschichtlichen Flugsandes – denn sie hat keine 'induktive Methode' (die es im letzten Grunde überhaupt nirgends gibt noch je gab).« (Spann 1939, S. 110)

Beide sozialwissenschaftlichen Forschungsprogramme, sowohl der Individualismus wie aber auch das der Historischen Schule, können nach Spann daher keine sichere sozialwissenschaftliche Erkenntnis liefern. Der Individualismus scheitert schon daran, daß er im Grunde nur psychologische und keine sozialwissenschaftlichen Theorien sozialer Institutionen entwickelt; die Historische Schule scheitert an der Induktion, die es nicht gibt; und beide Forschungsprogramme zusammen scheitern daran, daß sie gesetzmäßige Beschreibungen von regelmäßig zu beobachtenden, sich wiederholenden, Vorgängen oder Ereignissen bereits für Wesenserkenntnis halten. Die blinde Mechanik der Kausalität bleibt gewissermaßen stets nur an der Oberfläche der Welt und dringt niemals in ihr Wesen ein.

Die Spannsche Kritik der Anwendung von kausaltheoretischen Konzeptionen in den Natur- und in den Sozialwissenschaften erschöpft sich jedoch nicht nur in dem Hinweis auf ihr Versagen. Er warnt vielmehr vor den katastrophalen Konsequenzen ihrer Anwendung, da diese alle Lebensbereiche der Menschen bedrohe. Seiner Ansicht nach »... ist ... klar, daß Ursächlichkeit, Individualismus, Sensualismus, Relativismus und Atomismus die notwendigen Glieder eines einzigen Gedankenbaus bilden.« (Spann 1939, S. 78)

Diese Sicht der Welt beherrscht nach Spann bereits die gesamte Zivilisation. Nur wenn man dies bedenkt, kann man, wie er meint, »ermessen, welches unsagbare Unglück über eine Zeit kommen mußte, die Lebensleugnung, Wahrheitsleugnung Geistesleugnung, Gottesleugnung auf die Fahne ihrer Wissenschaft schreibt.« (Spann 1939, S. 79)

Nach Spann bedarf es daher einer radikalen, umfassenden und neuen Konzeption der menschlichen Erkenntnis. Diese Konzeption hat Erkenntnistheorie, Methodenlehre und politisches Programm zu sein und jene Basis zu bilden, die die Wissenschaft neu begründet, ewig gültiges Wissen garantiert, und auf der der wahre Staat, der frei ist von allen Übeln, errichtet werden kann.

3.4. Spann nennt diese »neue« Konzeption der wissenschaftlichen und politischen Erkenntnis »Universalismus«, wohl auch deshalb um damit die ideengeschichtliche Tradition, der er sich verpflichtet fühlt, anzudeuten. Seine kurzen historischen Abrisse zu den Ideen von Platon und Aristoteles und deren Wiederbelebung durch die Autoren des Deutschen Idealismus und der Romantik, versuchen jedoch nicht nur diese Tradition zu umreißen. Sie sind auch Kritik der universalistischen Tradition und versuchen zu zeigen, weshalb sie bisher als unbefriedigend anzusehen war.

Nach Spann beruht der Universalismus auf einer vielleicht durch die Erfahrung angeregten, aber hinsichtlich ihrer Wahrheit intuitiv erschauten und ewig gültigen Erkenntnis. Danach ist das Konzept der

Kausalität durch das der »Gliedlichkeit« von Ganzheiten zu substituieren. Die Anwendung kausaltheoretischer Konzepte in den Wissenschaften kann, wie er durch ihre Kritik zu zeigen versuchte, keine echte wissenschaftliche Erkenntnis liefern.

Die Erkenntnis der Gliedlichkeit von Ganzheiten hingegen ist nach Spann der Schlüssel zu jeder Wesenserkenntnis. Ganzheiten sind nach Spann mehr als die Summe ihrer Teile. Die Teile des Ganzen stehen zu dem Ganzen in ganz bestimmten Beziehungen, wobei Ganzheiten nach Spann zwar wirklich sind, jedoch kein eigenes Dasein haben, wie z.B. physikalische Körper. Was wir beobachten können, sind nur einzelne Elemente, Teile oder Glieder von Ganzheiten, die allesamt eine Ganzheit konstituieren. Aber ein Organismus kann – wie Spann betont – eben nicht neben seinen Organen existieren. In den Gliedern kommt vielmehr das Wesen der Ganzheit zur Darstellung, wobei die Ganzheit zwar nur durch ihre Glieder existiert, deren Ordnung jedoch durch sie selbst konstituiert wird. Aus der Erkenntnis, daß die Ordnung der Glieder durch die Ganzheiten konstituiert wird folgert Spann weiter, daß einzelne Glieder oder Teilganze nicht unmittelbar in Beziehung zueinander stehen können, sondern immer nur mittelbar über eine Ganzheit, deren Glieder sie sind. Diese Folgerung, deren Anwendung wir bereits in der Spannschen Erklärung des Tausches gesehen haben, wird ergänzt durch die Einsicht, daß die Struktur einer Ganzheit nicht von ihren spezifischen Gliedern abhängt und nicht etwa dadurch berührt wird, daß zwei ihrer Glieder durch zwei andere ersetzt werden.

Spann hält diese intuitiv erschauten, ewig gültigen und absolut sicheren Erkenntnisse für die allgemeinsten Struktur- und Entwicklungsgesetze des Seins und entwickelt auf deren Basis eine Kategorienlehre, die hier nicht näher ausgeführt werden kann (Spann 1939). Festzuhalten ist jedoch, daß er in diesen Gesetzen des Seins und ihren Folgerungen nicht bloß synthetische Sätze erblickt. Die Intuition und unser Erleben der Wahrheit ermöglichen nach Spann die Überwindung des Dualismus von Soll und Sein. Die ewig gültigen und allgemeinsten Gesetze des Seins konstituieren auch die Gesetze, die unsere sittlichen und politischen Werte und damit unser politisches Programm bestimmen (Spann 1939; 1930). Indes es ist nicht nur der Dualismus von Soll und Sein, den wir nach Spann durch diese grundlegenden Erkenntnisse überwinden können. Darüber hinaus ermöglicht die Erkenntnis der sinnvollen Gliedlichkeit von Ganzheiten sicheres Wissen über Erscheinungen und Vorgänge der Welt, in der wir leben, ohne Rekurs auf die Erfahrung. Nach Spann gestatten rein begriffliche und logische Analysen solche Erkenntnis, denn »... das Verhalten der Glieder [ist] ... ein sinnvolles; ... ist jenem von Prämisse und Konklusion, dem logischen Verhälnisse analog.« (Spann 1927, S. 660)

Im Gegensatz zur Welt der Kausalität, herrscht nach Spann »in der Welt der Ganzheit ... der Begriffsgrund, der Geltungsgrund, denn ein Glied ist stets etwas Gültiges im Ganzen, ist stets auch begriffliches Teilhaben am Ganzen.« (Spann 1927, S. 660)

Mit Spann können wir also schließen, daß die Welt so funktioniert, wie wir sie uns intuitiv denken.

3.5. Auf Grund solcher Erkenntnisse ist es fast selbstverständlich, daß Spann zu dem Schluß kommt, daß

> »... aus dem kosmologischen Universalismus ... der sittliche Universalismus [folgt und]; mit diesem ... dann von selbst der gesellschaftstheoretische Universalismus gegeben [ist].« (Spann 1927, S. 660)

Das Forschungsprogramm des gesellschaftstheoretischen Universalismus wird dabei durch die in der Kategorienlehre dargelegten Gesetze bestimmt. Danach ist das Ganze in seiner Ausgliederungsordnung nach Teilganzen zu erfassen, wie der Wissenschaft, der Kunst, der Religion, dem Staat, dem Recht, der Wirtschaft usw. Weiterhin sind nach Spann der Rang der Glieder des gesellschaftlichen Ganzen zu bestimmen, sowie deren Leistung als zweckerfüllende Teilnahme am Ganzen. Ebenso sind aber die individuellen Unterschiede von Gliedern als Folge ihrer vita propria zu untersuchen. Weitere, durch das Forschungsprogramm festgelegten Vorgangsweisen bei der Untersuchung der gesellschaftlichen Ganzheit sind zum Beispiel die von Spann als »Weise der Zuartung« und »Weise der Verganzung« bezeichneten Regeln. Diese werden aus dem uns schon bekannten Gesetz, daß Teilganze, Zwischenganze und Glieder nicht unmittelbar zueinander in Beziehung treten können, sondern immer nur über Ganzheiten, abgeleitet. Im Rahmen der »Weise der Zuartung« wird ein Glied anderen als Zweck gesetzt, wodurch jene zu Mitteln gemacht werden. So sind z.B. die einzelnen Teilganzen der Gesellschaft, nämlich Wissenschaft, Kunst, Staat und Recht, der Wirtschaft zugeartet, dienen ihr als Mittel, aber vermögen auf sie nicht direkt einzuwirken. Unter »Weise der Verganzung« versteht Spann eine Beziehungsform, in der ein Glied zum dienenden Mittel einer Gesamtheit von Gliedern oder Teilganzen, die ihm gegenüber eine Ganzheit bilden, wird. So z.B. erscheinen Recht, Staat, Kunst, Wissenschaft und Religion der Wirtschaft gegenüber als »verganzt«, d.h. als gesellschaftliches Gesamtsystem von geistigen Werten und Zwecken, dem die Wirtschaft als Mittel zu dienen hat. Diese Regeln sind jedoch – und das sei hier nochmals betont – von Spann nicht bloß als methodologische Regeln, nach denen der Wissenschaftler vorzugehen hat, gemeint. Sie sind auch jene Gesetze, die das Wesen der Welt erfassen und die die Gesellschaft als Ganzheit bestimmen.

Spanns Forschungsprogramm der Sozialwissenschaften legt natürlich auch fest, worin befriedigende Erklärungen in den Sozialwissenschaften bestehen. Wie die Struktur einer befriedigenden Erklärung in den Sozialwissenschaften nach Spann aussieht, haben wir schon bei seiner Theorie des Tausches kennengelernt. Daher werden wir diese Überlegungen nunmehr im Hinblick auf Spanns politisches Programm beleuchten.

Wie wir gesehen haben, liegt nach Spann der Grundfehler individualistischer Erklärungen darin, daß sie Individuen als selbständige Einzelwesen auffassen. Spann leitet nun aus den Gesetzen der Kategorienlehre ab, daß einzelnen Gliedern und damit auch den Individuen nur abgeleitete, d.h. gliedliche Bedeutung zukommt und daß Individuen nur indirekt über Ganzheiten, also z.B. vermittels der Gesellschaft, miteinander in Beziehung treten können. Dies impliziert nach Spann weiter, daß das Individuum nur Potenz sein kann, dessen Anlagen erst durch die Gemeinschaft, in der es lebt, aktualisiert werden. Der Erziehung als »vorbildliche Führung und Nachfolge« kommt daher eine entscheidende Rolle zu, und Spann schließt, daß Gleichheit der Bestandteile einer Gemeinschaft unmöglich ist, denn es muß stets ein Gefüge von geistiger Führung und Nachfolge bestehen. Die Gemeinschaft ist der Träger des Guten und in ihrem Wesen liegt es, daß sie nicht Bildner des Schlechten und Krankhaften werden kann. Da sie so funktioniert, wie dies aus den obersten Gesetzen des Seins folgt, diese Gesetze aber vollkommen, wahr und absolut sicher sind, kann sie auf die Dauer nur das Inhaltlich-Wesenhafte, d.h. Wahre, Gesunde, Lebendige bilden und entwickeln, alles was zu einem »höheren geistig-moralischen Dasein« führt. Das Kranke und Böse muß notwendig dem Ende entgegengehen. Die Gemeinschaft ist stets die Wirklichkeit des Sittlichen, wie es aus den intuitiv erkannten obersten Gesetze des Seins folgen muß.

Es würde zu weit führen, das aus diesen Überlegungen resultierende politische Programm Spanns näher auszuführen. Es überrascht jedoch nicht, daß er auf dieser Basis einen totalitären Ständestaat errichtet, der die Idee einer freien, demokratischen und offenen Gesellschaft völlig pervertiert. Dieser wahre und absolute Staat, der auf der intuitiv erschauten, ewig gültigen Erkenntnis des Seins errichtet ist, ist darüber hinaus verpflichtet, Demokratie, Freiheit und Toleranz zu unterdrücken. Nach Spann bedarf die hierarchisch-werthafte Ständeordnung zu ihrer geschichtlichen Verwirklichung der Herrschaft oder Machtentfaltung. Dieser Anspruch auf Herrschaft stützt sich auf ein sittliches Recht, denn sie ist die Herrschaft der Besten, die daher alle ihnen widerstrebenden Wertungen zu unterdrücken haben.

4. Zusammenfassung

Überblickt man die von Mayer und Spann an der Universität Wien vertretenen Positionen, so kann man feststellen, daß erster mit der von Menger begründeten nur wenig gemein hat und Spann nichts zur Lösung der Probleme beiträgt, die eine streng individualistische Ökonomie nicht lösen kann. Mayer kritisiert das zweite Gossensche Gesetz, ein zentrales Moment in der Preistheorie Mengers. Er vertritt einen individualistischen Induktivismus, der an der Grundthese allen Induktivismus festhält, daß die Sätze der empirischen Wissenschaft aus singulären Sätzen, die Beobachtungen und Erlebnisse (Introspektion) beschreiben, abgeleitet werden. Menger war zwar auch individualistischer Induktivist, aber sein Forschungsprogramm bestand nicht darin, eine psychologische Begründung der theoretischen Ökonomie zu geben, sondern darin, soziale Institutionen wie Märkte, Preise oder Geld, »... ohne einen auf ihre Begründung gerichteten Gemeinwillen« zu erklären, und zwar »... nicht [als] das Ergebnis sozial-teleologischer Verursachung, sondern [als] die unbeabsichtigte Resultante zahlloser, individuelle Interessen verfolgender Bestrebungen der wirtschaftenden Subjekte« (Menger 1883, S. 163, 182). Und Menger hatte zumindest gesehen, daß eine erkenntnistheoretische Begründung der Ökonomie im Rahmen des Induktivismus erhebliche Probleme mit sich bringt, da Induktionsschlüsse logisch ungültig sind (Milford 1989, 1991). Spann knüpft an die aristotelisch-essentialistische Komponente der deutschen Nationalökonomie und Soziologie an, sowie an die politischen Theorien von Baader und Müller. Seine Position des kollektivistischen Deduktivismus hält individualistische Erklärungen sozialer Ereignisse oder Vorgänge für nicht möglich und gefährlich. Er vertritt die Grundthese allen Deduktivismus, daß es keine Induktion im erkenntnislogischen Sinne gibt und erklärt die theoretischen Sozialwissenschaften zur analytischen Begriffswissenschaft. Nach Spann ist die Sozialwissenschaft

> »... also nicht induktiv und in diesem Sinne auch nicht rein Erfahrungswissenschaft; sondern sie steigt vom wahrhaft Realen, dem Ganzen, zu den Gliedern als dessen Bestimmtheiten (Determinationen) herab und ist darum: analytisch, deduktiv und Begriffswissenschaft.« (Spann 1930, S. 45)

Literatur

Bolliger, A. (1878): Das Problem der Kausalität, Leipzig.

Illy, Leo (1949): Grundprobleme der Preistheorie, in: Alexander Mahr (Hrsg.), Neue Beiträge zur Wirtschaftstheorie, Wien, S. 150-186.

Mahr, Alexander (1949): Das Gesetz vom Grenznutzenniveau im Lichte der Kritik, in: Alexander Mahr (Hrsg.), Neue Beiträge zur Wirtschaftstheorie, Wien, S. 198-208.

Mayer, Hans (1911): Eine neue Grundlegung der theoretischen Nationalökonomie, in: Zeitschrift für Volkswirtschaft, Sozialpolitik und Verwaltung, Bd. 20, S. 181-209.

Mayer, Hans (1921; 1922): Untersuchung zu dem Grundgesetz der wirtschaftlichen Wertrechnung, in: Zeitschrift für Volkswirtschaft und Sozialpolitik, N.F. Bd. 1, S. 431-458, Bd. 2, S. 1-23.

Mayer, Hans (1924a): Bedürfnis, in: Handwörterbuch der Staatswissenschaften, vierte Auflage, Jena, S. 450-456.

Mayer, Hans (1924b): Zurechnung, in: Handwörterbuch der Staatswissenschaften, vierte Auflage, Jena, S. 1206-1228.

Mayer, Hans (1932): Der Erkenntniswert der funktionellen Preistheorien, in: Hans Mayer et al. (Hrsg.), Die Wirtschaftstheorie der Gegenwart, Bd. 2, Wien, S. 147-238.

Menger, Carl (1883): Untersuchungen über die Methode der Socialwissenschaften und der Politischen Ökonomie insbesondere, Leipzig.

Milford, Karl (1989): Zu den Lösungsversuchen des Induktionsproblems und des Abgrenzungsproblems bei Carl Menger, in: Wilhelm Weber (Hrsg.), Veröffentlichungen der Kommission für Sozial- und Wirt-

schaftswissenschaften der Österreichischen Akademie der Wissenschaften, Bd. 27, Wien.
Milford, Karl (1990): Menger's Methodology, in: History of Political Economy, annual supplement to volume 22, Duke University Press, S. 215-139.
Mises, Ludwig (1933): Grundprobleme der Nationalökonomie, Jena.
Rosner, Peter (1990): Was heißt »subjektive Schätzung« in der Österreichischen Schule? in: Karl Milford (Hrsg.), PPE-lectures, lecture 5, Department of Economics, Universität Wien.
Schams, Ewald (1949): Der angebliche Zirkelschluß der Preisbildungstheorie, in: Alexander Mahr (Hrsg.), Neue Beiträge zur Wirtschaftstheorie, Wien, S. 209-235.
Schumpeter, Joseph (1908): Wesen und Hauptinhalt der Nationalökonmie, Berlin.
Spann, Othmar (1923a): Fundament der Volkswirtschaftslehre, Jena.
Spann, Othmar (1925): Tote und lebendige Wissenschaft, Jena.
Spann, Othmar (1927): Soziologie, in: Handwörterbuch der Staatswissenschaft, Band VIII.
Spann, Othmar (1928): Der Schöpfungsgang des Geistes, Jena.
Spann, Othmar (1930): Gesellschaftslehre, Leipzig.
Spann, Othmar (1939): Kategorienlehre, Jena.
Weintraub, E. Roy (1983): On the Existence of a Compatitive Equilibrium, in: Journal of Economic Literature 21, S. 1-39.
Wieser, Friedrich von (1924): Theorie der gesellschaftlichen Wirtschaft, Tübingen.

Klaus-Rainer Brintzinger

Berufungspraxis vor und nach 1933 an den Universitäten Freiburg, Heidelberg und Tübingen

1. Die Berufungspraxis – Rekonstruktion institutioneller Bedingungen der akademischen Nationalökonomie

1.1 Die Konstitution einer Forschungs- und Lehrgemeinschaft

Dogmengeschichtliche Untersuchungen orientieren sich gemeinhin an Veröffentlichungen von Wissenschaftlern, um daraus – mit dem Abstand der Jahre – Schulenbildungen und nationalökonomische Richtungen aufzeigen zu können, sofern sich nicht schon eine Gruppe von Wissenschaftlern explizit als Schule versteht – man denke hier z.B. an die jüngere oder an die ältere Historische Schule. Untersuchungen, welche den institutionellen Rahmen wissenschaftlicher Tätigkeit im Bereich der Nationalökonomie betrachten, waren bisher zumindest in Deutschland eher rar. In jüngster Zeit gewinnt dieser Aspekt jedoch zunehmend an Bedeutung (Waszek 1989; Groß 1987; Priddat/Rosenfeld 1991).

Dabei bietet die Zusammensetzung der Forschungs- und Lehrgemeinschaft einer Fakultät Anschauung über den Rahmen wissenschaftlicher Entwicklung, wenn davon ausgegangen wird, daß der wesentliche Teil der Forschung an und von Universitäten geleistet wird. Das von den Universitäten – nicht immer mit Erfolg – verteidigte Recht auf Selbstkooptation, also der Erweiterung der Forschungsgemeinschaft aus sich selbst heraus, läßt Rückschlüsse auf die Bestimmungsfaktoren einer scientific community im Sinne Kuhns zu.

Die Aufnahme in den Lehrkörper einer Universität ist in Deutschland traditionell durch einen zweistufigen Prozeß gekennzeichnet:

zum einen die Verleihung der Lehrbefugnis an bereits promovierte Wissenschaftler, zum anderen die Berufung auf eine ordentliche oder außerordentliche Lehrkanzel – das Ziel einer wissenschaftlich-universitären Laufbahn (Busch 1959, S. 21 passim). Wenn hier der Blickwinkel vor allem auf die zweite Stufe dieses Prozesses gelenkt werden soll und die Habilitationen nur ergänzend herangezogen werden, so soll damit nicht die Bedeutung dieser ersten Qualifizierungsstufe unterschätzt werden. Jedoch ist der Berufung auf einen Lehrstuhl eine größere Bedeutung zuzumessen: Mit der Verleihung der Venia legendi entscheidet die Universität in erster Linie, ob sie einen Wissenschaftler zur Lehre für geeignet hält, mit der Berufung beabsichtigt sie dagegen, einen Professor dauerhaft in die Fakultätsgemeinschaft aufzunehmen. Zudem schließt die Berufung – dies sichert schon das relativ hohe Berufungsalter in Deutschland (Busch 1959, S. 46) – auch eine Bewertung des wissenschaftlichen Gesamtwerkes ein.

Mit einer umfassenden Untersuchung der Lehrstuhlbesetzungen, ergänzt durch erfolgte Habilitationen, ließen sich die institutionellen Bedingungen – hier der Nationalökonomie – hinreichend deutlich charakterisieren. Dabei lassen sich auf drei unterschiedlichen Ebenen Fragen stellen:

1) Gibt es eine allgemeine Regelmäßigkeit bei der Besetzung nationalökonomischer Lehrstühle?
2) In welcher Weise hat ein Wandlungsprozeß dieser Kriterien stattgefunden?
3) Welche Unterschiede lassen sich hier zwischen den einzelnen Universitäten feststellen?

Eine Beantwortung der ersten Frage macht eine zeitlich-umfassende Untersuchung sämtlicher deutscher Universitäten erforderlich. An dieser Stelle soll eine Beschränkung auf drei Universitäten in Südwestdeutschland – Heidelberg, Freiburg, Tübingen – für den Zeitraum zwischen 1918 und 1945 erfolgen.

1.2 Untersuchungsgegenstand: Die südwestdeutschen Universitäten

Ausschlaggebend für die Untersuchung dieser drei Hochschulen, die aufgrund ihrer geographischen Nähe zwei politisch vergleichbar ausgerichteten Hochschulverwaltungen unterstanden, war die gemeinsame historische Tradition der drei Universitäten bzw. Fakultäten.

Alle drei Universitäten gehören zu den ältesten Deutschlands, mit Heidelberg als bekanntlich erster Universität in Deutschland – Freiburg und Tübingen wurden kurz hintereinander im 15. Jahrhundert gegründet. Was die Nationalökonomie angeht, so reichen die Wurzeln in Freiburg am weitesten zurück. 1768 wurde dort erstmals ein kameralistischer Lehrstuhl – einer der ersten in Deutschland – eingerichtet (Biesenbach 1968, S. 13ff.). Die Ausbildung der kurpfälzischen Kameralisten fand zunächst nicht in Heidelberg, sondern an der kurzlebigen »Kameral Hohe Schule zu Lautern« statt, die 1803 als staatswirtschaftliche Sektion der Universität Heidelberg eingegliedert wurde (Tribe 1988; Hentschel 1988). In Tübingen wurde zwar erst 1796 ein Lehrstuhl für Kameralistik geschaffen, jedoch wurde dort 21 Jahre später – auf Betreiben Friedrich Lists – die Institutionalisierung der Nationalökonomie mit der Gründung einer ersten Staatswirtschaftlichen Fakultät entscheidend vorangetrieben (Born 1967, S. 7ff.). In Heidelberg hingegen wurde die Staatswirtschaftliche Sektion rasch der Philosophischen Fakultät eingegliedert, in der die Ökonomen bis 1969 – mit Ausnahme der Zeit zwischen 1934 und 1945 – auch verblieben. In Freiburg wechselten die Kameralisten öfters die Fakultät. Während der Lehrstuhl zunächst der Philosophischen Fakultät angehörte, wurden die Kameralwissenschaften schon 1785 in die Juristische Fakultät aufgenommen, um dann sechzig Jahre später wieder in die Philosophische Fakultät zurückzukehren (Liefmann-Keil 1957, S. 63f.). 1896 entstand in Freiburg als zweiter deutscher Universität eine sogenannte »Rechts- und Staatswissenschaftliche Fakultät« die Juristen und Ökonomen institutionell einte, eine Entwicklung, der bis 1923 – dem Jahr der Einführung des volkswirtschaftlichen Diplomgrades – die Mehrzahl der deutschen Universitäten folgte; auch Tübingen gab die eigene ökonomische Fakultät auf (Schröder 1926, S. 37; Born 1967, S. 93ff.).

Zu Beginn der Weimarer Republik zählten die drei Universitäten – was die Anzahl nationalökonomischer Studenten betrifft – trotz ihrer Tradition keinesfalls zu den Massenuniversitäten, sie nahmen eher einen mittleren Platz ein. Besonders Tübingen hatte unter den Neugründungen in Frankfurt, Köln und Hamburg zu leiden – stand es 1870 noch an dritter Stelle, so war es 1924 nur noch die sechzehnte Stelle. Heidelberg und Freiburg nahmen dagegen den siebten bzw. achten Platz ein (Preußische Statistik 1908, S. 74ff.; Haacke 1927, S. 63ff.). Die abnehmende Frequentierung wird verständlich, wenn man die Anzahl der ökonomischen Lehrstühle betrachtet. Während in

Frankfurt 10 und in Köln sogar 12 Lehrstühle zur Verfügung standen, waren es in Freiburg gerade drei, davon ein Ordinariat für Privatwirtschaftslehre (Haacke 1927). In Heidelberg war 1920 eine dritte Planstelle für Emil Lederer eingerichtet worden, und in Tübingen existierte seit 1909 eine dritte Lehrkanzel, die allerdings zunächst nur von einem Honorarprofessor eingenommen worden war.

1.3 Vorgeschichte: Die Besetzung der nationalökonomischen Lehrstühle im 19. Jahrhundert

Im Gegensatz zur abnehmenden Bedeutung der drei Fakultäten bzw. Abteilungen bei den Studenten waren die ökonomischen Lehrstühle in Heidelberg, Freiburg und Tübingen vor wie nach der Jahrhundertwende mit herausragenden Fachvertretern besetzt, die zudem nicht selten von der einen südwestdeutschen Universität zur anderen wechselten. So verließen mit Schönberg, Neumann und Fuchs gleich drei Ordinarien Freiburg, um nach Tübingen überzusiedeln. Knies hatte in Freiburg seinen ersten Lehrstuhl inne, bevor er lange Jahre die Heidelberger Universität prägen sollte. Ähnliches gilt auch für Max Weber, der als junger Berliner Privatdozent einen Freiburger Ruf annahm und wenige Semester später nach Heidelberg wechselte. Zumindest Freiburg war im 19. Jahrhundert für die meisten Gelehrten mehr eine Durchgangsstation. Heidelberg wurde dagegen ganz von Karl Knies geprägt und Tübingen vor der Jahrhundertwende von Neumann und Schönberg.

Am Ende des Ersten Weltkrieges war Freiburg mit zwei nationalökonomischen Ordinariaten ausgestattet, die von Karl Diehl und von Gerhard von Schulze-Gaevernitz eingenommen wurden. Diehl, der über fünfundzwanzig Jahre in Freiburg lehrte, war von der sozialrechtlichen Schule Rudolf Stammlers geprägt, welche – wie auch die Historische Schule – eine zeitlose Theorie ablehnte, ohne jedoch die Theoriefeindlichkeit der Historiker zu übernehmen (Winkel 1977, S. 185f.; Hesse 1959, S. 590f.). Politisch stand er dabei den staatssozialistisch-konservativen Historikern nahe (Dietze 1957, S. 86).

Gerhard von Schulze-Gaevernitz, seit 1893 in Freiburg, war ein durchaus politischer Kopf. Neben seinem Ordinariat nahm er von 1912-1920 ein Reichstagsmandat für die Deutsche Fortschrittspartei bzw. die DDP wahr, beide Tätigkeiten waren nicht immer ganz ohne Konflikt zu vereinbaren (UAF PA Schulze-Gaevernitz). Überhaupt war er – auch in seinen Vorlesungen, wie die Vorlesungsverzeichnisse zeigen – nie reiner Ökonom, sondern suchte stets die Verbindung zur Philosophie und zur praktischen Politik (Krüger 1983, S. 22 passim).

In Heidelberg war Eberhard Gothein 1903 Nachfolger Max Webers geworden. Der zweite, ursprünglich für Karl Rathgen geschaffene Lehrstuhl war seit 1907 mit Alfred Weber besetzt, dazu kam noch Emil Lederer, seit 1918 außerplanmäßiger und seit 1920 etatmäßiger Extraordinarius mit den akademischen Rechten eines ordentlichen Professors (seit 1922).

An der württembergischen Universität Tübingen lehrte Carl Fuchs seit seinem Weggang von Freiburg 1908 bis zum Jahre 1933. Auf den zweiten Lehrstuhl war 1908 in einem sehr langwierigen Berufungsverfahren Robert Wilbrandt als Nachfolger Schönbergs berufen worden. Diehl und Harms waren von der Fakultät zunächst ins Auge gefaßt worden, für das Ministerium war Harms jedoch zu jung und Diehl zu wenig produktiv (UAT 126/765). Auch Liefmann stand zur Diskussion, wurde jedoch als »nur ein mittelmäßiger Lehrer« ausgeschieden. Fakultät und Senat einigten sich schließlich auf Robert Wilbrandt an erster Stelle (und Adolf Weber an zweiter Stelle). Diese Entscheidung war jedoch keineswegs unumstritten – besonders Fuchs forderte, nicht nur Liefmann zu berücksichtigen, sondern an erster Stelle Carl Grünberg, einen Wiener Wirtschaftshistoriker und späteren Mitbegründer des Instituts für Sozialforschung in Frankfurt. Dieser war jedoch von der Fakultät und vom Senat ausgeschieden worden, da »er aus Lebenskreisen und nationalen Verhältnissen, die von unseren sehr verschieden sind«, stammte – er war gebürtiger Jude (UAT 126/765). 1909 hatte die Tübinger Universität eine dritte Planstelle – für Volkswirtschaftslehre und Statistik – eingerichtet, die jedoch zunächst von dem Oberfinanzrat Hermann Losch im Nebenamt wahrgenommen wurde. 1912 wurde diese Stelle dem Privatdozenten Stephinger übertragen; daß es sich dabei um eine Hausberufung handelte, schien der Fakultät unbedenklich.

2. Berufungspraxis 1918-1933

2.1 Freiburg

Gerhard von Schulze-Gaevernitz ließ sich 1923 vorzeitig emeritieren, gleichzeitig wurde er durch Beschluß des badischen Staatsministeriums – ohne Anhörung von Fakultät und Senat – zum Honorarprofessor ernannt. Die Fakultät mußte somit erstmals nach dem Kriege in ein Berufungsverfahren eintreten. Bereits am 18. Dezember 1922 legte die Fakultät dem Ministerium eine Berufungsliste vor (StAFR A-5-Uni-78; GLA 235/43005). Darin stellte die Fakultät fest, daß es unter den älteren Nationalökonomen nur einen gebe, der für die Nachfolge Schulze-Gaevernitz' in Frage komme, nämlich Adolf Weber in München. Die Chance, ihn für Freiburg gewinnen zu können, wurde jedoch eher gering eingeschätzt, die Fakultät nannte daher gleich ersatzweise einige jüngere Gelehrte, die besonders auf dem Gebiet der Finanzwissenschaft oder der »nicht minder wichtigen Fragen der neuzeitlichen deutschen Großindustrie« befähigt sein sollten (StAF, ebd.). Für ersteren Schwerpunkt schien Wilhelm Gerloff, Professor in Frankfurt, der Fakultät besonders geeignet. Er hatte sich 1908 in Tübingen mit einer empirischen Untersuchung über die Belastungswirkung von Verbrauchssteuern habilitiert (UAT 126/203; Eberl/Marcon 1984 S. 87). Bezüglich der Beschäftigung mit industriepolitischen Fragen fand die Fakultät zwei jüngere Wissenschaftler herausragend: Zum einen Herbert von Beckerath, dessen kartellpolitische Schriften die Fakultät besonders zu würdigen wußte, zum anderen Goetz Briefs'. Beide hatten sich in Freiburg habilitiert und als Privatdozenten gelehrt. Beckerath, der ältere von beiden, war 1914 Privatdozent geworden und hatte bis 1920 in Freiburg gelehrt, um dann zunächst nach Karlsruhe und zwei Jahre später als Nachfolger Stephingers nach Tübingen zu wechseln. Briefs hatte bis dahin – mit Ausnahme weniger Semester in Gießen – ausschließlich in Freiburg gelehrt, unterbrochen allerdings durch Tätigkeiten in der Reichsverwaltung und in den Demobilisierungsbehörden während und nach dem Krieg. Während die Fakultät die ersten beiden Berufungsvorschläge einstimmig beschloß, schienen bei Briefs die Meinungen etwas kontroverser gewesen zu sein. Ein besonderes Berufungshindernis sah die Fakultät darin, »daß Professor Briefs bisher einen beträchtlichen Teil seiner Kraft der Tätigkeit in öffentlichen Angelegenheiten gewidmet hat« (StAF A5-Uni-78). Im Gegensatz zu einem späteren Berufungsverfahren in Heidelberg verhinderte dieser Umstand nicht, daß Briefs von der Fakultät auf die Berufungsliste gesetzt wurde (UAH H-IV 102/155). Die Fakultät betonte allerdings, Briefs müsse im Falle seiner Berufung verpflichtet werden, seine ganze Arbeitskraft dem Lehrstuhl zu widmen. Die vor Briefs plazierten Weber und Gerloff waren für Freiburg so wenig erreichbar wie Herbert von Beckerath; der Ruf erging am 1. April 1923 an Goetz Briefs. Allerdings beschränkte sich Briefs Wirken als Ordinarius in Freiburg auf sechs Semester, er folgte 1926 einem Ruf an die TH Charlottenburg.

Bei der Beratung über die Briefs-Nachfolge setzte die Fakultät keinen geringeren als Joseph Schumpeter an die Spitze der Berufungsliste. Der zum zweiten Mal innerhalb kürzester Zeit verwaiste Lehrstuhl sollte nun mit einer renommierten Persönlichkeit besetzt werden. Dabei schien Schumpeter der Fakultät erste Wahl, obwohl die »stark abstrakten Ausführungen« (StAF, ebd.) im *Wesen und Hauptinhalt der Nationalökonomie* (Schumpeter 1908) in der Freiburger Fakultät auf wenig Gegenliebe gestoßen waren (StAF A5-Uni-78). Nach Schumpeter plazierte die Fakultät Herbert von Beckerath und an dritter Stelle Walter Eucken sowie Sven Helander, einen früheren Assistenten Diehls und Honorarprofessor in Kiel. Das Badische Ministerium für Kultus und Unterricht war gewillt, gleich Walter Eucken zu berufen, da sowohl Schumpeter als auch von Beckerath unerreichbar für Freiburg zu sein schienen. Mit diesem Entschluß konnte sich das Kultusministerium jedoch nicht im Badischen Staatsministerium – dem Kollektivorgan der Badischen Regierung – durchsetzen. Dort war man der Ansicht, es solle wenigstens der Versuch unternommen werden, Schumpeter, der erst wenige Semester in Bonn lehrte, für Freiburg zu gewinnen. Schumpeter signalisierte zunächst Interesse an einem Wechsel nach Freiburg, lehnte dann jedoch den Ruf ab, obwohl die Badische Regierung mit ihren finanziellen Zugeständnissen an den Rand des Vertretbaren gegangen war. Das Ministerium verhandelte daraufhin sofort mit Walter Eucken und berief ihn am 4. April 1927 zum Nachfolger von Goetz Briefs (StAF, ebd.)

Vor Euckens Berufung hatte die Rechts- und Staatswissenschaftliche Fakultät ein weiteres Berufungsverfahren durchzuführen – im Mai 1926 genehmigte das Badische Ministerium eine dritte nationalökonomische Planstelle. Die Fakultät schlug dafür Adolf Lampe und an zweiter Stelle – wie schon für die Briefs-Nachfolge – Sven Helander vor. Lampe, ein Schüler Adolf Webers und Privatdozent in München, nahm den Ruf auf das neugeschaffene Extraordinariat trotz einer Verschlechterung seiner Einkommensverhältnisse an (StAF, ebd).

Diehl, Eucken und Lampe bildeten zum Zeitpunkt der Machtergreifung im Wintersemester 1932/33 den nationalökonomischen Teil der Freiburger Rechts- und Staatswissenschaftlichen Fakultät. Neben einem Ordinarius der Privatwirtschaftslehre lehrte noch eine unterschiedliche Anzahl von nichtbeamteten Nicht-Ordinarien an der Fakultät. Robert Liefmann, seit 1904 Privatdozent und seit 1914 ordentlicher Honorarprofessor, bildete dabei eine Ausnahme, denn er blieb, ohne jemals eine beamtete Stellung einzunehmen, bis zu seiner Vertreibung von der Universität im Jahre 1933 in Freiburg. Während es zu Beginn der zwanziger Jahre zu keinen Habilitationen gekommen war, hatte in den Jahren vor 1933 eine Reihe von Wissenschaftlern die Venia legendi erhalten. Es handelte sich dabei um Paul Schröder, Josef Back, Bernhard Pfister und Friedrich A. Lutz. Lutz, der bereits in Tübingen mit einer Arbeit bei Eucken promoviert hatte, war bis zu seinem Weggang nach Amerika langjähriger Assistent Euckens gewesen. Weiterhin lehrte Folkert Wilken seit 1925 als Privatdozent und später als außerordentlicher Professor in Freiburg. Zuvor – 1923 – hatte sich Eduard Heimann von Köln nach Freiburg umhabilitiert; leider finden sich in den Akten keinerlei Hinweise darüber, was den vom religiösen Sozialismus Tillichs beeinflußten Heimann (Lowe 1968) veranlaßte, in das politisch vollkommen anders ausgerichtete Freiburg zu gehen. Wenige Semester später erhielt er einen Lehrstuhl in Hamburg, als Nachfolger des ebenfalls völlig anders ausgerichteten Gottl-Ottilienfeld (Hilger 1991, S. 954).

2.2 *Heidelberg*

Die Nationalökonomie der badischen Schwesteruniversität Heidelberg war im 19. Jahrhundert entscheidend von Karl Knies geprägt worden. Knies, der als einer der Hauptvertreter der Älteren Historischen Schule gilt, starb 1898. Bereits ein Jahr zuvor war der junge Berliner Privatdozent Max Weber zum Nachfolger von Knies ernannt worden; er lehrte jedoch nur wenige Semester in Heidelberg (Hentschel 1988, S. 204f.). Daraufhin erhielt Eberhard Gothein einen Ruf nach Heidelberg. Schon drei Jahre nach Webers Berufung hatte sich die Universität Heidelberg entschlossen, ein zweites nationalökonomisches Ordinariat einzurichten. Es war zunächst mit Karl Rathgen, ab 1907 dann mit Alfred Weber besetzt. Nachdem Emil Lederer, seit 1918 außerplanmäßiger Professor, 1920 ein planmäßiges Extraordinariat für Sozialpolitik bewilligt worden war, existierten an der philosophischen Fakultät der Ruperto-Carola drei ökonomische Planstellen (Hentschel 1988, S. 213).

Drei Jahre später trat Lederer dann auch die Nachfolge auf dem durch Gotheins Emeritierung freien Ordinariat an; dafür lehnte er einen Ruf nach Leipzig ab (Hentschel, ebd.). Lederers Extraordinariat war dadurch verwaist, und erstmals nach dem Ersten Weltkrieg hatte die Fakultät eine echte Berufung vorzunehmen. Neben Carl Brinkmann wies die Berufungsliste die Namen Fritz Karl Mann und Goetz Briefs an zweiter und dritter Stelle auf. Die Fakultät legte besonderen Wert auf eine wirtschaftlich-historisch gebildete und geisteswissenschaftlich orientierte Persönlichkeit, welche die Tradition Gotheins wahren sollte – eine Anforderung, der Carl Brinkmann in besonderem Maße genügte (GLA 235/3140). Carl Brinkmann, dem bei seiner Berufung, wie auch zuvor Lederer, die akademischen Rechte eines Ordinarius verliehen worden waren, wurde 1931 wiederum Nachfolger auf Lederers Ordinariat, nachdem Lederer einem Ruf aus Berlin gefolgt war. Das Ansinnen der Fakultät, Brinkmann auf das Ordinariat aufrücken zu lassen, erforderte allerdings erhebliche Überzeugungsarbeit im Karlsruher Ministerium, welches zum einen den Lehrstuhl gerne eingespart hätte, zum anderen eigene personalpolitische Vorstellungen hatte. Der von der Fakultät unterbreitete unico-loco-Vorschlag für Brinkmann wurde vom Ministerium als unzureichend zurückgewiesen. Das Ministerium bat um weitere Namen und legte der Fakultät – recht unverblümt ins Berufungsverfahren eingreifend – nahe, bei der Berufung den Kölner Universitätsprofessor Theodor Brauer zu berücksichtigen (UAH H-IV-102/157). Brauer war einer der Hauptvertreter der katholischen Soziallehre. Vor seiner Habilitation war er mehrere Jahre als Referent und als Redakteur bei christlichen Gewerkschaften tätig gewesen (Röder/Strauss 1980). Den Akten läßt sich entnehmen, daß dieser Versuch politischer Oktroyierung unmittelbar auf den Zentrumspolitiker Eugen Baumgartner, seit 1931 badischer Kultusminister, zurückging (UAH H-IV-102/155; 157). Die Fakultät wies das Ansinnen des Ministeriums einhellig als Eingriff in die wissenschaftliche Autonomie zurück und bat erneut darum, Brinkmann zu ernennen. Mehr um die Form zu wahren und den Konflikt mit dem Ministerium nicht eskalieren zu lassen, ergänzte die Fakultät den unico-loco-Vorschlag um eine Liste mit vier

Namen, angeführt von Johannes Popitz, daneben Hans Mayer, Arthur Salz und Wilhelm Vleugels (UAH B-7761). Das Ministerium folgte nun dem Votum der akademischen Gremien und ernannte Brinkmann am 1. November 1932 zum o. Professor für Nationalökonomie und Finanzwissenschaft. Damit war aber wieder eine Lehrstelle in Heidelberg vakant. Sofort brachte der Minister wieder Brauer ins Gespräch, dieses Mal ausgestattet mit einem wohlwollenden Gutachten von Adolf Weber über Brauer. Die Fakultät war über diese Hartnäckigkeit des Ministeriums bestürzt. Der Dekan wandte sich direkt an den Minister, um ihn davon abzubringen, der Fakultät Brauer zu oktroyieren. Um Adolf Webers Gutachten zu entkräften, bot die Fakultät gleich drei Gegengutachter auf, nämlich die Professoren Harms (Kiel), Schumacher (Berlin) und Spiethoff (Bonn), alle hielten Brauer – zumindest für den Heidelberger Lehrstuhl – für nicht geeignet (UAH H-IV-102/157). Ohne neue Berufungsvorschläge zu unterbreiten, verwies die Fakultät auf die Liste, die sie bereits zur Entscheidung der Lederer-Nachfolge eingereicht hatte.

Bei der Aufstellung dieser Liste war es zuvor in der Fakultät zu einem heftigen Streit gekommen. Alfred Weber wollte Goetz Briefs' Namen auf die Liste aufnehmen, die Fakultätsmehrheit war offensichtlich aus Gründen, die in Briefs' parteipolitischer Betätigung zu suchen waren, dagegen. Eine gewisse Rolle mag wohl auch gespielt haben, daß Briefs ebenso wie der vom Ministerium vorgeschlagene Brauer als Vertreter der katholischen Soziallehre galt. Weber zog seinen Vorschlag »aus kollegialen Gründen«, jedoch unter Protest zurück – er hielt Briefs für den Kandidaten, aus »dessen Berufung für das Fach ... der größte Gewinn erwachsen wäre« (UAH H-IV 102/155). Berufen wurde jedoch weder Brauer noch Briefs und auch nicht einer der von der Fakultät vorgeschlagenen Wissenschaftler: Mit der Gleichschaltung und der Auflösung der Mannheimer Handelshochschule war das Berufungsverfahren hinfällig geworden. Auch die Protagonisten dieses Berufungsverfahrens waren nur noch kurze Zeit im Amt: Der Minister, der noch am 23. Januar 1933 auf die Berufung Brauers gedrängt hatte, wurde wenige Wochen später durch einen nationalsozialistischen Reichskommissar ersetzt (Rehberger 1966, S. 103f.); Weber, der für Briefs votiert hatte, verzichtete wenige Monate später auf sein Lehramt.

Neben den zwei nationalökonomischen Ordinariaten und dem Extraordinariat existierte an der Ruperto-Carola seit 1924 noch eine nach Gothein benannte Stiftungs-Professur für Staatswissenschaft und

Auslandskunde. Nach Gotheins Tod hatten Freunde Gotheins und Heidelberger Industrielle das Stiftungsvermögen aufgebracht; 1924 stand diese Professur erstmals zur Besetzung an. Die Fakultät entschied sich – ohne formelles Berufungsverfahren, da mit der Professur weder Sitz und Stimme in der Fakultät noch ein Beamtenstatus verbunden war – für Edgar Salin, dem dazu der Titel »außerordentlicher Professor« vom Ministerium verliehen wurde (Hentschel 1988, S. 213f.). Nachdem Salin 1927 einen Ruf nach Basel angenommen hatte, blieb die Stiftungsprofessur zunächst unbesetzt; durch den Ausfall einiger Stifter und durch Inflation war das Stiftungskapital weitgehend aufgezehrt (UAH H-IV 102/151). Als der Stiftung später von unbekannter Seite wieder Mittel zugeflossen waren, konnte die Vakanz beendet werden. »Unter zustimmender Beteiligung des Vertreters des Ministeriums« beschloß die Fakultät, den Privatdozenten Arnold Bergstraesser mit der Vertragsprofessur zu betrauen (UAH IV-102/155). Trotz der Beteiligung des Ministeriums handelte es sich bei dieser Lehrstuhlbesetzung nicht um ein ordentliches Berufungsverfahren. Seitens des Staatsministeriums wurde Bergstraesser lediglich der Titel »außerordentlicher Professor« verliehen, er mußte überdies schriftlich einer vierteljährlichen Kündigungsfrist zustimmen, für den Fall, daß das Stiftungskapital wieder aufgezehrt würde (UAH H IV-102-155).

Ebenfalls ohne Berufungsverfahren, da nicht verbeamtet, lehrte Arthur Salz seit seiner Habilitation im Jahre 1909 – mit mehrjähriger Unterbrechung – in Heidelberg. Bereits 1918 war ihm der Titel eines außerplanmäßigen Professors verliehen worden, dennoch blieb ihm eine feste Stelle versagt. Die Fakultät sah ihn zwar an dritter Stelle für die Nachfolge Lederers sowie Brinkmanns vor und übertrug ihm die Vertretung des Ordinariats Lederers (UAH B-7761), große Chancen scheinen ihm jedoch nicht zugekommen zu sein. Immerhin beantragte die Fakultät, ihm im Falle seiner Nichtberufung den Titel eines ordentlichen Honorarprofessors, verbunden mit einer regelmäßigen finanziellen Unterstützung, zuzuerkennen. Die politischen Ereignisse ließen diesen Antrag bald gegenstandslos werden.

Nicht alle am »Institut für Sozial- und Staatswissenschaften« wirkenden Lehrkräfte verstanden sich in erster Linie als Nationalökonomen; dies gilt z.B. für Arnold Bergstraesser, gleichwohl er zu Beginn seiner Lehrtätigkeit als Privatdozent durchaus wirtschaftspolitische und wirtschaftshistorische Kollegs abhielt. Karl Mannheim, in Ungarn geborener Jude, der sich 1926 auf Anregung Emil Lederers und gegen Widerstand im Senat mit einer wissenssoziologischen Arbeit habilitierte (Kettler et al. 1984, S. 17), war natürlich ausschließlich Soziologe, andererseits wendeten sich auch die nationalökonomischen Ordinarien Brinkmann und Weber immer stärker der Soziologie zu. Als Weber einen Ruf nach Hamburg 1926 ablehnte, ließ er sich vom Ministerium zusichern, künftig die Hälfte seiner Lehrverpflichtung für das Fach Soziologie verwenden zu dürfen (UAH B-3099-Weber, Alfred).

Ganz anders verhielt es sich dagegen mit Walter Waffenschmidt, Jacob Marschak und Herbert Sultan, denen die Fakultät zwischen 1921 und 1931 die Venia verlieh. Während Waffenschmidt bis zum Zweiten Weltkrieg hauptamtlich als Gewerberat im badischen Landesdienst beschäftigt war, standen die Privatdozenten Marschak und Sultan der Universität – bis zu ihrer Vertreibung – ganz zur Verfügung. Marschak, gebürtiger Russe und Jude, als Menschewik aus Rußland geflohen, kam in Kiel – wo er Assistent am Institut für Weltwirtschaft war – nicht zur Habilitation. Es war Emil Lederer, Marschaks Doktorvater, der ihm 1930 in Heidelberg die Möglichkeit zur Habilitation verschaffte (Krohn 1981, S. 26; UAH B-3099-Marschak). Herbert Sultan hatte 1931 auf Vorschlag Brinkmanns die Venia legendi für »Politische Ökonomie« erhalten, lehrte jedoch fast ausschließlich Finanzwissenschaft.

Ein weiteres Mitglied der Fakultät, der Privatdozent Emil Julius Gumbel, sorgte für die größten politischen Auseinandersetzungen, welche die Universität Heidelberg in dieser Zeit zu verzeichnen hatte. Seine Lehrbefugnis, die ihm die Fakultät bereits 1923 verliehen hatte, lautete – ganz unpolitisch – auf Statistik. Er war damit der erste Statistikdozent im Hauptamt an der Universität Heidelberg und, da die neue Diplomprüfungsordnung Statistik als Prüfungsfach vorsah, auch unentbehrlich. Es ist unklar, auf wessen Initiative hin Gumbels Habilitation erfolgte (Jansen 1991, S. 17f.), bald jedoch erschien der Fakultätsmehrheit »die Persönlichkeit und Gesinnung Dr. Gumbels« unerfreulich (Beschluß der philosophischen Fakultät Heidelberg vom 16. Mai 1925; UAH B-3099-Gumbel). Gumbel – Sozialist, Pazifist und jüdischer Abstammung – hatte mit seiner politischen Kritik an der Verherrlichung des Krieges den deutschen Nachkriegskonsens zutiefst verletzt. Obwohl Gumbel niemals den Hörsaal als politisches Agitationsfeld mißbraucht hatte, sah die Universität eine Mißachtung der Gefühle, »die den weitaus überwiegenden Teil der Mitglieder der akademischen Korporation beseelen« (UAH, ebd.). Senat und Fakultät setzten einen Untersuchungsausschuß ein, der bei Gumbel einen »erheblichen Tiefstand des geistigen Niveaus« feststellte und zu dem abschließenden Urteil kam, daß der Fakultät »die Zugehörigkeit Dr. Gumbels zu ihr als durchaus unerfreulich erscheint«, da er mit seinen pazifistischen Äußerungen »der Idee der nationalen Würde, die die Universität auch zu vertreten hat, ins Gesicht geschlagen« habe (UAH, ebd.). Die Lehrbefugnis indessen behielt Gumbel, da die Fakultät glaubte, »eher ein solches Mitglied ertragen zu können, als Gefahr laufen zu dürfen, eine nicht von jeder Seite aus unangreifbare Ausschließung« vorzunehmen (UAH, ebd.). Der Versand dieses – gedruckten – Beschlusses an sämtliche deutsche Hochschulen und an über hundert Zeitungen kam einem Rufmord gleich (Jansen 1991, S. 22) – eine akademische Karriere in Deutschland war damit aussichtslos geworden.

Regelmäßig sind Berufungen auf einen Lehrstuhl ebenso wie die Verleihung der Lehrbefugnis irreversible Entscheidungen. Bekanntlich war dagegen unmittelbar nach der Machtergreifung der Nationalsozialisten die das Selbstverständnis der Universitäten verletzende »Abberufung« häufiger als Berufungen. Weniger bekannt ist dagegen, daß die ersten rein politisch motivierten Entziehungen der Lehrbefugnis noch in die Zeit der Weimarer Republik fallen. Emil Julius Gumbel, seit 1930 gegen den Willen der Fakultät vom Ministerium zum nichtetatmäßigen außerordentlichen Professor ernannt, war einer der ersten von der Universität vertriebenen Gelehrten vor Machtergreifung und Gleichschaltung durch die Nationalsozialisten. Gumbels Festhalten an seinem pazifistischen Engagement und ständige Angriffe nationalistischer Studenten und Burschenschaften führten zur Eskalation – zur Entziehung der Lehrerlaubnis durch Fakultät und Senat. Der Beschluß erfolgte einstimmig – auch für den häufig als besonders liberal apostrophierten Teil des Lehrkörpers der Ruperto-Carola hatte sich Gumbel »als akademischer Lehrer nicht würdig gezeigt« (Jansen 1991, S. 39). Gumbels Einspruch gegen diesen Beschluß beim Badischen Kultusminister wurde am 31. Januar 1933 – fünf Wochen vor der »Gleichschaltung« – von der letzten demokratischen Regierung Badens abgelehnt (UAH B-3099-Gumbel). Damit wurde ein Prozeß der Vertreibung eingeleitet, dem die überwiegende Mehrheit der Nationalökonomen an der Ruperto-Carola zum Opfer fielen.

2.3 *Tübingen*

Die Tübinger Nationalökonomen – bis 1923 in einer eigenen Fakultät organisiert – hatten es verstanden, bei anstehenden Berufungen durchaus bedeutende Fachvertreter zu gewinnen. Adam (1977, S. 21) schreibt dies dem Stolz aller Tübinger Professoren auf den Ruf »ihrer« Landesuniversität zu. Dabei wichen die Tübinger kaum jemals vom gängigen mainstream ab; Schüz, Neumann, Schönberg, Fuchs – alle waren mehr oder weniger stark vom Historismus geprägt.

Während die beiden Ordinarien Fuchs und Wilbrandt jeweils über zwanzig Jahre in Tübingen lehrten, mithin keine Berufungen auf ein Ordinariat anstanden, ergab sich auf dem erst 1921 geschaffenen Ordinariat für Volkswirtschaftslehre und Statistik ein häufiger Wechsel. 1921 verließ Stephinger Tübingen. Nachdem die Berufungsliste ursprünglich die Namen von Friedrich Hoffmann (Kiel) und Erwin von Beckerath (Rostock) vorgesehen hatte, kam die Fakultät überein, zunächst zu versuchen, Othmar Spann aus Wien zu gewinnen. Auch der Senat stimmte diesem Plan zu, bemerkte jedoch, daß »die Durchführung des Lehrplans für das Studium der Volkswirtschaftslehre ... mit der allgemeinen Richtung von Professor Spann nicht ganz übereinstimmt« (UAT 126/282); dennoch erhofften sich Fakultät wie Senat einen bedeutenden Vorteil durch die Berufung des Wiener Außenseiters, der seinerseits jedoch keinerlei Interesse an einem Wechsel an die schwäbische Universität zeigte. Nachdem auch Erwin von Beckerath abgesagt hatte, beschloß die Fakultät, dessen Vetter Herbert von Beckerath zu berufen, der auch gleich zum Ordinarius ernannt wurde (UAT 126/282).

Beckerath, der 1923 noch einen an ihn ergangenen Ruf aus Kiel abgelehnt hatte, verließ jedoch ein Jahr später Tübingen, um an die Universität Bonn zu wechseln – wiederum wurde ein neues Berufungsverfahren erforderlich. Die Berufungsliste enthielt – wie üblich – drei Namen, war aber merkwürdig gestelzt formuliert, denn die Einhaltung des Anciennitätsprinzips galt damals immer noch als oberster Berufungsgrundsatz. So sah der Berufungsvorschlag an erster und zweiter Stelle die Professoren Alexander Hoffmann und Rudolf Meerwarth aus Leipzig bzw. Berlin vor, »ausser der Reihe, aber mit Vorzug, den Privatdozenten Dr. Walter Eucken, Berlin« (UAT 126/142). Der Senat drückte sich in seiner Stellungnahme deutlicher aus, lehnte Meerwarth wie Hoffmann ab und begrüßte den Vorschlag bezüglich Eucken, der dann auch zum 1. April 1925 berufen wurde. Für Eucken war Tübingen jedoch nur eine Durchgangsstation, er wechselte schon zwei Jahre später nach Freiburg, das zur Stätte seines langjährigen Wirkens wurde. Für die Nachfolge Euckens wurde der Grazer Ordinarius Eduard Lukas als »der einzige erreichbare Fachvertreter« berufen (UAT 205/43); im Gegensatz zu seinen Vorgängern blieb er über zehn Jahre in Tübingen.

Zwei Jahre später, 1929, mußte jedoch das Ordinariat Wilbrandts, der einem Ruf nach Dresden folgte, neu besetzt werden. Ausschlaggebend für Wilbrandts Wechsel scheinen politische Gründe gewesen zu sein. Wilbrandt, der sich selbst als Sozialist fühlte, war im Zusammenhang mit einem Auftritt Emil Julius Gumbels in Tübingen heftig angefeindet worden (Wilbrandt 1947, S. 276ff.; Born 1967, S. 100f.). Die Fakultät suchte als Nachfolger Wilbrandts einen besonders in Finanzwissenschaft ausgewiesenen Wissenschaftler, da die Zurruhesetzung des zeitweilig der Fakultät angehörenden ehemaligen württembergischen Finanzministers Theodor von Pistorius bevorstand. Ins Auge gefaßt wurde an erster Stelle der Königsberger Professor Hans Teschemacher, daneben Karl Bräuer (Breslau) und Hans Ritschl (Basel). Für die Nominierung von Ritschl wie von Teschemacher, an den dann auch der Ruf erging, waren positive Gutachten Arthur Spiethoffs ausschlaggebend, wobei Ritschl als der jüngste an die letzte Stelle treten mußte. Teschemacher, der 1932 die Herausgabe des *Finanzarchivs* übernahm und damit wieder die Redaktion einer führenden nationalökonomischen Zeitschrift nach Tübingen brachte, blieb bis nach dem Zweiten Weltkrieg in Tübingen; einen Ruf, Nachfolger Schumpeters in Bonn zu werden, lehnte er ab (UAT 126/686; Hagemann 1991, S. 40).

Zur Tübinger Berufungspolitik nach dem Ersten Weltkrieg gehörte es, ehemalige königliche Minister auch ohne Habilitationsleistung zu Professoren zu ernennen. Der bereits erwähnte von Pistorius sollte das in Tübingen nicht vertretene Fach Steuerlehre einführen, konnte jedoch – da zuvor schon in Stuttgart zum Ordinarius ernannt – in Tübingen nur Honorarprofessor werden (UAT 126/515). Ein weiterer ehemaliger Minister, Ludwig von Köhler, erhielt 1920 ein Extraordinariat für Sozialrecht und Sozialpolitik, er versah diese Disziplin ausschließlich von der juristischen Seite, folgerichtig wurde der Lehrstuhl 1923 bei der Vereinigung der Fakultäten auch in die juristische Abteilung verlegt (UAT 126/355; Born 1967, S. 86f.; Eberl/Marcon 1984, S. 615).

Betrachtet man die Habilitationen in Tübingen zu dieser Zeit (Eberl/Marcon 1984, S. 615f.), so verlieh die Fakultät an eine Reihe von Wissenschaftlern, die Tübingen über Jahre hinweg verbunden blieben, die Lehrbefugnis. Es handelte sich dabei um Oswald Lehnich, Hans Peter, Erich Preiser und Günter Stockmann. Die ersten beiden erfuhren nach 1933 ein höchst unterschiedliches Schicksal. Während Lehnich – seit 1932 nicht-etatmäßiger außerordentlicher Professor – Staatsrat, kurze Zeit später württembergischer Wirtschaftsminister und 1935 Präsident der Reichsfilmkammer wurde, blieb Peter eine akademische Tätigkeit und bis 1942 die Ernennung zum Professor verwehrt. Preiser, der sich in Frankfurt aufgrund persönlicher Animositäten nicht habilitieren konnte, erhielt in Tübingen 1930 die Venia für Privatwirtschaftslehre, die von der Fakultät 1933 auf Volkswirtschaftslehre erweitert wurde (UAT 126a/381).

Schon 1923 hatte sich Ernst Schuster von Kiel nach Tübingen umhabilitiert. Die Fakultät wünschte eine Erweiterung des Lehrangebots, ohne jedoch eine Planstelle zu haben. Beckerath machte dem Kieler Privatdozenten im Namen der Fakultät das Angebot, in Tübingen einen Lehrauftrag zu übernehmen. Schuster nahm an und blieb in Tübingen, bis er 1927 einen Ruf nach Mannheim erhielt – auf diesem Wege kam er später auch nach Heidelberg. 1923 wäre die Umhabilitierung von Schuster fast noch gescheitert, da der Fakultätsmehrheit – nach dem Studium von Schusters Literaturverzeichnis – dessen Schriften »nicht sehr gefallen« haben und auch Beckerath einräumen mußte, »dass ich mich mit Ihnen als wissenschaftl. Autor z.Zt. auch nicht befreunden kann« (UAT 126/626). Die »durchaus vorteilhaften und schmeichelhaften Auskünfte« über Schusters Lehrtätigkeit gaben jedoch schließlich den Ausschlag.

3. Berufungspraxis 1933-1945

In jeder der drei Universitäten stand nach 1933 ein Ordinariat zur Wiederbesetzung an; das Ausmaß, in dem sich nach der Machtergreifung der Nationalsozialisten politische und ideologische Momente bei den Berufungsentscheidungen manifestierten, war durchaus uneinheitlich. Personelle Veränderungen wurden jedoch nicht alleine durch Neuberufungen verursacht, die bis dahin gegen geltendes Recht und akademischen Brauch verstoßende »Abberufung« im Zuge der nationalsozialistischen Beamtengesetze führten zu einer z.T. tiefgreifenden Veränderung des Lehrkörpers.

Von Entlassungen nicht betroffen war die Wirtschaftswissenschaftliche Abteilung der Rechts- und Staatswissenschaftlichen Fakultät in Tübingen. Die Berufungspolitik in der Weimarer Zeit hatte verhindert, daß nunmehr politisch Mißliebige einen Lehrstuhl einnahmen; ein Wissenschaftler jüdischer Abstammung gehörte dieser Fakultät nur einmal an – 1913 wurde Eduard Jacob die auf Genossenschaftswesen beschränkte Venia verliehen, zwei Jahre später fiel er im Ersten Weltkrieg (UAT 126/309; Eberl/Marcon 1984, S. 127f.; Born 1967, S. 83f.).

Auch Freiburg war von Entlassungen praktisch nicht betroffen, lediglich Robert Liefmann, der niemals eine etatmäßige Stelle eingenommen hatte, verlor seine Lehrbefugnis als Honorarprofessor. Heidelberg dagegen verlor durch den politischen Terror mehr als die Hälfte des Lehrkörpers.

Die Universität Heidelberg war schon seit Ende des 19. Jahrhunderts ein Zentrum an Liberalität gewesen, kaum eine andere Universität im deutschen Reich wies einen ähnlich hohen Anteil an Wissenschaftlern jüdischer Abstammung auf. Beachtlich war auch der Anteil an republikanisch gesinnten Hochschullehrern (Giovannini 1985, S. 202f., vgl. auch den Beitrag von Krohn in diesem Band). So gehörte Heidelberg zu den Universitäten, welche durch die nationalsozialistischen Entlassungen am meisten zu leiden hatten. Von den nationalökonomischen Ordinarien ließ sich Alfred Weber aus Protest vorzeitig emeritieren. Jacob Marschak verlor kurz nach der »Machtergreifung« seine Lehrbefugnis als Privatdozent sowie seine Assistentenstelle, ebenso Arthur Salz. Sultan durfte als »Frontkämpfer« noch bis 1935 lehren, bevor auch er vertrieben wurde, Bergstraesser verlor seine Professur ein Jahr später. Der ebenfalls dem Institut für Sozial- und Staatswissenschaften angehörende Professor für Zeitungswissenschaften Hans von Eckardt wurde gleich 1933 entlassen, ebenso die langjährige Lehrbeauftragte für Sozialpolitik Marie Baum (Mussgnug 1988).

3.1 Freiburg

Mit dem Jahr 1933 stand in Freiburg auch eine Nachfolgeentscheidung an; Karl Diehl hatte bereits im Jahr zuvor die Altersgrenze erreicht und wurde 1933 emeritiert, dennoch vertrat er zunächst noch für einige Semester seinen eigenen Lehrstuhl. Im Sommer 1933 diskutierte die Fakultät erstmals die Nachfolge. Die Berufungsliste sah – wieder einmal – Herbert von Beckerath an erster Stelle vor, daneben die Professoren Beckmann (Bonn-Poppelsdorf) und Erwin von Beckerath (Köln) sowie an dritter Stelle Adolf Lampe (StAF A5-Uni-78). Zu einer Berufung kam es jedoch nicht, da der »Führer« und Rektor der Universität Heidegger befand: »Meiner Überzeugung nach *sind* freilich die Volkswirtschaftslehrer, die unser Staat braucht, noch nicht da ...« (StAF, ebd., Hervorh. i. Orig.); überdies war unklar, ob die etatmäßigen Mittel ausreichten, um Herbert von Beckerath zu einem Wechsel nach Freiburg zu veranlassen, und so sollte der Lehrstuhl erst einmal durch einen der in Freiburg lehrenden Nicht-Ordinarien vertreten werden. Lampe forderte eine bevorzugte Berücksichtigung seiner Person bei der Vertretung und führte deswegen eine mehrjährige Auseinandersetzung mit Universität und Ministerium. Die von ihm gegen sich selbst und den Dekan der Fakultät angestrengten Disziplinarverfahren konnte die Universität durch Druck auf alle Beteiligten beilegen. Dabei hatte sich diese Auseinandersetzung längst von der eigentlichen Ursache verselbständigt, denn Rektor Heidegger befand keinen der Freiburger Nicht-Ordinarien für geeignet und entschied folglich, auf eine Lehrstuhlvertretung ganz zu verzichten. Der Rektor machte sich selbst auf die Suche nach einem jüngeren Kandidaten für den Lehrstuhl, die Schwierigkeit für ihn war jedoch, »daß die betreffenden Kandidaten allzusehr Theoretiker sind und nicht im Stande, unmittelbar vorwärtstreibend die heutigen Wirtschaftsfragen vor den Studenten aufzurollen.« (StAF, ebd.; Brief Heideggers an das Ministerium, 5. März 1934). Kurz darauf wurden die Verhandlungen mit Beckerath unter Hinweis auf die angespannten Staatsfinanzen abgebrochen, Diehl vertrat auch weiterhin seinen Lehrstuhl.

Weitere Berufungsverhandlungen entsprechend der Berufungsliste wurden nicht geführt; vielmehr reichten Rektor und Dekan (!) – die erste Berufungsliste war noch ein Fakultätsvorschlag gewesen – im Juli 1934 einen neuen Berufungsvorschlag beim Ministerium ein (StAF, ebd.). Nach dem Wunsch von Rektor und Dekan sollte mit dem Lehrstuhl der Leiter des Deutschen Instituts für nationalsozialistische Technische Arbeitsforschung in der Deutschen Arbeitsfront – kurz DINTA genannt – betraut werden. Es handelte sich dabei um einen »Oberingenieur« und »Dr-Ing. e.h.« namens Carl Arnhold, der ganz offensichtlich keinerlei wirtschaftswissenschaftliche Universitätsausbildung vorzuweisen hatte. Dieser Umstand schien die Beteiligten nicht weiter gestört zu haben. Man räumte allerdings ein, daß man dem Nicht-Ökonomen »kaum zumuten [könne], Studenten durch die theoretischen Vorlesungen (am wenigsten wohl die theoretische Nationalökonomie) in die Wirtschaftwissenschaften einzuführen« (StaF, ebd.); demzufolge war daran gedacht, den Lehrstuhl einfach auf »Berufspädagogik (vielleicht insbes. Industrieführer-Schulung) und Psychotechnik« umzubenennen. Durch die Absage Arnholds – der sich in seinem Institut als unabkömmlich betrachtete – blieb der Freiburger Universität die Umwidmung des angesehenen Diehlschen Lehrstuhles in einen Industrieführerschulungs-Lehrstuhl erspart. Rektor und Dekan scheinen eine Absage zumindest einkalkuliert zu haben, denn dem Plädoyer für Arnhold fügten sie eine – nun den akademischen Gepflogenheiten entsprechende – Berufungsliste bei, die Wilhelm von Bissing (Handelshochschule Königsberg), Rudolf Stucken (Jena), Hans Ritschl (Basel) und an vierter Stelle Erwin Wiskemann (Königsberg) nannte. Wiederum wurde keiner der Genannten berufen, es wurden auch keine Berufungsverhandlungen geführt, denn nun lehnte das Ministerium eine Wiederbesetzung ab. Die ursprünglich von Diehl eingenommene Planstelle wurde nun in Heidelberg zur Besoldung des aus Mannheim übernommenen Betriebswirtes Sommerfeld benötigt (Bollmus 1973, S. 90).

Als das Ministerium zu Beginn des Jahres 1937 die Stelle zur Wiederbesetzung freigab, waren seit der Emeritierung Diehls vier Jahre vergangen. Die neue Liste wurde nun wieder unter Beteiligung der Fakultät aufgestellt. Sie setzte Constantin von Dietze, Ordinarius in Berlin, an die erste Stelle, vor Erwin von Beckerath und dem Frankfurter Emil Wehrle. Dietze, dessen agrarökonomische Ausrichtung die Fakultät überzeugte, wurde kurze Zeit darauf berufen. Ganz im Gegensatz zu den vorangegangenen politisch motivierten Berufungsversuchen war Dietze unverdächtig, sich besondere Sympathien der nationalsozialistischen Machthaber erworben zu haben, er erhielt wegen seines kirchlichen Engagements in Berlin zeitweilig Lehrverbot, wurde 1937 von der Gestapo für kurze Zeit verhaftet und 1944 schließlich als Mitglied des »Freiburger Kreises« ins KZ eingeliefert (Kluge 1988; Dietze 1961).

Der Rechts- und Staatswissenschaftlichen Fakultät gehörten nunmehr die beiden Ordinarien Eucken und von Dietze sowie Lampe als Extraordinarius an. Trotz Versuchen der außerwissenschaftlichen Einflußnahme war ein politischer Zugriff auf die Freiburger Nationalökonomie verhindert worden. Auch die einzige nationalökonomische Habilitation in dieser Zeit, die von Leonhard Miksch, war frei von politischem Kalkül; Miksch war Schriftleiter bei der später verbotenen *Frankfurter Zeitung* und habilitierte sich 1938 in Freiburg. Nach dem Kriege wurde er dort für kurze Zeit als Nachfolger Lampes planmäßiger außerordentlicher Professor (StAF A5-Uni-137).

3.2 Heidelberg

Während in Freiburg die Berufungsentscheidung trotz Versuchen der Einflußnahme letztendlich frei von parteipolitischem Druck gehalten werden konnte, war Heidelberg völlig unter die Kontrolle der »Nationalsozialistischen Erneuerung« geraten. Zwei Faktoren waren dafür verantwortlich: Zum einen hatte der hohe Anteil vertriebener Nationalökonomen für freie Lehrstellen gesorgt, kritische Stimmen gehörten der Fakultät bereits nicht mehr an. Zum anderen ließ die Einverleibung der aufgelösten Handelshochschule Mannheim und die Einrichtung einer »Staats- und Wirtschaftswissenschaftlichen Fakultät« Berufungsentscheidungen auch ohne förmliches und akademisch übliches Berufungsverfahren zu. Im Sommer 1933 war Brinkmann der einzige nationalökonomische Ordinarius, Weber hatte sich bereits emeritieren lassen, das planmäßige Extraordinariat war vakant geblieben. Die Philosophische Fakultät, der die Nationalökonomen noch bis 1934 angehörten, wollte nur im Einzelfall Mannheimer Professoren übernehmen; jedoch wurde Ernst Schuster neben dem Betriebswirt Sommerfeld – beide waren bereits Honorarprofessoren in Heidelberg – ohne förmliches Berufungsverfahren bereits 1933 Ordinarius in Heidelberg (Bollmus 1973, S. 90). Haushaltsrechtlich wurde Schuster als Nachfolger auf Brinkmanns Extraordinariat geführt (Bollmus, ebd.), eine exakte Nachfolge läßt sich jedoch nicht feststellen, da im Zuge der Überleitung der Mannheimer Handelshochschule Stellen wegfielen, andere in einem »Ringtausch« nicht nur zwischen den Fakultäten, sondern auch zwischen Freiburg, Heidelberg und dem Karlsruher Polytechnikum umgewidmet wurden (ebd. S. 74ff., S. 90f.). Insgesamt wurde die Zahl der Lehrstühle reduziert, in Heidelberg lehrten von nun an zwei volkswirtschaftliche und ein betriebswirtschaftlicher Ordinarius sowie ein Extraordinarius für Betriebswirtschaft. Ernst Schuster lehrte in Heidelberg bis zu seiner Entlassung nach Kriegsende, dagegen erhielt Brinkmann 1942 einen Ruf nach Berlin.

Zu diesem Zeitpunkt hatte bereits der Reichsminister für Wissenschaft, Erziehung und Volksbildung (REM) jede Lehrstuhlbesetzung in Deutschland von seiner Zustimmung abhängig gemacht. Er beschränkte sich dabei nicht auf ein Veto, sondern machte durchaus auch eigene Vorschläge. So ersuchte er unmittelbar nach Brinkmanns Weggang die Fakultät, den in Aarhus/Dänemark lehrenden »Professor im Reichsdienst« Erich Schneider bei der Berufungsentscheidung zu berücksichtigen, den besonders der Reichswirtschaftsminister auf dem Heidelberger Lehrstuhl sehen wollte (UAH H-VI-551). Obwohl die Hochschulautonomie zu diesem Zeitpunkt nicht einmal mehr auf dem Papier bestand, verwahrte sich die Fakultät und ganz besonders Ernst Schuster gegen diese Einmischung. An Schneider störte ihn insbesonders, daß er zur »Gruppe der mathematischen Ökonomen« gehöre, diese Gruppe habe sehr wenig Anhänger und »wird sich in Deutschland auch nie durchsetzen können« (UAH, ebd.). Wenn schon ein formal-orientierter Ökonom berufen werden solle, so sei Walter Waffenschmidt, a.o. Professor in Heidelberg, zu bevorzugen.

Der Fakultätsausschuß, der sich am 4. Juli 1942 mit der Berufung zu befassen hatte, ging auf die Aufforderung des REM in keiner Weise ein, er nannte vielmehr Auslandserfahrung als entscheidendes Berufungskriterium und stellte eine Liste mit Fick (Kiel) und Mackenroth (Straßburg) an der ersten Stelle sowie Preiser (Jena) und Weigmann (Berlin) an den folgenden Stellen auf (UAH H-VI-551). Dem eigentlichen Berufungsvorschlag waren umfangreiche Gutachten auswärtiger Wissenschaftler beigefügt, wobei dem ideologischen Zeitgeist in stärkerem Maße als etwa in Freiburg Rechnung getragen wurde. Durchweg positiv wurde die »Einbeziehung der antiliberalen Position« (Gutachten Jechts über Mackenroth, UAH, ebd.) beurteilt. Außerhalb der Liste äußerte sich der Fakultätsausschuß zu Waffenschmidt und zu dem in Heidelberg habilitierten Göttinger Professor Wendt. In den für die damalige Zeit typischen Kompetenzunklarheiten änderte der Dekan den Fakultätsvorschlag ab und setzte Waffenschmidt und Wendt an die dritte Stelle. Dies veranlaßte das Ministerium jedoch, die Berufungsliste der Universität zurückzugeben, da nun mit Waffenschmidt ein formal orientierter Ökonom berücksichtigt wurde, nicht jedoch der von Berlin gewünschte Erich Schneider. Der Rektor schlug daraufhin dem Dekan vor, mit Blick auf die früher bestehenden drei volkswirtschaftlichen Lehrstühle und die verwaiste

Gothein-Professur nicht nur für einen, sondern gleich für zwei Lehrstühle Berufungslisten aufzustellen und dabei einen mit dem »vom Reichserziehungsminister, Reichswirtschaftsminister und auch von mir gewünschten Professor Schneider-Aarhus zu besetzen« (UAH, ebd.). Die Fakultät beriet darüber und protestierte zunächst einmal gegen die Änderung des ursprünglichen Fakultätsvorschlags durch den Dekan; welche Rechte dem Dekan und welche der Fakultät zukamen, schien den Beteiligten selbst nicht klar zu sein (UAH, ebd.).

Für den neu zu schaffenden Lehrstuhl wurden außer Schneider die Professoren Preiser (Jena), Weigmann (Berlin) und Rittershausen (Breslau) vorgeschlagen. Die Berufungsliste für die Brinkmann-Nachfolge wurde erst vier Wochen später am 29.11.1942 diskutiert. Dabei stellte der Dekan zunächst einmal Grundsätze für die Berufung auf. In fünf Punkten formulierte er, der Kandidat müsse auf dem Boden der nationalsozialistischen Weltanschauung stehen, dies müsse sowohl in seiner fachlichen Arbeit zum Ausdruck kommen wie auch in aktivem Engagement im NS-Dozentenbund. Bei »fachlich und menschlich gleich qualifizierten Bewerbern (sei) derjenige zu bevorzugen ..., der sich am besten als Soldat bewährt hat« (UAH, ebd.). Auf dieser Grundlage schlug der Dekan vor, Jecht (Berlin) an die erste Stelle zu setzen und im weiteren Bechtel (München) und Rath (Göttingen) vorzuschlagen. Schuster, nunmehr einziger Fachvertreter in der Fakultät, wandte sich gegen den Dekanvorschlag, der ganz offensichtlich politische Kriterien an vorderste Stelle setzte. Besonders Rath galt als einer der profiliertesten nationalsozialistischen Professoren, dessen wissenschaftliche Karriere zumindest teilweise durch sein Engagement in der NSDAP gefördert wurde (Groß 1987, S. 154, passim). Auch die beiden anderen Kandidaten, die ebenso wie Rath erst nach 1933 einen Lehrstuhl erhalten hatten (Hochschullehrer 1938, S. 13, 105, 189), galten Schuster als ungeeignet. Schuster bemängelte dabei nicht nur fehlende wissenschaftliche Eignung der Kandidaten, sondern kritisierte auch kaum verhohlen, daß mit dieser Berufungsliste versucht werden sollte, politisch genehme Professoren durchzusetzen (Protokoll Fakultätsausschuß 29.11.1942; UAH H-VI-551). Er konnte sich im Fakultätsausschuß jedoch nur teilweise durchsetzen; statt des Wirtschaftshistorikers Bechtel wurden nun Fick und Schmölders an die zweite Stelle gesetzt, ansonsten blieb die Liste unverändert. Die Fakultät, welche die nationalsozialistische Betätigung aller vier Professoren hervorhob, drängte auf eine Berufung des an erster Stelle vorgeschlagenen Horst Jecht. Jecht wurde dann auch zum 1. Oktober

1943 nach Heidelberg berufen (UAH B-3099-Jecht). Dagegen lehnte das Ministerium die Schaffung eines neuen Lehrstuhles während des Krieges ab.

3.3 Tübingen

Das Jahr 1933 fiel mit der Emeritierung von Carl Fuchs zusammen, jedoch wurde dieser Lehrstuhl nicht wiederbesetzt, sondern in einen Lehrstuhl für deutsche Volkskunde umgewandelt (UAT 205/42) – für das ideologisch offensichtlich schwer einzuordnende Fach Volkswirtschaftslehre schienen die zwei Ordinariate mit Teschemacher und Lukas ausreichend.

Zu einer Neubesetzung an der wirtschaftswissenschaftlichen Abteilung der Rechts- und Staatswissenschaftlichen Fakultät kam es infolge des Weggangs von Eduard Lukas. Auch hier versuchte der REM, die Personalentscheidung ohne Beteiligung der Fakultät zu lösen (UAT 251/121). Offenbar wollte er damit eine völlige Aufhebung jeglicher Hochschulautonomie herbeiführen. In einer mit Berufung überschriebenen Anordnung hieß es: »Der Reichsminister für Wissenschaft, Erziehung und Volksbildung hat Herrn Dr. Walter Taeuber mit der Vertretung des freigewordenen Lehrstuhls beauftragt.« (UAT 251/121). Die Fakultät wehrte sich heftig dagegen, diese Oktroyierung als endgültige Berufung anzusehen. Seitens der Fakultät wurde vor allem argumentiert, daß Taeuber in erster Linie Historiker sei und deshalb für den Tübinger Lehrstuhl nicht in Frage komme. Dieses Argument schien auch das Ministerium zu überzeugen. Weiterer Druck wurde u.a. seitens des Rektors ausgeübt, den Breslauer Extraordinarius Nöll von der Nahmer zu berufen (UAT 251/150, Schr. Teschemachers an Großhessisches Staatsministerium 14.12.1946; UAT 205/43). »Gegen diesen Druck und gegen den NS-Dozentenbund« (Teschemacher, ebd.) konnte die Fakultät den Erlanger Professor Hero Moeller durchsetzen. In Ermangelung weiterer Lehrstühle kam es zu keiner weiteren Berufungsangelegenheit in dieser Zeit. Andererseits hatte die Wirtschaftswissenschaftliche Abteilung auch keine Entlassungen oder Vertreibungen zu beklagen. Dies heißt jedoch nicht, daß alle Dozenten der Volkswirtschaftslehre bei den Berliner und Stuttgarter Machthabern besonders gut angesehen waren. Teschemacher, der als Student der SPD angehört hatte, wurde vom Dozentenschaftsleiter als ein »liberalistischer Kapitalist reinster

Sorte« bezeichnet (UAT 126/686) – kein Kompliment in der damaligen Zeit, jedoch auch nicht ausreichend für weitergehende Konsequenzen.

Anders dagegen bei dem Privatdozenten Hans Peter, dem – ohne jede Verbrämung – aus politischen Gründen die akademische Laufbahn versperrt wurde. Das REM schrieb bereits am 5. September 1935 an den Dekan der Tübinger Fakultät, »daß die Ablehnung des Professorentitels für den Dozenten Dr. Peter aus politischen Gründen erfolgte.« (UAT 251/131). Peter blieb jedoch zunächst Assistent am Wirtschaftswissenschaftlichen Seminar. Rektor und Obmann der Abteilung versuchten, Peter mit der Vertretung einer auswärtigen Professur zu betrauen, scheiterten aber am anhaltenden Widerstand des REM, das Peter keinesfalls als Professor akzeptieren wollte. Am 22. Juni 1938 teilte das REM dem Dekan mit, daß es erforderlich sei, »Dr. Peter in persönlicher Rücksprache die Ergreifung eines anderen Berufes nahezulegen«. Peter, der daraufhin eine Stelle im Reichswirtschaftsministerium annahm, wurde erst 1942 zum nicht-beamteten außerplanmäßigen Professor ernannt. Noch 1939 war ein Gesuch der Fakultät, Peter zum »Dozenten neuer Ordnung« zu ernennen, seitens des Ministeriums abgelehnt worden (UAT, ebd.).

4. Ausblick: Entwicklung nach 1945

Bei Kriegsende waren zunächst einmal alle drei Universitäten geschlossen worden. Als im Laufe des Jahres 1946 der Vorlesungsbetrieb wieder aufgenommen wurde, befanden sich die drei Hochschulen in zwei unterschiedlichen Besatzungszonen, zudem unterstand jede Universität einer eigenen deutschen Administration. In unterschiedlichem Ausmaß hatten die Besatzungsmächte versucht, politisch belastete Professoren von den Universitäten zu entfernen.

Am deutlichsten fiel die politische Reinigung in Heidelberg aus: Sämtliche nationalökonomische Professoren wurden entlassen; unter maßgeblicher Beteiligung von Alfred Weber, der sich 77jährig reaktivieren ließ, und Walter Waffenschmidt wurde die Vereinigung mit der Handelshochschule Mannheim rückgängig gemacht.

Waren in Heidelberg alle Dozenten von den Besatzungsmächten als politisch untragbar eingestuft worden, gab es in Freiburg und in Tübingen nur wenige, die sich zum nationalsozialistischen Regime bekannt hatten. Dennoch nahm die französische Militärregierung Suspensionen und Entlassungen vor. In Freiburg wurde Adolf Lampe, der zunächst von der französischen Militärverwaltung als unverdächtig eingestuft wurde, mit Lehrverbot belegt und kurzfristig inhaftiert. Die französische Administration nahm besonders an einer von Lampe 1938 veröffentlichten Wehrwirtschaftslehre Anstoß (Lampe 1938). Andererseits war Lampe – besonders in den letzten Kriegsjahren – gewiß kein Freund der Nationalsozialisten, seine Beteiligung am »Freiburger Kreis« (Kluge 1988; Blumenberg-Lampe 1973) brachte ihm 1944 Gefängnis- und KZ-Haft ein. Die Verhaftung Lampes durch die französische Militärregierung stieß auf allgemeine Entrüstung, besonders bei seinen Freiburger Kollegen – Lampe wurde kurze Zeit später auch von den französischen Behörden rehabilitiert.

In Tübingen fiel dagegen Hero Moeller unter ein formelles Entlassungskriterium, er war Funktionsträger im Nationalsozialistischen Kraftfahrer-Korps (NSKK) gewesen. Moeller, der 1938 gegen den Widerstand des NS-Dozentenbundes nach Tübingen berufen worden war, war über seine Entlassung 1946 im höchsten Maße entrüstet. Er fühlte sich – besonders wegen seiner Kontakte zu dem hingerichteten Jens Jessen – als ausgesprochener Gegner der Nationalsozialisten und zu Unrecht von den französischen Besatzungsbehörden verfolgt. Auch Moellers Kollege Teschemacher sowie der Tübinger Jurist und Staatsrat Carlo Schmid stellten Moeller positive Zeugnisse aus (UAT 193/801). Dennoch mußte Moeller auf seinen Lehrstuhl verzichten und wurde erst 1949 durch die Spruchkammer entlastet (UAH, ebd.). Sein Lehrstuhl war indessen anderweitig besetzt worden – mit Carl Brinkmann. Nach seiner Rehabilitierung erhielt Moeller 1951 als Nachfolger des zwischenzeitlich emeritierten Teschemacher wieder ein Ordinariat in Tübingen.

5. Fazit

Eingangs war nach Regelmäßigkeiten bei der Besetzung nationalökonomischer Lehrstühle gefragt worden. Mit der Einschränkung, daß hier nur drei von damals über zwanzig deutschen Universitäten untersucht wurden, läßt sich folgendes feststellen:

- Zu Beginn dieses Jahrhunderts dominierten Vertreter der Historischen Schule auf den nationalökonomischen Ordinariaten. Das heißt jedoch nicht, daß wissenschaftliche Außenseiter völlig chancenlos geblieben wären.
- Während in Freiburg und mit Einschränkung auch in Tübingen eine eher konservative Lehr- und Forschungsatmosphäre herrschte – was sich auch in den Berufungsentscheidungen bemerkbar machte –, war Heidelberg in der Zeit zwischen den Weltkriegen eine im wesentlichen liberal geprägte Universität und Fakultät, welche auch Wissenschaftlern eine Chance bot, die aufgrund ihrer Abstammung oder ihrer politischen Einstellung an sonst kaum einer Hochschule unterkamen (Gumbel, Marschak, eingeschränkt gilt dies auch für Salz, Lederer und Mannheim).
- Auch das liberal geprägte Heidelberg und die liberale Professorenschaft konnten oder wollten nicht verhindern, daß bereits vor der Machtergreifung durch die Nationalsozialisten in einem Fall aus rein politischen Gründen die Venia entzogen wurde.
- Die Hochschulautonomie mußte zu allen Zeiten gegen Versuche der politischen Vereinnahmung verteidigt werden. Unterschiedlich ausgeprägt war der Grad an Widerstandsbereitschaft. Während zur Zeit der Weimarer Republik Versuche politischer Einflußnahme entschieden zurückgewiesen wurden (in Heidelberg: Brauer, Gumbel), zeigte sich naturgemäß nach 1933 eine weitaus größere Anpassungsbereitschaft.
- In sehr unterschiedlichem Ausmaß veränderte sich die Berufungspolitik nach 1933. Während in Tübingen und in Freiburg – trotz Versuchen der Einflußnahme – eher Kontinuität herrschte, vollzog sich in Heidelberg eine totale Umkehr der bisherigen Berufungspolitik. Die demokratisch gesinnten Ökonomen mußten die Universität verlassen, die neue »Staats- und Wirtschaftswissenschaftliche Fakultät« galt als besonders angepaßt.
- Trotz – oder gerade wegen – unklarer Kompetenzverteilung zwischen den staatlichen Behörden, Parteibehörden und Hochschulen verblieb den Hochschulen auch nach 1933 ein gewisser Spielraum bei der Besetzung von Lehrstühlen. Zwar verzichteten Partei und staatliche Stellen kaum auf eine auch unverhohlene Einflußnahme, dennoch zeigen die Beispiele von Freiburg und Tübingen, daß ein geschlossenes Vorgehen der Fakultät nationalsozialistische Wunschkandidaten verhindern konnte. Die Heidelberger Berufungsangelegenheit zeigt, daß die nationalsozialistische Gleichschal-

tung dort in besonderem Maße durchgegriffen hatte, so daß ein Bekenntnis zum nationalsozialistischen Staat oberstes Berufungskriterium wurde. Andererseits zeigt die Diskussion innerhalb dieser weitgehend gleichgeschalteten Fakultät auch, daß einzelne Hochschullehrer trotz grundsätzlicher Loyalität keineswegs bereit waren, ihren wissenschaftlichen Standpunkt vollkommen ideologischen Momenten unterzuordnen.

Literatur

Adam, U. D. (1977): Hochschule und Nationalsozialismus. Die Universität Tübingen im Dritten Reich, Tübingen.

Biesenbach, F. (1968): Die Entwicklung der Nationalökonomie an der Universität Freiburg i.Br. 1768-1896, Freiburg.

Blumenberg-Lampe, C. (1973): Das wirtschaftspolitische Programm des Freiburger Kreises, Berlin.

Bollmus, R. (1973): Handelshochschule und Nationalsozialismus. Das Ende der Handelshochschule Mannheim und die Vorgeschichte der Errichtung einer Staats- und Wirtschaftswissenschaftlichen Fakultät an der Universität Heidelberg 1933/34, Meisenheim.

Born, K. E. (1967): Geschichte der Wirtschaftswissenschaften an der Universität Tübingen 1817-1967, Tübingen.

Brintzinger, K.-R. (1996): Die Nationalökonomie an den Universitäten Freiburg, Heidelberg und Tübingen 1918-1945. Eine institutionenhistorische, vergleichende Studie der wirtschaftswissenschaftlichen Fakultäten und Abteilungen südwestdeutscher Universitäten, Frankfurt.

Busch, A. (1959): Die Geschichte des Privatdozenten. Eine soziologische Studie zur großbetrieblichen Entwicklung der deutschen Universitäten, Stuttgart.

Dietze, C. von (1957): Die Wirtschafts- und Sozialwissenschaften an der Universität Freiburg in den ersten Jahrzehnten des zwanzigsten Jahrhunderts, in: Wolff, S. 81-94.

Dietze, C. von (1961): Die Universität Freiburg im Dritten Reich, in: Mitteilungen der List-Gesellschaft, Heft 3, S. 95-105.

Giovannini, N. (1985): Die Kommilitonen von Ernst Toller, Carl Zuckmayer, Joseph Goebbels und Golo Mann, in: Karin Buselmeier et al. (Hrsg.), Auch eine Geschichte der Universität Heidelberg, Mannheim, S. 195-210.

Groß, M. (1987): Die nationalsozialistische »Umwandlung« der ökonomischen Institute, in: Heinrich Becker et al. (Hrsg.), Die Universität Göttingen unter dem Nationalsozialismus, München u.a., S. 142-168.

Haacke, C. (1927): Die wirtschafts- und sozialwissenschaftliche Lehrtätigkeit an den deutschen Universitäten 1913-14 und 1924-25, Diss. Köln.

Hagemann, H. (1991): Learned Journals and the Professionalization of Economics: The German Language Area, in: Economic Notes by Monte dei Paschi di Siena: Vol 20.n 1-1991, S. 35-57.

Hentschel, V. (1988): Die Wirtschaftswissenschaften als akademische Disziplin an der Universität Heidelberg (1822-1924), in: Waszek 1988, S. 192-232.

Hesse, A. (1959): Diehl, Karl, in: Handwörterbuch der Sozialwissenschaften, Bd. 2, Stuttgart u.a., S. 590-591.

Hochschullehrer (1938): Institut für angewandte Wissenschaft (Hrsg.); Die wirtschaftswissenschaftlichen Hochschullehrer an den reichsdeutschen Hochschulen. Werdegang und Veröffentlichungen, Stuttgart u.a.

Jansen, C. (1991): Emil Julius Gumbel. Portrait eines Zivilisten, Heidelberg.

Kettler, D. et al. (1984): Mannheim und der Konservatismus. Über die Ursprünge des Historismus. in: diess. (Hrsg.), Karl Mannheim – Konservatismus. Ein Beitrag zur Soziologie des Wissens, Frankfurt/Main, S. 11-39.

Kluge, U. (1988): Der »Freiburger Kreis« 1938-1945. Personen, Strukturen und Ziele kirchlich-akademischen Widerstandsverhaltens gegen den Nationalsozialismus, in: Freiburger Universitätsblätter Heft 102.

Krohn, C.-D. (1981): Wirtschaftstheorie als politisches Interesse. Die akademische Nationalökonomie in Deutschland 1918-1933, Frankfurt.

Krüger, D. (1983): Nationalökonomen im wilhelminischen Deutschland, Göttingen.

Liefmann-Keil, E. (1957): Über die Entwicklung der Wirtschafts- und Sozialwissenschaften im neunzehnten Jahrhundert, in: Wolff 1957, S. 47-66.

Lampe, A. (1938): Allgemeine Wehrwirtschaftslehre, Jena.

Lowe, A. (1968): Nachruf für Eduard Heimann, in: Zeitschrift für die gesamte Staatswissenschaft, Bd. 124, S. 209-211

Marcon, H./Eberl, I. (Bearb.) (1984): 150 Jahre Promotionen an der Wirtschaftswissenschaftlichen Fakultät der Universität Tübingen. Biographien der Doktoren, Ehrendoktoren und Habilitierten 1830-1980 (1984), Stuttgart.

Mussgnug, D. (1988): Die vertriebenen Heidelberger Dozenten. Zur Geschichte der Ruprecht-Karls-Universität nach 1933, Heidelberg.

Preußische Statistik (1908) Bd. 204, S. 74ff.
Priddat, B./Rosenfeld, M. (1991): Finanzwissenschaft in Hamburg 1933-1945, in: E. Krause et al. (Hrsg.), Hochschulalltag »im Dritten Reich«. Die Hamburger Universität 1933-1945, Berlin u.a., S. 981ff.
Rehberger, H. (1966): Die Gleichschaltung des Landes Baden 1932/33, Heidelberg.
Röder, W./Strauss, H.A. (Hrsg.) (1980): Biographisches Handbuch der deutschsprachigen Emigration nach 1933, Bd. I, München u.a.
Schröder, O. (Hrsg.) (1926): Aufnahme und Studium an den Universitäten Deutschlands, Halle.
Schumpeter, J. (1908): Das Wesen und der Hauptinhalt der theoretischen Nationalökonomie, Leipzig.
Tribe, K. (1988): Die »Kameral Hohe Schule zu Lautern« und die Anfänge der ökonomischen Lehre in Heidelberg (1774-1822), in: Waszek 1988, S. 162-191.
Waszek, N. (Hrsg.) (1988): Die Institutionalisierung der Nationalökonomie an deutschen Universitäten, St. Katharinen.
Wilbrandt, R. (1947): Ihr glücklichen Augen. Lebenserinnerungen, Stuttgart.
Winkel, H. (1977): Die deutsche Nationalökonomie im 19. Jahrhundert, Darmstadt.
Wolff, H. J. (Hrsg.) (1957) : Aus der Geschichte der Rechts- und Staatswissenschaften zu Freiburg i.Br., Freiburg.

Akten der Universitätsarchive Freiburg (UAF), Heidelberg (UAH), Tübingen (UAT), des Generallandesarchives Karlsruhe (GLA) und des Staatsarchives Freiburg (StAF); die Faszikelnummern sind jeweils im Text angegeben.

Anhang: Lehrstuhlbesetzungen

Heidelberg

	(1)	(2)	(3)
bis 1898	Karl Knies		
1897-1903	Max Weber		
1900-1907		Karl Rathgen	
1903-1923	Eberhard Gothein		
1907-1933		Alfred Weber	
1920			Emil Lederer
1923-1931	Emil Lederer		Carl Brinkmann
1931-1942	Carl Brinkmann		
außerdem:	*Gothein-Gedächtnis-Professur*		
1924-1927	Edgar Salin		
1932-1936	Arnold Bergstraesser		
Staats- und Wirtschaftswissenschaftliche Fakultät (1934-1945)			
			(3a)
1931-1942	Carl Brinkmann		
1933 em.		Alfred Weber	
1934-1945/46 (aus Mannheim)			Ernst Schuster
1943-1945/46	Horst Jecht		

Freiburg

	(4)	(5)	(6)
1897-1908	Carl Fuchs		
1893-1923		Gerhard v. Schulze-Gaevernitz	
1908-1933	Karl Diehl		
1923-1926		Goetz Briefs	
1926-1948			Adolf Lampe
1926-1950		Walter Eucken	
1937-1959	Constantin v. Dietze		

Tübingen

	(7)	(8)	(9)
1908-1933	Carl Fuchs		
1908-1929		Robert Wilbrandt	
1912-1921			Ludwig Stephinger
1921-1925			Herbert v. Beckerath
1925-1927			Walter Eucken
1927-1938			Eduard Lukas
1938-1946			Hero Moeller
1929-1951			Hans Teschemacher

(1) Ordinariat für Staatswissenschaften; ab 1897 für Nationalökonomie und Finanzwissenschaft
(2) Ordinariat für Nationalökonomie und Finanzwissenschaft, ab 1926 auch Soziologie
(3) Extraordinariat für Sozialpolitik, ab 1923 für Nationalökonomie
(3a) Ordinariat für Volkswirtschaftslehre
(4) Ordinariat für Nationalökonomie und Finanzwissenschaft, ab 1937 für Volkswirtschaftslehre und Finanzwissenschaft
(5) Extraordinariat für Volkswirtschaftslehre, ab 1896 Ordinariat
(6) Extraordinariat für Volkswirtschaftslehre und Finanzwissenschaft, ab 1945 Ordinariat
(7) Ordinariat für Volkswirtschaftslehre und Finanzwissenschaft (I)
(8) Ordinariat für Volkswirtschaftslehre und Finanzwissenschaft (II)
(9) Extraordinariat für Volkswirtschaftslehre und Statistik, ab 1921 Ordinariat

Hans G. Nutzinger[1]

Alfred Weber als Vertreter der »inneren Emigration«

1. Stationen in Alfred Webers Leben

Alfred Weber, der jüngere Bruder Max Webers, wurde am 30.7.1868 als zweiter Sohn des nationalliberalen Politikers Max Weber und seiner aus liberalem evangelischen Hause stammenden Frau Helene, geb. Fallenstein, in Erfurt geboren.[2] Er begann 1888 in Tübingen das Studium der Kunstgeschichte und der Archäologie, ab 1890/91 studierte er Jura und Nationalökonomie an der Universität Berlin. Er promovierte 1897 bei Gustav Schmoller über das Thema »Hausindustrielle Gesetzgebung und Sweating-System in der Konfektionsindustrie« und habilitierte sich 1899 an der Universität Berlin für das Fach Volkswirtschaftslehre. 1904 wurde er Professor an der Prager Karls-Universität.

Seit 1907 lehrte Alfred Weber an der Heidelberger Ruprecht-Karls-Universität, und zwar fast bis zu seinem Tode am 2.5.1958. Allerdings gab es hierbei eine für unsere Thematik bedeutsame Unterbrechung seiner Lehr-, nicht jedoch seiner Forschungstätigkeit in den Jahren 1933 bis 1945. Er leitete das Heidelberger »Volkswirtschaftliche Seminar«, das nachmalige »Institut für Sozial- und Staatswissenschaften«

---

[1] Prof. Dr. Richard Bräu (Ernst-Moritz-Arndt-Universität Greifswald) und Dr. Wolfgang Köstlin (Alfred Weber-Institut der Universität Heidelberg) bin ich für vielfältige Unterstützung bei der Abfassung dieses Aufsatzes zu besonderem Dank verpflichtet. Weiterhin danke ich Frau Monika Altgeld (Alfred Weber-Institut der Universität Heidelberg), Prof. Dr. Heinz Markmann (Heidelberg, ehemals WSI Düsseldorf) und Prof. Dr. Wolfgang Schluchter (Institut für Soziologie der Universität Heidelberg) für wertvolle Hilfe und Anregungen.

[2] Vgl. Bergstraesser (1961, S. 554). – Bergstraessers HDSW-Artikel gibt immer noch einen guten ersten Überblick über Leben und Werk Alfred Webers.

(»Insosta«), das nach dem Zweiten Weltkrieg (am 13.11.1948) den Namen »Alfred-Weber-Institut für Sozial- und Staatswissenschaften« erhielt. Er lehrte und publizierte über verschiedene Fragen der Nationalökonomie, zunächst insbesondere der Hausindustrie und der industriellen Standortlehre, später des freiheitlichen Sozialismus. Im Laufe seines Lebens wandte sich Alfred Weber immer mehr den Fragestellungen, ja sogar dem Entwurf einer umfassenden Kultursoziologie zu; letztere verstand er als eine universelle, auch die Geschichte mit einschließende Sozialwissenschaft.

2. *Alfred Weber in der Zeit bis 1933*

Alfred Weber gehörte, wie sein Bruder Max und auch Werner Sombart, zu den sozialpolitisch engagierten »Jüngeren« im Verein für Sozialpolitik, die Gustav Schmoller nach den Kontroversen auf einem Kongreß des Vereins in Wien (1909) einmal als »Sauerteig und Belebung unserer Tagungen«[3] bezeichnete. Nicht nur bei dieser Tagung, die der Kulturgemeinschaft des Wilhelminischen Reiches mit der Donaumonarchie gewidmet war, standen die Brüder Max und Alfred Weber unbestritten im Mittelpunkt des Interesses, und das gegenüber so illustren Persönlichkeiten aus Wissenschaft und Politik wie Schmoller, Brentano, Sombart und Friedrich Naumann. Wie auch auf anderen Kongressen des Vereins für Sozialpolitik (vgl. Krüger 1988 und Demm 1988) kam es hierbei zu heftigen Auseinandersetzungen

---

[3] Das ausführliche Zitat findet sich in einem von Salin (1958, S. 323) auszugsweise wiedergegebenen Brief von Gustav Schmoller an Arthur Spiethoff vom 15. Oktober 1909: »Interessant wäre mir auch, von Ihnen zu hören, wie die Webers das Resultat von Wien ansehen. Bei allen rechts Stehenden ist die Entrüstung über die Webers groß. Ich kann sie nicht teilen. Sie sind mal nervenkrank; aber sie sind der Sauerteig und die Belebung unserer Tagungen; sie sind ehrliche Leute und ganz große Talente. Allerdings wirken sie auch als Sprengmittel für unsern Verein, den man aber *meo voto* doch so lange als möglich zusammenhalten muß. Scheiden wir uns, so wird der linke Flügel ein Rumpf von radikalen Offizieren ohne Armee, der rechte ein Haufen Unteroffiziere; beide ohne Macht und Einfluß, die wir durch unser Zusammensein noch immer haben«. – Zu Unrecht wird hier übrigens, wie Salin (loc. cit) bemerkt, Alfred Weber in einer Art Analogieschluß eine depressive Erkrankung unterstellt, unter der nur sein Bruder Max litt (»Sie sind mal nervenkrank ...«).

zwischen den »Älteren« und den »Jüngeren« im Verein. Marianne, die Frau Max Webers, berichtete darüber:

> »Leider habe ich Alfreds Rede versäumt. Die Alten waren entsetzt, aber die Jungen begeistert. Sie erquicken sich an dem Temperament und Pathos, in dem sich ja die Brüder so ähnlich sind« (zit. nach Salin 1958, S. 323).

Die zentralen sozialpolitischen Fragestellungen des Vereins werden auch in Alfred Webers frühen Publikationen angesprochen; diese beschäftigen sich hauptsächlich mit den Arbeits- und Entlohnungsbedingungen, vor allem in der Konfektionsindustrie, wobei es Alfred Weber besonders um eine gesetzliche Beschränkung der »Heimarbeit« oder der »Hausindustrie« ging. Seine akademische Antrittsvorlesung (1901) war dem Thema »Die volkswirtschaftliche Aufgabe der Hausindustrie« gewidmet. Sein wohl wichtigster Beitrag zur Wirtschaftstheorie ist die 1909 publizierte *Reine Theorie des Standorts*, deren zweite überarbeitete Auflage 1922 erschien; dieser Entwurf einer theoretischen Begründung des »Standorts der Industrien« machte Alfred Weber weithin bekannt. In späteren Arbeiten wandte er sich zunehmend dem Entwurf einer umfassenden Kultursoziologie zu, in die auch Fragen der »Lebensphilosophie«, des Verlaufs der Geschichte und insbesondere auch der menschlichen Entwicklung einbezogen wurden.

Alfred Weber war einer der führenden Gelehrten der Heidelberger Philosophischen Fakultät und trug bei vielen Gelegenheiten durch sein mutiges Eintreten für die Freiheit der Wissenschaft – so etwa bei den Auseinandersetzungen um den pazifistischen, vehement von rechts bekämpften Privatdozenten für Statistik Emil Julius Gumbel[4] – zu dem liberalen Erscheinungsbild der Ruprecht-Karls-Universität in der Weimarer Zeit bei. Seine Veranstaltungen wurden von Studenten aller politischen Richtungen besucht, und auch bei der Wahl seiner Assistenten verfuhr er ungewöhnlich liberal.[5]

---

[4] Zu den inner- und außeruniversitären Auseinandersetzungen um Gumbel und der dabei von Alfred Weber wahrgenommenen Rolle siehe die umfassende Darstellung von Jansen (1991). Vgl. auch Wolgast (1992). – Einen guten, durch persönliches Erleben geprägten Einblick in das Heidelberger hochschulpolitische und intellektuelle Umfeld der Jahre 1929-1933 mit einigen Bezügen zu Alfred Weber und Emil Julius Gumbel gibt auch Golo Mann (1986), bes. in den Kapiteln »Heidelberg«, »Karl Jaspers« und »Heidelberg in der Krise«.

[5] Vgl. dazu die Erinnerungen von Norbert Elias (1990): »Zu Alfred Weber, dessen Assistent damals, wenn ich mich recht entsinne, Arnold Bergstraesser war,

3. Der Konflikt des Jahres 1933[6]

Ähnlich wie sein bereits 1920 verstorbener Bruder Max Weber hatte sich Alfred Weber schon früh für die Demokratie und nach dem Ende des Ersten Weltkriegs konkret für die Weimarer Republik eingesetzt. Zum Zeitpunkt der nationalsozialistischen »Machtergreifung« war er nahezu 65 Jahre alt und genoß in der Wissenschaft allgemein wie auch an seiner Universität hohe Achtung; er stand kurz vor seiner Emeritierung. In unmittelbaren Konflikt mit den Nationalsozialisten brachte Alfred Weber sich durch einen Offenen Brief an den Heidelberger Oberbürgermeister Karl Neinhaus – erschienen am 7. März 1933 im *Heidelberger Tageblatt* –, in dem er sich gegen die am Tag zuvor aus Anlaß des nationalsozialistischen Erfolges bei den Reichstagswahlen vom 5. März durchgeführte und von der Stadtverwaltung tolerierte Hissung der Hakenkreuzfahne auf dem Rathaus wandte. Damit machte er sich und das von ihm geleitete »Insosta« zum unmittelbaren Angriffsziel nationalsozialistischer Attacken: Das Institut für Sozial- und Staatswissenschaften wurde alsbald im NS-Kampfblatt *Die Volksgemeinschaft* vom 10.3.1933 als »Brutherd antideutscher Gesinnung« bezeichnet, Alfred Weber selbst wurde in übler Weise angepöbelt: »Weber mag im Kreise gewisser Juden als Kapazität gelten,

---

gingen Studenten aller politischen Schattierungen, die rechtesten Rechten miteingeschlossen, aber doch, wenn ich mich nicht täusche, mit Ausnahme der linkesten Linken« (S. 124f.). – »Auch vereinzelte Nationalsozialisten gab es in der jungen akademischen Rechten. Unter ihnen war ein Assistent Alfred Webers. Als Liberaler war Alfred Weber seiner tief verwurzelten Überzeugung und seinen Prinzipien nach (wenn auch nicht immer seinem leidenschaftlichen Temperament nach, das durch die Kontrollen hindurchschimmerte) tolerant. Er hätte auch einen Kommunisten als Assistenten eingestellt, wenn dieses Problem an ihn herangetreten wäre. Wieviel Selbstüberwindung ihn das auch gekostet hätte: das Prinzip der Toleranz hätte es ihm geboten, und er meinte es damit ernst. Daß er einen Juden unter seine Habilitanden aufnahm, war ein Ausdruck derselben Haltung. Dieselbe Überzeugung gebot ihm, einen Nationalsozialisten unter seine Assistenten aufzunehmen. Man wußte damals noch kaum, welche Saat da einmal aufgehen würde, und als sie aufging, stemmte er sich ihr entgegen, mutig und vergebens. Zuvor, in den späten zwanziger Jahren, stellte er sich jedenfalls als liberaler Professor die Aufgabe, in exemplarischer Weise Toleranz zu zeigen. Seiner Qualität nach verdiente der junge Nationalsozialist die Assistentenstelle, genauso wie der jüdische Elias die Habilitationszusage verdiente. Warum also nicht?« (S. 129)

[6] Die Ausführungen dieses Abschnitts basieren vor allem auf Demm (1982, 1984).

für uns nicht ... Weber und Genossen sollen sich darauf verlassen, daß er und seinesgleichen – angesichts ihrer Vergangenheit – überhaupt nichts mehr zu melden haben«.

Obwohl in Baden nach der Reichstagswahl alles ruhig blieb, ernannte der NS-Reichsinnenminister Frick den nationalsozialistischen Landtagsabgeordneten Robert Wagner zum Reichskommissar in Baden, nur formal gestützt auf die Notverordnung des Reichspräsidenten Hindenburg vom 28. Februar 1933. Wagner, der sein Amt am Nachmittag des 9. März übernahm, verfügte als eine seiner ersten Maßnahmen, daß das Hissen von Hakenkreuzfahnen und schwarz-weiß-roten Fahnen an Polizeigebäuden nicht verhindert werden sollte; darüber hinaus beurlaubte er zahlreiche leitende Polizeibeamte, darunter den wegen seiner antifaschistischen Haltung besonders mißliebigen Heidelberger Polizeidirektor Athenstaedt. Die Amtseinsetzung von Wagner als Reichskommissar nahmen die nationalsozialistischen Organisationen, vor allem die SA, zum Anlaß eines Aufmarschs, bei dem zahlreiche staatliche, kommunale und universitäre Gebäude, nicht zuletzt das »Insosta«, mit Hakenkreuzflaggen versehen wurden. Die nationalsozialistische *Volksgemeinschaft* schrieb triumphierend: »Noch vorgestern hatte sich Herr Professor Alfred Weber über unsere Fahne auf dem Rathaus beschwert. Heute wehen unsere Banner von seinem Institut ...«.

Anders als der Heidelberger Rektor Willy Andreas, der es bei einem schriftlichen Protest gegen die Fahnenhissung beließ, alarmierte Alfred Weber den just von Wagner beurlaubten Polizeidirektor Athenstaedt, der die Amtsgeschäfte aber noch nicht übergeben hatte, und als dieser erklärte, daß das Aufziehen der Hakenkreuzfahne von der Polizei nicht erlaubt worden sei, gab er dem Hausmeister Alfred Willmans in seinem unverkennbaren Berliner Tonfall die Anweisung: »Holen Se den roten Lappen da runter!« Diese unerwartete Zivilcourage überraschte den anwesenden Mob von Nazianhängern so sehr, daß sie zunächst nichts dagegen zu unternehmen wagten.

Bereits am Morgen des folgenden Tages, nachdem der neue, den nationalsozialistischen Ansinnen offenbar viel zugänglichere Polizeidirektor Henninger sein Amt übernommen hatte, erschienen SA und SS wieder, diesmal mit Unterstützung von zwei Kriminalkommissaren. Der Hausmeister wurde zur Herausgabe der Hakenkreuzflagge gezwungen, diese wurde gehißt, und zum Schutz gegen eine etwaige neuerliche Entfernung wurden bewaffnete SA-Posten am Fahnenmast zurückgelassen. Der von diesem Vorfall informierte Rektor erkundigte sich telefonisch nach der – fehlenden – Rechtsgrundlage für diese Maßnahme, unternahm aber keine weiteren Schritte mehr, als ihm die Meinung des neuen Reichskommissars mitgeteilt wurde, daß die Flaggen aus Gründen der öffentlichen Sicherheit und Ordnung zu bleiben hätten. Daraufhin schloß Alfred Weber als Zeichen des Protestes das Institut. Webers mutige Tat wurde in einer kurz danach stattfindenden außerordentlichen Sitzung des Engeren Senats faktisch dadurch desavouiert, daß folgender Antrag offenbar einstimmig angenommen wurde:

> »Die Direktionen der Universitätsinstitute sind zu ersuchen, in der Frage der Flaggenhissung und im Treffen von Anordnungen, die auf die jetzige politische Lage Bezug haben, nicht selbständig vorzugehen, sondern sich an die Richtlinien des Rektorats bzw. des Engeren Senats zu halten«.

Zwar wurden bereits am Abend des gleichen Tages von zwei SA-Zügen die Hakenkreuzfahnen vom »Insosta« und anderen Universitätsgebäuden wieder entfernt, aber die Ohnmacht der alma mater gegenüber den neuen braunen Machthabern war offenkundig geworden. Bei der Flaggenentfernung hielt der Anführer der SA eine Rede, in der er die vorangegangene Flaggenhissung als »Zeichen unseres Sieges auf dieser Hochburg marxistisch verjudeter Stätte der Wissenschaft« bezeichnete und versprach, man werde »dafür sorgen, daß die Spitzen dieser Anstalt durch Lehrkräfte ersetzt werden, die die Jugend in einem anderen Geiste als des von Moskau erziehen werden«.

Am darauffolgenden Samstag übernahm Wagner staatsstreichartig die volle Macht in Baden, setzte die demokratisch gewählte Regierung kurzerhand ab und erklärte in einem »Aufruf an das Badische Volk« das Hissen von Hakenkreuzfahnen und schwarz-weiß-roten Fahnen auf sämtlichen staatlichen Gebäuden für zugelassen. Am nächsten Tag erließ Hindenburg – unter eindeutigem Verstoß gegen Artikel 3 der Weimarer Verfassung – eine Verordnung, wonach bis auf weiteres die Hakenkreuzfahne und die schwarz-weiß-rote Fahne bei Beflaggungen öffentlicher Gebäude zu verwenden seien. Am Sonntagabend wurden alle Behörden durch Reichsfunkspruch dazu aufgefordert, die öffentlichen Gebäude von Montag bis Mittwoch entsprechend zu beflaggen. Dieser Aufforderung kam der Heidelberger Rektor am Montag, dem 13. März nach: Er ersuchte in einem Rundbrief die Direktoren der Universitätsinstitute – an erster Stelle wurde das »Insosta« genannt –, sich diese Flaggen zu beschaffen und sie hissen zu lassen.

Dies war nun für Alfred Weber endgültig zuviel: Er beantragte für das Sommersemester 1933 seine Beurlaubung und – vier Monate vor Erreichen der Altersgrenze – seine vorzeitige Emeritierung. Beiden Anträgen wurde entsprochen; Alfred Weber konnte noch während seiner Beurlaubung ungestört seine letzten Doktoranden promovieren. Offenbar aus eigenem Entschluß betrat er in den folgenden zwölf Jahren die Universität nicht mehr.

4. Die Zeit bis 1945

Diese frühen Auseinandersetzungen hatten Alfred Webers Blick für die Gefährlichkeit des nationalsozialistischen Regimes geschärft. Bereits Ende März (am Samstag, dem 25.3.1933) äußerte er sich unzweideutig bei einem der regelmäßigen Gesprächskreise im Hause von Marianne Weber über die heraufziehende Gefahr. Während der später – im Januar 1937 – wegen seiner jüdischen Frau als »nichtarisch versippt« entlassene Psychiater und Philosoph Karl Jaspers bei dieser Zusammenkunft noch ruhig von einer Wolke sprach, die er über den Himmel ziehen sah, charakterisierte Alfred Weber in seiner Entgegnung darauf die bevorstehende Bedrohung als eine »Wolke, die sich bald mit Gift und Schwefel über uns entladen wird« (Schwarz 1987). In der Tat, »wie die Historie zeigt, überholte die Realität selbst die schlimmste Befürchtung Alfred Webers« (Schwarz 1987).

Was nun die wissenschaftliche Tätigkeit von Alfred Weber während der Nazizeit betraf, so war diese nur wenig behindert; er konnte weiterhin veröffentlichen und auch zu Kongressen ins Ausland reisen. Nur zwei Dinge sind bemerkenswert: Seine Publikationstätigkeit in dieser Zeit war wesentlich geringer als in den Jahren zuvor und insbesondere in den Jahren danach; außerdem widmete er sich in dieser Zeit vor allem grundsätzlichen kultur- und lebensphilosophischen Themen, während er zu tagespolitischen Fragen allenfalls indirekt Stellung nahm. Die einzig unmittelbar erkennbare Folge der »Fahnenaffäre«, abgesehen von der selbstbeantragten Beurlaubung und der vorzeitigen Emeritierung, blieb der Umstand, daß ein ansonsten obligatorisches Glückwunschschreiben des Reichswissenschaftsministeriums zum 70. Geburtstag von Alfred Weber aufgrund der Intervention des Heidelberger NS-Rektors Ernst Krieck unterblieb, da Krieck zufolge nicht nur jener Vorfall, sondern Webers gesamtes wissenschaftliches Werk dem Nationalsozialismus (und damit einer Gratulation) entgegenstünde. Als zweite, eher mittelbare Folge jener Vorkommnisse ist wohl die Entlassung seines Assistenten Otto Pfleiderer, des späteren Präsidenten der baden-württembergischen Landeszentralbank, im Frühjahr 1934 zu betrachten.

Während des Zweiten Weltkriegs hatte Alfred Weber über seine Schüler Carlo Mierendorff und Theo Haubach ständigen Kontakt zum »Kreisauer Kreis«. Alfred Weber beteiligte sich an Diskussionen zur politischen Neuordnung nach der geplanten Beseitigung des NS-Regimes, und auch Mierendorffs Aktionsprogramm vom 14. Juni 1943, das die Vorstellungen der Verschwörer über die künftige Staats- und Wirtschaftsform Deutschlands in einem zündenden Aufruf zusammenfaßte, wurde vorher mit Weber besprochen. Theo Haubach, der auf Gördelers Ministerliste für die künftige Reichsregierung stand, begab sich entgegen Alfred Webers Warnungen nach dem 20. Juli 1944 zurück nach Berlin, wurde dort alsbald verhaftet und am 23. Januar 1945 gehängt. Da Haubach Alfred Webers Namen bei den Verhören nicht preisgab, blieb dieser auch nach dem 20. Juli unbehelligt (vgl. Demm 1984, S. 9).

5. 1945 und danach

Nach dem Ende der Nazi-Diktatur wurde Alfred Weber wieder reaktiviert[7] und entwickelte eine, vor allem auf tagespolitische Fragen bezogene, umfangreiche Publikationstätigkeit. In den folgenden Jahren hielt er regelmäßig Vorlesungen über »Sinn und Gestalt der Universalgeschichte« sowie über »Demokratie und Sozialismus«; die letztgenannte Veranstaltung führte er bis zum Sommersemester 1957 durch und kündigte sie letztmalig, kurz vor seinem Tode, zum Wintersemester 1957/58 an.

Fragen des wirtschaftlichen Wiederaufbaus, der Gestaltung einer demokratischen Gesellschaft, der Wiedergewinnung der Einheit Deutschlands und auch die Aufarbeitung der Erfahrungen der Nazi-

---

[7] Formal blieb Alfred Weber Emeritus der Philosophischen Fakultät und wurde, wie in den Jahren bis 1945, als »inaktiver ordentlicher Professor« in den Vorlesungsverzeichnissen der Universität Heidelberg geführt. Tatsächlich entwickelte er in den zwölf Jahren, die ihm nach dem Ende der Naziherrschaft noch verblieben, eine außerordentlich rege Aktivität. Vgl. auch Mussgnug (1988, S. 212).

zeit waren für ihn jetzt vordringlich. Die Handlungsabläufe des Jahres 1933, nicht zuletzt die »Fahnenaffäre«, als eine willfährige Bürokratie den Nationalsozialisten in die Hände gearbeitet hatte, nahm er zum Anlaß, bei der Ausarbeitung eines neuen Beamtenstatuts eine ausdrückliche Widerstandspflicht gegen verfassungsfeindliche Bestimmungen und menschenrechtswidrige Befehle vorzuschlagen. Alfred Weber engagierte sich auch bei der Neuorganisation der Heidelberger Universität und setzte sich in den zuständigen Gremien der Hochschule dafür ein, daß notorische NS-Propagandisten von den Lehrstühlen entfernt wurden (Demm 1984, S. 259).

Mit einer Gruppe gleichgesinnter Gelehrter und Schriftsteller begründete er die Zeitschrift *Die Wandlung*, deren erster Band 1945/46 und deren letzter (vierter) Band 1949 im Verlag Lambert Schneider in Heidelberg erschien. Herausgeber war der Publizist und Politologe Dolf Sternberger, Mitherausgeber waren neben Alfred Weber der bereits genannte Philosoph Karl Jaspers und der Romanist Werner Krauss, für den 1948 die Dichterin und Schriftstellerin Marie-Luise von Kaschnitz eintrat.

Während sich das Herausgebergremium und die Publikationen der Zeitschrift *Die Wandlung* mehr grundsätzlichen Fragen widmeten – Alfred Weber ging es dabei vor allem um die Heranbildung des verantwortlich handelnden »dritten Menschen« –, wurden Fragen des praktischen Wiederaufbaus, wie etwa Probleme der Friedenssicherung, der Reparationen an die ehemaligen Kriegsgegner, der künftigen Verfassung und generell der Stellung Deutschlands im aufziehenden Ost-West-Konflikt, von einer »Aktionsgruppe Heidelberg zur Demokratie und zum freien Sozialismus« behandelt.[8] Diesem mit der Gruppe um *Die Wandlung* weitgehend personengleichen Kreis gehörten auch der Sozialwissenschaftler Hans von Eckardt, ein Kollege Alfred Webers in der Fachgruppe Wirtschafts- und Sozialwissenschaften der Philosophischen Fakultät, der Heidelberger Psychoanalytiker Alexander Mitscherlich sowie Carlo Schmid, späterer Vizepräsident des Deutschen Bundestages, an, nicht jedoch Karl Jaspers und Werner

---

[8] Im einzelnen ergaben sich daraus die folgenden Publikationen: Heft 1: Alfred Weber: *Sozialisierung zugleich als Friedenssicherung* (März 1947); Heft 2: *Die Neutralität Deutschlands und der Friede*. Beiträge zur Bildung einer öffentlichen Meinung in Deutschland (Juni 1947); Heft 3: *Unteilbarkeit des Friedens und Unteilbarkeit Deutschlands* (Oktober 1947) und schließlich Heft 4: *Zur völkerrechtlichen Lage Deutschlands – Ruhrfrage und Friedenssicherung – Zur künftigen deutschen Gesamtverfassung* (Juni 1948).

Krauss. Besonders aktiv in dieser Aktionsgruppe war der Heidelberger Verleger Lambert Schneider, der auch die Publikation ihrer Stellungnahmen übernahm: Die Analysen, Erklärungen und Forderungen von Mitgliedern dieses Kreises wurden 1947 bis 1948 als *Schriften der Heidelberger Aktionsgruppe zur Demokratie und zum freien Sozialismus* (Heft 1-3) bzw. als *Schriftenreihe der Aktionsgruppe Heidelberg zur Demokratie und zum freien Sozialismus* (Heft 4) in seinem Verlag veröffentlicht.[9]

6. Der Freie Sozialismus als Alternative zur Westintegration?

Alfred Weber war ein entschiedener Gegner der von Adenauer betriebenen Integration der Bundesrepublik in das westliche Verteidigungsbündnis, da sie nach seiner Auffassung die bereits seit Kriegsende bestehende Spaltung Deutschlands noch weiter vertiefen mußte. Dem Aufruf der 18 deutschen Atomwissenschaftler gegen die Stationierung von Kernwaffen auf dem Gebiet der Bundesrepublik fügte er am 14.12.1957 – wenige Monate vor seinem Tode – einen von ihm initiierten Protest von insgesamt elf Heidelberger Professoren hinzu, der die Forderungen der Naturwissenschaftler nachhaltig unterstützte. Mitunterzeichner waren u.a. der Psychoanalytiker Alexander Mitscherlich, der Philosoph Karl Löwith und der Physiker Hans Kopfermann; letzterer hatte auch schon zu jenen 18 Professoren gehört, die das Göttinger Manifest unterschrieben hatten.[10]

---

[9] Zu den einzelnen Titeln siehe die vorangegangene Fußnote.

[10] Der genaue Text des Protesttelegramms lautet: »Wir Heidelberger Professoren unterstützen vorbehaltlos die Stellungnahme der achtzehn deutschen Atomwissenschaftler gegen die Stationierung von Atomwaffen in der Bundesrepublik. Wir verlangen von der Bundesregierung, daß die Errichtung von Atomstützpunkten auf dem Gebiet der Bundesrepublik unterbleibt – Prof. Alfred Weber, Prof. Hupfeld, Prof. von Rad, Prof. Siebeck, Prof. Mitscherlich, Prof. Conze, Prof. Günter Bornkamm, Prof. Kopfermann, Prof. Löwith, Prof. Kütemeyer und Prof. von Eckardt« (Rhein-Neckar-Zeitung vom 14./15.12.1957) – Ein zweites, von 39 Professoren und 45 Dozenten der Heidelberger Universität unterzeichnetes Telegramm vom 19. Dezember, in dem ebenfalls an die »Göttinger Erklärung« erinnert wurde, sprach sich gegen eine Ausdehnung der atomaren Rüstung auf weitere Staaten und für eine gleichmäßige, kontrollierte Abrüstung der Weltmächte aus. Die FAZ vom 20.12.57 (Nr. 295, S. 5), die über diesen Vorgang berichtete, vermerkte zugleich, daß nur drei Unterzeichner der ersten Erklärung auch das zweite Telegramm unterschrieben hatten.

In zahlreichen Vorträgen, Broschüren und in dem gemeinsam mit Alexander Mitscherlich verfaßten Buch *Freier Sozialismus* (Heidelberg: Lambert Schneider 1946) trat er nachdrücklich für einen demokratischen Sozialismus ein, der in gewisser Weise an die Vorstellungen von Fritz Naphtalis *Wirtschaftsdemokratie* (1928) anknüpfte.[11] Stärker als jener betont Alfred Weber aber die Notwendigkeit einer weiterbestehenden marktwirtschaftlichen Entscheidungskoordination, und vor allem geht es ihm weit über das Wirtschaftliche hinaus um eine Entwicklung menschlicher Potentiale:

> »Wir vertreten einen freien Sozialismus. Das will heißen: Wir erkennen die Gesamtheit und den Einzelmenschen als die beiden Seiten eines Ganzen, die sich ergänzen und die im Raum des Handelns freier Einzelmenschen aufeinander wirken sollen. Wir wollen in der Kollektivverbundenheit und dem kollektiven Handeln den Einzelmenschen als freie Persönlichkeit entfalten. Höchstentfaltung der Masse durch möglichste materielle und geistige Hebung aller Einzelnen und freie Persönlichkeit in der durch Menschlichkeit verbundenen Masse sind daher für uns Ziel und Grundlage des politischen Handelns. Denn alles sinnvolle politische Handeln gipfelt letztlich darin, das Niveau des Einzelmenschen, aller Einzelmenschen zu erhöhen« (Mitscherlich/Weber 1946, S. 39).

Auch mit dem Programm eines »Freien Sozialismus« sollten die Erfahrungen der Nazi-Diktatur positiv aufgenommen werden: Wirtschaftliche Macht soll demokratisiert und dezentralisiert werden, gleichzeitig soll auch dem Kollektivismus und der Machtzentralisation staatssozialistischer Prägung entgegengetreten werden. Damit wurde zugleich auch eine lebensphilosophische Frage wieder aufgegriffen, die Alfred Weber schon lange beschäftigt hatte und die er nun nach dem Kriege vor allem in der 2. Auflage seines 1935 erstveröffentlichten Werkes *Kulturgeschichte als Kultursoziologie* und zusammenfassend in der Monographie *Der dritte oder der vierte Mensch. Vom Sinn des geschichtlichen Daseins* (München 1953) thematisierte, die Frage nämlich, ob der Menschentyp des Dritten Reichs, der »vierte Mensch« – ein völlig angepaßtes, manipuliertes und bedenkenlos gehorsames Wesen, das allen Befehlen blindlings folgte und sie ausführte –, mit dem Scheitern der Nazi-Diktatur bereits endgültig verschwun-

---

[11] In seiner Schrift *Sozialisierung zugleich als Friedenssicherung* (Heidelberg: Lambert Schneider, März 1947) setzte sich Alfred Weber nachdrücklich für eine »freikorporative Sozialisierung« ein, die sich bei der Neutralisierung des Kapitals an den Regelungen der Carl-Zeiss-Stiftung in Jena orientieren sollte.

den war. Er sah noch immer die Gefahr einer solchen anthropologischen Fehlentwicklung – auch die US-amerikanische Zivilisation mit ihrer durch große Konzerne geprägten Wirtschaftsstruktur erschien ihm hier bedrohlich –, und er versuchte deshalb, durch seine Vorschläge zur politisch-wirtschaftlichen Neugestaltung Deutschlands nach dem Zweiten Weltkrieg gerade die Bedingungen für ein Überleben des von ihm so genannten »dritten Menschen« zu schaffen, der sich für die Verwirklichung von Freiheit und Menschlichkeit einsetzen werde. Ein Aufsatz aus dem Jahre 1949 mit dem Titel »Haben wir Deutschen nach 1945 versagt?« zeigt bereits die Skepsis, die er in dieser Hinsicht, nicht zuletzt aufgrund der politischen Entwicklung nach 1945, hegte.

Alfred Webers breites ökonomisches, kultursoziologisches und philosophisches Oeuvre ist, anders als das Werk seines Bruders Max, nicht durch strenge Systematik und konsequent logischen Aufbau gekennzeichnet. Alfred Weber hat wohl viele Menschen beeindruckt, aber keine »Schule« im üblichen Wortsinne hinterlassen können. Gewiß ist auch sein Einfluß auf die Sozialwissenschaften weitaus geringer geblieben als derjenige seines Bruders. Aber Alfred Weber steht als bemerkenswertes Beispiel einer überzeugenden »inneren Emigration«, die sich dem Nationalsozialismus konsequent verweigerte. Man muß sich allerdings darüber im klaren sein, daß der von ihm gewählte Weg – Beurlaubung für ein Semester und vorzeitige Emeritierung – damals für die große Mehrzahl der Wirtschafts- und Sozialwissenschaftler nicht offenstand. Gleichwohl: Alfred Weber hat schon bemerkenswert früh erkannt, was viele seiner Kollegen erst spät oder gar nicht eingesehen haben: daß freie Wissenschaft nicht an Universitäten gedeihen kann, über deren Gebäuden Parteifahnen wehen. Genau aus diesem Grunde hat er auch nicht den zweifellos bequemeren Weg gewählt, einfach die vier Monate durchzustehen, die ihn noch von dem Erreichen der Altersgrenze trennten.

Literatur

Aktionsgruppe Heidelberg / Heidelberger Aktionsgruppe zur Demokratie und zum freien Sozialismus. Schriftenreihe (1947-1948), 4 Hefte, Heidelberg.

Bergstraesser, Arnold (1961): Weber, Alfred, in: Handwörterbuch der Sozialwissenschaften 11, Stuttgart/Tübingen/Göttingen, S. 554-556.

Bräu, Richard (1976): Alfred Weber und die Heidelberger Schule der Kultursoziologie, Habilitationsschrift, Universität Greifswald.

Bräu, Richard (1991): Der Europagedanke im Werk Alfred Webers, Vortrag Universität Heidelberg, 23. Januar 1991. – Überarbeitete Fassung (1991) u.d.T.: Menschenbild und Europagedanke im universal- und kultur-historischen Denken Alfred Webers (1868-1958), in: Le cheminement de l'idée européenne dans les idéologies de la paix et de la guerre. (Actes du colloque international organisé à l'Université de Besançon les 20, 30 et 31 mai 1990), Besançon.

Demm, Eberhard (1982): Zivilcourage im Jahre 1933. Alfred Weber und die Fahnenaktionen der NSDAP, in: Heidelberger Jahrbücher 26, S. 69-80.

Demm, Eberhard (1983): Alfred Weber und sein Bruder Max. Zum 25. Todestag Alfred Webers am 2. Mai 1983, in: Kölner Zeitschrift für Soziologie und Sozialpsychologie, Jg. 35, S. 1-28.

Demm, Eberhard (1984): Alfred Weber. Sozial- und Staatswissenschaftler in Heidelberg, in: M. Bosch/W. Nieß (Hrsg.), Der Widerstand im deutschen Südwesten 1933-1945, Stuttgart u.a., S. 255-260.

Demm, Eberhard (1988): Max und Alfred Weber im Verein für Sozialpolitik, in: J.W. Mommsen/W. Schwentker (Hrsg.), Max Weber und seine Zeitgenossen, Göttingen, S. 119-136.

Demm, Eberhard (1990): Ein Liberaler in Kaiserreich und Republik. Der politische Weg Alfred Webers bis 1920, Boppard/Rhein.

Elias, Norbert (1990): Norbert Elias über sich selbst, Frankfurt/Main.

Faust, Anselm (1973): Der Nationalsozialistische Studentenbund, Band 2, Düsseldorf, bes. Kap. VII.

Jansen, Christian (1991): Emil Julius Gumbel. Portrait eines Zivilisten, Heidelberg.

Krüger, Dieter (1988): Max Weber und die »Jüngeren« im Verein für Sozialpolitik, in: W.J. Mommsen/W. Schwentker (Hrsg.), Max Weber und seine Zeitgenossen, Göttingen, S. 119-135.

Mann, Golo (1986): Erinnerungen und Gedanken. Eine Jugend in Deutschland, Frankfurt/M.

Mitscherlich, Alexander/Weber, Alfred (1946): Freier Sozialismus, Heidelberg.

Mussgnug, Dorothee (1988): Die vertriebenen Heidelberger Dozenten. Zur Geschichte der Ruprecht-Karls-Universität nach 1933, Heidelberg.

Naphtali, Fritz (1928): Wirtschaftsdemokratie. Ihr Wesen, Weg und Ziel, Neuauflage (1966), Frankfurt/Main.

Salin, Edgar (1958): Auf der Suche nach dem Standort der Zeit. Alfred Weber zum Gedächtnis, in: Kyklos 11, S. 318-340.

Schwarz, Michael (1987): Nur eine Wolke am Himmel?, in: Uni-Spiegel 4/87, Universität Heidelberg, S. 5.

Utrecht, Thomas (1984): Erinnerung an Alfred Weber. Ein Treffen namhafter Schüler im 25. Todesjahr, in: Ruperto Carola, S. 112f.

Weber, Alfred (1909): Über den Standort der Industrien. Teil 1: Reine Theorie des Standorts, 2. Auflage (1922) Tübingen.

Weber, Alfred (1927): Ideen zur Staats- und Kultursoziologie, Karlsruhe.

Weber, Alfred (1935): Kulturgeschichte als Kultursoziologie, Neuauflage (1951), München.

Weber, Alfred (1943): Das Tragische und die Geschichte, Hamburg.

Weber, Alfred (1945): Abschied von der bisherigen Geschichte. Überwindung des Nihilismus?, 2., unv. Auflage (1946), Hamburg.

Weber, Alfred (1951): Prinzipien der Geschichts- und Kultursoziologie, München.

Weber, Alfred (1953): Der dritte oder der vierte Mensch. Vom Sinn des geschichtlichen Daseins, München.

Weber, Alfred (1955): Einführung in die Soziologie, München.

Weber, Alfred (1956): Schriften und Aufsätze 1897-1955. Herausgegeben vom Alfred-Weber-Institut für Sozial- und Staatswissenschaften an der Universität Heidelberg, zusammengestellt von Josef Kepeszczuk, München.

Weber, Alfred (1979): Haben wir Deutschen nach 1945 versagt? Politische Schriften. Ein Lesebuch, ausgewählt und eingeleitet von Christa Dericum, München; ungekürzte Taschenbuchausgabe (1982) Frankfurt/Main.

Wolgast, Eike (1992): Emil Julius Gumbel. Republikaner und Pazifist. (Vortrag gehalten auf der Akademischen Feier anläßlich des 100. Geburtstags von Emil Julius Gumbel am 15.1.1992 in der Aula der Alten Universität Heidelberg), Diskussionsschrift Nr. 171, Heidelberg: Wirtschaftswissenschaftliche Fakultät der Universität Heidelberg.

Gerhard Michael Ambrosi

David Mitranys Funktionalismus als analytische Grundlage wirtschaftlicher und politischer Neuordnungen in Europa

1. Einleitung

Die dramatischen Ereignisse der letzten Zeit in Ost- und Mitteleuropa dürften manch einem Gesellschaftswissenschaftler bewußt gemacht haben, wie groß die Diskrepanz zwischen der Klarheit von Ideen und dem Chaos der Ereignisse zuweilen sein kann.

Ist der historisch-materialistische Gedanke nicht einsichtig, daß heutzutage die Bedeutung nationaler Identität nachrangig ist gegenüber ökonomischen Interessen? Aber gerade in jenem Territorium, wo der Historische Materialismus mehr als ein halbes Jahrhundert kultiviert wurde, wo vermutlich jeder Student dessen Grundideen, auswendig gelernt, hätte wiedergeben können, gerade da erleben wir eine von Nationalismus getragene Desintegration, bei der nach ökonomischen Interessen – wie auch immer definiert – überhaupt nicht gefragt zu werden scheint.

Andererseits: wenn wir einmal vom nationalsozialistischen Bankrott absehen, ist es nicht klar, daß das Wirtschaftswachstum in Europa über viele Jahrzehnte hinweg mit nationalstaatlicher Konsolidierung einhergegangen war? Aber gerade dort, wo nun eine nationale Selbstbesinnung der Völker stattfindet, nämlich in Jugoslawien, erleben wir, wie zerstörerisch die Manifestation des Selbstbehauptungswillens von Nationalitäten sein kann.

Wenn Ereignisse mit Ideen kollidieren, so wäre es müßig, die Schuld bei den Ereignissen zu suchen. Wie aber soll sich die Anpassung der Vorstellungen auf die aktuellen Ereignisse vollziehen? Wenn wir die versagenden Lehren vom Klassenkampf und von nationaler

Befreiung in Zweifel ziehen, dann merken wir vielleicht, über wie wenig andere vergleichbar zündende Ideen zur Interpretation und Gestaltung des gesellschaftlichen Zusammenlebens wir verfügen.

In dem folgenden Beitrag möchte ich einen Autor vorstellen, der gerade in dem aktuellen Bemühen um eine politische und geistige Neuordnung Europas hilfreich sein könnte: David Mitrany. Er ist zwar nicht direkt ein Vertriebener der Nazizeit; er wäre aber sehr wahrscheinlich ihr Opfer geworden, wäre er nicht beizeiten emigriert. Unter dem Oberthema dieses Bandes bietet sich die Befassung mit diesem Gesellschaftswissenschaftler an, weil er (auch) deutschsprachig war, Emigrant war, hauptsächlich nach 1933 akademisch wirksam wurde und weil sein Werk auch wirtschaftswissenschaftlich bedeutsam ist. Hinzu kommt seine besondere Aktualität im Kontext von Diskussionen um eine föderalistische Neugestaltung Europas.

Ich werde darlegen, daß David Mitranys Ideen für Europa besondere Bedeutung haben, weil sie am Anfang der Europäischen Gemeinschaft standen. Angesichts der im Dezember 1991 in Maastricht beschlossenen Verwirklichung der EG als Politische Union und als Wirtschafts- und Währungsunion bieten sie wiederum wichtige Grundlagen, um über die Erfolgsbedingungen eines europäischen Föderalismus zu reflektieren.

Zwar war Mitrany kein Wirtschaftswissenschaftler in engerem Sinne. Sein Forschungsprogramm und sein akademischer Werdegang hatten aber viele wirtschaftswissenschaftliche Bezüge. Er promovierte an der London School of Economics (LSE) nach Studien in Soziologie und Politologie. Eine institutionenorientierte Wirtschaftswissenschaft könnte sicherlich wichtige Impulse aus seinem »funktionalistischen« Ansatz empfangen. Er hat auf der Grundlage seiner spezifischen Methodik in einzelnen Publikationen auch wiederholt zu ökonomischen Fragen Stellung genommen, wie z.B. 1942 zu F.D. Roosevelts »New Deal« oder 1965 zum »Gemeinsamen Markt«.

2. Biographische Aspekte[1]

Geboren am 1. Januar 1888 in Bukarest als Angehöriger der jüdischen Minderheit in Rumänien, das ja heutzutage noch immer ein brisantes Völkergemisch beherbergt, muß sich David Mitrany frühzeitig bewußt geworden sein, daß eine nationalstaatliche Verfassung für diese Region Europas eher Schaden als Nutzen stiften würde. In einen spezifischen gesellschaftswissenschaftlichen Ansatz hat er diese Erfahrung aber erst in den 1940er Jahren in den USA umgesetzt.

Nach Militärdienst in Rumänien emigrierte Mitrany nach Hamburg, wo er Arbeit und Studium (Abendkurse am Kolonialinstitut, dem Vorläufer der Universität Hamburg) begann. Er übersiedelte aber im Herbst 1912 nach London, wo er an der LSE Soziologie (unter L.T. Hobhouse) und Politologie (unter Graham Wallace) studierte und einen Ph.D.-Grad erwarb. Fortan blieb er dem Englischen verbunden, kam aber als Redakteur für die Zeitung *The Manchester Guardian* im Jahre 1919 drei Monate nach Berlin.

In Berlin hat Mitrany, wie er in einer autobiographischen Notiz schreibt (Mitrany 1975, S. 11f.), fast die deutsche Wirtschaftsentwicklung – und damit vielleicht fast auch die Weltgeschichte – beeinflußt: Durch Zufall wurde er mit dem damals noch völlig unbekannten Hjalmar Schacht zusammengeführt, der bei der Reichsbank arbeitete und sich dann mit Mitrany zu wöchentlichen Hintergrundgesprächen über die Lage in Deutschland traf. Mitrany berichtet, er habe damals einem befreundeten Minister in der damaligen sozialdemokratischen Regierung die Kontaktaufnahme mit Schacht, der parteipolitisch offen war, empfohlen, zu der es dann aber nicht kam. Schließlich war Schacht kein Sozialdemokrat. Für eine Mitwirkung in einer sozialdemokratischen Regierung kam Schacht jedenfalls nicht in Frage.

Bei dieser kleinen Anekdote kann man mit Mitrany spekulieren, wie wohl die europäische Geschichte verlaufen wäre, wenn der Währungsexperte Schacht im Jahre 1919 Wirtschaftsminister der Sozialdemokraten geworden wäre und nicht erst 1937 dieses Amt in einer nationalsozialistischen Regierung bekleidete. Daß die Geschichte einen anderen Verlauf nahm – das sieht Mitrany als eine der Illustra-

[1] Die Ausführungen zu diesem Abschnitt basieren auf den biographischen Angaben in Mitrany (1975) und in Cosgrove und Twitchett (1970). Geburts- und Todesdatum nach: Who was Who, Vol. VII, London: Adam and Charles Black, (1981), S. 549.

tionen für die negative Wirkung von ideologischen Festlegungen politischer Funktionsträger an. Seine späteren Aktivitäten und Schriften sind darauf ausgerichtet, Auswege aus eben diesen Festlegungen aufzuzeigen, wobei seine Vorschläge allerdings heutzutage teilweise recht »quixotisch« anmuten[2]. Zum Teil sind sie aber zukunftsweisend in einer Art, die wir vielleicht erst in einem Zeitalter nachvollziehen können, in dem europäische Integration nicht mehr bloße Utopie zu sein scheint.

Den Großteil der 1920er Jahre arbeitete Mitrany als »Assistant European Editor« unter dem »General Editor« Professor James Shotwell an der *Economic and Social History of the First World War*, die von der Carnegie Endowment for World Peace in Auftrag gegeben worden war.

In den 1930er Jahren machte Mitrany »akademische Karriere« in den Ivy-League Colleges der USA, die er in folgenden Etappen durchlief: 1930-32 »Visiting Professor« in Harvard, 1932 »Dodge Lecturer« in Yale, 1933-58 Professor und dann das erste ständige Mitglied des »Institute for Advanced Study« in Princeton.

Während des Zweiten Weltkriegs arbeitete Mitrany für das Foreign Office der USA. Obwohl er seinen früheren Lehrer Hobhouse einmal dahingehend zitierte, daß die Bedeutung eines politischen Denkers nicht so sehr in seinen Prognosen als vielmehr in seinen Methoden läge (Mitrany 1965, S. 130), vermerkte er doch mit einigem Stolz, daß seine »funktionalistischen« Analysen aus jener Zeit viel eher die Ereignisse richtig antizipierten als die Analysen der »gestandenen« Karrierediplomaten, die schöne Entwürfe für tschechisch-polnische oder griechisch-jugoslawische Föderationen für die Nachkriegszeit unterbreiteten, die aber völlig an den realen politischen Möglichkeiten vorbeigingen.

---

[2] Zur Illustration kann man Mitranys Versuch anführen, in den 1920er Jahren in Großbritannien einen nicht parteigebundenen Sachverständigenrat von ca. 200 Leuten zusammenzubringen, die zu jeweils aktuellen Sachfragen von öffentlichem Interesse ihre Expertenmeinungen zur Information der Öffentlichkeit vortragen sollten. Dieses Projekt sei, nach anfänglichen Erfolgen, gescheitert, weil John Maynard Keynes (!) sich davon distanzierte und schrieb, die öffentliche Meinung könne nur durch die Parteien gemacht und geführt werden (Brief von Keynes an Mitrany vom 16. Februar 1927, siehe Mitrany (1975), S. 80). Diese Episode ist bemerkenswert nicht nur wegen des elitären Vorhabens von Mitrany, sondern auch wegen der Tatsache, daß gerade Keynes es gewesen sein soll, der es zu Fall brachte, da man ja gerade ihm gerne eine elitäre Disposition nachsagt.

Es wäre reizvoll, Mitranys damaligen Prognosen für ein Europa nach dem Zweiten Weltkrieg gerade jetzt noch einmal nachzuvollziehen, nachdem das – damals auch für Mitrany nicht in diesem Ausmaß vorhersehbare – Übergewicht der Sowjetunion als Ordnungsmacht in Mittel- und Osteuropa beendet ist. Wir werden uns im folgenden jedoch auf einen anderen Aspekt der Aktualität von Mitranys Ansatz beschränken müssen, nämlich auf seine Bedeutung für die Analyse der Europäischen Gemeinschaft.

In Zusammenhang mit seinen damaligen Studien zur Zukunft von Zentral- und Osteuropa verdichteten sich Mitranys Gedanken zur Lehre des nationalen und internationalen Funktionalismus. Hauptwerk dieses Ansatzes ist die 1943 erstmals publizierte Schrift: *A Working Peace System: An Argument for the Functional Development of International Organizations*, die danach auch in italienischer, dänischer und norwegischer Ausgabe erschien und 1946 ihre vierte englische Auflage hatte.[3]

Ein berufliches Kuriosum sei noch kurz vermerkt: Neben seiner bereits erwähnten Mitgliedschaft bei dem Princeton Institute for Advanced Study hatte Mitrany von 1944 bis 1960 die Position eines Beraters für »International Affairs« bei der Unilever-Gesellschaft inne. Diese Stellung wurde von seinen Auftraggebern so verstanden, daß er volle Teilnahmeberechtigung bei den Direktoriumssitzungen der Gesellschaft hatte – und dabei seine »funktionalistische« Sicht von Wirtschaft und Politik vor hochgradig betroffenen Wirtschaftsführern in einer »multinationalen Unternehmung« vorbringen konnte[4]. Direkt hat sich David Mitrany zum wissenschaftlichen Niederschlag dieses Aspekts seiner beruflichen Erfahrung nicht geäußert. Seine Biographie legt aber in ganz besonderer Weise die Frage nach dem Zusammenhang von multinationalen Kapitalgesellschaften und Funktionalismus nahe. Sie ist in der Literatur ansatzweise von Hodges (1975) aufgegriffen worden.

David Mitrany starb am 25. Juli 1975.

---

[3] Eine um einige andere Essays erweiterte Auflage findet sich in Mitrany (1966).

[4] Siehe die Ausführungen bei Mitrany (1975), S. 31f.

3. Grundzüge des Funktionalismus

Versuchen wir nun, David Mitranys Lehre etwas genauer nachzuvollziehen, so ist festzustellen: Grundfrage in Mitranys funktionalistischem Ansatz ist, wie man ein gemeinsames Interesse betroffener Bürger verfolgen kann, ohne die Lebensumstände eines jeden über Gebühr zu beeinträchtigen. Hinter dieser Frage steht die Grundüberzeugung, daß sich staatliche Aktivität durch problemlösende Funktionen definiert – und dies in immer stärkerem Ausmaß. Immer stärkeres »Regieren für die Leute« wird aber innerhalb der traditionellen staatlichen Strukturen ein immer stärkeres »Regieren über die Leute« bedeuten.[5]

Einer Tendenz zu zunehmender Kontrolle der Lebensumstände der Staatsbürger durch undurchsichtige Staatsapparate stellt nun Mitrany – in unterschiedlichen Publikationen durchaus in unterschiedlicher Gewichtung – zwei Prinzipien zur Umkehrung dieser Entwicklung entgegen.[6]

3.1 Das Prinzip der Subsidiarität

Zum einen findet sich bei Mitrany das »Subsidiaritätsprinzip«, das ja aus der aktuellen Diskussion um den Delors-Bericht zur Wirtschafts- und Währungsunion wohl als allgemein bekannt gelten kann. In seiner gängigen Form besagt es, daß die übergeordnete Administrationsebene (z.B. die EG-Kommission) nur jene Aufgaben an sich ziehen sollte, die die unteren Administrationsebenen (z.B. nationale Ministerien) nicht hinreichend bewältigen können.

Im Hinblick auf Mitranys Problemstellung nimmt das Subisiaritätsprinzip eine etwas andere Form an: es kann herangezogen werden, die Forderung abzuleiten, daß der grundlegende gesellschaftliche Organisationsanreiz die unmittelbar empfundenen Bedürfnisse – »the felt needs« (Taylor 1990, S. 128) – der Gesellschaftsmitglieder sein sollten. Aus diesen Empfindungen auf einer gesellschaftlichen »Mikro-

---

[5] Für eine negative Formulierung dieser Diagnose siehe Mitrany (1975a, S. 28): »The more government *for* the people, the less government *by* the people.«

[6] Für eine alternative Präsentation der Grundgedanken von David Mitrany, die nicht die von mir hervorgehobenen Prinzipien betont, inhaltlich aber zu ähnlichen Gewichtungen kommt, siehe Taylor (1990).

Ebene« könnte sich dann aus einer inhärenten Sachlogik bei der Bedürfnisbefriedigung eine »relation between things« ergeben. Die »relation between things« wiederum soll den optimalen geographischen Rahmen der funktionalen Problemlösungen abgeben.[7] Allerdings sollen die geographischen Abgrenzungen an die bedürfnisbefriedigende Funktion gebunden sein, und nicht umgekehrt, wie in den derzeit existierenden Territorialstaaten, die geographische Definition eines Staates den Rahmen für so gut wie alle Bedürfnisbefriedigungen bestimmen.

3.2 Das »Oberkommando«-Prinzip

Ein anderes Prinzip, das dem Mitrany-Funktionalismus zugrunde liegt, kann man als »Oberkommando-Prinzip« bezeichen. Ich habe diese Bezeichnung gewählt, um zu unterstreichen, daß der Mitrany-Ansatz nicht auf anarchistischen Vorstellungen basiert und durchaus sachgerechte Hierarchisierung akzeptiert.

Der Begriff des »Oberkommando-Prinzips« knüpft an der Erfahrung der Alliierten in den Weltkriegen an, in denen es durchaus möglich war, nationale Truppenteile der einzelnen Staaten einem Oberkommando fremder Nationalität zu unterstellen. Wenn aber selbst das »heiligste« Souveränitätsrecht eines Staates, nämlich die Verfügung über seine Streitkräfte, ohne Bedenken für Souveränität und staatliches Überleben dergestalt aus der nationalen Verfügungsstruktur ausgegliedert werden kann, warum sollte dann nicht auch Vergleichbares in anderen Zusammenhängen staatlicher Aktivität möglich sein?

Der Mitrany-Funktionalismus bezieht sich damit zwar negativ auf die überkommene territoriale Zuordnung von Verwaltungsautorität, aber nur insofern, als sie nicht funktional begründbar ist. Er wendet sich also *nicht* gegen Autorität als solche. Sein Ansatz kann durch die Forderung umrissen werden: Administrative Entscheidungsautorität

---

7 Bei der Darstellung dieses Unteraspekts von Mitranys Funktionalismus, also der geographischen Organisation von Bedürfnisbefriedigung, referiere ich Ausführungen von Taylor (1990, S. 126), die meiner Ansicht nach aber ausführlicherer Diskussion bedürfen, weil sich Mitrany in verschiedenen Zusammenhängen gerade *nicht* auf geographisch eindeutige Festlegung von Funktionen versteift. Ich betone hiermit die Relativierung dieser Ausssage, die der nachfolgende Satz des Textes beinhaltet.

sollte an spezifische administrative Aktivitäten gebunden werden, nicht an spezifische Territorien. In seiner Konsequenz kann dieses administrative Ordnungsprinzip – je nach aktuellen Gegebenheiten – dann sowohl zu einer »sub-nationalen« als auch zu einer »trans-nationalen« Organisationsform führen. So ist beispielsweise die »Tennessee Valley Administration (TVA)« in den USA eine sub-nationale Organisation, die sich mit der effizienten Nutzung des Wasserlaufs in einer Region befaßt. Die in Analogie hierzu von Mitrany vorgeschlagene »Donau-TVA« wäre hingegen ein trans-nationales Gebilde[8].

3.3 Weitere Prinzipien

Weitere Grundkonzepte von prinzipiellem Charakter seien hier noch kurz genannt, die in der Sekundärliteratur bei der Rezeption von Mitranys Funktionalismus eine wichtige Rolle spielten:

(i) Zum einen kann man eine »amerikanische« Schule der Mitrany-Rezeption identifizieren, für die ein spezifisches Analysekonzept das sogenannte »Spill-over« von politischen Funktionen war. In diesem »neo-funktionalistischen« Ansatz sollte insbesondere die Dynamik des europäischen Integrationsprozesses der 1960er Jahre in politologischer Analyse genauer gefaßt werden. Da der Neo-Funktionalismus in seiner Zielsetzung, eine »positive« Theorie der Integration zu liefern, die auch prognostisch verwertbar sein sollte, keinen Erfolg hatte, wurde in den 1970er diese Richtung der Mitrany-Rezeption abgelöst durch eine »englische« Schule um Paul Taylor von der LSE.

(ii) In einer alternativen funktionalistisch orientierten Analyse der Europäischen Gemeinschaft ging Taylor (1983) anstatt vom Konzept des »Spill-over« vom Begriff der »Gemeinschaft« aus, wobei er sich auf Ferdinand Tönnies' Gegenüberstellung von »Gemeinschaft« und »Gesellschaft« berief. Ein Paradigma für »Gesellschaft« in dieser Sicht wäre eine Kapitalgesellschaft – ein System von einklagbaren Verträgen. Dagegen sind in diesem Ansatz Paradigmen für »Gemeinschaft« menschliche Beziehungssysteme, die sehr viel stärker von Empfindungen getragen sind wie »Familie«, »Kirche«, »Nation«. In diesem begrifflichen Kontext ist dann in Taylors (1983, S. 7) Auffas-

---

[8] Für Einzelheiten bezüglich dieses Vorschlages siehe Mitrany (1975), S. 41f. In diesem Zusammenhang sei auch darauf hingewiesen, daß die TVA »was Mitrany's favourite functional model« (Taylor 1990, S. 128).

sung vom »Alten« Funktionalismus das zentrale Motto: »Form folgt Funktion«, wobei es allerdings nicht ganz klar wird, ob dieses Diktum vor allem fordernd oder beschreibend verstanden werden soll.

Unter Gliederungspunkt 5 werde ich unten etwas ausführlicher auf diese beiden Ansätze der Mitrany-Rezeption eingehen.

4. Der Mitrany-Funktionalismus und der europäische Föderalismus

Man könnte versucht sein, Mitranys »Vision«[9] eines Auflösens wichtiger Funktionen der überkommenen Territorialstaaten als ein ähnlich konsequenzloses Gedankenspiel abzutun wie sein im nachhinein »quixotisch« erscheinendes Bemühen in den 1920er Jahren, eine parteienübergreifende Expertokratie für die öffentliche Meinung ins Leben zu rufen (siehe oben Fn. 3). Daß Mitranys funktionalistischer Ansatz aber eine außerordentlich wichtige – vielleicht sogar *die* entscheidende – Rolle in der europäischen Integration gespielt hatte, wird in einer besonders berufenen Quelle dokumentiert, die die Anfänge der Europäischen Gemeinschaften, nämlich die Gründung der Montanunion, betreffen, wie ich nun etwas ausführlicher darlegen will:

Nach allgemein akzeptierter Geschichtsschreibung der europäischen Einigung gehen die Anfänge der EG auf den – von Jean Monnet initiierten – »Schumann-Plan« vom 9. Mai 1950 zurück, der dann am 18. April 1951 zur Unterzeichnung des »Pariser Vertrags« führte, mit dem die »Europäische Gemeinschaft für Kohle und Stahl« (EGKS-Montanunion) als erste dem später drei Europäischen Gemeinschaften gegründet wurde. Es ist nun interessant zu sehen, wie Altiero Spinelli (1957), damals in der Funktion des Generalsekretärs der Europäischen Föderalistischen Bewegung, diese Sicht der Anfänge der Europäischen Gemeinschaften kommentiert und sie in direkten Zusammenhang mit dem Mitrany-Funktionalismus stellt.

Daß es gerade Altiero Spinelli war, der positiv zu der Bedeutung des Funktionalismus Stellung nahm, ist besonders deswegen interessant, weil er selber einer anderen Richtung der kritischen Auseinandersetzung mit dem Nationalismus entstammte. Als politischer

[9] Ich verwende den Begriff der »Vision« hierbei im Schumpeterschen Sinn einer »prä-analytischen Sicht«.

Gefangener Mussolinis auf der Verbannungsinsel Ventotene war er 1941 Mitverfasser des »Manifests von Ventotene«, das zwei Jahre später zum Grunddokument des »Movimento Federalista Europeo« wurde. Damals, 1941, formulierte er auch einen Verfassungsentwurf für die »Vereinigten Staaten von Europa«, in der er für eine Europäische Föderation einen eigenen Beamtenapparat, eigene Steuereinnahmen, eigene Streitkräfte usw. forderte (siehe hierzu Lipgens 1986, S. 71f.). Damit erhob er Forderungen, die dem funktionalistischen Gedanken völlig zuwider waren.

Es ist daher bemerkenswert, daß Spinelli später gerade den Funktionalismus als überlegene supranationale Konzeption vorstellen sollte. Ich möchte seine diesbezüglichen Ausführungen in der gleichen Länge wiedergeben, in der sie sich – auf Englisch – auch in Mitranys autobiographischem Memoir als Anmerkung finden:[10]

> »In Gegenstellung zu den Befürwortern des Föderalismus stand der sogenannte funktionalistische Ansatz. Beamte, Politiker und Experten in den verschiedenen europäischen Staaten waren nicht daran gewöhnt, europäische Probleme auf föderalistischer Linie zu lösen. Das einzige supranationale Erlebnis in ihrem Gedächtnis war das der zwei großen Weltkriege, in denen die im Kampf befindlichen Partner es als geboten ansahen, einige spezialisierte integrierte Verwaltungsautoritäten militärischen oder ökonomischen Charakters zu schaffen (gemeinsame Oberkommandos, Gremien für die gemeinsame Beschaffung und Zuweisung von Kriegsmaterial, gemeinsame Kassen, usw.). Die Ausführung solcher Aufgaben war einer supranationalen Autorität anvertraut worden, während die politische Entscheidungsgewalt in den Händen der nationalen Regierungen blieb. Es war ganz natürlich, diese Denklinie auf das Gebiet des Europäischen Wiederaufbaus zu übertragen, und es war ein Rumäne, Mitrany, der der Theoretiker des Funktionalismus wurde. Während des Krieges hatte Jean Monnet die Idee ausgearbeitet, den funktionalen Ansatz auf die Kohle- und Stahl-Industrien anzuwenden und hieraus ging dann die Europäische Gemeinschaft für Kohle und Stahl hervor ...
> Der Funktionalismus, der in den Köpfen hoher Beamter geboren wurde, schien ein viel praktischerer Ansatz zu sein als jener des politischen Föderalismus. Er griff das Problem der nationalen Souveränität nicht direkt an. Er war in Erfahrungen gegründet, die europäischen Politikern bekannt waren. Man hoffte, daß durch eine Vermehrung der spezialisierten Institutionen ein Punkt erreicht

[10] Mitrany (1975), S. 75, eigene Übersetzung nach dieser Quelle.

werden würde, an dem die Errichtung einer europäischen supranationalen Gewalt natürlich und mühelos werden würde ...
Im Gegensatz zu den Föderalisten haben sich die Funktionalisten niemals organisiert, aber ihre Ideen haben sich überallhin verbreitet. Wenn europäische Staatsmänner mit dem Problem der europäischen Einigung konfrontiert waren, dann haben sie den funktionalistischen Ansatz gewählt, dagegen föderalistische Gesichtspunkte nur zögernd und halbherzig angenommen, wenn sie durch Notwendigkeit gezwungen waren und sie wieder fallen gelassen, wenn der Druck nachließ.«

Man kann diesen Passagen zwar nicht entnehmen, daß Jean Monnet gerade David Mitranys Funktionalismus anwandte, als er die EGKS initiierte – aber in Mitranys Sinn funktionalistisch, wie auch immer inspiriert, hat er, Spinellis Zeugnis zufolge, gedacht und gehandelt.

Interessant wäre es nun, nach dieser positiven Einschätzung der Bedeutung des Mitrany-Funktionalismus der Frage nachzugehen, welche Rolle er fortan im Denken von Altiero Spinelli selber spielte. Schließlich war er später EG-Kommissar für Industriepolitik (1970-76) und danach war Spinelli als Mitglied des Europäischen Parlaments einer der Hauptbetreiber der Formulierung eines »Vertragsentwurfs für eine Europäische Union«. Dieser Entwurf kann mitverantwortlich gesehen werden für das Zustandekommen der »Einheitlichen Europäischen Akte«, und diese hat wiederum den gegenwärtigen Europaaktionismus erst möglich gemacht. Wir haben hier also sehr bedeutsame Entwicklungslinien, die man vielleicht in wesentlicher Weise mit dem Funktionalismus verknüpfen könnte. Wir können diese Frage hier aber nicht weiter verfolgen.

5. Neo-Funktionalismus und alter Funktionalismus

5.1 Der politologische Fehlschlag des neo-funktionalistischen Ansatzes

Obwohl der Funktionalismus, den David Mitrany zum trans-nationalen Programm erhoben hatte, nach dem Zeugnis von Altiero Spinelli für die Praxis der europäischen Integration außerordentlich wichtig war, blieb er dennoch für die universitäre Forschung und Lehre lange

Zeit weitgehend folgenlos[11] – mit einer wichtigen Ausnahme: dem vor allem von Ernst B. Haas vertretenen »Neo-Funktionalismus«[12].

Es handelt sich hierbei um einen Ansatz, bei dem der Mitrany-Funktionalismus mit Analysekonzepten der amerikanischen Politologie verbunden wurde[13] und zu einer allgemeinen Theorie der regionalen Integration ausgebaut werden sollte. Dabei wurde aber von Vertretern des Neo-Funktionalismus eine weltweite Tendenz zur regionalen Integration vorschnell als dauerhaftes Faktum vorausgesetzt. Nach einer Reihe von Rückschlägen bei der Verwirklichung verschiedener regionaler Integrationsvorhaben, insbesondere aber seit der von de Gaulle 1965 initiierten Krise der Gemeinschaftsinstitutionen, wurde die Tragfähigkeit des von Ernst Haas vertretenen neofunktionalistischen Ansatzes für eine politologische Analyse gegenwärtiger Bedingungen internationaler Integration zunehmend bezweifelt. Schließlich verkündete Haas (1975) selber die »Obsoleszenz regionaler Integrationstheorien« – was in der Literatur als Eingeständnis des Versagens des ursprünglichen neo-funktionalistischen Ansatzes verstanden wird[14].

---

[11] Dies kann ganz besonders für die deutschsprachige Gesellschaftswissenschaft gesagt werden. Das Antinom zu Funktionalismus wird dort vor allem im Begriff des »Strukturalismus« gesehen und wird so gut wie gar nicht mit »Föderalismus« und »Regionalismus« in Verbindung gebracht.

[12] Siehe insbesondere Haas (1958). Für eine Übersicht über andere funktionalistische und neo-funktionalistische politologische Ansätze siehe Haas (1964). Eine interessante und umfangreiche Bibliographie zum Funktionalismus und Neo-Funktionalismus findet sich bei Groom/Taylor (eds.) (1975), S. 284-338.

[13] Ein spezifisches Konzept des Neo-Funktionalismus wird durch den Begriff des »spillover« gefaßt, der zwei Aspekte hat: (i) Als »functional spillover« wird, durchaus mit Rückgriff auf Jean Monnet, der Prozeß bezeichnet, daß nach Verwirklichung von gemeinschaftlichen Regelungen eines bestimmten wirtschaftlichen Teilbereichs sich die Notwendigkeit ergibt, mit diesem Bereich zusammenhängende weitere wirtschaftliche Teilbereiche gemeinschaftlich zu regeln. Ein interessantes aktuelles Beispiel hierfür dürfte der Komplex der »agri-monetären« Probleme der EG darstellen: Da bei gemeinschaftlicher Festlegung von Agrarpreisen und nationaler Verantwortung für die Wechselkurse eine Paritätenänderung der Mitgliedswährungen zu unerwünschten Preis- und Mengenänderungen führt, muß man entweder ein verwirrendes System »grüner Wechselkurse« zur Isolation der unerwünschten Wirkungen einführen, oder man muß zu einer Beseitigung von Paritätenänderungen und einer Integration der Geld- und Währungspolitik kommen. In Maastricht haben sich im Dezember 1991 die Regierungsvertreter der EG zu letzterem Schritt entschieden. (ii) Mit dem Begriff des »political spillover« sollte die Dynamik der Interessenvertretung im Integrationsprozeß beschrieben werden.

[14] Siehe hierzu die ausführlichere Diskussion bei George (1985), Kap. 2.

Abb. 1: Europäische Integration: Neo-Funktionalismus

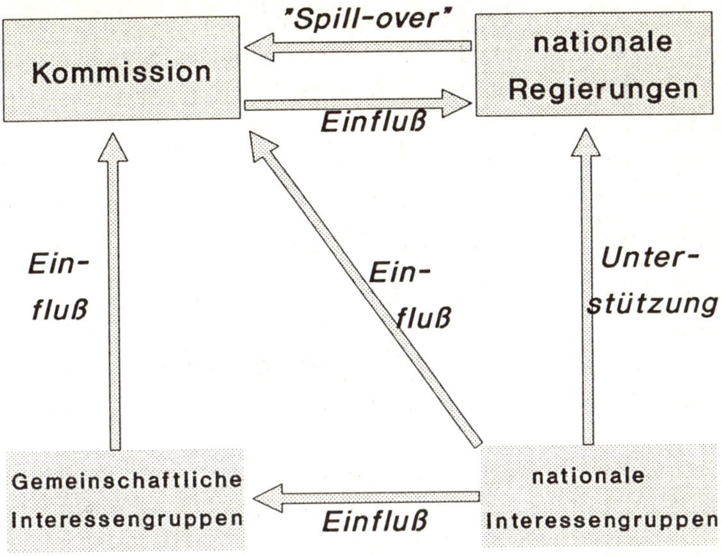

Abb. 2: Europäische Integration: »Alter« Funktionalismus

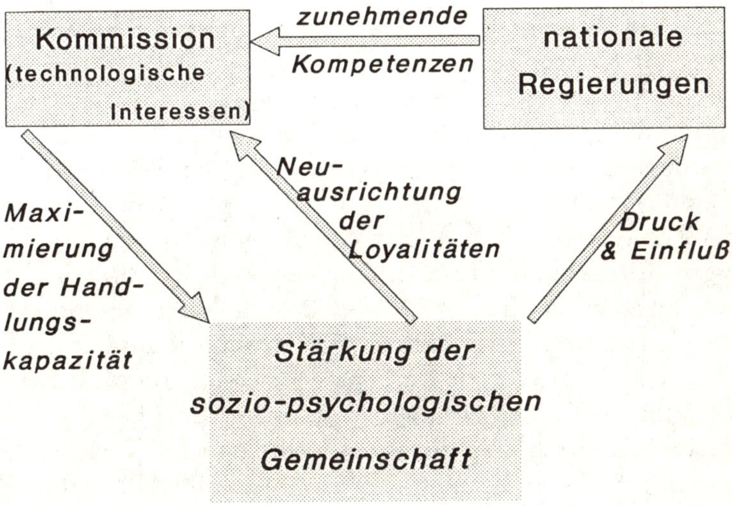

Aber auch wenn der Neo-Funktionalismus als analytischer Fehlschlag gilt, scheint mir eine Auseinandersetzung mit ihm doch wichtig, weil er den Prozeß supranationaler Integration thematisiert und – wenn auch vielleicht nur als negatives Moment in einer weitergehenden Debatte – damit immerhin eine fortdauernd wichtige Problematik bewußt hält.

5.2 Der »Alte Funktionalismus« und die Europäische Integration

Spezifika des *Neo*-Funktionalismus im Vergleich zum »Alten Funktionalismus« hat Paul Taylor (1983) im Kontext einer Analyse der Europäischen Integration herausgearbeitet. Abbildung 1 und 2 auf der vorigen Seite geben zwei Schemata wieder, die er zu diesem Zweck konzipiert hatte.

Zentrales Konzept der Europäischen Integration ist für den Neo-Funktionalismus – wie unter Gliederungspunkt 3.3 oben bereits kurz ausgeführt – der Prozeß des »Spill-over«, durch den sich ein Übergehen von Regierungsfunktionen von nationaler Ebene auf Kommissionsebene vollziehen soll, wie in Abbildung 1 im oberen Bereich dargestellt wird. Motor dieses Prozesses sollen Einflußnahme und Unterstützung durch nationale Interessengruppen sein, die sich zunehmend im Hinblick auf eine gemeinschaftliche Interessenwahrnehmung umorganisieren sollen, wie im unteren Bereich von Abbildung 1 dargestellt wird.

Mit Taylor (1983) kann man einwenden, daß die tatsächlichen Integrationsprozesse nicht in dieser Weise ablaufen und auch von den betroffenen Politikern ganz anders gesehen wurden. Wenn z.B. Präsident de Gaulle in den 1960er Jahren sich gegen ein direktes Einwirken der Kommission auf die Bürger der Gemeinschaft wandte und als einzigen Adressaten der Kommission die nationalen Regierungen ansah, so sei dies aus der Besorgnis zu erklären, es könne ansonsten zu einer Neuausrichtung der Loyalitäten der Staatsbürger kommen.

Als Alternative zum Konzept des neo-funktionalistischen »Spill-over« bietet Taylor (1983) auf »alt-funktionalistischer« Grundlage die Analyse der »Stärkung der sozio-psychologischen Gemeinschaft« an, wie in Abbildung 2 unten dargestellt wird. Ein Prozeß solch einer Stärkung ergibt sich bei der europäischen Integration aus der Verlagerung bestimmter Kompetenzen, die anfänglich nur technologische Interessen betreffen, aus dem Bereich nationaler Entscheidungsgewalt auf die Kommission. Diese wird versuchen, die ihr übertragene Handlungskompetenz so gut wie möglich auszufüllen. Dabei kommt es zu einem neuen gemeinschaftlichen Zugehörigkeitsgefühl der Bürger und in der Tat zu einer Neuausrichtung ihrer Loyalität. Daraus resultiert Druck und Einfluß auf die nationalen Regierungen, mit ihren Kompetenzverlagerungen weiterzugehen. Aus der ursprünglichen Funktion der Kommission, nämlich der Wahrnehmung technologischer Interessen, folgt schließlich eine neue Form der Verfassung von Regierungskompetenzen. In diesem Sinne ließe sich das oben unter Gliederungspunkt 3.3 genannte »alt-funktionalistische« Motto: »Form folgt Funktion« am Beispiel der EG-Integration illustrieren.

5.3 Kritik der Mitrany-Rezeption

Gegen die bisher referierten Umsetzungen von Mitranys »Vision« in akademische Forschungsprogramme möchte ich einwenden, daß sie die »eigentliche« Intention von Mitrany bislang noch nicht erfaßt haben. Was die Neo-Funktionalisten anbelangt, so mag ihr »Rückruf« des eigenen Forschungsprogramms hier hinreichen, um dessen Ungenügen zu dokumentieren. Taylor (1983) hat zudem ein übriges getan, um die mangelnde Authentizität des Neo-Funktionalismus darzulegen.

Taylor (1983) selber hat aber gerade im Kontext seines alternativen Entwurfs eines auf dem »Alten Funktionalismus« basierenden Programms zur Europäischen Integration konzediert, daß er den Vorbehalten Mitranys gegen die EG-Integration nicht genügend Rechnung trägt. Korrekterweise muß in diesem Zusammenhang auch festgestellt werden, daß Taylors (1983) Hauptanliegen die Analyse der *Beschränkungen* der Integration im damaligen EG-Kontext war – daß er also nicht davon ausgeht, daß der in Zusammenhang mit Abbildung 2 erörterte Prozeß von Loyalitätsverlagerung zur EG-Kommission *ad infinitum* weitergeht. Insoweit kann man sagen, daß die bisherige Mitrany-Rezeption durchaus nicht zu verstiegenen Positionen geführt hat.

Was aber bisher zu wenig Beachtung findet, ist meiner Ansicht nach die Tatsache, daß Mitrany eine bürgerorientierte Kritik an der EG-Integration lieferte und dabei von einer Gegenüberstellung von (seinem) Funktionalismus einerseits und Föderalismus andererseits ausgeht.

Eine Debatte über Funktionalismus und Föderalismus ist hochaktuell angesichts der Tatsache, daß in Vorbereitung des Maastrichter Vertrags zur Europäischen Union die Luxemburger Präsidentschaft die Verankerung des föderalistischen Prinzips für die EG forderte, sich hiermit aber nicht durchsetzen konnte und wir nun in der Präambel des Vertrages den Entschluß finden, »Entscheidungen so nah bei den Bürgern wie möglich zu fällen in Übereinstimmung mit dem Prinzip der Subsidiarität.«[15] In Pressekommentaren ist diese Wendung als »Rückschritt« zu nationalstaatlichem Denken interpretiert worden. Man könnte aber in der Betonung von Bürgernähe (vgl. oben, Fußnote 7) und Subsidiaritätsprinzip (vgl. oben, Gliederungspunkt 3.1) einen neuerlichen Sieg des Mitrany-Funktionalismus gegenüber einem konstruktivistischen Föderalismus sehen – ähnlich jenem, den Altiero Spinelli bei der Gründung der Montanunion erkannte, wie oben unter Gliederungspunkt 4 ausgeführt wurde.

Im folgenden Gliederungspunkt 6 möchte ich Mitranys eigene Kritik an der EG-Integration etwas ausführlicher referieren. Sie könnte Anregungen geben, wie der Maastrichter Vertrag gemäß dem soeben zitierten Erwägungsgrund ausgefüllt werden sollte. Insofern liefert Mitrany Material für eine *interne* Kritik der EG, die ihre grundsätzlichen Intentionen jedoch nicht hinterfragt.

Mitrany liefert aber auch Material für eine *externe* Kritik an der EG, die einen prinzipell anderen Entwurf von transnationalen Strukturen thematisiert, als er derzeit in der EG angestrebt wird. Zentrale Konzepte sind dabei die Begriffe »Nachbarschaft« und »Entflechtung« (devolution). Durch Entflechtung größerer Staatsgebilde soll nach dieser Konzeption die politische Möglichkeit für nachbarschaftliche Zusammenarbeit und auf dieser Grundlage dann für Repräsentierung in supranationalen Gremien geschaffen werden. In einem seiner letzten Literaturbeiträge hat Mitrany (1975a, S. 30, Fn. 20) darauf hingewiesen, daß er bereits unmittelbar nach dem Ersten Weltkrieg für solch eine neue politische Ordnung plädiert hatte.

Über Mitranys Konzeption der staatlichen Entflechtung in supranationalem Kontext kann nun ein Bogen gespannt werden zu Staatskonzeptionen, die eigenartigerweise gerade von zwei Autoren vorgetragen wurden, die unmittelbar die Thematik dieses Bandes betreffen, nämlich den 1936 aus Österreich nach Spanien und dann nach Kanada und USA emigrierten Leopold Kohr und den 1937 von Deutschland

[15] Eigene Übersetzung nach der englischen Version des Vertrags.

nach England emigrierten Ernst Friedrich Schumacher. Schumacher (1979) steht für das Schlagwort »small is beautiful« – für das Plädoyer, Politik, Wirtschaft und Technik wieder auf ein »menschliches Maß« zurückzuführen. In ähnlichem Sinne hat sich Kohr (1983) gegen die *Überentwicklung* der heutigen »entwickelten« Volkswirtschaften gewandt. Den thematischen Zusammenhang zwischen diesen drei Autoren genauer herauszuarbeiten, scheint mir ein lohnendes Vorhaben zukünftiger Mitrany-Rezeption zu sein.

6. Mitranys Kritik des Integrationskonzepts der Europäischen Gemeinschaft

Angesichts der Tatsache, daß Altiero Spinelli die Anfänge der Europäischen Gemeinschaft direkt mit David Mitrany verband, mag es erstaunen, daß Mitrany (1965) sich recht kritisch gegenüber dem Projekt der EG-Integration geäußert hat. Dabei wandte er sich einerseits gegen methodisch diffuse Argumentation, die er beispielsweise bei Walter Hallstein sah, wenn dieser versuchte, der Gemeinschaft eine undefinierte neue Rechtsnatur der »Gemeinschaftlichkeit« zuzuerkennen. Andererseits sah er auch zwei prinzipiell falsche Methoden in der Herangehensweise an das Projekt der EG-Integration. Er bezeichnete sie als

- den Trugschluß des Regionalismus und
- den Trugschluß des Föderalismus.

6.1 Der Trugschluß eines europäischen Regionalismus

Das Integrationsprogramm für Europa wird von etlichen seiner Befürworter als Programm für einen territorialen Zusammenschluß verstanden. Die Präambel des EWG-Vertrages vom 25. März 1957 geht ja aus von dem festen Willen, »die Grundlagen für einen immer engeren Zusammenschluß der europäischen Völker zu schaffen« und drückt dann die Entschlossenheit aus, »durch diesen Zusammenschluß ihrer Wirtschaftskräfte Frieden und Freiheit zu wahren und zu festigen«. Das Programm eines regionalen Zusammenschlusses beinhaltet nach Mitrany aber etliche Fehlschlüsse, wovon ich im folgenden zwei aufführen und kurz kommentieren möchte:[16]

(i) In historischer Perspektive muß man feststellen, daß einstmals von Befürwortern des Nationalismus wie Mazzini[17] und anderen die nationalstaatliche territoriale Konsolidierung gerade mit dem Argument der Friedenssicherung propagiert wurde. Daß heutzutage aber in den damals propagierten Zusammenschlüssen kein prinzipielles Friedenssicherungsinstrument mehr gesehen werden kann, dürfte nun aus historischer Rückschau evident werden. Ganz analog dazu wird man folgern müssen, daß auch Behauptungen über friedenssichernde Auswirkungen regionaler europäischer Zusammenschlüsse einer systematischen Begründung entbehren. Insofern erweist sich das europäische Integrationsprogramm für Mitrany als (antizipierter) *historischer Fehlschluß*.

Regionalismus kann nach Mitrany nur insofern einen positiven Beitrag zur Lösung gesellschaftlicher Probleme leisten, als er dazu führt, Überlastungen von Zentralverwaltungen abzubauen. Das bedeutet aber dann ein regionales *Aufbrechen* von Verwaltungsstrukturen. Einem so verstandenen Regionalismus kann dann durchaus eine integrative Auswirkung über Ländergrenzen hinweg zukommen. Wird im Zuge der europäischen Integrationsbestrebungen aber ein regionaler *Zusammenschluß* von Administrationen gefordert, so wird dies nicht zu einer politischen Integration, sondern zu – territorial neu gegliederter – Spaltung und Abgrenzung führen.

Ich glaube, daß die aktuellen Diskussionen und Befürchtungen um die Entstehung einer »Festung Europa« und daß die internen Diskussionen in der EG über ihre »Vertiefung« statt ihrer »Erweiterung« anzeigen, daß dieser Teil von Mitranys Analyse nicht völlig abwegig ist.

---

[16] Als weiteren »Fehlschluß« führt Mitrany in diesem Zusammenhang die Doktrin von der »unité du patrimoine spirituel et culturel de l' Europe« auf – eine Äußerung, die er dem Martino-Bericht an das Europäische Parlament entnimmt (S. 8, para. 38).

[17] Giuseppe Mazzini (1805-1872) gilt als Wegbereiter eines nationaldemokratischen Italien. Er gründete im Exil in Frankreich den Geheimbund »Junges Italien«, den er 1834 mit gleichgerichteten Zirkeln anderer Nationen zum »Jungen Europa« vereinte.

(ii) In wirtschaftlicher Perspektive kann der »Zusammenschluß der Wirtschaftskräfte« der EG-Länder als Wachstumsfaktor erscheinen. Nationale Märkte seien zu klein geworden, weltweite Integration sei aber vorerst nicht praktikabel.[18]
Der Trugschluß bei solchen Äußerungen besteht für Mitrany darin, daß dabei nationale Märkte mit dem Terrain des wirtschaftlichen Austauschs gleichgesetzt werden – womit dann das Geflecht der internationalen Beschaffungs- und Absatzmärkte aus der Betrachtung verschwindet.

Im übrigen stellt Mitrany (1965, S. 146) den Behauptungen über die segensreichen Wirkungen der territorialen Wirtschaftsintegration die Ergebnisse einer Studie von Sidney Dell (1959) gegenüber, wonach:

- relative Produktivität keineswegs an die Größe des Heimatmarktes gebunden sei (Beispiele: schwedische und Schweizer Metallindustrie);
- Erwin Rothbarth nachgewiesen habe, daß die USA-Industrie bereits zu jenen Zeiten produktiver war als die britische, als der heimische Markt in den USA kleiner war als der in Großbritannien;
- die Unterschiede der regionalen Pro-Kopf-Einkommen in dem großen integrierten Territorium der USA vermutlich nicht signifikant geringer sind als in dem fraktionierten Territorium der westeuropäischen Nationalstaaten jener Zeit.

Damit sieht Mitrany Behauptungen widerlegt, daß ökonomische Integration schon von selbst zu höherer Produktivität und zu Vereinheitlichung der Lebensverhältnisse führt.

Auch mit der wirtschaftspolitischen Einschätzung regionaler Integration vertritt Mitrany nicht unbedingt eine abwegige Position. Wenn man differenzierende Auseinandersetzungen mit dem jetzt aktuellen Binnenmarktprojekt liest, wie insbesondere die Beiträge bei Padoa-Schioppa u.a. (1987), dann wird die Meinung durchaus gestützt, daß ohne zusätzliches wirtschaftspolitisches Eingreifen auf den Gebieten

- Wettbewerbspolitik
- Regionalpolitik
- Sozialpolitik u.a.

[18] Mitrany (1965, S. 146) belegt diese Sicht mit einer Studie des Europarates: Research Directorate of the Secretary-General of the Council of Europe, *The Present State of Economic Integration*, Strasbourg, July 1955, pp. 40-1.

nicht notwendigerweise mit positiven Nettowirkungen der Verwirklichung des EG-Binnenmarktes zu rechnen ist.

Damit stellt sich aber die Frage, wer denn Träger der neuen wirtschaftspolitischen Aufgaben sein soll. Die Übertragung zusätzlicher administrativer Aufgaben an ein Zentrum, beispielsweise in Brüssel, einer regional integrierten EG wäre sowohl räumlich als auch institutionell sicher nicht gerade eine besonders bürgernahe Lösung der neuen Probleme, die sich aus der Verwirklichung des EG-Binnenmarktes ergeben.

6.2 Der Trugschluß eines europäischen Föderalismus

In der bereits zitierten Gegenüberstellung von Funktionalismus und Föderalismus charakterisierte Spinelli (1957) die europäischen Föderalisten dahingehend, daß ihre Originalität nicht in einer Methodik des Zusammenschlusses gelegen habe. Vielmehr habe sie darin gelegen, die bereits vorhandenen Musterbeispiele des Föderalismus, die in den USA und der Schweiz praktiziert worden waren, auf die Idee der europäischen Integration anzuwenden.

An eben diesem Selbstverständnis der Föderalisten – wenn auch ohne ausdrückliche Bezugnahme auf Spinelli – knüpft Mitrany in seiner Kritik an: die »europäischen« Föderalisten seien so fasziniert von dem Gedanken, sie hätten eine bequeme, bereits fertige Integrationsformel, daß sie gar nicht mehr fragten, wie der Föderalismus funktioniert, dort wo er existiert;[19] noch ob dessen ursprüngliche Entstehungsbedingungen irgendwelche Bezüge liefern zu dem Problem, unter heutigen Bedingungen eine Gruppe von Staaten zu vereinen.

Es übersteigt den verfügbaren Raum und meine Fachkompetenz als Wirtschaftswissenschaftler, zu dieser Kritik ausführlich Stellung zu nehmen. In Anlehnung an Mitrany ließe sich aber vielleicht in der Tat bezweifeln, ob die europäischen Föderalisten sich generell bewußt sind, daß die USA, als sie sich 1787 als eine Föderation konstituierten, noch gar kein politisch-administratives Gebilde in modernem Sinne waren. Es spricht vielleicht in der Tat einiges dafür, daß es ein Trugschluß wäre, glaubte man, es wäre möglich, heutzutage in Europa ein Pendant zu dem damaligen USA-Föderalismus zu schaffen. Ist man

---

[19] Für eine bemerkenswerte Ausnahme siehe das Zitat von Rau (1991) unten, Fußnote 28.

sich auch bewußt, daß man damit ein politisches Gebilde zum Vorbild nimmt, das von 1861 bis 1864 um seinen territorialen Zusammenhalt einen Krieg geführt hat, der zu den scheußlichsten seines Jahrhunderts gehörte und den Norden der USA 360.000 Tote, den Süden 275.000 Tote kostete (Der Grosse Ploetz, Freiburg 1986, S. 1181)?

Wenn man das Kriterium der »Modernität« für die Auswahl eines föderalistischen Vorbildes zuließe, käme man übrigens, Mitrany (1965, S. 131) zufolge, zu einer frappierenden Konsequenz:

> »Der funktionierende Prototyp für ein neues föderalistisches Experiment, das frei sein soll, die modernen Attribute einer Wohlfahrtsgesellschaft zu entwickeln, ist wahrscheinlich nicht so sehr die U.S.-Verfassung von 1787 sondern etwas, das näher an das föderale System der UdSSR herankäme.«

Damit hat Mitrany in einer Weise seine Kritik illustriert, die 1991 noch viel besser paßt als vor 25 Jahren, als er sie formulierte. Denn eine weitergehende These von ihm ist, daß der Föderalismus ein wenig stabiles Regierungssystem ist. Die Ereignisse dieses Jahres, das den Zusammenbruch sowohl des UdSSR-Föderalismus als auch des Jugoslawischen Föderalismus gebracht hat, illustrieren diesen Vorbehalt Mitranys in besonders deutlicher Weise.[20]

Daß Sezessionen keine Besonderheit sozialistischer Föderationen sind, zeigen u.a. der bereits erwähnte Sezessionskrieg der USA, die Sezessionsbewegung des französischsprechenden Kanada und der Sprachenkampf in Belgien.

6.3 Die funktionale Alternative

Die oben referierte funktionalistische Kritik Mitranys an der EG der 1960er Jahre orientierte sich an methodischen Grundpositionen und ist insofern für eine praktische Evaluation der EG-Integration zu pointiert. Es war ja bereits den oben unter Gliederungspunkt 4 zitierten Äußerungen von Altiero Spinelli (1957) zu entnehmen, daß in der faktischen Entwicklung der europäischen Integration der funktionali-

---

[20] Die Erfahrung der letzten Jahre bestätigt in dramatischer Form Mitranys (1975a, S. 29) Feststellung: »... in our time more political unions have broken up than have come into being.«

stische Gedanke wichtig, erfolgreich, und – vielleicht sogar überwiegend – präsent war.[21]

Die Charakteristika des funktionalistischen Ansatzes sollen hier nun nicht noch einmal behandelt werden. Es wurde auf sie oben unter den Gliederungspunkten 3, 4, und 5 ja ausführlicher eingegangen. *Daß* der Funktionalismus eine wichtige Alternative darstellt, wenn es darum geht, die Beschränkungen des Nationalstaates zu durchbrechen, das sollte aber gerade jetzt in die öffentliche Diskussion eingebracht werden, ist doch im Jahr 1991 vom Luxemburger Ratsvorsitz der Vorschlag zum ersten Mal in die offizielle Debatte um die EG-Institutionen eingebracht worden, die angestrebte Europäische Union ausdrücklich und vertraglich als Föderation zu konstituieren. Auf der Grundlage eines Nachvollzugs der Argumentation von David Mitrany erscheint es aber wichtiger und wünschenswerter, die angestrebte Europäische Einigung als »Funktionales Gebilde« zu verstehen, dessen Hauptaufgabe nicht die Zusammenfassung, sondern die bürgerorientierte Entflechtung territorial definierter Administrationsstrukturen sein sollte. So gesehen, sollte die Zurückweisung des Luxemburger Vorschlags nicht als Rückschritt, sondern als Ermöglichung funktionalistischer Neubesinnung über die Grundlagen europäischer Integration aufgefaßt werden.[22]

7. Funktionalistische Gesichtspunkte bei der Realisierung der Wirtschafts- und Währungsunion in der EG

Die Regierungskonferenzen des vorigen Jahres über die Wirtschafts- und Währungsunion und die gleichzeitig stattgefundenen Konferenzen über die zukünftige Struktur der EG hätten an sich einen hervorragenden Rahmen geboten, um – gerade in dieser Kombination – funktionalistische Gesichtspunkte bei der Weiterentwicklung der EG zu erörtern.

---

[21] Vgl. in diesem Zusammenhang auch das Diktum von Johannes Rau (1991, S. 26), daß das »Prinzip des Funktionalismus« dem Föderalismus vorzuziehen sei: »der Föderalismus, soweit er funktioniert, hat eine funktionale Bedeutung«. Allerdings wandte sich Rau aus fiskalischen Überlegungen in diesem Zusammenhang doch *gegen* ein Primat des Funktionalismus.

[22] Vgl. auch die Diskussion oben unter Gliederungspunkt 5.2, insbesondere in dem mit Fußnote 19 versehenen Text.

Hinzu kommt das sich abzeichnende Administrationsvakuum in den Staaten Mittel- und Osteuropas, die zuvor im organisatorischen Zusammenhalt der Sowjetunion und des RGW waren. Verschiedene Politiker haben dieser Tage geäußert, daß die EG-Mitglieder besonders auf diese Herausforderung mit neuen flexiblen, problemorientierten Organisationsstrukturen reagieren müssen[23]. Solche Äußerungen sprechen vielleicht für eine zunehmende Rückbesinnung auf die funktionalistischen Grundlagen europäischer Integration, doch fehlt bislang eine systematische Erörterung dieser methodischen Alternative zu einem territorial verstandenen Föderalismus.[24]

Das Minimum an funktionalistischen Forderungen, das man im gegenwärtigem Kontext erheben könnte, wäre vermutlich, daß die aktuell geplanten Ausgestaltungen der Gemeinschaftsinstitutionen nicht zu einem »Nationalstaat auf höherer Stufe«, sondern wirklich zu einem Durchbrechen überkommener Administrationsstrukturen führen sollten.

Wenn also insbesondere von deutscher Seite im Zusammenhang mit der Verwirklichung der Wirtschafts- und Währungsunion immer wieder die völlige Unabhängigkeit einer zukünftigen Europäischen Zentralbank gefordert wird, dann muß man sich fragen, warum bei dieser Forderung stehen geblieben wird. Schließlich ist die Integration der nationalen monetären Autoritäten nicht die einzige Maßnahme, die der Delors-Bericht nennt, auf den sich die jetzigen Konferenzaktivitäten stützen. Als flankierende neue Aktionsbereiche nennt er auch:

- Wettbewerbs- und Binnenmarktpolitik
- Regional- und Strukturpolitik
- Fiskalpolitische Koordination der Mitgliedsländer.

Sollen all diese neuen integriert zu betreibenden Aufgaben den bestehenden Institutionen und damit vor allem der Betreuung durch die Kommission anvertraut werden? Man kann in diesem Zusammen-

---

[23] Zum Beispiel Giscard d'Estaing, BBC World Service, Europe's World, September 1991. Siehe auch die folgende Fußnote.

[24] Bemerkenswert ist in diesem Zusammenhang besonders, daß Klaus Hänsch (MEP, SPD) kürzlich erklärte (siehe: Agence Europe, Nr. 5569 (n.s.), 18. Sept. 1991, S. 4), die zukünftige pan-europäische Organisation könne *nicht* eine klassische Konföderation sein, sondern eine Gruppierung von »Konföderationen nach Anwendungsgebiet«. Mit einiger Phantasie kann man hierin einen Anklang an Francois Perroux' »éspaces économiques freed from »the servitudes of localisation«« erkennen – ein Konzept, das Mitrany (1965, S. 148, Fn. 57) sehr kongenial war.

hang sehr wohl für eine funktionelle Ausgliederung und räumliche Dezentralisierung von Aufgaben plädieren. Dies zöge nach sich die Forderungen nach:

- einem eigenständigen EG-Kartellamt
- einem gesonderten und eigenständigen Regionalparlament
- einem eigenständigen Gremium der fiskalpolitischen Koordinierung.

Direkt auf solche Forderungen angesprochen, zeigen sich EG-Kommissare teilweise durchaus verständnisvoll.[25] Zum Teil ist eine Verwirklichung solcher Forderungen auch schon im Ansatz vorgesehen: ein bemerkenswerter Fortschritt ist der beratende Ausschuß der Regionen, der nach dem Maastrichter Vertrag in den neuen Artikeln 198a bis 198c EWGV beschrieben wird. Seine Beschickung und seine Kompetenzen können aber kaum befriedigen.[26] Es wäre nun an der Zeit, entsprechende Forderungen verstärkt in die öffentliche Diskussion einzubringen. Der Mitrany-Funktionalismus könnte hierbei eine wichtige systematische Hilfestellung liefern.

8. Schlußbemerkungen

Die Betrachtung der Geschichte der deutschsprachigen wirtschaftswissenschaftlichen Emigration nach 1933 muß elegisch stimmen – nicht nur wegen der Erfahrungen der Emigranten selber, sondern weil sie auch den »Decline of an Intellectual Empire« zum Gegenstand hat, wie der Beitrag von Plasmeijer und Haan darlegt.

Die Reflektion über diese Emigrationserfahrung regt auch zur Überlegung an, wie es zu dieser Entwicklung kommen konnte. Man könnte unter anderem ein besonderes Versäumnis der deutschsprachigen Gesellschaftswissenschaft dafür verantwortlich machen, die nicht beizeiten ein angemessenes Lehrgebäude bereitstellte, mit dem

---

[25] Eine wichtige Ausnahme ist allerdings der für Wettbewerb zuständige EG-Kommissar Leon Brittan, der sich dezidiert *gegen* eine eigenständige EG-Kartellbehörde ausgesprochen hat. Siehe hierzu: *Handelsblatt*, 6/7.3.1992, S. 1: »Kommissar Brittan gegen eine Brüsseler Kartellbehörde nach Berliner Vorbild.«

[26] Für eine kritische Auseinandersetzung mit den Plänen für einen Regionalausschuß unmittelbar vor dem Maastrichter Vertragsabschluß siehe Rau (1991), insbesondere S. 22f.

man Alternativen zur Hypertrophie des Nationalismus systematisch hätte erarbeiten können. Es ist jedenfalls auffällig, daß es gerade durch den Nationalsozialismus gefährdete Emigranten wie David Mitrany, Leopold Kohr und E.F. Schumacher waren, die vor der Megalomanie der »entwickelten« Staaten warnten. Bemerkenswert ist an den Beiträgen dieser Autoren allerdings, daß sie ihre Kritik *nicht* gegen das Deutschland des Nationalsozialismus wandten, sondern gegen den übersteigerten Zentralismus der Nationalstaaten überhaupt.

Unabhängig von den prinzipiellen Aspekten der Kritik am Nationalismus ist es vielleicht aber nicht unbillig, jetzt noch die Forderung zu erheben, gesellschaftswissenschaftliche Ansätze zu erarbeiten, die der jahrhundertealten multikulturellen und multizentristischen Tradition des deutschen Sprachraums in besonderer Weise Rechnung tragen.

Im Rückblick wird man vielleicht einige besondere gesellschaftstheoretische Ansätze erkennen, die wichtige Teile für solch ein intellektuelles »Alternativprogramm« hätten bieten können: Konstantin Franz' – im Widerstreit gegen Bismarck formulierte – Propagierung des Föderalismus; Otto von Gierkes »Hommage« an vergangene Ansätze der gesellschaftlichen Selbstorganisation in seiner Rechtsgeschichte des Genossenschaftswesens, die schon einen großen Europäer wie Carlo Schmid einstmals inspiriert hatte.[27] Auch an Wilhelm Hegels Versuch, dem aus dem Mittelalter überkommenen Ständebegriff eine systematische staatliche Funktion zuzuerkennen, könnte man in diesem Zusammenhang denken.[28]

Es ist vielleicht auch ein zusätzlicher Aspekt eines besonderen deutschen intellektuellen Versäumnisses, daß David Mitrany seine Lehre vom Funktionalismus als Alternative zum nationalstaatlichen Administrationsprinzip nicht in Auseinandersetzung mit diesem Teil der deutschsprachigen Tradition entwickelte, wenn man die im vorigen Abschnitt genannten Ansätze bereits als »Tradition« bezeichnen wollte, sondern daß er bei seinen Entwürfen eher an der kritischen Auseinandersetzung mit der geistigen Tradition des USA-Föderalismus ansetzte. Insofern kann man der deutschen Gesellschaftswissen-

---

[27] Carlo Schmid (1980) legt auf S. 110 seiner *Erinnerungen* genauer dar, wie seine politischen Vorstellungen vom Mitbestimmungsrecht der Arbeiter sich im einzelnen auf Otto von Gierkes *Genossenschaftsrecht* bezogen hatten.

[28] Für eine kritische Auseinandersetzung mit Hegels Ständelehre in ökonomischem Kontext siehe Birger P. Priddat (1990).

schaft vielleicht ein tiefer liegendes Versagen zuschreiben, als es durch die Emigration nach 1933 manifest wurde.

Dennoch sollte diese Rückbesinnung nicht »in Moll« enden. Der »heimliche« – in der akademischen Forschung und Lehre kaum verarbeitete – Erfolg des Mitrany-Funktionalismus sollte vielmehr dazu anregen, das in den zurückliegenden Generationen Versäumte unter besonderer Berücksichtigung des Mitrany-Funktionalismus nachzuholen. Besonders eine Mitrany-Rezeption, die auch die Ansätze von Leopold Kohr und E.F. Schumacher mit verarbeitet, dürfte vielversprechende und aktuell bedeutsame Auseinandersetzungen mit wirtschafts- und gesellschaftspolitischen Grundfragen Europas bieten. Solch ein Forschungsprogramm würde nicht nur verbindende Elemente zwischen diesen drei Autoren aufzeigen können. Da Kohr und Schumacher als Nationalökonomen schrieben, würde es in besonderer Weise eine wirtschaftswissenschaftliche Rezeption des Mitrany-Funktionalismus anregen, die bisher so gut wie völlig ausgeblieben ist.

So gesehen, ergibt dieser Rückblick die Perspektive auf ein enormes Tätigkeitsfeld gesellschafts- und wirtschaftswissenschaftlicher Neuversuche, der durchaus mit zuversichtlichem Tatendrang gefolgt werden könnte.

Literatur

Cosgrove, Carol Ann und Twitchett, Kenneth J., eds., (1970): The New International Actors. The United Nations and the European Economic Community, London: Macmillan, St Martin's Press.

Dell, S. (1959): »Economic Integration and the American Example« The Economic Journal, March.

George, Stephen (1985): Politics and Policy in the European Community, Oxford: Clarendon.

Gierke, Otto (1868): Rechtsgeschichte der deutschen Genossenschaft, Bd. 1, Berlin.

Groom, A.J.R./Taylor, Paul, (ed.) (1975): Functionalism. Theory and Practice in International Relations, London: University of London Press.

Groom, A.J.R./Taylor, Paul, (ed.) (1990): Frameworks for International Co-operation, London: Pinter Publishers.

Haas, Ernst B. (1958): The Uniting of Europe: Political, Economic and Social Forces, 1950-1957, London: Stevens & Sons and Stanford: Stanford University Press.

Haas, Ernst B. (1964): Beyond the Nation State. Functionalism and International Organizations, Stanford: Stanford University Press.

Haines, C[harles] Grove (Hrsg.) (1958): Europäische Integration (European Integration, deutsch) Göttingen (enthält den Beitrag von Spinelli (1957) in deutscher Übersetzung. Lag bei eigener Übersetzung des Spinelli-Zitates noch nicht vor).

Hodges, Michael (1975): Functionalism and Multinational Companies, in: Groom, A.J.R./Taylor, Paul, (ed.) (1975), S. 225-237.

Kohr, Leopold (1983): Die Überentwickelten Nationen, (The Overdeveloped Nations, deutsche Übersetzung), Salzburg.

Lipgens, Walter (Hrsg.) (1986): 45 [fünfundvierzig] Jahre Ringen um die Europäische Verfassung, Bonn.

Mitrany, David (1965): »The prospect of Integration: Federal or Functional«, in: Journal of Common Market Studies, Bd.4, S. 119-149.

Mitrany, David (1966): A working peace system [and other essays], Chicago: Quadrangle Books.

Mitrany, David (1975): The Functional Theory of Politics, New York: London School of Economics & Political Science, St. Martin's Press.

Mitrany, David (1975a): »A Political Theory of the New Society«, in: Groom, A.J.R./Taylor, Paul, (ed.) (1975), S. 25-37.

Padoa-Schioppa, Tommaso u.a. (1987): Efficiency, Stability, and Equity – A Strategy for the Evolution of the Economic System of the EC. Oxford .

Priddat, Birger P. (1990): Hegel als Ökonom, Berlin.

Rau, Johannes (1991): »Gemeinsame Verantwortung für die Zukunft Europas: Mitwirkung der Länder, Regionen und Autonomen Gemeinschaften am Europäischen Haus«, Vortrag von Dr. Johannes Rau, Ministerpräsident von Nordrhein-Westfalen, Bonn, 14. Oktober 1991, in: Europäische Gespräche, Heft 7, Kommission der Europäischen Gemeinschaften. Vertretung der Bundesrepublik Deutschland, Zitelmannstraße 22, 53 Bonn 1.

Schumacher, Ernst Friedrich (1979): Die Rückkehr zum menschlichen Maß (Small is beautiful, deutsch). Alternativen für Wirtschaft und Technik. Reinbek.

Schmid, Carlo (1980): Erinnerungen. Gesammelte Werke in Einzelausgaben, Bd.3, Bern/München/Wien.

Spinelli, Altiero (1957): »The Growth of the European Movement Since World War II«, in: C. Groves Haines, ed., European Integration, Johns Hopkins Press, pp. 37ff.

Taylor, Paul (1983): The Limits of European Integration, London/Canberra: Croom Helm.

Taylor, Paul (1990): »Functionalism: the approach of David Mitrany«, in: Groom, A.J.R./Taylor, Paul, (ed.) (1990), S. 125-138.

Zusammenfassungen/Summaries

Claus-Dieter Krohn:
Entlassung und Emigration deutschsprachiger Wirtschaftswissenschaftler nach 1933

Through the so-called *Gesetz zur Wiederherstellung des Berufsbeamtentums* and a number of further measures against the undesirable »Weimar culture« the Nazi regime from its beginning had deprived a large number of intellectuals of their work opportunities for political or »racial« reasons. In the field of economics 232 scholars were expelled from universities, research institutes, and the higher bureaucracy in Germany and, after 1938, in Austria. Of these 200 emigrated; that is a percentage far above the average in other academic disciplines. Just as significant is the high portion of expulsions from the universities of Frankfurt, Heidelberg, and Kiel. While the average dismissals of economists from German universities amounted to 25 percent, the quota here was totalling 50 percent or more. These were the centers where a new approach to economic analysis was developed during the Weimar period. Its representatives, a relatively homogeneous group, are labeled post classicists today. The second part of the article focusses on the different ways of emigration of these scholars and their academic counterparts from the neoclassic Austrian school. Both found refuge in the United States of America, the former mostly at the New School for Social Research in New York, the latter at various Ivy League universities. There they had a remarkable impact on the respective scholarly camps debating the pros and cons of President Roosevelt's new economic program at issue, the New Deal.

Richard A. Musgrave
Crossing Traditions

Dieser Essay ist ein zusammenfassender Bericht meiner Erfahrung im Verbinden der intellektuellen Tradition der deutschen »Finanzwissenschaft« mit jener der angelsächsischen *Public Finance.* In diesem Prozeß hatte ich das Glück, an drei entscheidenden Phasen der lebhaften Debatte in dem von mir gewählten Gebiet teilzuhaben. Die erste davon, in Verbindung mit meinem Studium in Heidelberg in den frühen 30er Jahren, konzentrierte sich auf die Beschaffenheit des öffentlichen Sektors als Gemeinwirtschaft. Die zweite, während meiner anschließenden Jahre des Graduiertenstudiums in Harvard, warf ein Schlaglicht auf die Rolle der öffentlichen Finanzen in der Globalsteuerung. Die dritte Phase, in den fünfziger und sechziger Jahren, befaßte sich mit der Analyse der Gemeinschaftsgüter als einem mikroökonomischen Effizienzproblem.

Obwohl mein Beitrag zur Ökonomik der öffentlichen Finanzen weitgehend auch in den Rahmen dieser Methodologie fiel, die mit dem Handwerkszeug des Ökonomen bearbeitet werden mußte, verlor ich dennoch den größeren Rahmen der deutschen und kontinentalen Tradition mit ihrer soziologischen, historischen und philosophischen Dimension nicht aus den Augen. Ich möchte meinen, daß dies einen Unterschied ausmachte und ein bereichernder Faktor in meiner Arbeit gewesen ist.

Jürgen G. Backhaus: On the migration of skills and ideas in public finance

Dieser Aufsatz ist zweierlei: eine Studie zur Dogmengeschichte der modernen Finanzwissenschaft und ein Beitrag zur Emigrationsforschung. Es werden sechzehn emigrierte Finanzwissenschaftler identifiziert, deren Wirkung auf die Entwicklung dieser bedeutenden Teildisziplin der Wirtschaftswissenschaft anhand eines Katalogs von zehn Fragenkomplexen näher untersucht wird. Der besondere Reiz dieses Beitrags besteht darin, daß Richard Abel Musgrave als der renommierteste und einflußreichste Finanzwissenschaftler der Nachkriegszeit und zugleich Betroffener ausführlich zu den Fragen Stellung nimmt. Der Aufsatz schließt mit einer Interpretation dieser Reaktion durch den Verfasser.

Wolfgang F. Stolper: Facts without Planning

Wenn ich auf mein Leben zurückblicke, so glaube ich, daß es ein äußerst glückliches Leben war. Ich habe nie etwas geplant, ich habe immer hart, aber gerne gearbeitet. An der Universität in Bonn hatte ich als Student prägende Kontakte zu Herbert v. Beckerath, Spiethoff und vor allem Schumpeter. Ebenso wichtig war die Freundschaft mit Kommilitonen wie Hans W. Singer und August Lösch, dessen *Räumliche Ordnung* ich später ins Englische übersetzte. Nach meiner Emigration in die Vereinigten Staaten traf ich in Harvard wieder auf Schumpeter, der mein Doktorvater wurde. Enge Freundschaften entstanden u.a. mit Porter, Sweezy und Musgrave. Aus meiner Zusammenarbeit mit Paul Samuelson entwickelte sich dort das *Stolper-Samuelson Theorem*. Während der darauffolgenden Jahre am *Swarthmore College* hatte ich 1947 die Gelegenheit im Rahmen eines ILO-Reports Pionierarbeit auf dem Gebiet der Entwicklungsökonomie zu leisten und ich konnte während eines Deutschlandaufenthalts 1948 die Währungsreform miterleben. Dabei lernte ich, daß Wirtschaftsreformen – wie heute in Osteuropa – ohne Geldwertreform wirkungslos bleiben müssen. 1955, bereits an der *University of Michigan*, begannen meine Arbeiten zur Wirtschaftsstruktur Ostdeutschlands, die ich mit dem Buch *The Structure of the East German Economy* abschloß. An meine praktische Tätigkeit als Wirtschaftsberater in Afrika schlossen sich sieben Jahre als Direktor des *Center for Research in Economic Development* an, das sich zu einem Zentrum der empirischen Forschung über Afrika entwickeln sollte. Auch die Zeit seit der Emeritierung war von vielen wissenschaftlichen Aktivitäten geprägt. Eine davon lag mir besonders am Herzen: die Fertigstellung meiner Schumpeter-Biographie.

Sir Hans Singer: *The Influence of Schumpeter and Keynes on the Development of a Development Economist*

Dieser autobiographische Essay beschreibt eine Jugend im Rheinland, ein Studium in Bonn bei Schumpeter in den Jahren vor Hitler und die Freundschaften und Verbindungen, die damals geschlossen wurden. Hitler bedeutete für mich zunächst ein kurzes Exil in der Türkei, jedoch anschließend die wunderbare Auszeichnung mit einem Stipendium am *King's College*, Cambridge. Dort war der Einfluß von Keynes, während der prägenden Jahre von 1934 bis 1936 (als er gerade die *General Theory* schrieb) auf einen jungen aufstrebenden Ökonomen, überwältigend. Andere wichtige Einflüsse waren die *Pilgrim Trust Unemployment Enquiry*, die mir die sozialen und menschlichen Probleme meines neuen Landes in den Jahren der Nachkriegsdepression nahebrachten, die Lehrtätigkeit an den Universitäten in Manchester und Glasgow, und der Dienst im *Ministry of Town and Country Planning* der Labour-Nachkriegsregierung unter Attlee. Es folgte eine Zeitspanne von 22 Jahren bei den Vereinten Nationen mit vielen Gelegenheiten, etwas über die Probleme der Entwicklungsländer zu lernen. Dies wurde seit 1969, nach meiner Rückkehr nach England, in der angenehmen und stimulierenden Atmosphäre am IDS (*Institute of Development Studies*) an der Universität von Sussex fortgesetzt. Der Essay schließt mit einer Diskussion der Keynesschen Vision einer neuen Weltwirtschaftsordnung für die Nachkriegszeit in Bretton Woods und er vertritt die Ansicht, daß vieles von dem späteren Niedergang und von den Störungen des Systems Folge der Abweichungen von der ursprünglichen Vision von Keynes war. Das sich tatsächlich entwickelnde System war sowohl unvollständig als auch verzerrt, gleichwohl bescherte es uns ein »Goldenes Zeitalter« von 25 Jahren mit stetigem Wachstum und Vollbeschäftigung.

Heinz W. Arndt:
Economist Down Under

Der Aufsatz besteht aus drei Teilen. Der erste berichtet über den familiären Hintergrund und die Kindheit des Autors bis zur Entlassung seines Vaters und die Einladung nach Oxford im Jahr 1933, über sein Studium – eher Politik als Ökonomie – in Oxford und an der *London School of Economics* und über seine Einführung in die Wirtschaftswissenschaften am *Chatham House* unter der Anleitung von Rosenstein-Rodan und als Assistenz-Dozent in Manchester. Der zweite Teil faßt die Hauptphasen seiner Karriere als Wirtschaftswissenschaftler in Australien zusammen, die in seinen Memoiren *A Course Through Life* beschrieben wurden, zuerst hauptsächlich als Makroökonom und in den letzten 25 Jahren als Entwicklungsökonom mit Spezialisierung auf Südostasien. Der dritte Teil beinhaltet rückblickende Reflexionen über den Status der Ökonomie als wissenschaftliche Disziplin, die auch das letzte Kapitel seiner Memoiren bilden.

Paul Streeten:
An Autobiographical Sketch

Wie kann man ein Leben zusammenfassen? Sollte ich Hitler dafür danken, daß er mich nach England vertrieben hatte und dafür verantwortlich war, daß ich an die Universität Aberdeen und an das Balliol College kam, daß ich im Krieg gegen ihn kämpfte und daß ich später in Amerika meine geliebte Frau kennenlernte, oder dafür, daß er zur Entwicklung meiner Lebensauffassung beitrug? Als ein von der herrschenden Lehre abweichender Ökonom betrachte ich es als die bedeutendste Funktion des Andersdenkenden als Therapeut für die intellektuelle Muskulatur zu dienen, der uns von intellektuellen Verkrampfungen heilt. Unterstützung erhielt ich dabei durch die plötzlichen Wechsel von einer Umgebung in eine gänzlich andere. Dies schützte mich davor, die voreilige Kristallisation mangelhafter Orthodoxien zu akzeptieren. Ich erkannte die Bedeutung von Kompetenz, Bescheidenheit, Toleranz und Humor im intellektuellen Diskurs. Die hauptsächliche Verwendung eines analytischen Modells (oder, wie man heute sagt, eines Paradigmas), besteht darin, die Unzulänglichkeit eines alternativen Modells aufzuzeigen. Fakten sind nicht kraftvoll genug es abzulösen. Ich bewundere Menschen, die wie Säugetiere sind – außen weich und warm mit einem starken Rückgrat – und nicht wie Weichtiere – hart an der Oberfäche aber völlig breiig, wenn man sie durchstoßen hat: Flexibilität ohne Schwammigkeit, Härte ohne Unnachgiebigkeit. Ich habe keine Boden- sondern Luftwurzeln, über nationale Grenzen hinweg.

Eberhard K. Seifert:
»Opening Doors«: Wem und Wohin?
Zu Schumpeters Einfluß auf die Ökonomik, insbesondere in den USA

This paper deals with six questions concerning the past and actual relevance of the Schumpeterian oeuvre for the development of economics. The first one presents some pros and cons on the question, whether Schumpeter could be seen as a real member of the German speaking emigrants. The second throws some light on »Harvard's golden age of economics«, the two decades since Schumpeter's arrival in 1932. The third reviews some arguments of F. K. Mann concerning the question, why there had not been a »Schumpeter School«. The fourth offers some significant evidence on a renaissance of interests into the Schumpeterian oeuvre. The fifth risks to give – in »desperate brevity« – a short characterization of the epistemological and methodological approach of the Schumpeterian framework. The sixth investigates some main lines and issues of the recent Schumpeter renaissance.

Christof Rühl:
Der Beitrag deutschsprachiger Ökonomen zur konjunkturtheoretischen Debatte der Zwischenkriegszeit

The relationship between business-cycle-problems and general equilibrium theory was at the centre of discussion in the inter-war years. From a modern point of view, one of the most interesting controversies on this issue took place in the German language area. This debate suddenly came to an end in the watershed year 1933 when the Nazis forced many participants to resign from their academic positions and increasing resistance to read German became a major barrier to a broader reception of the debate on an international level. The essay discusses the four outstanding contributions made by Schumpeter, Löwe, Hayek and Lutz to elucidate various positions concerning the compatibility of business cycle theory and equilibrium theory. The author also reflects on modern developments in business cycle theory and growth theory in the light of the older debate. As a result, the contributions of Schumpeter and Hayek are interpreted as approaches whose renewed application allows one to take into account the fact that human behaviour is not necessarily characterized by the intertemporal optimizing calculations which modern theory takes for granted. Finally, the consequences which the hypothesis of bounded rationality can have for the modelling of economic fluctuations are specified, using the example of Hayek's theory.

Harald Hagemann:
Zerstörung eines innovativen Forschungszentrums und Emigrationsgewinn. Zur Rolle der »Kieler Schule« 1926-1933 und ihrer Wirkung im Exil

The article discusses the contributions of a group of distinguished economists who came together in the new department of statistical international economics and research on international trade cycles at the *Kiel Institute of World Economics* in the period between 1926 and 1933. The group includes Adolph Lowe, Gerhard Colm and Hans Neisser as the key figures, but also younger scholars like Fritz Burchardt and Alfred Kähler. For a period of time, Wassily Leontief and Jacob Marschak were also important members of this scientific community. The author examines the major contributions in the field of business cycle theory, growth and technological change, monetary theory, fiscal policy and demand theory. The members of the group also played a major role in the wage-employment debate at the end of the Weimar period when they were among the few academic economists advocating activist policies designed to lead Germany out of the devastating depression. The article then continues to reflect on continuity and change of the research program in the British and American exile where the representatives of the Kiel School became respected members of the academic community.

Henry W. Spiegel:
Refugee Economists and the Mathematization of Economics

Unter all den großen Umbrüchen, die das ökonomische Denken im zwanzigsten Jahrhundert erfuhr, richtet sich das Augenmerk in diesem Aufsatz auf die Mathematisierung der Wirtschaftswissenschaften. Er stellt die Frage nach dem Beitrag, den emigrierte Ökonomen zur Mathematisierung der Wirtschaftswissenschaft geleistet haben.

Vor dem Zweiten Weltkrieg waren die aus Deutschland geflohenen Wirtschaftswissenschaftler mit einem Arbeitsmarkt konfrontiert, der immer noch unter den verheerenden Wirkungen der Weltwirtschaftskrise litt. Nach dem Zweiten Weltkrieg stieg die Nachfrage nach ihren Diensten als Reflex ständig steigender Immatrikulationszahlen an den Colleges und den Bedingungen einer allgemeinen Prosperität stark an. Die Nachkriegsperiode fiel mit der Mathematisierung der Wirtschaftswissenschaft zusammen. Zu letzterer leisteten die geflohenen Ökonomen, die noch in Deutschland ausgebildet worden waren, nur einen bescheidenen Beitrag. Sie arbeiteten immer noch im Schatten der Historischen Schule, die ökonomische Theorie und höhere Grade abstrakter Argumentation verachtete. Im großen und ganzen zeigten die österreichischen Flüchtlinge mit ihrem Hintergrund, der traditionell auf der Entwicklung eines abstrakteren Typs »reiner« Ökonomie basierte, eine bessere Leistung. Kein deutscher Ökonom wurde mit dem Nobelpreis ausgezeichnet und von den deutschsprachigen Wirtschaftswissenschaftlern, die zu Präsidenten der *American Economic Association* gewählt wurden, waren drei Österreicher, einer war gebürtiger Ungar und einer war in der Ukraine geboren.

Hans Ulrich Eßlinger:
Einflüsse der Emigrationserfahrung auf Emil Lederers wirtschaftstheoretische und soziologische Arbeiten

The analysis indicates that Lederer's emigration to the USA influenced his economic and sociological writings. With respect to the latter topic, his monograph *State of the Masses* on the one hand revealed a continuing concern with the political responsibility of the social scientist. But on the other hand the impact of his emigration was clearly shown by replacing the concept of revolutionary class antagonism in the analysis of social phenomena. Now the emphasis laid on the stratification and the evolutionary development of society.

In the post-emigration works on economics, Lederer did not change his economic tools, which were taken from Classical Political Economy; nor did he change the themes with which he was concerned – technical progress, capital accumulation and unemployment. But the second edition of his monograph on technical progress and unemployment was modified in some important respects: Instead of focussing exclusively on the obstacles, as he had done in the first edition, Lederer points to the fostering components of economic growth in the second edition. Thus he prepared the basis for the important role which economic policy could play in overcoming depressions and in working towards a more steady economic process.

Gary Mongiovi:
Émigré Economists at the New School, 1933-1945

Im Jahre 1933 gründete Alvin Johnson, Direktor der *New School* in New York, die *University in Exile* um verfolgte Sozialwissenschaftler von höchstem Format von Europa in die Vereinigten Staaten zu bringen. Dieser Aufsatz gibt einen Überblick über die Gründung und die Entstehungsgeschichte der *University in Exile* und er bewertet die wissenschaftlichen Beiträge der Ökonomen, die einen Teil der Fakultät bildeten. Die New School-Ökonomen – die prominentesten unter ihnen waren Emil Lederer, Adolph Lowe, Hans Neisser und (für kurze Zeit) Jacob Marschak - führten ihre Forschungsprogramme, die sie bereits vor dem Exil begonnen hatten, fort. Ihre Arbeiten, vor wie nach der Emigration, umfaßten bahnbrechende Beiträge auf den Gebieten technologischer Wandel, wirtschaftliche Dynamik und Konjunkturzyklus sowie der Geldtheorie. Die Ökonomen waren der orthodoxen neoklassischen Theorie nicht abgeneigt; sie wußten jedoch um deren Grenzen und sie waren skeptisch gegenüber der Allgemeingültigkeit, die sie für ihre Aussagen beanspruchte. Sie benutzten die Werkzeuge der Orthodoxie in einer phantasievolleren Weise und mit außergewöhnlicher Fertigkeit, um damit dringende praktische Fragen zu analysieren. Am bedeutendsten war vielleicht, daß sie einem methodologischen Ansatz den Weg bahnten, der logische Exaktheit mit einer sorgfältigen Berücksichtigung historischer und soziologischer Faktoren vereinigte.

Jürgen Kuczynski:
Wirkung im englischen Exil

The essay is a short report on the various fields of science, society and military which were influenced by my exile in Great Britain between 1936 and 1944. During these years I wrote ten books on economic history and economic theory and many more articles. From the beginning, Maurice Dobb was a close friend of mine and in the following years I established contact with Lord Kaldor, Joan Robinson, Piero Sraffa and other eminent economists as well. In 1944 I joined the U.S.S.B.S. which gave me the task of analyzing the effects of the allied bombing strategy on the economy of Nazi Germany.

Matthes Buhbe:
Die Emigration deutschsprachiger Wirtschafts- und Sozialwissenschaftler in die Türkei

This article argues that German speaking emigrants to Turkey were small in number, but influential in developing the newly formed universities of Atatürk's republic. The modern age of Turkish universities started in August 1933 with the reopening of Istanbul University. Simultaneously, the government employed a group of German professors of law and economics for one of the new faculties in Istanbul. These three to five year tenures were fully financed by the Turkish government and were supposed to help close the gap between Turkish and West European academic standards.

A few well-known economists – among them Fritz Neumark, Wilhelm Röpke and Alexander Rüstow – gladly accepted to stay at the Bosphorus in exile from Nazi-Germany. They did not anticipate, though, that this period of forced outmigration would last for 15 years or more. Another group went to Ankara, the political centre, as economic experts and consultants to the government. Rarely, if ever, has there been such a good match between highly qualified *development personnel* offering their services and a real demand of a developing country fully financed by that country. Respectively, the outcome was positive for both parties of the contract. The emigrants were able to feed their families in exile, to continue their academic work and, in most cases, to return to their home country after the war. Turkey was able to build a modern university system with some lasting contributions from Fritz Neumark, Ernst Reuter and others.

Fanny Ginor:
Krise des Übergangs in einen anderen Kulturkreis

Intellectually and spiritually, I suppose, I was the product of a classical education in a small town in the South of Germany. But the Jewish religious family and the partly antisemitic surroundings gave already the child a feeling that it lived in a divided world. When Hitler came to power, I was a student in Munich. Though I was a proud daughter of the disdained race, I had felt part of German culture. Now I became a Zionist and after I finished my studies in Switzerland, I immigrated to Palestine to find a new home there. I had to learn a new language and made slowly acquaintance with Hebrew culture and literature, but still I read in the main German books. I was longing for German culture and literature as they were before Hitler. It was a longing for a lost world. I had luck and found work as an economist in the Jewish Agency and later in the Ministry of Finance and the Central Bank. Thus I could contribute to the development of the Israeli economy. The transition into another very different culture was difficult. I got over this crisis successfully, because I learnt to love my new home.

Marco Haan and Henk W. Plasmeijer:
On the Decline of an Intellectual Empire.
The paradigm shift in the Netherlands

In der holländischen Debatte um die Wirtschaftsordnung in den frühen 30er Jahren hatte die österreichische Mainstream-Ökonomie allmählich an Glaubwürdigkeit verloren. Es hatte sich gezeigt, daß die österreichische Kapital- und Einkommenstheorie ein zu schwaches Fundament für das Argument einer vom Markt erzeugten gerechten Verteilung der Einkommen bildete. Es gibt einige Beweise dafür – der Aufsatz diskutiert die bemerkenswerte Leistung von Frau E.C. van Dorp, die ein Nicht-Substituierbarkeits-Theorem entdeckte –, daß einige frühere Wahrheitsgläubige sich in Richtung eines Walrasianischen Ansatzes bewegten. Anderswo auf dem Kontinent machten andere Autoren, beeinflußt durch Wicksells Kritik der Zinstheorie und durch Cassels vereinfachende Darstellung eines allgemeinen Gleichgewichtssystems, eine ähnliche Bewegung. In den Niederlanden wurde dies jedoch kaum als neue Richtung in der theoretischen Entwicklung wahrgenommen. Tinbergens Einfluß nahm zu und viele, vorwiegend junge Ökonomen akzeptierten seine – erst viel später so benannte – Theorie der Wirtschaftspolitik. Dies machte den Weg frei für die Keynesianische Revolution.

Die Autoren dieses Aufsatzes hatten nach dem Einfluß des Verlustes an Freiheit und des intellektuellen Exodus aus Deutschland im Jahre 1933 auf das intellektuelle Klima, insbesondere auf die Theoriebildung in den Wirtschaftswissenschaften, in einem Nachbarstaat gesucht. Die Antworten, die sie vorschlagen können, sind sicherlich nicht schlüssig. Jedoch legen ihre Ausführungen nahe, daß die Österreichische Schule in Holland an Blutarmut gestorben ist; sie war nicht fähig sich mit jenen Autoren auf dem Kontinent einzulassen, die den Weg von Wien nach Lausanne eingeschlagen hatten.

Karl Milford und Peter Rosner:
Die Abkoppelung der Ökonomie an der Universität Wien nach 1920

The paper reviews the situation in economics at the University of Vienna in the 1930s. It is argued that in contrast to other disciplines and other universities the occupation of Austria by Nazi-Germany in 1938 did not trigger a dramatic change in the development of economics. At that time economics was taught within the faculty of law, which, however, was not prepared to offer academic careers for Jews and social democrats. Thus the process of emigration already took place before 1938 to a large extent. The two leading economists in the 20s and 30s were Hans Mayer, an adherent to Menger, and Othmar Spann who created his own school – *Ganzheitslehre* – in the tradition of the German Historical School.

It is shown that both schools, although they were worlds apart from each other had common traits – namely the complete neglect of modern economic theory. Mayer's only interest was to fight any idea which might lead to a mathematization of economics – first of all Gossen's second law. Spann tried to develop a new economic theory built upon a philosophical theory, which one may call *Intuitive Universalism*. According to him, social and economic events are to be explained with respect to economic entities by holistic methods and not with reference to individuals.

Klaus-Rainer Brintzinger:
Berufungspraxis vor und nach 1933 an den Universitäten Freiburg, Heidelberg und Tübingen

This paper examines the appointments of scholars at the faculties of economics in Germany between 1918 and 1945 exemplified by the universities of Heidelberg, Freiburg and Tübingen. The German Historical School of Economics predominated at these universities at the beginning of the 20th century. After World War I, the University of Tübingen kept this tradition, whereas Freiburg became a centre of German Neoliberalism and Heidelberg attracted socialist or left-wing oriented economists who partly were of Jewish origin as well.

The political events in 1933 marked a deep turning-point for Germany and for its universities. Particularly the University of Heidelberg was strongly affected. Most of the professors and private lecturers at the department of economics were dismissed by the Nazi-regime, many of them were expelled from Germany. Until 1934 the economists in Heidelberg were members of the faculty of philosophy. In 1934 the department of economics and the former Mannheim School of Business Administration (*Handelshochschule Mannheim*) were merged into a new Faculty of Economics (*Staats- und Wirtschaftswissenschaftliche Fakultät*). On this new faculty the National Socialists exerted considerable influence.

For the most part the universities of Freiburg and Tübingen could resist the political pressure. On the one hand none of the professors of economics was dismissed, on the other hand in 1933 there was neither a Jewish nor a left-wing professor at the economics departments at these universities.

Hans G. Nutzinger:
Alfred Weber als Vertreter der »inneren Emigration«

Alfred Weber, the younger brother of Max Weber, was teaching as an economics professor at the University of Heidelberg from 1907 almost until his death on May 2, 1958. There was an important break in his teaching (not in his research and writing) activities during the Third Reich. His direct conflict with the Nazis started in March 1933 when he protested against the swastika flagging on the Heidelberg city hall. As a consequence of this, the Nazis chose deliberately his institute of economics (»Insosta«) for another Nazi symbol flagging. After Weber received not sufficient support from the top of the university in his resistance against this infringement, he decided to resign from his post as a director of the economics institute and as an active professor of economics shortly before his normal retirement age. Despite this, he could continue his research and publication activities with only minor troubles.

After World War II, Alfred Weber was reactivated and spent the remaining thirteen years of his life in lots of political and scientific activities, such as developing notions of a market-oriented »free socialism«.

Alfred Weber who started from economic topics such as the putting-out system and industrial location theory, extended the scope of economics and social science more and more into the design of an encompassing sociology of culture which also included history. This was one of the reasons why Alfred Weber has influenced a lot of different people but did not establish a coherent school of thought. His impact on social science was certainly far weaker than the influence of his brother Max. But Alfred Weber stands as an impressive example of both liberal theory and liberal practice and of early resistance against Nazi pressure on science and universities in 1933 Germany.

Gerhard Michael Ambrosi:
David Mitranys Funktionalismus als analytische Grundlage wirtschaftlicher und politischer Neuordnungen in Europa

The paper presents David Mitrany (1888-1975) as founder of the »functionalist« criticism of the traditional European nation state and of the European Community in its later stages. As emigré from Roumania, Mitrany studied (briefly) in Germany before World War I. He later received a Ph.D. from the London School of Economics, was professor at the Princeton *Institute for Advanced Study* (1933-1958), and served as Advisor for International Affairs on the board of directors of the Unilever company (1944-1960). The paper gives evidence that some commentators of European Integration consider Mitrany-type functionalism – and, incidentally, *not* European Federalism – to have been the essential conceptual basis for its beginnings in the 1950s. The founding of the *European Community of Coal and Steel* in 1950 is generally considered as being an important application of the principles of Mitrany-type functionalism. In spite of its importance for European integration, Mitrany-functionalism is now virtually unknown in most branches of the social sciences. Reasons for this lapse from awareness are briefly discussed. The paper draws particular attention to David Mitrany's concern that the European Community might develop not to a truely supra-national entity but to a *super*-national one-recapitulating patterns of centralism and power politics which were practiced by the old nation states and which led to the catastrophies of two world wars. The present-day problems of finding sufficient popular acceptance for the Maastricht Treaty on European Union indicate that there is a wide-spread desire in public life to reflect more thoroughly about the conceptual foundations of European integration. Mitrany-functionalism should be considered as being the most important analytical tool for such a reflection.

Zu den Autoren/Autorinnen

Ambrosi, Gerhard Michael, geb. 1943 in Berlin. Inhaber des Lehrstuhls für Europäische Wirtschaftspolitik an der Universität Trier. Studium der Volkswirtschaftslehre an der Freien Universität Berlin, an der Université Internationale des Sciences Comparées in Luxemburg und als Research Student in Cambridge, England u.a. bei Joan Robinson und Nicholas Kaldor. Dokumentation zur Industriepolitik der EG im Kabinett des Kommissars Altiero Spinelli bei der EG-Kommission in Brüssel. Lehre bzw. Forschung u.a. an der Freien Universität Berlin, für das Wissenschaftszentrum Berlin, für das Stanford Study Program in Berlin und für die Humboldt-Universität Berlin. Forschungsgebiete: Europäische Wirtschaftspolitik, Mikrofundierung der Makroökonomik, Keynes-Klassiker-Kontroverse, Internationale Vergleiche von Wirtschaftspolitik, Effizienzlohntheorie, Osteuropäische Zahlungsunion.

Arndt, Heinz W., geb. 1915 in Breslau. 1933 Emigration nach Großbritannien; studierte Ökonomie an der Oxford University und der London School of Economics, 1941 M.A., 1941-1943 Research Assistant am Royal Institute of International Affairs; 1943-1946 Assistant Lecturer an der University of Manchester; 1946-1950 Senior Lecturer an der University of Sydney; 1951-1963 Professor of Economics an der School of General Studies der Australian National University (ANU), dem früheren Canberra University College; 1963-1980 Professor of Economics an der Research School of Pacific Studies der ANU, Emeritus seit 1980. Zahlreiche Gastprofessuren; Beratertätigkeiten und Mitgliedschaften in internationalen Organisationen und Vereinigungen. Veröffentlichungen: *The Economic Lessons of the Nineteen-Thirties*, London 1944; *The Australian Trading Banks*, Melbourne 1957; *A Small Rich Industrial Country. Studies in Australian Development, Aid and Trade*, Melbourne 1968; *The Rise and Fall of Economic Growth. A Study in Contemporary Thought*, Melbourne 1978; *Economic Development. The History of an Idea*, Chicago 1987; zahlreiche weitere Arbeiten auf den Gebieten Außenwirtschaftslehre, Geldpolitik und Entwicklungsländerforschung, insbes. im pazifischen Raum.

Backhaus, Jürgen G., geb. 1950, ist seit 1986 Professor für Finanzwissenschaft an der Reichsuniversität Limburg in Maastricht (Niederlande). Zuvor lehrte er von 1980 bis 1986 an der Auburn University in Alabama (USA) als Associate Professor im Fachbereich Wirtschaftswissenschaften. Seine Hauptarbeitsgebiete sind neben den Finanzwissenschaften die Theorie der Wirtschaftpolitik, die Dogmengeschichte, der Vergleich von Wirtschaftssystemen und die ökonomische Rechtsanalyse. Seit 1993 gibt er mit Frank Stephen (University of Strathclyde) das *European Journal of Law and Economics* heraus.

Brintzinger, Klaus-Rainer, geb. 1961 in Esslingen/N., Studium der Volkswirtschaftslehre an den Universitäten Augsburg und Freiburg. Diplom-Volkswirt 1988; Promotion zum Dr. oec. an der Universität Hohenheim 1995 mit einer Arbeit über *Die Nationalökonomie an den Universitäten Freiburg, Heidelberg und Tübingen 1918-1945*. 1989-1992 Lehrbeauftragter an der Universität Freiburg und an der Berufsakademie Lörrach; 1992-94 Bibliotheksreferendar in Konstanz und Frankfurt/M. Seit 1994 Leiter der Bibliothek des Juristischen Seminars der Universität Tübingen.

Buhbe, Matthes, geb. 1949 in Schöppenstedt (Niedersachsen). 1970-75 Studium der Volkswirtschaftslehre und Soziologie in Göttingen und Regensburg. 1975 Diplomvolkswirt und 1979 Promotion (Dr. rer. pol.). 1976 bis 1982 wissenschaftlicher Assistent und 1982-85 Hochschulassistent an der Abteilung Wirtschafts- und Sozialwissenschaften der Universität Dortmund. Seitdem wissenschaftlicher Mitarbeiter bei der Friedrich-Ebert-Stiftung: Projektleiter in Jordanien (1986-90) und in der Türkei (1990-95). Buchveröffentlichungen: *Income Distribution in Jordan*, Boulder 1990 (Mithrsg.); *Makroökonomische Bestimmungsgründe der Arbeitslosigkeit*, Regensburg 1985; *Ökonomische Analyse von Eigentumsrechten*, Frankfurt a. M. 1980. Aufsätze zu Arbeitsmarkt, Konjunktur und Wachstum.

Eßlinger, Hans Ulrich, geb. 1964 in Stuttgart, studierte Wirtschaftswissenschaften an der Universität Hohenheim. 1991 Dipl.oec.; seit 1991 wissenschaftlicher Mitarbeiter an der Universität Hohenheim im Forschungsprojekt »Die Emigration deutschsprachiger Wirtschaftswissenschaftler nach 1933«. Hauptarbeitsgebiete: Entwicklungsökonomie, Emigrationsforschung, Wissenschaftsgeschichte. Mitherausgeber des Bandes *Heidelberger Sozial- und Staatswissenschaften. Das Institut für Sozial- und Staatswissenschaften zwischen 1918 und 1958*, Marburg.

Ginor, Fanny, geb. in Otynja/Galizien 1911, seit 1913 in Bad Cannstatt aufgewachsen. Nach dem Abitur in Stuttgart 1930 Studium der Nationalökonomie an den Universitäten Frankfurt, Heidelberg und München; 1933 Emigration in die Schweiz, Fortsetzung des Studiums und Promotion bei Edgar Salin an der Universität Basel 1934. Im Sommer desselben Jahres Übersiedlung nach Palästina, 1934-43 Tätigkeit als Landarbeiterin und Bankangestellte, von 1943-48 Mitarbeiterin in der Wirtschaftsabteilung der

Jewish Agency, 1949-53 als Ökonomin im israelischen Finanzministerium und von 1953-71 beim Gouverneur der Bank of Israel, von 1962-64 Wirtschaftsberaterin bei der israelischen Botschaft der Vereinten Nationen in New York; seit 1957 umfangreiche Lehrtätigkeit an verschiedenen israelischen Universitäten, zuletzt als Associate Professorin für Entwicklungsstudien an der Hebräischen Universität in Tel Aviv bis zur Emeritierung 1978. Hauptforschungsgebiete: Entwicklungstheorie und Sozialpolitik; wichtigste Veröffentlichungen: *Der Imperialismus im Lichte seiner Theorien*, Basel 1936; *Uses of U.S. Agricultural Surpluses-Their Economic Effect in Israel*, Jerusalem 1963; *Reparations from Germany and Their Influence on the Israel Economy*, Tel Aviv 1965; *Socio-Economic Disparities in Israel*, Rutgers University 1979; zahlreiche Aufsätze zu monetären und entwicklungspolitischen Fragen in internationalen Fachzeitschriften.

Haan, Marco, geb. 1969, ist Forschungsassistent an der Faculteit der Economische Wetenschappen der Rijksuniversiteit Groningen in den Niederlanden. Er studierte Wirtschaftstheorie und Ökonometrie.

Hagemann, Harald, geb. 1947 in Kiel, studierte Wirtschafts- und Sozialwissenschaften an der Universität Kiel. Promotion 1977, 1972-80 Wissenschaftlicher Assistent am Institut für Theoretische Volkswirtschaftslehre der Universität Kiel, 1980-81 Vertretungsprofessor für Wirtschaftstheorie und Politische Ökonomie an der Freien Universität Berlin, 1982-88 Professor für Wirtschaftswissenschaft an der Universität Bremen, seit 1988 Professor für Wirtschaftstheorie an der Universität Hohenheim in Stuttgart, Fulbright Visiting Professor an der New School for Social Research, New York (Januar-Mai 1986), Visiting Professor an der Universität Cambridge und Visiting Fellow am College Clare Hall (September 1989-April 1990), seitdem Life Member, Gastprofessur an der Universität Bologna (Frühjahr 1996). (Mit)Herausgeber von *Keynes' General Theory nach fünfzig Jahren*, Berlin 1988; *Produktivitätswachstum, Verteilungskonflikte und Beschäftigungsniveau*, Marburg 1993; *The Legacy of Hicks*, London 1994; *The Economics of Hayek*, Aldershot 1994; zahlreiche Aufsätze v.a. zur Kapital-, Wachstums- und Beschäftigungstheorie sowie zur Theoriegeschichte. Managing Editor von *Structural Change and Economic Dynamics*, im Editorial Board internationaler Fachzeitschriften, darunter *The European Journal of the History of Economic Thought*, Mitglied des Exekutivkomitees und Schatzmeister, *European Society for the History of Economic Thought.*

Krohn, Claus-Dieter, geb. 1941, studierte Geschichte, Germanistik und Politikwissenschaft an den Universitäten Hamburg, Berlin und Zürich. Promotion 1973 an der Universität Hamburg, anschließend wissenschaftlicher Assistent an der Freien Universität Berlin, Habilitation 1979 an der Universität Hannover, lehrt Neuere Geschichte an der Universität Lüneburg.

Veröffentlichungen u.a.: *Stabilisierung und ökonomische Interessen. Die Finanzpolitik des Deutschen Reiches von 1923-1927*, Düsseldorf 1974; *Wirtschaftstheorien als politische Interessen. Die akademische Nationalökonomie in Deutschland 1918-1933*, Frankfurt/New York 1981; *Wissenschaft im Exil. Deutsche Sozial- und Wirtschaftswissenschaftler in den USA und die New School for Social Research*, Frankfurt-New York 1987 (amerik. Ausg. 1993); *Der Philosophische Ökonom. Zur intellektuellen Biographie Adolph Lowes*, Marburg 1996, zahlreiche Aufsätze zur Sozial- und Wirtschaftsgeschichte im 19. und 20. Jahrhundert und im Bereich der Exilforschung. Herausgeber von EXILFORSCHUNG. Ein internationales Jahrbuch 1983ff.

Kuczynski, Jürgen, geb. 1904 in Elberfeld. Studium der Philosophie und Wirtschaftswissenschaften in Berlin, Heidelberg und Erlangen, Promotion 1925 bei Paul Hensel mit der Arbeit *Der ökonomische Wert – eine wirtschaftshistorische, soziologische und geschichtsphilosophische Betrachtung*. 1926-27 Postgraduierten-Studium an der Brookings Institution in Washington, 1927-28 Leitung der statistischen Abteilung der American Federation of Labour (AFL), seit 1929 journalistische Tätigkeit in Berlin, u.a. in der KP-Zeitung *Rote Fahne*; von 1931-33 Reichsleitung der Revolutionären Gewerkschaftsopposition, 1933-36 illegale Parteiarbeit; Emigration nach England 1936, intensiver Gedankenaustausch mit führenden britischen Ökonomen; in dieser Zeit erschienen erste Länderstudien, die die Grundlage des später in der DDR in 40 Bänden erschienenen Hauptwerks *Die Geschichte der Lage der Arbeiter unter dem Kapitalismus* bildete; 1944-45 wissenschaftlicher Mitarbeiter des von Galbraith geleiteten US Strategic Bombing Survey, zu dessen Forschungsstab auch Baran, Kaldor, Schumacher, Scitovsky und Sweezy gehörten; 1946 Berufung zum Professor für Wirtschaftsgeschichte an der Humboldt-Universität in Berlin, von 1956 bis zur Emeritierung 1969 zugleich Direktor des Instituts für Wirtschaftsgeschichte der Akademie der Wissenschaften in der DDR; mehr als 3000 Publikationen, deren Gravitationszentrum die Marxsche Theorie über die Formung des Bewußtseins bzw. der kulturellen Überbauphänomene durch die materiellen Grundlagen der Gesellschaft bildet.

Milford, Karl, geb. 1950, studierte Ökonomie an der Universität Wien. Seit 1984 Universitätsassistent am Institut für Wirtschaftswissenschaften der Universität Wien; 1984 Mag. rer. soc. oec.; 1986 Promotion zum Dr. rer. soc. oec.; 1987 Visiting Fellow am Department of Philosophy der University of Warwick. Veröffentlichung: *Zu den Lösungsversuchen des Induktionsproblems und des Abgrenzungsproblems bei Carl Menger*, Österreichische Akademie der Wissenschaften, Wien 1989; weitere Aufsätze zur Geschichte der erkenntnistheoretischen Positionen in der theoretischen Ökonomie und zur Geschichte der theoretischen Ökonomie.

Mongiovi, Gary, geb. 1957 in New York, promovierte 1988 an der Graduate Faculty der New School for Social Research und ist gegenwärtig Associate Professor am Economics and Finance Department der St. John's University in Jamaica, New York. Hauptforschungsgebiete: Keynesianische Wirtschaftstheorie, Klassische Politische Ökonomie und die Geschichte volkswirtschaftlicher Lehrmeinungen; wichtigste Veröffentlichungen: »*Notes on Say's Law, Classical Economics and the Theory of Effective Demand*«, in: *Contributions to Political Economy*, Vol. 9, 1990; »*Keynes, Sraffa and the Labour Market*«, *in: Review of Political Economy*, 3, 1991; *Macroeconomic Theory: Diversity and Convergence* (Hrsg. zs. mit C. Rühl), Aldershot 1993; Herausgeber des *Review of Political Economy* und Mitglied des Editorial Board des *Review of Radical Political Economics.*

Musgrave, Richard A., geb. 1910 in Königstein/Taunus. Studium der Nationalökonomie in München, Exeter und Heidelberg. Nach dem Diplomexamen im Mai folgte im Herbst 1933 die Emigration in die USA. 1934-37 Studium an der Harvard University, 1936 M.A., 1937 Ph. D. in Economics; seit 1937 US-Staatsbürger; bis 1941 als Tutor in Harvard; von 1938-47 in der Forschungsabteilung des Federal Reserve Systems in Washington, von 1948 bis 1958 Professor of Economics der University of Michigan in Ann Arbor, 1958-61 Professor for Political Economy an der Johns Hopkins University in Baltimore, 1961-65 Professor of Economics of Public Affairs an der Princeton University, von 1969-81 Professor an der Harvard University, seit der Emeritierung Adjunct Professor an der University of California in Santa Cruz. Zahlreiche Veröffentlichungen zur Finanzwissenschaft darunter *The Theory of Public Finance*, New York 1959 (dt. *Finanztheorie*, Tübingen 1966), *Fiscal Systems*, New Haven 1969; *Public Finance in Theory and Practice* (zusammen mit seiner Ehefrau Peggy), New York 1973 (dt. *Finanzwissenschaft in Theorie und Praxis*, Mitautorin L. Kullmer, Bde. 1-3, 5. Aufl., Tübingen 1990-93); zeitweiliger Mitherausgeber des *Quarterly Journal of Economics* und des *American Economic Review*, gegenwärtiger Mitherausgeber der Zeitschriften *Journal of Public Economics* und *Public Finance Quarterly*. Zahlreiche Ehrungen, darunter die Wahl zum Distinguished Fellow der American Economic Association 1978, die Ehrenpräsidentschaft des International Institute of Public Finance sowie mehrere Ehrendoktorate, darunter das der Universität Heidelberg zum 50jährigen Diplomexamen 1983.

Nutzinger, Hans G., geb. 1945 in Hauingen (Baden), Studium der Volkswirtschaftslehre, Diplom 1968, Promotion 1973, Habilitation 1976 an der Universität Heidelberg, seit 1978 Professor für Theorie öffentlicher und privater Unternehmen an der Universität-Gesamthochschule Kassel, zahlreiche Veröffentlichungen in den Gebieten Partizipation, Theorie der Unternehmung, Umweltökonomie und Wirtschaftsethik.

Plasmeijer, Henk W., geb. 1946, ist Associate Professor für Wirtschaftswissenschaften an der Rijksuniversiteit Groningen in den Niederlanden. Seine Hauptforschungsgebiete sind die Dogmengeschichte und die moderne klassische Politische Ökonomie. Zu seinen wichtigsten Veröffentlichungen zählt *De Economie van de Niet-Produktieve Arbeid*, Groningen 1990. Er ist Herausgeber des Bandes *De Theoretische Grondslagen van Economisch Beleid*, Groningen 1988, sowie der holländischen wirtschaftswissenschaftlichen Zeitschrift *Tijdschrift voor Politieke Ekonomie*.

Rosner, Peter, geb. 1948, Assistenzprofessor an der Universität Wien, Studium der Wirtschaftswissenschaften an der Universität Wien und Rechentechnik an der Technischen Universität Wien, Promotion 1981 (*Arbeit und Reichtum*); Habilitation 1988 (*Verteilungskonflikte in Marktwirtschaften*). Weitere Buchpublikation: *Politische Ökonomie und Wirtschaftspolitik im Austromarxismus* (gemeinsam mit G. Fischer), Wien; Aufsätze zur Geschichte ökonomischer Theorie und zur Sozialpolitik.

Rühl, Christof, geb. 1958 in Erlangen, studierte Ökonomie an der Universität Bremen. 1985 Diplom-Ökonom; 1986-1988 wissenschaftlicher Mitarbeiter an der Universität Bremen; 1988-1991 wissenschaftlicher Angestellter an der Universität Hohenheim in Stuttgart; 1991-96 Assistant Professor an der University of California in Los Angeles, seit Juli 1996 Principal Economist bei der European Bank for Reconstruction and Development in London. Forschungs- und Lehraufenthalte an der New School for Social Research (1986) und der Central European University in Prag und Budapest (1994-96). Veröffentlichungen u.a.: *Probleme der Einheit – Die ökonomische und institutionelle Integration der neuen Länder*; Band 1 und 2 (Hrsg.), Marburg 1992, *Macroeconomic Theory: Diversity and Convergence* (Mithrsg.), Aldershot 1993. Aufsätze zu den Forschungsschwerpunkten Makroökonomik, Theoriegeschichte und der Transformation vormals zentral geplanter Volkswirtschaften.

Seifert, Eberhard K., geb. 1945 in Erfurt, studierte Wirtschafts- und Sozialwissenschaften, Philosophie und Geschichte an den Universitäten Köln, Hamburg, Wuppertal. Promotion 1985 zur Genese und Entwicklung des modernen Zeitbewußtseins und industrieller Arbeitszeiten an der Universität Wuppertal; Forschungs- und Lehrtätigkeiten an den Universitäten Hamburg und Wuppertal zur Arbeits-, Arbeitsmarkt- und Zeitforschung, Theoriegeschichte der Ökonomik, Wirtschaftsethik und ökologischer/evolutionärer Ökonomik, Gründungs- und Beiratsmitglied im Institut für Ökologische Wirtschaftsforschung/Berlin (IÖW), Gründungs- und Vorstandsmitglied im Institut der Umweltgutachter und -berater/Köln (IdU). Seit 1992/93 in der AG »Neue Wohlstandsmodelle« am Wuppertal Institut für Klima, Umwelt, Energie; Projektleiter für Wohlstandsverständnis und Wohlstandsmessung. Lehrbeauftragter an der Universität Witten/Herdecke. Gastprofessor an der TU-Wien im SS 1995. Veröffentlichungen u.a.: *Ökonomie und Zeit. Beiträge zur interdisziplinären Zeitökonomie*, (Hrsg.) Frankfurt/M. 1988; *Neuorientierungen in der ökonomischen Theorie* (Hrsg. mit B. P. Priddat), Marburg 1994; zahlreiche Aufsätze v.a. zur *Theorie- und ökologisch orientierten Ökonomik* sowie zu *Wohlstandsmaßen und -indikatoren*.

Singer, Sir Hans, geb. 1910 in Elberfeld; 1931 Diplom Volkswirt, bis 1933 Assistent an der Universität Bonn. 1933 Emigration in die Türkei, 1934 nach Großbritannien; 1936 Ph.D. in Cambridge (bei R. Kahn und J. M. Keynes); 1936-1938 Investigator für die Pilgrim Trust Unemployment Enquiry; 1938-1945 Assistant Lecturer in Economics an der University of Manchester; 1946-47 Lecturer in Political Economy an der University of Glasgow; 1947-69 Mitglied des UN-Sekretariats, gleichzeitig Gastprofessor an der New School for Social Research; seit 1969 Professorial Fellow am Institute of Development Studies und Professor of Economics an der University of Sussex; seit 1975 Emeritus. Berater und Mitglied bei zahlreichen UN-Missionen und internationalen Organisationen. Ehrendoktorate der University of Santa Fé (1989), der University of Sussex (1990), der University of Glasgow (1994) und der Universität Lissabon (1994). Veröffentlichungen: *Unemployment and the Unemployed*, London 1940; *Economic Development of Under-Developed Countries* (portugiesisch), Rio de Janeiro 1950; *International Development, Growth and Change*, New York 1964; *The Strategy of International Development*, London 1975; *Technologies for Basic Needs*, Genf 1977; *Economic Progress and Prospects in the Third World* (mit S. Roy), Aldershot 1993; zahlreiche weitere Publikationen zur Außenwirtschafts- und Entwicklungspolitik.

Spiegel, Henry W., geb. 1911 in Berlin. Nach einem klassischen Abitur am Friedrich-Wilhelm-Gymnasium in Berlin 1930 Studium der Rechtswissenschaften an den Universitäten Heidelberg, Köln und Berlin. Promotion an der Universität Berlin 1933 bei Arthur Nussbaum, dem Begründer der Rechts-Tatsachen-Forschung. Emigration in die USA 1936, US-Staatsbürger seit 1943. Nach kurzem Studium der Agrarökonomie an der Cornell University Wechsel an die University of Wisconsin, die unter John Commons zu einem Zentrum der Institutionenökonomie geworden war; Promotion in Wirtschaftswissenschaft 1939. 1939-42 Assistenzprofessor an der Duquesne University in Pittsburgh; 1942-45 Armeedienst, zuletzt zusammen mit zahlreichen anderen bekannten Ökonomen wie Abramovitz, Baran, Hirschman, Kindleberger, Mason, Metzler und Rostow im Office of Strategic Studies, von 1946-50 als Associate Professor und von 1950 bis zur Emeritierung 1977 als Full Professor of Economics an der Catholic University of America in Washington. Wichtigste Werke: *The Brazilian Economy*, Philadelphia 1949; *The Development of Economic Thought*, New York 1952; *The Rise of American Economic Thought*, Philadelphia 1960; *The Growth of Economic Thought*, 1971 (3. Auflage Englewood Cliffs 1991); *Contemporary Economists in Perspective* (2. Bde., zus. mit W. Samuels), Greenwich 1984; zahlreiche Aufsätze zu Theoriegeschichte, methodologischen Fragen und Entwicklungsökonomie. Henry Spiegel starb am 24. Juli 1995 in Lanham, Maryland.

Stolper, Wolfgang F., geb. 1912 in Wien als Sohn des späteren Herausgebers des *Deutschen Volkswirt* Gustav Stolper; 1925 Übersiedlung nach Berlin, Abitur 1930; Studium der Rechts- und Wirtschaftswissenschaft in Berlin und Bonn, Emigration kurz vor der Diplomprüfung 1933 zunächst in die Schweiz, 1934 in die USA; Fortsetzung des Studiums an der Harvard University, wiederum bei Joseph Schumpeter, bei dem 1938 die Promotion erfolgte; Instructor an der Harvard University bis 1941, Assistant and Associate Professor am Swarthmore College 1941-49; seitdem Professor an der University of Michigan in Ann Arbor, 1963-70 zugleich Direktor des dortigen Center for Research on Economic Development, Gastprofessuren u.a. an den Universitäten Zürich, Heidelberg, Kiel und Münster; von 1960-62 Leiter der Planungsabteilung des Ministeriums für wirtschaftliche Entwicklung in Nigeria. Hauptforschungsgebiete: Theorie internationaler Wirtschaftsbeziehungen und Standorttheorie, Wachstums- und Entwicklungstheorie, Schumpeterforschung. Wichtigste Veröffentlichungen: »*Protection and Real Wages*«, in: *Review of Economic Studies* 1941 (mit Paul Samuelson), ein Aufsatz, der das Stolper-Samuelson-Theorem begründete; *The Structure of the East German Economy*, Cambridge/Mass. 1960; *Planning without Facts. Lessons in Resource Allocation from Nigeria's Development*, Cambridge/Mass. 1966; *Joseph Alois Schumpeter 1883-1950. The Public Life of the Private Man*, Princeton 1994; zahlreiche Ehrungen, darunter das Große Verdienstkreuz der Bundesrepublik Deutschland 1982, August Lösch Preis 1982, Ehrendoktorat der Universität Saarbrücken und Bernhard Harms Medaille des Kieler Weltwirtschaftsinstituts 1984 sowie die Ernennung zum Ehrenpräsidenten der Internationalen Schumpetergesellschaft 1988.

Streeten, Paul P., geb. 1917 in Wien als Paul Hornig. 1938 Emigration nach Großbritannien, Studium der Politischen Ökonomie an der University of Aberdeen, 1944 M.A.; 1947 B.A., 1952 M.A. an der University of Oxford, 1948–66 Fellow am Balliol College in Oxford; 1964-1966 Deputy Director-General of Economic Planning im Ministry of Overseas Development; 1966-1968 Fellow und Acting Director des Institute of Development Studies sowie Professor an der University of Sussex; 1968-1978 Warden des Queen Elizabeth House und Director des Institute of Commonwealth

Studies in Oxford; 1976-1980 Special Adviser bei der Weltbank; 1980 Director of Studies am Overseas Development Institute in Washington; 1983-1993 Professor of Economics an der Boston University und Director des dortigen World Development Institute. Zahlreiche Gastprofessuren; Beratertätigkeiten für Regierungen und internationale Organisationen. Ehrendoktorat der University of Aberdeen (1980). Veröffentlichungen: »*Unbalanced Growth*«, in: *Oxford Economic Papers*, 11 (2), 1959; *Economic Integration. Aspects and Problems*, Leyden 1961; *The Frontiers of Development Studies*, London 1972; *First Things First. Meeting Basic Human Needs in Developing Countries* (als Koautor), Oxford 1981; Thinking about Development, Cambridge 1995; zahlreiche weitere Publikationen auf den Gebieten Entwicklungsökonomie, internationale Investitionen und Planungstheorie.

Personenindex

Forschungsgemeinschaft für Nationalökonomie (Hrsg.)

Walter Adolf Jöhr-Vorlesung 1991

an der Hochschule St.Gallen

Prof. Dr. Gottfried Bombach

ZUR ARBEITSLOSIGKEIT DER GEGENWART

St.Gallen, August 1991

Walter Adolf Jöhr-Vorlesung

an der Hochschule St.Gallen

Walter Adolf Jöhr

Die Walter Adolf Jöhr-Vorlesungen finden seit 1988 in jährlichem Abstand an der Hochschule St.Gallen statt. Ins Leben gerufen wurde diese Vortragsreihe zu Ehren von Professor Dr. Walter Adolf Jöhr (1910 – 1987), der von 1937 an fünfzig Jahre lang an der Hochschule St.Gallen wirkte. Als Rektor nahm Professor Jöhr in den Jahren 1957 bis 1963 entscheidenden Einfluss auf die Entwicklung der Hochschule. Die Forschungsgemeinschaft für Nationalökonomie an der HSG wurde von Professor Jöhr gegründet und massgeblich geprägt. Dem Wissenschafter Walter Adolf Jöhr haben wir verschiedene bahnbrechende Publikationen aus dem Bereich der Volkswirtschaftslehre zu verdanken.

Herausgeber:	Forschungsgemeinschaft für Nationalökonomie an der Hochschule St.Gallen, Dufourstrasse 48, 9000 St.Gallen
Auflage:	1000

Druck:	H. Tschudy & Co. AG, Burggraben 24, 9004 St.Gallen

Zur Arbeitslosigkeit der Gegenwart

Vorbemerkung

"Die Wirtschaftspolitik muss *handeln*. Sie wird zweckmässiger handeln, wenn sie von der Nationalökonomie beraten wird. Infolgedessen muss ihr die nationalökonomische Forschung innert nützlicher Frist die aktuellen Probleme begutachten ... wer ein Problem lösen will, muss die nächst weiteren Probleme als *gelöst* voraussetzen; er muss diese Lösung als Datum in sein eigenes Kalkül einsetzen. Gewiss: Wer eine solche Lösung voraussetzt, fällt ein Vor-Urteil, das unerlässlich ist."[1]

Diese Sätze, die W.A. Jöhr als Mittler zwischen Wissenschaft und Politik so treffend charakterisieren, der Beratung des Politikers durch den Ökonomen stets hohes Gewicht beimessend, die Bedeutung der Grundlagenforschung durch Wort und Tat dabei niemals in den Hintergrund treten lassend, schrieb er zu einer Zeit nieder, als ich ihn als Student in Kiel zum ersten Male sah, von einem damals hart zu erkämpfenden, vorderen Platz im Hörsaal. W.A. Jöhr und Theo Keller waren nach Kiel gekommen, um nach der kriegsbedingten Isolation wieder Verbindung zum Institut für Weltwirtschaft anzuknüpfen. Erich Schneider ergriff die Gelegenheit und brachte beide unvorbereitet mit in seine Hauptvorlesung. Ausländische Gäste waren damals noch eine grosse Seltenheit, und so blieb der Besuch im Gedächtnis haften. Aus der zwanglosen Diskussion wurde mir bereits deutlich, dass Jöhr die Konjunkturforschung besonders am Herzen lag, und bei den späteren Arbeiten an der Dissertation stellte ich fest, dass er zu den ganz wenigen Ökonomen aus dem deutschen Sprachraum gehörte, dessen Konjunkturlehre auch im angelsächsischen Bereich zur Kenntnis genommen wurde.

Nach meiner Übersiedlung in die Schweiz boten viele Zusammentreffen Gelegenheit zu fruchtbarem Gedankenaustausch, wobei ein Unternehmen einen

---

1 *Binswanger u.a.* (Hrsg.) 1980, S. 11.

bleibenden Eindruck hinterliess, nämlich die 1966 publizierte langfristige Vorausschätzung der Finanzlage des Bundes. W.A. Jöhr als Präsident der Expertenkommission leistete wahrhaft ein Stück Generalstabsarbeit, zwar stets verbindlich, doch hart in der Sache, die geplagten Beamten der Finanz- und Steuerverwaltung zuweilen in sonst ungewohnten Trab versetzend.

Allein die kurze Zeitspanne ("innert nützlicher Frist", heisst es im Eingangszitat), in der die Aufgabe erfüllt wurde, fand über die Landesgrenzen hinaus Bewunderung, was mir Fritz Neumark versicherte. Die Studie galt als Pionierarbeit in diesem Bereich. Jöhr war stets erst zufrieden, wenn er glaubte, eine wissenschaftlich unangreifbare Lösung gefunden zu haben, und ich erinnere mich, dass er an der Frage der additiven oder multiplikativen Verkoppelung zweier Steuerelastizitäten eine Nacht hindurch bastelte.

Eine Vorlesung im Gedenken an diesen bedeutenden Gelehrten und Freund halten zu dürfen, betrachte ich als Ehre und Auszeichnung.

Neues auf dem Arbeitsmarkt?

1. Wenn ich den gleichen Titel wählte, den das letzte zu Lebzeiten von Jöhr publizierte Werk[2] trägt, so erschien mir dies aus drei Gründen legitim, nämlich weil

- die mit Jöhrs Untertitel gestellte Frage "Wie ist langandauernde allgemeine Massenarbeitslosigkeit bei vorwiegend marktwirtschaftlicher Ordnung möglich?" noch immer nicht eindeutig beantwortet ist (bzw. eine verwirrende Vielfalt von Argumenten angeboten wird, zwischen denen die Diskriminierung und die Zuordnung von Gewichten selbst Eingeweihten schwer fällt, für den Politiker schlechterdings unmöglich ist),
- die Arbeitslosigkeit in den Mitgliedstaaten der OECD (diese untersuchte Jöhr, nicht den "Sonderfall" Schweiz) im längsten Konjunkturaufschwung der Nachkriegszeit vorerst sogar noch zu-, später nur unwesentlich abgenommen hat,

---

2 *Jöhr* 1986.

- seit dem Erscheinen des Werkes von Jöhr sich im Bereich der Stabilisierungspolitik im allgemeinen und der Arbeitsmarkttheorie im besonderen interessante Entwicklungen vollzogen haben, die einen neuen Einstieg in die Problemlösung erlauben, auch wenn sie in ihrer vollen Bedeutung im Augenblick noch nicht alle abschätzbar sind.

2. Im Mittelpunkt stehen *neue und allerneueste* Beiträge, woraus nicht geschlossen werden sollte, sie seien allein wegen ihrer Modernität den älteren überlegen. Im Gegenteil bleibt zu bedauern, dass überzeugende ältere Deutungen zuweilen etwas in Vergessenheit geraten. Ein Grund für die Konzentration auf die jüngsten "Vintages" liegt natürlich auch darin, dass ich nicht wiederholen möchte, worüber ich bereits mehrfach ausführlich geschrieben habe.

3. Jöhrs Zahlenreihen enden 1984, als weltweit der Aufschwung nach längerer Rezessionsphase so recht in Schwung kam. Einige seiner unguten Vorahnungen von damals sollten sich später erfüllen. Im Weltrekordland des Aussenhandels Bundesrepublik lag die Zahl der Arbeitslosen damals bei deutlich über 2 Millionen, und an der Zweimillionengrenze liegt sie noch immer, von der in ihrem dramatischen Ausmass nicht abschätzbaren Entwicklung in den neuen Bundesländern, auf die nur am Rande eingegangen wird, ganz abgesehen. Dabei schneidet die Bundesrepublik in der internationalen Rangordnung der Arbeitslosen*quoten* mit 6,2% im Jahre 1988 (standardisierte OECD-Quoten, die auch Jöhr wählte; die Länder weisen meist deutlich höhere Werte aus, die BRD immerhin knapp 9%) nicht einmal besonders schlecht ab.[3] Sechs Länder überschreiten die 10%-Grenze, in einigen Fällen sogar beängstigend.

4. Zwei Millionen arbeitslose Menschen kurzerhand als Sockel- oder gar als "Bodensatzarbeitslosigkeit" abzutun, wäre blanker Zynismus. Natürlich gibt es *unechte Arbeitslose*, und es lohnt, das soziale Netz daraufhin zu

---

3 Der Hauptunterschied der standardisierten Arbeitslosenquoten der OECD zu den von den noch von vielen Ländern gebrauchten Quoten liegt darin, dass die OECD im Nenner zu den Arbeitern und Angestellten die Selbständigerwerbenden hinzuzählt. Natürlich sind auch die Definitionen der Arbeitslosigkeit noch längst nicht einheitlich und werden es wohl niemals sein können.

überprüfen, ob seine Ausbeutung zuweilen zu leicht gemacht oder dazu quasi geradezu aufgefordert wird. Adam Smith gilt als unser Lehrmeister, und seine Botschaft war, die Menschen so zu nehmen, wie sie eben sind, ihre Schwächen möglichst in Nutzen für die Gemeinschaft zu verwandeln.

Einen Teil der Wissenschaft inbegriffen, war zunächst das Bestreben gross, einen eher hohen Teil der Arbeitslosigkeit als *freiwillig* bzw. *unecht* einzustufen. Man wurde vorsichtiger, als Arbeitsökonomen die Gegenrechnung der *Stillen Reserve* präsentierten, die zuweilen höher eingeschätzt wurde als die Zahl der nur vermeintlich Arbeitsuchenden. Bald sollten sich auch neue Argumente in den Vordergrund drängen, so vor allem der auf zu hohem Niveau festgefahrene *Reallohn*, über den sich trefflich streiten liess, so hart, dass der damalige Direktor des Instituts für Arbeitsmarkt- und Berufsforschung sich veranlasst sah, eine "Denkpause" vorzuschlagen.

Natürlich blieb die Stille Reserve stets ein schwammiges, statistisch schwer greifbares Gebilde, und die am Ende des Literaturverzeichnisses aufgeführten (vom Schweizerischen Nationalfonds und vom BIGA geförderten), sich speziell auf die Schweiz beziehenden Studien kamen zu dem Ergebnis, dass in diesem Bereich *nicht von einem Handlungsbedarf* gesprochen werden könne.

Versuche der möglichst weitreichenden Einordnung unter "unecht" finden ihre Parallele in Bestrebungen in den USA, die Messlatte für die berühmte "Natürliche Arbeitslosenrate" dann einfach höher zu legen, wenn die tatsächliche Rate längere Zeit darüber hinausgeschossen war. Scheinbar plausible Argumente (die berühmten *proximate explanations*) finden sich immer. Schiesst man ständig daneben, dann versucht man es mit einem Versetzen der Zielscheibe.

5. Aber auch der *Gewöhnungseffekt* hat dazu beigetragen, dass der zunächst mit harten Bandagen geführte Disput um echt oder unecht sein Ende gefunden hat. Zwar werden die Arbeitslosenzahlen immer wieder erwähnt, lösen aber nicht im Entferntesten mehr jene Aufregung aus wie dereinst, vom Sonderproblem neuer Bundesländer abgesehen, das sogar bewirken könnte, die eigenen Raten noch als "relativ mässig" zu betrachten. Doch ist

die Gewöhnung an die Arbeitslosigkeit eine sehr gefährliche Sache. Die Abwehrkräfte erlahmen, sobald die Politiker nicht mehr unter ständigem Druck stehen.

Wenn wir später formal z.T. eher aufwendige Ansätze in Augenschein nehmen, die die *Persistenz* der Arbeitslosigkeit deuten sollen, sei der simple Gewöhnungseffekt nicht vergessen. Komplizierten Theorien den Vorzug zu geben, nur weil sie kompliziert und damit eindrücklicher sind, dies war nie die Devise von W.A. Jöhr. Als Basler Rektor nach St. Gallen zum *Dies academicus* eingeladen, erlebte ich die Ehrenpromotion meines Freundes Fritz Machlup. Als Gast in meinem Seminar schrieb er einmal an die Tafel: *Entia nun sunt multiplicanda preater necessitatem.* Hätte ich manche der formal höchste Ansprüche stellenden Arbeitsmarktanalysen zu rezensieren, so könnte ich zuweilen schwerlich der Versuchung widerstehen, Machlups Motto voranzustellen.

Zur Statistik des Arbeitsmarktes

6. Zumindest *innerhalb* der einzelnen Länder hat die Arbeitsmarktstatistik in den letzten Jahrzehnten beachtliche Fortschritte erzielt, obgleich die internationale Vergleichbarkeit nach wie vor zu wünschen übrig lässt. Wenn eine Spezialforschung im akademischen Bereich relativ spät erst einsetzte, so liegt ein Hauptgrund gewiss darin, dass, anders als im angelsächsischen Raum, *Arbeitsökonomik nicht zu den klassischen Lehrstühlen* gehörte. R. Solow betont in seinen *Royer Lectures*, auf die wir zu sprechen kommen, welch wichtigen Impulse von den Vorlesungen bei dem renommierten Arbeitsökonomen J.T. Dunlop an der Harvard University auf ihn ausgegangen seien. Denke ich zurück, was ich einst auf diesem Gebiet als Student gelernt habe, so ist dies eher erschreckend. Auf den Achsen standen gelegentlich Arbeitskraft und Lohnsatz (natürlich ohne Unterscheidung zwischen Real- und Nominallohn), und es verblieb bei dem Bemerken, die Angebotskurve könne gelegentlich auch einmal anomalen Verlauf haben.

Der entscheidende Fortschritt der statistischen Erfassung besteht im Übergang von reinen Bestandsstatistiken und den daraus abgeleiteten

Quoten und Raten zur Analyse der *Bewegungsvorgänge*, der *Dynamik des Arbeitsmarktes*. Oft werden die Bestände völlig durch die Ströme dominiert. Und entscheidend sind die *Bruttoströme*, nicht die Salden. Es ist beinahe umgekehrt wie in der Makroökonomik, wo am Anfang der eindeutig stromorientierte hydraulistische Keynesianismus stand (ich weiss nicht, ob der berühmte St. Galler Kreislaufsimulator noch am Leben ist), und man sich erst viel später auf die Bedeutung der Bestände und Bestandsverschiebungen besann. Wir finden Länder, in denen Arbeitskräfte zwar häufig, aber nur sehr kurz beschäftigungslos sind, was sogar positive Aspekte haben kann. Andere, wie etwa die Bundesrepublik, leiden unter ausgesprochener *Langzeitarbeitslosigkeit*. Für ein Urteil über die *Betroffenheit* durch Arbeitslosigkeit ist der Unterschied natürlich gravierend.

7. Trotz grosser Erfolge einer Beschäftigungspolitik kann die Arbeitslosenquote sogar noch ansteigen, falls gleichzeitig auch das Arbeits*angebot* abrupt zunimmt, wenn etwa die Jahrgänge des "Baby Booms" zum Arbeitsmarkt drängen, die Partizipationsrate der Frauen sich weiter erhöht oder Gastarbeiter einströmen. Welches ist dann der adäquate Erfolgsmassstab?

Zwischen 1970 und Mitte der 80er Jahre wurden in den USA, um ein herausragendes Beispiel zu wählen, 20 Millionen neue Arbeitsplätze geschaffen, seit 1960 sogar deren 40 Millionen. In Europa gingen Millionen von Arbeitsplätzen verloren. Quoten aus Bestandesgrössen sagen uns darüber fast nichts. Ob hier das so viel diskutierte amerikanische "Beschäftigungswunder" beschrieben wird, oder ob es nur aus der grossen Distanz (und dem Wunschdenken mancher Wissenschafter und Politiker) als Wunder erscheint, darauf kommen wir zurück.

8. Wenn oben von internationalen Vergleichen die Rede war, so hat mir das Studium der neuesten Literatur eine erstaunliche Asymmetrie aufgezeigt. Ökonomen des deutschen Sprachraums verfolgen den wissenschaftlichen Fortschritt in der angelsächsischen Welt mit erstaunlicher Gründlichkeit, übernehmen Erkenntnisse und Analysemethoden zuweilen sogar zu unkritisch, weil sie für eine andere Welt mit anderen institutionellen Gegebenheiten konzipiert wurden. Bedeutende Forschungsergebnisse und die kaum überblickbare Fülle statistisch-ökonometrischer Analysen mit interessanten

Ergebnissen bei uns werden hingegen drüben kaum zur Kenntnis genommen. Diagnosen zuweilen aus dem Handgelenk gestellt. Ein neues, umfassendes Werk über Arbeitsmarktprobleme (von einem Schweden und einem Engländer verfasst) nennt nicht eine einzige Publikation aus dem deutschen Sprachraum, kein einziger Autor taucht im Personenregister auf. Einstmals schrieben die grossen schwedischen Ökonomen in deutscher Sprache! Ob es H. König mit seinem im letzten Jahr durchweg auf Englisch publizierten Sammelband[4] besser ergehen wird, sei dahingestellt. Auch auf englisch schreibende Ökonomen aus unserem Sprachraum vermissen wir in eben jenem Werk, und die Gründung der European Economic Association hat an der amerikanischen Dominanz nicht so viel geändert.

Natürlich können wir die Verständigungsschwierigkeiten mit Politikern und der Verwaltung nicht dadurch noch vergrössern, dass wir unsere Analysen und Rezepte in einer Fremdsprache mit z.T. geheimnisvoller Terminologie wie *missmatch, screening, NAIRU, Hysteresis* usw. präsentieren.

Zugegeben: Die englische Sprache hat den Vorzug grosser Felxibilität. Man versuche etwa, für *hiring, firing, and training costs*, die für spätere Betrachtungen eine zentrale Rolle spielen werden und heute ein ins Gewicht fallender Kostenfaktor sind, einen treffenden deutschen, möglichst nicht wertgeladenen kurzen Terminus zu finden. Wollen wir vereinfachend von *Mutationskosten* sprechen.

Konjunkturelle und strukturelle Arbeitslosigkeit

9. Einfach fing es dereinst an mit der Unterscheidung zwischen konjunktureller und struktureller Arbeitslosigkeit, bei der aber seriöse Konjunkturforscher von jeher ein Unbehagen verspürten. Auch heute noch ist "strukturell" meist ein eher vager Begriff, kaum mehr als ein *catch-all* für alles, was vorerst einer Deutung nicht zugänglich ist, für Politiker zuweilen eine bequeme Ausrede, zunächst einmal nichts tun zu können und zu müssen. "Strukturell arbeitslos" waren einfach jene, die beim Erreichen der Hochkon-

---

4 *König* (Hrsg.), 1990.

junktur mit voll ausgelasteten Kapazitäten noch immer keinen Arbeitsplatz gefunden hatten, wobei über die Unvermeidbarkeit (oder besser Notwendigkeit) von *Fluktuationsarbeitslosigkeit* (friktionelle Komponente) jedoch nie Zweifel bestanden.

Formal und auch empirisch aufwendige *Analysen von Suchprozessen* ("Sucharbeitslosigkeit") setzten allerdings erst sehr viel später durch die Herausforderung Friedmans mit seiner Postulierung einer *Natürlichen (Gleichgewichts-) Arbeitslosenquote* ein, mit der die "Phillips-Illusion" ihr vorläufiges Ende fand. Sicher sind sie für ein Riesenland wie die USA mit Arbeitsplatzwechseln über den Kontinent hinweg auch relevanter als für europäische Länder.

Die absolute Nullmarke als Ziel für die Arbeitslosenquote zu wählen, blieb dem extremen Links-Cambridge vorbehalten. Der Meister Keynes hatte 1937 wegen Inflationsdrohungen schon kalte Füsse bekommen, als man nach der Weltwirtschaftskrise auf gegen 10% heruntergekommen war. Immer wieder ist es erstaunlich, wie Normen durch die Fakten geprägt werden. Selbst ein so bedachtsamer Ökonom wie Sir Roy Harrod akzeptierte nach den "Wunderjahren" das Nullprozent-Postulat. Für Lord Beveridge war in der Nachkriegszeit (sein Büchlein "Full Employment in a Free Society" ist für uns Studenten damals das Brevier keynesianischer Beschäftigungspolitik gewesen) eine Arbeitslosenquote von nicht mehr als 3% das ferne Ideal.[5]

10. Die alte Dichotomie konjunkturell/strukturell hat ohnehin eine neue Dimension mit der Frage bekommen, ob es nicht um mehr als nur ein Konjunkturphänomen ginge, nämlich um eine zu geringe *trendmässige Wachstumsrate*, nicht ausreichend, die bestehende Arbeitslosigkeit zu absorbieren und dazu noch Platz für zusätzliche Arbeitsnachfrage zu schaffen. Beschäftigung durch Wachstumsankurbelung blieb während längerer Zeit die Zauberformel der OECD, aber keineswegs nur dieser, bis man erkannte, dass simple Milchmädchenrechnungen zu geradezu absurden

---

5 Dennis Robertson war bekannt für seinen oft bissigen Humor. Als ich 1949 kurz bei ihm hörte, pflegte er mit Bezug auf das Büchlein von Beveridge von *Free employment in a full society* zu sprechen.

Wachstumsraten führten, wobei die damit verbundene Umweltproblematik gerade in St. Gallen nicht besonders betont zu werden braucht. Angesprochen ist mit dem Argument der Wachstumsschwäche die Existenz "Langer Wellen", denen sich W. Krelle in der ersten Jöhr-Vorlesung gewidmet hatte.

11. Zwei Linien des Fortschritts werden mit der Vorlesung nun verfolgt. Die erste besteht, auf den einfachsten Nenner gebracht, darin, die höchst heterogene *strukturelle Komponente* in operable und einer Erklärung zugänglichen Hauptbestandteile aufzulösen, wie es einstmals in der Wachstumstheorie mit dem berühmten Residualfaktor "Technischer Fortschritt" versucht worden ist.

Es bestehen sogar auffällige Parallelen, vor allem leider, was die Fehlgriffe dabei anbetrifft. Der Neoklassik und damit dem Postulat vollkommener Konkurrenz verpflichtet, wurde Entlohnung der Produktionsfaktoren mit ihren Grenzerträgen angenommen, woraus in der Wachstumsbuchhaltung das viel zu geringe Gewicht für das Realkapital folgte. Konstante Skalenerträge mussten vorgegeben werden, weil sonst das Modell des Allgemeinen Gleichgewichts keine Lösung hat und die so praktische Solow-Methode der Ermittlung des technischen Fortschritts als Residuum mit einem Taschenrechner nicht anwendbar ist.[6] Nach Palmström-Logik also: Nicht sein kann, was nicht sein darf.

Wie schwer man sich getan hat, sich mit der Existenz unvollkommener Märkte und monopolistischer Konkurrenz auf Faktoren- und Produktmärkten abzufinden, wird noch zu zeigen sein. Vor einigen Jahren setzte in den USA die Begeisterung für eine "Neue Wachstumstheorie" ein, die sich von den alten Fesseln löste und sofort zu ganz anderen, plausibleren Resultaten führte. Was den Arbeitsmarkt anbetrifft, so trägt Keynes durch sein Festhalten am "Klassischen Postulat" der Grenzproduktivitätsentlohnung Mitschuld, wobei er durchaus erkannte, dass dies im Widerspruch zur eigenen These der antizyklischen Bewegung des Reallohnes im Konjunkturverlauf

6 Die von Cobb und Douglas ursprünglich angewandte Methode der multiplen Korrelation wurde bereits in den 30er Jahren wegen des hohen Grades von Multikollinearität (z.B. H. Mendershausen) kritisiert. Heutige Studenten werden nicht mehr verstehen, wie mühsam dieses Verfahren mit den damaligen Handrechenmaschinen bereits war.

stehen kann.[7] Mit der Liquiditätstheorie des Zinses war ihm ja ähnliches passiert. Als Kenner der Kapitalmärkte wusste er, dass zuweilen, entgegen der eigenen Theorie, der Zinssatz mit wachsender Geldmenge *anstieg* statt abzunehmen. Er sprach vom "Gibson-Paradoxon". Heute kennen wir die über die Erwartungsbildung laufende Wirkungskette.

12. Die zweite Linie berührt das Forschungsgebiet, das Walter Jöhr besonders am Herzen gelegen war, nämlich die *Konjunkturtheorie*. Ist mit jener extremen Richtung, die auf den Friedmanschen Monetarismus als *"Mark II"* folgte und, was die Chancen einer aktiven Konjunktursteuerung anbetrifft, in einem *rien ne va plus* endet (genauer: Nur noch unvorhersehbare und unerwartete Massnahmen haben einen Einfluss auf die Realgrössen) wirklich das letzte Wort gesprochen?

Neue Mikroökonomik

13. Neue Wege in der Analyse des Arbeitsmarktes in den frühen 70er Jahren wurden ausgelöst durch die erste Stufe im von da ab treppenförmigen Anstieg der Arbeitslosigkeit in Europa nach dem Ölpreis-Schock, in den USA, die mit der "Schock-Arbeitslosigkeit" besser fertig wurden, eher durch das Bestreben, die in Misskredit geratene Makrotheorie mikroökonomisch solider zu fundieren (neue, zuweilen sogar "neue neue" Mikroökonomik). Auf einer Tagung der Schweizerischen Gesellschaft für Statistik und Volkswirtschaft habe ich mit dem Bemerken referiert, dass zur Beantwortung der mit dem Thema gestellten Frage der Relevanz für die Schweiz eigentlich das "Krankengut" fehle.[8]

Manche Konstellationen und Vorgänge auf dem Arbeitsmarkt passten nicht recht in das so schöne neoklassische Modell, das natürlich nicht in Frage

7 Keynes ging, wie im Lehrbuch üblich, von einer fallenden Grenzproduktivitätskurve aus und hielt an Grenzertragsentlohnung, d.h. der Hypothese vollkommener Konkurrenz fest. Dass im Aufschwung die statistische Arbeitsproduktivität entgegen diesem Kurvenverlauf *ansteigen* kann, weil innerbetriebliche Arbeitslosigkeit abgebaut wird, ist erst sehr viel später durch das "Okunsche Gesetz" bekannt geworden.

8 *Bombach* 1979, S. 218.

gestellt werden sollte. So wurde einfach das, was bislang als Fremdkörper galt, als *rationales Verhalten* interpretiert, das Postulat der Nutzenmaximierung beibehalten, Nutzen aber nunmehr in einem weit umfassenderen Sinne (d.h. nicht nur als hoher Lohn und viel Freizeit) verstanden. Vieles, so vor allem die *Theorie der impliziten Kontrakte*, die von einer asymmetrischen Risikoverteilung zwischen Arbeitnehmer und -geber ausgeht und einen etwas niedrigeren als den maximal möglichen Lohn als "Versicherungsprämie" interpretiert, hat die Zeit überdauert und ist in den neueren Varianten aufgegangen, hat dazu beigetragen, sie zu in sich geschlossenen Theorien zu entwickeln. Hier, wie auch bei später in Augenschein zu nehmenden Neukonstruktionen in der Makrotheorie, kam man zu der wichtigen Erkenntnis, dass *Starrheiten nicht unbedingt zu Instabilitäten* führen müssen, sondern zuweilen sogar das Gegenteil bewirken können.

14. Das Ringen um die bestmöglichen Strategien zur Beseitigung der Arbeitslosigkeit war von da ab von einem Wechsel in jeweils modischen Schlagworten beherrscht, die zuweilen regelrecht zu Tode geritten wurden. Man wurde ihrer überdrüssig, doch die Arbeitslosigkeit verblieb. Nennen wir nur *Arbeitszeitverkürzung*[9] ("Gleichverteilung der Arbeit"), Profildiskrepanz, Flexibilisierung, Neue Armut, Zweidrittelgesellschaft, Kapitalmangelarbeitslosigkeit und Reallohnlücke. Wir verzichten auf eine systematische Behandlung und greifen nur auf, was für die Gedankenführung wichtig ist. Weshalb gerade in der Bundesrepublik die Forderung nach Arbeitszeitverkürzung über viele Jahre hinweg Massendemonstrationen auslösen konnte, mögen spätere Historiker herausfinden, verbunden auch mit der Frage, ob sich am nun über gut ein Jahrhundert laufenden Trend ständiger Verkürzung dabei irgend etwas verändert hat. Ob die Schlachtenlenker selbst an Arbeitsplatzschaffung geglaubt haben oder eher gute Chancen einer versteckten Lohnerhöhung sahen, vermag ich nicht zu sagen. Schliesslich gerieten sie in das

---

9 Die Arbeitszeitverkürzung (oft verbunden mit der Forderung nach vollem Lohnausgleich) war vor allem in der Bundesrepublik ein Dauerthema. Die Ergebnisse ökonometrischer Studien sind erstaunlich einmütig. Der Erfolg wird im besten Falle minimal sein, oder es könnte sogar noch schlimmer werden. Schwer abzuschätzen ist natürlich, in welchem Umfange bei kürzerer Arbeitszeit die Produktivität zunimmt.
Auch kennen wir nicht die wirklichen Präferenzen der Arbeiter bei der Alternative mehr Lohn oder mehr Freizeit. Immerhin hat man Lehrer entdeckt, die in ihrer Freizeit noch einiges Geld als Taxichauffeure verdienten.

Dilemma des Zauberlehrlings, der die Geister nicht mehr bannen konnte, die er rief.

15. Die Neoklassiker sahen sich damals mit radikaleren Vorstellungen konfrontiert, was nicht verwundert, da die Pariser Maiunruhen und die Studentenrevolten noch nicht weit zurücklagen. Cambridge England blies zum Generalangriff auf die Neoklassik mit dem Argument, sie operiere nur in der analytischen, nicht der historischen Zeit.

Hier angesprochen sind die *Segmentierungstheorien*, die von einem *dualen Arbeitsmarkt* ausgehen, wobei das primäre Segment das in jeder Hinsicht vorteilhaftere ist: Höhere Löhne, grössere Sicherheit, bessere Arbeitsbedingungen und Aufstiegsmöglichkeiten innerhalb langer Hierarchieketten.[10] Ein 1976 erschienener Übersichtsartikel nannte bereits über 200 Titel. Die Vertreter der Segmentierungstheorien leugnen Gleichgewicht und Interessenharmonie, fordern vielmehr den *totalen Abbau jeglicher Diskriminierung* auf dem Arbeitsmarkt, mit dem (utopischen) Endziel, es möge am Ende nur noch einen einzigen, homogenen Arbeitsmarkt mit den Charakteristiken des primären geben.

16. Interessant ist nun, dass die einst "radikalen" Thesen der Dualisten plötzlich in neuem Gewande wieder auftauchen, und zwar weiterentwickelt von Ökonomen, die sich ganz dem liberalen Lager verpflichtet fühlen. Bei der Behandlung der Insider-Outsider-Problematik kommen wir darauf zurück.

Der Segmentierungsansatz beschrieb ursprünglich eine historische Einbahnstrasse. Kein besonderer Scharfsinn gehörte zu der Erkenntnis, dass Entwicklungsländer vom sekundären Arbeitsmarkt dominiert werden, der erst mit dem Übergang von der Basar-Wirtschaft zur Industriegesellschaft anteilsmässig schwindet. Angesichts der amerikanischen Erfahrungen kommen aber bereits Zweifel am Einbahnstrassen-Optimismus auf, und es scheint, als ob der sekundäre Arbeitsmarkt trotz wachsenden Wohlstands wieder an

10 Duale Arbeitsmärkte sollten nicht mit dem Dreisektorenschema der Wirtschaft verwechselt werden, das im allgemeinen auf C. Clark zurückgeführt wird, der sich aber seinerseits auf Sir William Petty beruft. Der Dienstleistungssektor z.B. enthält durchaus wichtige primäre Arbeitsmärkte wie Banken und Versicherungen.

Bedeutung gewänne. Noch lässt sich nicht sagen, ob es sich um einen definitiven Trendbruch oder ein Übergangsphänomen handelt, ausgelöst durch die gigantische Aufgabe, Neuzugänge auf dem Arbeitsmarkt in den bereits genannten Grössenordnungen zu absorbieren.

Jedenfalls ist eine deutliche und interessante Parallele zur U-förmigen Kuznets-Kurve der personellen Einkommensverteilung angesprochen, nach der mit der wirtschaftlichen Entwicklung die Verteilung zunächst ungleichmässiger und erst bei hohem Wohlstand wieder gleichmässiger wird (zunehmende Macht der Gewerkschaften, Einebnung der Startchancen durch Bildungspolitik, Ausbau des Sozialstaates, breit gestreuter Vermögensbesitz). Derzeit wird *eine zweite Wende der Kuznets-Kurve* behauptet, und der Weg zurück zu Dualisierung könnte der Hauptgrund dafür sein.

17. Aus der Vielfalt der Begriffe und Deutungsversuche (z.T. wirkliche Unterschiede zum Ausdruck bringend, zuweilen aber auch nur semantischer Disput) sollen deren drei herausgegriffen werden: *(1) Hysteresis, (2) Effizienzlohn, (3) Insider-Outsider-Problematik*. Der Begriff der Hysteresis ist der Physik entlehnt und besagt, dass ein bestimmter Prozess ohne Gegenkräfte nicht zu seinem Ausgangspunkt zurückkehrt (Remanenz bei elektrischer Ladung als Beispiel). Heute wird häufig auch von *Persistenz* gesprochen.

Auf den Arbeitsmarkt angewandt, bedeuten Hysteresis bzw. Persistenz, dass das heutige Niveau der Arbeitslosigkeit von *seiner eigenen zeitlichen Entwicklung* abhängt. Lang andauernde Arbeitslosigkeit verschwindet nicht von selbst.

Persistenz und Beveridge-Kurve

18. Persistenz ist eine statistische Beobachtung, noch keine Erklärung, es sei denn, man halte es mit Fritz Reuter: Die Armut komme von der Povertät. Zur Veranschaulichung wird heute wieder auf die altbekannte *Beveridge-Kurve* zurückgegriffen, wobei auf den Achsen des Koordinatensystems *Arbeitslosenquoten* und *offene Stellen* (Vakanzen) abgetragen werden. Da

niedrige Arbeitslosenquoten mit zahlreichen Vakanzen und *vice versa* korreliert sind, haben die *B-Kurven* eine negative Steigung mit konvexer Krümmung gegen den Ursprung. Sie verkörpern mögliche Gleichgewichtssituationen auf dem Arbeitsmarkt.[11]

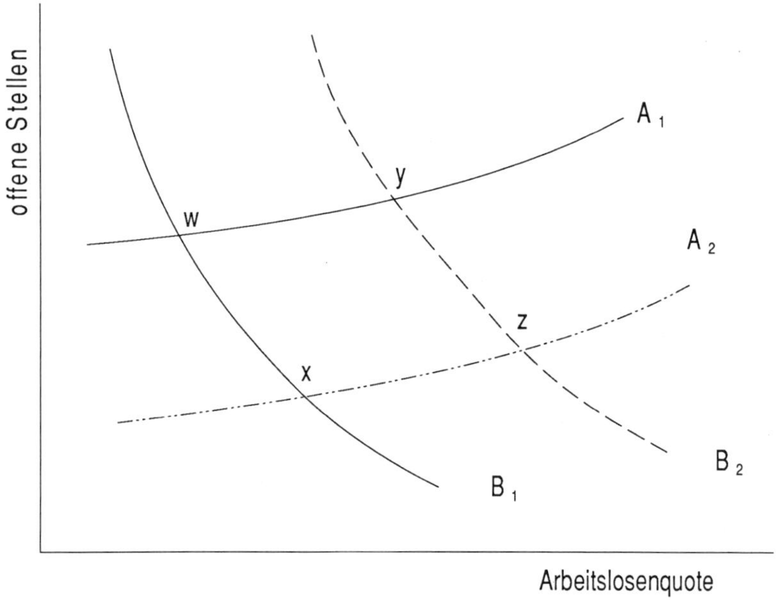

Für die *Stellenangebotskurven A* wird steigender Verlauf unterstellt, weil höhere Arbeitslosigkeit Lohndruck auslöst und die Einstellung Arbeitsloser erleichtert. Möglicherweise dämpfend wirkt dabei allerdings die abnehmende Produktivität bei zunehmender Beschäftigung. Die Beveridge-Kurve veranschaulicht die Dynamik des Arbeitsmarktes, bei der Vakanzen und beschäfti-

11 *Jackman/Pissarides/Savouri* 1990, S. 458ff.
Franz 1987, S. 302ff. Wolfgang Franz möchte ich an dieser Stelle besonderen Dank dafür aussprechen, dass er mir das Manuskript zu seinem in Vorbereitung befindlichen Werk "Arbeitsmarktökonomik" zur Verfügung gestellt hat.

gungslose Arbeiter nebeneinander exisistieren können. *Persistenz bedeutet Rechtsverschiebung der Beveridge-Kurve* (z.B. von B_1 nach B_2).

Andererseits können Angebotsschocks, kontraktive Makropolitik, Militanz der Gewerkschaften und Arbeitsmarktregulierungen die *A-Kurven* temporär oder dauerhaft *nach unten verschieben* (z.B. von A_1 nach A_2).

19. Hier interessieren Profildiskrepanz ("missmatch") und *Persistenz.* In den 70er und 80er Jahren hat in Europa die Zunahme der Arbeitslosigkeit zu einer zuweilen direkt proportionalen Verlängerung ihrer Dauer geführt. Die Arbeitslosen büssen ihre Fertigkeit ein, finden sich in dem neuen Arbeitsrhythmus nicht zurecht, verlieren das Selbstvertrauen, den Kontakt zum rasanten technischen Fortschritt und enden möglicherweise in der Resignation, d.h. wandern in die Stille Reserve ab ("discouraged workers"). Ist die anhaltende Arbeitslosigkeit mit einem Druck auf die Ertragslage verbunden, werden die Unternehmen *interne Anpassungen* vornehmen, mit denen auch das später zu behandelnde Insider-Outsider-Modell seine Grenzen erreicht. Nennen wir dies den McKinsey-Effekt. Standortverlagerungen während der Dauerarbeitslosigkeit können dazu führen, dass Vakanzen und Wohnort räumlich weit auseinander liegen. Mobilitätsbeihilfen sind dann ein Instrument gegen Persistenz. Natürlich hat sich Walter Jöhr mit den Nöten der Arbeitslosen gründlich befasst.[12]

Mögliche Schnittpunktverlagerungen mit ihren Beschäftigungseffekten werden in der Grafik durch w, x, y und z abgebildet. Da die Verzögerungen oft lang sind (so vor allem das Umlernen von aggressiver auf gemässigte Lohnpolitik bei wachsender Arbeitslosigkeit), ist eine aufwendige dynamische Betrachtung erforderlich, auf die wir hier nicht eintreten können. Auch ist zu zweifeln, ob man überhaupt auf fixe Muster vertrauen kann. Angesichts der vielen (instabilen) Lags höchst unterschiedlicher Dauer verwundert es nicht, dass man in der Praxis höchst bizarre Kurvengebilde vorfindet.

20. Die Verschiebung der B-Kurve ist kein unvermeidbares Schicksal, sondern gestaltbar. Die hier herangezogene Studie im Economic Policy

---

12 *Jöhr* 1986, S. 132f.

Forum untersucht den Einfluss dreier Instrumente auf die Arbeitslosenquote: Arbeitsmarktpolitik, Schulungsprogramme und direkte Arbeitsplatzbeschaffung durch Beschäftigungssubventionen. Die Interpretation der entsprechenden Tabelle[13] weckt einige Zweifel. Gut: Schweden hatte mit Aufwendungen in Höhe von fast einem Prozent des BSP 1988 die niedrigste Arbeitslosenquote, aber die Schweiz liegt mit fast nichts (0,08%) praktisch gleichauf, die USA mit mageren 0,18% noch recht komfortabel. Belgien muss mit der höchsten Gesamtausgabenquote (1%) eine Arbeitslosenquote von über 10% hinnehmen. Wie läuft hier überhaupt die Kausalität? In der Diskussion des Papers wird vor allem darauf hingewiesen, dass viele der unternommenen Anstrengungen nirgends in Ausgabenstatistiken erscheinen und gute Politik nicht unbedingt teuer sein muss.

21. In der Aufzählung der Schlagworte wird man das Argument des "Wegrationalisierens der Arbeitsplätze" vermissen, für die Wissenschaft ein Dauerthema seit Ricardo über Marx bis heute. Natürlich war und ist es wieder präsent wie bei jedem gravierenden Beschäftigungseinbruch in der Vergangenheit. Statt Maschinensturm mussten diesmal die Computer als "Jobkiller" herhalten. Die Gegenargumente (Freisetzungs- versus Kompensationsthese) sind zu bekannt, als dass sie hier aufgeführt werden müssten. Als deutsche Gewerkschaftsführer japanische Automobilfabriken mit ihrer weit fortgeschrittenen Automatisierung besuchten, wurden die japanischen Arbeiter gefragt, ob ihnen nicht bewusst sei, dass Arbeitsplätze verloren gingen. Natürlich, lautete die Antwort, aber nicht bei uns! So ist man sich einig, dass Verzicht auf Automatisierung genau das Gegenteil von dem bewirken würde, was beabsichtigt ist, nämlich den Weg in die Arbeitslosigkeit. Vielleicht ist das Wettrennen um den höchsten Grad von Automatisierung so etwas wie eine moderne Form von beggar-thy-neighbour-policy, einst geführt durch konkurrenzierende Abwertungen. Neue Aussenwirtschaftstheorien lehren uns, weshalb der Wechselkurs den Ausgleich nicht herbeiführen wird. Zu Ungleichgewichten kann es aber auch *innerhalb* eines Landes kommen, wenn in bestimmten Regionen die Maschinen und Apparate gebaut werden, die in anderen Landesteilen Arbeitskraft freisetzen.

---

13 *Jackman/Pissarides/Savouri* 1990, Tab. 1, S. 454.

Ich habe einmal die Sorge geäussert, dass der tertiäre Sektor durch die grossen Produktivitätsgewinne im Zuge der Einführung moderner Elektronik seine Funktion als Schwamm verlieren könne, nämlich jene Arbeitskräfte aufzusaugen, die im primären und sekundären freigesetzt werden. Ich habe mich darin getäuscht, dass das Angebot neuartiger Dienstleistungen eine so gewaltige Nachfrage auslösen würde.

Effizienzlohn, soziale Normen und Fairness

22. Die Effizienzlohnthese wurde vor allem durch eine Publikation von Janet Yellen[14] Mitte der 80er Jahre populär. Zunächst ging es um nicht mehr als die Frage, weshalb Unternehmen *freiwillig* höhere (d.h. nicht-markträumende) Löhne zahlen, anstatt Arbeitskräfte einzustellen, die sie auch billiger haben könnten. Es sollte gezeigt werden, dass dies nicht einfach Altruismus, sondern mit Gewinnmaximierung vereinbar ist, nur eben nicht mit Vollbeschäftigung.

Der Lohn ist nicht nur, wie seit Keynes bis zum Überdruss diskutiert, Kosten- und Nachfragefaktor, sondern gute Saläre (immer relativ verstanden) üben auch einen *Ansporn* auf den Arbeiter aus, und es ist rückblickend eigentlich erstaunlich, wie spät dies Eingang in die Theorie gefunden hat. Lohn und Leistung war und ist ein Standardthema der Betriebswirtschaftslehre, doch überprüfe man die volkswirtschaftlichen Lehrbücher und Monographien, und man wird herzlich wenig von einem Rückkoppelungseffekt vom Lohn auf die Produktivität finden. Alles wird dominiert von der einseitigen Kausalkette, die von der (wie auch immer bestimmten) Produktivität zum Lohn läuft.

Nach der Effizienzlohnthese nun will sich der Unternehmer durch höhere Löhne oder anderweitige "Benefits" einen Stamm tüchtiger Arbeiter sichern, die Fluktuationsrate niedrig halten und das Bummeln ("Shirking") vermeiden. Die Entlassung soll zur *Drohung* werden, weil sie mit einem Wechsel in einen Niedriglohnbereich verbunden ist. Auch wird angeführt, dass die Kontrolle der Drückeberger schwierig und es deshalb rationeller ist, auch

14 *Yellen* 1984, S. 200ff.

diese Funktion dem Lohn zu übertragen. Überdies ist es eine alte Erfahrung, dass "lahme Enten" die Produktivität eines ganzen Teams drücken können, ja sogar eifrig darüber wachen, dass nicht zu viel geschafft wird.

23. Für Unternehmer (natürlich keineswegs für alle) ist das Argument nicht so neu wie für jene Ökonomen, die das neoklassische Gleichgewichtsmodell falsch interpretieren, indem sie *einseitige Kausalbeziehungen* aus ihm ableiten, statt auf *Interdependenz* abzustellen. Entlohnt wird mit dem Grenzertrag, der nach alter Vorstellung als eine "technisch vorgegebene Grösse" galt und eigentlich erst mit der modernen Wachstumstheorie zu endogenisieren versucht wurde. Die Grenzproduktkurven begannen zu wandern, vorerst aber nur durch einen autonomen, nicht erklärten technischen Fortschritt als Funktion der Zeit angetrieben. Vergeblich wird man auch in der Wachstumsbuchhaltung nach einer Rückwirkung des Lohnes auf die Produktivität suchen.

24. Unternehmen, die auf einen Stamm hochqualifizierter, fleissiger und zuverlässiger Arbeiter angewiesen waren, sind sich von jeher der Doppelfunktion des Lohnes bewusst gewesen und haben Vorkehrungen getroffen, um die Arbeiter an den Betrieb zu binden. Dass gerade in der optischen Industrie frühzeitig mit Gewinnbeteiligung experimentiert wurde, ist kein Zufall.

Der Firmengründer Bata soll 1932 einen heute noch lebenden Arbeiter gefragt haben, ob ihm sein Wochenlohn von 250 Kronen genüge. Selbstverständlich, Herr Chef, lautete die Antwort, weil die tschechischen Löhne damals im Durchschnitt deutlich darunter lagen. Bata habe sich fürchterlich aufgeregt: "Das darf euch nicht reichen. Ihr müsst euch 300, 350, 500 wünschen. Ich kann hier nur Leute gebrauchen, die reich werden wollen." Nicht vergessen sei schliesslich, dass sich das Zahlen hoher Löhne herumspricht und ein gutes Aushängeschild für das Unternehmen ist und als solches auch gedient hat.

25. Wie damals, so müsste es heute wieder werden, so meinte jener noch lebende Bata-Arbeiter. Für mich, der ich aus einem der "neuen Bundesländer" stamme und die Mentalität meiner Landsleute kenne, stellt sich eine

ähnliche Frage. Ist es richtig, nach dem neoklassischen Modell zu argumentieren und darauf zu drängen, die Löhne möglichst niedrig zu halten, um die Konkurrenzfähigkeit zu sichern? Ich glaube nicht an Produktivitätsfortschritte, solange die Arbeiter wissen, dass ihre Kollegen im Westen für gleiche Anstrengungen ein Drittel mehr nach Hause tragen. Sie werden weiter so dahinbummeln, wie sie es seit Jahrzehnten gewohnt sind. Bei der Zustellung der Post sind bereits süditalienische Zustände eingerissen, die den wirtschaftlichen Aufschwung bremsen. Man wird über andere Strategien nachdenken müssen, auch solche, die in einer Marktwirtschaft keinen sonderlich guten Ruf haben wie etwa die in Schweden praktizierten *direkten Arbeitsplatzsubventionierungen* ("marginal employment subsidies"). Die ersten und einzigen Subventionen wären es ja gewiss nicht, wenn man etwa an den "Jahrhundertvertrag" der Kohle denkt, von der Landwirtschaft ganz zu schweigen. In ungewöhnlichen, historisch einmaligen Situationen sollte man Mut zeigen, vor ungewöhnlichen Massnahmen nicht zurückzuschrecken. Überdies führen die Lohndifferentiale zu weiteren grossen Ost-West-Wanderungen, meist verbunden mit einer Negativselektion zu Lasten der neuen Länder. Entscheidend ist natürlich, dass aus Übergangsstrategien keine Dauersubventionen werden.

26. Eher durch Zufall und viel zu spät wurde ich auf die 1990 publizierten *Royer Lectures*[15] von R. Solow aufmerksam, die vom Herausgeber im ersten Satz des Vorwortes als ein Juwel gelobt werden. Ich stand vor der Alternative, alles neu zu schreiben oder es bei einem blossen Hinweis zu belassen. Mir verblieb leider nur letzteres.

Solow attackiert gängige Lehrbucherklärungen der Massenarbeitslosigkeit und zeigt, wie sich die Tatsache des Nicht-Unterbietens der Löhne der Insider durch Outsider zu einer *sozialen Norm* entwickelt hat. Fairness und soziale Normen spielen in seinen Ausführungen eine zentrale Rolle, und er verweist auf Vorläufer wie A. Marshall, die mit ähnlicher Gedankenführung die Starrheit der Löhne begründeten. Soziale Normen institutionalisieren sich: "... institutionalization of social norms begins to emerge, with people doing something because it is the right thing rather than because they have

15 *Solow* 1990, The Royer Lectures.

'reckoned' precisely all the consequences".[16] Die Ausführungen kreisen um die Frage, wie lange es dauert, bis etwas zur Norm wird und dann einfach als "fair" empfunden wird. Solow arbeitet überzeugend mit dem bekannten Gefangenen-Dilemma der Spieltheorie, die ja gerade ihre zweite Blütezeit erlebt. Beinahe verwirrend ist das Ergebnis, dass es eine *grosse Spannweite von Gleichgewichtslohnsätzen* (die 5,5%-Marke spielt bei Solow eine gewichtige Rolle) geben kann, die alle mit *persistenter Massenarbeitslosigkeit* einhergehen. Auf die möglichen Gegenstrategien kommen wir noch zu sprechen. Für diesen Vortrag habe ich nur die Konsequenz gezogen, den Versuch der Deutung aller heute im Raume schwebenden Gleichgewichtskonzepte zu verzichten und mich auf deren zwei zu beschränken.

27. Als "Musterland" führt Solow übrigens die Schweiz an. "Switzerland is not a large or important economy, but it is a useful example precisely because it has an extraordinary record of industrial peace combinded with a reputation for strict adherence to freemarket principles and policies."[17] Die übliche Ferndiagnose einer "freien Marktwirtschaft" ist man gewöhnt, aber interessant ist die Deutung des Sozialfriedens in diesem Kontext. Soeben hat eine Studie einiges Aufsehen erreicht, die grössere regionale und sektorale Lohndifferentiale feststellt. Offenbar werden sie als "fair" in der Interpretation von Solow hingenommen, und eine gewaltsame Einebnung würde natürlich zunehmende Arbeitslosigkeit bedeuten. Tradierte Lohnhierarchien, die nicht mehr der heutigen Angebots/Nachfragekonstellation und den ausbildungsspezifischen Anforderungen entsprechen, sind überdies eine allgemein bekannte Erscheinung.

Insider, Outsider und Zweidrittelgesellschaft

28. Das Insider-Outsider-Problem gehört zu den in der Öffentlichkeit besonders intensiv diskutierten, meist verbunden mit dem Vorwurf an die Gewerkschaften, nur die Interessen derjenigen zu vertreten, die Arbeit besitzen. Zwischen 1985 und 1988 haben Assar Lindbeck und Dennis

---

16 *Solow* 1990, S. 43.

17 *Solow* 1990, S. 18f.

Snower eine Reihe von Aufsätzen in verschiedenen Zeitschriften publiziert, die jetzt als Buch vorliegen, ergänzt durch eine auch für den Nichtfachmann leicht verständliche Einführung und ein Schlusskapitel.[18] Die Autoren konfrontieren ihre eigenen Ergebnisse mit dem Streit der makroökonomischen Schulen, von dem es nicht besonders freundlich heisst: "Thus the Keynesians and New Classical macroeconomics had reached a standoff. The most convincing arguments of contestants seemed to be their criticisms of each other" (S. 30), womit wesentliches bereits für den nächsten Abschnitt festgestellt ist.

29. Aus dem Werk von Lindbeck/Snower können nur einige Hauptergebnisse vermittelt werden. Erklärt werden sollen *Lohnrigiditäten trotz persistenter Massenarbeitslosigkeit*, wobei die Effizienzlohnthese und ältere Theorien der einstmals Neuen Mikroökonomik einbezogen sind, auch A. Okun's monumentales Werk aus dem Jahre 1981 ("Prices and Quantities"); sein berühmtes *invisible handshake* klang ja bereits mehrfach an.

Besonders aufschlussreich ist die Unterscheidung zwischen *symmetrischen* und *asymmetrischen Persistenz-Effekten* (S. 208). Bei Asymmetrie führt der Einfluss der Insider zu grösseren Lohnsprüngen und geringeren Beschäftigungsänderungen im Aufschwung im Vergleich zum Abschwung. Damit erhält man Teilantworten auf die Frage, weshalb die Arbeitslosigkeit als Folge der weltweiten Rezession der frühen 80er Jahre in Europa hartnäckiger als in den USA war und Europa auch weniger erfolgreich bei der Schaffung neuer Arbeitsplätze gewesen ist (S. 209).

30. Hauptgegenstand des Werkes ist nun das Bestreben, Antworten auf die Frage zu finden, worin die Stärke der Insider begründet liegt und die Unternehmer kein Interesse daran haben, die Machtkonstellation zu konterkarrieren. Effizienzlohnthese und Insider-Outsider-Modell stehen dabei nicht in Konkurrenz, sondern sind komplementär. Bei ersterer geht die Initiative vom Unternehmer aus, der freiwillig höhere Löhne zahlt, während beim zweiten Modell die Insider über eine Machtposition verfügen, die sie in die Lage

18 *Lindbeck* and *Snower* 1988. Alle in Klammern gesetzten Seitenangaben in diesem Abschnitt beziehen sich auf dieses Buch.

versetzt, einen höheren als den Gleichgewichtslohn auszuhandeln, ohne deswegen durch die Outsider verdrängt zu werden. Auch muss kein Widerspruch zum Konzept der impliziten Verträge bestehen, nach dem Arbeiter ihren Lohnspielraum aus an anderer Stelle genannten Gründen ("Versicherungsprämie" gegen Arbeitslosigkeit) nicht voll ausschöpfen. Insider könnten, wenn sie nur wollten, einfach *noch höhere Löhne* einfahren, was sie aus ganz rationalen Gründen aber nicht tun.

31. Bei Lindbeck/Snower
   (i) können Outsider sowohl Arbeitslose als auch Angehörige des sekundären Arbeitsmarktes sein, in den USA derzeit ohnehin ein eher flüssiger Übergang,
   (ii) spielt eine Zwischenschicht eine zentrale Rolle, nämlich jene neu Eingetretenen, die entweder nach einer Übergangszeit (nicht identisch mit der vertraglich festgelegten Probezeit) zu echten Insidern werden oder frustiert den Betrieb wieder verlassen.

Damit ist der Brückenschlag zur alten Dualitätsthese vollzogen, von der bereits die Rede war. Lassen wir offen, ob die "Zweidrittelgesellschaft" etwas damit zu tun hat. Geschildert wird nun sehr anschaulich, wie die "Selektionsphase" bei den Insidern funktioniert. Wer sich in das Gegebene nicht einzufügen bereit ist, wird schikaniert, bis er aufgibt. Lindbeck/Snower sprechen von *Harassment* (S. 79). Je grösser das Unternehmen, desto ausgeprägter die Machtposition der Insider, denen lange Hierarchieketten zum Aufstieg offen stehen.

Weshalb die Unternehmer die Insider-Politik akzeptieren, ist bereits behandelt worden. Sie scheuen die hohen Mutationskosten (zu denen auch die vertraglich festgelegte Weiterzahlung der Saläre an Entlassene gehört), sind an Arbeitsfrieden interessiert und sich des Einflusses hoher Löhne auf die Produktivität bewusst. Natürlich können die Insider selbst Einfluss auf die Mutationskosten ausüben. Kurzum: *Lohnrigiditäten* angesichts der Existenz unfreiwilliger Arbeitslosigkeit werden mit dem *Interessenkonflikt* zwischen den *Etablierten* ("incumbents") und den *arbeitslosen Outsidern* rationell gedeutet, womit Lindbeck/Snower einige grundlegende Einsichten in die Rolle der Gewerkschaften für die Gesamtwirtschaft gewinnen wollen (S. 178). Das

Argument, das Modell versage, wenn die Löhne auf höherer als der Unternehmensebene ausgehandelt werden, was für viele Länder zutrifft, zieht kaum, da die *Lohndrift* genügend Spielraum für übertarifliche Bezahlung bietet. Problematischer erscheint mir, dass in den relevanten Publikationen die *Sonderstellung des öffentlichen Sektors* mit oft ausgesprochenen Sonderrechten für Beamte nicht einmal erwähnt wird. Die USA kennen dieses Problem kaum, und wir schreiben aus amerikanischer Literatur ab. Trägt dies zur Erklärung bei?

32. Als Realisten gehen die Autoren von *positiven Skalenerträgen* aus, was bedeutet, dass es die Outsider schwer haben, selbst kleine Firmen zu gründen. Man könnte das Entstehen unzähliger Kleinbetriebe im Bereich der Mikroelektronik in den USA als Gegenargument anführen, doch ist der Glanz dieser Gründerwelle auch schon am Verblassen.

33. Interessiert hat mich ein Aufsatz von K. Rothschild, der gerade noch rechtzeitig in meine Hände gelangte.[19] Ich habe zuweilen in der Unterstufe, um simple Monopoltheorie zu üben, die Aufgabe gestellt herauszufinden, welchen Lohn die Gewerkschaften durchsetzen müssten, wenn - ohne Rücksicht auf die Beschäftigung - ihr Ziel die *Maximierung der Lohnsumme* ist und welcher Einfluss auf die Einkommenverteilung davon ausgeht.

Mit einem Zahlenbeispiel zeigt Rothschild, wie die "optimale Strategie" zu einer beträchtlich höheren Lohnsumme führt und die Outsider durch Steuern aus den Löhnen entschädigt werden können. Das Pareto-Kriterium ist erfüllt: Die Insider profitieren, die Outsider sind pekuniär nicht schlechter gestellt, wobei Rothschild natürlich die Arbeitslosigkeit als Übel an sich herausstellt.

Die Zeche haben die Unternehmer mit einer drastischen Gewinneinbusse zu zahlen. Die Investitionen würden zurückgehen, das Wachstum nachlassen, so dass, wenn nach *dynamischer Effizienz* gefragt wird, sich ein völlig anderes Bild ergibt. Schon in der Ausgangssituation ist ja das Sozialprodukt geringer.

---

19 *Rothschild* 1991, S. 233ff.

34. Ein optimistischeres Bild allerdings würde der Rückgriff auf die *Effizienzlohnthese* bringen, wenn man unterstellt, dass die nunmehr hohen Löhne die Grenzproduktivitätskurve markant nach oben verschieben. Rothschild belässt die Nachfragekurve nach Arbeit unverändert. Hat dieses erweiterte Modell etwas mit der Realität zu tun, wenn etwa die Bundesrepublik mit den USA verglichen wird: eine hochproduktive Insider-Gesellschaft auf der einen, eine von Produktivitätssorgen geplagte Ökonomie mit einem grossen dualen Arbeitsmarkt auf der anderen Seite?

35. Interessant ist Rothschilds Experiment überdies aus Folgendem. Alle Ökonomen, die sich mit dem Insider-Outsider-Problem befassen, enden bei der Suche nach Auswegen. Wie ist es möglich, die Outsider und die Gewerkschaften stärker in kollektive Lohnverhandlungen und damit in die Verantwortung für die Arbeitslosigkeit einzubeziehen? Solow[20] diskutiert diese Möglichkeiten, sieht aber grosse Schwierigkeiten. Wie oft, hat H. Giersch auch hier gelegentlich ein sehr radikales Rezept empfohlen, wobei wir offen lassen, ob es ernst gemeint war oder nur zum Nachdenken auffordern sollte: Man lege die gesamte Fürsorge für die Arbeitslosen und die dazu nötigen Fonds einfach in die Hand der Gewerkschaften!

Globalsteuerung und Versuch eines Resümes

36. Unter dem Titel "What is New-Keynesian Economics?" gab Robert Gordon Ende letzten Jahres einen guten, auch empirisch fundierten Überblick über den heutigen Stand der Makrotheorie und die Chancen ihrer Weiterentwicklung.[21] Die auf Markträumung und rationale Erwartungen aufgebaute Neue Klassische Makroökonomik, die insbesondere die jüngeren amerikanischen Ökonomen so faszinierte, hatte ihren Zenit längst überschritten, schon dadurch ins Auge fallend, dass einige ihrer prominenten Protagonisten sich inzwischen der Neuen Wachstumstheorie verschrieben haben. Ob der Theorie der *real business cycles* und der Hypothese multipler Gleichgewichte ("Sunspot"-Ansätze) noch grosse Chance offen stehen, sei

---

20 *Solow* 1990, S. 76f.

21 *Gordon* 1990, S. 1115f.

dahingestellt. W. Jöhr hätte sich wohl für letztere deshalb etwas interessiert, weil in ihr psychologische Faktoren eine wichtige Rolle spielen. Persönlich habe ich das Gefühl, dass die eindrücklichen chaostheoretischen Ansätze für manche Wissenschaften zwar wichtig, in anderen aber nicht mehr als eine Modeerscheinung sind.

37. Die neoklassische Synthese war kaum mehr als ein schöner Traum, doch geht es nicht an, alle Fehlentwicklungen, die sich bis zu den Turbulenzen der 70er Jahre akkumulierten, keynesianischer Politik zuzuschreiben, zumal man das Rezept einer *Feinsteuerung* bei Keynes vergeblich sucht. Seine Sorgen waren trotz des "in the long run we all are dead" auf die lange Sicht gerichtet, auf die Überlebenschancen des kapitalistischen Systems, aber gegen die Etikette "keynesianisch" kann er sich nicht mehr wehren. Im Kampf der Schulen braucht man Feindbilder, und Personen sind dazu zuweilen besser geeignet als abstrakte Begriffe. Immerhin schrieb der monetaristisch orientierte Ökonom Allan Meltzer neulich einen viel beachteten Aufsatz unter dem Titel *Keynes war kein Keynesianer.*[22]

Vor allem der Anstieg der Staatsverschuldung kann nicht einfach nur Versuchen der Globalsteuerung zugeschoben werden, wie etwa J. Buchanan dies tut. Halte man sich an eine Grundregel der Statistik, dass Prozesse, die zeitlich parallel laufen, nicht notwendigerweise korreliert sein müssen.

Ich habe stets betont, dass allein der *Glaube an die Möglichkeit der Beherrschung der Konjunktur* durch das mit ihm vermittelte Gefühl der Sicherheit wesentlich zu dem beigetragen hat, was heute als "Wirtschaftswunder" gilt, unabhängig davon, ob das Konzept von Anfang an verfehlt war, oder ob es, weil zu leicht durchschau- und damit ausbeutbar, an seinen eigenen Erfolgen gescheitert ist. Gerade jene Schulen, die den *Erwartungen* eine so entscheidende Bedeutung beimessen, sollten dies akzeptieren.

38. Keynes setzte sich in vielen Kapiteln seines Hauptwerkes mit der *Rigidität der Nominallöhne* auseinander. Für die Erstarrung in Abwärtsrichtung konnte er einige einsichtige Argumente vorbringen, doch blieb die

---

22 Neue Zürcher Zeitung, Nr. 97, April 1991, S. 41.

Theorie fragmentarisch. Noch erstaunlicher ist, dass Keynes als Cambridger Ökonom zu einer Zeit, als Joan Robinson ihre Monopoltheorie verfasste und der unerfreuliche Streit mit E. Chamberlin lief, die Existenz *unvollkommener Konkurrenz* als den Normalfall (so Chamberlin) praktisch ignorierte. *Rigide Produktpreise* auf den Gütermärkten sind ebenso wichtig wie rigide Löhne, und das Lehrbuch bietet, angefangen bei der geknickten Nachfragekurve, genügend Ansatzpunkte zur Erklärung. Die These der *administrierten Preise* von G. Means sollte Keynes auch bekannt gewesen sein. Der Weg von *rationierten Gütermärkten* zu *nicht geräumten Arbeitsmärkten*, heute ein Kernstück des Neu-Keynesianismus, hat, wie Joan Robinson versicherte, im berühmten Cambridger "Circus" nie zur Diskussion gestanden.

Zugegeben, wir sind von einer schlüssigen Erklärung von Lohn- und Preisrigiditäten noch recht weit entfernt. Einige Fortschritte auf diesem Wege waren Gegenstand des Vortrages. Aber wir müssen E. Malinvaud zustimmen, dass wir, wenn die Deutung nicht geräumter Märkte noch nicht perfekt gelungen ist, die Alternative nicht darin bestehen kann, beim Postulat der Markträumung zu verbleiben.[23] Übrigens hat gerade Malinvaud bereits in früheren Veröffentlichungen plausibel und beobachtbar gezeigt, dass Unternehmer auf veränderte Marktkonstellationen nicht sofort mit Preisanpassungen reagieren, sondern Lagerveränderungen und variable Lieferfristen als Puffer bevorzugen.

Weshalb nun ist die Frage der Preisrigidität so wichtig? Ist sie gegeben, so muss jegliche Veränderung des *nominellen BIP* auch den *realen Output* beeinflussen, unabhängig von der Ursache jener Veränderung. Auch Geld z.B. hat dann reale Wirkungen.[24]

39. Die *Rationierungstheorien* als wichtiger Baustein neukeynesianischer Ansätze, anfangs Ungleichgewichts-, später *Theorien temporärer Gleichgewichte* genannt, sind bekannt, ebenso die Tatsache, dass statistische Tests schwierig sind. Käufer- und Verkäufermärkte können in der gleichen Branche

---

23 *Malinvaud* 1991, S. 179ff. Von den zahlreichen Schriften von Malinvaud zu dieser Problematik zitieren wir nur die neueste.

24 *Gordon* 1990, S. 1118.

nebeneinander stehen, und die Marktkonstellation kann im Zeitablauf rasch wechseln. Immerhin sind Tests einigermassen gelungen, die etwa für die Bundesrepublik zu dem Ergebnis führten, dass es nach den grossen makroökonomischen Störungen Perioden eines *Nachfragemangels* gab, die expansiverer Politik Raum gelassen hätten. Dies soll kein an die Politiker gerichteter Vorwurf sein, die wir zuvor genügend verunsichert hatten.

40. Grabreden waren in unserer Wissenschaft oft verfrüht. Aus dem anfangs verfehlten *Phillips-Kurven-Ansatz* haben die Keynesianer gelernt und ihn von seinen Unzulänglichkeiten befreit. Hinzugetreten ist *NAIRU* (nonacceleration inflation rate of unemployment), also jene Arbeitslosenquote, bei der sich die Inflation noch nicht beschleunigt und die nicht identisch mit einer wie auch immer definierten "Gleichgewichtsrate" sein muss.

Alles spricht nun dafür, dass sich in den kritischen Jahren die neu konzipierte Phillips-Kurve *nach rechts verschoben* hat, in Europa weit ausgeprägter als in den USA. Ein Hysteresis-Effekt spielte, um dessen Deutung in zunächst allgemeiner Form wir uns bemühten.

Als konkretes Beispiel sei der Haupthandelspartner Bundesrepublik gewählt. Die relativ heftige Rezession 1966/67 wurde zum letzten Male "keynesianisch" bewältigt. Der Erfolg hat unbegründeten Optimismus ausgelöst, ein Teil der Wissenschaft inbegriffen. Die hohen Zuwachsraten der Arbeitsproduktivität in den beiden Jahren danach, nicht mehr als ein klassischer *Okun-Effekt*, wurden als Anbruch eines neuen Wirtschaftswunders interpretiert. Die sozial-liberale Koalition verblieb als die Zeit des grossen Zuwachses der Staatsausgaben und der grossen Versprechen.

Die Gewerkschaften, sogar gestützt auf ein neues Gesetz (ein ausgesprochener Spätzünder) glaubten, in der Lohnpolitik freie Hand zu haben und dem Staat, gestützt auf keynesianische Lehrbücher, die Sorge für die Arbeitslosen zu überlassen. Die Auswirkungen sind bekannt: dem ersten Sprung der Arbeitslosenquote gegen die 5%-Marke folgte später der zweite bis in die Nähe der 10%-Marke. Die Lernprozesse waren schwierig und gingen langsam, z.T. auch aufgehalten durch Studien, mit denen bewiesen werden sollte, dass es eine Reallohnresistenz gar nicht gegeben habe. Mit der Wahl des Basisjahres kann man bekanntlich beweisen, was immer man will. Aber immerhin, *man hat gelernt.* Die Politiker waren von den neuen Lehren zunächst noch so geschockt, dass sie nichts mehr wagten.

41. So bleibt die Hoffnung, dass man zumindest gelernt hat, dass man inskünftig *rascher lernen muss.* Die Erfahrungen mit der Hysteresis zeigen, dass es gar nicht erst zu Dauerarbeitslosigkeit kommen darf, weil dieses Übel sonst seine Eigendynamik entfaltet. So schreibt bereits Jöhr: "Ich glaube nicht, dass wir angesichts der heutigen Situation auf dem Arbeitsmarkt solange zuwarten dürfen. Die Gefahr ist zu gross, dass wir damit kostbare Zeit verlieren könnten. Das Übel der Arbeitslosigkeit präsentiert sich als Dauererscheinung und die Aufgaben seiner Überwindung könnte umso schwieriger werden, je länger sich die Wirtschaft an diesen Zustand gewöhnt hat".[25] So und nicht anders ist es leider geschehen!

42. Wenn wir nochmals auf die Abbildung auf S. 18 zurückgreifen: Die Verschiebungen der B- und der A-Kurven sind, wie aus unseren Betrachtungen hervorgeht, nicht unabhängig voneinander. Ist man durch einen Makroschock bzw. kontraktive Geldpolitik als Reaktion darauf von der Arbeitslosenquote *w* nach *x* gelangt, so kann der Prozess als Folge einer Hysteresis schliesslich bei *z* enden.

Nach der Tinbergen-Regel werden mindestens so viele Instrumente wie Ziele benötigt. Stehen klassische und keynesianische Arbeitslosigkeit nebeneinander, so sollten zwei verschiedene Strategien verfolgt werden, es sei denn, man wolle erneut Jahre warten, bis die Lohnpolitik auf eine bewusst herbeigeführte Rezession reagiert. Die Problematik langer Laufzeiten von Tarifverträgen in diesem Zusammenhang ist bekannt. Kommt es beim "Warten" erst einmal zu persistenter Arbeitslosigkeit, so ist noch eine dritte Strategie zu verfolgen, zusammengefasst in jenem Bündel von Massnahmen, die im Zusammenhang mit der Forum-Studie diskutiert wurden. Natürlich liegen in den Jahren des "Wartens" auch die Investitionsquoten tief, so dass es schliesslich zu "Kapitalmangelarbeitslosigkeit" kommen kann, ein etwas schillernder Begriff, weil der Terminus zunächst nicht sagt, ob Real- oder

25 *Jöhr* 1986, S. 135.

Finanzkapital gemeint ist.

43. Haben es die Vereinigten Staaten besser gemacht? Wir nannten die eindrücklichen Erfolgszahlen und fragten, ob zu Recht von einem "Beschäftigungswunder" gesprochen werden kann. Ein Produktivitätswunder jedenfalls wurde es nicht. Ich habe an anderer Stelle darüber berichtet, zu einer Zeit, als "Flexibilisierung" als das Allheilmittel galt.[26] In der Auseinandersetzung mit der Gewerkschaftsthese *Nicht jeder Arbeitsplatz ist besser als keiner* würde ich die Akzente heute anders setzen. Das Gleiche gilt für die Kritik an der fortschreitenden Einebnung der Lohndifferentiale. Möge uns die Neue Wachstumstheorie hier neue, handfeste Einsichten vermitteln. Wenn es um Pläne der Gewinnbeteiligung (Weitzman's *share economy*) rasch stiller geworden ist, so bedauere ich dies. Chancen, den Lohn von seinem Quasi-Fixkostencharakter zu befreien, könnten zur Beseitigung jener Starrheiten beitragen, mit denen wir uns befassten. Japan zeigt uns Möglichkeiten auf.

44. W. Jöhr hat in seinem letzten Werke gesagt, dass er, was Konjunktursteuerung anbetrifft, nie so optimistisch gewesen sei wie etwa mein Lehrer Erich Schneider, andererseits aber auch nicht bereit sei, jener Resignation zu verfallen, die vorherrschte, als er sein Buch niederschrieb.[27] Die Entwicklung seitdem sollte ihm Recht geben.

---

26 *Bombach* 1985/86, S. 292-295.

27 *Jöhr* 1986, S. 100ff.

Literaturverzeichnis

Bazen, Stephen and *Martin*, John P., The Impact of the Minimum Wage on Earnings and Employment in France, in: OECD Economic Studies, No. 16, 1991, S. 199ff.

Binswanger, Hans Ch. u.a. (Hrsg.), Walter Adolf Jöhr, Der Auftrag der Nationalökonomie. Ausgewählte Schriften, J.C.B. Mohr, Tübingen, 1990.

Bombach, Gottfried, Neuere Entwicklungen der Beschäftigungstheorie und ihre Relevanz für die aktuellen schweizerischen Arbeitsmarktprobleme, in: Schweizerische Zeitschrift für Volkswirtschaft und Statistik, 115. Jg., 1979, S. 217ff.

Ders., Lohnniveau, Lohnstruktur und Beschäftigung, in: List Forum, Bd. 13, 1985/86, S. 278ff.

Börsch-Supan, Axel, Aging Population: problems and policy options in the US and Germany, in: Economic Policy, A European Forum, Cambridge University Press, 12 (1991), S. 104ff.

Franz, Wolfgang, Strukturelle und friktionelle Arbeitslosigkeit in der Bundesrepublik Deutschland, in: Bombach, G. u.a. (Hrsg.), Arbeitsmärkte und Beschäftigung - Fakten, Analysen, Perspektiven. Schriftenreihe des Wirtschaftswissenschaftlichen Seminars Ottobeuren, Bd. 16, J.C.B. Mohr, Tübingen, 1987, S. 302ff.

Ders., Hysteresis in Economic Relationships: an Overview, in: empec, Bd. 15, 1990, S. 109ff.

Gordon, Robert J., What is New-Keynesian Economics? in: Journal of Economic Literature, Vol. 28, 1990, S.1115ff.

Jackman, R., *Pissarides*, Christopher and *Savouri*, Savvas, Labour market policies and unemployment in the OECD, in: Economic Policy, A European Forum, 11 (1990), S. 450ff.

Jöhr, Walter Adolf, Zur Arbeitslosigkeit der Gegenwart, J.C.B. Mohr, Tübingen, 1986.

Lindbeck, Assar and *Snower*, Dennis J., The Insider-Outsider-Theory of Employment and Unemployment, MIT Press, Cambridge (Mass.) and London 1988.

Malinvaud, E., Incomplete Market Clearing, in: McKenzie L.W. and Zamagni, S. (eds.), Value and Capital - Fifty Years Later, Macmillan, London, 1991, S. 179ff.

Rothschild, Kurt W., A Note on Insiders, Outsiders and the Two Thirds-Society, in: KYKLOS, Vol. 44, 1991, S. 233ff.

Solow, Robert M., The Labor Market as a Social Institution, in: Letiche, John M. (ed.), The Royer Lectures, Basil Blackwell, Cambridge (Mass.), 1990.

Wagner, Helmut, Can Purely Monetary Disinflation Policy Produce Long-Run Involuntary Unemployment?, in: Jahrbuch für Sozialwissenschaft, Bd. 41, 1990, S. 198ff.

Yellen, Janet L., Efficiency Wage Models of Unemployment, in: American Economic Review, Papers and Proceedings, Bd. 74, 1984, S. 200ff.

Ausgewählte Sammelbände

Bolte, Karl Martin, u.a. (Hrsg.), Mitteilungen aus der Arbeitsmarkt- und Berufsforschung, Schwerpunktheft "Arbeitslandschaft bis 2010", Verlag W. Kohlhammer, Stuttgart/Berlin/Köln/Mainz, 23. Jg., 1990.

Bombach, Gottfried, *Gahlen*, Bernhard, *Ott*, Alfred E. (Hrsg.), Arbeitsmärkte und Beschäftigung - Fakten, Analysen, Perspektiven, Schriftenreihe des Wirtschaftwissenschaftlichen Seminars Ottobeuren, Bd. 16, J.C.B. Mohr, Tübingen, 1987.

König, Heinz (ed.), Economics of Wage Determination, in: Studies in Contemporary Economics, Springer-Verlag, Berlin/Heidelberg/New York, 1990.

Spezielle Studien für die Schweiz

Grundzüge und Probleme der schweizerischen Arbeitsmarktpolitik, Bundesamt für Industrie, Gewerbe und Arbeit, Bd. 1, Bern 1980.

Schelbert-Syfrig, Heidi, *Inderbitzin*, Werner (Hrsg.), Beschäftigung und strukturelle Arbeitslosigkeit. Nationales Forschungsprogramm des Schweizerischen Nationalfonds zur Förderung der wissenschaftlichen Forschung, Verlag Rüegger, Diessenhofen 1982.

Schelbert-Syfrig, Heidi, u.a. (Hrsg.), Arbeitsmarktstrukturen und -pozesse, Beiträge zu Analyse und Politik. Nationales Forschungsprogramm des Schweizerischen Nationalfonds zur Förderung der wissenschaftlichen Forschung, Verlag Rüegger, Diessenhofen 1983.

Schelbert-Syfrig, Heidi, u.a. (Hrsg.), Mikroökonomik des Arbeitsmarktes. Nationales Forschungsprogramm Nr. 9 des Schweizerischen Nationalfonds zur Förderung der wissenschaftlichen Forschung, Verlag Paul Haupt, Bern und Stuttgart, 1986.